许福芦 著

第一野戰軍

长征出版社
CHANGZHENG PUBLISHING HOUSE

图书在版编目（CIP）数据

第一野战军 / 许福芦著.—北京：长征出版社，2012.10

ISBN 978-7-80204-755-6

Ⅰ.①第… Ⅱ.①许… Ⅲ.①第一野战军-中国人民解放军军史

Ⅳ.①E297.4

中国版本图书馆CIP数据核字（2012）第253373号

书　　名：第一野战军

作　　者：许福芦

责任编辑：常　正

封面设计：棱角视觉

版式制作：浅　淌

出版发行：长征出版社

社　　址：北京阜外大街34号　邮编：100832

邮　　购：（010）66720014　66720908

发　　行：（010）66720012　68586781

经　　销：新华书店

印　　刷：北京博艺印刷包装有限公司

开　　本：16

字　　数：728千字

印　　张：40.75

版　　次：2012年11月第1版

印　　次：2012年11月北京第1次印刷

定　　价：60.00元

ISBN 978-7-80204-755-6

第一野战军目　录

第一部 大 势

一、重庆与延安

雅尔塔三巨头密谋争利，波茨坦四盟国宣布受降

当晚，全中国人民彻夜无眠。这在华夏民族千百年历史上绝无仅有。尽管后来发生的桩桩件件，证明它其实是个凶兆，但我们还是愿意记住这一时刻。

公元1945年8月15日……哦不，美国驻华大使帕特里克·杰伊·赫尔利先生掏出怀表，时间已经指向凌晨1点35分。他怀着乐观而自豪的心情弃车徒步，走在重庆渝中区附近起伏不平的街道上，大口呼吸山城那清凉而弥漫着火药味的空气，心里下意识地将日历翻到了"16"日。

自日本政府8月10日接受《波茨坦宣言》之后，驻陪都重庆的各国使节几乎就没能好好睡过一个囫囵觉。直到8月14日天皇裕仁下达《诏书》，连续几天满世界文电交驰，可把赫尔利忙坏了。先是中、美、英、苏四国政府约定同时在重庆、华盛顿、伦敦、莫斯科公布各项规定，美国贝尔纳斯国务卿代表四国经瑞士向日本照会"日军立即停止军事行动"，具体指示正式投降步骤。紧接着，麦克阿瑟以盟军最高统帅名义向东京广播，并建立无线电通信联系，命令日军"立即停止开火"，随之盟军在所有战场也奉命停火。

华盛顿时间8月14日19时，美国总统杜鲁门举行记者招待会，宣布接受日军的无条件投降。与此同时，英国伦敦播出了首相艾德礼的讲话，莫斯科广播苏联外交人民委员莫洛托夫的讲话，重庆广播总裁蒋介石的讲话。

重庆时间8月15日7时整，世界范围内正式发布中、美、英、苏四国政府的公告。当天的正午时光，全球无线电信号都在传播裕仁天皇有气无力地宣读无条件投降"敕令"的声音。

兴奋了大半夜的赫尔利疲惫地回到住处，习惯性地喝了杯白兰地，更加没有睡意。他禁不住在房间里来回踱步，牛皮靴踏响木质楼板，发出嘭嘭的声音，像是前线胜利的炮声，又像街头山响的欢庆鼓点。赫尔利推开花格玻璃窗棂，深不可测的夜空扑面而来，整个山城的狂欢还隐约可闻，一种从未有过的历史感袭上心头。他返身打开那本厚厚的羊皮笔记，热切期望记下点儿什么。

其时，陪都重庆政府与远在西北的红色延安相比，显然带着不加掩饰的自负。然而，日本政府向同盟国表示接受《波茨坦公告》的乞降照会公布之后，平民百姓们普天同庆的鞭炮和锣鼓丝毫没有差别。赫尔利目睹了长街上的张灯结彩，看到中国官员、兵士夹杂在商贩船夫之间，长袍马褂和西装革履一律奔走相告，大家彼此拱手，喜形于色，连一向昂首挺胸的富绅大贾们，也在那里忘情地手舞足蹈。人们眼里光芒四射，眉目之间犹如涂上了厚厚的油彩。

置身于欢乐的海洋，赫尔利不能不受到感染。就像年前访问延安时那样，他在中国东道主面前又心血来潮地跳起了印第安人的练兵舞。他被自己近乎天真的激情燃烧着，狂热地扭动着身躯，甚至操起陶克族人的方言"呀呀、呀呀"地大声欢叫。不论作为前总统罗斯福的私人代表，还是作为新任的美国驻华使节，此刻的赫尔利对"解决中国问题"更加抱有一份坚定的信念。他觉得这正是自己超越了史迪威、马歇尔和魏德迈等人之处，而这份美好感觉早在去年初冬他抵达延安的那一刻，就似乎活灵活现地握在手中了。

那是1944年11月7日，赫尔利在秘书史密斯的陪同下，飞机有惊无险降落在延安一块空地上的土包包前。黄色烟尘弥漫在模糊不清的舷窗口，以至于赫尔利没有看清究竟是谁在迎接自己。而被称作"迪克西使团"的美国驻延安观察组组长包瑞德上校，事先也不太清楚来者何人，所以第一次在给周恩来通报时竟有些含糊其辞。等到那架带有明显标志的美军军用飞机嗡嗡鸣叫着出现在黄土高坡上空时，周恩来问包瑞德贵宾是谁，包还摊开双手一脸茫然。幸亏周恩来处事周密。当赫尔利从机舱出口探出头来，才一眼看到包瑞德上校身边有毛泽东、周恩来、朱德和叶剑英等中共中央首脑集体风尘仆仆的身影。他们一起挤进那辆被当作救护车用的破旧汽车，动静响亮地驶向"迪克西使团"驻地。

大家初次见面，寒暄过后都没有什么话可说。包瑞德上校虽是个中国通，可作为一名校级军官，碍于不太熟悉的赫尔利将军在场，也不好有超越外交辞令的言语。颠颠簸簸的车里出现短暂的寂静。正在难耐的时刻，冷不丁有头骡子挡在车前。驾驶员小赵急忙刹车，车里的主宾前仰后合。小赵满头大汗地找了根树枝上去驱赶骡子，谁知那头牲口倔得很，左赶右赶就是不给面子。急性子的赫尔利有点憋不住了，就在车里打着手势嚷嚷道："再打，再打，使点劲，打那一边……"

毛泽东笑了，操着浓重的湖南口音，慢条斯理地说："想不到赫尔利将军赶骡子也很在行啊。"

"我年轻时当过牛仔，对牲口多少了解一些。"赫尔利显出点孩子气。

"哦——"毛泽东好像有了兴致，"我也曾放过羊呢。你看我们这些山坡，现在光秃秃的，开春了，朝阳的地方有点雨水就会长草，羊不愁吃的。"

赫尔利顺着毛泽东的手指伸长脖子，目光投向不远处的沟沟坎坎。

周恩来接上话茬："这里的山沟是听从老天爷安排的，下大雨就涨满水，有时候还会发山洪，不下雨就又干枯了。"

赫尔利滔滔不绝起来："……在美国第四十六州俄克拉荷马，可以通过鱼儿翻腾的浑水，来判断什么时候鱼群会溯流而上……"

包瑞德上校总算逮着机会，翻译过程中大肆发挥，空气由此活泛开了，直到"迪克西使团"驻地，大家轻松愉快地喝茶，继续谈天说地。

毛泽东及中共领导集团给赫尔利大使的第一印象，就这样一点点地扩展开来。它甚至让赫尔利对成功把握中共这支红色力量，一度抱有一丝丝说不清楚的自信。一年来，美国朝野在对华援助问题上，鉴于国民党军队抗日业绩每况愈下的情形，滋生出越来越多的抱怨与不满，而中共敌后武装与美国空军配合抗战这样的好消息却在与日俱增。各方面情报都表明，那个终日穿着灰粗布上装、曾经放过羊的中共高级指挥者，手臂挥舞之间的力量越来越不可小觑，需要美国外交官们格外关注，"扶蒋容共"在一段时间内，甚至成为赫尔利秘而不宣的指导思想。然而，就在这个波诡云谲的年头岁尾，形势很快出现"颇难逆料"的转折。

距赫尔利延安之行也就两个月，1945年1月11日，在苏联克里米亚半岛海滨雅尔塔皇宫，美国总统罗斯福竟和英国总统丘吉尔、苏联人民委员会主席斯大林，在无视中国意愿、摒弃中国首脑在场的情况下，秘密签订了包括以下三项内容的《雅尔塔协定》：一、史属中国领土的库页岛南部及邻近一切岛屿割让给苏联；二、中国大连港国际化，苏联在港有优越权，并租用旅顺港为海军基地；三、通往大连的中东和南满铁路由苏、中共同经营，并保证苏联的优越权益。

此外，当然还包括外蒙独立等一系列有损中国利益的内容。如不答应，斯大林就拒绝出兵东北。蒋介石幻想中的铁杆朋友罗斯福，关键时刻还是出卖了盟友，他除了"震惊"和"痛愤"之外，无计可施。所有外交斡旋都留有赫尔利的影子，无论个人感觉如何，他的原则永远不会改变——为了美国人的利益而战。

这是个无理可讲的强权世界。美、苏两国的谈判桌上，同为战胜国盟友的中国政治局势，竟然成为讨价还价的筹码。赫尔利心里早有底数，连小小的《中央日报》副主笔胡秋原，都敢于面对他的威严拍着桌子吼叫：“我有权为中国的事，对一个自称为中国盟友的美国代表讲中国人的意见……”并写出《参议院胡秋原对中苏谈判之声明》，可想蒋介石和毛泽东在民族利益的大是大非问题上，都不可能存在半点儿犹疑。剩下的就是苏联人与美国人的利害权衡与利益抉择了。苏联人希望出兵打败日本人本是多年的夙愿，可他们偏以损害中国利益为要挟，来做自己喜欢做的事情。美国人要的只是一个听话的中国，半真半假的基督徒蒋介石自然是再合适不过的人选。

帕特里克·杰伊·赫尔利顺理成章地由“扶蒋容共”走向了“扶蒋反共”。

1945年4月2日，赫尔利在华盛顿公开发表讲话，声称鼎力支持蒋介石政权，表明美国决不会向中共提供武器的态度，因为“只要仍有强有力地反对国民党政府的武装政党和军阀，中国就不可能有政治上的统一”。此前，他还电告国务卿科德尔·赫尔：中共全部策略表明，要推翻国民党统治，获得“对中国的一党专制”。这当然也是罗斯福的态度。在蒋介石醉心于暮春重庆黄山官邸的景致而“深感欣慰”时，延安则断然宣布：不许美国观察组派员再到前方，特别不准他们进入中共根据地。新华社的评论也明确指出，赫尔利和蒋介石上演双簧，“安放下中国大规模内战的地雷”。

“中国通”赫尔利一厢情愿，“西北王”胡宗南浮出水面

在美国人明确表态的同时，斯大林也痛下了决心。这从苏联突然更换驻华大使可以见出端倪，形势发展之快超出了蒋介石警惕范围。本来，老蒋始终坚信：“只要美国不为中共声援或袒护，则苏联亦绝不敢以武力助共，故对共党问题，我必能自了之。”到1945年的5月28日，斯大林还与美国特使霍普金斯再次达成共识，斯大林明确表示“将尽一切可能促成中国在蒋委员长领导下之统一，并特别声明没有一个中共领导者有足够力量统一中国”。斯大林甚至对蒋介石信誓旦旦地保证：“我们不支持他们（中共），不帮助他们，我们不打算这么做……以前我们向蒋介石提供了援助，今后还将是这样。如果有必要援助中国的话，那么这种援助将提供给蒋介石政府。”斯大林非常肯定地答应不向中共提供武器，认为国民党政府力求合并军队和建立国家统一的政权，是“完全合法的愿望，因为国家应有一支军队和一个政府”。

然而进入6月，嗅到异味的蒋介石，不得不在大半个月里连续三次召见俄国大使彼得洛夫，重述列宁时代的对华政策，希望中苏交往能以此为基础，甚至于允诺：“英国如能保有香港，苏联应亦可以保有旅顺。”这样的外交回应，可谓身段柔软到无以复加的地步。蒋介石那么在意斯大林的“友谊”，原因非常清楚，抓住苏联就抓住了遏制中共这一“心腹大患”的要害。尽管斯大林一再声明国家民族利益无关意识形态，“苏联与这些‘共产主义者’没有任何关系”，而事实上，延安苏维埃政权与苏联布尔什维克之间的精神联系，无论如何也不能被忽略。中共1928年的第六次全国代表大会，干脆就在莫斯科召开。更重要的是，在这个国家民众的心坎上，已射出另一束不可小觑的光芒，中国共产党在国内外政治舞台上，犹如破土的嫩芽开始生长。

1945年4月23日，中共第七次全国代表大会，经过了长达六年的酝酿和准备，在延安杨家岭大礼堂召开。五十天的会议，让毛泽东明星般地走进苏联最高领导人的视野，成为中国可以挑战蒋介石的人民领袖。这也让所有美国对华事务的官员大吃一惊。赫尔利大使也不例外，他完全没有料到，半年前在延安土窑相识的那个布衣粗食的中国汉子，竟有如此风云大势。

毛泽东的声音虽然平和而内敛，但那种毅然决然的铿锵之力，全世界的政治观察家都能感觉得到。无论是否公之于众，他必定要以革命战争解决战后问题，并最终打倒蒋介石，建立新的共产党国家政权。八年抗战，就在蒋介石费尽心机清洗国民党军阀异己的同时，延安依托广阔的敌后根据地悄然扩展到雄兵九十万，此外还有民兵二百多万，根据地人口达到一亿，一百二十多万党员。因而，毛泽东可以骄傲地断言：中国共产党“已经成了中国人民抗日救国的重心，已经成了中国人民解放的重心，已经成了打败侵略者、建设新中国的重心”。他宣布成立“民主的临时的联合政府”，形成与国民政府分庭抗礼之势，让蒋家王朝上上下下感到“惶恐不安”。

蒋介石与斯大林彻底翻脸只是时间问题了。而毛泽东始终坚持自力更生、丰衣足食的理念，希望有外援却不依赖外援，斯大林除了维护共产国际的权威，也不能把他怎么样。一时间，中国的政局扑朔迷离起来，举国上下频吹和谈之风，至少在各种媒体面前，蒋介石和毛泽东都在施放和谐美好的愿望。这让赫尔利少将心里又开始痒痒起来。事实上，还在担任美国总统驻华私人代表时期，他就始终在做着一厢情愿的努力：一方面小心翼翼地防止中国政府垮台，敦促中国军队面对日军继续拼杀；另一方面努力调和中美军事机构及美国驻重庆使馆，与中国政府之间保持良好的友善关系。关于“维护中国政府的巩固”“维护蒋委员长的领袖地位”等这样的外交辞令，他已不知重复了多少遍。

胜利的日子虽说姗姗来迟，却照样鼓舞人心。在这举世欢庆的时刻，赫尔利最大的愿望就是能用美国人的精神和意志，把中国的两块牌子合二为一。他的具体目标已经锁定：让重庆和延安握手。

遗憾的是，帕特里克·杰伊·赫尔利这位穿着军装的美国政客，永远也弄不懂中国的事情。在他喜形于色胡乱拥抱中国盟友的那些日子里，他脚下这块古老国土上将要上演的一切，实际上已在悄然发生。

也许是赫尔利过于看重新任总统杜鲁门的期盼，而将史迪威将军离任时的忠告忘到九霄云外。那是中日双方于华北、华东、华南以及滇缅线上展开全面角逐的一年前，史迪威将军却执意告诉赫尔利，蒋介石的前线不在华北、不在华东、不在华南，也不在滇缅线，而在悄无声息的大西北。史迪威提示赫尔利，要注意研究陈诚和胡宗南。他把这个研究看作是同蒋介石合作的一把钥匙。“尤其是被称作‘西北王’的胡宗南，他是蒋氏集团的晴雨表，也是蒋本人蓄意储备的一枚重磅炸弹。”这是史迪威在离任的告别晚宴上与赫尔利红着脖子碰杯时说出的一番肺腑之言。可惜在当时，赫尔利只把它当作一段信天游来听，并没有太往心里去。而现在看来，史迪威将军是认真的。

的确，如果赫尔利是一位敏于观察的政治家，或者如他某些同僚所吹捧的那样是“中国通”，他就不能不注意到在中国整个抗战中胡宗南这一角色的奇异变迁。八年期间，胡宗南坐镇关中寸步未挪，然而却先后换了三个战区。先是以蒋鼎文为司令长官的第十战区，再就是以朱绍良为司令长官的第八战区，此二人位尊名高而权威不重，均非头角峥嵘的枭雄人物，与独断专行的胡宗南坦然相处并无怨言。这使胡宗南有七年平安时光来经营他的关中霸业。1944年4月开始，日军的“一号作战计划”付诸实施，到12月初便打通纵贯南北2400公里的大陆交通线。这条战略通道经河南、湖北、湖南、广西直至越南。日军以区区50万兵力，投入到如此广阔的地区，竟使号称600万之众的国民党军损失兵力约70万人。战后，中方丢掉大小城市146座，沦陷国土20万平方公里，航空基地7个，飞机场36个，而遭日军奴役的国民至少不下600万人！

在这个被中国史家称之为“日寇最后一跳”的惨败中，汤恩伯首屈一指挂头彩。汤大将军时为第一战区副司令长官，素有“中原王”的美誉。他的40万大军在冈村宁次15万精兵面前虽“竭力拼战”，却并无寸功，所属第三十六集团军总司令李家钰被乱枪毙命，第三十五集团军总司令王仲廉所率直属总部，竟在一个土寨中被地方团队包围缴械，连汤的卫队也被迫“统统缴枪”，汤本人化装成伙夫才幸以身免。不过月余，汤恩伯连失中原38城，河南全境沦陷。尝到甜头的日本人爬上了陇海线，大摇大摆向西推进。不过几天光景，前锋就抵达陕州，顿时，潼关告急，西安震动。

实际上，日本人只是个试探性的攻势，其本意是要打通南北大陆线。

但是蒋介石不敢大意。他一面派陈诚到西安总揽军政，一面命胡宗南东出潼关迎击日寇。这给从未与日军正面交过手的胡宗南带来了一个轻取功名的极好机会。很快，“豫西大捷”便被官方媒体炒得天翻地覆。随着全军覆没的汤恩伯接受处置，胡宗南理直气壮地取而代之，一跃成为第一战区副司令长官。不久，同任战区正司令长官的陈诚奉命顶替何应钦任军政部长，于是乎黄埔少壮胡宗南，又顺理成章地开始代理第一战区司令长官。

“西北王”胡宗南大走官运，连国民党的许多下级军官也能说出其中的青红皂白，人人都看得清他所兼得的“天时地利人和”是些什么玩意儿。这一点，号称“中国通”的赫尔利同样时有所闻却充耳不闻。后来，他承认自己对胡宗南“注意不够”。这位美国大爷说是“中国通”，其实是一窍不通，他根本就不懂人们评说胡宗南的话中深意，不明白胡宗南的升迁与蒋介石的大政方针有什么必然联系。他只知胡宗南关中数十万兵力是蒋介石在国家纵深陈列的战略预备队，而并未体会到与此一箭之遥的红色延安每天呼吸的是怎样一种咄咄逼人的气息。蒋介石刻意让胡宗南坐大关中不显山露水，实际上时时都在削弱共产党发展的机会。可以这样说，胡是蒋藏在肚子里的一段愁肠，纵使赫尔利有通天智商，又怎能按得住中国人如此深厚的政治脉息？在这鲜花怒放的不眠之夜，充满畅想的赫尔利大使绝对没有料到，一向被他“注意不够”的胡宗南，其实早已浮出水面。

关中门户爷台山顿起硝烟，西北山川藏谶语最后摩擦

西安以北不足百里的淳耀地区，群山连绵，隘口耸立，素称“关中门户”。关中胡军与中共陕甘宁晋绥联防军在这一带分山设防，大致相安无事，度过了八年一言难尽的岁月。然而就在半个月前一个风清露冷的拂晓，这里却突然失去往日的宁静。驻守在爷台山制高点上的关中分区八路军战士们还在梦中，国民党暂编第五师和骑兵第二师的数十发炮弹便从天而降。隆隆的炮声使胡军一个多礼拜以来关于“反共第一，抗日第二”“进攻边区，杀尽共产党”的喧嚣，得到了结结实实的证明。但是，爷台山阵地上的八路军接到的命令却是：坚守阵地，决不出击。

一连三天，虽然整个爷台山浓烟滚滚，火海一片，胡军的步兵仍旧不得前进半步。胡宗南轻蔑地盯着前线战报，嘴角露出一丝嘲讽的笑意。此时，距他被正式任命第一战区司令长官只有几天时间，正处在志满意得状态上的他丝毫没把一个“鸡毛山头”放在眼里。“老头子”已经下令从河南前线和陕西东部调出九个师，凭着手中这一大把本钱，他轻而易举地在淳化、耀县、三原、泾阳、兴平、乾县、同官、旬邑之线，布下一道长

阵。只要愿意，他半天就可向北推进百八十公里，还怕拿不下小小的爷台山？“两个师不够，再加一个师，把十六军的预备第三师压上去。”胡宗南不急不忙，“我军一人一脚，踏也把它踏平。”

这时，朱德和彭德怀以第十八集团军正、副司令的名义，给蒋介石、胡宗南的电报也到了，重申八路军顾全大局的立场，揭露蒋介石制造反共内战的阴谋。战区副司令长官曾万钟在一旁若有所思地说：“时值抗日高潮，动作闹大了会不会……”这话让胡宗南听得不大顺耳。他背朝着曾万钟，当即打断曾的话：“怕什么？有老头子撑腰，再说我军师出有名，共产党他们是自作自受！”

胡宗南的“师出有名”，是指前不久发生的所谓“淳化事件”。那还是在一个月前，屯兵于边区南大门外淳化一带的胡军梁干乔部，与祝绍周所属李静谋部由内争而对战。与此同时，梁干乔的警备营长刘文华及部分士兵哗变，并向陕甘宁边区驻军投诚。另外，在淳化方里镇碉堡内驻守的胡军一个排也哗变投诚。胡宗南咬定这是陕甘宁边区一手策划的结果，于是兴师问罪。不管朱德和彭德怀如何要求“调查制止”，也无济于事。当了司令长官的胡宗南脾气大得惊人，简直是气冲牛斗。将三个师压到爷台山的弹丸之地不算，西安、耀县、兴平等周围各国民党军驻防要点，还有大批番号不明的队伍纷纷云集。

局面已经严重到不可调和的地步。新华社延安权威人士甚至已把胡宗南这种“从抗日前线调动军队来反对自己同胞”的行为指为“犯了滔天大罪”，陕甘宁晋绥联防军下令关中分区自卫反击，正在完成生产任务的新编第四旅、教导一旅、二旅和准备东渡黄河开赴前线的三五八旅，也奉命增援关中。统一指挥这场自卫战斗的司令员张宗逊、政委习仲勋，扬鞭策马日夜兼程。

爷台山成了陕甘宁指尖上的一根刺。

胡宗南用人海战术啃了几天不见动静，再次调集大批野炮、山炮、迫击炮及美国制造的火箭炮，把爷台山重新罩入烟火之中。

爷台山守军开始反击。战斗持续一周。到7月27日晚，驻守爷台山的八路军为避免无谓的损失，主动撤出阵地。胡宗南终于得手，继而胃口大开，六个师和三个团的兵力犹嫌不足，不但包围了爷台山，还一步推进到边区边境，进占黄陵、洛川一线。

胡宗南此人的骄纵，由此可见一斑。他不懂得爷台山早已不是一座山，而成为一个意志的标志。要八路军放弃一个阵地可以，而要放弃战斗意志那是万万办不到的。1945年8月8日，还在日本政府发出乞降照会的前夕，中国的国共两军就在这座小小的山头上撕破了脸皮。铆足了劲儿的八路军被惹毛了，开始组织大举反攻。延安下定决心不给胡宗南占到任何便宜以致惯出他的坏毛病，多大的代价也要赢过这一招。两天过后，脚窝子尚未焐热的胡军招架不住，匆忙撤出爷台山。这场被视作整个抗战时期国共之间摩擦与反摩擦的最后较量，实际上已谶语般地预示了胡宗南在未来大西北角逐中难逃的劫数。

爷台山反击战的捷报与日军宣布投降的喜讯同时进入延安。

云腾蘑菇喧嚣尽，欢庆锣鼓豪情长

延安的时政消息，多半是从前线直接传过来。进入1945年，日本人的丧钟就已频频敲响，早在新年伊始，美军便宣布占领莱特岛，日本在太平洋战场一败涂地，海军近乎倾巢覆没不说，光是地面部队的伤亡人数就高达7万；一个多月后硫黄岛的血战又是惨不忍睹，守岛2万多日军士兵除216人被俘，余皆尽歼；到3月24日，日军本土最后一个前卫堡垒冲绳岛，也被美军捣了个底朝天，11万日本陆军阵亡，20万岛民葬身于火海。之后，美国飞机驾临日本上空，东京、横滨、神户、大阪等重要工业城市，在美军"超级空中堡垒"的呼啸声中相继变成废墟和焦土，几乎全日本都是硝烟滚滚，经久不散。

与此同时，纳粹德国也顶不住了，5月8日宣布无条件投降。美、英、中三国即在7月以宣言的形式发布《波茨坦公告》，警告日本，再不放下武器就将大祸临头。然而，杀红了眼的战争狂人们岂能刹得住脚步？于是，才有广岛和长崎两团蘑菇云腾空而起。对于日本百姓来说，这是一场需要千万年铭记的毁灭性灾难：32万人口的广岛市，有78150人当即毙命，负伤或失踪者达5100人。

全世界都在颤抖地念叨着1945年8月6日8时15分这个时间，晴朗而闷热的广岛，突然间失去所有喧腾而仅剩一团气息。直到第二天，人们才听到美国总统杜鲁门从大洋彼岸徐徐飘出的声音："这是一枚原子弹，它驾驭的是宇宙间的基本力量……"

就在杜鲁门这一带着血色的警告被匆匆送到日本天皇面前时，苏联百万大军也聚集在远东的双城子到西伯利亚赤塔一线，向在中国东北横行数年的日本关东军全线出击……

在这大半年时间里，中国共产党牢牢把握着每一个战机。

毛泽东的心情并不轻松。虽然历史正在一一印证着他那关于抗日战争三阶段的伟大理论，但随之而来的艰难曲折，还将让他的这次航程经受最关键的考验。毛泽东的超人之处在于，在他的词典里除了坚定不移的政治信念，没有别的条目。这决定了他在时事格局的一盘棋上，始终能够镇定自若地走出每一颗棋子，而决不迷失方向或出现废棋。

此时，毛泽东倒背着双手，在延安枣园那个被风雨剥蚀了门壁的窑洞里，不慌不忙地理清思路。他一面致电斯大林，对苏联参战表示欢迎；一面发表声明，宣称各解放区抗日武装要展开“对日寇的最后一战”。按照毛泽东的要求，中共领导下的各抗日前线部队，“在一切可能的条件下，对于一切不愿投降的侵略者及其走狗实行广泛的进攻，歼灭这些敌人的力量，夺取其武装和资财，猛烈地扩大解放区，缩小沦陷区”。显然，这是八年马拉松的最后冲刺。

8月10日零点，一切完全按照毛泽东的预期从容降临。朱德以延安总部的名义发布第一号命令，从容不迫。命令要求解放区任何抗日武装均根据《波茨坦公告》的规定，向其附近各城镇交通要道之敌及指挥机关送出通牒，限其于一定时间，向我作战部队交出全部武装。

紧接着是顺乎情理的欢庆。朱、毛二人各自绕过桌子，将双手握在一起。这让在场的老战士们立刻想起了井冈山的那次会师。有人用两只大茶缸端来一点儿酒，毛泽东尝了一口，说：“罢了罢了，还是来碗红烧肉解解馋吧！”大家全都笑呵呵地乐开了花。

这种情绪立刻弥漫到整个延安、边区乃至全国各解放区。

八年的积压实在太重，谁的心头都有一座火山。当晚的延安城，漫山遍野红旗招展。及至8月15日日本公开宣布无条件投降那一刻，全城狂欢达到顶点。各处黑板报、墙报都用醒目的标题报道喜讯，四面八方的游行队伍一起向市中心拥去，白羊肚手巾和军衣军帽被抛向天空，卖水果的老乡一脸褶皱都抻开了，抓起筐里的大红枣，一个劲儿扔给素不相识的路人，“这是‘胜利果’呀，大家自由吃呀”。秧歌、口号和欢声笑语，竟把喧天的锣鼓、唢呐和齐鸣的炮仗、礼花全都淹没了。荣誉军人拄着拐杖，被人们簇拥着，“血没有白流！我们的血没有白流！”他们激动地挥舞手臂高声叫喊。斯大林、毛泽东和朱德的巨幅画像，掩映着火把的红光，随着游行人流缓缓浮动。诗人们泪流满面，他们写道：“……血在沸腾，人们忘却了整天工作的疲困……”中共中央和中央军委机关的干部们，全都投入狂欢的行列，连不苟言笑的副总司令、中央军委总参谋长彭德怀，也脚踏鼓点，扭起了秧歌。他开心地咧着嘴，可又极为严格地把握着分寸，让内心的欢畅一点儿一点儿地从目光中渗出来。

现在我们知道，这个胜利并不是终点上的鲜花。它是中国革命史上的一座里程碑，仅仅只有喜悦是不够的。但在当时，谁也没有细心地从彭德怀那有着强烈节制的欢笑中，去领悟这一点。

二、戡乱与解放

陪都重庆三道命令逞强，山城延安一纸檄文说不

这天晚上，国民政府陆军总司令何应钦秉承蒋介石的旨意，给日军中国派遣军总司令官冈村宁次下达命令，要他维持占领区秩序，日伪军必须“维持现状”，“除按指定的三军长官命令之外，不得向任何人投降缴械”。紧接着第二天又连续下达两道命令，分别给国民政府军和解放区朱德的第十八集团军。按照此令，国民党政府军要“加紧作战，积极推进，勿稍懈怠”，而共产党军队则“原地驻防待命”，“勿擅自行动”。

蒋介石之心，路人皆知。毛泽东看着这三份命令，许久没有言语。他点燃一支烟，对伏在地图上的朱德说：“岂有此理，不稼不穑，就想收谷子。不栽树不浇水，倒要摘桃子！”

“不用管他，兵来将挡，水来土掩，客气不得哟！”朱德说着挺直腰杆，攥紧了拳头，“他蒋介石发三个命令，我们就来它六个！”

与蒋介石针锋相对，寸土必争，是中共中央的既定方针。事实上，接下来的数日内，中央一口气向各解放区发出了七道命令，要各部队向日伪军发起反攻，消灭日伪军，迫使日伪军投降缴械。8月13日，延安党政军高级领导干部在军委小礼堂集合。毛泽东站在一张老式的八仙桌前，双手叉着腰，慷慨激昂地说：“比如一棵桃树，树上结了桃子，这桃子就是胜利果实。桃子该由谁摘？这要问桃树是谁栽的，谁挑水浇的。蒋介石蹲在山上一担水也不挑，现在他却把手伸得老长老长地要摘桃子。他说，此桃子的所有权属于我蒋介石，我是地主，你们是农奴，我不准你们摘。我们在报上驳了他。我们说，你没有挑过水，所以没有摘桃子的权利。我们解放区的人民天天浇水，最有权利摘的应该是我们。同志们，抗战胜利是人民

流血牺牲得来的，抗战的胜利应当是人民的胜利，抗战的果实应当归给人民。至于蒋介石呢，他消极抗战，积极反共，是人民抗战的绊脚石。现在这块绊脚石却要出来垄断胜利果实，要使抗战胜利后的中国仍然回到抗战前的老样子，不许有丝毫的改变。这样就发生了斗争。同志们，这是一场很严重的斗争。”

毛泽东的“斗争”势如排山倒海，这首先从调整军队编制序列方面显示出来。以野战军正规兵团为主体并与地方部队、民兵相结合的武装力量体制，似在一夜之间脱颖而出。其中直属中央军委领导的便是晋绥野战军和晋绥军区。晋绥野战军由陕甘宁晋绥联防军所属的三五八旅、独立第一旅、独立第二旅、独立第三旅四个主力旅组成；晋绥军区是从陕甘宁晋绥联防军中分出来的，辖吕梁、雁门和绥蒙三个军区。赫赫有名的贺龙和李井泉统一指挥这支劲旅。与此同时，原来的陕甘宁晋绥联防军也并没有消失，它仍旧囊括着驻扎在陕甘宁解放区除晋绥野战军和晋绥军区之外的所有其他部队，并确定以王世泰为代司令员、习仲勋为代政委。它像一个悬念，不动声色地珍藏着，给未来纵横大西北摧枯拉朽的第一野战军埋下不可估量的伏笔。

在调度兵力这一点上，蒋介石的国民政府显然要比中共省事得多。作为国民政府军事委员会的委员长，蒋介石统帅三军，号令百万，右有东南行辕顾祝同的第三、七、九3大战区；左有汉中行营李宗仁的第一、二、五、六、八、十、十一、十二共8大战区及第二十四、五十六、七十六、七十九、五十五等5个直属军，另有昆明行营、重庆卫戍总司令部下辖的第十四军和驻扎在印度的新编第一军；此外，脚下还踏着陆军总司令部何应钦、卫立煌所辖的4个方面军及昆明防守司令部和中印公路东段警备司令部，真可谓要风得风，要雨得雨。而朱德只不过是阎锡山把持下的第二战区下辖5个集团军中其中的一个“总司令”。像这样集团军级别的指挥机构，光是他的汉中行营就有23个之多。

但是，蒋介石“重启戡乱”的自信很快受到挫伤。他发现日常呼点的花名册仅仅是个书面资料，毛泽东和朱德作为他的政敌，其实际能量已不是当年井冈山和湘江地区的势头，而是可以理直气壮地站在他面前说“不”了。

这是蒋氏心中的重病。何应钦连珠炮似的几道命令之后，不到两天，毛泽东即以朱德这个不起眼的总司令名义，两次致电蒋介石表明立场态度：“……这个命令你是下错了，并且错得很厉害，使我们不得不向你表示：坚决地拒绝这个命令。”尤嫌不足，当天毛泽东又给新华社写了篇饱含深意的檄文——《蒋介石在挑动内战》。单是看题目，蒋委员长的血就直往上涌，更不用说文中对蒋氏“命令”一针见血的评点了。毛泽东的文风一向是刀刀见血、迅雷不及掩耳，而且大义凛然，字字句句都敲到全国民众的心坎儿上。他指责蒋介石"从头到尾都是在挑拨内战"，"抗战一旦结束，内战危险立即严重威胁全国人民，这一点难道还有疑义吗？现在我们向全国同胞和全世界盟邦呼吁，一致起来，同解放区人民一道，坚决制止这个危及世界和平的中国内战"。

请注意，"全国同胞"和"全世界盟邦"，这是两座大山啊，区区一个蒋介石与国民政府无论如何也背不动的！毛泽东舆论战的功夫可见一斑。此亦不难看出，他铁定心思要以摧枯拉朽之势，救万民于水深火热之中。"解放"二字如旭日东升，即将喷薄而出！

三天后，延安方面又一份电报追过来，口风更为犀利："一切同盟国的统帅中，只有你一个人下了一个绝对错误的命令。我认为你的这个错误，是由于你的私心而产生的，带着非常严重的性质，这就是说，你的命令有利于敌人。因此，我站在中国和同盟国的共同利益的立场上，坚决地彻底地反对你的命令，直至你公开承认错误，并公开收回这个错误命令之时为止。我现在继续命令我所统帅的军队，配合苏联、美国、英国的军队，坚决向敌人进攻，直至敌人在实际上停止敌对行为、缴出武器，一切祖国的国土完全收复之时为止。"

包括许多老牌的国民党军政人员，都不能不承认这是一篇妙文，体现了有理、有利、有节，蒋介石几乎成为被告而被押上道德法庭。自从江西"戡乱""剿共"以来，整个抗战期间，他差不多总是陷于此等困境。但蒋介石就是蒋介石，即便有像西安事变那样的莫测风云，他也时刻忘不了"攘外必先安内"这句禅言。

然而，这次蒋介石不能不作出后退一步的姿态。其中奥秘，当时的美国总统杜鲁门在几十年后一语道破。杜认为"蒋介石的权力只及于西南一隅，华南和华东仍被日本占领着，长江以北则连任何一个中央政府的影子也没有"。"假如我们让日本人立即放下他们的武器，并且向海边开去，那么整个中国就将会被共产党人拿过去。因此，我们就必须采取异乎寻常的步骤，利用敌人来做守备队，直到我们能将国民党军队空运到华南，并将海军调去保卫海港为止。"

毫无疑问，完成这一切不但需要时间，也需要名分。"盟邦"希望蒋介石拿出万全之策，把八年来一直与敌血战而历尽千辛万苦的共产党晾到一边，使中国实现在国民党领导下的"和平统一"。这样，美国人的指挥棒就可在亚洲大陆获得永久性权威。

赫尔利在这个历史关头注定要扮演重要角色。他须在蒋介石摇摆不定的天平上加重砝码。只不过，他们并非心有灵犀，而是同床异梦。赫尔利的眼界与杜鲁门尚有差异，以他在和平理想方面的天真或对中国问题的盲目乐观，怕是难以吃透蒋氏和平高调下的操刀之实。此时，中共已把发动内战的帽子扣到蒋介石的头上，蒋介石想藏而不露是不可能了。无论是战机所需要的时间，还是战争本身所需要的名分，都要求蒋介石作进一步的政治表演。

因此，和平谈判就成为蒋介石合理的选择。赫尔利坚定地认为，国共两党只要各让一步走到谈判桌前，中国的问题兴许就会柳暗花明。

毛泽东“店小”握真理，蒋介石“家大”玩虚招

就在毛泽东口诛笔伐至为酣畅的第二天，他突然收到重庆发来的一封急电：

> 万急，延安
>
> 毛泽东先生勋鉴
>
> 倭寇投降，世界永久和平局面，可期实现。举凡国际国内各种重要问题，亟待解决，特请先生克日惠临陪都，共同商讨。事关国家大计，幸勿吝驾，临电不胜迫切悬盼之至。
>
> 蒋中正未寒

显然，蒋介石把球踢过来了。他料定毛泽东没有去重庆的胆量，所以电报发出的同时，又电令驻延安的两位联络参谋，当面探问毛泽东的答复意见，明摆着想通过立逼表态的方式，让中共精神上受到挫伤。事实是，他压根没想到毛泽东会应邀前往，更谈不上认真思考彼此坐到一张桌子面前来“共同商讨”。

毛泽东一看蒋介石的电报闭口不谈“认错”二字，也根本没有收回成命的意思，倒是对自己“惠临陪都”“悬盼之至”，也就大体明白这位居高临下的委员长唱的是哪一出了。于是，毛泽东立即避虚就实，揪住老蒋的尾巴，复电：

> 重庆
>
> 蒋委员长勋鉴
>
> 未寒电悉。朱德总司令本日午有一电给你，陈述敝方意见，待你表示意见后，我将考虑和你会见的问题。
>
> 毛泽东未铣
>
> 1945年8月16日

电报发出后，毛泽东立马派人去见国民党联络参谋周励武和罗伯伦，通报他们说：“毛先生不准备去重庆，待蒋委员长答复朱德电报后，再作考虑。”

蒋介石见到回电，更加确信毛泽东不敢赴渝。曾几何时，十年内战的“戡乱”岁月令人记忆犹新，蒋委员长开出天价悬赏毛泽东的人头，从江西追杀到陕北，几乎就没有停止过。

如今，这才过去几天，又让毛泽东到重庆和自己面对面“谈判”，他毛泽东难道还会吃了熊心豹子胆不成！三天之后的8月20日，蒋介石跟着追发电报，措辞益发情真意切，力促毛泽东去重庆“共定大计”。

以毛泽东的性格，跟老蒋的这个劲儿必须得较到底。然而，另一种政治因素他不能不顾忌，一向以太上皇自居的斯大林，竟连续两次通过苏共驻延安情报员向中共中央转达意愿，希望毛泽东去重庆与蒋介石谈判。斯大林的话硬度较高，扔在地上咚咚响，他说：“中国不能再打内战了，要再打内战，就有可能把民族引向灭亡的危险。”

“把民族引向灭亡”当然不是任何中国人的愿望，可如果中共不与蒋和谈，似乎就要承担内战责任。斯大林要的是国家利益。他必须确保蒋介石执行1945年8月14日和苏联签订的《中苏友好同盟条约》，那里面有包括“中苏共管长春铁路三十年，旅顺为共享海军基地三十年，大连为自由港……”等内容。为了这个利益目标，他甚至有可能按照“二战”后期法国、意大利共产党处理与本国资产阶级关系的模式，让中共以解除武装交出军队为代价，换取在政府中的合法地位和一官半职。斯大林一度认为，这是避免中国内战、巩固战后大国关系，保持与西方国家合作的好办法。他的算盘打得很精：如果共产党与国民党组成联合政府，同样可以保证中国不完全倒向美国，保证中国与苏联的友好关系，而中共作为共产国际大家庭中的小老弟，在高大威猛的布尔什维克面前必将永远俯首称臣。

斯大林“老大哥”的话，中共无法不尊重。毛泽东与周恩来等掂量再三，于8月22日复电蒋介石，宣布“为团结大计，特派周恩来同志前来晋谒”。

蒋介石明白了，毛泽东是在跟他较劲儿呢，本人还不愿意与自己面谈。他不得不又一次搬出斯大林，随即将中共电文转发莫斯科。斯大林当即再给延安发电：“蒋介石已反复邀请毛泽东去重庆协商国事，在此情况下，如果一味拒绝，国内国际各方面就不能理解了。如果打起内战，战争的责任由谁承担？”斯大林劝毛泽东不用担心人身安全，表示，这个问题将由美、苏两国负责。

蒋介石捏着斯大林的心思，说话办事更“大度”了。8月23日给延安的第三份电报，几乎到了生拉硬拽的地步：“承派周恩来先生来谕洽商，至为欣慰。唯目前各种重要问题，均待先生面商，时机迫切，仍盼先生能与恩来先生惠然偕临，则重要问题，方得迅速解决。国家前途实利赖之。兹特备飞机迎近，特再电驰速驾。”说着话飞机也来了，而且上面坐着美国大爷赫尔利。

毛泽东究竟去不去重庆？围绕这个问题，数日内在延安高级干部中掀起轩然大波。蒋介石何许人也，共产党人领教得够多了，翻手云覆手雨，廖仲恺、张学良、杨虎城都是前车之鉴，谁也无法拍着胸脯为毛泽东的人身安全打包票。可是，从8月14日到23日，短短十天时间，蒋介石一连给毛泽东发出三封邀请电，气势咄咄更兼天花乱坠。

蒋介石在电文中表示：“大战方告终结，内争不容再有。深望足下体念国家之艰危，悯怀人民之疾苦，共同戮力，从事建设。如何以建国之功收抗战之果，甚有赖于先生之惠然一行，共定大计，则受益拜惠，岂仅个人而已哉！”这简直就是一篇和平赞美诗。

不仅如此，对于最初关于受降方法的“一日三令”，蒋介石也给出了合理的“说法”，说那是“系由盟军总部所规定”，还说“朱总司令如为一爱国爱民之将领，只有严守纪律，恪遵军令，完成我抗战建国之使命”等，如此连篇累牍，理由冠冕堂皇。

更何况，斯大林还在那里为老蒋“给力”，不依不饶、软硬兼施。

毛泽东沉吟了好几天，8月22日发出派周恩来“前来晋谒”一电的同时，高调接见周励武和罗伯伦参谋，把发往重庆的电报内容一五一十通报给他们。

周、罗二人连续几天紧张得一塌糊涂，在延安大街小巷四处打探毛泽东的真实意向。结果，所有消息都表明：毛泽东不可能去重庆。于是，重庆得到的全部密报都是：毛无意赴渝谈判。蒋介石听了后表面上皱起眉头，实际心里舒服啊，这正是他想要得到的情报。和谈成为公开的幌子，他哪有半点儿时间去作和谈准备，只一门心思忙于调兵遣将，抢夺各大城市及战略要地。

中共中央有关谈判的各项准备工作，可谓紧锣密鼓，所有和谈文案都在日夜突击精拟之中。各项战略方针也在不知不觉地贯彻落实。就在8月22日这一天，毛泽东还发布了《关于改变战略方针夺取小城市及广大乡村的指示》，要求所属各部队，把夺取小城市和广大农村作为重点。在这份引人注目的文件中，他第一次响亮地提出“和平、民主、团结”三大口号。这才是时局中的大是大非，是社会良知的聚焦点和历史发展的主动脉。毛泽东在抓不到“权”的时候，必须抓到“理”，因为“理”总是活在绝大多数人心中的东西。毛泽东永远信奉人民创造历史，而不是那些不可一世的权贵。

延安委曲求全严阵以待，重庆财大气粗忘乎所以

1945年8月23日，毛泽东在延安枣园郑重召开大约50人参加的中共中央政治局扩大会议，研究判断当前国际国内政治军事形势。经过反复考虑，他已胸有成竹——亲自到重庆“会一会老蒋”的决策铁板钉钉。为“妥当”起见，拟派周恩来先行一步。毛泽东把自己的想法一说，会场立刻再起波澜，核心依然是“为主席的安全担心”，有人甚至上纲上线，提到政治高度，坚决反对毛泽东冒险，如果毛自己执意要去，那是“对党的事业不负责任”。

毛泽东内紧外松，显得很洒脱。他是把握政治脉搏的高手。试想，在几乎全世界舆论焦点密切注视之下，蒋介石怎么可能愚蠢到对赤手空拳的他用手段呢？就是斯大林不表那个态，承诺美苏负责他的安全，毛泽东也料他蒋介石不敢（但事实上这个判断还是有误差的，老蒋在最后谈不通的情况下，确实也动了“惩治”毛泽东的念头，但终究未成事实）。所以，毛泽东当时敢于大度地告诉大家：“我们是钻进去给蒋介石‘洗脸’，而不是‘砍头’。”虽然判断没有大的问题，但毛泽东还是准备遇到最大的困难并可能有的让步。他像往常激动的时候那样，挥动着硕大的手掌表示，所有个人的冒险，就是希望能通过谈判这一步，先建立资产阶级领导又有无产阶级参加的政府，然后再实现新民主主义制度。

显然，这是在委曲求全，基本上接受了苏联“老大哥”斯大林的思路。

以毛泽东在党内的威望及他在历次紧要关头力挽狂澜的事实，人们没有理由不相信他的这番高论，没有理由不为他描绘的未来蓝图所鼓舞。大家纷纷表示中国人的事还是中国人自己解决为好，美军不登陆、苏军不入关对中国人民有利。至于新的形势下中共力量的发展，是完全可以放下包袱信心十足的。有人在会前会后还作出一系列和平畅想，诸如蒋介石返回南京，中共中央也应迁都，要么并入南京，要么拉开一点儿距离，在各方面条件均比较优秀的苏北根据地的重镇淮阴等。朱德考虑得更为长远，连将来的民主选举运动都想到了，认为毛泽东赴重庆谈判对中共有利，并且幽默地说：“让蒋介石当总统，我们当副总统吧。”

毛泽东从来“不打无准备之战”。他建议在去重庆的这段时间，由刘少奇代理自己的职务，建议书记处增补陈云、彭真二人，以便毛泽东、周恩来不在书记处时，仍保持有五个人在位，能够开得起会。最重要的还是掌握部队，第二天，刘伯承、邓小平、陈毅、林彪、陈赓、薄一波、肖劲光同时离开延安，奔赴部队，各就各位，作好战斗准备。这种严阵以待的态度，自然在延安营造出“风萧萧兮易水寒”的悲壮气氛。毛泽东“壮士赴死”的英雄气概，再次感动了红色根据地的人民和全军官兵，高级将领

们个个立誓、人人表态，迅速地形成了决战前的政治基调。这是毛泽东所需要的精神状态。

就在这一天，8月23日，蒋介石第三次致电延安，又一次心怀叵测地敦促毛泽东及早成行。毛泽东依旧不急不忙拖了一天，到8月24日才极为亲切地回过一份电报去："鄙人极愿与先生会见，商讨和平建国大计。俟飞机到，恩来同志立即赴渝晋谒。弟亦准备随即赴渝。"

1945年8月26日，毛泽东亲笔起草《中共中央关于同国民党进行谈判的通知》，提出去重庆谈判存在两种可能：第一，蒋介石在内外压力下有条件地承认中共地位，共产党也有条件地承认国民党地位，于是两党（加民盟）合作，国家进入和平发展新阶段；第二，国民党发动内战，在全中国和全世界面前"输理"，那么，"我党就有理由采取自卫战争，击破其进攻"。

这才是一份真正的中共内部情报，而与蒋介石此前从派驻延安的"联络参谋"那里所接到的"秘密情报"截然相反的是，他始终断定毛泽东不会真正到重庆来。老蒋当然相信戴笠手下的那帮人，故而在重庆一片焦虑的声浪中，他仍然保持着冷冷的淡定，总是说："不要慌，我心里有数……"

在获取延安可靠消息方面，蒋介石是下了大力气的，明的暗的用了不知多少手段。还是在1943年，两个"训练有素"的国民党军官就骑着毛驴来到延安。他们一个是军令部新任命的驻第十八集团军联络参谋徐佛观，另一个是驻贺龙一二〇师的联络参谋郭仲容。延安给了这两位"高参"很高的礼遇，毛泽东、朱德、叶剑英隔三岔五接见宴请，连中共的延安整风文件，徐佛观和郭仲容也照看不误，而且是每份必读，认真仔细地研究，随时向重庆报告最新动态。

在国民党军统的圈子里面，出入延安无疑是最值得炫耀的经历。因而徐佛观每次只要有回重庆述职的机会，都要被戴笠请到军统局讲课传经。可是，延安毕竟是个"大染缸"，驻在那里时间长了终究有危险，老蒋不放心，戴笠放不下，徐、郭二人也觉得苦不堪言，所以很快又被周励武和罗伯伦取代。

周励武这个人急于往上爬，到了延安就功名心切，一心想搞到中共有价值的情报，好去戴笠那里邀功请赏。于是，他不久就盯上了延安交际处一个叫王荣棠的服务员。小王年纪不大，长得嫩嫩的，周励武就想用个小计谋去引诱他，外出时故意把一枚金戒指丢在地上，试图等王荣棠财迷心窍捡到手就能抓住把柄。可周励武哪里知道，王荣棠是经过严格训练而又久经沙场的中共"老"边保人员，一眼就识破了他的那点小伎俩，二话不说，向组织汇报。周励武不甘心，又盯上奉命来照顾他们生活的延安师范女生关淑珍，自然也以失败而告终。

事实上，国民党军联络官从踏入延安的那一刻起，就被高度控制起来，只是他们并不自知。他们偷偷发出的每一份电报，还没等到老蒋圈阅，就已放在毛泽东的办公桌上了。这虽说是重庆谈判成败毁誉的插曲，但却也是正题。

国共之间还在温情脉脉的文电展演期间，迷雾中的山雨欲来，实际已徐徐拉开帷幕。所谓“谈判”，不过是一场毫无悬念的“明牌”。按照毛泽东的话说——“这是玻璃瓶子里面押宝”！

打“明牌”的双方所不同的是，延安中共中央从一开始就以一种“解放”的姿态“假戏真做”，因而有备而来，滴水不漏。而重庆国民党政府从一开始就抱着过去“戡乱”的老皇历“假戏假做”，骄横心态不加掩饰，且上上下下看着委员长的眼色行事，都在吊儿郎当对付差事，以至于后来到了谈判桌上，毫无准备，漏洞百出。于是，看透了对手底牌的毛泽东和周恩来，能够始终掌握着国共谈判的主动权。整个谈判只能按照中共早已拟就的方案步步推演，而蒋介石则措手不及，总是怒气冲天按不到点上，索性就硬着头皮不按套路出牌，端起国民政府的大架子，失信食言之举在所难免，而民心向背由此生发——这不能不说也是一种天定的大势所在，从中可见未来战局的端倪。

三、前方与后方

和战难测“灰姑娘”穿疑云，合分未料大将军酿惊雷

延安东郊的黄土高坡上，黑压压的人群全都伸长脖子仰望天空。天空中，被称作“美国灰姑娘”的赫尔利专机，在延安城上缓缓绕过一周，便向西南方向的重庆飞去。按照中共中央的要求，中国战区盟军参谋长魏德迈请赫尔利大使乘专机亲赴延安迎接毛泽东，随机而来的还有国民党代表张治中。在刘少奇、朱德、任弼时、邓颖超、杨尚昆等人和数千群众一片肃穆的注视下，毛泽东、周恩来和中共南方局书记王若飞几个人，一一登上飞机。机舱口，毛泽东慢慢举起那顶深灰色的盔式帽，用力一挥，停在空中……螺旋桨转起来了，搅动着机翼下人们的无限思绪。不知什么时候飞机升上了天空，嗡嗡的马达声渐渐从天边隐去，而人们心头的轰鸣声却越发响了起来。

彭德怀望着远去的飞机钻进云层，才回头大步流星奔到指挥部。一眼看到桌上贺龙给军委送来的一份战报，便打开仔细看了看。电报说，独立三旅进攻汾阳，因计划和侦察不周，未能得手，拟再令由陕甘宁边区赶去的独立一旅和晋绥第八军分区部队攻打文水。彭德怀抓起桌上的铅笔，在电报上毫不犹豫地批道：“要打，要狠狠地打，志在必得！”之后，嘱咐作战参谋立即派发出去。接着，他意犹未尽地踱到作战地图跟前。图上标号显示：国民党军奉蒋介石之命，在日伪军的接应下，已进占临近解放区的徐州、开封、郑州、洛阳、太原、归绥等地，并有继续沿平汉、同蒲、平绥、津浦各铁路向前推进的趋势。不难看出，中共控制的华东苏南、浙东、皖南、皖中及豫西、中原、湘粤边等解放区，将处在国民党军重兵包围之下。这些地区的八路军、新四军，很快就有被国民党军各个击破的危

险。而晋冀鲁豫、晋察冀、晋绥、山东、华中各解放区，也都面临着国民党军的严重威胁……彭德怀长久凝思，心里好像压着块大石头。

回想起几天前的政治局扩大会上，围绕毛泽东是否赴渝谈判的问题，大家心里想的实际上七长八短，意见并不一致，但多半含含糊糊没有完全表达出来，等着毛泽东自己的态度。彭德怀还是老脾气，直言不讳发表自己的看法——他认为毛泽东立即赴渝是“增加了蒋介石的气焰”，他竭力主张毛暂时不要去重庆，“等我和老蒋打一下，把他的气焰打下一点儿来，毛主席过几个月再去时机更成熟些”。可毛泽东最后的决策还是没有理会这些。彭德怀理解，那是复杂的国际国内政治环境，迫使中共作出的无奈选择。几天来，蒋介石一个劲地抛放和平气球，斯大林不依不饶地施加压力，美国人又在要猴似的拼命“调停”，彭德怀心里实在堵得慌，但没有办法，“主席决定了的事情”，他不能再说什么。

与彭德怀同样心里憋着一股劲的人，是贺龙。

贺龙始终认为蒋介石电邀毛泽东赴渝是个阴谋，“蒋介石是啥子东西，我那里有一本清账”。他听说毛泽东要去重庆谈判，当即就火烧火燎地对徐向前、肖劲光和谭政等人直嚷嚷。贺龙是在向中央军委报告总体战略方针改变后晋绥联防军的具体战略部署时，从毛泽东那里直接得到这一消息的。他对毛泽东说：“靠不住哟，主席，你莫理睬他，这个人（指蒋介石）历来讲话算不得数！”

陕甘宁晋绥联防军的部队编制序列调整后，明确直属中央军委领导。这意味着它的一举一动直接关系中共中央、中央军委核心部位的安危，贺龙深感肩上的责任重大。定编之初的第一次晋绥军区和晋绥野战军干部会上，贺龙就和盘托出了自己的想法：“今天是高朋满座、战将如云，我们也有三大主力嘛，晋绥野战军、晋绥军区和新的陕甘宁晋绥联防军，三股合一。晋绥这个地盘是陕甘宁的门户，党中央、延安就交给我们喽。这可是我们的脑壳，丢不得哟，要丢，就丢我们脖子上的，”他抚着自己的胡须，“你们说是不是啊？”

贺龙这番话虽说粗豪，却非常实在。他和李井泉指挥的这支劲旅，是红二方面军的根基，大多数骨干都是从血腥的洪湖苏区——湘鄂西时期或是由当年的红六军团从井冈山突围出来后，就跟着贺老总天不怕地不怕长征过来的老红军。如三五八旅后来的旅长黄新廷、政委余秋里，独一旅后来的旅长王尚荣、政委朱辉照，独二旅旅长许光达，独三旅旅长杨嘉瑞、政委金如柏等人，都是红二方面军早已赫赫有名的老同志。另一部分是晋陕一带数得着的地方抗日英雄，像独一旅旅长高士一等，也都是叱咤风云的人物。还有军委及总部机关、直属单位的各路精英，如三五八旅旅长张宗逊等人。大家多年战斗在晋绥和陕甘宁边区这块不毛之地上，黄尘弥漫，吃穿无着，整个抗战时期是靠吃喂牲口的黑豆、榆钱、野菜根支撑过来的，彼此患难与共，结下生死情谊。

起初，毛泽东和中央军委交给贺龙的任务是：集中晋绥主力，占领太原，然后挥师北上，夺取归绥（今呼和浩特市）。这样，山西和绥蒙的局面便可有效控制。当时情况相当严峻，傅作义和阎锡山都接到蒋介石暗下的命令，一个劲地调动兵力哄抢大城市，企图先下手为强。毛泽东和朱德分别拉住贺龙的手，一遍一遍地叮嘱："贺老总啊，这是历史转折关头，慢一步全盘皆输，你必须尽快行动，争取时间就是主动，就是胜利。"贺龙镇定自若，严肃地点着头："蒋介石要摘桃子，没有那么便宜！"

对于时间和胜利的关系，贺龙心中当然明镜似的。整个编制调整期间，部队的攻击行动几乎没有中断。新的编制序列一下达，他连家都没有顾上回，一大早就同由联防军参谋长张经武、中共晋绥分局代理书记和晋绥军区政委林枫等人组成的指挥班子，打马出发了。一路上，贺龙都在想如何夺取太原、控制归绥，一份详细作战计划已烂熟于心。可第二天他突然接到报告，说晋绥部队第二十七团和绥蒙军区第九团好不容易攻进归绥城，已把日伪军包围在大十字街的伪蒙军总部，谁知就在准备瓮中捉鳖时，傅作义冷不丁在背后捅了一刀。这位堂堂的第十二战区司令长官竟奉蒋介石之命，下令第三十五军暂三十一师一部及所谓挺进纵队三千余兵马，悄无声息地从八路军侧背杀过来。日伪军高兴坏了，立刻趁机反击。顿时，晋绥和绥蒙军区部队腹背受敌，只好一肚子遗憾地撤了出来。

"这还了得！"贺龙听到报告气得在马背上直跳脚。这天晚上，从没虎过脸的他把脸拉下来了，饭也吃不下，通宵不能入睡，一锅一锅猛吸烟，吞云吐雾问大家："怎么搞的？叫傅作义来这一家伙，太原、归绥我们都进不去了。明摆着嘛，敌强我弱……得想个法子，横竖跟老蒋干一下子。"

这个"一下子"让贺龙苦苦思索了好几天。8月22日，中央军委下达关于"以相当兵力威胁大城市和交通要道，以必要兵力着重夺取小城市和广大农村"的电报指示。贺龙当即决定：分南北两条战线，向敌发起凌厉的攻势。北线一面巩固已解放的陶林、武川等城，一面继续夺取绥东、绥南各县城，配合聂荣臻的晋察冀部队攻取集宁、丰镇，阻止傅作义继续东进；南线集中全力狠揍胆敢进犯的阎锡山，把汾阳、文水、交城、孝义诸城一一拿到手。到毛泽东登机飞往重庆的第二天，贺龙手中的红色箭头就已在归绥附近的陶林、武川、萨拉齐、集宁、丰镇、兴和、尚义、左云、右玉、凉城、清水河等县遍地开花，一大批小城解放了，对平绥铁路产生了相当的控制力，同时也威逼归绥。但这并不能减轻贺龙的心理负荷。当晚，他忧心忡忡地给朱德、刘少奇和任弼时发去一份专电："毛泽东主席赴渝安全有无保证？我们不明了情况，请告之。"

贺龙也知道毛泽东一向不信任蒋介石，即便是在8月23日的政治局扩大会议上，他也还是满口认定蒋介石的所谓“和谈”纯属骗人的鬼话，指出蒋终究是想消灭共产党，只是眼下条件不够成熟。方方面面都需要和平，苏、美呼声很高，老百姓呼声很高，共产党呼声更高。而国民党内部矛盾重重，军事上，兵力分散，摊子还没摆好，这才有“和谈”一说。毛泽东声称他是去重庆揭穿阴谋的，并且让周恩来先去侦察一下蒋介石开的什么盘子。现在，连这一步都省掉了，毛、周同机出发，实在让贺龙提心吊胆。记得当时汇报晋绥部队南北线作战方案时，毛泽东就对这一行动寄予厚望，说：“你打得漂亮，我就放心大胆了。”如今晋察冀边区的北线战绩小有辉煌，作为指挥员自然不满足，他强烈期望着深入山西腹地的南线部队出现奇迹。然而，这毕竟是紧靠太原的地方，阎锡山的势力盘根错节，每攻一城无异于虎口拔牙，实际情况的进展不太理想。汾阳没能得手已让贺龙焦虑不安，转攻文水县城又出现一连串意外。

正当此时，朱德、刘少奇、任弼时给贺龙的复电到了。他们告诉贺龙：“毛泽东赴渝谈判十分必要。从国际国内情况看，安全保证也是有的。目前，在前线最能配合与帮助谈判的事情，就是在自卫原则下打几个胜仗。晋绥方面对阎锡山、傅作义的进攻，望能组织一两次必胜的战斗，以配合毛主席的谈判。”

贺龙的心被这无声的雷电击穿了。他抓着电报在头顶上直摇：“我们相信中央！现在，我们能做的，就是争取打几个胜仗，用实际行动配合毛主席去重庆。”不用说，攻占文水就是这“几个胜仗”的第一个。

南征湘粤风云突变，夜攻文水风雨无阻

指挥部设在晋西北一座最普通的茅屋里，贺龙的烟斗仍吸得像往常那样吱吱作响。满屋的烟雾中，他那略显红肿的双眼火焰般地跳动着，地图离得很远，但却不妨碍他准确无误地报出文水县城周围大大小小的地形地物。一份体现“首长决心”的战术简图已由作战参谋标示完毕，贺龙的脸上又漾起纯真的笑意。“小城外围是平原，望不着边，土地肥得流油呀。人说交城山，交城水，不浇交城浇文水嘛……”贺龙从嘴里取出烟斗，一副心驰神往的样子。按照他的总体部署，独一旅旅长王尚荣和第八分区司令员王长江，已下令部队围定文水县城，并按既定作战方案，准备攻其三面，另一面围而不攻，以收“赶鱼入网，聚而歼之”之效。

文水县城距太原80公里，锁钥太汾公路，是太原西南郊重镇。取得文水进而扩大战果，再把周围几个县城拿下，对于太原的威胁不言而喻。但这还不是最重要的，最重要的是有可能腾出兵力沿铁路线乘胜南下，接应

另一支目前还远在江西九岭山地区与敌血战的孤军，这就是由王震和王首道率领出征将近一年的南下支队。

王震南下支队浴血奋战是从一个伟大的创意起步的，那是日军实施所谓的“一号作战计划”，大败国民党军的1944年，从4月汤恩伯撤手河南开始，粤汉与湘桂铁路沿线国民党军便连连败退，湘、粤、桂等省大片国土沦陷敌手，华南抗日力量急需加强。毛泽东一眼瞅准这个机会，果断决策开辟越城、都庞、萌渚、骑田和大庾岭的五岭根据地。三五九旅奉命南下。他们以4000人马组成八路军独立第一游击支队（亦称南下支队），下辖四个大队。此外，中央派往鄂豫皖边区工作的900多名干部也编成两个大队，随同南下，如一切遂愿，他们将首先在湘中创立以衡山为依托的抗日根据地，然后打通与广东东江纵队的联系，造成南方一翼，从而在将来的全国性战略反攻中大显身手。

1944年11月9日，南下支队告别延安，这是一次完全可以预测凶险前景的艰难征程。早在决策之初，毛泽东就透辟地分析了可能出现的两种局面，“第一种可能，就是整个国际的反法西斯战争，包括中国的抗日战争还要持续两三年，这样，你们就可以在华南利用日伪和蒋顽之间的矛盾，放手发动群众，壮大革命的武装力量，巩固和发展敌后抗日民主根据地；第二种可能，就是国际反法西斯战争迅速胜利，日本很快投降，整个局面就会发生重大变化。蒋介石决不允许你们这把刀子插在他的咽喉上，会首先集中力量吃掉你们。这样，你们孤军深入，没有根据地，斗争将十分残酷，处境将极其困难，甚至可能全军覆没，包括你本人在内。你们要准备迎接这场严重斗争，发挥不怕牺牲英勇斗争的精神，力争光明的前途。如果出现这种情况，你们还能回到鄂豫边李先念同志那里，那也是一个很大的胜利”。这番话足以体现毛泽东对于王震的信任与理解。他知道不论第一种可能的“发动群众，壮大革命武装力量”，还是第二种可能会出现的“残酷”与“牺牲”，王震都会应付得了，而不会有大的差错。

王震威猛兼有谋略，具有军事家与政治家的双重素质，这一点在后来的大西北战场上得到了充分证实。

即便如此，在南下支队出发之后，贺龙心里也还是一直悬着个葫芦。王震毕竟与他一起征战已久，彼此手足情谊难以用语言表达。这种格外的思念，连贺龙自己也觉得不可思议。送别那天，他走到王震面前狠狠捶了一拳，说：“王胡子，你要给老子带着脑壳回来！”他说这话的时候，依旧是一脸笑眯眯的神情。王震也呵呵地笑，就像过去无数次经历过的那种分别。

贺龙对南下支队的牵挂还不仅仅是这些。南下支队四、五、六共三个干部大队，是中央准备补充新四军五师和开辟湘鄂赣新区的骨干力量。其中，四大队以原红六军团暨湘赣苏区的老干部为基础，加上三五九旅干部训练队，由能征善战的六军团老将郭鹏当队长，廖明任主任；而五大队则是以原红二军团暨湘鄂西苏区的老干部为基础，队长、政委便是贺龙手下久经考验的爱将贺炳炎和廖汉生。队上三十多名“老二军团”，团一级干部就有十好几个，个个都是贺龙亲自画的钩。

十年生死别，重回湘鄂西。临行之际，廖汉生兜里揣个小本子找到贺龙：“过去一直在你身边呵着护着，错了有人批评，骂也可以，这下子分别了，头一回独当一面，又是去洪湖老苏区，你给指示指示吧。”贺龙摆摆手说：“个人没啥指示，主要是贯彻中央指示。”他要廖汉生去看看陈云，说陈云有做地方工作的经验。陈云当过多年中央组织部长、中央书记处书记，当时又担任西北财经办事处副主任，有理论有实践，有政治有经济，经验的确很丰富。见廖汉生上门请教，又那么虚心，陈云受了感动，一口气谈了两个多钟头。他提出一个新观点，叫作“毛主席的精神”，核心一条就是实事求是。廖汉生记了满满一本子。

最后，他又去看关向应。这次是拉着贺炳炎一同去的。关向应肺癌已到晚期，躺在病床上，形销骨立，说话的声音又颤抖又微弱。他就用那种颤抖而微弱的声音回忆起洪湖时期极“左”路线的灾难，重点强调革命内部团结。这个问题毛泽东在给南下支队干部讲话时也反复指出来过，而且极有针对性地剖析了“山头主义”，说：“你们到了新地方要非常谨慎，学了马列主义做出工作才算有成绩……要尊重人家，不要因为是延安去的就乱批评，要多谈心。”毛泽东还用柳树和松树打比方，说要学习柳树的灵活性和松树的原则性，像柳树那样可亲，像松树那样可靠。

王震对毛主席指示的归纳是，要把两种精神结合一体。这成为他后来多年修身养性的标准。王震身上刚柔相济的品格是很鲜明的。对此，毛泽东和贺龙都有很好的评价。廖汉生与贺炳炎则不然，脾气不好，所以关向应一再叮嘱“团结”二字。一针见血地点准毛病是最见感情的。关向应伸出瘦骨嶙峋的双手，一手抓着贺炳炎，一手抓着廖汉生，说：“去吧，你们如今已经能够做独当一面的工作了，像一只只羽翼渐丰的鸟儿，就要各自飞去了……”说着，大颗大颗地落下泪来。廖汉生和贺炳炎也止不住眼含热泪：“老政委，你好好养病，我们记住你的话了，任何时候到任何地方，贺、关都是我们的旗帜！”

告别延安之后，三五九旅虽然在一二〇师的作战日志上安静下来，但在贺龙的心头，每天总有一条至数条消息，否则，他就不会上炕睡觉。他是用心陪伴着他们一步一步南下的，仿佛看着这队人马翻越吕梁山，徒涉汾河滩，通过同蒲路，进入太岳根据地，看着他们在晋东南分区的沁水县短暂休整作渡河准备，看着他们为了渡河丢下辎重和骡马……

那是12月底的天气，南下支队按计划来到垣曲渡口，没想到上天入地只找到一只小船，五千多人马呀，没办法，王震只好不顾许多大队领导的心疼，下令减装。谁知天遂人愿，就在那几天气温骤降，垣曲渡口不远处的一段河湾居然结了冰，所有人马辎重照走不误。老百姓稀奇极了，说黄河结冰一百年也遇不上一回，这个天下，共产党八路军得定了！

南下支队用两个月时间在敌后冰天雪地赶了2000公里路程，到1945年1月27日才抵达鄂豫边区二分区，同郑位三、李先念的新四军第五师胜利会师。两家一见面都欢喜坏了，第二天就组织了一个隆重的联欢会。五师暨鄂豫边区的领导郑位三、李先念、陈少敏、任质斌等还联名发出“慰问八路军兄弟书”，气氛搞得非常热烈。舒舒服服地休整了将近一个月，五、六千部大队留下来了，有的补进五师队伍，大部分由贺炳炎和廖汉生带着直奔洪湖。

三五九旅大部队还得走，王震和王首道把一、二、三、四大队整了整，又打起精神继续南下。2月23日，他们与五师的张体学部队一同在黄冈以东分批强渡长江，千难万险地冲到了江南。三天后，又打破国民党两个军、五个挺进纵队的围堵，在大冶南面的大田，奋勇追杀日军大畈部队的独立混成第八十四旅团，干掉鬼子100多人，算是旗开得胜。尽管这样，国民党也不放过。他们只得策略性地把番号改了，不再叫“南下支队”，而入乡随俗地称作“国民革命军湖南人民抗日救国军”。据说，这还是毛泽东亲自出的主意呢。

3月1日，王震和王首道率领部队向湘赣边进军，初步开辟以鄂南为中心的湘鄂赣游击根据地，把大江南北连成一片。7月，部队再度向南挺进。到8月底，来到广东省的南雄县。正当他们按照预定计划进入五岭山区、与赶来接应的东江纵队只有不足100里路的时候，全国时局突变，被毛泽东预期的南征前途“第二种可能”出现了！现在，王震只有带领部队在高山丛林之中杀开一条血路，奋力冲出重围。在毛泽东赴渝谈判的前夕，中共中央下达命令：为避免内战，南下支队回师北返。

看到贺龙连日沉默不语，烟斗烧得比任何时候都厉害，副政委兼政治部主任谭政颇有几分担心。政委关向应在病中还念念不忘“胡子”的身体，见到红二方面军的老兵，总要捎句口信，关照贺龙要保证休息、少吸烟。政委不在位，谭政作为政工领导，也应对贺老总的健康尽一份责任。但是，他能拿什么话题出来说呢？围城部队行动相当迅速，这当然让贺龙高兴，于是谭政趁机端来一碗黑豆糊，大声说：“老总，该喝一碗啦！”

时近傍晚，未来一夜是文水一战的关键，贺龙接过黑豆糊喝了两口，又放下来，说：“王尚荣他们打得好的话，顶多明天下午一点来钟就可搞定。”谭政认为24小时内结束战斗就是很了不起的胜利，贺龙坚持说要不了，他希望越快越好。这时，谭政抬头看看屋外的天空，云腾雾遮的黄昏让他打了个寒战。他很是担忧地对贺龙说："糟糕，怕是夜里有雨呢！"

果然，入夜之后便阴云翻滚，天像是戳破了窟窿，大雨倾盆，风能刮倒牛马，部队简直寸步难行。怎么办？还能够按照原定计划攻城吗？八分区首长急得直跺脚，立马派个参谋来请示贺龙。

"请示个屁！"贺龙拍起桌子，"临阵犹豫是用兵大忌，影响士气不说，还要贻误战机，真是乱弹琴！回去告诉你们首长，攻克文水，决心决不能有半点动摇。今天晚上，部队就是爬，也要给我爬到文水城下！"

贺龙的命令，很快在风雨泥泞中化作一片口号声。干部、战士水里泥里滚得热气腾腾，连大炮也被人拉肩扛拖到文水城外几百米的小树林边。正当贺龙听到报告喜形于色，笑着夸王尚荣"大炮上刺刀"的时候，一份来自陕北边城榆林的急电，让他不禁皱起眉头。

胡宗南项庄舞剑，邓宝珊反弹琵琶

榆林紧依长城，有榆林河穿城而过，恰好与长城形成交叉，仿佛造物主在宣布这是一座错误的城市。当然，城市无所谓对错。它不过隐约预示出一个要人的命运，此人的大名在很长时间内与榆林这座古城休戚相关。他就是时任国民党晋陕绥边区总司令邓宝珊。

若论革命资历，邓宝珊在国民党里面也可称得上三朝元老。早在1910年7月，他就加入了同盟会。武昌起义的第二年初，新疆伊犁革命党人发动新军起义，邓宝珊就是一名勇打头阵的战士。在攻占清政府伊犁将军府和副都统署所在地惠远城及稍后与清军协统王佩兰部队的战斗中，都堪称功勋卓著的人物。这使他敢于在1943年7月国民党内反共高潮甚嚣尘上的风口浪尖上，指着蒋介石的鼻子说："我愿把领袖拥护成华盛顿，不愿把领袖拥护成拿破仑。"那是他最后一次会见蒋介石。因为这句话，他的甘肃省主席没有当成。

蒋介石断定邓宝珊与"领袖"感情上有了距离。关于邓在整个抗战期间与中共陕甘宁边区的睦邻关系乃至其本人多次单独到延安与毛泽东、朱德、贺龙等人亲密晤谈的详情，他也了然于胸。但是，共产党果然能够赤化邓宝珊吗？蒋持怀疑态度。结论是，邓宝珊不可不用，亦不可重用。

这是一个复杂的问题。常言道，树老根多，邓宝珊不是一个人，而是大西北的一片天地，一道风景，比方说他和宁、青二马的关系，以及他在辽阔新疆所留下的余风流韵，都是蒋介石不能不掂量清楚的。把榆林交给邓宝珊，让他坐北朝南与胡宗南遥相呼应打对家，使陕甘宁边区的核心延安夹在中间，这是蒋介石的得意之作。对此，邓宝珊心中揣着一块明镜，只是公开场合不露声色而已。尤其是在部属跟前，他一向都坚定地保持着那张纯粹的政治面孔。

这些日子，邓宝珊的表情有了明显起色。他几乎竖起耳朵来倾听延安与重庆之间的枝梢末节，近一个月的事实进程，让他忽喜忽忧。尽管对国共双方的合作，邓宝珊从不抱乐观态度（他对两大集团的最高决策者实在是太了解了），但是，他还是愿意沉湎于短暂的和平虚象。无论如何，两军并存，和颜悦色，总比剑拔弩张于老百姓更为有利。这与他曾宣称的“与民众为友者，即本军之友；与民众为敌者，即本军之敌”的情志，似乎一致。然而，正所谓树欲静而风不止，胡宗南突如其来的一道军令，让邓氏心头那份自欺的超然也没法保持下去了。这道命令就是，要邓即刻将驻守在安边担任封锁中共陕甘宁边区任务的所部新编第十一旅，调往绥远整编。

毫无疑问，新编第十一旅不是胡宗南乃至老蒋的嫡系，而是由邓宝珊一手扶植起来的地方杂牌。过去的岁月，因为牌子不正一直就像小娘养的一样，每每受到歧视，诸如扣饷拖饷、中断被装给养之类的事时有发生。旅长曹又参是个性情耿直的汉子，遇到这种卖了苦力还当孙子的事，难免牢骚大发，说一些近乎于共产党“赤化宣传”的话。这在邓宝珊看来并非新闻。邓总认为军人说归说做归做，何况抗日期间，枪口一致对外，连蒋介石不也声称八路军是友军吗？曹又参屁股后面有一旅之众，肩膀上面有守土之责，从政府那里老是得不到粮食和棉花，只能指望陕甘宁边区为他应急。如此这般，他平常与中共来往密切一点，气头上说几句过分的话，也情有可原。自己就睁只眼闭只眼算了。当然，曹的行为太出格了（比方说据传第十一旅有秘密共产党组织），邓宝珊也不得不当着人面哼哼哈哈地教训几句，但不至于凭着一两条传闻，就要把这个部队一笔勾销呀！邓宝珊越想越觉得胡宗南的命令是项庄舞剑。

能想到不等于能做到。高层交恶就是如此，即便敲散你的骨头架，也让你说不出一个“疼”字。邓宝珊把一切都想明白之后，反而坚定了要处罚曹又参的决心。如果整掉第十一旅是真的在上演项庄舞剑的话，蒋介石和胡宗南要看的就是他这个“沛公”的脸色呀。当此国共合作的大势面前，还是“和为贵、忍为高”吧。曹又参是杀是剐另说，邓宝珊的姿态必须得原汁原味，让人嚼不出丝毫的破绽。军令如山嘛。他不能不快马加鞭把曹又参从安边招到榆林来重责五十大板。

邓宝珊一反常态地不给曹又参让座，而是倒背着双手盛怒以待。这让曹又参立刻嗅到扑鼻而来的异样气息，一路上的满面春风荡然无存。他横下一条心，垂手肃立，什么话都不说。

“曹旅长，”邓宝珊沉寂许久才叫道，“你知罪吗？”

曹又参装作摸不着头脑：“知罪？总座，我有什么罪？”

邓宝珊一只手掌沉沉地落在桌子上，冷脸一转，低声吼道："什么'西北民主运动促进会'的事，是不是发生在你旅？"

"噢，没错。"曹又参装出恍然大悟的样子，"动员官兵促进民主运动，难道有什么不对吗？"

"民主运动，哼，我看……是共产主义运动吧！"

话点到这一层，说明邓宝珊对第十一旅的一切了如指掌。曹又参不禁浑身打个激灵。第十一旅在安边长期与陕甘宁晋绥联防军比邻而驻，说是"封锁"，实际上谁封锁谁呀！大生产运动搞起来之后，陕甘宁边区吃穿不愁，而他曹又参反倒常拉饥荒。这样，中共政治思想、政策方针，自然而然浸透到第十一旅，中共地下组织也在这个旅得到发展。而曹又参自己的思想是非常激进的，就差没有举手向共产党宣誓了，对共产党的政策主张，每每赞不绝口。共产党在该旅的地下组织活动，几乎就不用偷偷摸摸。所谓"西北民主运动促进会"，实际上是边区党组织在1945年夏天刚组织起来的，目的是通过这种统一战线性质的进步组织，团结、教育第十一旅的官兵，反对内战，争取民主，然后视条件发展，相机举义。虽然在第十一旅内部，共产党地下组织的活动比较随便，而在外面是没有太多蛛丝马迹的。曹又参万万没想到，顶头上司邓宝珊竟能一五一十说出原委。

见曹又参木呆呆地站在原处，久未张口，邓宝珊深信胡宗南的情报准确无误。他重重地叹了口气："我早就同你说过，国共之间关系复杂，这个旋涡卷不得，你偏偏要往里面跳，这下可好……"邓宝珊将一份蓝皮文件夹推到曹又参面前，"你自己看看吧！"

那是胡宗南的一道密令。胡要求邓宝珊在整编第十一旅之前，让该旅第二团团长史钫城、副团长张鼎臣到共产党地下组织力量比较强的第一团去现身说法，宣传这次整编的"好处"，并且拉拢部分官兵，全权封官许愿，使中共千辛万苦建立起来的地下组织土崩瓦解。

曹又参一看，急了眼："总座，日本人战败了，连毛先生和蒋先生都在重庆握手言和，他胡宗南凭什么整治我的队伍？我曹又参也是个堂堂正正的七尺男儿，受他妈这股窝囊气，我咽不下！"

"曹旅长，"邓宝珊口气有所缓和，不慌不忙地踱到曹又参面前，"你只知其一，不知其二，知道不？委员长又新成立了一个东北行营，熊式辉挑大梁，杜聿明摇身一变也成了东北保安司令长官，东北各省的主席、各市的市长都在一一委任，而美舰海运第十三、第五十二军，眼见着就要在秦皇岛登陆，山海关、绥中、锦州等地是志在必得。另一方面，苏军正忙着把占领的地盘挪给共产党，政府无论如何请求他们缓撤也是白搭，这些都意味着什么……唉，东北就快成一个大炸药库啦！"

曹又参瞪大眼睛盯着邓宝珊的嘴，好像一箱一箱炸药就埋藏在那里面。果然如邓所言，国共两党两军还有什么“和”可谈？内战一开，生灵涂炭，后果不堪设想。与其这样，倒不如……曹又参痛下决心咬了咬牙：“娘的，想整就整吧，反正这套黄狗皮，老子也穿厌了，还不如趁这个机会解甲归田。”

邓宝珊眼皮跳动一下：“你真想解甲归田？”

“当这个受气的兵，吃没吃穿没穿，共产党拿你当仇人，国民党又看你是小娘养的，不瞒总座您说，解甲归田，我早有此念。现在日本人也投降了，正是机会。”

这番话让邓宝珊心里一块石头落了地。

曹又参告别邓宝珊时是拱手退出的。曹说了句“总座保重”，就大咧咧地跨出了门槛。据卫队队长报告，曹并未像往常那样一一拜访榆林的故旧，连最贴心的红颜知己也没打个照面，当夜就回安边去了。这让邓宝珊大感疑惑。胆大妄为、铤而走险亦是曹又参的本性，这个血气方刚的家伙若是有什么不当之举……邓宝珊有点儿不踏实。他想，解铃还须系铃人，应该先与中共上层接触一下。思前虑后，邓宝珊想起一个人来。

唇枪舌剑歌乐山人如烟，血泪火迸滹沱河情似潮

晋绥八分区和独一旅收复文水县城的战报，是9月1日8点发往延安的。其时，刘少奇、朱德、任弼时和彭德怀等几个人刚凑到一起，准备开个小会，一个喜讯袭来，把大家的心情搅和得就像窗外旭日，蓬蓬勃勃，红红火火。彼此的话题都扯到贺龙身上，有的说贺老总战斗作风顽强，有的说贺老总战略战术灵活。因此可以预测，只要在太原边上打下一个县城，接下来就会有晋中的好戏连台。

“了不得呀，一晚上歼敌近千人，而代价只有三十来个人的伤亡，虽说是个小县城，也可称为大胜仗哩！”朱老总显得比谁都兴奋。

大家聊了几句之后，照例由老总通报毛泽东在重庆谈判的情况，刘少奇作重点点评。朱德告诉大家：蒋介石在前日曾向他的谈判代表指示了三条原则，其中有“不得于现在政府法统之外来谈改组政府问题”这样的断然措辞，中共代表也针锋相对，拟出11点具体谈判提案。这些非同寻常的日子里，不管蒋介石与毛泽东在重庆西郊歌乐山南麓林园回顾阔别十八年的往事“甚为愉快”，还是双方代表坐到谈判桌上你来我往唇枪舌剑，给延安的各位老总都带来了无限思量。

高谈阔论极少有彭德怀的参言。他总是游离于别人谈话之外，就那么长久地盯着地图，双眼一眨不眨，像是下决心要把图上的一山一水钻个窟窿似的。

这时候，刘少奇作为全局性的人物就势必提醒一句：“彭老总，讲话呀，你怎么不讲话？”

彭德怀至多咧咧嘴：“讲么子呢？我还没想好。”说完，又把目光投向地图。在晋绥地区和陕甘宁边区这片密密麻麻的图面上，已经被他圈点得没鼻子没眼了。

朱德凑过来眯起眼睛看了半天，说：“彭总啊，你的眼力真不差，这么乱的字，也能看得清。”彭德怀道：“王麻子写字王麻子认，肚子里的货，看不清也记得清。”他又提起贺龙，夸奖贺老总的记忆力如何如何好，看地图能做到过目不忘。这一点大家都有共识，所以频频点头。说话间，彭德怀已将文水县城打上了一个红圈，接着又在平鲁、神池、静乐、离石等雁门关南北及滹沱河流域的诸多地名上一一画圈，边画边小声地念叨：“这一个，这一个，这又是一个……”

彭德怀的圈圈实际上是替贺龙画的。继文水战斗之后，贺龙指挥南北两线部队，又一口气向拒降的日伪军展开进攻，上述圈内诸城，只用了个把礼拜就一个不漏地收复了，总共歼灭日伪军5000多人，特别是把傅作义集团进攻绥南的黄粱美梦打了个粉碎，大快人心。

短短一个月，在一派升平气象中，国民党调集了36个军、73个师沿平绥、同蒲、平汉、津浦等铁路向中共解放区展开全面推进。

第二战区司令长官阎锡山已出动7个军进占同蒲铁路线，并将一部推进到中共的上党地区。

第十二战区司令长官傅作义用3个军沿平绥铁路东进，5万多人的主力分别压到集宁、丰镇、凉城、新堂、陶林、卓资山、归绥、包头等地，先头逼近中共占领的张家口。

第一战区司令长官胡宗南更是大动干戈，动用8个军，主力东出潼关，沿陇海铁路抵达郑州。一部北渡黄河钻进山西，沿同蒲路进到临汾以北，目标直指石家庄、北平和天津。

此外，第十一战区司令长官孙连仲的3个军，正沿平汉铁路全速推向河南新乡，大有与胡宗南会师石家庄的势头。该战区副司令长官李延年，还另外带3个军进占商丘和徐州，想打通津浦路的徐州至济南一段。

与此同时，第十战区司令长官李品仙也在南京浦口与蚌埠一线遥相呼应。更有甚者，第五战区司令长官刘峙出动的第四十一、第四十七、第五十五、第六十八等4个军，已经悄然完成中原合围；第七战区司令长官余汉谋的第六十三、第六十五军和第九战区司令长官薛岳的第四军，竟然对进到湘粤赣边五岭山区的南下支队，开始赤裸裸地大肆围攻。

王震一日数电向延安告急……

四、南线与北线

南国雨季血似泪，陪都十月花如铁

冷雨敲打在厚厚的芭蕉叶上，发出鼓点般的沉闷声。弥漫无际的云雾，淹没了悬崖峭壁。山野包藏着深重的无奈与凶险。

王震坐在山边一个猎户的茅草屋檐下，望着面前弯曲的山道上缓缓行进的队伍，心中焦虑万分。时间差不多又是过午，脚下南国的千山万壑和冰冷冰冷的烟雨，是那样的寂静。事实上，周围零星的枪炮声从未间断。这就是说情报中所称数倍于我的敌人重兵，距此并不太远。按照原定计划，由粤中前来接应的东江纵队，还在百里之外呢！这一希望几乎淡若秋风。三天前在江西大庾还信心百倍地要冲出重围、强越九岭南下的决定，转眼间变得那么缥缈和不切实际。

队伍中有一副担架抬过来。伤员身上盖着湿漉漉的芭蕉叶，抬担架的两个战士，头上都打着绷带，淡红色的汗珠挂了一脸。两人紧咬着嘴唇一一滑地往前赶，行进得极为艰难。

这时候，王首道气喘吁吁地跑过来，几步远就喊：“伙计，中央复电了！”

“怎么讲？”王震惊喜地回过神。

“中央同意我们的建议，知道我们目前处境，认为在日寇投降、时局变化的情况下，确实难以完成原定任务，同意我们由此地自行选择路线，立即北上向五师靠拢……”这消息着实让人激动。没等王首道把复电的精神说完，王震已经一把抱住了他：“首道，我们得救了！”

王首道皱起眉头沉吟良久：“离长江还远，要打回去还须准备作出大的牺牲。”

“不怕！只要中央给句话，老子死也要把队伍带到江北去！”王震的疲惫一扫而光，一溜儿小跑去下达命令。

部队立即停止前进。这是让人终生难忘的时刻。王震一路跑，心里就浮出在延安分手时毛泽东个别交代他的一番话。毛泽东要王震记住告诉李先念，别指望蒋介石能立地成佛，蒋的本性是绝对改变不了的，国民党对待共产党及八路军、新四军的原则是，能消灭的则坚决消灭之，现在不能消灭的则准备条件将来消灭之。所以，我们要以其人之道还治其人之身。毛泽东要中原军区部队继续完成牵制国民党军队的战略任务，并强调完成这一任务还要准备作出重大牺牲，即便全军覆没，也要保障战略全局的胜利。

此时此刻，身处绝境中的王震，完全沉浸在与敌决战的激越豪情之中。他无论如何也想象不出这些日子来山城重庆所发生的一切。

经过十八年的较量，突然又温情脉脉地坐到一起时，蒋介石和毛泽东之间那份最初的尴尬是免不了的。当年蒋在黄埔军校时，毛泽东作为政坛名流也曾登过黄埔讲坛，彼此不能不算是故人。重叙往昔，说点什么呢？当然不便提“四·一二”那个“宁可错杀一千，决不放走一个”的口号，江西“围剿”与“反围剿”那一段也不便重提，至于万里长征中的湘江之战和四渡赤水，以及红军到达陕北之后发生的西路军惨剧，更是没法上口。

剩下的就只有八年抗战了。

那就谈淞沪之战？南京保卫战？武汉会战？毫无疑问，又会出现上海沦陷、国民党迁都和重庆大轰炸等令人伤感的心绪。只能谈百团大战，于是，毛泽东骄傲地提起了彭德怀。他按照自己的表达方式，打着手势，没有军语，也没有那些哼哼哈哈的官腔，生活化的口语中不乏幽默和风趣。

作为对蒋氏的回应，毛泽东在后来几十天的谈判中一再地坦言：他要在蒋先生领导下迎接和克服和平建设中的一切困难，并表示这次国共和谈合作，“不是暂时的合作，而是长期的合作；不是一时的团结，而是永久的团结”。这样的一席话原原本本出自毛泽东之口实属不易，不论国民党人还是共产党人，几乎没有人不相信“民主团结、和平建国”的蓝图正在徐徐展开。

形势一派大好，这可乐坏了赫尔利。这位在国共两党都有面子的外交官，一直兴奋异常，所有蒋、毛欢宴的场合都有他的影子。看上去他好像也没有什么不真诚的地方，早在离渝赴延迎接毛泽东时的声明中，赫尔利就老老实实地承认自己一年多的努力，目的就是“以协助国民政府消除内争之可能性”。他的这种努力（当然还有苏联斯大林的敦促），终于使硝烟弥漫的中国升起一片彩虹。

天真善良的老百姓们，真是心花怒放啊，《新华日报》《大公报》以及西南、西北的各种报纸，竞相刊载颂扬文章，称国共和谈“给中国人民带来无限的光明和希望”。国民党的《中央日报》趁机大谈“统一军令和政令”，一篇文章中还引用韩非子“木之朽也必通蠹，墙之坏也必通隙”的典故，历数“国家之败也必因不统一，民族之弱也必因不团结”的害处，高唱“军队国家化，政治民主化”。就这样，一个又酸又甜的果子从冰凉的铁树枝头结了出来，蒋介石和毛泽东精心地为它选定了一个揭幕的好日子——10月10日。这就是后来成为三年决战的根源、而令世人哭笑不得的《双十协定》。

蒋介石胡宗南杀机暗伏，毛泽东彭德怀谈兵论道

就在关于“和平建国”大政方针的《双十协定》公布于世的前两天，一架国民党运输机因迷失方向，降落到八路军控制的河南焦作地界。在这架飞机上，有一封蒋介石给阎锡山的密件并夹带着两册《剿匪手本》。这封刊有国民党军委会关防、经军委会委员长侍从室二组登记并加盖杜锡钧手章的密信，分明写着“中正申篠”的字样，而且签署日期是9月17日。

到《双十协定》出台的第三天，蒋介石特别密令第一战区司令长官胡宗南给部队秘密印发这个《剿匪手本》。这个小册子，对于国共两党的老军人们都不陌生。它是过去十年内战中国民党军队“精神讲话”须臾不离的教典，其中的警句就是“赤匪不灭，军人之羞”，而且竭力推行所谓“革命军连坐法”：“班长同全班退则杀班长”“班长不退而全班退，以致班长阵亡，则杀全班兵卒”……老蒋以军事统帅的身份把这个玩意儿往部队一推，目的是使“全军之中，人人似刀架在头上，似绳子缚住脚跟，一节一节互相顾瞻，连坐牵扯，谁亦不能脱身”。显然，他是要抽掉全军的退路、彻底与共产党决一死战。这不能不叫那些包括部分国民党人在内的幻想主义者触目惊心，出一身冷汗。

但是延安却平静得很。1945年10月17日这天，安全返回延安已有一个星期的毛泽东，把大大小小干部召集到一起，闲唠家常似的向大家介绍重庆谈判。一边是写在纸上的和平协定，一边是直接进攻解放区的国民党80万大军（还不含包围陕甘宁边区的军队），口号天天在喊，仗也天天在打，毛泽东就从这个令人疑惑不解的矛盾开始聊起。

还是那句老话，毛泽东认为国民党消灭共产党的主意是“老早就定了”，而共产党“针锋相对、寸土必争”的方针也是“老早就定了”。于是，他就拿前不久的上党战役打比方。他把上党地区比作太行山、太岳山、中条山中间的一个脚盆，说脚盆里有鱼有肉，阎锡山派13个师去抢，结果，“我们‘对’了，‘争’了，而且‘对’得很好，‘争’得很好”。他希望“这样的仗，还要打下去”。因为，“订立了《双十协定》

以后，我们的任务就是坚持这个协定，要国民党兑现，继续争取和平”。

毛泽东用辩证法的思想回答问题：“打是为了争取和平，不给敢于进攻解放区的反动派很大的打击，和平是不会来的。”他说得风趣极了：“蒋介石来进攻，我们把他消灭了，他们就舒服了。消灭一点，舒服一点；消灭得多，舒服得多；彻底消灭，彻底舒服。”

听会的人全都哈哈大笑。只有一个人不笑，他就是坐在前排的彭德怀。

散会之后，毛泽东信步走到彭德怀跟前。他手上夹支烟，边划着火柴边说：“我们的彭大将军又在运筹帷幄是不是啊？”

彭德怀憨厚地咧开嘴，露出一口雪白的牙齿。

毛泽东点着烟，熄灭火柴，与彭德怀并肩步出会场，边走边聊。毛泽东说：“老彭啊，你对时局有何高见？”

彭德怀进入严肃的思考，略微沉默后说：“一个字，打！主席判断完全正确，以战求和，则和存。”他情不自禁地停下脚步，望着远处的清凉山思考了一下：“国民党军有四百万啊，要解决它不是个简单的事。可是不解决不行，蒋介石的尾巴翘上了天。除了打胜仗，我们还有什么法子？”

毛泽东摆一下手：“光靠打还不够。我们有政治优势，还可不战而屈人之兵嘛！三边地委不是有个报告，我们地下组织的统战工作搞得很不错，邓宝珊的一个旅要起义，那个旅长叫什么……”

“曹又参。”彭德怀补道。

毛泽东兴奋地接着说：“派陕甘宁晋绥联防军策应一下。这个起义如果搞成，就是一个‘火车头’，它不但削弱了边区北线敌军的力量，壮大了我军力量，而且也给广大国民党官兵指出了一条光明的道路。”

彭德怀用钦佩的目光盯着毛泽东，意味深长地重复道：“发挥政治优势，以弱胜强！”

毛泽东连连点头：“是啊是啊，以弱胜强。十年内战，抗战八年，我们不就是这么走过来的吗？”毛泽东忽又生起感慨之意，顿一顿，猛吸一口烟，徐徐吐出，“东北的干部都派出去了，斯大林同志若是配合得好，美国就是在大连登陆我也不怕他。华东暂且放一放，新四军撤到长江以北也是迫不得已呀，人家要回南京，我们在南方他就不能安心睡觉，让他八个解放区，共产党要抢地盘的谣言不攻自破。山东嘛，大家都很热闹，胜败有一拼。中原那边有李先念同志在，等王震和王首道过来会合了，我看要大打一下。只要王震他们活着回延安，就算大胜利！现在是华北和西北，傅作义、阎锡山、胡宗南，还有‘二马’，这一班人，老蒋的赌注押得不轻哩！”

见彭德怀许久没接话，毛泽东收住话头，问：“老彭，你对西北怎么看？”

其实，这正是彭德怀思考的焦点。见毛泽东发问，他长长地嘘了口气，“西北问题，我看主要对手是胡宗南和‘二马’。”

毛泽东点头：“这也是陕甘宁边区的主要威胁。”

彭德怀分析说：“胡和马又有区别。”

毛泽东点头：“胡有野心，此人的后台老板是蒋介石；马有野性，是地头蛇，带点儿民族色彩，有欺骗性。”

彭德怀又咧开嘴。他对毛泽东看问题一针见血，打心眼儿里敬服。

关于胡宗南的“野心”和马家军的“野性”，彭德怀与毛泽东心照不宣。尤其胡宗南，抗战胜利后，坐大关中的此公，7月中升战区司令长官，10月初加国军上将军衔，的确有点儿飘飘然。他自恃兵多将广，装备精良，实力雄厚，又身在周秦汉唐的帝王之乡，仗着蒋介石的恩宠，一口气调动数十万大军四处出击，在中原、华北、东北及整个北中国地区，几乎无孔不入。这一个多月时间里，他让陶峙岳率部进驻了新疆，陶为新疆警备总司令；又命李铁军率部驻守甘肃的河西走廊，李为河西警备总司令。董钊的第三十八集团军镇守关中，巩固后方基地。高双成的第二十二军据守陕北，谢辅三的第二十七军驻守陕南。同时，任陕西省政府主席的祝绍周兼陕甘边区总司令，第三十六集团军副总司令文朝籍兼鄂陕甘边区副总司令。胡自将第一军的第七十六师及第四十军东出潼关，接收郑州、洛阳等中原重镇，以控制津浦、陇海枢纽；派第三十四集团军总司令李文率第十六军、第三军渡河入晋，经同蒲路、正太路、丰汉路，直奔保定与平、津等地受降，进而挺进华北，窥伺察绥方向的动静。胡宗南还让心腹黄正诚带着他最信赖的第一师打入阎锡山的封地晋南，并几经周折，硬是把范汉杰的一个兵团推进到了东北……胡宗南的所作所为，引起中共中央军委的高度重视。

毛泽东和彭德怀两人在窑洞前的小路上默默地行走了一段。朔风吹来，陕北的秋意中已微含肃杀。彭德怀下意识地紧了紧腰带，说：“胡宗南的手长得很，到处伸。上月的22号跑到郑州搞受降典礼，一个典礼，豫北、豫西都成了他的地盘。”

毛泽东举手一劈：“下一步，我们不允许他乱跑，要牵制一下。”他想了想，忽问，“老彭啊，晋绥和晋察冀的绥远战役要他们抓点儿紧，先搞傅作义几万人！”

彭德怀对此赞同。他告诉毛泽东，晋绥和晋察冀两军区的野战部队，已经在左云、右玉与兴和、天镇一带集中主力5万余人。国民党顽军也在绥东集结了5万余人。彭德怀说：“顽军目的是来合击我张家口的，他们分别驻在集宁、丰镇、卓资山、陶林、凉城、新堂的归绥，摊子铺得比较大。”

“敌人摊子大对我有利。不过，5万对5万，这个仗还要考虑一下。”

毛泽东用夹着烟的手在空中划出一个大大的圆弧，“一定不能分散兵力，务必告诉贺、聂，要集中绝对优势兵力，一口一口地吃。三个吃一个行不行？不行就五个吃一个！总之，要确保胜利，打有把握之仗。”

彭德怀听得出毛泽东话中有话，其间含着对兵员素质的基本估计。年初毛泽东在陕甘宁边区参议会上谈及1945年任务时，就一再强调须对现有兵员进行整训，并且具体提出1945年要将全部正规军和游击队轮训一次，要按照他过去总结三五八旅“官教兵、兵教官、兵教兵”那一套新的训练方法，搞群众性的练兵运动。彭德怀说：“贺、聂目前已在抓紧整训部队，作好战役准备。我们部队都有群众性练兵的好传统，像三五八旅他们，那么苦，拉到葫芦河搞生产自救，没吃没穿的，战士们都得了夜盲症，小腿肚肿得亮晃晃的，得闲还忙着投弹呀、刺杀呀，3发子弹打11环就是‘朱德射击手’，投弹40米以上就是‘贺龙投弹手’，刺杀勇猛，达到90分，就是‘高岗刺杀手’……”

毛泽东脸上露出了笑容。他站在石级上遥望天际，得意地吸口烟，慢慢品咂：“贺龙同志带兵练兵，那是没的说。”

北出关山贺、聂联手，兵结归绥傅、何下注

部队集合起来拉了一阵歌，贺龙出现了。他像往常那样乐呵呵地捧着烟斗，一出来就钻到干部战士中间。此刻正是秋高气爽，偌大的左云城关广场沐浴着灿烂的朝阳。贺老总一会儿向这个干部询问几句什么，一会儿又同那个战士随便地唠起家常。他总是那样兴致勃勃，谈笑风生，富有朝气而充满信心，让人感到亲切温暖，踏实可靠。

晋绥野战军司令部的战前动员大会就要开始了。

塞外吹来的季节风一阵阵袭上人们的心头，老总和战士们一样穿着单土布军装，虽有一丝凉意但却精神抖擞。广场上密密麻麻的部队，因为贺龙的到来而显得气氛格外热烈。在这一群军人中间，贺龙便是他们的旗帜和骄傲！那些从湘鄂西（边）跟随贺龙闯过来的老红军战士不用说了，即便刚刚加入这支队伍的新同志，也总是自觉不自觉地把青春和荣誉与贺龙这个名字联系在一起。

广场上笑声不断，有人隔着七八排队列大声喊：“老总，你的腰好利索了吗？”贺龙笑嘻嘻地朝喊声看了看：“嗬，你呀，刘卓甫！”五大三粗的刘卓甫是过去一二〇师“战斗篮球队”的主力队员。毛泽东从重庆返回延安的那天下午，贺龙眉开眼笑地把球队一帮小伙子召到一块儿赛了场球，而且还主动要打中锋，结果一不留神闪了腰。当时，大家七手八脚地把他扶到住处。满头大汗的贺龙躺在床上无可奈何。“年岁不饶人喽！”

他感叹着，脸上显出一丝少有的忧伤。但转眼间又笑呵呵地不服气了，“好了再干！”球队的小伙子们每天都要问一下警卫员老总好没好，今天见到贺龙神采奕奕，大家放心了。贺龙被刘卓甫这一喊，来了精神，他使劲拍了拍腰际，烟斗一点一点地笑道：“小鬼头，你莫急，打完这一仗，我们跟老大哥部队好好赛一场！”

这年，贺龙司令员已经49岁。

贺龙在队伍中流连了十多分钟，才健步登上主席台。“同志们！我们要在这里打一仗！任务是同晋察冀兄弟部队配合，反击国民党进攻！”他用力挥动着手臂，声音非常洪亮。

按老规矩，贺龙首先讲述抗战胜利前后的形势，从爷台山反顽斗争一直讲到上党战役的胜利，他说：“我们老大哥部队一仗就干掉阎锡山的13个师哩！敌人进攻38000人，我们出动31000人，敌人的38000被消灭了35000，另外逃掉2000，散掉1000，大胜仗啊！”接着，贺龙讲评晋绥野战军在晋西北和晋中开展工作的情况。谈到眼前的敌我态势，他的大嗓门又亮起来：“绥东解放区是我们绥蒙部队的广大指战员从日伪手中流血牺牲得来的，蒋介石勾结日伪军要抢我们的果实，还要进攻整个华北解放区，我们能答应他吗？不！不能答应！现在党中央命令我们跟他们干，我们要坚决完成这个光荣的任务。”

会场响起一片掌声。贺龙笑眯眯地吸了口烟，双手把掌声压下去，嗓音平和了些：“同志们啊，这一仗非同小可啊，打赢了，我们晋绥和晋察冀两个解放区就会连成一大片。可以说，整个华北我们就算控制住了。如果打不赢，傅作义趁势向陕北压过去，而陕南又有胡宗南，南北合击，中间夹着我们的党中央延安，同志们哪，那是我们的脑壳，后果可怕呀！”

贺龙的战前动员讲话并非危言耸听。中共中央军委让贺、聂联手来对付傅作义，除了用兵数量上的考虑之外，其中也大有攻则必胜的意思。部队集结后，贺龙与聂荣臻已将这次绥远战役的总体作战方案拟妥：贺龙指挥晋绥野战军三个旅（三五八旅、独立一旅、独立三旅）先向内蒙古跨越一步，把凉城、新堂、天成村这几个敌占点一一解决掉，然后集中兵力稳稳地配合聂荣臻的晋察冀野战军，攻打丰镇和集宁。而聂部则由东向西进攻，首先消灭隆盛庄、张镇的敌人，再各个击破丰镇、集宁二城。最终两股兵力合在一处，把敌人压缩到绥东地区铁路三岔口的一小块地域，聚而歼之。

这是抗战胜利后头一次跟国民党军大兵团对阵交战，虽说准备充分，部队士气也高，贺龙心里还是悬悬的不太踏实：“同志们啊，我们过去跟日本鬼子打的是游击战，小分队行动，打得赢就打，打不赢就跑。现今不一样喽，搞起大兵团，摆起阵势，在运动中歼敌，是个新问题哟。我们一定要同老大哥部队配合好，团结一致，依靠当地的人民群众和地方党组织。只要我们做到这一点，就没有打不败的敌人。他国民党绥远部队也是不经打的！”

出击的日子定在10月17日。这一天，贺龙亲率晋绥野战军主力北越长城。

正是夕阳斜照，老总跨上一匹火焰般的烈马，一声“出发”地动山摇。他挥手加上一鞭，战马立刻在夕阳余晖中，朝着古长城斑驳朴拙的烽火台疾驰。山冈上，满坡的红叶透出一团一团庄严，劲风秋意尽在不言之中。队伍分成几路，各自沿着山道多头并进。

经过一段时间的集结休整，战士们精神好极了，矫健的步伐中显示着信心和力量。整个战役第二天正式打响，24小时内，晋绥野战军便连克凉城、陶林，傅作义的第三十五军和暂编骑一旅，一开打就损兵折将，各被吃掉一部。到10月20日，晋绥部队又拿下了新堂。与此同时，聂总也指挥晋察冀的部队按计划攻占了张皋、隆盛庄。

贺、聂两部激烈的枪炮声，掀翻了傅作义心中的五味瓶。

傅作义对绥远这块土地是有感情的。早在中原大战时，他就由张学良举荐为绥远省主席。当时绥远匪患成灾，傅作义上任的第一件公务就是剿匪。他一个省主席带着队伍东征西讨，硬是把数万人的四大股土匪，一股一股地消灭了。接着，又开始整治金融，开源节流，扩大流通，一个边远省份的破烂财政，让他调理到扭亏为盈的地步。他还把部队发动起来兴修水利，使十年九荒的河套地区，农业生产大为改观。

平心而论，傅作义对共产党并无恶意，当年王若飞在包头被捕，他还给过许多关照，以至彼此的个人情谊日深。但是对日本人，傅作义很不客气。抗战一爆发，他第一个致电阎锡山、张学良和蒋介石，请缨杀敌。后来日本关东军参谋长板垣征四郎到绥远来诱降，许诺给他个人赠款6000万大洋，要他出面领导“华北独立”。他毫不含糊地表现了气节，说：“内蒙古是中国领土，不允许任何人来分裂。”结果翻了脸，打出一个“百灵庙大捷”。战后，蒋介石要他“适可而止”，毛泽东则给他发来贺电。

整个抗战期间，傅作义还真像个“战区司令长官”的样子，发动绥南战役，收复五原之战，特别是不避嫌疑学习八路军的政治工作制度，有板有眼地在师以上机关设立政治部、营以下设政治指导员，最后博得了一枚国民政府的青天白日勋章。日本人一投降，蒋介石的密令跟着就到了，傅作义抢占了包头，又从共产党手中夺去了归绥、集宁。他深知国共开战只是早晚的事，一不做，二不休，横下心拉起5万人马进攻张家口。他要为蒋介石把绥远揽在怀里。

贺、聂一到，傅作义连呼“来者不善”。果然，几天工夫就弄得他不可收拾。看看自己那5万人马星星点点拉了十几摊，傅作义一下子就悟到了险情：集中优势兵力各个击破，这可是八路军打游击的拿手戏呀！与其坐等贺、聂一摊子一摊子地收拾，不如知趣一点儿，先下手为强，主动放弃一些无足轻重的小城，固守一个点等待来日。他手忙脚乱地下令："立即收缩兵力，向归绥集中！"

10月21日，傅作义的第六十七军军部及所属新编第二十六师，由丰镇撤到卓资山，第三十二师也撤到了福生庄、三道营，伪蒙骑五师由新堂撤往六苏木。听到侦察兵的敌情报告，贺龙会意地直点头，"傅作义呀，有点名堂哩！他是想收拢五指捏起一个拳头。要是绥东敌人的兵力都集中到归绥，当起缩头乌龟，我们就是满嘴的钢牙，怕也啃不动它啰！"

贺龙的敌情判断一出口，李井泉立刻注意到平绥铁路线上的一个小地名——卓资山。这个位于呼和浩特（归绥）东75公里处的小城，是个非同小可的地方。它北靠大青山，地势较高，平绥铁路从中间将其一劈两半。向东离集宁只有一箭之地，并可南拐丰镇；向西可直趋归绥和包头。此外，还有两条南北方向的重要公路，北去陶林、南达凉城，可谓绥东地区名副其实的交通枢纽。

果然不出所料，傅作义的指挥棒准确无误地停留在卓资山。他一眼就选定了这扇"大门"，决心在此部署他的5万兵马，并把重任交给自认为能攻善守的第六十七军军长何文鼎。

卓资山一仗必打无疑。贺龙从李井泉的意见中获得了印证，当机立断定下决心：趁敌人来不及龟缩之前，改变主力东向集宁、丰镇的作战计划，而立即赶在敌人头里挥戈北上，直插卓资山，在敌人半腰一刀见血，让它首尾难顾，尚未收拢的五指握不成拳，造成整个战役上的有利形势。

三五八旅旅长黄新廷用手指反复在图上标距离，说："第一刀的穿插是没问题，只是战役上形成合围之势，迂回时间来得及来不及？从这里到达平绥路就有上万公里的路程哩！"

"是啊，"独三旅旅长杨嘉瑞也接着说，"卓资山一打响，丰镇、集宁的敌人不可能坐以待毙，若是敌人往北……"

贺龙与李井泉相视一笑，会意地点点头。几乎在同时，他们将目光一齐投向集宁东北方向100公里处的一个小城——商都。

许光达险胜八苏木，独二旅奇投商都城

一个多月前，晋绥军区司令员吕正操、独立第二旅旅长许光达和政委孙志远奉命率部出关，向长城以北挺进，一路向马占山的东北挺进军第五师、国民党暂编第十七师滔滔不绝地杀过去。势如破竹般攻到新堂，他们突然接到情报，说敌人在八苏木方向集结了重兵，准备和独二

旅决一死战。

吕、许、孙三人匆忙商量对策。作战方案还没拿出来，侦察员忽又报告：与八苏木成掎角之势的三苏木方向有1000多人的敌骑兵，匆匆直奔二旅而来。

吕正操头上冒着汗，问许光达："刚说有重兵，这就杀过来了，葫芦里究竟卖什么药？"

"其中必定有诈！"许光达说，"八苏木的'重兵'没有动静，三苏木的骑兵却大张旗鼓，会不会声东击西，吸引我们注意力？"许光达越琢磨越明白。他警觉地昂起头，"如果我没判断错，八苏木敌'重兵'这时候正在向我侧后迂回。他们是想把我们一口吞下去！"

情况一摆，立刻十万火急。吕正操和孙志远心里直发毛。许光达料敌如神的功夫，他俩早有耳闻。当年许在延安抗大当教育长时，曾经针对德国侵袭苏联，写过一篇有名的论文，叫作《闪击战的历史命运》，轰动了延安和重庆。其时，德国法西斯以闪击战横扫西欧14国之后，又卷向红色苏联，全世界都在为斯大林捏着一把汗，而许光达却断定德军在苏联战场必受挫折。果不其然，过了一个多月，莫斯科保卫战便大获全胜，德军几天之内损兵50多万！

按许光达的判断，形势十分严重。独二旅如果避开对方的骑兵后撤，敌骑兵极有可能趁势掩杀，使独二旅部队成"兵败山倒"之势，失去控制；独二旅如不后撤，就地迎战，八苏木的敌"重兵"已迫近侧后，与三苏木的骑兵正好前后夹击。吕正操急切地擂起桌子："难道山穷水尽，一点儿办法都没了吗？"

孙志远忙着给部队做政治动员。他要求党员干部准备作出最大的牺牲，不管出现什么情况，要坚守阵地，跟敌人血战到底。

许光达一直把头埋在地图上。终于，他横下一条心对吕正操说："办法倒是有一个，只是风险较大，可能会有大的牺牲。"

吕正操说："只要能让部队跳出去，有点儿风险，有点儿牺牲都无所谓。"

许光达说："我们可以去商都嘛，那里驻扎着苏联红军，我们去和他们会合，谅他八苏木或者三苏木的敌人，都不能把我们怎么样。"

吕正操频频颔首。许光达被自己的想法鼓舞着："狭路相逢勇者胜，我们就跟他来个既不后撤也不迎战，掉过屁股攻他的八苏木！最危险的地方可能是最有出路的地方。只要我们集中全力击退敌一部，闯出一条口子，就能几步跨到商都。到了商都，或许还可以杀他个回马枪！"

吕正操倒吸口凉气。"光达，你这想法够大胆的！"他拍着脑门转了两圈，忽问孙志远，"你看呢，老孙？"孙志远也认为可行，并说他已给部队作了紧急动员，要求干部战士树立必胜信心，决不能被敌人的气势吓趴下。于是，吕正操一锤定音：“就这样，我决定了，部队晚上9点出发，现在对表！”

万万想不到的是，独二旅紧紧张张地于拂晓前冲到八苏木一看，哪有什么重兵，方圆十几里一兵一卒都没有！

难道敌人已经察觉到我们的作战部署？不，一定有个更大的阴谋在运转之中！许光达当即把内心这份担心与吕、孙进行了沟通，三人还没最后对隐蔽之敌的真实意图达成共识，上级敌情通报就下来了：国民党军集中了五个师的兵力，正在对孤立无援的独二旅南北两路分进合击！五个师对一个旅，一个绝对的优劣势比例，可见对方吃掉独二旅的决心有多大。

十分钟后，先头部队便报告与敌接触。许光达费了好大劲才从地图上找到这个地名——田家村。很快侦知，交手的是国民党军第三十一师。就在独二旅到达的前两分钟，他们抢占了一个叫土帽山的有利地形。一步占先步步占先，敌人居高临下，封锁住所有前进的道路。

许光达一急，给部队下死命令：“冲过去！敌强我弱，一坐下来就危险万分，要趁敌人没站稳脚跟，分秒必争地冲破他的防线！”可就在此刻，派去掌握部队的一位参谋报告：“二十七团没有跟上来！”当然不能丢下一个团不管。吕、许、孙三人都急得直跺脚。可就是这么几分钟的犹豫，敌人已在山上站稳脚跟，构筑起简易工事，再想冲过去，几乎没有可能了。

时值黎明前的黑暗。吕、许、孙三人捂着手电，趴在泥巴地上把地图研究了好几遍，个个像是猫抓心一样。眼见着前有堵截、后有追兵，左边是黄旗海，右侧有王帽山，独二旅欲进不能、欲退无路。

连日阴雨，天黑得伸手不见五指。头顶上弹迹如织，枪炮声和呐喊声直冲云霄，分不清敌方我方，仗打得完全没了章法，一塌糊涂。许光达保持着镇定。他始终把注意力集中在正面敌人身上。

正面敌人越打越多，先说只有千把人，待一审俘虏，才弄清是3个团4000多人。显然，部队已经被敌人咬住，分分秒秒的拖延都要付出巨大的牺牲。吕、许、孙3个人的衬衫全都湿透了。

“不行啊司令员，”许光达说，“天就要亮了，再不突出去……”三个人简单碰了碰，决定：吕、孙率机关和后梯队撤到附近的马头山上，许光达赶到前沿指挥所，亲自指挥部队，以激烈的战斗行动，掩护吕正操和孙志远相机突围。

一到前沿，许光达立即给部队交底：“同志们，现在我们唯一的生路，就是把敌人的三十一师打垮。否则，死路一条！无论生死，我许光达今天都要跟大家拼到最后一口气！”说完，他将身边的通信科长和一名参谋叫过来，命令他们两人分头到三十六团和三十二团去，给部队传令：必须在半小时内结束战斗。

警卫排长已被许光达支派去掩护吕、孙撤退，此时许的身边只剩一个贴身警卫员蓝德明。身处前沿，流弹如雨，通信科长对许光达的安全放心不下，犹犹豫豫不肯离开。许光达一嗓子吼过去：“你这个人怎么回事？执行命令怎么婆婆妈妈的！”吓得科长拔腿就跑。

接着，许光达就招呼蓝德明。蓝德明跟许光达久了，两人心领神会，一听招呼赶忙打开身边的水壶递上去。那是他在新堂镇特意为首长备下的一壶烈酒。许光达喝了一口，说：“小蓝，你也去帮帮卫生员，组织后送伤员！”蓝德明挺为难：“那你……”许光达威严地哼了一声，一边夺过马缰绳，一边晃晃水壶：“快去，把这些留下就行了！”

话音未落，一个大块头的侦察兵气喘吁吁地上来报告，说身后的山脚下发现大批敌骑兵！

此时天已微明，许光达透过望远镜，看见山下黑压压的一片人马，汗毛一根根倒竖起来。只要这股敌人从后面一个冲锋……他不敢往下想。“只能唱空城计了，”许光达自言自语，“仗打到这个时候，一线是半个人都抽不动的！”他吩咐当时吕、孙为以防万一而留在后边的那个连，“这是敌人的先头部队，还没摸我们的底，估计不敢贸然行动，只是待在山下等主力。你们给我守在这里，拖一分钟是一分钟，动都不能动，一动就露馅了！”

这半个小时比三十年还长，到前方枪炮声渐渐平息下来时，许光达甚至紧张到数自己的心跳。他真是不敢相信敌人第三十一师防线被打通了，不敢相信他的三十二团、三十六团以及那个掉了队差点儿误事的第二十七团，跟他一起整整齐齐唱着歌儿开进了商都城。直到接到贺老总的命令，要独二旅火速南下参加围攻卓资山时，许光达才嘘了口气：“这下好了，我们可以放开胆子打大仗了！”

何文鼎丢卓资山，贺老总闯流弹雨

这当然是个大仗。作战参谋用一幅桌面大的地图，把战术箭头画得清清楚楚，战役任务就照着地图一一讲解。此间贺龙一直坐在旁边听，烟丝烧得嗞嗞响。最后他举重若轻地站起来，指着独一旅旅长王尚荣说：“你留一个团在凉城以西，给我把归绥的敌人咬住不放，主力跟黄新廷、杨嘉瑞你们三家一起北上。”

被点到姓名的三五八旅旅长黄新廷和独三旅旅长杨嘉瑞啪地一个立正。贺龙轻微地点个头，接着说：“给许光达的电报已发出去了，二旅他们从商都经陶林南下，与你们形成合围……”

所谓大仗，在贺龙这里，也就这么简单。

三五八旅这天赶了100多里，当晚先头部队就进到卓资山以南的教场村。黄新廷把地形扫了一眼，当即指挥占领村西的康家湾北侧高地。

此时，独一旅也推进到毫切、查汉不浪附近。黑咕隆咚的深夜，守敌一听说是贺龙的八路军，一枪都没放，拉起队伍就往卓资山跑。王尚荣把情况报告给贺龙。贺龙说：“追呀！赶快给我向卓资山、旗下营追击！不要怕风，不要怕饿肚皮，错过战机找都找不回来！”

于是，部队不下宿了，撵着敌人的屁股杀声震天追了一夜。第二天，跟三五八旅顶住劲儿的伪蒙骑兵第五师朱恩吾的队伍，也从六苏木撒腿往卓资山跑，黄新廷和余秋里趁着一个冲锋打到了卓资山。

接下来的这一夜，贺龙在野战军指挥部怎么也待不住。战斗刚打响时，他嘴里咬着烟杆，大口大口地吸烟。一副皱巴巴的扑克牌在他手上重复着几种老掉牙的戏法。每隔10分钟，他就向作战参谋询问一次战斗情况。

深夜，狂风越来越大，窗外猛烈的枪炮声伴随着阵阵大风压过来，撞在人们心头十分难受。黑夜显得又重又长。

贺龙忽然把扑克牌一扔，说：“我要去前沿指挥所。”

警卫员们都知道，前沿指挥所还在离卓资山不到一里地的那个小村庄里，从野战军指挥部走过去的这段路，完全在敌火控制之下。大家都支支吾吾地想把老总拦住。贺龙火了：“这是打仗！你们怕死就给我待在这里，我得去！”说着一头钻出指挥部。

子弹在耳边嗖嗖直飞，贺龙上了路。警卫员们谁还怕什么死，前前后后一拥而上。出了指挥部，只见城内城外、山上山下，火光冲天。枪弹、炮弹、手榴弹，在硝烟中轰隆轰隆地爆炸，震得耳朵嗡嗡响。这一行人贴着高坎子走了一段，就听贺龙说：“听见了吧，枪炮声那么脆，说明敌人的装备不错哩……”话没完他一个箭步跳上了高坎子，朝前起劲地跑。警卫员们都傻了眼，来不及捏把汗，就七手八脚地上去拉住贺龙：“老总老总……坎子底下又隐蔽又安全！”贺龙哪听这一套，把手一甩：“拉啥子嘛小鬼，沟沟里我怎么观察战况？！”

贺龙大踏步地照走不误，真把几个警卫员吓坏了。离前沿越发近迫，密集的子弹不时将他们身前身后的尘土打得直冒烟，警卫员们下了决心，一齐扑上去抱住贺龙的胳膊，使劲把他往沟里拖：“危险呀老总，我们再也不能让你往前走了。”

这下惹毛了贺龙。他真的生了气，把警卫员一个个甩开，嗓门也粗了：“怎么搞的嘛！危险危险，失掉战机就不危险了！还不快闪开让我走！”

警卫员们没有办法，只好在贺龙面前横着排成一排，用身体掩护着首长往前走。贺龙推开他们，温和地指着天空说：“你们听听，这子弹尖声怪气地呜呜叫，说明离我们还很远。要是听到噗噗声响，那才离得近呢。我们这些人枪林弹雨钻了几十年，还怕子弹吗？子弹怕我们哩！”

进了前沿指挥所那个小村，瓦片、树枝四处乱飞，子弹开始在脚前脚后噗噗响了。迎面过来一副担架，贺龙急忙上前问：“伤势怎么样？伤在什么地方？”抬担架的老乡说伤在腿上，有好几处伤。贺龙俯身朝担架上看了一眼，认出是过去在战斗篮球队打过中锋的队员，因为个子大，人都叫他“大个”。贺龙哟了一声，忙问：“大个儿，你伤得怎么样？”“大个儿”在担架上瞪大眼睛，喊了声“老总……”就说不出话来了。贺龙赶忙吩咐老乡把伤员往后送。“你们放心，我们一定要把敌人全部消灭干净！”他对应声而去的老乡说。

黄新廷一见贺龙钻进前沿指挥所，大惊失色：“啊呀老总，这有多危险！”

贺龙仿佛没听到，急问：“战况如何？”

“黄昏之前，傅作义的部队有些过卓资山来，八团占领了西山顶，战士们正在跟他们亮刺刀哩！”

“我们的牺牲大不大？”

“不大。跟敌人一抵近，大练兵的成果就显出来了。战士们战术灵活，一个小分队、一个战斗小组都敢往敌人纵深里楔，既各自为战，又互相配合，打得相当漂亮！何文鼎的部队虽然装备好，火力足，可在晚上，又跟我们抵了鼻子眼，也发不起威。你听，这手榴弹打得，个个闷嘟嘟的，战斗进展特别迅速……”

贺龙点起一锅烟，满脸兴奋地指示：“拂晓前结束战斗，一定要全歼守敌，活捉何文鼎！”

这句话，余秋里已经把它变成口号，在三五八旅的阵地上到处在喊。随贺龙来的几个小警卫员个个心里痒滋滋的。围在一起眉飞色舞地吹牛。贺龙喊道：“喂，你们几个，守着我干啥子嘛，还不赶快参加战斗！”

有老总这句话，警卫员们立刻活了，个个欢喜不迭地打个敬礼，转身就跑。这天晚上连炊事员、饲养员都上去缴到了枪。何文鼎输惨了，向归绥和集宁呼叫都喊破了嗓子，结果，把集宁的国民党绥远部队“精锐”第一〇一师喊来了，离卓资山还有几十里地，就被守候多时的独一旅打个稀里哗啦。整个六十七军的新编二十六师（亦称“精锐”师），除何文鼎带走的那个特务营侥幸逃到包头之外，其余被打得干干净净，毙伤副团长以下官兵2000多人，俘虏少将副师长以下1800多人。要不是押解时半路上疏忽大意，连中将师长也当了俘虏。

仗打到这个份儿上，贺龙心里着实舒服。丰镇、集宁收复后，晋绥野战军和晋察冀野战军，在卓资山东边的马盖图地区会师。贺龙一见聂荣臻，就嚷嚷着要组织两个军区打一场篮球比赛，表示庆贺。

聂荣臻笑着直摆手："老一二〇师'战斗篮球队'，大名鼎鼎的，我们怕是要剃光头啊！"

贺龙连忙谦虚："哪里话嘛，互相学习，共同提高嘛！"

两人正说笑着，机要参谋一声"报告"，将一份刚收到的加急电报递给贺龙。电报是延安发来的，中央军委告诉贺龙：经中共中央和中共中央西北局同意，国民党新编第十一旅旅长曹又参于两个小时前率部起义，陕甘宁晋绥联防军的警备第三旅，奉命前往安边策应。

五、陕北与鄂北

曹又参举义刷新十一旅，毛泽东设宴款待“火车头”

塬边一片小树林里，早早地落满了夜的暗影。警备第三旅旅长贺晋年，同待命出发的17名干部战士一一握手。

“准备好了吗？”他小声地问。干部、战士们都回答准备好了。

“联络暗号记住没有？”

“记住了，口令‘回家’，回令‘下地’。”

贺晋年轻轻拍了拍队尾那个小战士胸前的弹匣和胯下的手榴弹袋，感觉捆得都很结实，再看左臂上的白毛巾也扎好了，这才满意地回到队前。他压低嗓门给大家作简短的讲话：“同志们，党在新编第十一旅的地下组织牛华东、冯世光、王子庄、赵武臣等同志，今晚已把起义指挥部成立起来了。咱们的任务是，隐蔽进入安边城，协助地下党同志控制城防要点！注意呀，第一，要隐蔽进城。到时候会有人来接应你们。你们现在的身份就是十一旅一团的巡防队；第二，要听从指挥。你们每人都要个顶个的独当一面，必须保持高度警惕，今晚谁也不许睡觉……”

对于陕北安边这座小城来说，这是一个漫长的夜晚。

拂晓时分，城内外突然间一片集合哨响。不一会儿，新编第十一旅一团各分队都齐装满员地从四面八方带到旅部门前的大操场上，1500人一个不落。与此同时，旅部直属通信、骑兵、侦察和勤务人员共500多人，也集合完毕。

官兵们多数并不知道发生了什么事：“妈呀，这是干啥呀，深更半夜的。”有人在惊恐地打听。

还有人懵里懵懂地打着哈欠：“等着瞧吧，后头有好戏！”

脑子灵光的已经猜到七八成。“西北民主促进会”在1942年就成立了，不间断的抗日宣传以及中共地下党组织在十一旅一团连续举办班排骨干军训班等活动，大家心里多少有点儿谱。更何况这几年来，国民党复兴社、军统局、中统局打入新编十一旅的人几乎不断，弄得该旅风云变幻、莫测高深。先是1940年复兴社特务赖佛庭想夺一团的军权，搞得全团上下沸沸扬扬。第二年又来了个“安边事件”，军统特务马华彦煽动土匪张廷芝、张廷祥把十一旅所有军官骗去赴宴，结果当场杀死旅长刘玉亭，并把全旅尉级以上官佐扣起来了，以致犯了众怒，最后全旅官兵一哄而起毙了张廷祥，才保全了部队。前不久听说代旅长曹又参又被邓宝珊召到榆林，说是还得“整编”第十一旅，谁知上头搞什么鬼花样……正当大家脑子里胡乱想着，黑暗中一个人影登上了高高的石级。“弟兄们！”嗓门一亮，人们立刻听出是一团团长牛华东。顿时，队伍中鸦雀无声。

牛华东说：“咱们十一旅是1932年组建的，从兰州到陕北，弟兄们千辛万苦流了多少血汗！可是上边从来就不把咱们拿正眼瞧。这是为啥？就因为咱是没爹没娘的‘杂牌’！‘杂牌’怎么了，照样报国出力嘛！抗战八年，咱和八路军搞联防不是很好吗，可就是有人给咱泼污水呀！咱们老旅长刘玉亭尸骨未寒，现在又想来用武力解决咱们。这日子是没法过了……”

“胡说！你算老几……”

“你一个团长，有什么资格训话？”

牛华东的话被几个大嗓门粗暴地打断了。他们是副旅长吴棻、参谋长石佩玖。这时，只听曹又参旅长从一侧雷鸣般地吼道：“下他们的枪，把他们扣起来！”吴棻和石佩玖以为曹又参在为他们说话，立刻随声附和，“对，扣起来！”但是，上来几个士兵却不容分说把吴棻、石佩玖两人五花大绑地捆作一团。再看身后，国民党安边县县长、县党部书记长和公安局长等人，也都拴蚂蚱似的一长串熊在那里。吴棻威风扫地。这个复兴社分子气得又蹦又跳：“我抗议！我要电告委员长，我要到重庆告你们这些叛逆……”

冷不丁旁边有人啪的朝天放了一枪，随后大喊：“牛华东，有事冲你爷来，放了他们！”牛华东听出那是二团副团长张鼎臣。此人原来也是中共地下党员，后来叛变了，成天跟吴棻、石佩玖这帮人搞在一起。

当下，牛华东冷冷地笑了笑：“好啊，你想舍身救主……”话没说完，张鼎臣手中的枪口突然瞄准了牛华东。

千钧一发之际，曹又参的手枪响了。“砰——”张鼎臣应声倒地。吴棻、石佩玖以及那一大串国民党安边县要员，个个吓得浑身筛糠似的。

牛华东朝血泊中的张鼎臣骂了一声“王八羔子”，手在空中一挥，大声宣布道："弟兄们，咱不给国民党卖命了！站到共产党和人民方面来，为建设和平民主富强的新中国而奋斗！"

队伍中沉寂了片刻，一下子爆发出欢呼声。

一天以后，陕甘宁晋绥联防军的警三旅七团，遵照贺晋年旅长的命令，在曹又参十一旅一团的配合下，包围了该旅二团据守的宁条梁镇。被围困的二团团长史钫城也是吴棻一伙死党，一边在士兵们面前发誓"宁为玉碎，不为瓦全"，一边命令电台兵打开榆林明码频道，直接向邓宝珊呼救："总司令啊，曹旅长被共党赤化，一团和旅全他妈反水了！我团陷入重围，顶不住啊，赶快发兵救援啊总司令！"

邓宝珊虽说表面平静，但榆林城外的声势也是轰轰响地闹出来，兵来将往、雷鸣电闪，那架势像是有几路人马数千队伍整装南下。

消息立即由延安转给了贺晋年。中央军委要求，必须趁敌援兵未到，迅速结束战斗，以防夜长梦多。为了确保胜利，贺晋年把尚未投入战斗的警三旅七、八两团一并拉了上去。也就是说用四个团对付一个团，把宁条梁镇围了个水泄不通。就这样紧攻慢攻，也持续了一周。榆林方向雷声大雨点小，援兵迟迟未到，史钫城绝望了。他的二团1000多名官兵中，有800多人举手当了俘虏，而他自己和100多人在顽抗中被打死。

11月5日，牛华东和一团参谋主任王子庄、营长李友竹、赵级三、柴明堂以及连长冯世光等人，代表2000多名该旅官兵通电全国，宣布起义。欢呼胜利之后，十一旅奉命改编为八路军新十一旅，番号不变，曹又参仍旧当他的旅长，只不过增加了一个政治委员高峰。副旅长由郭宝珊和起义总指挥牛华东担任，参谋长王子庄，杨林任政治部主任。

这些人选由陕甘宁晋绥联防军定下来呈送毛泽东过目时，毛主席就提出要见见曹又参。朱德和彭德怀也说，把贺龙叫回来，好好设个宴，招待招待曹又参。于是，诸事忙定之后，贺晋年陪曹又参上延安。

骑马上了路，贺晋年说："见到毛主席和朱总司令他们，你就明白了，我们共产党人绝对不像国民党宣传的那样，我们里头都是有学问的人，真心诚意为老百姓。"曹又参有点儿紧张，再三地征询贺晋年："哎，老贺你倒是给我说说，见了他们我该说些啥？""啥也不用说，他们全知道，你只要有问有答就行了。"曹又参还是不放心，路上下宿，几晚上睡不好觉。

果然，曹又参白紧张了几天。头一面见毛泽东时，曹不敢相信自己的眼睛。毛泽东坐在炕上，手里拿本书在看，还有滋有味地吸着烟，像个乡村教书先生。他笑着迎上前来拉住曹又参的手说："你这个'火车头'开得好，我们欢迎你。"又说，"我们从不计较当没当过国民党。我们这里当过国民党的人多的是，朱老总干过，彭老总干过，贺老总也干过嘛。革命不分先后。”

这几句话一下子把曹又参心头最犯疙瘩的地方解开了。他立刻乐呵呵地跑到几位老总跟前，像是个名副其实的小弟弟。

招待宴会就在这个气氛中拉开序幕。彭德怀是最后一个站起来举杯的。他把曹又参拉到地图跟前，告诉曹说，因为十一旅的起义，使得安边、横山一带解放了，陕甘宁边区人口增加了18万。他还向曹通报了10月30日国民党第十一战区副司令长官高树勋，也率1个军和1个纵队1万多人在邯郸起义的情况。因此，他送曹又参两个字：“明智。”

曹听了这两个字格外受用，便产生相见恨晚之感，“彭副主席，我觉悟得晚，真不知道能为革命做点儿什么，日后请多指教。”

彭德怀想了想，说：“指教谈不上，你给我详细谈谈榆林的守备情况好不好？”

曹又参心头动了动，一时不知从何说起。

彭德怀举杯，“先喝酒，以后慢慢谈，日子长着呢。”

得意王子痛陈国府败象，苦恼总裁漫道兴亡玄机

蒋介石的心情糟透了。继《剿匪手本》全面下发之后，他又亲自给所有战区司令长官下达手令，要求他们火速拿出“清剿奸党”的计划。接着，他便静候佳音。结果，“佳音”没有等到，却等来了一个接一个的“哗变”。这叫他心里怎么好受得了。“都是共产党在后面捣的鬼，奸党不除，国无宁日！”蒋介石在他的山洞林园小客厅冲着宋美龄发泄怒气，一句话说得急了，弄掉假牙，正在往上安装时，有人推门进来。

是蒋经国。这种时候除了他，没有人敢自讨没趣。宋美龄一见蒋经国，打声招呼便出去了。她从不在他们父子中间多言。蒋经国这位在治理地方和约束官员方面颇有口碑的得意王子，最近被老蒋任命为外交特派员，一直在南京、上海、北平、天津、沈阳、太原等大城市飞来飞去，满脑子是官场交际中的所见所闻所感，今天名义上是顺道、实际上是专程来向父亲陛下禀报下情。

蒋介石一听儿子要报告外交特派员任上的心得，脸色平和了许多，随手指个沙发，轻声说：“坐着讲。”自己先稳稳地坐到一张躺椅上，双手平摆到左右大腿上，气息均匀，腰杆挺直，做出洗耳恭听的样子。

蒋经国没有按照父亲的指点在沙发上就座，而是坐到旁边的一张硬木椅上，随之脸上露出当儿子的谦恭：“父亲，近来休息得还好吗？”

这句话一出，厅内家庭氛围潮涌般地升温。蒋介石犹豫了一下，尽量不把一脸苦色在儿子面前显露出来，斟酌着回答道：“还好。”

这等于为蒋经国敞开胸怀夷平了障碍。小蒋放下包袱似的吐了口气：“父亲，东北的摊子很破，日本占领十五年，工业、农业都是百废待兴，最重要的是青年再教育问题……”

蒋介石忍不住打断儿子：“我看，那都是小事，最重要的是共产党在后面破坏捣乱。这个，始终是中央政府的心头之患！要想办法，采取非常措施，根绝赤患。否则，国无宁日，党无宁日！”他说着说着又动了感情，起身踱几步再坐回去，双眼茫然瞪着天花板，“我华夏泱泱大邦，灾祸连天啊。被日本人搅和八年之久，国家损失弥巨，而毛泽东那班人的翅膀反倒硬了。就这样，我党内部也还有人对我心存芥蒂，还不懂得‘攘外必先安内’这个简单的道理，痛心哪！”老蒋突然朝小蒋用力一挥手臂：“晓得吗，这是个不变的国策！”他无奈地长叹一声，重新把手放回去，等待着儿子的反应。

蒋经国微蹙双眉：“父亲，以经国之见，共产党固然要除，但是，当务之急还得从整治国府做起，所谓磨刀不误砍柴工嘛。”

蒋介石哦了一声。在对于国民党内部腐败的惩治方面，他和蒋经国一向有着共识，当年他倡导“新生活运动”或多或少也有点儿这方面的意思。当即，他问道：“几个大城市的接收情况还好吗？”

蒋经国摇头叹气，“不太好，贪赃枉法，大有人在。重庆派去的那帮东西，个个如同饿狼，炒汇率、倒洋车、卖洋房、收姨太太……唉，见到什么捞什么，有的人光是金条就藏了好几箱，大船小船往香港和国外运。上海有个名角，借重美国新闻处，把日本人的财产管理局收买了，光是虹口区迪斯威尔路边那条小街上的12幢洋房，他一辈子也花不完。像那种英式三层楼的房子，又有花园又有阳台，每幢收20盎司黄金不算什么……您知道老百姓的民谣是怎么唱的吗？想中央，盼中央，中央来了更遭殃！这些人哪里还有什么王法，分明是吸血鬼，脑子里找不到一丁点儿恢复重建的概念……”

“经国，你讲得过头了吧。”蒋介石面无表情地望着儿子，“照你这么讲，中央政府不是要倒台了吗？”他起身慢吞吞地走到儿子面前，话音变得更为低缓，“不会的。杞人忧天不但没有用，反而有害。”

这几句话着实让蒋经国目瞪口呆，但为了对父亲的垂训表示恭敬，他还是强打着精神随老蒋站起来。父子俩就这样面对面地肃立在客厅中央。这个意味深长的情景维持了约3分钟，蒋介石终于找到新的话题：“你见过鸬鹚捕鱼吗？”

蒋经国下意识地点点头，表示见过的。

蒋介石说：“你晓不晓得，鸬鹚捕鱼为什么那么卖力？”

蒋经国回答说：“那是因为渔翁故意让它们饿着肚子。”

蒋介石神秘而得意地冷笑道："你放心，鸬鹚捕到鱼是吞不下去的。"

"为什么？"蒋经国不知是真不明白还是故意发问。

蒋介石不满地瞥了儿子一眼，随即回到躺椅上："傻瓜，因为它的脖子是被麻绳扎死了的！"

蒋经国还想说什么，一声"报告"，国防部高参呈送文件来了。

国防部文件是郑州绥靖公署主任刘峙发来的一份急电。电文报告说中共王震和王首道所率南下支队，王树声和戴季英所率河南军区的部队，以及冀鲁豫军区一个团的兵力，在河南和湖北的唐河、枣阳、桐柏、随县四县交界地区，同郑位三、李先念率领的新四军第五师会合成为一股，有依托桐柏山构成中原支柱的迹象。刘峙要求委员长增调兵力，以彻底清剿不致脱网。

蒋介石听着电报频频点头。挥退高参之后，他转对蒋经国说："晓得了吧，这才是最重要的！"继而脚步沉重地踱到窗口，自言自语陷入沉思，"桐柏山，全国的腹心所在呀。它雄踞江淮河汉之间，距武汉一步之遥。万里长江自西而东，平汉铁路南北贯穿，东有大别山，西有武当山，南有大洪山，三山相接，再面临一个吃穿不愁的江汉平原，50万兵马亦能藏而不露、纵横驰骋。然后，控武汉，窥南京，扼死出川的咽喉要津……共产党的如意算盘打得精到！"

这番高论让蒋经国诚惶诚恐，满脸钦佩："父亲高瞻远瞩，中原大势，不可不察。"

这当然是蒋介石喜欢听的话。他舒舒服服地哼了一声，继续说道："中原是我的战略要冲，得失成败关系重大。华中、华北、华南、华东，甚至西南、西北及东北，全局系于一地。这一次，我是横下一条心了！过去，我们之所以剿共多年而无成效，就是因为心肠太软，耳朵太软，加上党内一些败类，多方掣肘，做出亲痛仇快的事情，以致养虎为患！"蒋介石的语气渐趋沉缓，"要晓得，丢几箱金条，我们垮不了台。可要是共产党的势力蔓延开来……"

蒋介石有苦难言怒不可遏，毛泽东无话不说谈笑风生

充分发挥军事优势消灭共产党，是蒋介石解决"匪患"难题的一贯方针，可围追堵截了好多年，不但没有消灭共产党，反而越"剿"越大。这让他怀着一肚子委屈，无处诉说。重庆谈判前前后后及毛泽东在渝的43天，无论老蒋怎样表演，消灭共产党这个思路从未改变过。所以，谈判中只要关系到共产党军队和解放区的问题，事无巨细，都是蒋介石棋盘上的重中之重。

其时，共产党军队人数已经超过百万。重庆谈判实质性交涉阶段，共产党方面提出将军队改编为48个师，而当时国民党军队为263个师。老蒋想都没想就断然否定，经过一番痛苦的调整，国民党要求“共产党军队之组编，以12个师为最高限度”，而这12个师还必须“交出来”，由政府统一领导。

毛泽东早就想好了，不争这些公文上的阿拉伯数字，当即作出让步，同意国民党263个师，而共产党降到43个师，比例接近1/7。最后，双方本着“和平建国”的精神，将国军整编到140个师，共产党军队改编为20个师，比例仍为1/7。这样的格局，还是经过共产党方面多次让步与力争，老蒋才气哼哼地表示“可以考虑”，心里憋着老大不舒服。

关于解放区问题，中共提出解放区民主政府的存在，“是革命发展的结果，受到人民的支持和拥护”。重庆谈判一开盘，共产党方面就提出“承认解放区及一切收复区的民选政府”问题，国民党方面坚决反对，表示“承认解放区绝对行不通”，连一向比较公允的张治中，都把中共的解放区斥之为“封建割据”。直到谈判最后，争论最激烈的军队和解放区问题，也还是悬而未决。

蒋介石在国民党内部的基调一如既往，甚至跟十多年前没有什么两样。他一口一个“共党不除，后患无穷”，天天都在训斥那些不理解“攘外必先安内”的党内“蠢材”，好像有满腹心事倒不出口。

对此，中共态度也比较直白。几个月前的重庆谈判桌上，王若飞就硬邦邦地告诉国民党代表：既然如此，那中央就将我党军队都消灭好了！

听到中共代表说出这样“不硬不软”的话，蒋介石无言以对。一言以蔽之，党内败类太多，力不从心是他彼时彼刻复杂心境的鲜明写照。

周恩来在重庆谈判桌上两党代表“磋商”时，就再三表示，“国民党及其政府都把我党看成为被统治者，看成是来投降的，自西安事变以来就一贯如此。但我们今天既然都说要民主团结，彼此就应该立于平等地位……倘依去年我党的提案，召开党派会议，成立联合政府，成立联合统帅部，那么，我党的一切军队和政权就都可以交给联合政府。但现在政府尚在国民党统治时期，我们怎么能把军队、政权交给一党专政的政府呢？”

蒋介石心里有火，嘴上却哑口无言。他把硬话托给了赫尔利大使。这位牛气烘烘的美国佬失去了耐心，面具都不愿意戴了，赤裸裸地告诉周恩来，军队编员调整不能有丝毫拖延，军队和行政两方面不能合起来谈。解放区问题，要么承认政府的统一，要么谈判破裂……显然，他作好了置之死地而后生的准备，多少有点故意刺激共产党同他翻脸的意思。

然而毛泽东的态度出奇地平静。他的决心是：不承认，也不破裂，问题复杂，还要讨论。此外，中共还表示可以让步，他蒋介石手中有大把的军队，毛泽东手中则有大把的“民主”“自由”。他甚至提出，把从海南岛起的中国南方广大地区，全部让出来，共产党军队可以悉数撤至黄河以北。

这一招让老蒋乍一看上去有点蒙。抗战期间，他一直想用武力把共产党军队驱赶到黄河以北，可始终办不到，战后在谈判桌上，就这么轻而易举就实现了？细细掂量一下，他的疑心上来了，这不是军事上的“盈缩随敌”吗？其有所“让”就必有所“不让”，哪有这么天上掉馅饼的事啊。显然，要如今的中共根本放弃武力，交出“解放区”，中央实现军令政令统一，简直就比登天还难了！这让一直绷着劲儿的蒋介石再也按捺不住，盛怒之下要张治中传话给毛泽东：“要想‘和’，就照国民政府的条件‘和’，若不然就请他（毛泽东）回延安去带兵来打。”

毛蒋会晤的最初几天，温情脉脉的问候与寒暄中，是双方试探性的摸底，看过毛泽东离延前发表的《中共中央对目前时局的宣言》六条要求，蒋介石心里明白得很，要中共“归顺”完全没有可能。当他看到中共9月3日的正式提案《谈话要点》后，实在压不住火冒三丈，“政治民主化，军队国家化”当作空洞的原则是好的，可以填塞进于己有利的内容。但是，中共《要点》在原则下面提出的具体办法，却是完全要不得的！这天的日记中，老蒋火势熊熊地写道：

> 在此万众欢腾之胜利日，而共毛之态度又变，要求无厌，余以极诚对彼，而彼竟利用余精诚之言，反要求华北五省主席与北平行营主任，并要编组共产党军队四十八万人，以为余所提之十二师三倍之数，最后将欲以二十四师为其基准乎？毛共诚不可理喻也。此事唯有赖上帝之力以成全之，痛心极矣！

“痛心极矣”的蒋介石，一边虚应毛泽东，一边给各战区司令长官下达密令：

> 目前与奸党谈判，乃系窥测其要求与目的，以拖延时间，缓和国际视线，俾国军抓紧时机，迅速收复沦陷区中心城市。待国军控制所有战略据点、交通线，将寇军完全受降以后，再以有利之优越军事形势与奸党作具体谈判。彼如不能在军令政令统一原则下屈服，即以土匪清剿之……

毛泽东从头到尾不生气，忙着会各种各样的亲朋故旧。当然，闲谈叙旧免不了抒发一下蓬勃的胸臆。他只身来到重庆上清寺西南角风景秀丽的嘉陵江畔，在特园会到著名的民主革命家张澜。张痛心疾首地告诉他：“国民党丧失了民心，全国人民把希望寄托于你们。民国十年，我同吴玉老推行过地方自治，想摆脱军阀的统治，使人民能过问政事。我们失败了，深知政权军权对于人民的重要。你们当坚持的，一定坚持，好为中国保存一片净土！”

毛泽东笑道：“表老所言极是，真正老成谋国呀！”

张澜长叹一声：“哪里呀，老朽而已。不过，如谓民主必恃武力始能保障，这就像说统一必赖武力始能维持一样，岂不令人寒心！”

毛泽东吸着烟，没有答话，想起一句妙词，暗自斟酌起来。

周恩来想得格外周到。只有他知道毛泽东轻松的外表之下，是怎样的一种紧张，为此，他特意在红岩村为毛泽东安排舞会。虽说毛泽东那种“配乐散步”似的舞步始终有些心不在焉，而一旦与各界朋友晤谈时，总能看到他微笑着宽解大家：“着不得急哟，几十年留下的问题，几十天谈妥，哪有如此容易的？”

毛泽东还反反复复跟人打趣，说：“这次国共会谈是一定要成功的，好比两人谈恋爱，先不说国民党他们，我们共产党是一心一意的，你看，这不是一开始就有一半成功的希望了吗？”

著名爱国民主人士沈钧儒操着浙江方言说：“我看，国共两党结婚不成问题。”

“老头子和青年人，恐怕难成姻缘哦！”学者侯外庐表示怀疑。

毛泽东笑了：“不行的话，可以刮刮胡子嘛！”

想要刮老蒋的胡子，谈何容易。假戏真做的谈判注定一波三折。其间，在老蒋勃然大怒发布“剿匪”密令的紧要时刻，把延安的刘少奇等人都担心坏了，连电催促毛泽东返回，无奈毛泽东毫不理会，而且面对媒体谈笑风生。

世界四大通讯社之一的英国路透社记者甘贝尔，曾书面向毛泽东一口气提出十二个问题，请求答复。毛泽东借机发挥，告诉甘贝尔：“我对谈判结果有充分信心……我不相信谈判会破裂。在无论什么情况之下，中共都将坚持避免内战的方针。”他表示：“中共准备作出重要的让步，包括缩减解放区军队在内。”

毛泽东敞开心扉地告诉西方人：“中共要求中央政府承认解放区民选政府与人民军队，它的意义只是要求政府实行国民党所早已允诺的地方自治，借以保障人民在战争中所做的政治上、军事上、经济上与教育上的地方性民主改革，这些改革是完全符合于国民党创造者孙中山先生的理想的。……如果联合政府成立了，中共将尽心尽力和蒋主席合作，以建设独立，自由、富强的新中国。”

什么是中共理解的“自由民主的新中国”呢？这是所有外国记者的共同话题。

毛泽东回答说：“它将实现孙中山的三民主义，林肯的民有、民治、民享的原则，以及罗斯福的‘四大自由’。这是西方人和中国民主派人士，都比较容易理解的概念。虽然，它不过是个资产阶级民主共和国纲领，可在当时的条件下，却是有可能实现的、对中国百姓最有利的目标，而且与蒋介石一再标榜的政治信念，也完全没有冲突。”

在最后告别重庆、返回延安的仪式上，诗人毛泽东将自己的情绪优势发挥得淋漓尽致。他即兴发表了热情洋溢的演说，讲到慷慨激昂处，甚至像五四青年那样振臂高呼，新中国万岁！”

这一招简直把老蒋弄傻了。自由、民主，圈子如此之大，色彩如此绚丽，他蒋介石钻也不是，不钻也不是。媒体人巴不得世界上每天都出现如此一惊一乍的场面，顷刻间批评、议论、揣测，各种声音沸沸扬扬，好不热闹。蒋委员长处在十分尴尬的境地，连对共产主义并无好感的美国记者西奥多·怀特都大发议论，“如果接受国民党政府完全控制争执地区的要求，那就等于共产党把每一个村镇重新交给腐化的官僚和土豪劣绅，也就是等于苛捐杂税、高利盘剥以及横行霸道的重新出现。”

重庆的民主党派人士，更是痛骂当局是“群狗争食，闹得不成样子”！即便小骂大帮忙，要中共维护政府，维护“全国统一的国家中心”，“不要另起炉灶”的《大公报》，也发出恨铁不成钢的悲叹，说国民政府“在热烘烘乱嚷嚷中，这二十几天时间，几乎把京沪一带的人心丢光了”。

老蒋打算好的那一套表演程序，无法继续下去。他也不想再装了，何况美国海军陆战队已在天津登陆。该部曾与日军血战于冲绳，如今顾不得许多讲究，干脆和日伪军并肩战斗，扼守港口。与此同时，蒋介石的嫡系王牌军杜聿明部，神不知鬼不觉包围了曾号称“民主堡垒”的昆明，围攻省府，胁迫省主席龙云交出其经营多年的云南省军政大权。

这些还都是“小菜一碟”，最重要的动作，是老蒋把目光盯死了鄂、豫、皖、湘、赣五省交界的中原地区。尤其是武汉及鄂北，蒋介石要把那里变成数万“共匪”葬身的坟墓。国民党军第一、第五、第六、第九、第十等5个战区20多个师约30万兵力，开始从四面八方向中原解放区步步蠢动。某些骄纵而顽劣的将领，毫不掩饰地气势汹汹放出话来：“委员长跟中共没什么好谈的，围歼中原共匪数万人，毛、周自不能张狂！”

中统局响当当的头目，更是扬言：“不宜让毛泽东、周恩来返回延安。”

六、增援与打援

绥、包守备骑兵扬长，贺、聂攻城势单力短

现在，我们打开地图，从北京出发，沿铁路线，经张家口、大同到集宁，北跨一步即可经内蒙古二连浩特市去往外蒙古，继续走下去可达莫斯科；而由集宁向西，铁路线很快贴近黄河北岸，固执地与黄河缠绕一处，若即若离，差不多亲热到古城兰州。站在集宁举头西望，把100公里外的呼和浩特市（归绥）与稍远一点儿的包头、五原、临河称作大西北的门户，是完全恰当的。

当然，在1945年8月日本投降后的中国一盘棋上，“平绥铁路”和“绥包地区”的意义比这些要复杂得多。当年11月22日中共中央军委给晋察冀军区司令员聂荣臻、晋绥野战军司令员贺龙等人的复电中，阐述得极为明确：“苏联由于条件限制，必须保证蒋介石接收满洲各大城市，我争取东北大城市暂时无望，因此，热河、察哈尔、绥远对我之全国战略意义更增加其重要性，必须求得控制绥远全省，才能使我有较巩固的后方，保障张家口侧翼，并建立将来必要时进入新疆之通道（如果东北不能建立巩固的战略基地，新疆或许还有这种可能）。因此，绥远战役实关系我在目前以及将来整个时期的全国大局。”

时值国共两党正在和谈桌面上讨价还价，安坐紫禁城的傅作义先生操着绥包地区的心，脑子里却浮现出几个月前国民党第六次全国代表大会上亲受蒋介石接见时的情形。蒋说：“宜生啊，你的才干，有目共睹。国家内忧外患，正是用人之际。党内像你这样的同志，不是太多，是太少了！所以，把平绥交给你，我是放心的。华北地区有你宜生在，大势可定……”

8月，傅作义就任第十二战区司令长官，对于经略华北他负有义不容辞的责任。他一向主张“二分军事，三分政治，五分经济”。几个月来，他几乎竭尽全力在物资上充实平绥线沿途几座城市。尤其是包头，把它看作巨大的军需库或军火库并不过分。傅作义相信物质力量，也相信精神力量（这还是从共产党那里学来的）。至于军事嘛，该守的铁板一块，不该守的一触即溃。棋谱，只藏在他自己的心里。

对于聂荣臻和贺龙来说，卓资山得手是否太容易了些？

当时，中央军委的打算颇为鼓舞人心，“如傅作义固守归绥，则先将包头、五原、固阳占领，逼傅部绝食突围，然后歼灭之。如我能迅进，可能速占归绥”。现在，卓资山开局如此漂亮，傅作义果然把主力撤到归绥，聂荣臻与贺龙不约而同将目光投向包头。这不但是顺乎自然的选择，就聂、贺内心来说，尽力完成军委部署，是在全国格局中体现局部价值的极好机会。那时，所有将领都希望能在重庆的天平上增加砝码，谁都清楚：这是书写历史啊！

聂荣臻快马赶往卓资山以东那个叫作隆盛庄的小村时，傅作义在绥包两城的防务，基本部署就绪。首当其冲当然是归绥。此地早先也不过是个鸡毛小镇，后来成为绥远省府所在地，才渐渐羽翼丰满，在旧城基础上发展出一片新城。还是傅作义初当省主席时，就在他“移民安边、发展生产、巩固国防”的指导思想下，开始深沟高墙，构筑新、旧城防御工事。

及至抗战后期，这些功夫已做到极致。退守归绥之前，所有城防工事都精细加固一遍，工事前沿均有两米多深的外壕。壕沟一侧，铁丝网严丝合缝，三列桩的、蛇腹形的，还有一些前后叠在一块儿的三角套三角，重点地段鹿砦及其他因地制宜障碍物更不用说了。有的地方还特别装了电网，明碉暗堡星罗棋布，那些地方性绥蒙伪军及杂牌师团，就分布在这些沟沟坎坎的工事间。后城居高临下，当然是傅作义的中央军。仗打起来，守在工事里的敌兵，前沟后坎，个个屁股顶着黑洞洞的枪口，想贪生怕死万万办不到。

难对付的是那些来无影去无踪的敌骑兵。聂荣臻一见贺龙就深恶痛绝地说：“敌骑兵叫人头痛啊，非敲掉他不可！”他说的骑兵主要指德王和李守信的三个骑兵师。这些家伙凭借四条腿快速机动的优势，担负着绥、包两城外围流动作战任务。他们地形十分熟悉，转个场换个点什么的，动作极快，许多情况下，不等还手就把对方队伍冲垮了。

贺龙看到连日来部队各路人马陆续赶到绥包地区，一直都在外围跟敌人骑兵转悠，像捉迷藏似的折腾好几天，也没接近真正的城防，心里很不是滋味。“不对劲嘛！”他对聂荣臻嚷嚷，“跟傅作义交手，不把这些骑马的冤家解决了怎么能行？我看，吃一口是一口，务求全歼，不能赶跑了事！”聂、贺英雄所见略同，头次碰面一拍即合。

贺龙认为被赶跑的敌骑兵，很可能成为将来攻城时“屁股后面着火”的祸根。这是颇有见地的。就当时绥、包地区国共双方总兵力而言，傅作义满可以财大气粗。他除指挥自己的嫡系部队四个师之外，另有绥蒙伪军三个骑兵师和一个防空师，相当于一个团兵力的伪警察大队五个。此外，杂牌军像什么海福龙、二得子、龙震子、邢守忠、乌青云之类地方性队伍，亦有五个师之多。隶属不同但可临时指挥的部队，就更多了，邹长青、鄂友三、石玉山、王有功、乔汉楚、赵大义等七七八八相加，共六个师兵力，少说也有8万人。如果把毗邻的阎锡山与宁、青二马随时可能增援的情况考虑进去，其兵力就不是个可以预测的数字了。

这注定是场恶战。冰封大地，寒风刺骨，聂、贺部队的战士们身上没件像样的棉衣。更重要的是，部队凭着抗战老区拉出来的那几杆枪，连续打了几个胜仗，爆米花似的扩充了一大批解放战士，还没好好沉下来整训，接着又投入战场。

聂荣臻说：“硬着头皮干吧，先肃清外围，合围归绥，再来攻城。同时，分出一部兵力西出包头，切断傅作义的退路，把归绥守敌相对孤立起来。这样，多少能动摇动摇他们，有利于攻城。”

贺龙当时睁眼闭眼是重庆谈判、毛主席的安全，心头正燃烧着一把火。对眼前开打的这场战役，没有不从之理。

归绥、包头久攻不克，贺总、聂总各执一词

两位老总坐在马上，一路聊一路从隆盛庄去往刚拿下的卓资山。路边断续的黑烟和打扫战场的零星部队，映衬着他们一种难以言喻的心情。既然序幕已经拉开，未来将上演什么、如何出演似乎不太重要了。两位老总都是强有力的人。他们毫不犹豫地钻进卓资山旁边那户农舍，围到地图跟前，一个捧起雕木烟斗，一个抓着行军水壶，辣烟烈酒，就这样开始布兵。

归绥依然是首当其冲的攻克重点。这是卧在荒丘上的一只穿山甲，新、旧两城，新城小巧集中，具备完整的城墙依托；旧城面积虽大，却有城北山势可据。更何况纵横交错的工事，已使全城处处都能凭坚固守。这便足以拒敌于山门外了，然而傅作义还要玩弄他的战术招法，总是以攻为守，时不时拨动一部地方武装，向聂、贺攻城部队出击一下，搞得攻城部队常常进退失据，很是被动。

但中央军委的判断却颇为乐观。除对攻城部队技术条件有点不太硬气的看法之外，在兵力和士气两方面都绝对自信。因此，军委主张用刚缴获来的野炮、重炮和山炮与工兵炸药“集中使用，破坏要点”，以弥补技术上的

缺陷。这一“迅取归绥”的战术方针，多少带来一种胜算的可能。但这种可能究竟有多大，天知道。所以，军委还给出另外一条方针，那就是“缓取归绥”。先顺应傅作义以攻为守、积极防御的企图，把主力隐蔽起来，用一部兵力做出逼真的佯攻姿态，一旦守敌出击，就叫他出而难返，如此吃一口少一口，消耗敌人有生力量；其次是围坚攻弱，用少部兵力有弹性地围困归绥，先不动它，先让主力西进，攻萨拉齐、包头、五原，把这几个次要的小城市攻下来之后，再回头收拾归绥。如果“迅取”不成，“缓取”也不成，那就只好掏传统法宝，“发动群众，武装群众，主力集结机动位置。小部队不断袭扰，久困重围，使敌粮尽弃城，然后歼灭之”。

可以想象，聂、贺在节骨眼上收到这样一份电报时，会是什么心境。所谓“敌强我弱”“敌众我寡”及诸如兵员素质、大兵团作战经验等方面的现实问题，一时都摆不上桌面，初步侦察结果还没完全出来，两老总就拍板敲定：立即攻城。

谈何容易！枪炮一响，对方坚固的城防体系当场显示威力，那些看似平淡的独立屋、水塔、小山包，顿时全都喷出火舌，明碉暗堡在新城旧城周围组成了一张张密密层层的火网，攻城部队的轻重武器在最初10分钟内发挥到极限，可效果几近于零，光听到子弹嗖嗖响，却伤不着人，而那些分量不足的炮弹落到哪里也只能见着一团烟火罢了，敌方高高低低的火网依旧红信乱飞。这时，包头方向王尚荣火急报告：独一旅两个团向禹王庙和包头火车站进攻受阻，战斗异常激烈，我方伤亡很大，兵力明显不足，咬着劲与敌方形成相持局面！

“要聂总！”贺龙操起电话，“我看这两块骨头不好啃啊，是不是调整一下部署？”

聂荣臻此刻也急得满头流汗：“你等着，我马上过你那边去，我们好好商量商量。这么拖下去不行，部队牺牲太大！”撂下电话，聂荣臻打马上路，从他的指挥部陶卜齐绕到归绥城西贺龙的指挥部，只用了十来分钟时间。贺龙站在门前，老远看到聂荣臻，没等他下马，大嗓门就亮开了：“我们改变一下突击方向，先啃一啃包头嘛，你看如何？”这正是聂总路上想定的方案。

两位老总都小瞧了包头！这座十来万人口的小城，虽然不比归绥显赫，但历来是黄河河套的重要门户。日本人占领时期就在城防方面下了大笔本钱，仅城外东北角禹王庙修筑的钢筋水泥碉堡，就可以火力控制全城东、北两大方向，而且地下还有两米多深的堑壕，直接通往城里，弹药物资源源不断。加之这里地势较高，只要有挺机关枪架在上面，居高临下，任凭对方多少兵力冲过来，也能从容不迫地挨个“点名”，弹不虚发。

“王尚荣手上不足3000人呢！”贺龙着急的就是这一点。他打马来到三五八旅，对黄新廷旅长说："你跟秋里准备一下，给部队鼓把劲儿，今晚急行军，150公里，发扬发扬传统，连续作战，上去就干！"贺龙对三五八旅寄予厚望。

三天前，聂、贺已商定，由贺龙、李井泉率晋绥野战军主力和晋察冀的冀晋纵队第三旅（欠一个团）并第四旅的六团西进，紧急增援包头。两老总把战局摊开一分析，很快达成共识，都感到在兵力不占绝对优势的情况下，与敌人对峙时间长了，消耗过大，弹药、粮食的供应会更困难。如果短期内没有大量兵力增加，分兵两处，又打归绥又打包头是难以做到的。

实际情况是：要么集中兵力打包头，要么集中兵力打归绥，要么两个都不打，主力东调回根据地，只留部分兵力巩固新开辟地区。最后，他们把种种想法连汤带水全部交给了中央军委。

军委回电很及时，选择了第一个"要么"：主力西进，先取包头。并特别强调要集中力量，让贺龙和李井泉率晋察冀部队主力和整个儿晋绥野战军一同西进，而归绥这边留下的确实是"部分兵力"，任务是作弹性围困，封锁、袭扰敌人。

这个方案等于把原由东而西的作战顺序变成由西而东。把有限兵力的重心先压到弱敌头上，比较而言，兵力优势就更容易体现一些。等到弱敌一破，部队也壮了一大截，那时再来同强敌交手，当然更有获胜的把握。虽说透风的漏洞很多，但就当时聂、贺手中那么丁点儿本钱的现实情况来说，中央军委的方案不失为上上良策。悟性极好的贺老总一见军委电报，心里就明白了。他在马上对李井泉说："井泉，这块硬骨头啃也得啃，不啃也得啃，军委晓得我们的难处，军委也有军委的难处啊！"

可是，聂荣臻皱起了眉头："这基本上是个置归绥于不顾，而倾全力取包头的方案，我认为不妥，显然不妥！"聂荣臻那股喜欢较真的脾气上来了。他始终把归绥守敌摆在首要位置，要求部队看得很紧。这里有好几万强敌啊，是傅作义心中的重中之重！聂荣臻越想越觉得西取包头和五临的方案"不妥"，便独自把意见电告了中央军委。他希望按原部署再打几仗看看，如情况不佳，就应考虑结束绥远战役。

"结束绥远战役？"贺龙坚决不干，"全国局势这么紧张，毛主席才回延安，周副主席还在重庆谈着判，我们打个不上不下，怎么向中央交代嘛！"

这已经是11月19日了，正是毛泽东和老蒋重庆谈判之后，周恩来处理善后、具体落实《双十协定》的关键时刻，时不我待，贺龙接连打马跑了几个部队，浑身冒着汗，敞开衣怀还嫌屋里热，便跑到露天底下大口大口抽烟。

李井泉跟出来，在贺龙身边小声劝道："聂司令员也有他的道理，问题是我们的兵力太单薄了，摊得太开怕是有点儿风险。”

贺龙瓮声瓮气：“风险是有，没得风险还要我们做啥子？现在，最要紧的是给中央打开局面，这一仗非同小可呀，要是患得患失……”一阵冷风袭来，打断贺龙的话。他打个激灵，咳嗽了几声，接着说：“我就不信，包头拿不下来！我就不信五原、临河也拿不下来！”

李井泉听出贺龙说话时鼻子有点儿塞，便拽了一下老总敞开的衣襟。他真担心贺龙急坏身体。想了想，他又半是参谋半是劝慰地说：“老总，既如此，为什么我们不能也向军委发个报，把意思汇报汇报呢？大家谁讲了也不算，让军委定。”

贺龙琢磨了一下，觉得这话有道理，各抒己见，军事民主嘛。

半小时后，晋绥野战军司令员贺龙、副政委李井泉致电中央军委：“我们同意军委16日电示，首先夺取包头、五临，使傅顽陷于孤立，估计包头攻下把握较大，干部战士均有信心，但须加强突击力量，配合打马家援军和参加攻城……”

聂、贺各执一词，把一个半拉“僵局”摆到中央军委面前。轰轰烈烈的绥远战役弄成这么一个结果，让毛泽东等人始料未及。

孤注一掷何酋泼水造冰，联合指挥双雄浴血破城

大部队距包头还有几十公里，贺龙病倒了。胆囊炎复发，又患了重感冒，浑身烧得烫手，一口热水也喝不上。开始他还坚持骑马，想顶过去，后来头重脚轻，身体把持不住，马没法骑，只好躺到担架上让四个战士轮班抬着走。“娘的，真病得不是时候！”贺龙恨恨地捶脑袋，克制着不许自己合眼。

这时，作战参谋跑步过来，看贺龙这样，为难地望着李井泉。没等李开口，贺龙吃力地问：“敌情有啥子变化没有？”

参谋只好打开电报夹，边跟着担架走，边向贺龙念部队发来的电报。其时，晋绥野战军主力和冀晋纵队第三旅（欠一个团）、第四旅的六团，已陆续在包头附近进入预定作战地域。归绥守敌看机会来了，立刻组织步骑兵反冲出城。国民党新编骑兵第四师会同骑兵挺进第四纵队一口气攻到二十四顷以南，驻守宁夏的国民党骑兵第十师也遥相呼应，经五原、临河东进，热火朝天，赶来增援包头。

贺龙听着作战参谋念电报，渐渐气喘吁吁，禁不住又咳嗽起来。警卫员从怀里取出行军水壶递上去，贺龙喝了几口温吞水，好不容易止住咳嗽，才大声问：“黄新廷和王尚荣他们打得怎样？”作战参谋低着头，说：“情况可能不太好。”贺龙吼道：“啥子可能不可能的，你把张经武

给我找来……”

刚喊一嗓子，贺龙又不住地咳嗽。李井泉连忙劝住，说：“老总，情况我都知道，正准备给你汇报呢，你看……”作战参谋趁这个机会，撒腿就往电台那边跑。

其实三五八旅早在聂、贺争执不下、军委复电之前，就一阵风似的赶到包头了。贺龙下令黄新廷和王尚荣两位旅长在城北黄家洼开设联合指挥所，把两股劲拧到一股，统一指挥攻城。

当下，黄、王二人采取地图作业和现地勘察相结合的办法，把包头城防仔细研究了一遍，发现西门外是唯一开阔地带，东、北两门都紧靠着一条沟，地形较复杂，南门不远处就是黄河，没有回旋余地。再看城内巷战工事相当完备，较坚固的房屋和其他建筑物，都有士兵扼守。城北一个高地上，还开设了炮兵阵地，火力发挥的条件很不错。所有城内防御工事工夫下得相当深，部署非常精细，像交叉、倒打之类的火力设置，处处可见用心。尤其在攻城要道上，何文鼎大做文章，除设置障碍外，还有一个重要举措：每天派兵泼水结冰。

这是我国冬季寒潮频发的地区，1月平均最低气温可达零下23摄氏度，比滴水成冰还滴水成冰，所以地面一泼水，到处滑溜溜地站不住脚，人也好马也好，一步一个仰八叉。黄新廷倒抽凉气对王尚荣说：“奶奶的，这哪是打仗，这是耍把戏呀！”

王尚荣过来得早，对此已领教够了。面对这个情形，他已连续几天苦着脸拿不出办法，怎么也咽不下这口气，“妈的，大活人还能叫尿憋死不成！”他说。

于是，黄、王两人咬紧牙关合计起来。最后的决心是：让独一旅二团和三五八旅七一五团从西北门攻城；独一旅八团在城东积极动作，把敌人牵制住，等到二团和七一五团攻进城，立刻从东门猛攻。而三五八旅七一四团则一开始就向电灯公司守敌进攻，一旦得手即扑向南门，发起攻击。显然，主攻是二团和七一五团，但在战术动作上，另外两个方向也做到“佯攻不佯”。这样三足鼎立，互为呼应，迫使国民党守军对哪一点也不敢大意，不得不分兵应战。

总攻时间定在零点。准备工作头天上午就搞扎实了，下午大部队狠狠睡了一觉。黄昏时分，七一五团悄悄运动到离包头西门几百米的白草梁，一直猫到晚10点整，才跟二团一起进入冲击出发阵地。

天麻丝亮时，二团和七一五团部队不惜一切代价攻进了城内。经过激烈的巷战，差不多占领了三分之一城区。说是两个团，实际上此刻兵力至多不过四个营。往占领区一撒，空荡荡的感觉越来越强烈。二团团长傅传作急得直跺脚。他抱着机关枪左打右扫，打一阵喊一阵，竭尽全力调整部署。其时，城内一片沸腾，到处是枪声，也弄不清哪儿对哪儿，从团指挥员往下，没有不上阵的，大街小巷，纵横交叉，各自为战，各逞英豪。

而在另外两个攻城方向上，此刻却已几乎偃旗息鼓：八团攻城战斗一打响，就被敌火阻在东门外城墙下。天一亮，干脆撤出战斗，回到原出发地；七一四团打了大半夜连城外电灯公司守敌阵地也没拿下，更何谈攻城，只好一直跟敌人不冷不热对峙在那里。

已是第二天早晨7点多钟，傅传作团长突然听到报告，说他的副团长彭济民牺牲了。不一会儿，又有报告说七一五团二营长廖士明也牺牲了！

敌人所有巷战工事这会儿都充分利用起来了，火力越来越猛，战士们一步三滑，有的跌倒就再也爬不起来。部队每向前推进一步都极为困难。傅传作看到曦光中的街路上，密密麻麻都是尸体，多数是自己熟悉的干部战士，他们倒下时的姿态各异，血迹片片冻结在路面上，寒风掀动烈士们身上单薄的粗布军装……没法再往前攻了，他边下令转入防御，巩固既得阵地；边向黄新廷和王尚荣报告，请求后续部队增援。

但就在此时，何文鼎集中了十多门山炮和野炮，向西北城门及城楼轰击起来，以火力封锁突破口。与此同时，集中大股兵力从南侧向七一五团阵地一次又一次猛烈冲击。七一五团二、三营指战员抱定与阵地共存亡的宗旨，喊着口号杀向敌阵，所有幸存的干部战士，个个浑身是血，这样才把敌人的冲击一次次打退。

尽管黄新廷和王尚荣嗓子都喊冒了烟，援兵自始至终没上去一兵一卒。

傅传作指挥部队从早晨一直打到下午4点左右，伤亡越来越大，部队早已不分营连建制。屈指可数的勇士们背靠着背，子弹打光了扔手榴弹，手榴弹也没了，就抡枪托、拼刺刀。眼看太阳偏西，联合指挥部老喊“坚持、坚持”！坚持了几个小时，连援兵影子也见不着，部队伤亡实在太惨，弹药也耗尽了，再不能作无谓的牺牲！他只好下令且战且退，撤出城外。

好不容易打开的城防突破口，就这样放弃了。一昼夜的流血搏斗，功亏一篑。傅传作满身血污站在东郊外沙尔沁小山坡上，远望晚风中轻烟飘荡的包头城垛，止不住涌出热泪。那泪珠映着夕阳余晖，红得恰似一滴鲜血。

包头城血花绽放无果而终，贺老总运筹帷幄抱病击鼓

贺龙亲率主力西进抵达包头，那是半个月后的事了。这期间，部队有10天休整，对新补入的解放战士进行思想教育，战术、技术方面更是下功夫琢磨了一番。王尚荣和黄新廷站在贺龙担架面前叹息好半天，都嘀咕着不该打个半拉子仗，对不起老总。贺龙强打精神笑着安慰老部下：“蛮好嘛，攻进城，打下几条街，毙伤俘敌1500余人，战果不错！后续梯队跟不

上，那也不是你们的问题。不要婆婆妈妈了，打仗嘛……不过，损失还是大呀，”他声音低沉下来，眼光别过去，神情黯然，“死了900多个同志啊，这个数字也了不得！”

王尚荣叹息一声，解释道：“多半是天亮后牺牲的。我们在明处，敌人在暗处……”

贺龙问：“伤员和烈士都安排好了吗？”

一直不言不语的黄新廷回答说：“该治的治了，该葬的葬了。”

贺龙要看烈士花名册。他让警卫员把自己扶坐起来，伸出裂开血口的食指，点着花名册上每个烈士的名字，轻声往下念……

再次攻城的时间预定在11月28日，贺龙把独立第二、第三两旅压了上去，攻城地点选在西门和北门之间，任务落实到十七团和二十七团，两团左右并列，统一指挥，浑然一体。野司指挥所开设在包头东北方向一个叫石拐子的小村庄上。贺龙依然躺在担架上，边吃药、发汗，边运筹帷幄。

正是夜幕初降，寒风刺骨。何文鼎爬上城门楼子，伸头朝城外一看，并不见贺龙一兵一卒。这使他反倒大为不安。据傅作义通报，贺龙再攻包头的计划时间也就是这几天，怎么见不着一点儿动静呢？他哪里知道，在几个来回的情况报告之后，中共中央军委对包头攻城行动已相当犹豫。

是攻还是撤？李井泉期待着贺龙给个指示。离预定计划只有三天了，贺龙恨不能一口咬下块包头的城砖，嚼个粉碎，尝尝它到底是个什么滋味。

又是个北风呼啸的长夜，贺龙盘腿坐在炕上，一面大声咳嗽一面大口吸烟。墙外风中隐约有骡马响鼻，部队许多单位都晾在天公底下，风冷夜寒，战士们还有许多人穿着单衣。这可不是儿戏……贺龙心里翻腾不息，不知不觉，远处又传来报晓的鸡声了。终于，他重重地摔下烟斗，说：“傅传作他们只有四个营，不是打进去了吗？牺牲大就大一点儿吧，值得嘛！井泉，我看，我们还是干，攻下包头，实现中央战略意图！”

李井泉明白贺龙是个不到黄河心不死的人，全局观念特别强，要想让他放弃攻包头，绝非易事。于是，他也只有顺水推舟勇往直前了：“那就将作战计划赶快报聂总和中央军委吧！”李井泉心到手到，立马把野司一班人运作起来。文电交驰一晃又过去几天，所谓“赶快”行动也快不到哪里去，实际攻城的日子还是不得不拖到12月2日。

后人已充满理性地记载了这场没有结果的进攻，虽然它只延续了两天。两天后的1945年12月4日到14日，参加绥远战役的各路人马便奉命撤出对绥远、包头二城的包围，绥远战役由此宣告结束。收兵锣槌同样还是贺龙敲下去的。

第二天黄昏前，贺龙让人把自己扶到一个高坎子上。他要亲自观察一下战场形势。望远镜里，城头守敌的火力不紧不慢，但攻城战士仍旧一片一片倒下去……这情景一直像块千斤巨石压在贺龙心头。

瞬间战栗中，贺龙产生推翻这块巨石的念头。就此罢手？那不等于是半途而废吗？两次攻城加一起，有上千名烈士啊！这么大的代价尚无结果，中央战略意图仍没实现，影响到全局哩！可是，继续攻下去有把握吗？天寒地冻，部队连个避风的地方都没有，病员日增，许多干部战士都是带着病上阵啊！再攻下去，被动处境会越来越严重。贺龙眼前浮现出无数冻得红里透紫的脸膛、红里透紫的双手，那些手和脸上到处打着裂口、血肉模糊的战士；那些淳朴如同骆驼草似的期盼与渴求的眼神，他们有的已长眠在这座陌生的城下，有的还正把热腾腾的生命投向血腥硝烟。憨憨的面容一一从贺龙心头闪过，像影子似的，像灯火似的，像繁星似的……贺龙的心怦怦跳着，他要推翻这块巨石，他终于将它推翻了！

全国解放后，曾对傅作义起义起了重要促进作用的董其武先生，有一次在北京与贺龙相见。董原系傅部第一〇一师师长、第三十五军军长。往事缕缕，扯不断理还乱，两人一聊就聊起绥远战役。董其武说："贺老总啊，你当时指挥得的确高明，很快决定撤退，不攻包头了，那是非常正确的。假如再攻下去，非得吃大亏不可。那时我们部队的工事里面生着火炉，枪炮口都标定了方位，是以逸待劳，又有优势装备，弹药充足，怎么好攻下来，包头城一面是山坡高地，一面是平坝子。我们部队据守在高处，给周围城墙泼了很多水，冻得又滑又硬，不好接近。所以你果断地下令撤退，非常英明。"贺龙听了，好久没有言语，只是微微笑着。那笑就像一池秋水轻轻泛起的涟漪，慢慢散去。

七、突围与包围

中原突围箭在弦上，军委决策“胜利第一”

进入6月，蒋介石再没耐心了，他决心用193个旅（师）约160万人，也就是占国民党全部正规军80%的兵力，向中共解放区发动全面进攻。“协议算个屁！”蒋介石怒气冲冲地对参谋总长陈诚等人吼道。他将案头《政府与中共代表会谈纪要》等一大堆文件厌烦地推到一边，自负地梗直了脖子说：“共产党没有资格同我讨价还价！我已同马歇尔谈妥，通过他向中共发出最后通牒。共产党军队必须立即撤出陇海路以南、胶济路全线以及东北大部地区……是时候了，拖得越长越不好办！要速战速决，力争在3至6个月内，首先消灭关内共产党军队，然后解决东北问题。”

六十年后的今天，连中学生都明白了，蒋介石输就输在他只看到军事上的强势，而没有把民心、军心的向背这些政治因素考虑进去，所以必将重蹈历史上许多败军将帅的覆辙。这一笔是蒋家王朝的教训，也是留给所有中华子孙意味深长的启迪，尤其是那些打算在政治、军事上弄潮的人。

就军事方略而言，老蒋的这番话作为豪言壮语提出未尝不可，落到具体军事部署上，却显得不那么切合实际。陈诚私下与国防部长白崇禧交流看法时，就不约而同地提出疑问。但是，蒋介石的豪气一如大河流水，加之附议者甚众，谁能阻止得了？当然，谁也不想阻止。为了使这股豪气贯彻于全体，特别是那些将与共产党军队一刀一枪直面交锋的基层人员，蒋介石专门来到各绥靖区政工主任和特种兵营以上军官会议上作了一次政治讲话，给他们“注射鸡血”。他说：“诸位不用担心，政府有绝对把握。我们有盟邦的支援，有空军、有海军，而且有重武器和特种兵，如果能配合得法，运用灵活，就一定能速战速决，把奸匪消灭。”

在延安这边，接到美国特使马歇尔的通牒，毛泽东就知道一场大战正如自己所料已无可避免。那时候蒋介石有底气呀，总兵力430万，接收了日军100万人的全部装备，更何况还有美国援助，光是1946年上半年美援价值就达13.3亿美元。此外，美国人还直接为国民党空军装备飞机936架，移交海军舰艇131艘。从抗战结束到1946年6月，由美国海运、空运到内战前线的国民党军多达54万人，中共中央工作会议上，毛泽东操着浓重的乡音说："人家人多、枪多、飞机大炮多，他想打，我们没法子，只有奉陪。大家也不要被他的气势汹汹所吓倒。不错，他蒋介石有的，我们没有，可是我们有的，他也没有。我们没有的，可以得到；他蒋介石没有的，就再也得不到啰！大仗之后，估计六个月内外的时间，如我军大胜，必可议和；如胜负相当，也可能议和；如蒋军大胜，那就议不得和啰！因此，我们必须坚决战胜蒋军的进攻，争取和平的前途。"

一连几天，中共中央机关都在紧张、忙碌的气氛中度过。大小会议一个接一个，大家见了面，日常寒暄都省略了。彭德怀更是如此，参谋长叶剑英去了北平的军调部，他只得和朱老总及军委参谋一班人，全身心投入拟制对付国民党进攻的南、北两线作战计划，预定三天后要拿到军委会上讨论。转眼日子就到了。晚饭后，彭德怀又把业已完成的整个计划在脑子里过了一遍，然后背着手往会场上走去。踏进门，迎面碰上毛泽东和军委秘书长杨尚昆。毛泽东手中捏份文件，说："老彭，蒋介石要对李先念他们动手啰！"彭德怀急忙接过文件，一看，原来是情报部的敌情报告，上面有国民党郑州绥靖公署主任刘峙奉蒋介石电令，召集第四绥靖区、第五绥靖区、豫陕两省政府和党部主要负责人及绥署所辖部队师以上军官，研究部署围攻中原军区的会议纪要和详细兵力部署。彭德怀盯着文件，双脚情不自禁踱近地图。他一丝不苟地从地图上找出每一个地名，那份投入，仿佛外界一切都不存在了。这期间，朱德、刘少奇、任弼时、叶剑英等人，也已陆续来到。毛泽东和大家打招呼以及警卫人员进进出出送茶递水的喧哗，丝毫都没有影响彭德怀的专注。他找齐了地名，忽又凝神于某一点，痴迷地发愣。杨尚昆着急了。他知道，对于彭老总来说，每次思考的结果都是一场天翻地覆的大仗。如不提醒，不会轻易结束。他只好走近彭德怀，小声提示，"人都齐了……"彭德怀这才不情愿地将目光挪开地图。

"中原军区有么子消息吗？"彭德怀问杨尚昆。杨回答说暂时还没有。彭德怀埋下头半晌不吱声。这时，毛泽东挥手让大家安静，又示意杨尚昆把"敌情报告"给大家传看，他自己则不慌不忙摸出一包上海吉士烟厂出品的"道寿"牌香烟，用小指甲剥开锡箔纸，抽出一支夹在指间，再去划火点烟，并轻轻吹灭火柴棒头的余火……这一连贯的动作被做得韵味十足。他盯着烧红的火柴杆直到它彻底熄灭，然后才转移到会场一张张默默不语的脸上。这是那份“敌情报告”带来的效果。大家都在严峻地思考。毛泽东也在思考，但是他却笑着举起那包“道寿”烟，说：“愿吃的自取，‘道寿’，好牌子，还是上个月陈毅托人带来的，大家吃吃看，味道如何……”空气立刻松动开来。

毛泽东不提中原军区的事，而让朱总司令先介绍计划。

朱老总起身整了整军服走到地图跟前，向军委汇报新拟制的南、北两线作战计划。其实这是对军委集体构想作进一步细化，背景材料无须赘言，张口就直奔主题：“在北线，以晋察冀和晋绥野战军及晋冀鲁豫野战军一部，用半年或更多的时间，夺取平汉路北段、正太、同浦等‘三路’，并相机夺取保定、石家庄、太原、大同等‘四城’，使晋绥、晋察冀、晋冀鲁豫各解放区连成一片；在南线，以晋冀鲁豫野战军主力和山东野战军，分别向豫东和津浦路徐州至蚌埠段进击，着重在野战中歼灭敌军有生力量；以华中野战军进击津浦路蚌埠至浦口段作为策应。以后，如形势有利，以晋冀鲁豫、山东两野战军主力，向大别山、安庆、浦口之线推进……”

终于等朱德介绍完，彭德怀起身。“我补充一句，”他说，“我们这个计划是跟老蒋对着来的。老蒋进攻着重向北，我们则相反，着重向南，叫他头一拳就砸个空！我们把大部蒋军抛到北面，屁股对着它，蒋军回身不及，就被动啰。这时，中原部队向北突围。如果突围受阻，则准备在国民党区域创建根据地……”

说到这里，军委机要参谋报告进来了。大家一看他头上汗珠，就估计情况比较急，而且八成与中原军区有关。果然，他带来了中原局郑位三、李先念和王震等人的急电：“……现在我区局势确已发展到必须迅速主动突围的地步。我们原谋向南突围有长江之隔，向东突围则因国民党在津浦路上控制有强大兵力，难于达到目的；由界首附近北渡黄河则由于不能徒涉的河川很多，危险极大，比较安全的只有由豫西南向鄂中向西突围的两条路。但这两条路最近因顽军已攻占我信、随地区已失去其一。如顽军最近再将应山、安陆、云梦各要点占去，则成纵队的集体突围的路线，则完全丧失。在此情况下，虽部分部队还可以旅团为单位分散突围，但由于分散突围的路线也不是很多，故可能有半数的部队突不出去，如果等顽军部署完毕、正式向我全面进攻时才突围，则我不仅在战略上即在战术上亦处于被动地位，那个局面很难设想。由此提议：中央能允许我们在本月底开始实施主力突围计划，即经鄂中分两个纵队，南北两路分别向陕南及武当山突围，然后转至陕甘宁边区。”

一石激起千重浪，会场上立刻开了锅。

朱德若有所思地跟近旁刘少奇交流看法：“我看事不宜迟，应该立即行动，蒋介石的企图再明白不过！”刘少奇连连点头：“既然人家已经撕破脸皮，我们也就没得顾忌了。理屈在他而不在我。打起来，是他失掉民心嘛！”

任弼时提议，是否让周恩来和叶剑英通过军调部门再跟国民党交涉一次，揭露国民党、蒋介石假和谈、真内战的阴谋，给国际社会造成影响，使老蒋在政治上站不住脚，完全陷于被动，这对将来军事行动争取国际社会和国内民众支持方面，会更加有利。

大家议论纷纷时，彭德怀一直支起耳朵听，迟迟没发表意见。这时，他看见毛泽东的目光注意到自己，便扬了扬手，说：“还讨论么子？不用讨论啰！”众人都静下来，朱德问他有什么想法。“么子叫政治？”彭德怀直视着任弼时，“打垮老蒋围攻部署，把我们几万部队突出来，才谈得起政治！人家刀都架到我们脖子上了，还等么子呢，赶快下令郑、李、王等同志，先发制人，先机制敌，趁敌人还没来得及完成合围之前，打他个措手不及，破网而出！”

两天后的6月23日，毛泽东以中共中央名义，亲笔给中原军区拟发了一份急电：“21日电悉。所见甚是，同意立即突围，愈快愈好，不要有任何顾虑，生存第一，胜利第一。今后行动，一切由你们自己决定，不要请示，免延误战机……”

胡宗南当伯乐识马，彭德怀听贺龙摆兵

白崇禧在军事上一贯信心十足，这次亦不例外。此刻，他屈身从黑色轿车中钻出来，用戴着雪白手套的双手整理一下衣冠，然后挺胸收腹大踏步迈上国防部石级，并以始终如一的良好军姿穿过高大长廊。一路上，他脚步从容，体态笔直，除了给道旁笔挺的哨兵举手还礼，目光决不斜视。终于，他踏进国防部作战指挥大厅。高参们显然已等候多时，白崇禧在门前一个亮相，全体立即起立，脚跟啪的一声响。白崇禧满意地环视四周，当即宣布：“总裁决断，国军将于7月上旬向中共华中、山东、豫东、豫北全面进攻！作战会议明日9时召开，立即电告以下各部：陆军总司令顾祝同、海军总司令陈诚、空军总司令周至柔、联合后勤总司令黄镇球；徐州绥署主任薛岳、参谋长陈世希；武汉行营主任程潜、参谋长郭忏；郑州绥署主任刘峙、参谋长赵子立；第一、二、四、五、六、七绥靖区司令官李默庵、王耀武、刘汝明、孙震、周碞、王陵基以及第一战区司令长官胡宗南……”

半小时后，胡宗南捧着国防部这份电令走到参谋长范汉杰跟前，居心叵测地说：“老头子动手了！我战区对陕北共产党军队负有重任，赶快给王仲

廉、刘戡和董钊招呼一声，收缩兵力，严密防堵，决不许中原共产党军队涉足陕南！”

范汉杰会意地以手指在桌面上轻轻一击：“高见！别人不用担心，最要命的是王震部。此人一年前从陕北南下，这次十之八九要北窜，而陕南是必经之路！”

胡宗南脸色一阵发紧。经范汉杰这么一点，他突然加倍预感到问题的严重性。凝神良久，他慢悠悠地说：“如果这个王震仅仅是借道北上，我倒不足为虑。怕只怕他一到陕南就卧下来不走了……共产党的拿手戏就是玩老百姓这张牌，据我所知，王震也是高手。一旦他在陕南立足，少则三个月，多则一年，必能经营出一片天地。到时候，再与陕甘宁边区对我形成夹击之势，后患无穷啊！”胡宗南越想越放不下，“这样吧，给王、刘、董各部打招呼的事，交熊秘书去办，你跟我坐下来仔细合计一下。”

说曹操曹操到，机要秘书熊向晖拿着电报夹推门而入。此人看上去不满30岁，年轻俊朗，气度庄重而安详，一看就是那种既有主见又有涵养的人物。他迈着标准的军人步伐走近胡宗南，双手呈上电报夹，口音带有明显江汉味：“胡先生，总裁密件，是给您本人的。”

胡宗南脚跟象征性地靠了靠，略显清高地哦了一声，接下报夹，忙又叫住急欲抽身离去的熊向晖：“你去办一下，以我的名义电告各集团军司令官……”

胡宗南与熊向晖说话，范汉杰目不转睛地盯着熊向晖立正、敬礼、向后转起步离开的姿势，他发现这一连串动作中几乎没有一个细微之处不合步兵操典。注视身边人员日常军姿，是范汉杰多年戎马生涯自然形成的习惯。当下，他充满钦羡地朝胡宗南夸道：“琴斋兄不愧是我们黄埔一期精英，连个秘书都调教得板眼方正，难怪人家说我们一战区人才济济，你瞧刚才这小伙子，多精干的家伙，一步就是一步，动静自如，沾眼就看得见我们黄埔校风。范某就佩服这样的！”

是这番闲话挠到胡宗南的痒处，还是老蒋电报给胡宗南带来意外喜悦，总之，胡的心情在五分钟里出奇地好起来。他一边乐呵呵地笑一边说：“汉杰兄，好马遍地皆是，就看你当不当伯乐啊！就说这个熊向晖吧，当初，他也不过一介书生，热血沸腾，报国无门……”胡宗南情不自禁忆起收留熊向晖的往事。

那还是1937年底，年过四十尚未婚娶、一心效忠党国效忠领袖、被世人称之为蒋委员长左膀右臂的胡宗南，在统率“天下第一军”参加淞沪之战“坚守数月”后的“转进”途中，来到热血青年堆集成山的大后方武昌。他要分批接见在那里静候报国的多个战地服务团男女青年学生，从中选取一些优秀分子到自己的“天下第一军”服务。熊向晖就是那次被他从战地服务团选中的。

当时，被接见的人员安排到一个大会客厅，由胡宗南侍从副官唐西园按名单顺序排好座次。不一会儿，个子不高而戴着中将衔章的胡宗南，表情矜持地捧着花名册出现在队前。他依次点名，不论男女都称“先生”。单是这点，就足以让那些胸怀大志的年轻人，顿时燃起青春烈焰。大家在下面咬耳朵：“乖乖，就是不一样啊！堂堂一军之帅，刚从前线血战下来的呢……”被点到姓名的人，谁都是一声响亮的“有”并噌地站起身回话。胡宗南面目慈和地审视，且一定要说一声“请坐”，随即提三五个问题，并神情专注地倾听回答，作点儿直观印象方面的记录。

轮到熊向晖了。奇怪的是，胡宗南点到他名字时，他既不起立也不答“有”，而是出人意料地举起右手，说“我就是”。胡宗南瞪起眼睛望着这个有点儿出格的青年，问：“贵庚？”熊向晖说：“再过三个月零四天满19周岁。”胡宗南又问：“熊先生为什么到本军来？”熊答：“参加革命。”

“革命”一词在国民党圈子里似乎早已过时，而当时差不多成了红色共产党的专利，胡宗南听到这个回答不觉一怔，急忙追问：“熊先生来本军是为参加革命？”

熊向晖振振有词答道：“是啊，孙中山先生遗嘱第一句就是‘余致力国民革命凡四十年’，贵军是国民革命军第一军，到贵军来当然是参加革命。”

胡宗南恍然有所悟，继而似笑非笑地问：“那么，熊先生说说，怎样才是革命啊？”

熊向晖出口成章：“中山先生最初提出的革命任务是‘驱逐鞑虏，恢复中华。’眼下，‘驱逐鞑虏’就是要抗日，抗日就是革命。”

胡宗南饶有兴趣地：“哦，抗日就是革命，那不愿抗日、反对抗日的算什么？”熊不假思索：“积极抗日的是真革命，消极抗日的是假革命，不愿抗日的是不革命，反对抗日的是反革命。”

胡宗南紧接其后突然加快语气：“对反革命怎么办？”

熊脱口而出：“杀！”

双方默默对视一眼，全场静极了。胡宗南在熊向晖的名字后面接连画上四个圈。

范汉杰听完胡宗南介绍，故作惊讶地合不拢嘴，好半天才轻轻击掌：“琴斋真是奇人，一个小小机要秘书，也藏着这么多佳话，范某五体投地！”

胡宗南说：“你过奖了。小熊可是七分校首批毕业生啊，续起来也算我们黄埔大家庭一员。今后场面上，还要多提携。”

范汉杰做出惊喜不迭的样子："我说呢，此人仪表不俗，必有出处嘛。既是琴斋一手栽培起来的，又是我们黄埔小老弟，范某当然义不容辞啦！说句不中听的话，像这种既有思想又有才干、奋斗如一脚踏实地的青年，在我党内不是太多，而是太少。年轻人嘛，喜欢心血来潮，共党一赤化，正好迎合少数狂热分子……"

"你是说我党人才不济？"胡宗南机智地反问。

范汉杰不明就里，连忙摇手："哪里哪里……"

胡宗南呵呵一乐："这有什么不敢承认的，连总裁也时有感叹。别的不讲，就拿黄埔来说，像周恩来、叶剑英等，都跑到共产党那边去了。唉，光是一个周公，就足足抵得上百万雄兵啊！"

范汉杰张口结舌，望着胡宗南，心想，此话也只有这位浙江佬敢说。

胡宗南一番慨叹的确是有感而发。自从重庆谈判以来，周恩来的名字在国民党大员中，提起就让人头痛。他总是那么风度翩翩、以柔克刚，言行举止无可挑剔，但他的目标却始终坚定不移。就在6月26日国民党集团公开抹脸的第三天，周恩来已将一份旨在警策历史的备忘录提交给美国特使马歇尔。他告诉马歇尔（其实就是警告）：国民党政府开始大规模进攻湖北李先念部队，必会引起全国性军事冲突，其责任与后果应完全由国民党政府来负。

周恩来这一招做得让毛泽东极为满意。在中共扩大的军委会上，他一再宣称："恩来同志此举已让全世界知道中国内战是蒋介石挑起的，我是应战。以和求和，则和亡；以战求和，则和存。最重要的是多打胜仗，多消灭敌人。蒋介石是消灭一点儿舒服一点儿，彻底消灭彻底舒服……"这个指导思想的框架出台后，给中共一线所有将领挂满了弦。

两军对垒，军力处于劣势的中共，总体上是以少胜多，大家心头谁都希望努力以局部推动全局，谁都得深思自己作战区域内那一亩三分地。

这天的会刚结束，贺龙便快步走到彭德怀身边，笑眯眯地说："我想跟你谈谈。"彭德怀一听，也笑了，但什么也没说，就跟贺老总从小礼堂出来，拐上一条坡道。两人默不作声走了一段，彭德怀笑着说："谈么子哩，你那个方针我举双手赞成。"彭德怀所说的"方针"，是指贺龙给军委提出"远交近攻、睦傅打阎"这八个字。

贺龙谦逊地摆摆手："这也不是我个人的想法，是我们晋绥班子大家讨论出来的。老蒋在我们那里搞了几十个师、二三十万人，意图很明白，首先占领承德和冀东地区，然后必然集中主力攻张家口。张家口一到手，平绥铁路、同蒲铁路以及平汉铁路北段都控制起来，晋绥、晋察冀和东北解放区就给他割开了。这样，他们就可一口一口吃掉我们。眼下，晋绥部队北要对付傅作义，南要打击阎锡山，兵力不足。绥远战役虽然没把傅作义打下来，但也叫他吃了点儿苦头，如今老实多了。倒是阎锡山被老蒋打了气，猖狂得很。我们一定要趁傅部较安分守己的机会，争取时间，干掉阎锡山一两个师，把晋北同蒲路沿线及两侧的岱岳、宁武、崞县、代县、五台、定襄、忻州等大块地盘搞到手。如此一来，晋绥、晋察冀两个解放区就连成一片了嘛。部队补充没问题。有了充足的人力、物力，再齐心协力会攻大同，保证马到功成！”

彭德怀埋头听着，会意地颔首。许久，说：“对傅部控制区暂取守势，对阎占区取攻势，符合实情，战略上是正确的，军委也是这个意思。要组织一个晋北战役。”他想了想，又道：“你有么子考虑没有？”

贺龙爽快地说：“考虑过了。成立晋北野战军司令部，统一指挥晋绥野战军独二旅、雁门军区地方兵团和晋察冀野战军第十一旅等部队，还可再从绥东抽一个旅、晋察冀那边抽一个旅加强一下。让周士第挑大梁，当司令员兼政委，贺炳炎当副司令，廖汉生当副政委，王绍南任参谋长，杨尚高任政治部主任。我嘛，当当后勤，跑跑物资。”

彭德怀笑道：“你贺老总是晋绥军区司令员，又是晋绥分局常委。你不是当后勤、跑物资，是把舵！”

山西太岁乌鸦惊梦测凶吉，汉中老将饿虎扑食辨祸福

在延安养了两年病，把周士第这个晋绥军区副司令员养得心如火焚。到晋北野战军上任时，他基本上还是个病人。别离延安那天天没亮，妻子张剑便担心地问：“士第，你行不行啊？”周士第亮起胸脯回答：“吃什么药也比不得上战场好，你看看，昨天宣布命令，今天身上就长肉，胀得慌，要摔打！”

张剑心头涌起一股热浪。打从1940年12月同周士第新婚蜜月起，她就开始一遍一遍领教这个不要命的男人种种荒唐逻辑。婚后第二天，周便返回前线指挥抗日反“扫荡”。那时他说：不把小日本赶出中国，再好的蜜月也甜不了。于是，他跑到前线一战就是三个月，蜜月只好一推再推，直推到1944年6月，新郎官回来了，可那不是来分享什么，而是治病。张剑真有点儿感谢病魔，但这话怎么好说出口？何况大战一来，病魔还不也得却步！丈夫毕竟是丈夫，心里总有比蜜月更多的东西。妻子唯一的选择，只能是含着眼泪与欢笑把丈夫送上征程。周士第对妻子说：“这次不比往常，我们要在太岁头上动土！”

“太岁”就是山西土皇帝阎锡山。在山西这块地盘上，他几乎成了不落的太阳。现在，他是国民党第二战区司令长官。只要扯起反共大旗，蒋介石便大肚能容，默认他的封建割据，依旧让他威风八面总揽山西军政大

权。不过这几个月，“阎皇帝”一直陷在上党兵败的烦恼之中。他的随身侍从张逢吉作了难，见天不离左右还有侍候不周的时候，弄得疲惫不堪。

一天午后，阎锡山照例要眯“子午觉”。张逢吉在寝帘外躺椅上刚打个盹，忽听阎锡山在里面叭叭拍了两下巴掌。这是使唤下人的信号。张逢吉忙不迭地冲到床前：“您有甚吩咐？”

阎锡山额头汗淋淋地坐在床上：“我做了个梦，梦见宅院子里大槐树上，一群乌鸦呱呱地叫……”

张逢吉皱紧眉头想了想，随声附和道：“这一阵子天气闷，好像是有乌鸦乱叫唤。”

阎锡山长叹一声：“你懂吗？乌鸦叫祸呀！我们山西人常言‘乌鸦叫，棺材到’，这东西喜食腐尸，一闻死人味，便飞来了。上党那一仗，就有兆呢。唉，我好糊涂啊，成群乌鸦飞到我院里大槐树上，呱呱叫个不休，我就没当一回事，还派彭毓斌去增援，结果呢，没能救出史泽波，还又搭上两万人，白给共产党占了便宜。”

张逢吉递过热毛巾，嘴上劝慰道：“长官您也别太在意，那时候咱不是还没备好吗，现如今咱怕甚？队伍整得硬邦邦的，又有那高级顾问、高级参议，咱跟委员长合作，第一步先把山西保住，将来一统中国……”

张逢吉所言，正是阎锡山的“韬略”。“保卫晋中，固守太原”“先复省，后复国”是阎锡山在诸多场合一再宣称的口号。什么“高级顾问”“高级参议”，实际是阎氏冒天下之大不韪从投降日军中留用的3000多名所谓“技术人员”。他许诺，“凡留用人员无论官兵，均晋两级，发双饷”，“饷粮特殊优待，士兵皆予尉官待遇，官佐委以高权重任”。为了与共产党决战，阎锡山让这些双手沾满同胞血迹的日本军人改头换面穿上晋军服装，枪托打上“晋”字钢印，编成六个铁路护卫队、保安团，后又演化成“野战军独立第十总队”。这是个相当于师一级的作战单位，总队长由原日军混成第二旅上校参谋井村担任，只不过给他起了个中国名字，叫晋树德。

阎锡山对自己的“杰作”十分满意，把晋树德的部队作为骨干兵力配置到重点防区。他仁丹胡子一翘一翘地对张逢吉说：“你说得对，乌鸦叫阴不叫阳，咱现在整出第八、第十三两个集团军，5个军、15个师、3个独立总队，咱还有5个炮兵营、1个野炮营、1个机枪团、1个工兵团、1个特务团、1个机枪队呢！咱哪个师也不下15000人马，军长、师长都是过去高职降下来的……”说到这里，阎锡山好像触动了一点儿心事，叹道，“阎某不是没良心的人，大家跟着我委屈过这一时，待日后成就大业，怎么着也得论功行赏、加官晋级。逢吉，你跟我阎百川大半辈子，有你一份儿啊！”

张逢吉听了这话，脸上一阵欣喜，正要说什么，参谋长郭宗汾闯进来了。

“宗汾，有甚事？”阎锡山耷着眼皮问。

郭宗汾说：“不出所料，共产党要动晋北。”

阎锡山心头一乱，表面镇定：“那怕甚，兵来将挡，水来土掩，给楚溪春、于振河两人通报一声就是了。跟他们说说，北岳、关南两区12个城市，少一个我也不答应！”

这12个城市都在同蒲铁路北段沿线，保城市就是保铁路。阎锡山以长城为界，在晋北划分为北岳和关南两区。命第四十三军军长楚溪春为北岳区总指挥，驻守长城以北的大同、怀仁、应县、山阴、朔县等5城；命第十九军副军长于振河为关南区总指挥，驻守忻州、宁武、崞县、繁峙、五台、定襄、代县等7城。晋树德那些穿晋军服装的日本兵，就分到这12城。他本人被阎锡山封为北岳区副总指挥。如此真真假假、杂七杂八的队伍相加，足有5万多人。这便是周士第晋北野战军需要对付的总兵力。

东渡黄河时，周士第就把阎军长长短短想了数十遍：看上去，铁路沿线12个点密如蛛网，牵一发而动全身，何况铁路线上敌人相互支援又是那么便捷。但事实上貌似严密的守军，致命弱点也暴露无遗。他们点多线长、配置分散，大同与忻县之间差着三四百公里，更重要的是，守军彼此间指挥关系复杂，山头套山头，矛盾重重，这给战役的展开与发展提供了多少好时机呀！野战军司令部第一次战役分析会上，周士第谈及战役指导思想时便一针见血：“战役过程中，只要我们坚持集中兵力，逐个拔点，逐段歼敌，变总体弱势为相对优势，变全局被动防御为局部主动进攻，取得战役胜利有绝对把握！”

周士第的战役分析，是在深思熟虑的基础上得出的，所以有理有据，令人信服。他是老黄埔，省港大罢工沙渔涌战斗中，他所率领的“铁甲车队”就声名大震，连毛泽东当年在广州农民运动讲习所给学员讲话时，都赞不绝口。北伐战争时，周任叶挺独立团参谋长。那时的叶挺独立团，经贺胜桥一役是赫赫有名的“铁军”。后来周士第随团参加南昌起义，升任团长。长征时他是红十五军团参谋长，抗战时又当一二〇师参谋长，与贺龙、关向应搭档。这次跟贺炳炎、廖汉生等一帮年轻人合作，周士第最担心大家的意见出不来。自己发言过后，他很希望听到一点儿不同的声音，但是他等了半个钟头，还是没人发言，连一向喜欢挑毛病的贺炳炎也说：“这仗只能这么打。”

周士第不满意地皱紧眉头：“那你看从哪里开刀？”

贺炳炎不假思索地回答道：“当然是弱敌。”

周士第紧追不放：“敌人南北有12个据点，你能指出哪个弱、哪个强吗？”

贺炳炎睃睁的工夫，野战军参谋长王绍南站起来说：“我看，打敌两区接合部！”

“为什么？”周士第投过期待的目光，俨然是个考官。

这时，一直没发言的廖汉生抢道：“孤立判断敌人各据点兵力强弱，哪个也讲不准，但敌人力量是随着战役展开变化的，这就得看相邻之敌彼此增援的情况了。打接合部，敌彼此增援的可能性最小，因而是弱敌，便于我们割裂敌据点与据点间的联系……”

发言一个接一个，几乎形成争论之势。周士第微笑着频频点头，最后他决定：第一镢头先刨朔县。

方案敲定下来时，天已大黑，炊事班抬上一桶热腾腾的小米粥，外加每人两块豆饼。周士第笑着说：“这是招待餐，大家抓紧时间喝一口，等月亮上来，我们去看地形。”

大家都还是上午9点多钟喝过点稀的，熬到天黑，谁的肚里不提意见啊。周士第话音未落，司令部这间小土屋的某一角，就响起不知哪一位的稀里呼噜喝粥声。这是世界上最动听的一支曲子。前奏一响，紧接着，“大合唱”便开始了。

攻城时间定在6月17日零时30分。此前一小时内，独立二旅的三十六团和雁门军区第三团，就神不知鬼不觉摸到城下隐蔽起来了。突破口恰恰选在“固若金汤”的城北。攻击令一下，部队突然从暗处冒出来，竖起云梯。阎军岗哨还没反应过来，攻城部队便已密密麻麻上了城墙，犹如神兵天降。守军顿时手忙脚乱，闭着眼睛胡乱放枪，但那只是杯水车薪。不到30分钟，朔县城西北角就被攻城部队控制住了。这期间，独二旅三十六团的工兵突击队，连续炸开北门两道城门，主力部队如数从洞开的大门一拥而上，先入城的分队里应外合，给守敌以内外夹击，一小时内就夺取了半个县城。当即组织部队分别向街心制高点的钟鼓楼、县公署和公安局及守军指挥中心发起攻击，天亮时，朔县全城已红旗招展，守城阎军1300人就歼灭了1200人，另有百八十人趁乱四散奔逃，俘虏里面，团长、县长之类的国民党小官及他们的太太、小姐押了一大群。

晋北野战军就这样势如破竹，一连攻下九座城市，个把月时间便直逼距太原一步之遥的忻州城下。

阎锡山慌了神，急忙把抗战时期出了名的“草包军长”赵承绶找来吩咐：“你给我去忻州。”赵草包一听要自己去共产党兵临城下的忻州，两条腿就像琵琶一样弹开了。

阎锡山看透赵的心思，又厌恶又无奈地补充道：“放心吧，你是总司令，区区忻州咱还用不着你。你去只是替我向兄弟们训训话。你就说：‘如果忻州失守，太原将不保。太原保不住，咱山西就完了！’”这一下赵承绶精气神上来了，说话嗓门顿时高了八度："我不但代表长官训话，还要严肃军纪！"

阎锡山抖动山羊胡子："对！传我的令，李义龙就地正法，王乾元嘛，关他三个月禁闭再说，不反省明白不许放人！"

李义龙就是首失朔县城而只身逃脱性命的朔县守军总指挥，王乾元是阎军第四十师师长，宁武、繁峙、代县、崞县都从他手上丢的，现在又在忻州城里当缩头乌龟。杀的杀了，关的关了，阎锡山这一招果真有效，坐镇忻州的第十九军副军长于振河和那个不伦不类的日本少将井村（晋树德），把经营多年的城防工事小心细致整修加固一番。两人昼夜盯着部队，在城周几百米内构筑大批护城碉堡，每个碉堡直径有一丈多，三丈多高，一个排兵力蹲在里面绰绰有余。这种被晋北野战军指战员们称为"水萝卜碉堡"的庞然大物，在据点、碉堡和城墙外，都挖出了一丈多宽、一丈多深的外壕和护城壕，灌上泥水。而且在据点、碉堡之间及与城内都有暗道连接。地面更是了不得，稍开阔一点的地方，统统布设绊雷、拉雷和各式触发地雷。忻州城墙高大坚固，四面墙头都架起双层电网，并筑有掩盖工事。城角凸出部火力点高低配置，形成交叉火网。城西门、南门均被堵死，只留东、北两门日常进出。

怪不得阎锡山要于振河把关南区总指挥部设在这里。如果称忻州是太原的"北大门"，那于振河便是可让阎锡山高枕无忧的门神。

即便如此，阎锡山也还是睡不着觉。他在忻州押的赌注太大了！

正当周士第苦无良策攻破这座浑身披鳞带甲的忻州城时，他忽然得到消息，说阎锡山急调第六十八师师长许鸿林率两个团北上增援忻州。周士第抬头望着满天星斗，嘘口大气，莫非苍天有眼？他急忙将自己的想法拟成一份精短电文，拍发给数百里之外的贺老总。

八、出兵与收兵

血祭丹江三五九旅尽开颜，泪洒秦岭南下支队返延安

贺龙这天心情糟糕透顶！晋北战役碰到钉子倒在其次，最让他平静不下的是，关向应在延安病逝了！“贺、关”是一个整体呀，这个称谓在红二方面军叫了多少年。抗战时期，关向应仍与贺龙搭档，任一二〇师政委，晋西北军区、晋绥军区政委。贺、关还是一面猎猎飞舞的旗帜。晋绥军区那些从湘鄂西（边）时代战斗过来的老战士，听到噩耗个个痛哭失声。贺炳炎和廖汉生更不用说了，他们的成长倾注了关向应很多心血，有小毛病时拉下脸子剋也剋过，可如今留在心头的却是丝丝缕缕春风暖意。

关向应是东北辽宁人，满族，性子直而刚，跟贺龙一样，也留胡须，也捧个大烟斗，连腰上挎的马刀都一样，只能靠彩穗颜色来区分。往事历历在目，贺龙眼里有泪流不出。他强迫自己钻进鄂豫陕边境那块地图，把注意力投向突围中的三五九旅，这是比晋北战役更能攫住他心力的一个焦点。他一整夜都不声不响地趴在地图上，满屋子烟雾，浓得看不清人脸。太阳一竿高了，他也不洗脸、也不出屋、也不吃东西，马灯依旧一跳一跳地亮着红光。

晋绥野战军副司令员张宗逊有点儿憋不住，到外面喘口气回来说：“老总，干着急不是办法，我看还是以你的名义给王世泰他们发份报，叫联防军抓紧派部队南下接应一下。”

贺龙摆摆手，说：“先发军委，问一问王震他们渡过丹江没有。”

直到此刻为止，贺龙还在为三五九旅捏着一把汗。当时，刘峙与胡宗南在中原主力前后压着10万兵力。这种情况下再遇到一条山洪暴发的丹江，进退维谷啊！贺龙想象着江水汹涌、白浪滔滔，而船筏皆无，王震站

在江边倒吸凉气……

事实上，给军委和给联防军的两份电报，被代理参谋长许光达同时发出去了。半小时后，陕甘宁晋绥联防军代司令员王世泰和参谋长张文舟回电报告，他们已经拟订接应方案，必要时，以新编第四旅为左翼兵团，从长武、彬县之间突破敌封锁线；以警备三旅第七团及第五团一部为右翼兵团，由平凉、泾川间突破；另以警一旅于旬邑地区分散游击，牵制敌军。目前已万事齐备，只待中央军委一声令下，就可以全线出动，实施接应。

陕甘宁晋绥联防军已今非昔比，早在三至四月间，中央军委给它搞了一次精简整编，裁掉10个团、12个营、67个连，2700人复员到地方。原来臃臃肿肿5万人，一下子减到精精干干2.8万人，编制序列该整的整，领导机构该并的并，比方说，两个教导旅合二为一，三五八旅留下的部队并到警三旅。这一来，编内5个旅就齐装满员、像模像样了。警备第一旅，高锦纯任旅长兼政治委员；警备第三旅旅长黄罗斌，政委李鹤邦；张贤约和徐立清分别担任新编第四旅旅长、政委；新编第十一旅旅长仍为起义过来的曹又参，政委高锋；教导旅的旅长兼政委由罗元发一人担任。

中央军委迟迟没有给贺龙复电。这份电报很不好回复，包括毛泽东在内的所有军委领导，心都提在嗓子眼儿上呢！其时，为缩小目标，中原突围部队主力北路军，已作出分成两个纵队向西转进的部署。由李先念、郑位三率中原局、中原军区机关和二纵十三旅、十五旅四十五团7000人为左翼，经湖北边境的南化塘、陕西边境的漫川关一线，向陕南的宁陕方向前进；而王震则带着三五九旅、干部旅的8000官兵为右翼，取道河南边境的荆紫关、陕南的山阳，向秦岭腹地镇安、柞水前进。

十几天来，这万余大军冲破一道又一道国民党封锁线，唐河过了，白河过了，现在前跨一步就是陕南，而这一步实在是千难万险！眼下，淅川城没有打下来，胡宗南的部队又已抵达荆紫关，外围国民党军乱云暮合，包围圈越缩越小，脚下却是前有丹江后有淅川，两条湍急的大河咆哮之声震耳欲聋，部队被夹在狭小地域，生死只在一夜之间。

这是一场噩梦，直到9月初，王震所率的三五九旅、干部旅破衣烂衫地钻出秦岭时，边区的军民还在捏着一把汗。休整半个月之后，中共中央在延安杨家岭中央大礼堂给三五九旅开欢迎会，毛泽东、朱德、任弼时、林伯渠、彭德怀、贺龙等领导同志全部出动，喜洋洋地走到北返官兵中间，和大家握手。那一天，部队官兵差不多个个都流了泪。

终于回到毛主席身边了！王震几天前就将那张清瘦的笑脸细细收拾一新，欢迎会前一天，他专门赶到枣园向毛泽东作汇报，该激动的都已激动过，所以大众场合反倒显得平静。他从毛泽东开始，给中央领导一个一个敬礼、握手，最后轮到贺龙，两人拉起手，对视许久，都只是笑着，不知该说什么才好。

下午，中共中央以毛主席和朱总司令的名义发出请柬，在王家坪礼堂宴请三五九旅等参加南征的团以上干部。礼堂里摆了六桌，每桌都有四大盆菜。大家济济一堂，满屋子酒菜喷喷香。又是从毛泽东开始一一举杯敬酒……贺龙和王震都喝了一点儿酒，这才眼眶儿微红着细细叙谈起来。

王震举杯怀念烈士白骨，彭、贺交心摆谈全线战局

王震举着酒杯站在贺龙面前，脸热心热嘴巴也热："老总，真高兴，我又活着见到你，老部队同志们都还好吧！"

贺龙敞开衣襟，眉开眼笑地望着王震，说："好哇，都好。旧年打了绥远战役，最近又打晋北战役，打大同。和你们一样，为了完成任务，也牺牲了一些同志……"

提起牺牲，王震颇为伤感地苦下脸："这一年南下北返，牺牲太大了！许多身经百战的老同志都……"他特别忆起九团副团长颜龙斌。颜是在陕南转战途中才牺牲的。入陕一仗，颜龙斌胳膊打断了，没药，天又多阴雨，大热天的，伤口很快化脓生蛆，只得锯。可锯子不干不净，反而感染恶化了，但颜仍拒绝坐担架，坚持和部队一起行军、打仗，坚持指挥战斗，直到7月23日小河口战斗中再次中弹。咽气时，他还抱怨自己对革命贡献太少，心中惭愧，告诫战友一定要坚持到新中国诞生。

"颜龙斌是江西永新人，16岁就参加红军，一直跟我在一起……"说着说着，王震眼里贮满泪水。

贺龙说："死了人，完成了任务，还是值得的。欢迎会上，主席给你们评价很高嘛，说你们经历了第二次长征，是党的宝贵财富。损失嘛，朱总司令也讲了，下一步要给你们找个好点儿的环境，把部队好好整补一下。"

王震低着头："'第二次长征'不敢当。朱总司令祝酒时说27000里讲多了5000里，其实，我们才走了22000里路……"

贺龙眯起眼睛连连摇手："精神是一致的嘛，打仗靠的就是这个东西！"他不知不觉谈起刚刚结束的晋北战役。

王震便听出贺龙心里一丝内疚的滋味，心中也大有感触，说："那天去枣园向主席汇报，主席一见面就说：王震同志辛苦了，该刮刮你的胡子了，明天在延安人民面前正式亮相，你们是英雄啊！第二天，延安群众又打出'威震华夏'的大标语，老百姓围着我们撒彩纸、戴红花，往口袋里塞枣子，一点一点都叫我心里不好受。离开延安时，也是这个样子，那么多同志流了血，才换来今天。记得8月15日那天，我们在华阳地区打退敌人两路追兵，接连几天都在荒山野岭里钻，几百里的林子，不见人烟。19日那天

晚上，主力刚通过一条公路，后卫突然遭到胡军伏击。人家在暗处，占着有利地形，我们在明处，仓促应战，枪一响就倒下一大片。后来，战士们硬是冲到敌人里面，那一场肉搏啊，妈的，个个都是带着伤干的，八团有个战士叫梁小毛，一连放倒七八个敌人，最后把刺刀弄断了，拔不出来，让敌人抱住，脱不得身，他就一口咬掉敌人的鼻子，门牙都崩掉两颗。收尸的时候，他还跟那个敌人扭在一起。山坡上都是尸体呀，沟沟里的溪水都红透了……我们成了英雄，那些同志……怕都只剩一副白骨喽。”

两人说得用心，听得用心，没曾想彭德怀不声不响地来到身后。他端着一杯酒送到王震面前亮了亮，说：“王震，我也敬你一杯。”

王震忙不迭地起身找杯子，被彭德怀伸手拦住：“你不用喝了，我看你今天够量了。”王震不依，贺龙一旁笑着说：“执行命令嘛，跟彭总还讲啥子客气。”王震这才悻悻地罢手，胸脯挺得高高地站在两位老总面前笑。

彭德怀干完酒，把空杯捏在手中，神情庄重地谈起局势。他说：“中原军区总算死里逃生，部队虽然七零八落，毕竟保存下来了。你们三五九旅是回了延安，李先念、王树声他们还要在敌后创建根据地，代价很大呀！但这是没得法子的事。蒋介石横下一条心，要打，哪个也拦不住，连个大学教授讲几句公道话，也给他暗杀了。美国人跟他合穿一条裤子，重庆么子‘中美合作所’，还不把你共产党一个一个打钩钩，么子和谈啊、军调啊，都是在做戏哟。恩来同志打算结束使命，退出政治谈判，谈么子嘛，最要紧还是打！现在，不光是中原、晋绥和晋察冀，整个华东、东北、广东，甚至海南岛的解放区，都吃紧，胡宗南所属主力19个旅、15万多人，对陕甘宁边区的压力也很大。目前，国民党主要还是以铁路干线为轴线，主力向南向北进攻，企图首先夺取、控制各解放区城市和交通线，并歼灭我军主力，或者，将黄河以南我军逐步压到黄河以北，然后在华北地区聚而歼之。”

彭德怀顿了顿，自言自语叹道：“老蒋的如意算盘，从来都是顶在脑壳上打啊！”接着又说：“主席起草了一份党内指示，这几天就发，肯定前段成绩，总结经验教训嘛，把下步战略规划讲一讲。”彭德怀若有所思：“下步晋绥这边担子不轻啊，说不定，还得西渡黄河……”

贺龙一直眯着眼睛抽烟。对彭德怀这番话，他只会意地笑笑。王震却听得精神振奋，一个劲儿追问军委对三五九旅下步任务明确没有。

彭德怀说明确了，四个字：整训补充。“你急么子嘛，延安的炕头还没焐热哩！”彭德怀嗔着眉眼朝一旁默默吸烟的贺龙望望，见他不说话，便问：“贺老总最近身体怎么样？”

贺龙答道：“还好，就是肠胃有时不大舒服，小毛病。”

彭德怀说：“几个战役打下来，你也不休息。我听人讲，你的呼噜打得都不如从前响了。”

彭德怀的话多少带点儿含义。的确，从结束晋北战役到围攻大同及稍后集宁会战以来，贺龙心里始终不太踏实。尤其是攻打大同，因有年前绥包一仗临阵意见不一的先例，在晋北战役之前，他和聂荣臻就进行过反复酝酿，认为条件成熟，可以向中央军委拍胸脯，聂老总连包票都打下了。大同是古来兵家必争之地。它不但以煤都著称，在地理上北接绥远、东连察哈尔，还是平绥铁路和同蒲铁路的交会点。中央军委统揽全局，急于攻占大同，一听说有必胜的把握，立即批准聂、贺的方案，希望晋察冀和晋绥两大军区“精心计划，充分准备，坚决夺取之”！结果，又是个遗憾，大同打了个空，再次草草收兵。

彭德怀对此仗的得失似乎看得比较客观。他说：“不管怎么样，半个多月就歼灭国民党军8870人，也算败中有胜嘛！”

贺龙深知彭德怀的战场谋略极为讲究，胜负看得也很重。之所以这么讲，是一种理解与宽慰。于是，他坦然地笑了笑，“败就是败，一仗打下来，既没有实现攻城预期，也没有达到攻城目的，还搞丢了两个点，使张家口处于东西两面夹击的不利形势，不是败是啥子嘛！”

彭德怀很喜欢听贺龙像这样率真而又诚恳地评述战事，可惜这样的机会并不多，既然已经说到话头上，他决定“抛砖引玉”，因此将毛泽东最近多次重申的一个观点引用过来。毛泽东总结了国共两军近期交手的经验，特别强调要相对集中优势兵力，着重歼灭敌人有生力量，然后敌占据之各据点自然容易被我收复。为实行此方针，应采取围城打援的办法。围城的目的不在得城，而在打援。彭德怀说：“得城很重要，歼敌有生力量更为重要嘛！”

两位老总的讨论使悟性极高的王震大受启发。他高兴地嚷道：“我看，这里面有辩证法！唉，一年来紧紧张张，要找点儿时间好好补补课啦。”

贺龙满意地点头。彭德怀也笑了：“主席要你‘重整旗鼓’，这才是重整旗鼓的样子嘛！否则，你们将来怎么把三五九旅旗帜插到北平城头上啊？”

横山起义兄弟分道扬镳，雄师成形兵分一二三纵

彭德怀、贺龙、王震三人聊得正起劲，杨尚昆过来了。他歉意地朝大家点下头，说：“主席让我跟彭总招呼一声，今晚习仲勋和张德生同志要向军委领导作一次详细汇报，中心内容是胡景铎的横山起义，现在是万事齐备，只欠东风了！”

彭德怀捏着酒杯的手一摊：“还要么子东风？主席点个头就干呗。我

跟王世泰和张仲良都商量过了，在联防军的教导旅、新四旅、警三旅和曹又参的新编第十一旅，各调一部兵力，配合行动，应该万无一失了嘛。贺老总你看呢？”

贺龙有点儿忧心忡忡，想了想，说：“横山起义没问题，攻打榆林要慎重。邓宝珊不是别个啊……”

彭德怀最想打的，恰是榆林邓宝珊。

邓部盘踞榆林、横山的陕蒙边区，与洛川以南胡宗南大军遥相呼应，长期以来对陕甘宁边区大后方造成威胁。前些日子胡宗南抽去主力到陕南围追堵截李先念、王震他们，北边邓宝珊就小动作不断。特别是横山境内石湾、高镇和武镇三地，凶刀一般伸进边区，绥德到三边的要道被它割断。从军事上看，一旦双方打起来，也势必影响中共方面战略回旋。钉子不拔，后患无穷。而要解决根本问题，还必须把邓宝珊这棵大树扳倒。为此，毛泽东曾多次指示中共中央西北局书记习仲勋，要他加强陕甘宁边区北线工作。

习仲勋的“北线工作”早在半年前就进入实质性步骤。那还是蒋介石公然撕毁停战协议之前的1946年4月12日，中共中央审时度势，确定在加强自卫战争的同时，发动全党做统战工作，派久经考验的得力干部到国民党内部，争取一切反内战积极分子。习仲勋找到时任绥德地委统战部副部长的师源，两人盘腿坐在炕上细细合计起来。

习仲勋说：“得有个工作目标，最好是国民党中上层军官，此人应该有很强的活动能力，有思想，有号召力……”

师源当即想起一个故旧，这人叫胡景铎，从小受民主思潮影响，年轻时就同共产党有过密切来往。“我们相识大约是1938年，”师源回忆说，“那时他在富平县庄里镇，我印象中他思想一直比较进步，后来他到国民党高桂滋部队当上补充营营长，有一次带兵途经富平，县工委邵武轩书记趁机给他塞了一批人，记得好像是40多人，清一色的义勇军青年。另外，邵书记还把我和刘茂坤等几位党内同志也派进去了，让我们长期做胡的工作。可惜，我半途在西安调干学习，离开了胡部，一别再没见着，也不清楚他现在的下落。”

“人如真的可靠，上天入地也要找到！”习仲勋大感兴趣。

“当然可靠！”师源肯定说，“据我所知，抗战期间他对蒋介石的不抵抗政策一直不满，多次因为跟日本人动真格的而被调离前线。前年春上，他在国民党第十七军当二五二团团长，驻防甘肃固原，拒不执行封锁边区的政策，还当面跟十七军军长高桂滋吵得一团糟，公开说国民党迟早要垮台，表示同共产党友好相处，后来一气之下，干脆告假还乡，在关中一带自己拉队伍。听说去年又重新回到陕北邓宝珊部任职，也不知是真是假。”

习仲勋说："不管是真是假，你去跑一趟！眼下，蒋介石为了积极进攻解放区，对内竭力排斥异己，缩减杂牌军，大肆扩充他的嫡系部队。你看胡宗南多嚣张啊，而邓宝珊手下一些杂牌部队，日子都很难过。老蒋生怕他们起事，派许多特务进去控制，官兵不满情绪大了，就像一堆干柴，点火就着。特别像胡景铎这样一些有头脑的军官，心里都在掂着分量，谁都不想给老蒋卖命。他们面前摆着两条路，要么给蒋介石当炮灰，要么投进人民的怀抱，跟共产党走。这些人啊，拉一拉就过来了。这时候我们插进去做点儿工作，功在革命事业，也是救人于水火。"

两天后，榆林邓宝珊的晋陕绥边区司令部来了一位八路军高级参谋。这位不速之客是代表陕甘宁边区部队来交涉双方边界军事摩擦问题的。当天，办完公事之后，他谢绝了官方招待，说是要去拜访一位阔别多年的同乡，于是踏着夜色来到国民党第二十二军军部。他要拜访的同乡竟是该军副军长兼陕北保安指挥部总指挥胡景通。

这胡景通不是别人，正是胡景铎的胞兄。来人一见如故："胡总指挥，在下师源，是景铎先生的故旧至好，与令弟西安一别好多年了，也不知他现在何处高就。今奉差至榆林公干，偶闻总指挥大名，特冒昧造访，不知总指挥知不知道景铎先生的下落？"

胡景通倒也爽快："哦，景铎呀，他如今是我的副指挥，驻防横山波罗堡，不过……"胡景通警惕地打量师源，咽下后面的话没有说出口。

回到绥德，师源立即派人化装成小商贩，给胡景铎送去一张便条，要求与胡相见，声称"有要事商量"。胡景铎正在兜着豆子没锅炒呢，一见师源的便条，急忙回信催促会面。师源旋即再以八路军高参的身份来到横山波罗堡，与胡副指挥"谈判边界问题"。

胡景铎紧紧抓住师源的双手："你这是雪里送炭啊！我再也不捧蒋家的饭碗了。你赶快汇报习仲勋，要多派些部队来，给我带点枪支弹药，我要率部起义，把队伍拉过去！"

"太好了！"习仲勋听到汇报一拍大腿，立马选出三十多人，带上一批枪、弹和现大洋，在6月底前陆续赶到胡景铎队伍上。经过胡的精心安排，这些人有的当兵，有的当上班、排长，他们全力协助胡景铎上下联络起义人员，做连、排军官的工作。同时，把部队动态牢牢掌握在手心里。这一来，胡景铎的胆子更大了，甩开膀子在全团人员中摸底分类，定人定位，组织骨干训练班，并逐个谈话，把所属官兵细细密密梳理了一遍。特别是依靠骨干封锁消息，监视重点人行动，工作做得滴水不漏。

其间，国民党榆林特务机关也掌握了一些蛛丝马迹，密告到胡景通那里。胡景通对弟弟的"不轨行为"早有耳闻，火速把横山中层军官逐个召到榆林谈话。可是，他居然一点儿像样的把柄都没有抓到。一个周密而细致的计划仍在有条不紊地运行着。起义部队番号定为西北民主联军骑兵第六师，行动口号是“打回关中去，驱逐胡宗南”。秘密党组织已建立起来，干部任职名单也由胡景铎悄然提出。确定，起义后第一方案是趁势夺取榆林。其次是解放无定河以南地区，使榆林之敌失去屏障，直接暴露在我军威胁之下。万一出现不能控制的情况，即执行最起码的第三方案：胡景铎立即撤出原防，率所部骨干进入边区。行动日期定在1946年10月10日。

然而，10月8日，胡景通把弟弟胡景铎召到榆林。兄弟俩在温情脉脉的家庭气氛中，展开一场急风暴雨似的唇枪舌剑。但胡景通仍没有扣押弟弟的真凭实据。分手时，胡景通亲手给胞弟戴上军帽，又为他递过马鞭，说：“景铎，塬上风沙大，马走慢一点儿……”

胡景铎给兄长行了个军礼，道声“五哥，珍重”，便大步流星地冲出大门。司令部两个排的手枪队在胡景通院子里埋伏了整整一天，因为没得到总指挥命令，眼睁睁看着胡景铎跨上那匹大白马，扬鞭而去。

胡景铎打马来到位于横山东南方向大理河北岸的石湾镇。此处是横山与子长两县交界点，也是延安去往榆林的咽喉要道。它深入边区腹部，被邓宝珊集团称为“南线要塞”。在此驻防的国民党保九团团长张子亚，手下有团部并一个大队共600号官兵。张子亚是蒋介石庐山特训班出来的，“特别忠于党国和领袖”，是胡景通在横山最信得过的“内线”。而该团副团长张亚雄、少校军需主任范止英和机枪中队的上尉中队长许秀岐等人，则一向对上司不满，牢骚满腹，是胡景铎起义的依靠对象。胡景铎快马一到，张亚雄等人就心急火燎地围上来问：“是不是动手？”

胡景铎沉吟片刻：“不着急，再等等。”

“还等啊，大伙儿心都等凉了！”

“不等不行啊，上峰已察觉，军事方面必定有所准备，得让边区多调些部队配合行动，才有成功的保证。张子亚这边……”

“他呀，快成一摊烂泥啦！正好死了老婆，哥儿几个给他弄了个花苞儿，比他小二十多岁呢，娇滴滴的小女子，年轻貌美，缠得他骨头都化了，成天搂在炕上情意绵绵，军务方面啥心思也没有，全都推给团副！”

团副张亚雄如鱼得水。全团军官稍觉不可靠就“调换调换”，派差的派差，退役的退役，甚至把石湾镇里的狗都赶上了山。他还特意在城门边挖了条暗道，以接应共产党的队伍进城。起义前一天晚上，绥德军分区副司令员高朗亭率领成批臂缠白毛巾的队伍，就是从这条暗道中进城的。

其时，保九团团部几分钟内被包围得水泄不通，所有敌对分子全都缴了械，张子亚团长还在热被窝里同那个小人儿蜜意难舍，范止英不管三七二十一，破门而入，高声喊道：“团座，共产党队伍已包围团部，弟兄们都缴械了，你同我们一道投靠共产党吧！”

张子亚一看这阵势，还说什么呢！无可奈何地从绣花枕头底下摸出手枪，扔到范止英面前。

与此同时，另一位中校副团长秦悦文，已把各据点连以上军官召集到一起，宣布起义决定，而胡景铎早就拟好的那篇通电——《反对蒋胡卖国、内战、消灭异己，拥护邓宝珊将军等为和平建国奋斗》，已送到榆林邓宝珊、胡景通的案头。

这一天是10月13日，距延安人民广播电台播出三五九旅北返延安的消息才十天，那篇文章题目叫《人民军队是不可战胜的》。配合起义的陕甘宁晋绥联防军各部队就喊着这个口号，潮水般开到波罗堡。接着，又一鼓作气扫清了镇川和武镇的外围，并占领两镇及鱼和堡。继而攻克万佛洞。到16日拂晓，驻守横山县城的国民党第二十二军王勇清骑兵团，也举起了义旗。至此，除响水堡因叛徒告密未能拿下外，横山地区所有据点全都解决了问题。如梦方醒的胡景通万没料到这场“大祸”的主使，真是自己的胞弟胡景铎，而且来得如此神速。出于一种复杂的心理，他亲自带着两个营赶到响水堡增援，结果被奉命围堡打援的晋绥联防军新四旅和教导旅迎头一棒，击个落花流水。胡景通侥幸逃命。

下一步怎么办？是按计划“乘胜夺取榆林”，还是见好就收？习仲勋请示中央。这时，中央军委正在酝酿全国性的部署大调整，毛泽东说：“老彭，你拿个主张。”彭德怀手里抓着一大堆编制计划。他努力把自己思维解脱出来，就想起半个月前贺老总一番肺腑之言。贺龙与邓宝珊交道甚多，而陕甘宁晋绥方面的事，也更有发言权。彭德怀说：“攻夺榆林肯定会给敌人以沉重打击。可是，榆林已做好准备，而邓宝珊日后还有争取的可能。因此我看，原方案放弃，榆、横战役到此结束。”毛泽东点头同意。

1946年11月10日，经中共中央军委调整之后，新的编制序列出台了，决定取消晋绥军区之雁门军区，将所辖第五军分区、第十一军分区划归绥蒙军区建制，所辖第二军分区、第六军分区直属晋绥军区领导。同时还决定，取消晋绥野战军和晋北野战军番号，将两个野战军所属部队统一组成晋绥军区第一、二、三共三个纵队。其编制序列和人员组成为：

第一纵队：司令员张宗逊、政委廖汉生。纵队辖独立第一旅（王尚荣任旅长、朱辉照任政委）、第三五八旅（黄新廷任旅长、余秋里任政委）；

第二纵队：司令员兼政委王震。纵队辖第三五九旅（郭鹏任旅长、李铨任政委）、独立第四旅（顿星云任旅长、杨秀山任政委）；

第三纵队：司令员许光达、政委孙志远。纵队下辖独立第二旅（唐金龙任旅长、罗志敏任政委）、独立第三旅（杨嘉瑞任旅长、金如柏任政委）、独立第五旅（贺炳炎兼旅长、王赤军任政委）。

转眼到了12月24日，下午4点钟，在延安枣园小礼堂里，刘少奇、周恩来、朱德、彭德怀、邓颖超、康克清、习仲勋、王世泰等一大班领导同志，欢天喜地地接见横山起义部队营以上干部。一个半月前，伴随着榆、横新区民主政权的建立，这支预定番号为西北民主联军骑兵第六师的部队，也在横山武镇正式宣告成立，胡景铎被任命为师长。那时，全师差不多还有5000人，这段时间滴溜滴溜跑掉一大半，到12月初中共中央下令该部南调延安时，只剩下2100多人了。正如周恩来副主席和朱德司令员所说：沉下来的都是种子。如今这2100颗种子经过一番整训，就要加入陕甘宁晋绥联防军的序列之中。

毛泽东兴致勃勃出席欢迎骑六师的大会。热烈的掌声之后，他说：“骑六师起义，给西北旧军队指出了一条光明大道。美蒋那只船虽然大些，但那却是一只破船，一遇风浪就会沉没。我们这只革命的船，现在还小了些，但却是崭新的，能够乘风破浪，胜利前进。欢迎你们下大船上小船，克服困难，将革命进行到底。从现在情况看，我们有三年时间就可以打垮国民党，我们一定会取得最后的胜利！”

第二部　反　击

一、旗开师出

怀鬼胎攻略延安，怵堡垒谋取关中

蒋介石草草向夫人祝贺“圣诞快乐”之后，便匆忙赶往“国民大会”会场。不知是蓄意安排还是无意间巧合，一部新的宪法草案将在这个富有意味的日子通过。蒋介石就这样在幸福与无奈的心境中打发了1946年圣诞节。

回到漆黑的深夜，巨大寂寞又攫住了他。

1946年6月以后的这段时光，简直是不堪回首啊！斯大林已与中共缔结了牢不可破的同盟，并为共产党进入东北大开方便之门。而美国特使马歇尔在这节骨眼上，却怒气冲冲一肚子牢骚回大洋彼岸当他的国务卿去了。以会攻中原为起点，国军动用了160万“精锐”之师，向中共解放区全面进攻，其战绩又如何呢？除占领105座空城之外，几乎一无所得。现在，105座城市光是驻守就得养兵数十万，差不多每座城市都变成了一个包袱。问题还不只这些，它还成为周恩来在谈判桌上义正词严指责国民党撕毁《停战协议》的重要口实。

难道说自己真的面临倾家荡产了吗？蒋介石盯着深不可测的黑夜，心中潮起潮落不能平静。他不知不觉拧亮台灯披衣起坐，就这样坐了很久很久，天还是没有亮。他索性起床来到案头，阅读那一堆经过机要秘书挑选出来的重要文电。忽然，他被一份由国防部加盖着“绝密”印鉴的文件吸引住了。

那是早在5月16日国共谈判尚未完全破裂时，第一战区司令长官胡宗南亲手拟呈的一本《攻略陕北作战计划》。在这个计划中，胡建议通过“犁庭扫穴”闪击行动，直捣延安、荡平陕北。胡宗南热情可嘉，但在那时就提“攻略陕北”，在蒋介石看来未免操之过急。

其时，蒋介石的双眼正在紧紧盯着中原地区，古训有“失中原者失天下”之说，而并未对陕北有何评价。不能因为中共中央放在陕北，就扰乱战略全局轻重部署。再说，当时国民党还没有公开放弃国共和谈，贸然对陕北和延安采取行动，国际社会舆论方面，也会处于不利地位。这笔政治账当然要算。胡宗南年轻气盛，切盼建功立业，时不时喜欢出点小风头的毛病，蒋介石是了如指掌的。但这不是坏事，相反，蒋倒十分看重这点“黄埔遗风”。至于“攻略陕北”嘛，不过迟早而已。于是，蒋介石略事斟酌，便给这份计划批上“暂缓”二字。

这一“缓”就“缓”了半年多。其间，胡宗南在10月中旬又一次上书，重提突袭延安、攻占陕北的宏伟计划，蒋介石仍旧掂在手上权衡又权衡，还是觉得火候未到，因而复电“再缓”。

四个月过去了，蒋介石没有一天不在思谋对付共产党的“新战略”，终于若明若暗有了一点儿心得。就在此刻，那份“攻略陕北”的作战计划又来到眼前。刹那间，蒋介石心中生出一丝丝久违的感动。是时候了！蒋介石缓缓地翻阅面前这份《攻略陕北作战计划》。俄顷，他起身踱近地图，长久注视万里河山。此时凸显在他心中的，不独一个陕北，还有与之相对成翼的山东。

对中共解放区由全面进攻调整为重点进攻，在蒋的脑子里已酝酿多日。这一既定方针，放到地图上敷衍开来，显得益发清晰明了，那便是重点攻取华北与中原的东西两翼。如果在一月之内，调集重兵东击鲁中、西取延安而一举得手的话，无异于砍掉中共左右臂膀。然后，再来个东西夹攻、掩击中原，华北、东北也就不在话下了！

蒋介石为自己的玄思妙想兴奋不已，顾不得尚在熟睡的黎明时分，操起电话便接通远在千百里之外的顾祝同与胡宗南：“好好准备一下，我想见见你们……”就在这一瞬间，蒋已粗粗想定，他要动用近百个旅（后来确切数字是94个旅计70万人）的兵力，组成东西两线强大的战略进攻集团，以空前的快速，在山东与陕北放两颗卫星！

下面的戏文就得靠顾祝同和胡宗南了！蒋介石再次下意识地将此二人放在心中过滤起来。顾祝同从黄埔军校当战术教官起，蒋对其军事才能便极为看好。当年孙中山下令组建国民党党军，委任蒋为军事秘书，蒋第一件事是成立黄埔军校教导团，顾祝同即被任命为二团一营营长，并在眨眼之间升为团长。抗战时期，震惊中外的皖南事变，就是顾祝同的杰作。这使蒋对他军事之外的“才能”又有新的认识。把他称为“江淮之鳄”，蒋介石是服气的。

至于胡宗南，提起名字，蒋脸上就有几分掩饰不住的得意。他常在人前人后不无自豪地说：“宗南是我真正的学生！”在蒋氏集团权力圈里面，能有几人担此殊荣？这样的话简直是一句顶一万句！此刻，蒋介石不由得忆起几个月前亲率陈立夫、白崇禧飞抵西安的情形。那次他专程到胡宗南东仓门一号官邸转了一下。他惊喜地看到胡的客厅中央，堂皇悬挂着自己与孙逸仙在中山舰的合影，那上面有蒋亲笔题写的“蒋中正赠”四个字，这不能不叫人通体舒泰。胡宗南的忠诚与追随精神，还需要考验吗？

的确，胡宗南在蒋介石心中无可替代的地位，是谁也撼不动的。胡本人对此也深信不疑。他数年如一日不辞劳苦耕耘西北，做梦都想有个一显身手的机会。《攻略陕北作战计划》出笼后的这几个月，胡宗南度日如年，就等着老蒋发话。眼下，还等什么呢？他一口气把手下那班要人诸如裴昌会、高桂滋、刘茂恩、李铁军、罗列、董钊、盛文、刘戡等，召集到一起。顿时，西安绥署总部那几幢小楼乱得鸡飞狗跳。

一切都进入战争状态。挎姨太太逛大街的、泡戏园子听秦腔的、赖麻将桌打情骂俏的……统统换装，站到这个小个子军人面前。胡宗南三角带很紧地勒在身上，双目炯炯逼视着全体部属。他强迫自己气沉丹田，将脸上弄出一片令人捉摸不透的云彩，以示深刻和威严。这点儿虚张声势的功夫，是得到老蒋真传的。它可以在极短的时间内，仅仅凭着默然不语，便造成对方心理上的恐慌，然后，蹦出一句什么话来，十之八九举座皆惊。

现在，胡宗南第一句话是：“三个月前，总裁就是站在这里给各位训话的！”大家脑子嗡的一声，眼前站着胡宗南，耳旁却响起另一个声音：“为了保卫大西北这座堡垒，保卫抗战成果，完成民族革命，诸位正在进行艰苦奋战！因此，才有我固若金汤的大西北，这是党国的光荣……”胡宗南有意造成此等效果。见大家有点儿分神，他立刻将话音提高八度，尽量把浙江味儿很浓的国语，咬得字正腔圆：“如今，有人借口党国的局部失利和美援方面的一些麻烦，指责我们……什么什么军事上无能、政治上腐败、经济上危机四伏，这纯系无稽之谈，真正令人愤慨！目前，国民大会民意已决，领袖还是我们的领袖嘛！照样为全民所拥戴嘛！”胡宗南换了换口气，忽而有点儿自怨自责：“倒是我们这些前方的军人，不能够为领袖分忧，惭愧得很啊！总裁对我等寄予厚望，希望我西北将士振起反共精神，负起攻克延安这个艰苦卓绝的使命，把西北变成反共救国的中心，各位还记得吗？”

绥署参谋长盛文很细心。胡宗南训话期间，他一直在寻找一个人，这就是从不离胡宗南左右，而又从不显露声色峥嵘的熊向晖。

事情的缘起还得追溯到前任第一战区参谋长范汉杰。经过胡宗南多次刻意的夸说，范汉杰当初就格外关注起熊向晖来，渐渐地，彼此间有了些交往。百闻不如一见，他对熊向晖的印象逐渐加深，觉得此人聪明稳重，大度容人，上下左右，僚属之间玩得滴水不漏，他真不敢相信世间还有这等宠辱不惊、名利不计的完美之人，由此，一股不安的心绪也悄悄滋生出来。他注意到熊在西安城里的社会交往虽说复杂但却明白，看不出有什么色彩，充其量一些闲人而已。这使范汉杰的研究迟迟没有结果。无奈半路他调，在去往东北保安司令部就任司令长官的前夕，范汉杰用闲聊的方式，毫无把柄地向盛文交了底。

胡宗南高论之后，会间有片刻小憩。盛文踱到胡宗南身边，装作随意地问道："怎么没见小熊到会呀？"

胡宗南脸上顷刻亮出几分得意："噢，我打算保荐他到美国去深造，最近一段他忙着哩，处理些家务，还要结婚……"

盛文呵呵笑着，连说："好事！好事……"说完回到自己的位子上埋头沉思起来。他是个心气颇高的人，对胡宗南那篇大道理，早听得很不耐烦，但他克制了自己。不知为什么，这会儿忽然有股不吐不快的感觉。于是，他缓缓地起身说："胡长官刚才的话很有气魄。其实，委座不是早就讲得很清楚了嘛，对延安作战的关键是消灭共匪的有生力量。既如此，按照我们原来拟定的详细计划办就是。依鄙人之见，就凭中共在延安地区那四五万兵力，还不够咱们一顿飞机大炮！"

这些话虽说狂妄，却也不无几分道理。蒋介石为了对付陕北解放区，已经煞费苦心作了大量部署，看一看胡宗南手上空中实力的膨胀情况，便一目了然。这几个月来，小小西安机场，一下子容纳了C-46、C-47、P-51、B-25等多种型号的飞机近百架。西安空军是国民党空军较强的第三军区，共辖豫、晋、陕、甘、宁、青、新疆等7个省区，可以指挥的部队有1个P-47战斗机大队（空军第十一大队）所属4个中队。这4个中队有3个各装备P-47飞机12架，另1个中队装备P-40战斗机12架，总共48架飞机，随时听命于胡宗南指挥。此外，还有1个隶属于汉口轰炸第一大队的B-25轰炸机中队（空军第九中队）12架轰炸机、南京空军第十大队和上海空军第二十大队（均为空运大队）的C-47或C-46空运机1～2个中队12～24架飞机，也在静候调遣。这些空军部队中队长以下的飞行员，都是抗战期间成都空军军士学校训练的1、2、3、4期毕业生，抗战后期又经受过实战锻炼，个个都是胡宗南感兴趣的那种"有为青年"。

当然，事实决不只这些，盛文还不知道蒋介石已决定任命胡宗南为这场空前大"围剿"的总指挥。除胡的本部人马之外，宁夏马鸿逵集团、青海马步芳集团和榆林邓宝珊集团共34个旅25万人，将悉数交给胡宗南指挥。蒋介石主意已定，准备让胡宗南分五路围攻陕甘宁边区，一举夺取延安，消灭中共党政军首脑机关及边区部队。

这一切，胡宗南心里比盛文要亮堂得多。所以，要说自信，胡比盛有过之而无不及。然而，"胡长官"倒没有故作惊人之语，而是沉重地来回踱了几步，冷笑道："参谋长，你可不要轻敌哟。不错，陕北共产党军队是只有几万，可陕北百姓个个都有舞枪弄刀的习惯。再说，你不要忘了，与陕北一河之隔的晋绥地区，还摆着贺龙的三个纵队呢！”说到这里，他突然话锋一转，“自然啰，兵不厌诈，我们可以动用十个旅，再加上一个装甲团，把陕甘宁地区中共主力吸引到陇东，形成决战的态势，这样一来，袭击延安的机会是不是……”胡宗南注意探究每人的表情，大家都在恍然大悟，唯董钊、刘戡、李铁军等几人颇不以为然。

胡宗南骄矜地扬扬下巴，眼里射出横扫千军的光芒，说：“我决定，以整编第二十九军进攻陇东，先取庆阳，再取合水！”二十九军军长刘戡眼泡下边那块肌肉禁不住跳了几跳。

陇东早就是个导火索，一年前爷台山那一仗就在这里打的。陇东胡军一动，中共中央军委立刻敏感起来。这是陕甘宁边区南线伸出去的一个“拳头”，军事上称突出部。因为地位特别，专门划出个关中分区。它从宜君向南折经同官（今铜川）、耀县，再向西经淳化、向北折经旬邑直至甘肃的正宁，一条线拉起来，就像一只口袋，宜君和正宁是袋口，所以国民党军又把它称为“囊形地带”。

不用说，这个插到国民党军占领区里面的“囊形地带”，战略位置十分重要。从陕甘宁边区防御上讲，它是个顶尖儿的独立前哨。有这么一个“前哨”，国民党军占领的关中、陇东两大地区所有大小城镇，都会提心吊胆不踏实。同时，它还对陇海铁路西段和陕甘宁公路交通线构成严重威胁。这又是一条便捷的运输线，中共陕甘宁边区正好利用这一缺口，进出一切物资，国民党政府对边区经济封锁每每落空，就是因为无法扎住这个“口袋”。所以，胡宗南一提起“囊形地带”就头痛，在蒋介石面前叫苦连天，也不知打了多少回主意，就是搞不到手。这一次，他的目标是延安，“囊形地带”不解决，他向宜、洛地区集结大军，屁股就晾在人前了。侧背受威胁、后方补给线不安全，何谈攻占延安？这是值得他用十倍兵力来做弹丸之地一篇小文章的根本动因。毛泽东的雄才大略显露出来了，他一眼便将胡宗南的心思看个八九不离十，说：“关中告急，贺龙过河，我看，陕北大戏恐怕就是这个样子开台啰！”

西渡一纵延安机场展雄风，伤怀万人清凉山畔吊英灵

所谓“关中告急”，在1946年11月底还只是一种“迹象”判断，而这时刚刚定编的晋绥军区第一纵队便已接到“西渡黄河、保卫延安、保卫党中央、保卫陕甘宁边区”的命令。司令员张宗逊和政委廖汉生急急忙忙整理部队，立刻从阳高附近开到黄河东岸不远的临县三交镇，在那里补充物资和弹药。

当时，贺龙在兴县，不放心，专程赶来给部队讲话。他永远是那身粗布军装，绑腿打得结结实实，扎着腰带。他照例是捧着大烟斗走到队前，叉开双腿挺直腰杆，朝大家笑着挥手高喊：“同志们辛苦了！”一纵官兵谁不熟悉贺龙，尤其三五八旅的老同志们，借着机会抡圆了拍巴掌，并山呼海啸一般齐声回答：“首长辛苦！”

廖汉生咧着嘴跟身边的张宗逊嘀咕：“我们这个部队呀，什么时候贺老总到，什么时候情绪就高，没说的！”张宗逊直点头，两人双手也在不自觉地猛鼓掌。

贺龙叼起烟斗，腾出双手示意大家安静，然后喷口烟，说：“这些日子，同志们兼程西进，为啥子吗？为的是对付胡宗南这个老冤家！胡宗南这个司令长官，气派大得很哩。同志们啊，十个旅啊……”贺龙伸开五指翻了一翻：“不过不要怕！他那点玩意儿，没啥了不起。我们有党中央、有毛主席领导，有边区军民团结一心，胡宗南再大的派头，他也吓不着我们！”

贺龙端起面前小木桌上一碗白开水，大喝一口，继续说：“不过，蒋介石这回可是够狠毒呀，他是横着心要来砸我们脑壳哩！进攻延安，想摧毁我们党中央啊！同志们现在就要西渡黄河，去给党中央和毛主席当警卫员，任务是艰巨的。时间过得好快哟，1941年，1943年，我们独一旅、三五八旅都曾西渡黄河，到陕甘宁边区战斗过嘛！1945年8月，我们又重返河东参加抗战大反攻，现如今，我们还是回去……都是老同志啰，老八路、老红军，党中央、毛主席对我们很信任，我们责任无比重大，得拿出点样子来嘛，让党中央、毛主席放心！”

贺老总的粗嗓门伴随一纵指战员的脚步声踏上边区热土。边区就是边区，走到哪里都有老百姓在道路两旁，煮熟的鸡蛋晒干的红枣，把战士们口袋挎包都撑得鼓鼓的。吴堡、绥德、清涧、延川，终于到达临近延安的甘谷驿，廖汉生抑制不住激动的心情，正想要部队拉拉歌子，突然，遇到一队坐在牲口驮子里的保育院娃娃。一了解，才知他们是奉命从延安撤出来的。原来形势已经这么严重了！队伍里的气氛一下子紧张起来，歌也不唱了，赶紧甩开大步赶路。越往前去，碰到外撤的单位越多，大家就这样一路心急火燎赶到延安城东一个叫拐峁的小地方。这便是军委指定一纵休整待命点。

张宗逊和廖汉生都绷着脸，当晚就马不停蹄赶到延安受命。谁也不曾想到，军委跟一纵谈的第一个任务却是，给朱德总司令祝寿！

1946年12月1日，是朱老总的60岁寿辰。毛泽东似乎对这件事怀有极大的热情，三天前就特地让中办一班人和中共西北局、陕甘宁边区正儿八经地张罗起来，要给朱德做个像模像样的六十大寿。接着，电台大肆广播，老百姓还操起锣鼓，杨家岭中央礼堂收拾一新，庆祝活动就安排在朱老总生日的前一天晚上。张宗逊和廖汉生得悉这个消息，立即会意地返回拐峁准备起来。他们在部队认真选出九名战斗英雄做代表，由纵队领导带队，热热闹闹抬着一份贺礼赶去祝寿。

这份贺礼是个镶着金色“寿”字的大红五角星。五角星周围挂满抗日战争、自卫战争中缴获的日本手枪、指挥刀和美制卡宾枪、望远镜。五角星下边写着一纵全体官兵的祝词和署名：“以战斗的胜利给朱总司令祝寿！晋绥军区张、廖纵队全体指战员敬贺。”

这天晚上，延安交际处礼堂内外一片欢腾，中共西北局和陕甘宁边区把朱老总的寿诞祝贺会搞成了一个声势浩大的庆典，张、廖及一纵九名英雄代表置身其中，真是有种说不出的感受。张宗逊小声对身旁乐不可支的廖汉生耳语道：“这种危急情况下，中央安排给朱老总祝寿，意义不一般啊！”

正说着，杨尚昆朝他们走过来。见面拉拉手，杨说：“散会后，主席让你们去一趟。”廖汉生急问是什么事。杨尚昆犹疑一下，还是低声告诉他们，中央军委和陕甘宁边区领导同志，要在延安机场检阅一纵部队。

延安机场坐落在延安东关外，一边与清凉山紧紧相依，一边挨着延河滩。机场另一边是公墓，那里长眠着王若飞、秦邦宪、叶挺、邓发等“四八烈士”和与一纵官兵血肉相连的关向应政委。关政委去世时，一纵部队正在晋北战役前线作战，干部战士，尤其是那些跟随贺、关从湘鄂西（边）经历万里长征战斗过来的老红军战士，内心都为没能给老首长送葬而存有一份深深遗憾。军委把这样一次检阅暨动员大会，放在关向应墓旁举行，多少有点儿用心。

正是天寒地冻的季节，彻骨的北风吹得人们心头一阵阵打战。距领导检阅时间还早，队伍便已集合带到机场。廖汉生声音低沉地向大家宣布，要利用这点儿时间，到公墓拜祭关向应政委。于是，部队成一路纵队静悄悄地踏进墓地。昔日铁骨铮铮的汉子，今天成了岗边一 土，干部战士们全都脱下军帽，脚步轻得不能再轻，谁也不说话，生怕惊醒长眠地下的人。

哀思幽幽，苦苦深藏心中；往事历历，默默飘向云外。许多过去与关向应有过直接交往的老战士，止不住哭出声来。站在墓前，所有人眼圈儿都红了，不论认识或不认识关向应，都生出刻骨的哀痛。

在告别墓地的一瞬间，廖汉生的泪水终于忍不住。他双手捂着脸，那咸咸涩涩的液汁从指间泄出。他就这样泪眼涟涟地提议全体官兵向关向应政委默哀致敬。关向应逝世后这几个月，廖汉生每想起来就泪流满面。不知多少次，他从心底一声声哭喊：“老政委啊，你怎能就这样抛弃我们？你不能死！不能死！”他专门写过一篇悼文托人送到《晋绥日报》社，历数相处十三年来的培育之恩，说：“那时候我还是一个幼稚的青年，你像先生一样扶植我，除了在党的路线政策上谆谆诱导外，甚至连填写表册这样细小的工作都亲自教给我。我能对党有点滴贡献，是你教育培养的结果……你死得太早了，中国革命正需要你啊……”

这种真挚而深厚的感情，非情境中人不能体味。

因为有这个插曲，接下来领导检阅，就显得格外庄严肃穆。北风依然在无遮无拦的机场上呼呼叫着。纵队用方桌搭起一个临时台子，旅、团以上干部都排列在台子两侧，全副武装的部队按编制整整齐齐站成一个一个方队。当中央首长和边区领导的小汽车徐徐驶向队伍时，全纵队司号员统一吹响欢迎号。

号声中，小车停在检阅台一侧，车上依次走下毛泽东、朱德、刘少奇和陕甘宁边区政府主席林伯渠、副主席李鼎铭、中共中央宣传部长陆定一、军委秘书长杨尚昆等人。

纵队司令员张宗逊一举手，欢迎号声戛然而止，他便大声向全纵队官兵下达口令：“立正——”然后，跑步到距中央首长七步左右处，高声报告：“毛主席、朱总司令，晋绥军区第一纵队全体官兵集合完毕，请首长检阅！”

毛泽东慈祥地笑着，点点头。刘少奇和林伯渠小声说着什么。朱德挺了挺身板，举手还礼，一口浓重的四川口音和蔼中带着威严，“请同志们稍息！”

张宗逊下达“稍息”口令，即和政委廖汉生一起，引导检阅。

毛泽东毫不客气地走在头里，其他领导健步相随。大家在阵阵寒风中从队首走到队尾，又从前排走到后排。队列里的官兵们个个精神饱满，昂首挺胸，一双双激动的目光，紧随领导同志身影缓缓移动。

检阅完毕，廖汉生可着嗓子把中央首长向部队一一作介绍。因为风大，他的话音时强时弱灌到人们耳朵里。

轮到首长讲话了，毛泽东皱起眉头朝天空看了看，说：“这么大的风，后面战士怕是听不着。桌子摆中间去，大家来个大包围。”

所有领导同志齐声说好。张宗逊和廖汉生立即指挥搬桌子，按照毛泽东的意思调整部队。一切就绪，先是林伯渠双手撑在桌边代表边区各界人民来个开场白，意思有两个，一是欢迎，二是要求。他的话在热烈的掌声和口号声中结束后，毛泽东、朱德、刘少奇相继作指示。

毛泽东说他要站到桌子上讲。他本来身材就高大，这下显得更高大了。这天，毛泽东戴顶单帽，身上披着一件灰土布毛领棉大衣，线围巾是浅色的，松松地扎在脖子上，精布中山装棉袄的襟摆硬邦邦地翘着，看上去随意而大度，这是与朱老总身着棉军服、腰扎宽皮武装带那种大度完全不同的大度。

毛泽东登上桌子朝四周队伍招招手，说：“大家靠近点、挤紧点、暖和点儿……”然后，望着队伍合拥到桌边，才又起腰讲话。他重申自己早在8月和美国记者安娜·路易斯·斯特朗谈话中所阐述的观点，说一切反动派都是纸老虎。蒋介石是纸老虎，胡宗南也是纸老虎，不要看他有那么多飞机大炮，有几十万部队，都不过是吓唬人的。我们只要坚持集中优势兵力各个歼灭敌人的原则，就一定能够以弱胜强、以少胜多！于是，他拿热火朝天的晋南战役做例子，说：“我们不信他那一套。人家说吃柿子先拣软的摘，陈赓在晋南宫雀村就不信他那个邪，偏打蒋介石和胡宗南‘王牌一师’，结果怎么样啊，国民党模范第一旅4000多人报销了，中将旅长黄正诚也活捉了。你们来延安的这些天，二纵和四纵同志们在晋南打得可热闹啰，吕梁战役有个十天半月就见分晓，胡宗南眼下腹背受敌，泥菩萨过河，日子不好过啊。将来他要打陕北、打延安，也不会有什么好结果。这说明什么呢？这说明即便我们在整体上处于劣势，也不怕，只要我们能创造局部优势，同样能取得战役胜利……”

毛泽东的话在队伍中引爆一团“火药”，一股一股热浪翻涌起来。有的战士拍屁股顿脚：“嗨，瞧人家二纵，在山西都干上了！咱们大老远跑到延安，也没见个胡宗南长啥样！”

又有人反驳：“那可不亏，这趟延安不白来。格老子在国民党队伍里当了六年兵，连个团长也没见着。到解放军才几个月，连主席和总司令都见了面，还离这么近听他们讲话，真是想不到。再去打仗，死了也值了。”

“共产党和国民党咋能一样？你没见咱毛主席跟朱总司令他们，哪个像大官？长征时，贺胡子还背着我过雪山呢！”

突然，一片哗哗的掌声把大家惊醒了，抬头一看，是朱德总司令站在方桌上了。他的笑容也那么威武，队伍霎时安静下来，战士们腰杆不由得挺直了，队形也在悄无声息中自然而然地横平竖直。朱老总说：“你们的好戏还在后头。当前任务，是抓紧训练。这个仗迟早要打、必须得打！因为晋南兄弟部队各个战役的胜利，胡宗南一时还腾不出手来突袭陕北和延安……”

陈赓妙算左右三军，胡军诡计进退两难

毛泽东这天有两件喜事，一件是大便通了，一件是接到陈赓的捷报。前者把几个警卫员乐得满院子奔走相告，后者让彭德怀整整一个晚上没睡觉。

毛主席说：“老彭啊，你考虑一下，晋南战场上我军只有三个主力旅和一个地方旅，敌人的兵力四五倍于我，我军仍然能够成旅地歼灭敌人，这个事实说明什么？陈赓在晋南能做到的事，全国别的战场能否做得

到？我看也没问题。比方讲陕北，胡宗南重兵压境，而我们呢，只有几万人……”

其实，这个问题彭德怀早就想过了，只是那时思考还一直停留在抗战时期敌后游击战的规模上。至于大规模阵地交锋，也只有百团大战可资借鉴。但百团大战的经验，更多在于组织协调方面，除平型关胜利到粉碎九路围攻的第一战略时期，有集中兵力、协同友军的歼敌特点外，后面各个战略时期的作战特点均为敌后展开，由正规军分散进行游击战，由正面的正规战转入敌后游击战，由集中指挥到分散指挥以及部分运动战的组织指挥，强调分散与集中相对平衡。抗战胜利后的作战经验也只是侧重于攻城，彭德怀思考重心主要是兵种协同。可这次不一样了，作战对象不一样，指挥员素质也不一样，更重要的是具有一定规模的野战对阵，地形地物千变万化，气候条件也难料想，更不用说敌方后援情况无法预测。彭德怀认为陈赓一战的启示，最重要的在于创造局部优势条件，控制战场主动权这一点。他甚至觉得这种“以动制动”的野战对阵，失去战场主动就谈不上胜利！

在相对劣势的情况下，如何争取战场主动呢？彭德怀晚饭吃得很少，丢下碗筷，便一头钻进军委会议室。在地图上一招一式摆兵已经成了他最大乐趣。他就在这个问题圈圈里对着陕北大沙盘无休无止地漫游起来。

一个多月前，彭德怀亲自带着军委作战局的王政柱及其他几位参谋、警卫人员，到金盆湾地区转了一趟。

教导旅听说彭总要去视察，全体领导都跑到路口去迎接。

彭德怀一下马就板起脸：“你们做么子？”

参谋长陈海涵抢着回道：“来欢迎你呀！”

“我要你们欢迎？”彭德怀瞪了一眼，和大家握握手，头也不回，大步直奔作战室。一坐下来，罗元发旅长忙掏小本子，准备汇报。彭德怀喝口水摆摆手：“不要啰唆，我问你答就行了。你们接到中央命令后，都作么子准备了？讲实际的，不要啰唆。”罗元发于是从党委重视、开团以上干部作战会议、政工会议、参谋工作会议开始，什么传达讨论呀、领会精神呀一路讲下来，讲到一半就被彭德怀打断了：“讲讲具体措施嘛！”他转对陈参谋长：“你讲。”陈海涵便一二三四地讲预案、讲工事、讲捕俘侦察、讲通信联络以及战士们身上的棉袄、脱单的衣服、脚上的鞋袜等，讲到领导干部亲自检查工事修筑情况时，说有些火力点甚至要亲自放几枪试试看，彭德怀满意了，说：“可以，我比较放心了。到团里看看去。”

在教导旅一团，彭德怀很有兴致地看了他们的土造地雷，又当场拍板给他们解决3000名民工，帮助修筑工事，喜得团长罗少维和政委关盛志合不拢嘴。

彭德怀说："地雷有了，民工也有了，工事修不好我要杀你们的头！"

罗、关二人偷着吐舌头。罗少维说："彭总，你杀我头我可不干，我这个革命的头，还要跟胡宗南拼一拼哩……"

彭德怀回想这些情景，心里涌动着一股力量。

天麻丝亮，彭德怀突然有点儿倦意。这是他精神上获胜的一个信号。他打了个盹。醒来时，毛泽东、朱德、刘少奇、杨尚昆等人都已坐在他面前了，大家见他趴在图板上睡得很香，便都踮着脚走路、掩着嘴说话，不想惊醒他。

彭德怀还是醒了，他揉揉红肿的双眼，朝大家咧咧嘴，算是致歉。

毛泽东说："彭大将军枕戈待旦，我们可以高枕无忧啰。怎么样，有眉目没？"

彭德怀双手张开抹抹脸，说："我的结论是肯定的，关键是在整体劣势中创造局部优势，只要集中优势兵力坚决歼敌一路，在指挥上既灵活又勇敢，在行动上组织严密、准确迅速，敌人的进攻是能够打破的！"

毛泽东笑了："我说嘛，还是梦里乾坤大呀！"他摸出一盒烟，抽出一支点燃吸了一口，一边喷烟一边发表见解："老彭这个结论下得对！蒋介石人多势众，有的是飞机大炮，我们呢，人少力薄，手里还拿着三八大盖。人家要进攻我们，追着我们打，人家有主动权。我们的主动权在哪里呢？没有，要创造！我们只有两条腿，这两条腿翻过雪山、走过草地，也爬过太行山；我们有解放区老百姓，他们不喜欢国民党，喜欢我们；我们还有许多陈赓，有许多老彭。老彭这一套，黄埔也学不到嘛……"

彭德怀急忙打断："主席过奖了，我也是向你学习的嘛！我建议以临、浮战役为例，通报全军，把集中兵力、创造局部优势作为战胜敌人的重要法则。"

朱德、刘少奇和毛泽东等全都点头赞同。

杨尚昆正准备去组织拟发通报，彭德怀把他叫住了，说："慢些，我还有句话。"这时，警卫员送进两个窝窝头和一小碟咸菜，彭德怀就边咬着窝头边跟大家说："胡宗南要打延安，下令调晋南的部队，把那里的好些县城都交给地方团队据守，这一来，陕北这边敌我悬殊更大，压力也更大，建议从晋绥和晋冀鲁豫两区调兵。"

毛泽东想了想，说："可以。大家看怎么调法？"

朱德和刘少奇的意见是，尽量把问题解决在晋南，拉住胡军，就地歼敌有生力量，万不得已时才驰援延安。彭德怀对这个意见深以为然，因为陕北是个光秃秃的陕北，尽管有若干年"自己动手，丰衣足食"的努力，但要在短期内成千上万地增加吃口，还是承受不住的。这是个很现实的问题，而且从长远看，也还不能不考虑这个困难。所以，今后日子还长，能拖一天就拖一天。再说，时值风云变幻之秋，保证陕北稳定对全国战事当然是有意义的。

毛泽东始终把消灭敌人有生力量放在第一位，于是他决定，晋绥军区三个纵队，留一个三纵在晋北，一纵直接西渡黄河调延安，二纵由晋北的离石南下，与渡过汾河进入吕梁地区的晋冀鲁豫野战军第四纵队相配合，对付胡军。“如胡军向延安急进，则你们亦急进；如胡军缓进，则你们可攻占吕梁各县，待命开延。”

胡宗南万万没有料到中共中央军委会出这一招。他的第一、第九十师刚刚西渡黄河，屁股后面的中阳、交口、石楼、永和、隰县、蒲县、大宁等一大批县城，便被我二纵和四纵部队席卷一空。随之，形势急转直下，胡军第一、第九十师一只脚踏进陕西、一只脚还留在黄河，西有陕甘宁边区部队阻在面前，东有占据吕梁各县的二、四两个纵队堵在身后。胡军这两个师腹背受敌，威胁之大足以让胡宗南出一身冷汗。他急令入陕的两个师屁滚尿流火速东返，而仍驻临汾、吉县的另外六个旅，分成多路向蒲县和大宁反扑。

对付这个局面，中共中央军委游刃有余，当即下令河东二、四两个纵队抽出少部兵力在刚夺到手的各县之间运动防御，让敌人觉得有利可图，引诱他们一鼓作气往深里钻。这时候，主力则不动声色攥个拳头，躲到旁边某个便于机动的位置上，寻找歼敌战机：并且，趁敌人气势汹汹全力搏命那股热乎劲，神不知鬼不觉迂回到蒲县至临汾公路上，卡死交通要道，切断敌人六个旅退路。与此同时，太岳军区部队主动出击，钻到敌人老窝子里大干一场，袭击浮山、翼城和垣曲等一些城市，在敌后院点火，造成威胁。

事实跟中央军委的神机妙算丝毫不差，敌六个旅上来就顾头不顾腚地往大宁跑，结果在蒲县以西地区接二连三遭到伏击，下到士兵上至旅长，全被打得晕头转向，找机会就往深山野地里钻，能溜尽溜，溜不掉的大队人马，眼巴巴上不了路。一时漫山遍野草木皆兵。于是，调头回撤。本以为这是条唯一的生路，谁知我二、四纵队主力此刻已瞅准机会，在敌人退路上布下天罗地网。回撤敌军早已疲惫不堪，这时我军突然出现，不要说打，一阵惊吓也够他们受用的。结果，敌后卫六十七旅一万多人在几个小时内便被“包了饺子”！

吕梁地区这一仗打下来，胡宗南乱了章法，原定攻略陕北的行动不得不“重新考虑”。而阎锡山则不然，他在太原城里捧着茶壶心里有些滋味。早在抗战之初，阎锡山的“关门主义”就遇到“中央军”“王师入晋”的威胁。那时候，日军正在打山西，中共在晋东南的上党地区、晋西北和晋中吕梁地区，都辟建了根据地，蒋介石瞅准机会千方百计让“中央军”“跑马圈地”。结果好景不长，日本人越打越紧，“中央军”顶不住，阎老西的地盘几乎成了共产党的天下。好不容易熬到抗战胜利，阎锡山从“克难坡”回到太原，正要封门拉闸，重整山河，胡宗南闯进来了。胡拉大旗作虎皮，突然派出一个集团军说是奉中央电令，要经山西去河北受降。阎锡山一口回绝，理由也是响当当的，“抗战八年，山西境内体无完肤，大军过晋，粮秣补给和交通运输均感困难”。胡宗南不得不抬出蒋介石，并表示决不占山西丝毫便宜，仅仅借道而已，一到榆次就东出娘子关。阎锡山还能不让步么？只好明令欢迎，暗中戒备，拖延了胡部半个多月时间，还不许下级军官与胡军官兵接触，不许胡军进入城市。但胡军一开进山西能由着你阎锡山吗？顺手牵羊、雁过拔毛的事一而再，再而三，阎锡山忍气吞声。胡宗南那股牛气，他惹不起呀！他常想，要是能借共产党之手出一出这口恶气该有多好！现在，这个时刻终于来到了，可是，阎锡山心中又有了矛盾：唇亡齿寒，惊，此其一；幸灾乐祸，喜，此其二。

几个月前的晋北战役，让阎老西在蒋介石心目中很没有面子。虽然半路上将临战的大同防务划归傅作义是救了场子，但在颜面上讲，多少有点儿让人下不来台的意思。之后便有胡宗南屡屡增兵晋南，说是为了收拾山西局面，打通同蒲铁路什么的，事实上还不是想给他阎某人下楔子！这下好了，胡宗南损兵折将，锐气大挫，最起码也多了一个饭桶陪着自己，不至于南京方面一提到山西就打我阎老西的屁股。阎锡山正想到得意处，忽然听到报告说，汾阳和孝义地区发现了共产党军队主力部队！这个消息使他大感意外，不由得浑身打个激灵：中共这一刀是冲自己来的呀！那么，在晋南究竟有多少中共“主力”呢？阎锡山不管三七二十一，急忙给驻守这一地区的所部第七十师发报求证。耐着性子等了一个礼拜，复电没有等到，却等到一个令人心碎的噩耗：孝义失守！

这天是1947年1月17日，在胡宗南的日历上，是个凶日。太阳刚出山，关中“囊形地带”就有战报，说中共警备第一旅三团攻占了旬邑城。胡正要下令整十七师四十八旅一四三团驰援旬邑，中共新四旅及警一旅三团，又兵分三路向宁家至金池一线发起攻击。

这种情况下，晋南孝义失守对胡宗南也就麻木了。在他心目中，整治“囊形地带”这块心病压倒一切。要知道，那可是关系到攻略延安的大计呀！从年前开始，胡宗南就在运作这件事。他已将失去晋南吕梁地区的悲痛如数宣泄到关中。他要再次把关中这块弹丸之地变成一幅蓝图的起点，短短半个月，便以整编第十七师第四十八旅、整编第三十六师第一二三旅、整编第十五师第一三五旅及两个保安团，先后占领关中分区西坡店、巩家斜、长舌头、武王山等地，并且一步一步扩大占领区，尽夺关中要塞。

胡宗南任何时候都希望保持自己主角地位，即便对待战事失利也是如此。他坚决认为：关中丢失一个旬邑，比晋南丢失10个孝义还要严重。更何况，孝义失守那是阎锡山的败绩！

但是，参谋长盛文不这样看。他不管胡宗南听得进听不进，还是以一副忠言逆耳的心肠把话说出来了。他说："孝义失守，汾阳不保，汾、孝一丢，晋南就尽在共产党军队掌握之中。如此，我军在山西只剩下同蒲路沿线和晋中盆地一小块立足之地了，而共产党军队晋绥解放区与陕甘宁边区几乎连成一片。假如，他们趁势向晋西南方向发展攻势……"后面的意思就是，中共突破晋西南，便直接威胁胡宗南老巢——西安。这当然比区区一个关中得失的分量要重得多。

然而胡宗南有自己的定数，"你讲的不过是'假如'，"他慢悠悠地笑了笑，语气中带着一丝清冷，"难道你就不能睁开眼睛看看关中现状？我军不进则退，共产党军队陕甘宁边区三个旅正在虎视眈眈，上百里的防线危在旦夕！"

事实上，盛文的"假如"和胡宗南的"现状"都有道理。中共中央军委的战略目标就是要给对手造成这样一种东、西难顾的被动局面。攻克孝义的是晋绥军区独二旅和独四旅，与此同时，晋冀鲁豫野战军第四纵队也把汾阳围个水泄不通。汾、孝地区储粮充足且阎部守备比较薄弱，中央军委的决心，正是把当前目标定在这两条上。

阎锡山对着地图愣了半天，才由衷地叹了一句："我斗不过他们！"

这并不等于他认输。阎锡山是不轻易上五台山的，相反，他已抱定鱼死网破的宗旨，几天之内便以其主力第六十一、第三十三、第三十四军等部，分南、中、北三路，由文水、平遥、介休三个方向，同时增援汾、孝地区。他没想到这正好给中共中央军委创造局部优势提供了机会。

中共中央军委决定，以小部兵力阻击阎军北、中两路，而把主力四个旅悄悄放到孝义东南地区，显然，眼睛瞄准了阎军南路。

战局如期展开。果不其然，在1947年1月21日到29日的8天时间内，阎锡山南路指挥部及所属第六十九师悉数被歼。南路另外三个师和他的中、北两路援军也被打得七零八落，有两个团被追得完全散了架，史称"是役共歼敌1.1万余人"。

这个开局简直太漂亮了！到此为止，西北台面上应该说雏形已定。山西问题大体上解决，阎锡山那点人马、那点地盘，只够他苟延残喘，使出吃奶的力气也蹦不了三尺高。傅作义经历了绥远、大同战役以及对张家口的争夺，再提与中共对阵时，多少会有点儿心猿意马。他的神经还牵动着邓宝珊与宁、青二马。邓给自己定位似在"识时务者"之列，曹又参和后来的横山起义还不能让他悟出点道理？濒临沙丘的榆林城仅可作为一个具有象征意味的军事堡垒，邓宝珊的努力或许就是，怎样使这座军事堡垒更加纯粹，更能够保持文化气节。

宁、青二马则不一样，与共产党宿仇深远，这还不单单体现在政治方面，也包藏着某些民族情绪。然而，就当下而言，似乎还轮不到他们与共产党直面交锋。这是因为，在大西北纷繁的尘嚣之中，有个君临一方的胡宗南。关中虽小，已足以展示胡宗南的领袖姿态。眼下他正与中共在关中展开角逐，这一仗不论胜败，都会将胡宗南托出水面。他将由此走向人生顶点，或者，跌落深渊。

二、序战在前夜

“黄埔家庭”定于一尊，“囊形地带”扑朔迷离

傍晚时分，胡宗南的吉普车摇摇摆摆驶出西安，直奔三原。那是刘戡整二十九军军部所在地。胡宗南选择这个地点召开他的军中“御前会议”，目的是让与会人员能够亲自嗅到一点儿“囊形地带”火药味。

与共产党在关中的第一个回合，他们已经以失败而告终。刘子奇一二三旅三六八团团直属及两个营930余人让共产党军队从花名册上抹去了，而刘子奇本人却显得无动于衷，这令胡宗南大为光火。遥想1947年行将来临的点点滴滴，胡宗南心里益发拥塞不堪，就像车窗外这条乌七八糟的道路——夹杂着伤兵和军官家眷的队伍，在车轮卷起的尘土中，鱼贯而行，隔着车窗也隐约听得清那些粗野的叫骂声。胡宗南厌恶地朝窗外瞥了瞥，更加心烦意乱。他微微闭眼，同车的绥署参谋处长王承钊已响起呼噜，无所顾忌的咆哮声几乎恼怒胡宗南，但他终于没有发作。他明白自己需要内敛，深感全局在握、责任重大，心上压着一块沉甸甸的石头。

胡宗南不觉想起熊向晖。这种时候，他希望有个可以倾心相托的人在身边聊一聊才好。这个人除了熊向晖，他还想不出第二个。过去有个戴雨农，嘴上称“割头换颈”，事实上也是有限度的。现在，戴雨农在空难中死了，就只剩下熊向晖这个晚生。熊年轻有为，胡自感负有栽培之责。所以，胡要忍痛割爱让他跟一批有为青年到大洋彼岸去读硕士、读博士，以图将来学成之后对自己事业更有助益。

前些日子，胡宗南听说熊向晖在南京大肆操办婚礼，竟把蒋经国请出来长袍马褂地当证婚人，由小蒋的主任秘书陈元安排一切，在励志社大厅办得相当体面。这既说明熊向晖的能干，也说明胡宗南的面子。前者显示

胡慧眼识珠，后者显示胡根基深厚。胡宗南愉快地想，熊向晖的婚礼实际上是给我胡宗南打招牌呀！这样想着，他心里顿时舒坦了许多。

参加这次“御前会议”的有二十多人。战区司令长官裴昌会、副参谋长薛敏泉在胡宗南之前抵达会场。“囊形地带”参战各部旅以上军官都奉命在2月9日清晨赶到三原。他们中有整编第三十六师师长钟松、整编第七十六师师长廖昂、整编第十二旅旅长陈子干、整编第二十四旅旅长张新、整编第四十八旅旅长何奇和整编第一二三旅旅长刘子奇等。当然，还有一些像汪承钊这样的高级幕僚，让当东道主的整二十九军军长刘戡及其参谋长文于一忙不迭地招呼、寒暄。

当胡宗南被众星捧月似的拥入会场时，文于一带头起立，大家七零八落地响起掌声。这让胡宗南既感到有些庸俗，又觉得通体舒泰。他尽量平易地朝大家挥挥手，让全体落座，而自己却不坐，在原地呱唧呱唧来回踱步。这是胡宗南的惯例，先拿出架势，把人们思想带入情境，然后再发表讲话。在座人员对此已见怪不怪，纷纷做出洗耳恭听的预备姿态，以响应胡长官的做派。

胡宗南踱了个来回，清清嗓门说：“诸位，消灭共党，就必须消灭他的武装力量，而要达此目的，首先必须摧毁其首脑机构。”他得意的目光在各位脸上扫了一遍：“委座已有明示，要我们尽快拿下延安！这次，再不用小打小闹。我相信，两个月内即可解决陕甘宁边区的军事问题，六个月内消灭所有共产党军队，从根本上解决全国对共产党军队作战的军事问题！”这番话掷地有声，震得大家面面相觑，有兴奋亦有担忧。

刘戡转过身去与旁边的裴昌会交头接耳，不知悄悄说些什么。

整个会场秩序略显混乱。薛敏泉见胡宗南不易察觉地皱了皱眉头，便拍着手说：“诸位静一静，听胡长官把话说完！”于是大家停止议论，又都支起耳朵。胡宗南语气强硬起来：“‘囊形地带’关系我军攻略延安大计，只能成，不能败！过去一个多月，各部努力协同，虽说没能最后克敌，然也给共产党军队以重创。但是……”胡宗南眼里凶光毕露，突然直视刘子奇：“有些部队作战指挥很不得力，又死人又失地，指挥官还满不在乎！我问你刘子奇，你的三六八团呢？宁家、梁庄那一仗是怎么打的？！”刘子奇耷着眼皮，脖子还僵在那里，两人就这样不硬不软地相持着。许久，胡宗南叹了口气，自己给自己找个台阶：“诸位有所不知，委座对我们寄予很大的希望！今后，大家务必竭尽全力达成任务，否则，委座面前我们如何交代？”话到这里，威也到了，情也到了，胡宗南决定收场。他朝整编第二十九军参谋长文于一扬扬下颏，说：“文参谋长，你来报告下一步作战计划！”

文于一霍地起身，笔挺的腰板朝胡宗南侧了侧，点头称是，然后以军步迈向墙边地图。他自信以良好军姿赢得了胡宗南的好感，并决计将这份好感发展下去，因而眼到、手到、心到，嘴上的军语也极为简练：“为达成全歼‘囊形地带’共产党军队之目的，拟取四面合围战术，以整二十四、四十八两旅，分别从宜君西北及正宁东南，果断迅速封闭袋口，堵截南下救援和从囊中北窜之共产党军队。同时，控制马栏以北通向延安之交通要道，随时截击共产党军队。军主力由东、西、南三面推进，迅速包围囊共产党军队，聚而歼之。军预备队在宜君附近集结，机动增援。各部密切配合，以期一举而获全胜……”文于一报告完作战计划，目视胡宗南立正，再迈开军步归位。

接下来是自由发表意见。第一个说话的是薛敏泉。作为绥署副参谋长，对“囊形地带”作战负有组织指挥的责任，而整二十九军这份作战计划事先跟他磋商一下的程序都没有。当然，也许胡宗南和参谋长盛文有机会参与意见，聋子耳朵只是他薛敏泉，既如此，何必又把自己拉到这样一个军事会议上来呢？薛敏泉觉得说比不说好、先说比后说好。他认为这次作战既然是东、西、南三面围歼，另外再分兵封闭袋口还有必要吗？

“以往的教训，就在于分兵多路，结果呢，屡屡失控，让共产党军队钻了空子。”薛敏泉意味深长地表达着自己的忧虑。此言一出，立马激活了大家。

文于一马上起立解释道：“歼灭共产党军队有生力量乃此战根本目的，然后才是夺取‘囊形地带’的战略要地。所以，不能敞开袋口，听任共产党军队北撤，而是未攻正面，先断退路。否则，即使夺取了地盘，也是不可靠的胜利。”

这话让薛敏泉感到有点儿噎。自己虽不主张分兵，也没有说就要放弃歼灭共产党军队有生力量啊！谁还能不懂得“歼敌”与“夺地”这个简单的道理，还得让你文于一来说教！想到这里，薛敏泉竟把嗓音拧起来嚷道：“以我之见，这次作战根本目的在于迅速夺取‘囊形地带’，为下步进攻延安扫清障碍，而不是什么歼敌有生力量……”

一棒下去，文于一也有些吃不住，但他不断从胡宗南脸上获取自信，决心不甘示弱。没等薛敏泉说完，他便站起来打断对方：“进攻延安还不是为消灭共产党军队……”他还想说什么，话头被整三十六师师长钟松抢过去。钟松的意见倾向文于一，这使薛敏泉急不可耐寻找同盟。一时间，满场窃窃私语，忽高忽低的争执声，一股脑儿灌到胡宗南耳朵里。

胡宗南已经习惯于部属的争辩。胡军内部关系复杂是出了名的。尽管胡宗南多年来费了九牛二虎之力，以黄埔系为定盘星进行大改造，军官成分基本构成黄埔、陆大、浙江、一师这四种出身系列，所谓“黄牌高浙牌暗，陆大牌子吃饱饭，沾上一师有靠山，杂牌迟早得滚蛋”，这四句歌谣，使胡宗南以派划线的用心昭然若揭。对于由此带来的祸水，胡当然心中有数，另有人早把歌谣唱到他耳朵里了，什么“黄埔黄埔，吃喝嫖赌；陆大陆大，牌子大、架子大、胃口大、牛皮大、脾气大、洋相大”等。胡宗南并没有熟视无睹、听之任之，作为这个“黄埔大家庭”的老大，他曾使出浑身解数来调节这一切，比如开办什么“第七分校”轮训军官，个别召见秘密谈话，至于封官许愿和实际上升升降降之间诸般苦心，更不用说。然而，世间之事，有一利必有一害，绝对的趋利避害是做不到的。胡自己心中有鬼怎能止得住阴风惨惨？

派系纷争、新老不和，在胡军内部已成定局，因而债多了不愁、虱子多了不痒，胡宗南也就什么都看淡，乐得暗中添一榔头使一腿，将各方势力玩于股掌。这一手大体也是从老蒋那里学来的，不过盘子大小而已，道理都一样，只待关键时刻出来说句话，便可牢牢把握主动权，定于一尊。

譬如此刻，胡宗南朝会场扫一眼，看看争议大有一发不可收拾的趋势，便不慌不忙将手举起。顿时，全场鸦雀无声。胡宗南正言厉色：“薛副参谋长言之成理，我同意他的意见。军预备队部署在三原附近，所有参战部队统归刘军长指挥，14日拂晓开始攻击。散会！”

所有人都觉得又当了一回傻瓜。想来想去，还是权威厉害，战术算个屁！剩下的就只能一边往外走一边仔细咂摸大老板的心思。但能把胡宗南本意吃透的，也只有从头到尾一言未发的刘戡。

人们散尽之后，刘戡看见文于一参谋长还呆呆地立在地图跟前发愣，便走过去拍拍他的手，说：“老弟，不用想啦，打仗嘛，军令如山！”

文于一皱着眉头不甘心：“军座，胡先生怎么就……”

下面的话被刘戡举手制止了。刘戡大度地朝窗口踱去，背对着执迷不悟的文于一，许久才慢悠悠地说：“光知道军事不懂得政治，永远成不了气候。胡先生志存高远，而你我不过蒿中蓬雀罢了……”

文于一听着这些话，若明若暗地把玩起来，渐渐化开了茅塞。他走到刘戡身后，且喜且忧地说：“军座，你是说胡先生他要放长线……我终于明白了！”

其实，他并没有明白。胡宗南之所以不同意整编二十九军的作战方案，既出于保存实力的考虑，更是故意敞开口子吸引中共陕甘宁部队注意力。他要牵“囊形地带”之一发，而动陕甘宁边区之全身，等到中共把陕北兵力如数押到关中时，他便可乘虚攻占延安，一口气把陕北共产党军队赶过黄河去。这才是醉翁之意呢！

五天之后，令胡宗南不敢相信的是，刘戡指挥的部队居然轻而易举把“囊形地带”占领下来了！那是令胡宗南数年来寝食不安的战略要地啊，共产党军队如何交付得如此痛快？虽然整二十九军冠冕堂皇呈报上来的文件上，这里是“激战”，那里也是“激战”，而那些秘密的“垂直消息”却证实，驻守该地区的中共陕甘宁部队新四旅，完全是有组织的主动北撤。除了陈子干整十二旅个别团与共产党军队掩护撤退的小分队，在爷台岭方向偶尔遭遇接火之外，别的地方从没交过锋，更谈不上什么“激”战。胡宗南犹如一拳砸着棉花篓，很不得劲。他几乎想都没想，立即发报给整七十六师师长廖昂。作战指挥上一竿子插到底是他一贯的作风。这种时候，胡宗南满脑子想的是廖昂的骁勇，而把刘戡等一干人的情绪早抛到爪哇国里去了！

“廖昂师长，命你率所部火速攻击庆阳、合水，胡宗南。”廖昂一看电报，判断胡宗南企图吸引共产党军队西调陇东，然后集中主力袭取延安，因而自己这一行动责任不轻。他当天下午就把团以上军官召集起来认认真真训了一次话，然后兵分两路，以整二十一旅进攻庆阳，第四十八旅进攻合水。当时廖昂能指挥的“所部”，实际有七十六师（欠一四四旅）和整十七师所属之四十八旅（欠一四四团）。这算得上胡宗南的“精锐”，胡从一开始就对这支计有15000余人的“精锐”抱有很高的期望值。现在，好钢正该用在刀刃上啦！胡宗南将一切调理停当，兴致勃勃地吩咐勤务兵送来杯威士忌，尽情呷起来。他准备一有陇东好消息，就专程到南京向蒋介石当面报告一次。谁知廖昂兵马刚刚动作，南京国防部一份急电就到了，蒋介石要召见胡。这让胡宗南惊喜之中又搀进一点儿遗憾。

标家台彭总示警，西华池何奇存疑

料峭春寒，塬上晨风小刀子一样拉肉。可是，彭德怀等人几匹快马却跑得浑身冒热气。他们是在视察途中接到军委急电火速返回延安的。到金盆湾地区走了一圈，彭德怀心头益发沉重。昨晚，他躺在教导旅作战室——一孔靠近前沿的废窑洞里，几乎彻夜不能合眼。几天来，旅团标好的各种作战地图，全都清晰地呈现在脑子里，每个地形地貌、每个居民点……他想赶也赶不走。

这是延安保卫战之前一个令人难忘的夜晚。远处隐约传来公鸡打鸣的声音，警卫员喂完牲口，蹑脚蹑手回来了，彭德怀还双手支着头眼睁睁地望着窑顶。

王政柱翻个身，发现彭德怀还醒着，便惊觉地问：“彭总，你还没睡着啊？”

彭德怀嗯了一声，接着脱口道：“一百多里的防线，部队是太少了点！”

王政柱知道彭德怀还在考虑防务上的事，支起身子凑上去说：“弹药少，修工事的人手不够用，这是带普遍性的问题。”

彭德怀叹口气，索性坐起来：“王处长，你要记住，答应拨给他们的民工，你要负责落实下去，一个也不能少，要马上到，要身强力壮的，修完工事就做他们的担架队。还有，他们反映棉衣比较缺乏，都在延安做了，还没运来，要交代给后勤，五天内全部运到。要给他们个富裕数，光眼前马马虎虎够不行。担架队一到、俘虏一补充，穿么子？”

这时候，教导旅参谋长陈海涵提着马灯过来了，说：“彭总，你们要说话，我把马灯给你们吧？”

彭德怀摆摆手，忽问：“你们侦察连搞到的那辆国民党吉普车，查清了没有啊？”

陈海涵说：“清楚了，车里坐的那两个家伙，一个是师参谋长，叫郭耀钟；另一个是副旅长，叫戴克仔。”

彭德怀一惊：“哦！人呢？”

“一个被当场击毙，另一个逃跑了！”

“嗨，怎么搞的嘛！”彭德怀很生气。

“不过，战士们搜查汽车时，倒搜获了一大堆文件，里面还有一张陕甘宁兵要地志调查图……”

陈海涵话没说完，就见彭德怀往起一站，急切抢道：“么子图啊，快拿来我看！”

这份宝贝调查图被带到中共中央军委会上。毛泽东刚通报完陇东的军情，忽又冒出这份调查图，大家思路一下打开了，个个都兴奋地发表议论。

毛泽东吸着烟，专注地听听这个、听听那个，却唯独不见彭德怀说话，便起身朝大家挥挥手：“我们来听老彭说一说。”

彭德怀也站起来：“没么子讲的了，胡宗南要打延安。现在，就看他怎么打。正面情况是这样的，在整个防线上，中间有25公里密林地带。原来我想，这块地方荆棘丛生、荒不成路，不利于敌机械化部队行动，而敌人可能进攻延安的路线只能是两条，一条是沿临镇、麻洞川、金盆湾、松树岭之线简易公路北上，另一条是沿富县、甘泉、劳山，也就是咸榆公路北上。现在从这张调查图上看，敌人记载最详细的部分，恰好就是那个中间地带的密林区！我摸了一下，密林深处有个地方叫标家台，据说清朝时候是个保镖站，很是繁华，如今这里还住着十来户人家，进进出出十多条小路，从这里经李家坪翻过两排山，就是金盆湾的南山嘛！因此，必须采取紧急措施，调整一下兵力部署。这个我已经布置下去了，当务之急是陇东……”

毛泽东说：“又是陇东、又是金盆湾，胡宗南翅膀硬了、胃口大了。我考虑是否通盘部署一下，要统一作战指挥，提高陕甘宁部队作战能力。老彭，还是由你多负点责。”

2月10日，中央军委以毛泽东主席、朱德总司令和总政治部主任刘少奇的名义签发命令：以进驻陕甘宁边区的晋绥军区第一纵队和陕甘宁晋绥联防军新编第四旅、教导旅、警备一旅、警备第三旅等部合编，组成陕甘宁野战集团军。这支拥有2.8万人的队伍，由中央军委直接指挥，担负起保卫边区、保卫延安的战斗任务。野战集团军司令员是张宗逊，习仲勋任政委，王世泰任副司令员，廖汉生任副政委，阎揆要任参谋长，徐立清任政治部主任。

命令一宣布，班子立刻投入运作，很快定下决心：除以教导旅、警备第七团、延安分区独立团守备黄河以西、咸榆公路以东的富县、临镇地区，保障延安南线安全，警备第一旅收复关中地区并坚持斗争外，集团军指挥部率三五八旅、独一旅、新四旅及警备第三旅一部，出击陇东，迎战廖昂“所部”。

却说国民党整十七师四十八旅旅长何奇挂在七十六师师长廖昂名下连日北上，到2月28日好不容易攻占一座空城赤城镇之后，已是人困马乏。3月1日，何又率部马不停蹄赶到达坂桥，所幸一路没遇上任何共产党军队，平安无事。何奇想：今晚该让弟兄们好好睡个囫囵觉！没想到刚要宿营，廖昂一封急电又到了，要他们连夜向合水进发。何奇气得一把将电报团在手中，扔到译电员面前。转念一想，他还是忍气吞声打点上路。

这是个伸手不见五指的寒夜，何奇的官兵全都累得睁不开眼，行军路上打着哈欠提不起精神，结果，渡马莲河时一下子掉下去好几十人，一个也没有爬上岸。冰冷的河水把昏昏沉沉的何奇激醒了！渡河后，他带着队伍沿山沟拼命往塬上爬，可是，遍地是羊肠小道，沟深壁陡，官兵个个像耍猴似的胡钻乱窜，一直折腾到第二天下午4点多钟，才找到合水。

合水事实上也是一座空城。何奇的队伍赶到时，只见东北角山头有挺机枪哗哗扫了一阵，待何奇如临大敌拉开阵势时，机枪又突然消失了。何奇命部队在全城翻箱倒柜搜索大半天，除发现一个老汉带只山羊之外，什么也没有。何奇嘘口气，决定当晚部队在合水宿营。

顿时，满城烟雾腾腾，队伍烧水造饭、破门安铺，有些人挖地三尺找金银财宝，一片忙碌。不觉到了薄暮时分，突然一阵爆炸声响彻云霄，方向莫辨，吓得何奇裤子都来不及提，急忙命令部队抢占阵地。

整个部队犹如惊弓之鸟，乱成一锅粥。官兵们战战兢兢待了一个多钟头，才知是场虚惊。原来是几个兵油子在搜寻外快时，不慎触发了一串地雷。把何奇气得呀，立马将那连长叫来，骂个狗血喷头。

看看天已黑尽，何奇口干舌燥，喝口水定定神，朝挨骂的连长吼道：“滚！”随即打个哈欠，准备烫脚睡觉。勤务兵刚把热水端上来，为他脱去一只靴袜，外面又有人跑步过来报告：“军座又来新的电令，命四十八旅攻占合水后仍由原路撤回宁县。”

何奇光着一只脚、登着一只靴，愣愣地站在原地，好一会儿才咬牙切齿挤出一句："妈拉巴子，叫参谋长！"脚也没法烫了，只好重新套上靴袜，召集旅部一班头脑人物商议回撤路线。

何奇也是胡宗南手下数得着的"高级军事人才"，他倚仗毕业于日本士官炮科这顶高帽子，很少把同僚放在眼里，一向骄傲自大，以"孙""吴"自比，喜欢吹吹乎乎，所以博了个"何大炮"的雅号。平常情况下，谁的建议何奇也不在乎，只是眼下明摆在面前的是，经西华池取捷径到宁县，昼夜兼程一日可达，可这一路连续两城风平浪静，会不会在西华池来个节外生枝呢？不知为什么，何奇老觉得心里慌慌的，不太踏实。

商议的结果是意见一边倒。谁也管不了那么多，连续几天鞍马劳顿，谁不想尽快找个地方喝它二两好好睡一觉！只要路近，省时省力，就成。

"好吧，"何奇最后顺水推舟附和众议，"给军座发报，我决定经西华池南下！"

队伍出发后，何奇骑在马背上边走边想，赤城镇没有共产党军队，合水也没有共产党军队，难道西华池偏偏就有共产党军队？他来了一股倔劲：妈拉巴子，老子就不相信事情会这么巧！

何奇怎么也不会想到，自从他的整四十八旅出合水城踏上南下那条山路起，就完全活动在陕甘宁野战集团军第三五八旅视线之下。

这已是3月3日上午，三五八旅旅长黄新廷望着鼻子底下山沟沟里，何奇的队伍拖拖沓沓向前蠕动，心里痒得难受极了。当时，三五八旅部队就隐蔽在道路两侧山上，如果对沟里的敌人举枪射击，简直就像点名一样。前后沟狭路窄，两头一扎死，何奇的人马插翅难飞。为什么不能痛痛快快打他一个伏击？黄新廷忍不住向指挥部恳请。集团军首长权衡再三，没有同意。于是，何奇整四十八旅大摇大摆从三五八旅枪口底下安然进入西华池。

西华池是合水南塬一个小镇，与陇东各处城镇一样，有依傍高塬沟壑的特点。镇东西两侧均为南北走向的大沟，位于塬畔的镇子显然易守难攻。小镇有一千户左右的商号和居民，建有一条长约二里的南北向大街，因而它既是北接陇东、南达关中的交通要道，又是这一地区陕甘两省货物集散重地，一年四季市场繁荣、物资丰富。

何奇的前卫一四二团赶到西华池时，已是下午，市面上仍旧热闹得很，满街人来人往、熙熙攘攘，老百姓脸上见不到一丝恐慌，叫买叫卖，闲情自若，这与四十八旅刚刚"攻占"的赤城镇、合水形成鲜明对照。

一四二团团长陈定行见此情形大出意外，忙不迭地向何奇报告，说："旅座，这地方是个人间天堂，连共产党军队的影子也没有，老百姓吃饭拉尿，要啥有啥，赶快过来休整休整！"

这无疑给何奇吃了颗定心丸，几天来的疲劳一干二净，铆足劲儿赶个通宵，到西华池一看，果然万事大吉，心里石头真正落了地，觉也顾不上睡，满心欢喜夹在人群中到处巡视。这还不够，他还把几个团长和旅部一班人邀到一家酒楼上："来来来，弟兄们，这几天辛苦了诸位，本旅长今天做东，同诸位酒足饭饱！"长官开口了，下边不用说了，营长连长什么的，十之八九下馆子。那些兜里同样攒下几块钢洋的小兵当然也不甘落后。

所有这一切，黄新廷了如指掌。他再次向集团军指挥部请示，要求不失战机攻击敌四十八旅。然而，又没得到同意。

黄新廷急得直跺脚："敌人立足未稳，毫无戒备之心，多好的机会呀，要是这时候突然来他一家伙……"

此刻何奇已喝得面红耳赤，有人提议猜拳行令，他也无可无不可跟着起哄。

旅作战科长王国珩站起来心事重重对何奇说："旅座，兄弟有个想法，讲出来怕扫大家兴。"

何奇对此人印象一向不错，便痛快地吼道："讲吧！"

王国珩说："我部由关中进入陇东前后五天，所到之处，不论城镇还是乡村，几乎全都人去屋空，为什么偏偏这个西华池就无动于衷呢？我到几家商号走了走，那些老板、伙计个个面带奸笑，殷勤得让人可疑。旅座，依兄弟之见其中必有缘故……"

一四二团团长陈定行哈哈大笑："王科长过于紧张了吧！你知不知道这个西华池是陕甘两省的集贸重镇，生意人跑得多，士绅、百姓都是走南闯北见过世面的，怎么可以跟赤城、合水那些地方相比？"

王国珩还要据理力争，被何奇拦住了。何奇问："王国珩，依你之见，本旅长应该如何决断？"

王国珩毫不犹豫："情况异常，迹象可疑，宁可信其有，不可信其无，兄弟以为应加倍警惕，最好马上离开，免生意外！"

王国珩的意见对何奇不是没有影响。他慎重地掂了掂，想：共产党军队如要袭击我四十八旅，在赤城镇与合水不照样有很多机会吗？何必非等到西华池不可？此其一；其二，时近黄昏，离天黑约两个小时，即便马上撤出西华池，天黑前也过不了边界军事封锁线；其三，西华池附近数十里均为高塬深沟，部队移驻城外宿营，更不安全。再说，官兵连日劳累，已经疲惫不堪，贸然移师，军心不稳；其四，西华池地处塬畔，地形易守难攻，又挟着一城老百姓，怕什么；其五，也是最重要的，军中无戏言，军令既出，决不可轻易更改。一个朝令夕改的指挥官，日后如何统帅三军？

想是这么想，何奇还是防备一手。他决定，命陈定行率一四二团立即撤离西华池，继续前进至七里店宿营，其余部队按原计划在西华池住一晚上，天亮后就起程南撤。并且吩咐，各部要迅速收拢人员，抓紧时间安营，西华池外围多加小哨，并派出侦察分队对镇内镇外严加搜索。

何奇正在部署宿营，情况出来了，一四二团情报员满头大汗跑来找团长报告，说是听到一个刚走亲戚回来的老汉嘀咕，在西华池东北方向大约20里地的塬畔遇上解放军大队人马。解放军告诉老汉不必外逃，他们很快就要打回来！

这消息可靠吗？何奇一时没了主意，嘴上说："不可能。"心里却有点儿虚。

副旅长万又麟憋不住了，冲何奇嚷道："什么不可能，共产党军队作战一贯神出鬼没，何况这是共区，老百姓都听他们的。西华池人不走鸟不飞，就是有问题，要我说，还是小心为妙！"

本来，何奇也不想硬着头皮坚持什么，经万又麟这番带点儿抢白的言语一刺激，就拧起性子来了。他故作满不在乎地说："陇东共产党军队不过只有三五八旅和少数地方部队，哪有那么多'神出鬼没'！果真增加了部队，也极有可能是延安方向驰援过来的，这不正是我们声东击西所要达到的目的吗？"

万又麟屈居人下，不想多言，只是暗暗嘱咐陈定行："何大炮刚愎自用，你驻在城外千万不可大意，弄不好我得陪他送死哩！"

黄昏如期而至。四十八旅宿营部署一切就绪之后，何奇浑身疲乏地倒上炕，片刻之间，便迷迷糊糊进入梦境。突然，炕头电话铃声大作，吓得他一个鲤鱼打挺从炕上跳起来，不问青红皂白抓起电话就要破口大骂。

话筒里的声音急切而不安："何旅长，我是旅属战防炮连连长阎进杰呀，有个可疑情况要向您报告，我连唐清永排长带几个兵到镇东场子上搞马草，发现沟东路上行人来往不断，老乡纷传，共产党军队正在沟东8里外的九龙川做饭吃，吃完饭就来打西华池……"

何奇没有耐心听下去，骂了句"神经病"，就恨恨地挂上电话。想一想觉得不对头，赶紧叫人把作战科长王国珩找来："你带几个参谋亲自去镇东沟边侦察一下！"

保密局追踪"闲棋冷子"，野战军陇东"歼敌一部"

西华池扑朔迷离的黄昏，丝毫不影响正在南京国防部春风得意的胡宗南。进京以来，胡宗南被蒋介石日日召见，陇东的攻击行动是每见老蒋时都要重复的话题。所谓"声东击西"——蒋介石已明明白白面授了"犁庭扫穴"的全部作战方略，并亲自把进攻延安的具体时间定在3月10日。这一天，美、苏、英、法四国外长将聚集在莫斯科开会。老蒋要用一个响亮的事实，让四个大国的外长们在莫斯科大眼瞪小眼！

蒋介石训示胡宗南："我剿共剿了十几年，有一条重要心得，那就是，与共产党打交道，不但要在军事上动脑筋，还要在政治上动脑筋。此次剿共，必须坚持‘三分军事，七分政治’的信条，军事进攻与政治进攻同时进行！”

胡宗南和参谋长盛文把蒋介石的话玩味了一整夜，越咂摸越觉得滋味绵长。“三分军事”，凭着手下数十万部队，玩出几样花招来倒也不难。只是这“七分政治”该有什么作为呢？他决定下苦功从头做篇大文章，拟制一份周密的“政治攻略”计划。

他左思右想，觉得这件事还得由熊向晖来办。当年熊向晖受到胡宗南的赏识，正是因为他有一副超凡脱俗的政治头脑。能把胡宗南忍辱负重几十年的艰难奋斗，与孙逸仙先生“三民主义”革命纲领联系起来的，舍熊向晖其谁？现在，胡宗南所需要的计划，就得“比共产党还要革命”！可惜，熊向晖带着新婚妻子到杭州蜜月旅行，目前尚不知下落。胡宗南为此颇伤脑筋。

盛文说：“这有何难，给毛人凤打个招呼不就得啦！堂堂保密局还怕找不出杭州城里一个新郎官来？”

胡宗南一听，茅塞顿开，提起电话就要接通毛人凤。

自从确定留美之行，熊向晖的日程就排得密不透风。告别西安这八九个月里，他经历了太多让胡宗南难以想象的事情。半个月前，终于订好“美国总统轮船公司”由上海开往旧金山的班轮舱位，看船期还早，便决定与新婚妻子谢筱华到西子湖畔消磨珍贵的两个星期蜜月时光。然后，两人一同去上海，夫妻送别。

这天是3月1日。近午时分，从灵隐寺返回大华饭店住处的熊向晖夫妻，一进门便被饭店经理拦住了：“请熊太太先回房休息，我找熊先生有点儿小事。”说着手一扬，客客气气道一声：“请！”

熊向晖不明就里跟到经理室，见一戴墨镜的中年汉子起身抱拳，“兄弟贱姓王，在保密局管点儿事，特来奉看熊先生，请先生到南京走一趟……”

保密局？那不是戴笠特务机构军统局的新牌子吗？熊向晖浑身一颤，半年前一宗悬而未决的密案，浮上心头。

的确，熊向晖是个非常人物。他是周恩来早在抗战初期便布下的一颗“闲棋冷子”，是1936年12月在清华大学秘密加入共产党的。熊向晖戏剧般打入胡宗南身边之后，一直按照周恩来的要求，充当一个白皮红心的天津萝卜。“耐心等待、甘于清冷，宁亢勿卑，随机应变”，这十六个字的秘诀，使他顺顺溜溜当上胡宗南的侍从副官和机要秘书，长时间包下胡宗南到军政院校和所属部队作“精神讲话”的起稿工作。

胡对这位新任亲信助手，始终抱着“疑人不用，用人不疑”的态度，甚至相约周恩来到西安谈判也让熊向晖作全权接待。至于熊向晖起草的那些既短又精、充满豪言壮语的讲话稿，也是最合胡宗南口味的一道点心，别人不能够轻易一字。

就这样，胡宗南对陕北延安任何大的举动，全都成了中共中央军委会议桌上毫不走样的大参考，连打算在西安晚宴上把周恩来灌醉这样一个小小阴谋，也不能得逞。

周恩来给熊向晖具体指示："对党要忠诚，对敌要狡猾；有所为，有所不为；抓大不抓小，注意战略动向，主要着眼保卫党中央。"

半年多前，正是王震等人中原突围的紧要阶段，在南京卫巷32号家中的熊向晖，突然被周恩来秘书童小鹏接到梅园新村30号中共代表团驻地，说是他将记有熊向晖姓名地址的一个小本本，不慎丢在美国特使马歇尔的专机里。这件事所遗留下的漏洞，让周恩来付出十倍精力去弥补，熊向晖也万分不安地作好多种准备。

其间，熊向晖接到美国密西根大学研究院的入学许可证，并据此向外交部申请护照，向美国驻上海总领事馆申请签证。提心吊胆办完这一切之后，他郑重告诉恋人谢筱华："一旦我出事，请你另找对象。"

然而，那件令他担心万般的"事"，却迟迟没有出。

熊向晖遵照周恩来的面示，办好留美手续之后，专程飞往西安看望了一次胡宗南，察言观色。而胡宗南除了为陕南堵不住王震、李先念，晋南丢失心肝宝贝第一旅懊丧不已外，看不出有任何异样反应。可是今天，保密局突如其来追到杭州，莫不是一记闷棍？熊向晖在按保密局特务指引返回南京前，给新娘子谢筱华留言道："如五天之内收不到我的信，肯定凶多吉少……"

当天中午，熊向晖本该给妻子回复一封短信，告诉她事情真相，可那时胡宗南已将他单独反锁在盛文的住房里。胡宗南给他留下一个公文包，便赶去国防部开会。熊向晖打开公文包取出两份绝密文件，一份是经蒋介石核准的攻略延安方案，一份是陕北共产党军队兵力配置详细情况。

这是怎样的两份情报啊！熊向晖恨不能张开大口把那两摞厚厚的图表和文字，统统嚼烂后吞到肚子里去。但，他必须首先完成胡宗南交给自己的使命。他要在一个中午时间内，根据文件精神勾勒出一份草图，并拉出全部"政治攻略"纲目，以便下午胡宗南送给"总裁"参阅。

熊向晖急速转动脑子，将成堆成堆的革命字眼尽情垒起来，什么"实行民主政治，穷人当家做主"；什么"豁免田赋三年，实行耕者有其田"；什么"普及教育，村办小学，乡办中学，县办大学"；什么"不吃民粮、不住民房、不拉民夫、不征民车"等，激动得胡宗南直拍桌子："小熊啊，你这个'三民主义施政纲领'比共产主义还共产主义嘛，怪不得有人怀疑你是共产党……"

话一出口，胡宗南意识到自己说漏了嘴，眼角不自觉地朝盛文瞥了瞥。熊向晖看在眼里，佯装不知。

三天后的大清早，阳光很好。胡宗南一边修面一边对熊向晖说：“你干得很出色，‘总裁’昨晚足足夸了你十分钟！现在，你跟我和盛参谋长一块儿回西安，再帮我办三件事：其一，置备一台收音机，我要每天收听延安电台广播；其二，找几个人，专门给我抄延安新华社播发的陕北战况，消息、评论都要，随时送我参阅；其三，准备几部小说，什么《水浒传》啦、《三国演义》啦、《西游记》啦、《说岳全传》啦，仗打起来之后，我得有点儿事干。”

熊向晖表面上深解其意地连连点头，心里却想，到西安最重要的一件事，便是与中共地下电台联系。胡宗南怎么会想到，他手下的军长、师长们对所谓攻略延安的大计还都蒙在鼓里，而毛泽东和彭德怀已对照报文在地图上不慌不忙地画箭头了。

延安的从容不迫，还有另一条理由。中央军委已于3月2日电令陕甘宁野战集团军，要他们“集中全力歼敌一部”，认为这样“即可推迟敌进攻延安的计划”。

所谓“歼敌一部”，主要就是以三五八旅和新编第四旅“迅速消灭敌四十八旅”，与此同时，主力转向关中，全歼守备之敌。

此时此刻，陇东西华池已经开了锅。三五八旅接到攻击命令后，尽管觉得战机有点背，但还是争分夺秒调整部队。他们决定以八团配属山炮四门为主攻，七一五团为二梯队，在八团后跟进，七一六团为预备队。

就在敌四十八旅作战科长王国珩带着几个参谋跑到镇东疑神疑鬼盘问老百姓那会儿，三五八旅和新四旅已分头向西华池攻击前进。

午夜时分，黄新廷和余秋里带着部队进到西华池北侧地区，稍作准备即发起攻城。主攻八团首先以一营向西华池新街突击。据侦察，这里有个火力间隙，且建筑复杂，死角较多，便于突入。谁知该营二连刚发起攻击，就把地形搞错了，突击方向弄成了旧街。结果，因为对方城防工事较完备，火力密集，非但没有突进去，反而伤亡很大。

黄新廷急了眼：“不能拖延了，助攻分队上！”

八团立马让二营加入战斗，改从西华池的西北端向东突击。这个突击方向因有一片开阔地，城防火力配置得比较重，敌人又占据着街道两面房顶，居高临下，所以，先头分队五连第一个冲锋就牺牲了不少人。

这时，六连趁五连与敌激战之机，从侧面一个小缺口冲了进去。可是，由于房顶上敌火力比较密集，六连怎么也站不住脚跟。要想站住脚就必须消灭房顶上的敌人，六连一排长马绍常急中生智，跟七班长王忠嘀咕几句，便飞快地朝两边屋顶上各投出几颗手榴弹，趁着敌混乱动摇的刹那间，王忠抱起一挺机关枪，借助旁边一孔破窑往房顶攀去。没想到快上窑顶时，因为天黑看不清路，一个虚脚摔了下来，腰摔坏了，胸部也被枪托顶出重伤，人站不起来了。

这种时候，当然不能有片刻的犹豫，王忠狠心一咬牙，不顾浑身撕裂般的疼痛，硬是爬上不远处一堵矮墙，并骑在墙头端起机枪向房顶敌人猛扫。敌人抬不起头的工夫，马绍常排长大吼一声，带着全排猛虎似的四处夺路，依托高低建筑物，控制住了房顶，全连因而一拥而上，占领了房顶和院子，敌人试图反扑了几次都没有成功。

第一个阵地总算巩固下来。在主力八团向纵深发展战果时，七一五团三营也从八团右翼突进西华池。一时间，镇子东西内外枪声大作，杀声震天。

早在主攻八团发起攻击之前的几分钟里，黄新廷便集中所有炮火给何奇来了个下马威。第一个目标是敌四十八旅战车防御炮连。炮声一响，该连后院的武器、器材就炸得一片狼藉，全连伤亡过半，排哨也打了个精光。那个叫阎进杰的连长在报话机里拖着哭腔向何奇千般哀告万般求救。

他哪里知道，何奇也被炮火压在房子里动弹不得。宿营在大街北段的一四三团被分割成几块，首尾难顾，连团长杨荫寰都找不着了。而先行到西华池8里之外的一四二团又被包围。镇里镇外两个团及各团的团营之间电话线全切断了。何奇泥菩萨过河，急得如同热锅上的蚂蚁，口口声声骂道："妈的，共产党军队这打的是什么仗，一点章法也没有！"

还是副旅长万又麟比较沉得住气，说："得想法子把战防炮连拖出来，只要炮能打得响，就能把局面扳回来！"

于是，何奇急令旅属通信连的一个步兵排去增援战防炮连，又令炮连主动向街西骑兵排驻守的堡子门转移，令辎重营和一四三团放弃街东地区，撤到街西地区固守待援。命令下达完了，何奇气喘吁吁地爬到旅部大院房顶上，要看各部行动情况。天那么黑，除了炮弹爆炸时的光焰，何奇什么也看不见，他又气得跺脚骂天咒地，正骂着，一颗流弹飞来，把他打个穿心透。

何奇一命呜呼，万又麟马上从后台跳到前台，指挥一切。他一面封锁消息，稳定军心，一面向胡宗南大肆呼救，直至第二天白天，呼来胡宗南的飞机，又呼来张新的整二十四旅，才获得一线生机。

那已是战斗打响后的第三个拂晓，三五八旅七一六团攻占了西华池新街一半，七一五团攻占旧城凡处房院后，进展比较迟缓。野战集团军很着急，希望加快速度结束战斗，便下令独一旅三十五团一营加入战斗，协同七一五团向纵深发展。就在这个紧要关头，敌张新的二十四旅增援到南义井附近，显然，再打下去就得腹背受敌，陕甘宁野战集团军只好收兵。

到此为止，胡宗南也已眼皮直跳了。损失一个"尖子"旅和1500多号人马，嘴上再吹嘘"老虎头上拔了一根毛"，心里总是不那么轻松。但这并没有影响他的任何决策，尤其是没有影响他如期于1947年3月10日在洛川县城召开一个像样的军事会议。

三、撤离红色延安

大战在即彭德怀请命，临危感怀毛泽东抒情

彭德怀第二次来到金盆湾，专门钻进教导旅防线中间地带那个叫标家台的密林深处，仔细对照地图检查了每条小路。尽管灰土布棉袄被树林中的狼牙刺刮了好几道口子，彭德怀心情却很不错，一路走一路对罗元发旅长和陈海涵参谋长夸侦察连那辆敌人的吉普车截得好，说："要不是人家送来一份'兵要地志调查图'，我们还想不到这块缺口，总以为人家是少爷兵，吃不得苦，有狼牙刺的地方就可以不设防了。你们看看，人的主观偏见多可怕！我们都得抬起屁股挨板子哟……"

吃过晚饭，彭德怀召开团以上干部会。听取汇报以后，彭总告诉大家，自蒋介石对解放区"全面进攻"改为向山东、陕北"重点进攻"，毛主席的方针就是"必须用坚决的战斗精神，保卫和发展陕甘宁边区和西北解放区……"

这是毛泽东在重庆谈判之后的切肤之言，其实质就是以战求安、以战求发展，焦点在于以少胜多、以弱胜强。这条作战原则对战场指挥艺术提出了很高的要求。然而，西华池一仗……彭德怀认为"只打了个半拉子"，"没有打好"，"歼敌1500人，而我们却付出了1200多人的代价。以我们眼前这点实力，同敌人拼消耗，那不是扯淡吗？"这话彭德怀在前几天陇东战役总结会上也讲过，不过那次他是拍着桌子讲的，今天是重提老话，声音也温和多了，但足以说明他对此耿耿于怀。

胡宗南大兵压境，晋绥军区司令员贺龙又在晋绥脱不开身……这是个关键时刻呀，彭德怀心中有个气贯长虹的冲动，一直在奔突。

中央军委已作出主动撤离延安的决定，彭德怀以军委参谋长的身份亲

临南线听取意见。他告诉罗元发等人，敌人突击重点很可能就在教导旅防御地域。延安机关和学校转移、群众疏散，都需要时间。

彭德怀问："怎么样，你们能顶几天？"回答是5天。彭说7至10天有把握吗？罗元发和陈海涵齐声回答有把握。彭德怀对他们回答得这么快有点儿不满意。他说："不要唱高调，想一想，还有么子问题，比方说各种培训人员的考核问题呀、防御体系封锁消息问题呀、接合部的协调问题呀、解放战士的教育问题呀，特别是部队吃大苦耐大劳、打硬仗打恶战的思想准备，丝毫不许马虎！人家是好几个正规师啊，不是开玩笑的。"

罗、陈两人局促地挠挠头，问题当然是有，以一个旅兵力和类似于三八大盖这样装备的正规军对抗，守卫上百里防线，怎能没有问题？可是，这些问题还需要提吗？他们知道，平时所说的为党中央分忧，同样不是一句高调。

彭德怀看出两位部下的心思，同他们握握手，语气和缓下来："尽可能阻击，给敌人以杀伤。但不要死守，千万不可跟敌人拼实力，争取防守一个星期，时间越长，中央机关撤离延安越宽裕。你们旅是这一线主角，能否完成毛主席和军委的意图，就看你们打得如何了！你们要晓得，我们面临的敌人是强大的，数量上、装备上，我们都是弱小者。我彭德怀手里一无援兵、二无太多的弹药，大家都靠对党和人民一片忠心。"

彭德怀就要上路返回延安。罗元发和旅部几位领导同志送了一程又一程，彼此再不需要说什么了，大家就这样默默沿着塬底一条小路往前走。转过一道沟，彭德怀挥挥手："好了，莫要送啦，忙你们的去吧。"说完，打马便走。一直到延安，他再没有一句话。随行的几位参谋都已习惯于彭德怀这种大战之前的沉默，谁也不去打搅他。但他们那时并不知道，彭德怀这一路的沉默还有别样的情由。

当晚，毛泽东、周恩来和任弼时正围着火盆研究问题，忽而门帘一掀，进来了彭德怀。毛泽东惊讶地抬起头："在谈你哩，你就来了，几时到的？"说着，随手提起火盆上的炊壶，为彭德怀倒了一杯白开水。彭德怀也不客气，端起来呷了一口。

周恩来是接到国民党首都卫戍司令部最后通牒，于前两天刚从南京梅园新村撤回延安的，同彭德怀还是第一次会面，所以很惊喜。两人走到一起拉拉手，相互打量一番。彭德怀说："我来汇个报……"随即打开从教导旅带回来的一份防御决心图。

毛泽东与周恩来、任弼时不约而同彼此对视，会意地笑了。

周恩来说："彭老总还是老作风，主席当年在抗大讲的就是这股战斗作风，说干就干，雷厉风行！"

毛泽东点头，亲切地问："老彭，快说说，南线情况怎么样？"

这时，彭德怀手中地图已展开在桌上了，又从口袋里摸出半截铅笔，在图上点点画画道：“看了一个教导旅，又从金盆湾折回三十里铺，转到富县的茶坊，看了习仲勋和张宗逊他们。总的看来，情况是好的，部队士气旺盛，指挥员决心很大，从富县到临镇一百多里都构筑了防御工事。但也有少数同志思想还没搞通，不愿意放弃延安，怕砸烂了坛坛罐罐。我把轻装上阵的道理讲了讲，没么子问题了，现在须抓紧做好三件事……”

“哪三件事啊？”毛泽东夹着烟问。

“第一，部队弹药太少，平均每枪不到十发子弹，有的迫击炮一门炮就只有二十发炮弹，要尽快解决；第二，中央和延安各机关疏散动作太慢，太婆婆妈妈了，这不行。决心要果断，速度要加快。特别是中央，要尽快下决心撤出延安；第三，要立即建立西北战场指挥机构。贺龙同志现在在晋绥那边，一时又回不来，陕北这几个旅，加上后勤人员2万多人，军委是否考虑，由我来暂时指挥一下？”

毛、周、任交换着兴奋的眼神，三人几乎同时颔首。毛泽东率先说：“很好！中央同意你的意见，回头我们开一个会，作个决定，再正式任命一下。”周恩来补充道：“工作可以先抓起来，时间很紧迫啊！”

“还有什么要求吗？”毛泽东问。

“别无他求，给我几个人就可以了。”

“人，好解决，”毛泽东显得大度而又激动。他踱到彭德怀跟前，站了站，抿嘴微笑着生出感慨，“老彭啊，你这是临危请命，为党分忧，肝胆照日月，忠心垂千古啊！中央感谢你。”

毛泽东这么诗兴一发，可把彭德怀弄尴尬了，他憨厚地说：“主席言重了，我是临时代一代，救个场子。等贺龙同志返回延安，仍请他来指挥。”

毛泽东一摆手：“我不管，反正延安就交给你老彭了，党政军民，好几万人，连同我的这个脑袋，全交给你！”

彭德怀立即着手搭配班子。他从西北局调张文舟来当参谋长，并要三局配备了两部手摇马达电台，又调来几个参谋、译电员，一个五六十人的小小司令部即刻宣告成立。紧接着，中共中央于3月16日发布命令：陕甘宁边区的一切部队，归彭德怀、习仲勋指挥。贺龙的职务仍是晋绥军区司令员，兼管后方工作。随之，让任弼时当中央秘书长，军委参谋长由周恩来兼任。

延安激风雷众志成城，洛川聚云雾密授机宜

3月8日临近午夜时分，胡宗南神鬼莫测地离开了西安，随侍只有两人，除卫士，另一个就是熊向晖。三人行踪绝对秘密，不坐车，不骑马，而是先坐专列到同官（今铜川），然后换行头——脱去军官服，穿上士兵

灰布棉军装，再弃火车，而由等候在那里的小吉普送往洛川。

其时，裴昌会、薛敏泉以及政治部主任王超凡一干人等，已先期抵达，设立了“前进指挥所”。西安绥署大本营只留孤零零的盛文看家。

专列开得并不快，极为平稳。这很符合胡宗南的心境。他故作优哉游哉打开手边一本《三国演义》，借着微暗的车灯，刚读出卷首那段调寄《临江仙》“滚滚长江东逝水，浪花淘尽英雄，是非成败转头空……”几句，便被熊向晖一声报告打断了。

熊向晖是按照胡宗南的吩咐，来呈送抄录的第一批新华社消息。那张工工整整的抄件上，计有五则电讯，主要内容是9日凌晨新华社播发的前一天延安各界战斗动员大会新闻。在这个1万多人的大会上，朱德、周恩来和彭德怀等都作了讲话。会议盛况空前，除尚未转移的机关职工、学校师生外，参加会议绝大多数是从延安周围赶来的农民和民兵。整个会场人山人海，红缨枪、步枪和千万只高高举起的臂膀，森林般地融为一体，把延安军民对蒋介石的愤怒及保卫家园的决心，表达得淋漓尽致！

这是个振奋精神的誓师会。彭德怀情绪自始至终很激动。他登上台子，还没开始讲话，浑身就热腾腾地燃烧起来。延安这座靠窑顶支撑起来的土城，当了10年红色首府。在老百姓心目中，它就是根顶天立地的柱子，抗战时期，那么多风雨凶险也岿然不动，如今大炮还没响就要把它拱手让给胡宗南，叫人多少有点儿担忧。因此，彭德怀的话便有着极强的针对性。他说：“1935年陕北刘志丹只不过3000多人。后来来了一个徐海东，也不过3000多人；最后，中央红军开到陕北也只有7000多人，总共不过15000人。敌人有多少呢？我记得是101个团，30万人。国共兵力对比是二十比一。我们从南线到西线、从河东到河西，都是无往而不胜，打得东北军讲了和去抗日，打得阎锡山心惊肉跳在太原坐不稳，打得马鸿逵损兵折将，打得胡宗南在山城堡一败涂地！最后，连老蒋也在临潼接受了教训。今天不同了，胡宗南只有35个团，而我们比那时的15000就多得多了！”彭德怀戛然而止，大声朝台下发问，“同志们说，我们能打胜吗？”

“一定能打胜！”一万多个声音一齐回答。

彭德怀满面春风：“是的，我们一定能打胜！”他忍不住挥起有力的双臂，吼道，“11年前我们打胜仗，现在我们打胜仗，将来我们还要打胜仗！我们大家团结起来，建立民兵游击队，配合正规军队作战，坚决保卫边区、保卫毛主席，让胡宗南有来无回！”

这一下全场沸腾了，男人们挥舞手中的家伙，一个劲地呼口号；女人们嗓门比男人更亮：“姐妹们，男人上前线，我们女子就做好后方工作，做军鞋，搞坚壁清野，不给胡宗南那个王八羔子一粒粮食，把他们活活饿死……”

当然，胡宗南所读到的新闻，远远没有这么热闹。他透过那些文法颇为考究的措辞，竟产生一丝想入非非的感觉。说实在的，那时的彭德怀还没有进入他的视线之内。在仔细阅读完“朱总司令讲话”和“周恩来将军讲话”之后，胡宗南突然问熊向晖：“这么大的场面，毛泽东怎么没有出席讲话？”

熊向晖脑子一转，机智地回答：“先生问我，我问谁呀？”

胡宗南微笑道：“是啊，你跟我是一样的不知情……”想了想，胡又问，“你说说看，是‘将军’大还是‘总司令’大？”

熊向晖猜出胡宗南的心思，便说：“我以为，‘将军’可大可小，而‘总司令’就是‘总司令’。”

胡宗南恍然大悟：“难怪呀，朱德是‘总司令’，而周恩来在共产党内比他的资历深、职位高，却称‘将军’。我觉得称周恩来为‘将军’，里面有文章！”

熊向晖故作惊奇：“有什么文章可言？”

胡宗南自言自语道：“周公……他……莫非这一仗是他来指挥？”

胡宗南决定，洛川的军事会议要开得像样一些。所谓“像样”，除兴师动众的准备工作之外，正式会议时间须体现精短有力，而大量的、在胡宗南看来比会场议题更为重要的节目，是放在会后的个别召见。

因此，仅半天时间的洛川会议宣告结束时，洛川全城的戒严尚不能解除。小城西北角的洛川中学院内，遍地雪佛兰和美式吉普车仍乌云般集聚着没有离去。正式会议上，胡宗南的工作只是宣布“总裁”命令和为部属们的发言拍拍巴掌，主要议程诸如主持发言和介绍作战计划等，统统由副司令长官裴昌会和副参谋长薛敏泉去完成。现在，他才开始给到会的军、师长和两级参谋长及第七补给区长官、空军第三军区司令、特种兵部队长等这一类人物“分别交代几句”。

按照薛敏泉的说法：“共匪在陕甘宁地区的总兵力很可怜，所谓正规部队，就只是警备第一旅、第三旅和一个番号不明的什么旅，总兵力不过2万多人，加上地方杂七杂八小部队，最多不超过5万”。他判断，“共产党军队主力已集结在临真镇、金盆湾、劳山之线，延安附近只留下部分兵力……”

毫无疑问，胡宗南的决心，就是以此为基础的。总体上是兵分两路，右路由整一军军长董钊率他的7个整编旅，由宜川瓦子街分两坨向北攻击前进，经临真镇到延安东北的拐峁地区停止待命；左路的指挥官是整二十九军军长刘戡。他率8个旅由洛川以东地区靠紧右路军向北攻击前进，经牛武镇、金盆湾，到达延安以北枣园一带，停止待命。

董钊和刘戡成了胡宗南门面上的哼哈二将。另一个重要人物便是关中一仗的主角、整编第七十六师师长廖昂。廖此次奉命率两个旅为总预备队，负责策应董、刘作战。此外，整编第十七师师长何文鼎也肩负重任，胡宗南命他率陈子干旅，由洛川沿咸榆公路向北攻击，重点是注意公路两侧的敌情。到达甘泉后，担负富县到延安的护路任务。公路畅通无阻，军用物资才能源源不断送到延安。后方运输由整编一四四旅负责。该旅驻在洛川，算是最稳定最不起眼却又举足轻重的一个位置了。

半天的会议也不乏精彩之处。董、刘二人在会上的哼哈表现，给胡宗南会后的训辞提供了依据。董的满不在乎与刘的谨小慎微，都是胡宗南所竭力抨击的态度。倒是整编第二十七师师长王应尊捡了个便宜，他在发言中首先表示对进攻延安充满信心，同时认为战争准备是胜利的先决条件，提出，他的部队刚从晋南移师河西，给养和弹药正在补充之中，原定3月12日的进攻时间显得过于紧张。

胡宗南很欣赏王应尊这股实在劲，当即与裴昌会略事商议，照准王的请求，将进攻时间向后推迟一天。推迟地面进攻时间，不等于空中无所作为。就在胡宗南带头为王应尊的发言鼓掌时，国民党军飞机已飞临延安上空，东一榔头西一棒子扔下数十枚炸弹！

对此，中共中央军委始料未及。这些日子，延安工作日程是以分秒计算的，文电交驰，号令频频。在对西华池一仗深入总结的同时，3月6日，军委电令晋冀鲁豫野战军第四纵队司令员陈赓、政委谢富治以及太岳军区司令员王新亭、副司令员孙定国，要他们出敌不意袭占阌乡、陕县、渑池、新安，给胡宗南背后来一脚，彻底搞瘫陇海路，以配合保卫延安，救援李先念五师；3月7日，又电令张宗逊、习仲勋，要他们在现有防线基础上，于劳山与三十里铺间、南泥湾与三十里铺及其以东，加筑第三道防御阵地；3月8日，延安各界保卫陕甘宁、保卫党中央和毛主席的战斗动员大会召开……

彭德怀已全面进入角色。虽然他身为军委副主席兼总参谋长，但在着手具体指挥这场关于首脑机关生死命运的战事时，仍显得极为谨慎。前沿视察与后方动员基本就绪之后，他和总政治部主任刘少奇一起，将陕甘宁边区部队旅以上干部召集到枣园军委小礼堂。

同延安各界群众动员大会上比，彭德怀平静多了。大家坐下来，什么开场白也没有，彭德怀张口就说："敌人在西北战场上的兵力共43个旅32万人，除九个旅守备新疆，其余34个旅25万人都压在陕甘宁边区，这里面有20个旅是胡宗南的，计有17万多人；西北行辕主任张治中和副主任马步芳、马鸿逵手下有12个旅，将近7万人；另外就是邓宝珊集团在晋陕绥边区的两个旅12000多人。我们呢，满打满算野战部队7个旅，是16178人。这个数字大家算算看，是几比几呀？不算张治中和宁、青二马，也不算邓宝珊，单是一个胡宗南与我们的兵力比例就是十与一之比！更何况，我们这1万多人，还不能全部拉到陕北。道理很简单：陕甘宁边区总共只有150多万人口，土地贫瘠，那么多人一上来，兵员的吃、穿、用怎么解决？基本的物资供应困难大，再加上武器装备差、弹药奇缺……”

说到这里，彭德怀顿了顿，端起粗瓷碗喝了口水：“所以，胡宗南很自在呀，吃得好睡得香，这两天在洛川忙着跟他的军、师长们又是聚餐又是照相，听说手边还准备了一大堆小说哩！”

刘少奇插话：“人家扬言要在三天内占领延安，好向他们的总裁报喜，向他们的六届三中全会献份厚礼。”

大家一听这个，议论纷纷：“去他妈的，牛皮大王！”

这些话被彭德怀听到了，他忙摆摆手：“不，这不是吹大牛！要是我们疏忽大意，胡宗南三天占领延安不是没有可能的！胡宗南吹不得牛，我们也是吹牛不得，吹牛吹不出胜利，大家要记住啰！”

刘少奇站起来，神情严肃，语气诚恳：“同志们，中央决定放弃延安，不是逃跑主义，而是诱敌深入。胡宗南占领延安，是要付出代价的！我们决心与敌人在延安以北的山区周旋，陷敌于疲惫和缺粮的困境。到那时候，胡宗南人困马乏、粮草全无，我们就可以抓住有利战机，集中优势兵力，在运动中一口一口吃掉他们，反败为胜嘛！”

彭德怀强调：“这就是军委的作战方针。大家听清楚没有？‘放弃’不是‘逃跑’，‘后撤’不是‘败退’。只要我们掌握了战场主动权，以弱敌强、以少胜多，是可以做到的！”

大家受到鼓舞，掌声情不自禁地响起来。胡宗南的飞机就在这掌声中，来到延安的上空。

毛泽东“推磨”依秘诀，丁丑娃拼命有口禅

很少有人在意这次大战之前有一个小型接见活动。据说，它是由毛泽东的卫兵阎长林引起的。因为阎是从新编第四旅十六团调来的，所以，新四旅军官们沾了光，才获得去王家坪那孔普通窑洞亲耳聆听毛主席谆谆教导的殊荣。事实上，恐怕因为新四旅官兵都穿着黄衣黄帽，此次接见才显出意味深长。不管怎么说，旅长张贤约还是为这个接见感到不安。他觉得形势这么急迫，主席又这么忙，不能太耽搁时间，于是坐下来就长话短说：“主席，延安保不住，我们这些吃军粮的……这不是太便宜他姓胡的吗？”这句话把官兵的心病一下子倾倒出来：说是主动“放弃”，然后一口一口吃掉敌人，行不行啊？

毛泽东并不着急回答，而是微笑着招呼大家在他身边坐下来，从烟盒

里摸出一支烟抽。他一边吐烟一边说："同志们转不过弯子，是不是？"

军官们局促地相互间你看看我、我看看你，都低下头，憨厚地笑。毛泽东环顾大家，弹去烟灰，目不转睛地盯着手中那一缕飘动的烟，"是啊，吃了十年延安的小米饭，要大家一下子离开延安，感情上通不过啊！"

毛泽东没有直视大家，神情有些黯然，"十年里，延安人民供养了我们。我们同他们一起开窑洞，在窑洞里学马列，培养干部，领导全国的抗日，指挥各个根据地的斗争，真是生死相依，患难与共。可以说，延安的小米饭养育了我们一代人啊！现在，敌人来了，我们拍屁股撂下老乡们就走了，哪个不难受……"

大家注意到主席的两颊微红，眼里有些潮湿。他停一会儿，轻轻叹息一声，把手中烟用力掐灭，将尚存半截的烟重新装进烟盒，再起身提高嗓门："可是，敌人来势汹汹，兵力又相当集中，就我们目前的力量来说，一下子还吃不下这一坨。你们说，该怎么办啊？"

大家都不知道该怎么回答主席的话，目光一齐投向旅首长。副旅长程悦长向张贤约旅长看了一眼，张旅长便会意地点点头，起身敛着怀作检讨状："主席，如果西华池一战……"

毛泽东打断他，说："西华池不用提了，这是敌人大举进攻延安的侦察仗，我们参战部队都做了最大努力。换句话说，你们做了你们应该做的事，三五八旅也做了他们应该做的事。没打好，有些伤亡，不要紧。胜败乃兵家常事。打了这一仗，摸了胡宗南的底子，对今后作战有好处，从战争中学习战争，有何不好？"

他把话题仍旧拉向眼前的延安："胡宗南的兵力十倍于我，力量相比，异常悬殊，我们只能继续执行集中优势兵力，消灭敌人有生力量的原则，积极防御嘛！"

毛泽东点燃那支被他刚刚掐灭的烟头，接着说："放弃延安那是暂时的。你们会看到，胡宗南占领延安，绝不是什么胜利，恰恰相反，而是他们失败的开始。我们要争取更大的胜利，拿一个延安换一个全中国，何乐而不为呢？"

他说着说着，眉头也不知不觉地舒展开来，"我送给你们十六个字……"大家一听十六个字，立刻埋头在小本子上准备记录。毛泽东伸出一个手指，一字一顿地宣布道："这十六个字就是，'存人失地，人地皆存；存地失人，人地皆失'！"并强调说，"你们干部们要先把这里面的道理想透，然后回去教育战士，说服战士。"

说完十六个字，毛泽东又数典般地列举第二次国内革命战争以来，许多"人""地"得失的例子。大家越听越开窍，顾虑也渐渐消失了，索性把心里疙瘩都掏出来。不知是谁问道："主席，要在陕北打这么大的仗，可陕北就这么巴掌大一点点，战场咋摆？”

“哦，这个问题提得好！我打个比喻，”毛泽东饶有兴趣地走近提问题的那位干部，“你们不是都帮助陕北乡亲们推过磨、压过碾吗？就那个石磨子、石碾子，把老乡打下的多少粮食都磨成了细面，碾成了细米。我们就是用这个办法。陕北，地方小，可地形险要，我们熟悉它。陕北人口少，可群众条件好。你们去把敌人牵上，就在陕北这盘石磨上磨，我就不信，就不能把他蒋介石几十万部队磨个稀巴烂！”

毛泽东就是用这么一个简单的道理，把未来那场举世闻名的大角逐解释清楚了。显然，保卫延安只是一段序曲。通过这段序曲，毛泽东要调动敌、我双方几十万大军在陕北高原山旮旯里“碾”将起来，这才是正式的华章。现在最要紧的是，内线纵深防御，独立支撑的话，最大可能约迟滞胡军10天时间。陈、谢5个旅外线解围行动必然会引起胡军一些反应，从而对内线防御有所助益。但是，要获得这一有效配合，内线防御非有20天的坚决抗击不行。如何打好这个时间差？既需要帷幄之中神机妙算，更需要一线官兵实际努力，哪个环节上出了毛病都会前功尽弃。毛泽东、彭德怀以及所有中央军委领导同志都有一把汗捏在这儿，它是千千万万基层连队普通战士所难以体会到的。

当然，战士有战士的责任。他们要用一身虎胆和精湛的武艺去迎接考验，所以，除了打仗，大大小小练兵热潮就是他们身手毕现的时机。此时陕北，还算料峭春寒。上层风起云涌，似乎对延安城郊七里铺和柳树店一带几个小山村并没有太大影响。从西华池撤下来的三五八旅，正在为一个普通战士练兵热情做文章。这战士名叫丁丑娃，一听就是土里吧唧穷人家的孩子。他是宁夏人，父亲给地主干活累死了，母亲遭国民党强暴。丁丑娃一当兵就很有“福气”，分在后来拥有“硬骨头”这个响亮称号的八团六连。

丁丑娃当了个六〇炮手。他年龄不大，却特别能吃苦，从晋绥到陕北的行军途中，除背自己的小钢炮之外，还一路抢着给别的战友背米袋。那时候，鞋子很金贵，丑娃从家里带来一双千层底布鞋，那是和姐姐分别时送给他的，当了大半年兵，愣是舍不得穿。可当他看到同班一个新战士脚被冻坏了，就立刻把鞋子送给战友。短期整训时练投手榴弹，他把胳膊练肿了，吃饭端不住碗，还是练，说：“你怕痛，痛就欺负你，变得更痛；你不怕痛，痛就怕你，就不痛了……”

丁丑娃成了连队“为人民服务”的模范战士，可忙坏了指导员夏伟。连续赶两个夜，写出篇稿子，投到边区小报，就发表了。从此，陕甘宁边区差不多人人知道三五八旅有个丁丑娃。

丁丑娃当然不是唯一的。在同一个英雄连队，还有个响当当的人物与丑娃齐名，他叫刘四虎。说来也巧，刘四虎和丁丑娃还同在一个班，他们班长又是赫赫有名的“刺杀大王”尹玉芬。刘四虎是绥远人，从小当学徒，伺候人，干六年苦工竟没挣到一个铜板。当泥水匠的父亲也被地主恶霸逼上了吊。所以，刘四虎是个没有笑脸的战士。他现在还只是个新兵，两个月不到的春训就显露出了他的优秀素质，可以说，是踏上一个英雄的起点。他有一句口头禅：“上了战场，只要我不死，就干他几个！”打大同时他参军还不到一个月，刚学会“预备用枪”，战斗动作还不熟练，体格也弱，班里战友们都有点儿替他担心，说虎子啊，能跟在大伙屁股后面冲下来，把几发子弹放出去就成，千万别落下。谁知他一上战场就玩了命，哪里子弹密就往哪里冲。他说我才不怕呢，心里只有一个念头——“干他几个！”

西华池战斗整体上是个不怎么样的仗，而在刘四虎个人却是个辉煌的胜利。当时，连队突击失利，被敌火力封锁在一个院子里，全连没有一个人能抬起头来。万急之中，刘四虎自告奋勇担任掩护，让别人冲出去，他引开敌人机关枪。结果，腿上中两弹，人已倒下来了，嘴里还大声喊别的战友往外冲。最后，自己把两颗手榴弹拉开线环绑在胳膊上，准备敌人逼近时，与敌人同归于尽，硬是把敌人吓住了，没一个敢朝他靠近。总结时，连里要他谈体会，刘四虎说，第一次负伤的体会是：战场打死是光荣的死，比父亲被地主逼着上吊要好；第二次负伤的体会是：要想活命就不怕死，不怕死才有杀开活路的希望。后来，这些话就成了连队许多战士的口头禅。

毛泽东的“石碾子”“石磨子”就是靠丁丑娃和刘四虎这样一些粗胳膊粗腿的战士们来推。这个优势蒋介石没法比。蒋介石的兵是胡宗南口袋里的私房钱，他永远也不能摆脱那种虚幻的迷彩。所以，尽管胡宗南前些日子在南京国防部晚宴上举着酒杯一而再、再而三地向他表示“拿不下延安，学生甘受军法”，他还是避开人面小声地问：“你有绝对把握吗？”直问到胡宗南满脸怨气、露出一副受伤害的模样，才不得不作罢。

蒋介石已无话可说，只能以一脸似是而非的笑容，像应付一个生意场上的债主一样，反反复复对这位他必须信赖的学生表示，“空军，好说！作战计划，我签……”然后，他能够做到的，就只有24小时守在电台旁边打盹了。

攻城受阻蒋介石发脾气，离城不走毛泽东使性子

偏偏3月11日，美军总部把一个蓝眼睛大鼻子记者团扔到延安。不管这是出于军事上还是政治上考虑，延安决定，都得以礼相待。毛泽东说，来的都是客人，让他们最后看一眼延安也好，将来做个见证。

这些美国记者从大洋彼岸来到这座偏僻的中国山城，好像个个都很兴奋。在3月13日离开延安飞赴北平之前，他们中的许多人还并不知道随后将要发生的一切。

胡宗南差一点就没有耐心了！他无法按照原计划来阅读小说，而是瞪大眼睛注视这架飞机从延安机场腾空升起。接着，他便急不可耐地下达推进命令。同时，布置在一线的解放军教导旅、警备第七团等各部队奋起反击。经过三天三夜激战，胡宗南惊呆了：他以12个旅之众，居然寸功未建！

3月16日，毛泽东以中央军委主席名义，命令边区部队迅速调整部署，组成三个防御集团，从三个不同的方向，全面抗击胡宗南进攻。一切部队防务自3月17日起，统由彭德怀和习仲勋全权指挥。这三个防御方向分别是：以独一旅、三五八旅、警七团为右翼，归张宗逊、廖汉生指挥，在道佐铺、甘泉、大小劳山、清北沟、山神庙地区组织防御；以教导旅在南泥湾、金盆湾、临真、松树岭地区组织防御；调晋绥军区王震第二纵队西渡黄河参战，与教导旅一起为左翼。新四旅位于中央，在庙尔梁、程子沟、三十里铺地区组织防御，坚决抗击由南泥湾突破防线向延安前进之敌。

前三天的苦头，让胡宗南长了记性，再不让步兵在前面徒费周折了，一上来就拿出老爷用兵的架势，不管三七二十一，飞机、大炮先乒乒乓乓轰炸一气再说。然后，整团整营的大部队集团冲锋，打死一批，又上来一批，好像他知道解放军每人只有十发子弹的底细、存心要出对方洋相似的，仅投放在第一纵队正面的胡军“左兵团”，兵力就达八个旅之多。每个波次冲锋由远至近，漫山遍野，人头如同撒下一片黑芝麻，密密点点，弄得新兵都不知道瞄准谁才好。

一纵独一旅最初阵地是在麻子街、白家山、大劳山、杨家科地带，三五八旅七一六团在甘泉西北山，重点保障独一旅右翼安全。七一五团、八团等部队，都在稍稍靠后的大劳山、杨家科一线设防，充当二梯队。一旦前面防线被冲垮后，他们就成了一梯队。这样交替掩护、节节撤退，让胡宗南每推进一步都付出惨重代价。同时，那种破阵得胜的感觉也益发鲜明。他倚着上风口越打越精神，命令整二十九军十七师、三十六师、七十六师及十五师的一三五旅，倾巢出动，从洛川、旧县地区出发，沿途轰轰大响，阵容一派风光。早在进攻之前，胡宗南就许下金诺：谁先攻占延安，重赏百万！

这话传到下面越吹越走样，有说加官晋级的，有的把100万说成了300万，结果层层效仿许诺，空心泡泡随口吹，甚至连长、排长都在喊：“冲啊！得了头功老子给赏钱，到延安府发洋财去啊！”

战斗打得极为残酷。胡宗南的飞机、大炮完全是一副满门灭族的架势，一开始就把成吨炸药往外抛。炮弹和炸弹轰过一轮又一轮，防线上表面阵地全炸个翻天覆地，蓬松蓬松的土石，随手抓一把在鼻子底下闻一闻，都呛得人咳嗽。

陕甘宁边区各部队从占领阵地到与敌人交手才个把月时间，又抱定“且战且退”这一作战原则，就没有构筑太坚固的掩蔽工事，只能靠猫耳洞避弹。敌人飞机大炮一响，立刻躲一下。轰炸一停，又赶紧钻出来阻击敌步兵。敌人整师整旅地压上来，拼不过去，就赶紧交替后撤，一到新阵地，二话不说，立即挖洞，就这样一刻不停地干。胡军整整攻击了一天，只前进了5公里。

消息传到南京，蒋介石耐不住了，对他的密友和忠臣吴忠信冷冷地说：“三天是拿不下延安的。拿下延安，谈何容易！我看，五天能把它攻下来，就算不错了！”吴忠信一听就明白，蒋是想让胡宗南下台阶，便连声诺诺。

果然，三天期限一到，国防部即向蒋介石报告：“延安共产党军队抵抗强烈，胡宗南部死战不懈，仍进展缓慢，右路军到达临真镇、金盆湾；左路军刚刚攻下甘泉县的劳山。目前各部仍在胡长官亲自督阵下努力激战之中……”

蒋介石频频点头：“不错了，不错了。”到了第五天，国防部竟送上一份令人沮丧的报告，“胡部在金盆湾、南泥湾裹足不前，全体将士虽浴血……”蒋介石听完报告一言不发。

终于等到第七天，蒋介石已经熬得心力交瘁。国防部的报告还没有开始念，他就连忙摆手，说：“给我接通西北，我要胡宗南亲口向我报告！”

胡宗南做了几个深呼吸，才敢抓起送话器。他以不急不躁的中等音量报告蒋介石：“共产党军队坚壁清野，主力逃遁，不见踪影，只有小股民兵袭扰我搜索部队。我右路第一军先锋苦战七日，已达延安城外宝塔山下，即刻进城……”

蒋介石不耐烦地打断胡宗南，要他报告伤亡情况。

胡犹豫一下，马上想起一个大打折扣的数字：5000余人。

这一下激怒了蒋介石，顾不得远隔万重山水，张口骂了句“娘希匹”，说：“损失5000人马，还在城外？等你们进了城，共产党中央机关早就插翅高飞了！你来给我解释解释，究竟搞什么名堂？！”

胡宗南知道老蒋生了气，在电话那头大声喊叫：“校长息怒，共党中央机关还在延安哩。毛泽东昨天还接见了外国记者，朱德、刘少奇和彭德怀这些人都在……”蒋介石没等胡宗南把话说完，使劲把电话一挂，自言自语道：“都在又有什么用！”

胡、蒋通话时，毛泽东的确还在延安。他刚从枣园搬到王家坪来住，窑洞临时收拾了一下，用他的话说，“还没住热，又要走了”。

说着话已经是3月18日，胡军兵临城下，枪炮声在延安市内任何地方都隐约可闻。下午，枪炮声离得更近，前线消息说：敌人离延安不足10里地！彭德怀急坏了，把警卫人员全部叫到自己窑洞里，郑重其事交代说：“现在，全党、全军、全国人民都在关心党中央、毛主席的安全，你们肩上责任很重，要绝对保证主席的安全，必要时，抬也要把他抬走！”

彭德怀的话有针对性。离开延安，对于毛泽东来说，不是一件容易的事。在胡宗南最初给延安丢炸弹时，就有人担心得不得了：毛主席怎么还不过黄河？这要是万一碰上……炸弹可不长眼啊！

毛泽东却始终若无其事：“怕什么？延安人民走完了我再走！”现在，炮弹都打到清凉山了，他还是一点儿都不着急，专心致志忙着他的一大堆案头工作。警卫员满头大汗跑进跑出，催促一次又催促一次：“主席，马都备好了，就出发吧！你不走，叫我们怎么完成任务啊？！”

毛泽东微笑着说：“不要紧，来得及，大路朝天，各走一边，他走他的，我走我的，他在那个山头，我在这个山头，怕什么呀？”说着又不慌不忙拟写一份电文。

这时，一发炮弹在不远处剧烈爆响，震得窑洞顶层的泥屑直往下掉。毛泽东抬头看了看，仍旧埋下头飞快地写起来。警卫员没办法，只好打出周恩来的招牌，“周副主席也叫你快一点儿，再不走，就很危险了！”毛泽东干脆置之不理。

任弼时和习仲勋赶过来了，刚走到门口，正好与心急火燎的警卫员撞个满怀。警卫员说：“任秘书长、习副政委，你们来得正好，快去帮我们劝劝主席，再不离开危险性很大……”

任、习二人急步冲进窑洞：“主席呀，敌人已经兵临城下，便衣队都到七里铺了，同志们都等得很急，你还是快一点儿离开的好！”

毛泽东抬起头，一见是任弼时和习仲勋，笑了笑，一边照写不误，一边说：“就好啰、就好啰，去跟同志们说一说，先搞好先走，不要等……”

正说着话，彭德怀过来了，还在门外就大声嚷嚷：“主席走没走？”门外警卫员嗫嚅，说没走。

彭德怀张口训开了：“怎么搞的嘛！你们是警卫员，我怎么跟你们讲的？要对主席安全负责嘛！”

毛泽东在里面接话：“不要批评他们了……”见彭德怀进屋，脸色很难看，毛泽东立刻笑着招呼：“老彭啊，来得正好，我正要找你哩。通知部队，要把房屋打扫干净，家具原样摆好，一点儿也不要破坏。我们过些日子还会回来的，是不是啊？”

“主席，你有什么指示，边走边说吧！”彭德怀努力做出平静的样子。

毛泽东手头略微紧了点儿，嘴上依然说："就好，就好，你不要催我嘛！"彭德怀性子上来了："这都么子时候了嘛，还不着急呀！你不急我可是着急，我是司令员，我要对你的安全负责；你是主席，你也要对全党、全军负责嘛！"

毛泽东终于忙完了，一边收拾桌子，一边笑着说："老彭同志啊，你好厉害哟，我执行……"毛泽东说着走出那孔窑洞。走了几步，他忽又返身看了看窑洞里的那张床和桌椅，然后一扭头，果决地离开了。默默走了一段，他突然回头问彭德怀："王震过河之后情况如何？"彭德怀说："很好，已投入战斗。"毛泽东这才大步走向路边的汽车。

大西北的黄昏，风呼呼刮着，沙尘与暮霭汇在一起。毛泽东与少量警卫部队一道，沿着山城一条小路，慢慢离去。他一路走一路回头，悄然无声，又仿佛说着千言万语。彭德怀发过脾气之后，就一直默默跟在毛泽东身后，他要尽心尽责地护送一程。

"老彭啊，你回去吧！"毛泽东说。

彭德怀充满感情，但脸色还是铁青的："我再送上一段，不碍事的。"他坚持将毛泽东送到了延安飞机场，然后，握握手，小声嘱咐："主席，你一定要多保重……"

四、从延安到青化砭

胡宗南偏心整一师抢头功，张宗逊怀旧一纵队留美名

胡宗南的“虚症”从占领延安开始一发不可收拾。3月18日是他既紧张又兴奋的一天。董钊的整一军进占金盆湾、南泥湾后，其九十师已到了延安城东宝塔山附近，整二十九军也正在由劳山北进之中。按说，进占延安城“发洋财”的部队非这两路莫属。但是，胡宗南不让，他硬是下令九十师和二十九军部队停止前进，而把在晋南就已全军覆没、新近刚刚重新成立的整一师一旅从后面拉上来，浩浩荡荡开进延安城。

已先一步涉过延河、占领清凉山的五十三旅和六十一旅，眼巴巴地瞪着整一旅完成这一历史“壮举”。他们看到：当天下午3点钟左右，号称“王牌”的整一师攻城部队，才在飞机大炮掩护下，用两个营兵力，向延安老城西山顶“奋力突击”。只见他们聚集在半山腰胡乱放枪，迟迟不敢前进。而此时西山顶上，实际只有六名解放军战士在打掩护。他们六个人抱着一挺机枪轮流打，从傍晚打到深夜，之后便转到山脚，消失了。

天黑得伸手不见五指，面前的延安城万籁俱寂，“王牌”整一师官兵趴在地上不敢轻举妄动，连大声咳嗽都捂着嘴巴。直到天大亮时，他们才小心翼翼从地上爬起来，虚张声势呐喊着，冲进延安城。

延安城里早已空无一人。毛泽东离开王家坪的同时，延安的机关、学校也都安全撤出去了。彭德怀抽身从西北局、联防军司令部、杨家岭等地一一检查过来。让他感到满意的是，所有房屋都打扫得干干净净，房子里家具也都如同毛泽东所指示的那样，整齐有序地摆放着。这样，他才放心回到王家坪，开始与前方各部队首长通话，部署部队有计划撤退，包括撤退路线、意图、时间，一一交代明确。

延安城最后固守是极惊险的一幕。那正是敌整一军九十师与整二十九军齐头并进争抢“头功”时，奉命抗敌的一纵三五八旅把留作纵队二梯队的部队，全部用上了。连续七天抗击，人员疲惫，子弹也早打光了，只能靠从敌人死尸上现摘现打。

打仗究竟是靠人还是靠武器？这个时候似乎没什么可争论的。余秋里政委要求部队充分发挥党、团员骨干带头作用，并提出响亮口号：“誓死保卫延安！保卫党中央！保卫毛主席！”人人都在这片口号声中，焕发出自己最大的战斗热情，每个连排阵地都在喊：“共产党员们，考验我们的时候到了……”

在一纵司令部，电话铃声、报务员喊话声和电台滴滴答答报键声，把司令员张宗逊和政委廖汉生心头那根弦绷得很紧很紧。两人一直趴在掩蔽部瞭望孔上，举着望远镜，看着成批敌人从山下向七一六团阵地上冲，我方阵地线长人少的情况一目了然。

稀稀落落几个人，奋力扫射、打手榴弹的情形，令张、廖的心一阵一阵揪着。这样的抵抗已重复一个多礼拜，现在到了最后关头，阵地贴紧延安城下，往往一个班就得顶住人家一个营甚至一个团，危险性可想而知。多数战士头上缠着纱布，这意味着什么，张、廖心里明白，只是彼此都没有说出而已。他们在数着怀表上分针和秒针，想着毛主席和党中央机关此时此刻是否已撤出延安……

大约傍晚5点钟，作战参谋突然从身后喊道：“张司令，总部电话！”

张宗逊浑身一个激灵，三步并作两步跨到电话机前，双手抓起参谋手上的听筒，可着嗓子喊：“喂，我是张宗逊……彭总，是您！”张宗逊气喘吁吁，脸上露出喜色，过一阵，又拧起两道剑眉。

廖汉生早跟到身边。他竖起耳朵，试图从电话听筒里分享到一点什么，但没成功。蒋介石送来的这些通信设备质量实在不怎么样，从延安城里到阵地不过几里地，电话便已声若游丝。

终于，张宗逊放下电话。廖汉生迫不及待地问：“有什么新情况？”

张宗逊耐着心情，一字一顿地说：“毛主席、党中央和延安群众都安全撤出去了！”他情不自禁地抓住廖汉生的手，“政委，保卫延安的任务我们已完成，彭总命令部队主力转到延安东北隐蔽待机，让我纵连夜撤回延安……”

廖汉生愉快地抖了抖司令员的手：“嗨，老张！”

时间分秒必争，一刻不能耽误，张宗逊立即要作战参谋组织部队撤出阵地，并亲自跟各旅通话，要求部队交替掩护、井然有序，在撤出阵地过程中不许有伤亡。做完这一切，他转对廖汉生：“政委，我们两人准备走，彭总要求我们以最快速度赶到王家坪……”

站在张宗逊和廖汉生面前，彭德怀显得和蔼多了。他用红蓝铅笔比划着地图，说话节奏舒缓而条理清晰：“你们连夜撤回延安，在明天上午放弃延安，然后，往西北方向的安塞走。注意，既要做出败逃的姿态，骄敌之兵；又要有点儿风度，像个主力的样子。我们一定要牵着敌人鼻子，把他们引到安塞以北……明白不明白？”张、廖二人立正，齐声回道：“明白，坚决完成任务！”

彭德怀点点头，声音依然不高，但眉心紧拧，神情庄重：“别忘喽，毛主席是向东走的。你们一定要把敌人向西北引！部队撤离时，动点儿脑子，要给人一个假象，让他们翘着尾巴离开延安……”

夜幕降临时，一纵各部队相继进入延安城。

延安，这曾经是怎样一座城市啊！抗战八年，无论生活条件多么艰难困苦，无论战斗环境多么险恶残酷，它始终是八路军官兵和全国各抗日武装、全中国人民赖以支撑的全部精神寄托，是黑暗中一点星火，是沉沦中一丝希望！年轻战士们有多少美丽的梦想都属于它，它已经成为他们青春生命中不可分割的组成部分。而对于三五八旅、尤其七一六团干部战士来说，更有刻骨铭心的记忆——

那是1945年6月中旬，三五八旅亟待再渡黄河，参加晋绥地区大反攻。当时部队驻地距延安只有100多里，但大部分同志都没有到过延安。战士们想，要是能在出征前到党中央所在地看一眼，那该多好！这个愿望反映到总部首长那里。一天，三五八旅突然接到通知，要他们立即组织出发，去延安城！

清晨的起床号还没吹，战士们就自动站好队。正是暮春时节，大家拿出最好的军装，洗得干干净净穿在身上。一上路，大家整整齐齐唱着歌，笑声不断。100多里路，太阳下山前就赶到了。

晚上，特大喜讯传来：毛主席等中央首长准备接见七一六团全体同志。

接见在延安南关边区人民政府礼堂进行。约晚8点，毛主席和朱总司令乘坐一辆红色小汽车过来了。三五八旅旅长张宗逊和副政委杨秀山急忙迎上去敬礼。毛泽东在井冈山时就认识张宗逊，但不认识杨秀山，握手时就问：“这位是哪一个呀？”张宗逊忙介绍：“他是我们旅副政委杨秀山同志。”

“杨秀山同志，你是哪里人呀？”毛泽东显得兴致勃勃。

“湖北沔阳。”

“哦，就是那个‘湖北沔阳州，十年九不收’的地方呀？”

毛泽东的风趣深深感染了杨秀山，他情不自禁地笑答：“别看我们老家十年九不收，只要收一年，狗子都不吃粥哩。”

毛泽东笑了，在场的人都笑了。张宗逊这时登上舞台向全体官兵大声宣布："同志们，毛主席和朱总司令看望大家来了！"话音未落，就被掌声淹没了。掌声经久不息，毛泽东和朱德在掌声中登上主席台。边区政府主席林伯渠、贺龙司令员和吕正操司令员，也都相随登上主席台。

掌声和欢呼声长久响着，口号此起彼伏："毛主席万岁！""朱总司令万岁！"口号声中，毛泽东用浓重的湖南口音向大家问候。接着，他又围绕刚召开的党的"七大"精神，即席讲话。他说："现在中国人民头上有两座大山，一座是帝国主义，一座是封建主义，我们要以愚公移山的精神，齐心协力把这两座大山搬到海里去！"毛泽东讲话之后，朱德和贺龙也讲了话。最后，鲁艺剧团演出歌剧《白毛女》……

时间过得真快，只有一年多，便物是人非。今晚七一六团再度踏进延安城，看到的却完全是另外一番情景：到处是敌机轰炸后留下的残垣断壁，枪炮声直逼城外，阵阵撕人心肺。纵队司令部住在枣园，那是过去党中央和毛主席住过的地方啊！一纵专为保卫延安奉调而来，可如今，又偏偏让延安从他们手中放弃给敌人。历史的风刀霜剑的确过于严酷，这些坚贞而善良的干部战士实在无法承受如此沉重的心理负荷！

这一夜，比一个世纪还要漫长。一纵官兵尽管连日征战，疲惫至极，可此情此景，躺在延安土炕上，谁还能合上眼？首长的解释、教育，什么"必要性"啦、"意义"啦，那都是一些理性词汇，而理性与情感怎可同日而语呢？

天麻丝亮，许多连队都起床了。张宗逊和廖汉生到各旅、团转了一圈，看到战士们都在默默打扫卫生。转到六团，张树芝团长报告说，他们团三连司务长王云才见附近一些老乡走时匆忙没圈好牲畜，便带着炊事班，连夜提着马灯，把那些逃出来的牲畜统统赶到圈里，并且挨家挨户帮老乡圈好猪、羊、牛和鸡。团里索性通知各连都来学习王云才，一齐伸手帮老乡收拾院子，团机关干部也分头下去抓落实。

廖汉生一听很对味，立即要纵队司令部通知全纵部队都来学习六团，掀起一个为延安父老乡亲的"看家"运动。这主意立刻得到张宗逊的赞同。

于是，一个"学习王云才，帮延安人民看好家"的群众性活动，在一纵部队全面展开。虽然，这件事只发生在短短几个小时里，但它还是与后来胡宗南占领延安时的种种劣迹，一起被载入这座山城的地方志，成为一方百姓的千古明鉴。

一纵部队是那样精心、那样尽意地帮助群众圈好牲口、扫净院子之后，才含泪离开延安的。而胡宗南整一师却大摇大摆、满不在乎地以为进占了一座空城。他们完全不懂得这是一个怎样的错误，完全不懂得解放军所留给他们的，实际上绝不是一座空城。

顺水推舟空城延安演荒唐，扬眉吐气国府南京唱捷报

不许对人说延安是座空城！这是胡宗南给部属规定的一条纪律。他在洛川接到董钊从延安发来的电报后，立刻对参谋们暗示："董部攻克延安，此功非同小可！延安是共产党的老巢，有好几万共产党军队啊……少说也有5万人吧！"

这时，熊向晖心领神会地从旁边插言："据共党方面宣传材料分析，不止这个数。"

胡宗南敲敲桌子："赶快向南京发报，我要为他们请功！不但请功，我还要作新闻发布！"

令人扫兴的是，董钊似乎并不十分领胡宗南的情。整一师率先进占延安城，毕竟是胡宗南的钦旨，可别的部队、尤其是整九十师呢？他们到嘴的肥肉叼着不吃，而让开一条大路，在冰冷的清凉山上趴了一整夜，难道就这么白受煎熬吗？

整编第九十师师长陈武不好惹。他一口咬定这个理：当初是你军座亲口许愿，谁先进占延安赏法币1000万元。我九十师从17日起连续担任强攻任务，好不容易攻到延安城下，又是你军座一个电话，说是根据胡长官的命令，要我师按兵不动到第二天上午9时才发起攻击。而他整一师比九十师落后15里，凭什么硬让他们插到我师前进道路上？这分明是仗势欺人嘛！

是啊，凭什么？董钊自己也有一本难念的经。整一师的王道作风他不是不知道，可是，胳膊终归拧不过大腿。

3月19日清晨，整一师强占整九十师在杨家畔村边的前进道路时，陈武师长就已经忍了一肚子气。当时，他听了下面的报告，肺都气炸了，立即派作战参谋带人去挡路，没想到牛气十足的整一师部队非但不致歉，还施行非礼。有个粗蛮团长竟揪住九十师作战参谋的领口破口大骂："老子奉胡长官命令攻占延安，你小子挡路也不看个时候！你九十师算个什么东西，要是贻误战机，拿你们师长脑袋去见胡长官！"

陈武浑身颤抖着给董钊学说这一段，气呼呼地说："要不是考虑军机重大，老子豁去脑袋也毙了这狗日的！"

董钊只好唉声叹气："陈师长，功，就不要争了，都是为党国出力，不在乎的，我心里有数。奖金嘛，你放心……"

陈武得到双份奖金才善罢甘休，而胡宗南为支拨这笔冤枉款项心情大坏。"一群蠢货！"那一天他不停地骂这句话，逮着谁就是谁，弄得身边人人自危，唯恐避之不及。

只有熊向晖例外。他很快将一份充分体现胡司令长官意图的战报拟出来了。这使胡宗南在一大堆不愉快之中略感慰藉。他满意地在上面勾着圈，并

小声展读："我军经七昼夜激战，英雄的一旅终于在19日晨占领延安。是役毙敌俘敌5万余人，缴获武器弹药无数，详细战果正在清查中。"

垂立一旁的薛敏泉副参谋长觉得这份战报拟得有点儿离谱，便小心提醒道："胡长官，写是这么写，可国防部和蒋总裁对延安共产党军队情况是清楚的，总兵力也不过2万多……"

胡宗南一听不高兴了："薛副参谋长，你怎么越来越没出息了，难道共产党军队就不会增援？再说，共匪边区还有大量民兵嘛……"他朝熊向晖会意地交换眼神，"把这些人都加起来，何止5万兵力！"说着，胡宗南提笔批上一个大大的"胡"字，一仰脖子，"照我的意思办，发！"

薛敏泉眼睛眨巴眨巴，自己找台阶下："抓紧点，别耽误了，啊！"好汉不吃眼前亏，他这么随嘴一吩咐，把胡宗南心头的阴影多少抹去一点儿。接着，薛敏泉连忙唯唯诺诺地退下去。可他心里犯嘀咕：你姓胡的也太虚了，什么民兵？把延安全城百姓加起来，又有几万？

熊向晖才不管你这些，"战绩报告"即刻照发。占领延安——这在国民党阵营里，是一件多么荣耀、多么重大的事情啊！

总统府接到战报一片欢腾。蒋介石软软地瘫在圈椅上，许久一言不发。攻略延安一战，虽说表面上平静，骨子里却耗尽他的心力。为能一举得手，但凡胡宗南提出的要求，他是无所不依，要银饷给银饷，要空军给空军，甚至连让陆军副总司令范汉杰充当蒋胡之间联络员这样的要求，他也照准不误。

3月19日整整一上午，蒋介石都在希望与焦虑的深渊中徘徊。先是空军报告，说胡军已进占延安，引诱得老蒋犹如秀才待榜，心中不知是个啥滋味。他不断打电话向在西安担负传令官的范汉杰询问：有什么重要虏获？中共首脑人物去向何在？有什么重要文件没有？范汉杰一次次被问得张口结舌，只好又去追问洛川"前进指挥所"的胡宗南。胡不吭不哈，他要留出一个悬数，形成足够的爆发力。直到最后战报拟出时，才轻描淡写地承认了这一事实，并说："战报已经给国防部发出去了。"

范汉杰见到胡宗南的战报，立刻看出其中名堂。"什么？俘敌5万余人？"陕北共产党军队全部加在一起尚不足5万人，即便都让你胡宗南活捉了，也不至于5万之后还要来个"余"数啊！范汉杰在胡宗南手下混过多年，深知胡的秉性，不但死要名声，而且死要面子。直接找胡核实，那是万万不可的事。他只能私下找裴昌会。

裴昌会岂能不知其中缘由？但他也是无能为力的，于是，就竭力回避这一话题。无奈范汉杰紧追不舍，一定要给他戴上这顶帽子，搞得他无可奈何，只得摊牌。他说："战报发出后，已经由盛参谋长转报国防部。这是根据，你就不必再问了吧。"既然木已成舟，范汉杰还能不知趣吗？干脆，就此打住。

记者们管不了那么多，听到风就是雨，文章越做越不沾边。本来，胡宗南在19日下午5时给国民党中央社的电讯稿，已重新精心计算了一番，把调门控制了一下，措辞改成："据初步统计，共产党军队伤亡约10000余，投诚2000余。国军乃于本日上午10时，完全占领延安，刻正抚缉流亡中。"没想到第二天的《中央日报》头版头条刊出时，那些惯于"发馒头"的吹鼓手们竟给这条电讯加上一个"国军收复延安，生俘共产党军队一万余人"的大标题。这一来，将"伤亡"与"投诚"全都变成"生俘"，"气魄"和"勇略"是有了，胡宗南的麻烦也接踵而至。全国各大城市大报小报和一些国际新闻机构的记者，蜂拥了过来，必须打破砂锅问到底，而且要用镁光灯与摄影镜头来证实一切。

树欲静而风不止，胡宗南这一出戏无论如何得演下去。好在他谙熟此道，轻车熟路。没费太多周折，就布置好一个偌大的舞台。

胡宗南的第一件事，是下令清查仓库，把一些半旧不新的枪械全部翻出来，一捆一捆整理好，统统送到"战绩展览中心"展览，供记者们照相；第二件事是将原来强迫编组的一些还乡团、地方团队和从陕南关中动员过来的运转部，以及一些莫名其妙抓来的民夫，全都伪装成共产党军队俘虏；第三件事让董钊派部队到延安东郊荒山上，"创造性"地伪造出大片坟堆，充当被击毙的共产党军队坟墓……

这在胡宗南也是"不得已而为之"，心中并不踏实。

确定攻略延安时，胡曾预设了三种可能：第一种"最好的结果"，是"捣毁"与"活捉"，"将中共高层人物一网打尽，以绝后患"；第二种"次佳结果"，是中共首脑侥幸逃脱，然而却能于延安附近"聚歼"陕北共产党军队主力；第三种"最坏的结果"，是消灭共产党军队相当力量，捕获相当数量的俘虏，缴获一批武器弹药、军需物资和机密文档。然而，现实情况太出乎预料！延安坚壁清野，使胡宗南"狗咬尿泡"空欢喜一场。面对蒋介石一日三问，他只好拼命让部队搜肠刮肚，然后捏造什么"机要文书""绝密档案"之类，并罗列长长的清单，上报到国防部，一个劲鼓吹这些东西如何如何具有"重要价值"。

延安可遭了殃啦！那些失去约束的国民党官兵初进这座大名鼎鼎的红色首都时，谁不想抱个金娃娃？可一进城，看到不论机关、店铺或是居民住户，所有门上都挂着一把大锁，锁上贴着封条，写着"不许乱动家具""我们还要回来"。有的整面大墙壁上也用石灰水刷着巨幅标语。"战绩"在哪里？"金娃娃"又在哪里？他们开始大撒其野，烧、砸、抢、掠，不知道如何发泄才好。当年《晋察冀日报》有一篇题为《民主圣地延安变成人间地狱》的报道，记录了一点儿皮毛："……凡是延市群众均要到‘检查站’检查，该站设在北门外，原地区联防司令部旧址。经过检查认为无问题者，始能至蒋记市政府登记，领取良民证认为合法公民，但仍不能自由行动，白天替胡军运输担水及其他差役，晚间则集中居住，男人一律住在南门外南关，女人一律住在北门外大砭沟，并抽出一部分群众强迫进行侦察训练，组织便衣队，凡是认为不妥分子，大批送西安。胡军纪律败坏已极，群众呼为‘败军’。延市北门外大砭沟至联防司令部一带民房全部拆毁，用木料去作工事，土墙推倒，锅碗等掷于路旁或山下。延安县南二区二乡一个村的统计，被胡军抢去的牛驴60余头，羊100余只，猪、鸡不计其数。胡军经过，不论柴草门窗，见着即烧火，许多村庄房屋成空窑。胡军奸淫之风极盛，延安总部旧址王家坪一带妇女大部被奸，北门外何庄坪卞某之妻被八个胡军轮奸。胡军还自称‘不过火’，一个刚生孩子三天的产妇，因拒绝强奸被捆在树上冻死……”

这就是蒋介石希望日后记者们领略的“中央实为其解放之救星”。它当然不会妨碍胡宗南获得二等大绶云麾勋章，更不会妨碍他领受蒋介石重重叠叠的其他嘉勉。其实，在蒋介石心中，就算胡宗南攻占了一座空城，也是“空前大捷”，值得庆幸。因为失去延安，共产党军队“首脑部就无所寄托，只能随处流窜，即使他们还有广播宣传，但是任何人都不能和他发生联系，为此就绝对不能建立中心力量了”。这还在其次，最主要的是“雪我十余年来的积愤”“为党为国雪二十年之耻辱”。

老蒋这一态度，令胡宗南本人也暗暗吃惊。短短两天时间，让胡宗南领悟了很多东西。他开始坦然地迎着鲜花与掌声，一任自己陶醉过去，舒舒服服地觉得自己仿佛真的成了英雄。

寂寞“英雄”胡长官上当，“鞭打慢牛”张营长立功

胡宗南依然和熊向晖一起，穿着普通士兵灰棉军服。因为进占延安的成功，举国上下沸沸扬扬，他必须敛着心情去处理一切。这是他给自己定下的原则：大家都笑时，他必须不笑；大家都说时，他必须不说。他现在唯一的愿望，是亲临延安。外界愿意怎么说由它说去，“视察”也好，“显摆”也罢，胡宗南全不在乎。他要做的是，亲眼看一看延安这座大红大紫了十年之久的“赤都”，究竟有什么与众不同的气脉。

这是延安被占之后的第五天，天气晴好，穿透春寒的阳光，让胡宗南的显赫更加辉煌艳目。北驶的吉普车从洛川出发，近午时分抵达延安。他依然是“青衣小帽”，随员只有熊向晖和一名卫士，庞大的指挥机构已经交由裴昌会先期搬过来了。他自己永远像件珍宝，总是在一切收拾妥帖时，最后摆放进去。

胡宗南被安排在原“边区交际处”。那是延安最好的房子，自然非他莫属。但是，胡宗南却坚决不同意。他的生活原则是安全而不是“享受”。从这个意义上讲，“交际处”就显得过于招摇，不够隐蔽。胡宗南别出心裁地选择了陕甘宁边区银行旧址。在他心目中，共产党存放钞票的地方，也许是理想居所。最起码，将来可以躲过那些绿头苍蝇般的记者没完没了的纠缠。

延安记者成灾，完全是由胡宗南“烧香惹鬼”引来的。这一点，他只好掌自己的嘴巴。短短一个礼拜，除了国民党中央社连篇累牍发表文章向全世界报捷外，其国防部新闻局还专门编印了一本题为《收复延安》的小册子。书中不仅大言不惭地进一步重申“共产党军队被俘及投诚者达5万余名”，还把“战绩”更加具体化，煞有介事地写道：“共产党军队三五八旅、三五九旅及教导二旅已如数全歼……”面对如此强刺激的战地新闻，那些无风都要兴起三尺巨浪的记者，怎肯就此善罢甘休?

然而，眼前的延安，还称得上“安静”。对于那些梦寐以求的记者来说，它还是一块未被开垦的处女地。这正合胡宗南意。他要在大批参观团到来之前，以占领者姿态尽情领略这座红色首府别样风光。他决定展开“个人考察”，觉得这是自己至高无上的权力，也是自己义不容辞的责任。当然，其中是否还有某种好奇心驱使，谁也搞不清楚。

正好第二天是个晴暖天气，无风，阳光中透着阵阵早春的和煦。胡宗南特地关照熊向晖，找来一个能说会道的先遣人员当向导，开始他历史性“视察”。首先，他从中共首脑曾经居住过的王家坪、杨家岭、枣园等地一一“视察”过来，决不落下一孔窑洞。特别是毛泽东在枣园住过的那孔窑洞，看得尤为仔细。

这是一孔有着普通门脸的土窑，白底红格，显出陕北民风的淳朴与厚重。胡宗南走到门前，不禁犹豫起来。一推门，果然有股非同寻常的气息扑面而来。他怔了怔，还是大步跨进去。窑洞里除一张抽屉桌和土炕之外，别无他物。炕上、桌上和地面、墙壁全都打扫得干干净净。

胡宗南倒背双手，沿着墙脚线踱了一圈，又抬头望望拱顶，便信步走到木桌旁边。他盯着木桌看了很久，想象毛泽东伏案时的情形，忍不住伸手在桌面上轻轻抚了抚，接着，拉开中间的抽屉。这时，他惊讶地发现，空空的抽屉里竟留着一张折叠起来的白纸。他急忙打开一看，上书两行浓墨狂草。

胡宗南当然一眼就认出是毛泽东的手迹，便轻轻读出声来：“胡宗南到延安，势成骑虎。进又不能进，退又不能退。奈何？奈何！”显然，这是毛泽东特意为他留下的。读完之后，胡愣了片刻，忽然爆发出一阵哈哈大笑。

这是熊向晖最后一次听到胡宗南的笑声。

胡宗南大笑是有讲究的：要么合乎他的心意，要么戳痛他的心病。毛泽东留言当属后者。这一夜，胡宗南做梦都是那两行留言。他没有想到延安夜天那么长，梦醒之后怎么也不能入睡。

自从进占延安起，共产党军队主力再无动静，仿佛突然间销声匿迹。一天一天过去，所有线索都断了，难道共产党军队长了翅膀不成？没有对手的寂寞让胡宗南简直度日如年！蒋介石的话几乎每天都是固定话题：寻找共产党军队主力决战！可是……胡宗南回想洛川会议以来一系列攻击行动，总觉得有双眼睛在暗中盯着自己的手脚，国军一举一动共产党军队了如指掌，而共产党军队的行踪诡秘使国军始终盲牛瞎马。

这种被动局面必须改变！他恨恨地想着，随即将视线慢慢转移到西安。早在戴笠还没有摔死时，就曾多次提醒过他，要注意“灯下黑”，并说西安城里共产党地下活动猖獗之至！难道漏洞会出在那里？

陕北的深夜，实在太平静了！像这样鱼不动虾不跳地耗下去，何时才能解决陕北共产党军队？胡宗南决定采取一些主动措施，把共产党军队吸引出来。他想起“兵不厌诈”的古训，既然西安城内肯定有共产党军队的情报人员，为什么不将计就计顺水推舟呢？胡宗南猛地想出一条得意的妙计，他要在潜伏西安的“共产党军队情报人员”身上玩点把戏。

第二天一早，胡宗南立刻给留守西安的参谋长盛文打电话，要他组织汽车把马思恭的伞兵总队，一车一车大张旗鼓往飞机场送，而天黑时又暗暗把这些人运回城里，如此反复再三。同时，飞机在前方用降落伞大批投放木头人，这样大的“秘密行动”，共产党军队主力难道还会无动于衷？然而，事实很快给出回答：胡宗南的异想天开毫无结果。

正当胡宗南绞尽脑汁竭力寻找解放军主力而四处浪费表情的时候，彭德怀也在竭力寻找“机会”。他将自己的全部策略都寄托在“应变”这两个字上。只要国民党军队运动起来，他相信就有大把大把战机来到自己的指挥棒下。当务之急，他要让胡宗南激动起来。只要胡一激动，欲罢不能，彭德怀就有办法。还在胡军进占延安的当天，他就把独一旅旅长王尚荣叫去，郑重交给王一个任务——给胡宗南当“导游”。几天下来，效果不甚明显。彭德怀叮嘱王尚荣：“你们得加点劲啰，莫叫胡宗南干着急呀，叫二团二营狠狠敲一下，打痛他嘛！”

独一旅二团二营在这场开台戏中，担负了一项特殊任务，按彭德怀的说法是“牵牛鼻子”。为了“牵”住这个“牛鼻子”，二营真是狠动了脑筋。一个营的兵力，要让敌人误以为是主力，而且要把胡宗南这么一头大“牛”牵到安塞以北去，不容易！照传统做法，首先得发扬民主，各连战士由班、排组织讨论的同时，营连干部也聚在一起开“诸葛亮会”，焦点就是：胡宗南的“牛鼻子”究竟在哪里？

五连连长房福海是个肯动脑筋的北方汉子。他坐在一旁吧嗒吧嗒抽了半天旱烟，慢悠悠地起身说：“我看，没有别的，胡宗南的‘牛鼻子’就是他胡翘尾巴。他那么骄傲那么狂，见天就想找咱主力决战，心急火燎的，咱就揪他这个弱点，不愁他不上套！”

怎么揪呢？你一言我一语，还是房福海主意多：“咋揪？就他的胃口下小菜呗！他得意忘形，咱就装熊逃跑呗，咱一路上故意丢些破草鞋烂袜子，他瞧咱那个熊样，还不可劲儿追呀！等他劲头上来了，咱就瞅准机会给他来个‘顺手牵羊’！”

“好嘛！”营长张济堂笑着作总结，“要是他敢不好好走，我们就使劲揍他几下，这就叫‘鞭打慢牛’，是三十六计之外……第三十七计！”

大家都哈哈直乐。张营长接着说：“我们把部队放到延、塞大道以东的山上，沟里坡上钻进钻出的，敌人也闹不清我们到底有多少人，谅他不敢轻举妄动，不得不老老实实跟着我们走！”

情况果如张济堂营长所料。胡宗南在延安接到空军报告，说发现延安去往安塞的公路及其两侧，有股共产党军队正在匆忙撤退。

很快，地面侦察人员也证实共产党军队营地一片狼藉，破旧被装等大小零碎丢了一地，灶坑里还有余火。从灶坑判断，至少有一个旅的兵力，而且离开时间不久……胡宗南真是欣喜若狂！但转念一想，又给自己头脑降点温。空军和侦察队过去一惊一乍的先例太多，好几回都让他一场欢喜一场空。这一次，他希望把事情办得稳一点。

胡宗南思忖片刻，拿起电话要整编第一军董钊。几天来整一军一直在延安城的西北方向集结待命；整二十九军在延安东南一带沿公路线构筑据点工事，以保障补给线的安全。此外，就是地面和空中侦察活动。

胡宗南想，既然共产党军队一个旅的兵力撤往安塞，就不可能不和整编第一军部队发生接触，为什么没有得到董钊的报告呢？

整一军当天夜里刚被独二旅二团二营袭击过一次，死伤近百人，一个团长被打成重伤。觉得这个闷葫芦亏吃得实在有点儿窝囊，明知其中蹊跷甚大，也捏着鼻子不吭气。经胡宗南这么一问，狐狸尾巴藏不住了，董钊就打个马虎眼说：“什么一个旅的兵力，不过小股流窜共产党军队而已，不堪一击，打了一下以后就向安塞方向逃脱了……”

董钊抱定“不求有功，但求无过”的宗旨，尽量大事化小、小事化了，而胡宗南听到这话茅塞顿开。他不但没有丝毫怪罪，反而褒扬了几句，然后，撂下电话急忙找裴昌会和薛敏泉研究下步作战方案。依据空中和地面情报，胡宗南大胆推测：“延安周围——起码方圆40里没有敌情，共匪显然是被我强大的进攻声势吓退了！”

裴昌会忧心忡忡：“我怎么就觉得事情有点儿怪，国军攻占延安那天上午，共产党军队还在延安，怎么突然之间连个影子也找不到了呢？空军和地面侦察的情报不可小觑……”

薛敏泉永远是那么无所适从的样子，但总有他的一番主见。他说：“常言道‘兵不厌诈’……”下面的话犹豫了一下，还是一吐为快，“胡长官不也是采用伪装空投的计谋欺敌吗？难道共产党军队就不会……”见胡宗南脸色不对劲，赶紧打住，来个王顾左右而言他，“延安这鬼地方……”

其实，胡宗南心里早已有底：既然共产党军队主力不在40里以内，部队守在延安按兵不动能有什么作为？莫如伸出一个拳头朝安塞方向出击一下，看他共产党军队主力如何藏得住！他一向是心到令到，当晚就把董钊大营推上了路。

彭德怀精心谋划的一篇绝妙文章终于可以笔走龙蛇，把独一旅二团二营干部战士们高兴坏了。他们耐着性子在延安至安塞的大路边埋伏了几十个小时，大家都有点儿坚持不住了！有战士说：“这又不是打黄鼠狼，胡宗南能听咱的？”

又一个锥心刺骨的寒夜过去了，太阳升起一丈高，忽然，二营面前大路上，出现敌人大队人马。这些家伙显然是吃了一夜苦头，个个疲惫不堪，行军队伍行不成行、列不成列。但其队形还是颇有讲究的，除了大路上慢腾腾的主队，两山坡上还行进着掩护分队。主队与分队之间，间隔很大，士兵们像是没睡醒似的无精打采，而军官却强打着精神吆三喝四。

张济堂营长指挥全营作好隐蔽，自己则前出到距敌不出百米的一个小山包上，隐身在一个小土坑里，静静地看着敌人从面前过去。等敌人“亮相”得差不多了，张济堂突然举枪撂倒几个落伍的敌兵。

枪声一响，敌人立即派出警戒，伏在路旁朝山上胡乱射击，而大队人马则明显加快了步伐。这时，二营副营长王振斌趁敌慌乱之机，带着几个战士一口气冲到山下，眼疾手快从行进间隙抓住几个掉队的俘虏。

这个突如其来的举动，让敌人行进纵队更为紧张起来，许多纵队开始跑步。“鞭打慢牛”的目的达到了，乐得张济堂合不拢嘴，说：“险是险了点，可是，舍不得孩子套不住狼啊！我们二营冒这个险，值得！”

前后不过十来分钟，可帮了胡宗南的大忙。他听到董钊报告“敌情”后，大彻大悟地对裴昌会和薛敏泉说：“还有什么犹豫的？共产党军队主力去了安塞方向，千真万确嘛！”

裴、薛面对现实又解释不清，只有连声诺诺地附和。

胡宗南当即放心大胆口授他的第二号作战命令：“董之一军继续向安塞方向搜索前进，赶‘狼’出洞。”他踱步想了想，“当然了，如果没有敌情，即返回延安。”这句话是说给裴昌会和薛敏泉听的，表示他胡宗南并非武断自重，在决策中也考虑到了他们二人的意见。他继续沿着自己的思路往下说：“三十一旅李纪云部经姚店子到青化砭，掩护刘戡部……”

当这份致命的电报被彭德怀截获并破译出来时，董钊五个旅的“精锐之师”已倾巢出动踏上延、塞公路。这时，当地群众和侦察分队也陆续报告：前伸到延安东北方向拐峁村的敌李纪云三十一旅部队，正在四处打听去往青化砭的路程，并大量准备干粮……彭德怀的决心形成了。

胡宗南企图以三十一旅掩护其主力侧翼安全，显然，他是不可能料想到三十一旅自身还有什么“安全”问题。这是个多么难得的战机！彭德怀的红蓝铅笔在“青化砭”重重一敲：“好好掌握敌三十一旅的行动，一定要把这家伙吃掉！”

青化砭的“口袋”不钻也得钻，延塞路的风光不游也得游

青化砭离延安只有25公里远，坐落在一条40多里长的蟠龙川中。咸榆公路沿着深川由南向北通过此地，路两旁是连绵起伏的山峦。到现场看完地形，彭德怀就蹲在山坡上给张宗逊、王震等人交代任务。他决心“以伏击或乘敌立足未稳彻底歼灭之”，并已向中央军委作了报告。

蟠龙川东北走向，彭德怀要依着山形给李纪云的整三十一旅准备一个“口袋阵”，要求张宗逊第一纵队迅速赶到靠近青化砭的咸榆公路以西埋伏；王震第二纵队和教导旅埋伏在公路以东；新四旅则由青化砭以北回身向南，正面迎击敌人。彭德怀说：“这是我们撤离延安后的第一仗，胜败对陕北战局的影响非同寻常。主席给了我们八个字：‘慎重初战，打则必胜！’我看，这一仗打不打得赢，关键在两个方面：一是要注意隐蔽，严格封锁消息，做到绝对保密，千万不要让敌人察觉到我军已经设伏；二是当敌人进了口袋后，要不顾一切杀向敌人，行动要快、动作要猛，干净利索地将敌人歼灭在沟槽子的公路上！”

3月23日深夜，一纵部队遵照彭德怀的指示，沿着延安至安塞公路走着走着，突然折向东北方向，静悄悄地进入青化砭咸榆公路西侧预伏阵地，一趴下来即同路东早已埋伏好的二纵和教导旅取得联系。然后，根据任务情况，更加周密地调整了一下兵力部署。

张宗逊和廖汉生商定，由三五八旅设伏，独一旅为预备队，同时对安塞和延安方向担任警戒。其时正是黎明之前，天黑得对面不见人脸，部队分秒必争按照划分地域带开，选好伏击阵地，静静地埋伏下来。

天一亮，胡宗南的飞机照例一批又一批从空中飞过来，而且飞得很低，速度也很慢。部队就在积雪未清的山坡上一动不动地趴着，整整一天，寒风刺骨，战士们个个冻得像冰棍似的。为了隐蔽，大家把白布单披在身上，有的在身上插点树枝。总之，根据周围地形，各显身手，设置了多种多样的伪装。

点火做饭当然是绝对禁止的了，干部、战士渴了、饿了，只能喝凉水、啃干粮。有的同志干脆把身边积雪一把一把往嘴里塞。大家就这样一分一秒挨到日落西山，连敌三十一旅的影子也没见着。

黄昏来临了，侦察员的敌情报告是：前方公路几十里地，仍未发现敌人的踪影。天寒地冻的天气，在山头上过夜是要冻坏人的。部队只好撤下山，悄悄回到集结地宿营。路上，指战员们议论纷纷。有的老兵见王震笑着走过来，便问："王胡子，是不是有人走漏了风声？怎么守了一天不见动静？"又有人说："咱们咋就相信敌人的情报？敌人说来就来了，又不听咱指挥。"

王震先是笑，跟大家一块儿走在队列里，嘱咐这个别把鼻子冻掉了，嘱咐那个绑腿要打紧一点儿。后来议论越来越多，他就正色给大家解释起来。他说："彭老总从来料敌如神，什么时候差错过？百团大战那次，多少部队在他手上指挥，条是条理是理，小鬼子给他调得滴溜溜转，该打眼睛就不打鼻子。同志们尽管放心，李纪云今天不来明天也会来，明天不来后天也会来。总之，听彭总的不会错。晚上都给我睡得香一点儿，养足精神到时多抓几个俘虏！"

部队到宿营地，王震又特意给各旅打了个招呼，要求睡觉之前，以连为单位作一次讲评，稳定部队情绪。而他自己则拿起电话要通了彭德怀。还没等他说话，彭德怀劈面来了一句："有么子事啊，晾了一整天，没见着敌人是不是啊？"

王震呵呵笑："同志们的情绪也是可以理解的，我做了一些解释工作。"

彭德怀说："可不许麻痹大意呀王震，一定要有耐心，要相信群众，这里是老革命根据地，群众基础好，他们会守口如瓶的，至于敌人为什么没来，目前还没有可靠情报，会不会是补充给养耽误了一天呀？"

王震说这种可能性是有的，不过很小。

彭德怀顿了顿，说："不对，可能性很大！胡宗南虽是个草包，但保障主力侧翼安全第一这点常识他不会不懂。若不然，还能捞个陆军上将当当？他的主力由延安北上安塞，侧翼安全的保障线路，唯有一条咸榆公路嘛！一去个把礼拜，后边补给很困难，他当然要在出发前补足。我看，敌人第一天不来，第二天一定得来……就算伏击不成功，当作一次预演也是好的嘛！"

彭德怀和王震通完电话，就与习仲勋联名向毛泽东和中央军委报告："敌三十一旅24日到拐峁，停止前进，疑为待补粮食，我明日仍按计划部署待伏……"之后，他没法入睡，又主动与一纵联系。

黄新廷和余秋里正凑在一块儿"聊聊情况"，接到彭总的电话，一口气就把想法全掏出来。部队刚撤下山时，黄、余二人分头跟各团主官扯了扯，所反映的情况是共同的：担心敌人不上钩，部队白挨冻，时间长了影响战斗情绪。这是大兵团作战，跟过去敌后游击战很不相同。小股部队的游击战，旅一级指挥机关要做的事，件件都是具体而详细的，对敌情的侦察、分析、判断，主意都是自己拿。可现在情况不一样了，强调一切行动听指挥，总体协调……黄新廷和余秋里心头有点儿不大对劲，总觉得这个仗没有过去说打就打、驳壳枪一挥来得过瘾。

跟彭德怀通了一次话，黄、余心里似乎踏实许多。余秋里说："干脆，开个营、团干部会，把大家疙瘩解一解、思想通一通。"黄新廷很赞同，并提议两人先到部队转了再说。

就在三五八旅这两位主官张罗给部队通思想、解疙瘩的时候，国民党整一军军长董钊摸黑到了安塞。他在小街的石路上，不停地踱着方步，心绪乱糟糟的理不清楚。洋洋洒洒五个旅追在独一旅二团二营后面屁颠屁颠跑了一天，安塞是到了，可"共产党军队主力"眨眼之间化为乌有，这怎能不令他心烦意乱？

安塞是宁静的，老百姓出入有序，没有一点儿接触过部队的痕迹。连续抓了几个人来审问，都说没有见到解放军队伍来过。最后，那个满脸络腮胡子的警卫营长绑来一个老汉，是个羊倌，声称见过解放军。董钊饶有兴趣地走到老汉身边，竭力做出"化敌对为友善"的表情，问道："老人家，向您打听点儿事……"

老汉说："是收购羊皮吗？"

董钊哭笑不得，转而改口："老人家，你告诉我，是共产党好还是国民党好？"

老人脱口而出："都好，就是老百姓不好！"

一脸蛮横的警卫营长嫌这句话回答得不中听，伸手就给老汉一个耳光。

老汉趔趄一下，重新站稳了，脸上麻木地望着董钊，好半天，说："共产党可没这样扇过我……"

董钊朝那个警卫营长瞪了一眼，连连挥手："拉走拉走拉走！"

一脸木讷的老羊倌就这样被拉走了。董钊原地踱了几个来回，忽然醒悟似的自言自语道："共产党军队这一招厉害呀！我看……李纪云旅长凶多吉少……快，队伍火速由来路返回延安！"

李纪云也不算是糊涂虫，岂有大祸临头浑然不觉的道理？青化砭的险情，这天一大早就让李隐约感受到了。那时旅的侦察分队再三向他报告，说青化砭附近发现了不少共产党军队。当时李纪云就汗毛孔直竖。整三十一旅孤军前出，而青化砭这地方，一看便知险象丛生，如果碰上有准备的伏击，后果不堪设想！李纪云把这一想法电告给绥署"前进指挥所"，声称"势单力孤，恐有不测"。

胡宗南一听就不高兴：青化砭就在延安鼻子底下，咫尺距离，共产党军队难道敢冒如此风险吗？再说，空军和地面侦察已多次证实，都说延安周围没有敌情，青化砭怎么会蹦出一个险情来？莫非李纪云……胡宗南当即复电斥责李纪云："贪生怕死，畏缩不前，岂是军人气魄！了了土共何足挂齿？绝对要按规定北进，迅速占领青化砭，否则，军法论处！"

李纪云傻了，一路上心头悬着一颗地雷。唯一能做到的，就是不断给董钊发报，申述隐衷。

董钊下令返回延安。上了延塞公路，他越跑越生气。想起胡宗南的狂妄自大，他的怒火直往胸口涌。这回好了，我董钊带着五个旅大游行，弄得满脸黄土、一身疲劳，还得给后人留下笑柄。想着想着，董钊放慢了脚步。算啦，一不做二不休，既然是"游行"，就慢慢来吧！部队随之放慢了速度。董钊自我安慰地对左右参谋们说："该发生的早就发生了，靠咱们着急赶也没用！"

终于回到了延安，董钊立马赶去见胡宗南。见胡一脸晦气坐在窑里生闷气，董钊知他心情很糟糕，便递上一支"美女牌"香烟。董钊一肚子牢骚，半句也不敢发了。

出窑洞转了几个圈，董钊憋得难受。出于对党国的忠诚，他决定还是把想说的话说出来。于是，董钊做了两个深呼吸，踱到胡宗南身边，用只有胡宗南一个人能听到的声音，尽量平静地说："我有一种预感……"

刚说这一句，胡宗南立刻举起手，把后边的话制止下去。

其实，早在董钊于安塞电告"没有发现共产党军队主力"时，所谓"预感"就已在胡宗南心中十分清晰，还需要你董钊到现在来"提醒"吗？理解到这一层，董钊不由得又对胡宗南生出一份敬畏之心。这种感觉使他受到鼓舞。他决心知无不言、言无不尽，你不让说我也得说。董钊清了清嗓门，一反私人交谈的语气，而用纯粹的官腔郑重说道："胡长官，以我之见，应该火速增兵青化砭……"

话音未落，电话铃响了。胡宗南本能地激灵一下，但没有动。铃声连续不断响，很执著。董钊走过去操起电话："我是董钊，说话！"

电话是二十七师师长王应尊打来的，本是直接禀报胡宗南，没想到接电话的却是董钊，大概因为情况严重，王应尊也顾不上尴尬了："军座，我……有急事报告……"

董钊一听对方慌乱地打着哆嗦，气就不打一处来："慌什么！天又没塌下来！"当着胡宗南的面大声地训斥部属，实际上也是宣泄自己内心的情绪。哪知道这番训斥并没有使王应尊镇定下来，他反而哆嗦得更厉害了："军座，刚才三十一旅李纪云的电台，在青化砭以南发出呼救，几分钟后就……没声音了！"

王应尊声嘶力竭的叫嚷，在话筒里哇哇直炸，引得旁边的薛敏泉和几个参谋全都伸长了脖子。胡宗南脸色大变，烦躁地对董钊喊：“叫他讲清楚点，到底出了什么事？”

董钊只好耐心重复一遍：“你慢慢说，清楚点，到底……”

那边王应尊缓了口气，但依然激愤万分：“三十一旅……军座，刘戡兵团见死不救，李纪云才求告于我，希军座明察，转告胡先生，对那些见死不救的党国逆贼，务必严加制裁！”

情况已经大白，在场的人面面相觑，不知说什么才好。谁都知道刘戡与胡宗南是什么关系，怎么参言呢？安静了好一会儿，薛敏泉只好诘问董钊：“谁叫三十一旅跑到青化砭去的？嗯，是谁的命令？！”

这话像刀子一样捅到胡宗南的心窝。作战命令是他胡宗南下的，内容是叫三十一旅从拐峁镇远出进行威力侦察后“相机前进”，怎能想到这个李纪云一“前进”便钻进了共产党军队的包围圈！胡宗南对此一直很担心，然而最担心的事却偏偏发生了。现在薛敏泉这么一问，让他心中气愤之极，说不清是对薛敏泉的“故意找碴儿”，还是对李纪云的“不善机变”，抑或是对董钊的“明从暗抗”，总之，他高声打断了薛敏泉，说：“还追究这些干什么！一个旅的兵力，不是儿戏，赶快想办法救援要紧。整一军主力今天行军不远，即刻向拐峁镇以北机动吧！”

董钊连午饭都没顾上吃，立刻集合部队向北进发。胡宗南又急令刘戡，命位于拐峁镇的整三十六师和位于延东的整七十六师作好战斗准备，保持机动状态，随时策应整一军主力作战。但是，所有这一切努力，都已经晚了。胡宗南一条腿被拖进深深的泥潭……

李纪云束手就擒，青化砭初战告捷

3月25日上午11点钟左右，青化砭打成一锅粥。

一切都在彭德怀的预想之中。他是个有十分把握还得加三分保险的指挥员。当初他对部队讲“敌人第一天不来，第二天一定得来……”时，事实上大批便衣侦察已沿着咸榆公路侦察到延安东关机场附近，李纪云三十一旅的一举一动，都在他的掌握之中。当然还有遍地都是眼睛的老百姓。

青化砭一仗后，彭德怀体会很深地说：“边区群众对敌人真是守口如瓶。青化砭这一仗，要不是在陕北，是很难打的。”

彭德怀整个西北战场的大思路中，民众条件占据首要地位，其次是地形条件。他就是要靠这两点把胡宗南拖垮，然后找机会一口一口地吃掉。这是早在延安请命时，就烂熟于心的整体构想。现在，彭德怀要从第一步扎扎实实地做起。在下定决心之前，他就把这次战斗前前后后想得很细。

第一天设伏落空后，彭德怀亲自给各纵打电话时，其实就有情报告知李纪云已经出发。李的九十一团当晚进至延安东北约30里的地方安营扎寨，担任延安东北方向的警戒。其旅部带着九十二团上了公路，向北前进的意图十分明显。但彭德怀还是跟部队说“第一天不来，第二天一定会来”这句笼统的话。

第二天拂晓，参加设伏的各纵、各旅部队，早早起床开饭，趁天还没亮，又回到伏击点，悄悄趴下来。

彭德怀对伏击要求非常严，伏击位置必须是敌人搜索不到又能迅速出击的地点，所有火器配置、冲击道路、出击时机、协同动作等，都是经过充分发扬民主才确定下来的。尤其是隐蔽，干部战士想出的主意不下百种。进入伏击区，绝对禁止行走往来。部队多带干粮，水壶统统装满水，焐在身下以防结冰，吃饭问题全靠就地解决，不准向阵地送饭送水。看地形和部队进出留下的脚印，一律用树枝抹掉。观察位置更是讲究，尽量选择陡坎向下挖洞，再从洞壁上穿通瞭望。总之，树枝、干蒿和白布单，所有就便器材全都用上了。功夫做到这一步，设伏阵地几乎完全不留痕迹，胡宗南空军和地面侦察都成了瞎子，也就在情理之中了。

李纪云的直觉已不管用。自从挨了胡宗南那顿近乎羞辱的电斥，他已痛定忍痛，抱着认命的态度，一槌子买卖地往下走。早上6点多钟光景，李亲自带着旅部直属队及九十二团，战战兢兢沿着咸榆公路北进。为保证安全，他在公路两侧山上分别派出一个连和一个排，向前搜索。

晌午时分，这支心事重重的队伍，终于进入设伏部队的视线。

三五八旅旅长黄新廷抬头看看天，花花日头快到头顶，便跟政委余秋里商量，让部队抓紧吃午饭。他们自己也掏出黑豆面，就着凉水吃。这时，侦察员兴冲冲地赶来报告：“敌人来了，就在我们后面，马上就到！”

“部队作好战斗准备！”黄新廷朝作战参谋下达命令。

说话的工夫，敌三十一旅前卫部队就到了大家眼皮底下。所有人都屏住呼吸，盯着山脚下那群缓缓前行的国民党部队。看样子，他们心虚极了，一边走一边东张西望，枪都是端在手上的，刺刀全打开了，神情极为紧张。

苦等了这么长时间，终于见到鱼咬钩，谁的心不是提到嗓子眼上啊！

敌人成连成营一队一队走过去……突然，青化砭方向枪声大作。不用说，是李纪云的前卫部队和负责“兜底”的独四旅交上了火。此时，敌三十一旅两个团的本队已进入石棉草沟，后卫也通过了房家坪。

尽管李纪云早有精神准备，但枪声还是让他浑身一震。这天从清早开始，他的眼皮就跳个不停。进入青化砭附近，四面山上安静得出奇，经验告诉他，这不是好兆头！果然，枪声就响了。他周身透出一股凉气，惊出的汗水也淋淋地湿透衬衫。胡思乱想已来不及，天空升起三颗红色信号弹……

部队一紧张，顿时乱作一团，李纪云完全不能控制。他想到的第一件事是立即发报，向距青化砭最近的刘戡求救。

可是，刘戡是千呼万唤不出来，显然，这块老牌子根本不买李纪云的账。

李纪云更加慌了手脚，只好把频道急调延安……这时四面山头已杀声一片，解放军犹如神兵天降，红旗舞处，飞流直下，耳边的子弹嗖嗖叫个不停。

按照预定方案，新四旅率先向李纪云先头部队猛烈攻击，李部寸步难行。而独四旅立即向敌人尾部出击，一下切断李部退路。与此同时，教导旅和三五八旅及二纵部队前后左右以排山倒海之势，沿着山坡扑向公路上的敌人，顷刻之间，李纪云的三十一旅被切成数段，没有招架还手之力。有小股的人盲目争夺路边制高点，但无济于事。双方已混战一处，短兵相接，彼此火器都成了“哑巴”，唯一有发言权的，只有刺刀。

三五八旅八团四连担负攻击李纪云的旅指挥部任务。冲锋号一响，全连一鼓作气直奔车马最多的一坨李部。已在该连当二排长的尹玉芬，带领全排战士一马当先冲在最前面，几处敌兵挡路，都被他们“刺刀见红”解决了问题。这时候，李部所有官兵全被压在不足7公里长、200多米宽的川沟里。尹玉芬和战友们左冲右杀，赶到敌旅指挥部跟前时，个个满身血迹，有人连刺刀都别弯了！

李纪云的所谓“旅指挥所”，早已名存实亡。因为沟底狭窄，除一条公路，几乎就没有回旋余地。解放军冲锋号一响，李纪云就指挥不动人了，那些参谋和警卫，一看共产党军队四面拥下来，自己的队伍前后大乱，哪里还有心思抗拒，各自抱着脑袋逃命要紧，真是“兵败山倒”，谁也没有回天之力。

李纪云和副旅长周贵昌、旅参谋长熊宗继等几个人，像木头一样立在路旁，既不奔逃，也没有指挥动作，只是无可奈何地摇头叹气，眼睁睁领教这落花流水的光景。在他们身后，紧靠山脚冷冷地摆着那台收发报机。呼救已经无望，连报务员也不知去向了！

李纪云小声念着：“完了！全完了！”心里渐渐浮出杀身成仁的侥幸。他将手静静地伸向衣兜，那里有支备用的八音手枪。就在此刻，一队共产党军队朝自己冲杀过来。只见那些战士浑身是血，一刺刀一刺刀地捅进他的卫兵的胸膛。声声号叫，血溅到他们的脸上……李纪云还从没这么近距离看到过刀飞血溅的肉搏，不知为什么，他掏枪的手无端颤抖起来，怎么也握不紧。

尹玉芬一连捅倒几名敌兵，快步跃到敌人跟前，猛地摘下一颗手榴弹，套上指环，高高地举起来，大声喊道："不缴枪谁也别想活！"

成群的国民党兵吓傻了眼，他们停止射击，但却未放下手中武器。

尹玉芬注意到所有的敌兵把目光投向一个大个子。这个大个子虽然没有穿军上衣，无法判定军衔，但从年龄和下身马裤判断，肯定是个不小的军官。只见他双手抄在马裤口袋里，面部灰冷，并不理会面前所发生的一切。尹玉芬厉声喝道："我数一二三，再不缴枪我就拉弦了！一、二……"敌士兵纷纷把手中武器丢在脚下。尹玉芬吩咐战友们收拾武器、整理俘虏，自己冲到那个大个子跟前："你是干什么的？！"

李纪云终于抓住了兜里的八音枪。他没有回答尹玉芬的问话，而是突然举起手枪，对准自己的太阳穴……他的士兵一个一个惨叫着倒在血泊中，雪亮的刺刀一直在他面前闪着寒光。他闭上眼睛准备迎接世界末日，但就在这一瞬间，尹玉芬飞身扑上去，夺下那支八音手枪。与此同时，李纪云听到一声震耳欲聋的大喝："举起手来！解放军优待俘虏！"

"俘虏？"李纪云心头一颤。这两个字对于一个军人来说，实在难以接受。但是，他看到一张因为愤怒之极而如同钢铸铁凝般的脸膛，那上面每一道皱纹都似乎喷射着火焰，火焰是那样炽烈地灼烤着他的意志和信念，一个世界突然间真正地消失了，这过程很短很短，李纪云承受着。他犹犹豫豫地低下头，同时，举起了双手。

看到李纪云举起双手，周贵昌和熊宗继也举起手，周围的国民党官兵全都如法效仿，士兵们悉数丢下枪支，举手像波纹似的一圈一圈向外扩展。很快，路面上举起一大片手。仅仅一小时四十分钟，国民党整编三十一旅旅部直属队和九十二团共2900余人，全被消灭，一个也没逃脱。大批枪支弹药，很多都还来不及从牲口驮子上卸下来，就成了解放军的战利品。

下午4点多钟，董钊在拐峁镇给胡宗南打电话报告：三十一旅旅部直属队暨九十二团全部覆没，旅长李纪云、副旅长周贵昌和参谋长熊宗继等多人被俘，战场打扫得干净彻底，连一具尸体也找不着，共产党军队去向不明……这仿佛是一个遥远的童话故事，胡宗南听着听着就走了神，直到董钊报告完毕之后，他依然握着话筒，好半天才嘟嘟哝哝地说出一句："是吗？"

事实当然不容怀疑。胡宗南很快清醒过来，长长地叹了口气。此后近半个月时间，他命令各部队集结"待机"，"不可造次"。但是，胡宗南仍然有他骄傲的资本，毕竟是他首屈一指"攻占"了中共中央红色首府——延安！而这些日子，美军驻华使馆一名上校，正和国防部高参范汉杰等人以及一帮翻译、新闻界头目，揪住这个"头条新闻"不放，准备大做文章哩。

五、再战羊马河

中共中央分兵众说纷纭，西安绥署拉网一无所获

毛泽东同一个牧羊老汉蹲在塬上聊了一会儿，回到窑洞已是高朋满座。大家正哈哈笑着，在传递一包精装“薛仁贵牌”香烟。主席进来了，烟自然而然传到他手上。周恩来兴致勃勃地向毛泽东介绍：“这是彭老总犒劳大家的！”

人们惊奇地发现，从不染指香烟的周恩来，今天破了例，也抽出一支“薛仁贵”，在手中颠来倒去地把玩着。

接烟的工夫，毛泽东才看到彭德怀。他一手接烟，另一只手伸过去让彭德怀握：“老彭啊，打了胜仗怎么不吭不哈的？”

这句话引起大家一阵兴趣，纷纷转身瞅彭德怀。

彭老总蹲在刘少奇身后一个小土墩上，和任弼时小声讨论什么，听到喊声，仰起头，无声地咧开嘴。见毛泽东伸手过来，便起身握了握，边握边说：“主席辛苦了！”

毛泽东连连摆手：“这几天最辛苦的是你……”大家目光随着毛泽东转动。往往总是这样，只要毛泽东一出现，满屋子立刻就有了聚焦点。

毛泽东他们昨天深夜赶到这里，只睡了半宿觉，但精神都很好，一大早就从炕上爬起来，各自忙开了。毛泽东笑着对大家说：“我问过了，这里地名叫个什么‘羊圪垯子’……地图上找不着！”

刘少奇笑吟吟地接上话茬：“这样好，胡宗南打不着主意啰。”他说着朝众人扫视一遍。

这时，朱德从人后站起来，走到全体目光都注视着的毛泽东身边，说：“德怀是用心良苦，”他挥了下手，将大家的注意力引向地图，“此

地也不宜久留。你们看嘛，胡宗南的‘王牌’整一军五个旅，现在正在调头向东，离我们……不足10公里哩！”

朱老总任何时候都扎条宽皮带，军容严整。他一边说话一边在地图跟前踱步，像是刻意引导大家视线。最后，他干脆用一个手指在挂图的具体位置比划起来。“董钊是要会同延安东面的二十九军，合在一起来对付我们。意图嘛，很清楚，就是冲着延川、清涧、瓦窑堡而来。还是那个老问题，要找我军主力决战！可是，我军主力究竟在哪里呢？”朱德朝彭德怀会意地笑了笑，“胡宗南他这一辈子也别想搞明白喽！”

中共中央军委临时碰头会，这就算开始了。毛泽东吸着烟，很有滋味。陕北地图，早被他看烂了，所以说话时并不影响对烟草的尽情陶醉。他说：“不用管他，他胡宗南大动，我们就大静；他跑累了，我们就打他一下。集中优势兵力，看准机会就干。我看，这个机会马上又要来啰。老彭啊，你千万莫错过哟！”说到这里，毛泽东顿了顿，走到刘少奇和朱德二人跟前，问：“打算几时动身？”

3月29日晚，中共中央在清涧枣林沟召开的政治局扩大会议上，已经作出决定，接下来中共中央将分成两套班子，由毛泽东、周恩来、任弼时代表中央，坚持在陕北指挥全国解放战争，而刘少奇、朱德和董必武三人，组成中央工作委员会，到华北找个地方落脚，完成中央委托的工作。

刘少奇笑着告诉毛泽东，他们准备午后出发：“朱总司令希望出发之前再和大家会一次面，听听意见，特别是听听主席的意见。”

毛泽东听刘少奇这么说，点点头，弹去烟灰，若有所思：“去了华北，担子也不轻……”转而露出笑容：“要是我同恩来、弼时让胡宗南捉去了，大事就全靠你们喽……”

这句话说得轻松，含义却丰富。当时，对于中央机关是继续留在陕北，还是东渡黄河进入山西，争论很激烈。

任弼时主张，党中央的安全就是战略全局，还是迁到晋西北或太行山区比较稳妥。

刘少奇则以为，延安丢了，人心浮动，党中央再一拍屁股离开陕北，更不好办，“不过，中央机关和主席的安全问题，必须认真考虑，千万不能大意”。

朱德说：“从军事上讲，中央留在陕北，拖住胡宗南的主力，可以大大减轻山东和华北战场压力。可是，蒋介石和胡宗南要是知道毛主席还在陕北，会疯狂扑过来的……”

毛泽东忍不住笑了：“看来，我倒是一块肥肉，走到哪里都有苍蝇飞过来。让他们来好了！我相信，哪里人民拥护我们，哪里才有安全！陕北人民好，地势也好，回旋余地大，我看安全是有保障的。”他说着说着心情沉重起来，“这个时候中央离开陕北，陕北人民、全国人民会怎么想？长征以后，我们党像是生了大病的孩子，是延安的小米、延河的水使我们恢复了元气，使革命站稳了脚跟。前几天离开延安时，一位老房东听说我们要走，跑来问我：‘延河的水甜不甜？延安的小米香不香？’我无言以对……要走，你们走，恩来和我留在陕北，给我们一个班！”

谁还好再说什么？最后，照例由周恩来打破僵局，提出一半对一半，五个人分成两路。

中央决定在陕北不走，给了彭德怀莫大的鼓舞。这些天，他的心里既有兴奋也有几分警戒。青化砭首战告捷，在胡宗南鼻子底下打了个大胜仗，连日来走到哪里都是一片欢呼声，经验呀、成绩呀、军事思想呀……哪怕一个小战士，也能说得头头是道。可彭德怀一直皱着眉头：“这是个不满建制的旅，不要把成绩夸大了，不要骄傲！”此话他在不同场合说了不下十次。他对敌我态势太清楚了，毛泽东所说的“机会”，事实上都在胡宗南手中攥着。至关重要的是，胡宗南当下在想些什么、做些什么。

胡宗南在闭门思过。青化砭的损失，虽然在他是九牛一毛，但却让他章法大乱。共产党军队究竟用了什么障眼法，而做到用兵布阵滴水不漏呢？这个谜团非同小可！胡宗南盘腿坐在延安土炕上，早没心思阅读熊向晖为他找来的那些小说了。他越琢磨越奇怪，共产党军队主力数万之众，怎么能够在自己眼皮底下瞒天过海不见踪影呢？陕北山梁和山沟都那么光秃秃的，难道几万人马就一点蛛丝马迹也没有？

这一仗的确输得胡宗南一佛出世，二佛升天。按照人民解放军总部发言人在陕北广播电台（原延安广播电台）新闻广播中公布捷报的说法，它有三个特点：其一是快，前后短短两个钟头就解决了战斗；其二是干净彻底，李纪云所率几千人马，从旅长到士兵，没有一个逃脱；其三是双方伤亡为二十比一。因为有这三个特点，它“堪称模范战例”。而且，“此次歼灭战距我军撤出延安仅六天”，这是胡宗南无论如何也承受不住的事实。

三个特点，哪一个都是鞭子，抽得胡宗南吃不好睡不香。他授权裴昌会、薛敏泉：战况报不报，怎么报，报给谁，由他们酌定，他不过问。一连数日，他就像笼子里的野兽，举手投足都碰着铁栅栏，心情倍感压抑。他总是在那幅占据一面高墙的地图跟前，愤怒地踱着方步。裴昌会、薛敏泉及董钊、刘戡这些人，都看在眼里，谁也不愿意多说话去招惹这只马蜂。

只有熊向晖例外。他竟日日陪在胡宗南左右，句句都是体己话，让胡冷若冰霜的心中尚有一丝余温。

胡宗南叹道：“平时一个比一个夸夸其谈……”

言下之意熊向晖是明白的。熊向晖将裴昌会、盛文、薛敏泉、董钊、刘戡等一干人找来，并怂恿刘戡说话。刘跟胡一向私交不错，是“铁哥们儿”，因而说话也胆壮一些：“胡先生，光生气也没有用，拍桌打凳吓不死共产党军队。依兄弟之见，现在最重要的还是找到共产党军队主力；只要知道他们队伍在哪儿，凭我们这么几十万大军，踏也把他踏个粉碎！”

“废话，能找到共产党军队主力还用你说吗？”胡宗南翻了翻白眼，小声嘟哝一句。

这让董钊看着心里颇受用。他清清嗓门走到胡跟前，极有主意的样子说：“先生，大敌当前，清谈误国，不如切实做点儿事。据我部通信兵报告，在延安东北地区常有不明身份的电台活动。我看共产党军队主力没有走远。我们不妨来个死办法，把队伍排起来，并列前进，逢山过山、遇岭过岭，像梳子一样把山山岭岭梳它一遍，就是一条泥鳅也别想溜出去！”说完，董钊朝薛敏泉一瞥。

薛急忙心领神会地凑上来，称这个办法好，并且进一步论证：“共产党军队兵少，所以总是集中起来一股一股地吃我零散旅团；国军兵多将广，为什么不用我所长克敌之短呢？”

“下策！绝对的下策！”刘戡大不以为然，低头冷笑道，“要是这就叫作用兵，当年孙先生还要办什么黄埔？”此话一出，如同串糖葫芦似的刺伤了好几个人，连胡宗南也觉得有点过火。他嘘了口气，摇摇头低沉地说：“党国利益高于一切！都什么时候了，那些屁话就收起来吧！”

胡宗南的态度使大家情绪缓和许多。沉默许久的裴昌会终于说话了：“在上策尚未出来之前，还是先将就用一用下策吧？总不能坐以待毙呀！再说，南京方面……”提起南京，参谋长盛文不失时机地向胡宗南报告，说中央社、美联社、合众国际社和国内金陵、沪杭一带报馆通讯社计39家新闻机构，组成一个55人的记者团，由沈昌焕带队，定于4月4日坐飞机到延安。国防部有电报，要胡宗南安排接见。

胡宗南一听，大为光火：“真是越忙越乱！谁让他们这时候来凑热闹？”但这件事几天前熊向晖已向他禀报过。秉承蒋介石“三分军事、七分政治”的旨意，胡是无论如何不能推拒的。何况，整个来访事宜都由国防部一手操办，利害得失，熊向晖陈述得一清二楚。那时候还没有青化砭这件不愉快的事，胡宗南答应得很干脆，不但答应下来，还偕同熊向晖对负责接待准备工作的王超凡面授机宜，要他物色一个在“战时干部训练第四团”受过训练、而且会演戏的湖南人，冒充被俘的共产党军队旅长。然而，此一时彼一时。眼下，李纪云被俘，共产党军队主力仍找不着，胡宗南哪有心思跟记者周旋呢？

“可这是蒋先生的意思，国防部有令，司徒雷登先生还派来特使，恐怕不大好办……”盛文平静地提醒胡宗南。

这个难题不大不小，胡宗南使劲挠挠头，骂了句浙江脏话，说：“好吧，明天下午我们专门开个会，这件事，再议！”他说着，极不耐烦地挥挥手，像是决意要挥去那份不愉快，而使话题重新回到寻找共产党军队主力上来。

万般无奈的胡宗南只好同意采用“下策”。从3月27日起，以刘戡、董钊两个整编军九个旅的兵力，分两路由延安、姚店子向清涧方向前进，进行所谓大扫荡。数万之众，排满陕北的山山岭岭，并列前进。这样来来回回拉大网似的整整走了八天，也没碰上解放军主力，倒把队伍拖成一摊稀泥。官兵们风餐露宿，疲惫不堪，加之粮食又不能及时补给，士兵体质普遍下降，自然，纪律也就更加松弛。每到一地，成了名副其实的“胡匪”。

又一个凉风飕飕的傍晚来临，整二十七师五十三旅刚转过一个土塬，忽然传来一阵排子枪响。一查问，才知有十几个士兵想开小差，团长派人追索不及，就动起武来，一梭子弹扫射过去，11个兵当场打死9个。另外两个极聪明，趁机朝地上一趴。派去的班长“验尸”时，朝他们屁股上踢了几脚，明知有两个没死，却说：“死了倒好，穿这身黄皮，不死活受罪。”然后，敷衍塞责地回去交了差。

过了三四个钟头，天渐渐黑下来，伸手不见五指，寒风呼呼叫。一个装死的士兵抬起头，听听周围没有动静，知道队伍已经走远了，便慢慢从地上活动活动身子爬起来。刚要站立，忽听对面有人轻声喝问：“谁？”这兵吓了一跳，“你、你是谁？”

“兄弟别怕，你也是刚才逃跑的吧？”

“嗨，可不就是！”这兵好欢喜。

两个人立刻摸到对方的怀抱。这兵告诉难友，自己叫李云康，是三连二等兵。对方自我介绍姓王，叫王小六，是六连上士班长。王小六和李云康庆幸彼此有了伴，两人都哭了，于是各自通报入伍年限和祖籍。一个当了五年多兵，一个还不到半年；一个是关中人士，一个家在河东。说着话，他们沿河谷往前摸。这时，他们俨然已是生死之交，好像这辈子谁也离不开谁。约摸走了半个钟头，忽听路边仿佛有人重重地叹息。两人一惊，立刻趴到地上，瞪大眼睛搜索半天，才发现十来步远的地方，有一星烟火在一闪一闪……

胡宗南长记性长出破绽，彭德怀捉战机捉住马脚

三五八旅七一六团的二连五班，这天宿营在一个姓刘的老乡家的窑洞里。刘家养了三个门板似的儿子。老大叫大狗，老二叫二狗，老三叫三狗。三年前，三个“狗子”全都当兵出了远门，一去杳无音信。剩下老汉刘百顺两口子，身边带个未成年的闺女，守一群羊过日子。

此地离蟠龙不远。不打仗时，乡亲们要办点油盐酱醋什么的，就去蟠龙。那里有几家店铺，交通便利。后来，蟠龙驻了国民党军，纪律很坏，老百姓再去时，动不动就得搜身挨打。尤其是女娃娃，让国民党兵撞上就胡来，轻者调戏调戏，重者拖上炕……刘百顺的闺女才14岁多点儿，生得又不起眼，以为没事，便不作防备。那天，刘老汉父女俩来到蟠龙，是想打听当兵的三个“狗子”有没有下落。结果，人家一问三不知。临了，那些兵们放老汉走，却留下闺女，说是要女娃娃帮他们烧水做饭什么的，还付工钱。谁知这一留再无消息。刘老汉去探过几次，那些官们、兵们全都斜着眼睛跟他打哈哈，没有一句正经话。

刘百顺的老伴急疯了，不久后，从崖上跌下来，尸首过两天才叫人发现。刘百顺一万个后悔，心灰意冷，窑都快塌了，也不管，傻子似的日夜在野地里游走。这可就委屈了窑洞边土坷垃圈住的那群羊，一只一只精瘦如狼，饿得咩咩叫。五班战士让刘百顺硬拉到窑里住下了。老汉有老汉的道理，他的三个“狗子”当的是国民党兵，说是有“邪气”盈门。老汉要解放军上门帮他“冲冲晦气”。排长对五班长吕玉山说：“这是个特殊任务，要想法给老汉送点温暖……”

刚打过青化砭，大家心头都有股喜气。战士们凑一起嘴上离不开两个数字：我军以265人伤亡消灭敌人2900余人。“这就叫‘牛刀杀鸡’的战术呗，集中优势兵力，歼敌有生力量，不计一城一池的得失，嘿，宰头驴的工夫，完事了！胡宗南还吹他妈的牛，说咱们‘不堪一击’，他才是个不堪一击的蠢蛋哩！彭总说了，让咱休息两天，把敌人往这边调一调，照青化砭的样子再打他一两仗……”不管彭德怀有没有这样说过，反正战士们中间传得有声有色，那种自豪感和信任感以及怦怦跳着的热情劲儿，伸手就能摸得着。有战士还编了顺口溜：“胡宗南，真叫笨，钻进彭总‘口袋阵’；数千官兵当俘虏，气得老蒋丢了魂。”

五班长吕玉山不善言谈。这晚临睡觉时他把全班集合起来说：“瞧这仗说打又得打了，趁这两天天气不错，又在休整，咱给老刘头收拾收拾窑洞吧！”说干就干，第二天大清早，五班九个战士一一分了工，刷尘的、抹墙的、牧羊的，还抽出两个小组的“兵力”，在原窑洞旁边给刘百顺老汉另打一孔新窑……全班像蹲下来过日子一样忙乎开了。

消息一传十、十传百，不到晌午整个山村都传遍了，许多乡亲都赶来帮忙。说：“这是看解放军的面子！要是看他三个儿子都当国民党这点，就不帮他。”

来帮忙的老乡手里都不空着，最不济也拎几个窝头，那是带给五班的慰问品。部队刚住下那些日子，见天都有一拨一拨群众赶来慰问，差不多倾其所有，牵羊抱鸡、挎着鸡蛋筐，还有鞋垫、棉布什么的。战士们怎么推辞也不管用，陕北老乡倔得很，送来就得收下，要谁家不要谁家，谁家拿得多谁家拿得少，都要比着。他们有他们的道理，“咱们队伍讲三大纪律八项注意，不拿群众一针一线这我知道，可我们老百姓也不是白给了你们，你们来了，老百姓种地打粮食，羊啊鸡啊啥都有了。你们不收下，国民党来了，全都抢了去，我们又不情愿”。有的人拉来拉去眼泪都拉出来了。

这几天，部队像是过年一样，哪个炊事班都有一点儿荤菜。中午，五连把帮助刘百顺打窑的乡亲们都留下，炊事班多熬一锅汤，军民一块儿吃了顿“团圆饭”。吃饭时，吕玉山四处找不见刘百顺。直到天黑，还是不见老汉人影。忙活一天，新窑挖成了，吕玉山带着全班战士守在充满新鲜黄土气息的窑洞里，眼巴巴地等主人回来。

“班长，老汉八成去了蟠龙。昨晚他还念叨来着，说是要去找他三个‘狗子’，要亲手拈耳朵把他们拉回来。又说村人得信，有他闺女消息……”放了一天羊的李柱不紧不慢地说。大家也七嘴八舌发表看法，有人支持李柱，也有人反驳李柱，说老汉见天挂在嘴上的话信不得。这时，排长来了，没进门就喊“吕玉山、吕玉山”，吕玉山班长应声出门。战士们一起窝到窑口，隔着木格子伸长耳朵听排长跟班长说话。

排长告诉吕玉山，连部让他去一趟。吕玉山不解地问：“咋回事儿？”排长说：“你去了就知道了。”战士们听到这里，憋不住一齐冲出窑洞，围着排长打听，是不是要打蟠龙？自打部队从青化砭撤下来转到此地隐蔽，战士们不知在哪里得到消息，都以为下一仗是打蟠龙。排长见大家问得急切，诡秘地一笑：“打蟠龙？谁说的？”说完，摇摇头，扬长而去。

夜已很深，五班战士谁也睡不着。大家趴在炕上越琢磨越离谱。有的说，是不是上级首长派老刘头到蟠龙帮咱们侦察敌情去了？也有的说，打下蟠龙一定要帮老刘头找回闺女。还有人说，胡宗南这回怕是长记性了，蟠龙肯定不好打。最后，话题聊到彭德怀身上。李柱瓮声瓮气地问大家：“你们猜猜，彭老总这会儿睡没睡？在忙乎个啥？”一时，七嘴八舌说什么的都有，可就是没人想到，彭德怀正对着毛泽东刚发来的一封电报生闷气哩！

这阵子，胡宗南的确在“长记性”，西安绥署对整三十一旅败绩的“得失检讨”已修改了好几稿，什么“兵力单薄”“疏于搜索警戒”“未走山地而用川道”“遇到伏击不能立即占领高地作坚强之抵抗”等。于是，胡开始津津乐道于大兵团行动，用“方形战术”搞宽正面集团式“滚筒”前进，八九个旅团黏在一起，数路并驱，同行同宿，鸡犬之声相闻。这样，既利于耙梳共产党军队主力，又不至于被共产党军队各个击破。殊不知，他的鼻子完全牵在彭德怀手中。彭德怀一直用小部队在敌兵团前后左右不断袭扰，而主力却隐蔽在距蟠龙据点几公里远的那条无名山沟养精蓄锐。这地方最危险也最安全，胡宗南做梦也想不到他每天挂在嘴边的“共产党军队主力”恰恰被他自己护在怀里！

毛泽东的电报让彭德怀和习仲勋犯了难。电报从总结青化砭战斗经验出发，提出“我军歼击敌军必须采取正面及两翼三面埋伏之部署方能生效，青化砭打三十一旅即是三面埋伏之结果”。可是敌人已经改变了战术，老皇历还管用吗？彭德怀说：“人家现在不走大道平川，专走小道山梁；不在房屋内设营，多在山头露宿；不单独一路前进，而是数路并列，10个旅1个方阵，纵横三四十里，再搞三面伏击，没有可能嘛！”

但这是主席提出来的，怎么回复呢？

“主席又怎样？主席的意图是希望我们野战兵团寻找战机，继续歼敌！”彭德怀冷着脸，“在这种情况下，我军应沉着冷静，耐心长期地疲困敌人，迫其分散，寻找弱点而歼之！”

你滚你的筒，我推我的磨，彭德怀就这样一连数日盘腿坐在土炕上，对着一幅破旧的陕北地图，静观云聚云散。他像个高超的魔术师，而胡宗南几十万兵马犹如一桶“稀汤”。他总是不停地搅动，让胡宗南不由自主地翻腾，然后他便捉住“马脚”。

几天下来，武装游行了200多公里的胡军，已是人困马乏，再没力气穷折腾了。胡宗南只好下令整一三五旅留守瓦窑堡（子长县），七十六师守延川、清涧，其余大批主力则统统往南撤。

彭德怀灵机一动，立即让一、二纵队在永坪镇抓住敌人二十九军尾巴狠狠敲它一下。结果，敌人一痛，马上掉屁股北上。同时，驻守瓦窑堡的整一三五旅也赶紧南下策应。

国民党整一三五旅代旅长麦宗禹确定放弃他的“深沟高垒”时，心里多少也有点儿犯嘀咕。但军令如山，胡宗南发了话，谁敢说半个“不”字？麦宗禹只好乖乖地将瓦窑堡守备任务，交给整二十四旅七十二团，而将自己的一三五旅拉出来，经羊马河，跟“强大”的整二十九军“约会”去了。为了心理平衡，他给自己找个理由：据说，联系上整二十九军，一三五旅便可由兵站补给到足够粮食和装备。

对于漫长的历史来说，胡宗南的破绽不过一瞬间的事。

彭德怀按照侦察兵的情报，在图上将几个标号轻轻勾画出来，不觉眼前一亮：南边是整一军和整二十九军的9个旅，北边只有麦宗禹的1个一三五旅，“9”和“1”遥相伸手，彼此接应之际，不正可以来一出“虎口拔牙”吗？彭德怀满怀信心地盯上麦宗禹。

此刻，胡宗南却还在那里得意，自从一、二纵队在永坪镇给他整二十九军尾巴扎了一刀之后，他反倒觉得如释重负了！虽然，挨打的整十二旅损失600多人，可毕竟抓住了共产党军队主力！胡宗南断定共产党军队主力已转移到靠近永坪的李家川、牡丹川地区，他咬牙切齿地决定，要彻底“扫荡”牡丹川以北并摧毁共产党的游击根据地。他下令整一军和整二十九军向蟠龙西北方向推进，而一三五旅自瓦窑堡南下目的，就是想用10个旅的兵力将共产党军队主力包起来一锅煮，在瓦窑堡以南地区创造一个惊天动地的“大捷”。

4月13日，正当麦宗禹召集他的第四〇四团团长成曜煌、四〇五团团长陈简和参谋主任朱祖舒等人研究第二天行军部署时，瓦窑堡西南桑树坪的一孔小窑洞里，也挤满彭德怀手下那群满身灰土的战友。他们都是各纵、各旅首长，这天天不亮便从部队赶来参加彭德怀的紧急会议。窑洞实在简陋，门窗都给胡军前几天拆去做了工事，门上只好挂起一片草帘子遮风挡雨。屋角的木床刚支起不久，是彭德怀晚上打呼噜的地方。简单的被褥和一张小木桌，上面摆着几个粗瓷大碗，不够每人一个；床边几条破旧的木凳，也不够每人一条。于是碗里的清水谁喝谁取，床下的木凳谁坐谁端，不喝水也不坐凳子的人，往墙角一蹲，便掏出小本子。彭德怀握着一根树枝，只用10分钟就淋漓酣畅地表达了自己的决心：以二纵和教导旅、新四旅在羊马河伏击从瓦窑堡南下的敌一三五旅；一纵在蟠龙西北牡丹川、云山寺一线吸引、阻击敌人主力9个旅。

这一仗关键在哪里呢？当然是看能不能把董钊、刘戡9个旅堵住。大家放机关枪似的讨论开了。彭德怀静静听着。话都说完了，他站起来，伸出一个指头：“抓一三五旅并不难，难的是拖住敌人主力！一是决不能让他们同一三五旅会合，二是要速战速决，不能拖延时间。否则，敌人增援上来，打不了一三五旅，我们还会腹背受敌。这个战役思想一定给部队讲清楚。”他沉吟片刻，把张宗逊叫到旁边，“你能把敌人9个旅堵上半天，我就赢了！”张宗逊皱皱眉头，想了想，咬着牙表示：“坚决完成任务！”

决心是定下了，但以解放军当时的装备与编制，要做到这一点绝非易事。张宗逊和廖汉生心里沉甸甸地扒拉一下，决定：以三五八旅在夏家沟、白家坪、李家岔地带积极防御，把敌整一军吸引向西；以独一旅和警七团在元子沟、云山寺一线，坚决阻击敌整二十九军。有了这个保证，彭德怀便信心百倍地给教导旅、新四旅和第二纵队下达任务，命令他们分东、西两面在羊马河地区设伏，往死里收拾麦宗禹。

交代完任务，彭德怀照例跟旅团长们握握手。握到张宗逊和廖汉生时，他叹了口气：“……难为你们了！枪还是这个枪，炮还是这个炮，野司什么也给不了你们，可这一仗只能胜不能败！从现在起，每天只让敌人前进5到10里！”

张、廖二人都说请老总放心，一纵什么硬仗都打过，这次就是拼光了也得把敌人九个旅顶住……

彭德怀重新用力握了握两人的手，说："你们先回去，等我给主席和军委的作战报告草拟好了，去一纵看看部队！"

张宗逊和廖汉生交换一下目光，高兴地说好。当即决定，让彭总去看看王尚荣的独一旅。这时，恰巧王尚荣过来了。听说彭总要去看部队，王尚荣特别兴奋，急忙给彭德怀敬了个礼，说："老总，就是嘴啃牙咬，我们也把敌人拖住，让胡宗南那小子哭天抹泪去吧！"

真豪杰以一当九掩护羊马河，假旅长九九归一冒充共产党

这是个月色撩人的美妙夜晚。胡宗南坐在西安东仓门私人官邸窗前，铺开雪白的信笺，心潮起伏，久久不能平静。醉人的春风不带一丝硝烟，吹拂着这位52岁男子新浴的头发。不远处时断时续飘来一首缠缠绵绵的曲子，是谁家留声机发出来的。可以想象那歌声不知从哪一扇没有关严的窗户向外泄漏，歌声中夹杂着放肆的笑闹和浅浅的哀告，接着是呓语般呢喃，轻浪一般的风荡漾着，歌声藕断丝连、如泣如诉……

胡宗南做了个深呼吸，手中狼毫在砚台上辗转反侧。终于，他在信笺上写下"霞翟吾爱"四个字。他突然鲜明地感觉到自己开始厌倦了"单身贵族"生活，决心跟戴雨农给他留下的叶霞翟结婚，而且趁热打铁，喜期就定在一个月后。

胡宗南给叶霞翟的情书还附带着一件绝密公务。那是他几个月来酝酿于胸的一桩心事，即计划将延安县更名为"宗南县"。日前，他曾授意陕西省参议院弄了一个提案。但他明白，这等"千古流芳"的事，没有上层内线人物鼎力相助，十之八九是要落空的。于是，胡宗南把它放在求婚议题上一并提出，希望即将成为夫人的叶霞翟出面找找军统老关系，搞点公关。即便没有功效，也使攻克延安这一成就，在老头子心中发挥到极致。

信写完了，胡宗南仍了无倦意。这次专门从"前线"赶回西安，是参谋长盛文的安排。按照国防部和司徒雷登特使的电令，庞大的中外记者团几天内就要抵达，接待工作事关大局，他觉得有许多细节要亲自交代方可踏实。比方说王超凡找来的那个湖南籍戏子，都说万无一失，他叫去只问了几句话，就露出马脚。那人一口国民党腔调，根本不像共产党，更不用说冒充共产党的旅长。胡宗南越想越生气，心里愤愤地骂道："这群不中用的东西！"大概正因为如此，盛文在西安召集长官部处长以上的人开紧急会议，专题部署记者团的接待事宜，胡才下决心丢开手头一大堆军务，亲自赶来过问一下。

其实，胡宗南"过问"也只是象征性的。他除了喜形于色地向大家报告"共产党军队主力终于找到了"，便是盛气凌人地宣布："为了诸位的

利益，也为了党国的声望，此次接待新闻界人士务必慎重准备，有信口雌黄泄露军情者，军法论处”！此外，再也无话可说。至于记者团来了，是先参观延安还是先在西安活动，是分散考察还是集中统一行动等，一应具体细节安排全都交给秘书处长赵龙文去操办。赵被称作胡宗南的“智囊团”团长。在胡的身边，与熊向晖一样受到器重。他竭力主张把记者们拉到延安进行“实地考察”，认为这样做更有利，“第一，记者们到了延安，本身就说明共匪老巢已在我手中；第二，眼下延安是两军交战的前方，在那里编点情报比在西安要便利得多，不用担心会露出破绽……”

正在西安家中小住的整二十七军军长周冕，也参加了盛文的这个会。此时，他气壮如牛地站起来，说：“既然中共首脑机关都给打垮了，扩大一点战绩算个啥？不要脱裤子放屁，多事！”姓周的这一炮放得大家灰心丧气。过了好一会儿，绥署第一处处长刘庆曾才慢悠悠地建议，搞一个“战绩陈列室”。顺着他的话把儿，新闻处处长王超凡也别出心裁，要求设立若干个“战俘管理处”。最后焦点落在钱上。因为仓促，刘庆曾和王超凡谁也说不出具体数目，商量老半天，还是赵龙文大包大揽表示实报实销，并当面让胡宗南点头，才算完事。

西安会议不痛不痒地结束了，胡宗南立马打点回延安。这时，解放军各部队已全部占领指定的攻击阵地，神不知鬼不觉。不同的是，羊马河设伏的二纵队、教导旅和新四旅，关闭了所有电台，阵地上悄无声息；而一纵三五八旅、独一旅，则大张旗鼓与敌接火射击。牡丹川、云山寺一线望不到边的黄土塬上，国民党军9个旅、计80000多兵马，在董钊统一指挥下，由东南朝西北，顺着山沟和沟渠，铺天盖地拥向一纵阵地。

一场异常激烈的搏杀，在长达几十里的宽大正面上，大规模展开。霎时，雨点般的炮弹落到山顶一纵防御阵地，爆炸时所掀起的尘土，弥漫了整座山头。土坷垃被抛到半空，又高高地落下来，砸在战士们身上，噗噗作响，但大家谁也不动一下。纵队有令：节省子弹，近战歼敌。战士们死死盯住敌人。敌人蝗虫般地漫山遍野，密密麻麻，一步一步逼近前沿，300米、100米、50米……

“打！”指挥员一声令下，机枪、步枪、手榴弹先后响起来。国民党部队阵脚顿时大乱，他们置身在半山腰，无遮无拦，子弹和手榴弹从高处往下倾泻，几无招架之势，敌人成片地倒下去，尸体在山坡上滚动着。侥幸活命的，哪敢再往上冲？个个抱头鼠窜。

“主力”就得像个“主力”的样子，张宗逊战前一再给部队强调这一点。一纵队的根本任务，是要将敌人牢牢吸引住，让他们作出错误判断，认为共产党军队主力就在瓦、蟠大道以西。

“绝对不能让敌人知道我军的作战意图！”张宗逊跟几个旅、团长们说，

“你们都给我想想办法，把战士们发动起来，闭着眼睛放枪是不行的！”

刚上任不久的七一四团团长任世鸿很会动脑子。战斗准备阶段，他把全团指战员都拉上去挖工事，不管一梯队、二梯队，也不管是炊事员还是养马的，统统出动，一个战士起码挖三个人的掩体，一个打，两个给敌人看，多多益善。任团长还精心设计了撤退路线、抵抗时间，规定每个阵地上打退敌人的次数。任务量化之后，他还特别讲究“度”。一个阵地抗久了，部队牺牲太大，不行；而抗的时间太短，又完不成任务。他说：“恰如其分是指挥员的本事！牵不住敌人不行，抗不住敌人也不行，这就得靠动脑子，掌握‘度’数，用巧劲，光靠拼消耗打胜仗，那有啥出息？！”

牺牲是必要的。否则，敌人怎么会产生跟共产党军队主力交锋的错觉？张宗逊和廖汉生一开始就要求部队，拿出一副与敌人决战的架势，正儿八经同对方争夺山头，好像特别看重一寸一尺的得失。往往一个小山包，也要得而复失、失而复得，拉锯似的折腾好几个来回，双方都付出很大代价，才肯放弃，转移到下一个新的阵地。如此这般三番五次冲击，三番五次的代价，交替掩护、节节抗击，把敌人每天前进的尺度，紧紧控制在5到10里地的标准上，使得他们始终不能脱离蟠龙和瓦窑堡以西地区，因而羊马河地区才好从容下手。

胡宗南被“共产党军队主力”的出现冲昏了头脑。从收到董钊第一份战报起，他便改善了胃口，有时也能睡个踏实觉了。在胡看来，只要共产党军队敢于亮相，就决逃不脱自己的手掌。从西安回来的那天晚上，他就叮嘱董钊：“共产党军队主力既然找到了。就得抓住不放。如果再让他们从手心里溜掉，军法无情！”随即命令由青化砭北上的整一军五个旅、由蟠龙出动的整二十九军三个旅，向西猛推，同时也催逼瓦窑堡的一三五旅“火速南下，万勿延误”！这个如意算盘要真的敲响了，被认作“共产党军队主力”的一纵部队，恰好被围在中间，插翅难飞。

率先发现“共产党军队主力”的董钊，别有一番滋味在心头。他几乎每隔两个钟头就要兴奋地向胡宗南报一次捷，一再表示要“一洗多日来的耻辱”，叮嘱胡宗南耐心静候佳音。与此同时，他还乘机在刘戡面前耍起威风来，将胡的“训示”原封不动地扔到刘戡头上，并且居心叵测地把“军法无情”四个字说得格外不中听。

刘戡也不是省油的灯。此人说话常常流于油滑，见董钊得意忘形便回道：“放心吧老兄，鄙人姓刘，不姓‘溜’。”

这句话暗含讥讽，却天衣无缝。董钊在既往作战中某些不光彩的细节，经这一戳，隐隐作痛。他再不好多说什么，只得亲临所属的五个旅前线，分外尽心地督战，努力不让小辫子给刘戡抓。

此时此刻，胡宗南如何“耐心”得了！阅完董、刘二人的战报，他将熊向晖准备的那几本小说拾起来胡乱翻了几页，看不进去，又扔到一边。再拿起来翻几页，还是看不进去，再扔到一边，心头总有千万双小手在那里抓啊挠啊……

熊向晖恰到好处地出现了。他除了给胡宗南送来几份精选出的绝密文件，还带来一个好消息，说刘庆曾和王超凡连夜抓到2000多名老百姓，成立了个什么“爱国青年招待所”，并给这些人编成大队、中队和班，每人发顶毡帽，因为工作卓有成效，老百姓都很配合，所以让记者团参观“战俘”的问题不用发愁了。

胡宗南还以为什么“好消息”，一听是这个，好心情打了折扣。但毕竟是件令人挠头的事有了点眉目，多少聊以自慰，便问熊：“那个‘共党旅长’怎么样了？”

熊向晖告诉他说，还在那里背王超凡给他编的台词。

胡宗南气咻咻地骂道：“王超凡真笨，弄那么个东西，软绵绵的像只老猫，哪像共产党的旅长！共党旅长态度应该强硬，讲话要骂娘！”

熊向晖笑：“王超凡委屈得很，他说胡先生讲过，对共产党不要骂娘。”

胡宗南急得涨红了脸：“不是要他骂共产党，是要他骂我们，骂得越凶越像，越往上骂越像……好了好了，王超凡不行，还是你去搞一搞。”

熊向晖拿着尚方宝剑去找王超凡，说：“老哥，你那个‘旅长’胡先生很不满意呀！关键是他不会往上骂，胡先生也不便说透……”

王超凡吓得小眼珠直眨巴：“往上骂？那如何骂得！还能骂国民党、骂总裁？我王某人有几个吃饭的家伙！”

熊向晖说：“你这就想岔了，人家是共产党旅长啊！不过这事只有天知地知，你知我知，还有那个‘旅长’知，传出去对胡先生不利。”他特别重申，“你王处长同意，我才干。”

王超凡无奈地表示只能如此。于是熊、王去找那个“旅长”，要他回忆回忆胡先生在西安的精神讲话，体会体会什么叫“被俘不屈”“宁死不投降”，拿出戏台上看家本领，言行举止合乎共产党“旅长”的身份，尤其是态度要强硬、姓名职务不要自己讲，不要有问必答，要用共产党的语气，把总裁叫作蒋介石，骂蒋是卖国贼，骂国民党是“刮民党”。话还没交代完，那“旅长”扑通一声跪在地上：“长官饶命，这差事我干不了，家中上有老下有小……打死我也不敢！”

王超凡气得一脚踢在“旅长”的屁股上：“老子叫你敢你就敢，好好听话，现在就按旅长的标准开伙食，做得漂亮，可以给你升官发财讨姨太太，要是不听话，把老子说出去……”他踱了两步冷冷地哼道：“就砍你的头！”

熊向晖怕影响情绪，吩咐“旅长”装上假胡子，又叮嘱王超凡，尽可能安排他在光线暗一点的屋子里和记者见面。

有熊向晖的这番导演，王超凡也大开其窍。他选了个聪明机灵的团副当大队长，把抓来的老百姓好好训了一通。原先这些老百姓都莫名其妙，以为被抓了壮丁，经过整整一下午的训导，才恍然大悟。

那个团副大队长说："大家不用怕，请大家来是完成一件特别任务。不久外边要来人参观，他们来了要问你们，你们就说自己是解放军，被国军抓了俘虏。可不许胡扯，说错了就枪毙！"

这些"俘虏"有的被指定为"三五八旅"的，有的定为"三五九旅"或是"教导旅"的。敌军队长关照得相当细致："都给我记清楚了，你们的旅长是罗亚平，是在金盆湾被国军打死的。你们全旅已经被歼灭了，要是问起连、排长的名字，那就……随便诌一个吧！"

"战俘营"当然不能少了女性，于是一些被抓来的妇女，强行剪成"耳刀毛"。还有一些国民党兵也奉命"委屈几天"，掺和到"俘虏"行列，以弥补人数不足。

"人证"马马虎虎凑齐了，"物证"也要做得"跟真的一样"，要有大量缴获的共产党军队战利品，这台戏让刘庆曾和王超凡很费了一番周折。好说歹说，步兵武器有了着落，从驻甘泉的整十七师基库抽调，所有淘汰的"汉阳造"和"三八大盖"统统搬来抵充。轻、重机枪干脆就地取材，在延安警备部队摊派。因为都是装备武器，只好两头兼顾，白天把枪架到"战绩陈列室"的展柜上，晚上物归原主，送还部队。参展枪支还得贴上标签，注明缴获时间、地点。剩下的事情就由一批口齿伶俐的参谋人员来完成。他们的任务除背诵那篇彻头彻尾虚构出来的解说词外，还得准备即兴回答参观团成员所提出的任何问题。

一切布置停当后，企盼已久的中外记者团终于如期而降。

路过西安，盛文自然要接风把盏，尽地主之谊，并亲自陪送到延安。他还随身捎来了蒋介石给"解放"延安诸将领颁发的勋章。胡宗南获二等大绶云麾勋章；裴昌会、盛文、薛敏泉、董钊、刘戡及沾边的师、旅、团头头脑脑，不是三、四等云麾勋章，便是一、二、三等干城勋章。管他是真是假，有枚勋章总是喜事，人人都咧开大嘴乐开了花。

授了这么多晃眼的勋章，又有一大堆现成的吹鼓手，千载难逢的机会，胡宗南当然不会错过。他几乎未假思索，即命盛文主持一个阅兵典礼。地点就选在延安机场。之后，在原来的边区政府礼堂搞一次新闻发布活动，详细讲讲占领延安的作战经过，并答记者问。而胡本人则以战事紧张为借口，置身事外，只答应安排适当时间，个别接见记者团领队沈昌焕和《大公报》记者周榆瑞。他万万没有想到，就在这个极为高贵的接见刚拉开序幕时，收音机里却突然蹦出一个令人震惊的消息："新华社陕北前线17日急电——西北人民解放军集中主力一部，于14日10时至下午6时，经8小时激烈战斗，将蒋胡军十五师一三五旅全部6000余人歼灭于瓦窑堡南20里之羊马河，生俘代旅长麦宗禹……”

麦宗禹捶胸顿足遭活捉，王超凡驴唇马嘴吃耳光

头一天黄昏时分，胡宗南在做些什么呢？

记者们的来临和那一大堆金光晃眼的勋章，虽然是他早有所料的事，但真的面对仍有较强的冲击力。在与董钊、刘戡文电交驰中，他毫不掩饰地表达了自己的激动和希冀，并请他们转告前线诸位旅、团长，要记住总裁远在千里之外那双渴望的眼睛，努力作战，一举歼灭“共产党军队主力”——这是胡宗南迫切心愿的焦点所在。他把自己单独关在无孔不入的记者们没法找到的某个地方，不许任何人（包括熊向晖在内）惊扰。光线幽暗的窑洞里，静得能听到绣花针落地。他就这样像只河边的鹭鸶，饥肠辘辘地耐着性子，雾中观花、水底望月。

前线总算传来一条令人欣慰的喜讯：苦战多时的两个整编军九个旅，终于在黄昏前攻占了“共产党军队主力”一线阵地！而“共产党军队主力”呢？是“全歼”还是“半歼”或者……恰在这些关键性字眼上，董、刘二人的战报中，清一色含糊其辞。

胡宗南已习惯于这种疤瘌眼儿蒙瞎子的把戏，一看便懂得其中隐情衷曲。但是，他无法揣测到黄昏中两军前沿阵地，会发生一些怎样的枝梢末节。而这些他从来不闻不问，又想象不出的枝梢末节，却是至关紧要的一笔。

在国民党军占领第一线阻击阵地后，张宗逊已从容指挥部队交替撤到第二道阻击阵地。此刻，敌我各占一道山梁，前沿相持，距离最近处，不过三两百米，借着黄昏的余光，双方架在掩体上的机枪都看得清清楚楚。因为刚进入新阵地，且天色已晚，彼此都显得较谨慎，不敢贸然出击。于是，前沿出现短暂的寂静。

突然，解放军阵地上有只小广播喊了起来：“国军弟兄们，我原是五十三旅一五七团一营三连上士班长，我叫李云康。我现在投奔解放军了！解放军队伍真好哇，官长和士兵像亲兄弟一样，官长从不打骂士兵，吃在一口锅里，穿的用的啥都一模一样……”

国民党军阵地静极了！士兵们都把耳朵竖起来，唯恐漏掉一句听不全。只有几个官长在单调地叫骂：“听他妈胡扯！共产党军队全他妈是土匪，能跟国军比吗？当国军吃好的穿好的，月月关饷……”有的干脆在士兵面前走来走去施放噪音：“不许听！不许听！谁敢违令，枪毙！”叫着

骂着，对面喊话结束了。

又是一阵难耐的寂静，士兵们心里不知为什么，全都空落落的。晚风新月悄然兴起，月下余烬和硝烟与那些浑身脏兮兮的身体，一同沉入深重的迷蒙，思绪悠远，有多少心事无人可托……突然，对面解放军阵地上又响起另外一个声音："弟兄们，我是一五七团七连的王小六。弟兄们，咱再也不能为蒋介石卖命啦！瞧那些当官的，谁把咱们当人看啊。他们玩婊子、抽大烟，喝兵血、吃兵肉，没一个是好东西。解放军才是咱老百姓的队伍啊……"

喊话的阵地是三五八旅七一六团五连的。李云康和王小六这两个国民党逃兵，现在已是五连战士了。不久前那个夜晚，他们侥幸死里逃生，在野地里遇到一个老汉，此人即是刘百顺。当时李、王二人想，前前后后不是国民党军就是解放军，撞到哪一拨都没有好果子吃，便双双跪在老汉跟前，苦苦哀求："大爷，咱俩都是外乡人，此地人生地不熟，救救咱吧……"

刘百顺老汉搀起两个后生，立刻想到自家的三个"狗子"，便说："娃儿，过去咱走错了路，不说了。现如今，光明大道只有一条，投奔解放军！"

李云康和王小六一听这话，腿直哆嗦："大爷，使不得，要杀头的……"

"谁说的？"刘百顺声音硬了，"解放军里边都是好娃娃，杀了你俩的头，老汉我赔上！"两个逃兵便犹犹豫豫跟刘百顺来到七一六团五连连部……

李云康和王小六轮番喊阵，是他俩自己的主意。尤其李云康，是个老兵，自称团营以内朋友很多，许多排长、连长还都是他的同乡。而在第一轮交锋时，他又发现当面之敌恰巧还是他们连。他扯开嗓门喊着，整个沟谷静悄悄的，便觉得有千百双耳朵在默默倾听着自己的声音，于是，他越喊越带劲，嗓子都喊哑了。

入夜，国民党军不甘寂寞，开始打炮。炮火之后，便是步兵冲击。新阵地上的初次交锋，双方都打得异常激烈，国民党军寸步难进，结果丢下一地尸体败退下去。接着又继续准备下一轮冲击，解放军也在抓紧整修工事，准备手榴弹和子弹。就在这时，奇迹发生了，国民党军丢在前沿的尸堆里，突然爬出五六个人，双手高高地横举着长枪，向解放军阵地上猛跑，边跑边喊："李云康！李云康！"

国民党军阵地上的官兵都惊呆了。有个当官的举枪射击，但距离太远，又在月光下，只是徒然地浪费了一梭子弹。五六个人被带到解放军掩体内，都是李云康的熟人，大家紧紧抱在一起。此后类似情况屡有发生，以至旅、团长们在给董钊的战报中不得不加上一句："士兵每有临阵脱逃者，较以往更多……”可惜这些尖锐的文字，在董钊上报胡宗南时，一字不落地给勾去了。

张宗逊的一纵与敌人九个旅难分难解打到第二天上午9点多钟，忽听东北方向传来一阵隆隆的炮声。透过望远镜，还可以看到远处的上空浓烟滚滚，大家心里都快活得要命。

独一旅指挥部的位置比较高，看得也清楚，王尚荣举起望远镜就放不下。他一边看一边跟参谋长李书茂笑着说：“大炮响过，手榴弹都响了，大概敌人进到口袋底了！”

李书茂说：“是啊，现在敌人比咱们还要听彭总的话，完全按照彭总的计划行动！”说完哈哈大笑。坐在电话机旁边的几个参谋也禁不住笑起来。笑声传遍了整个阵地，指战员们群情振奋，将一夜来的疲倦一扫而光，仗也越打越有滋味。

胡宗南完全没有料到，彭德怀与他在牡丹川、云山寺一线对阵，是“项庄舞剑”。在麦宗禹全旅覆没之前，他的心脏一直是随着董钊的战报跳动的。刚好，让他挠头的那帮记者，又在延安大闹天宫。参观“战绩陈列室”时，美联社记者当场就提出疑问：“你们不是宣传共产党只有小米加步枪吗？这些新式的美国火炮和美制轻重机枪，还有这些刚刚出品的中正式步枪，共产党部队是怎么搞到手的？难道是你们赠送给他们的吗，还是共产党缴获过去的？如果不是缴获，有的枪炮上为何还有你们部队番号和代号？”

这么一大堆问题，讲解员想都没敢想，一时瞠目结舌，只得请示胡宗南。

胡宗南的脸色忽青忽紫地说：“这些美国人真是讨厌透顶，什么都要问……”但是，究竟怎样回答这些问题，他没有说。他怎么说呢？对待记者，尤其是外国记者，还能像跟部属那样，张口来横的吗？当然不能。令人讨厌的美国人，永远不会理解中国的国情。他们还以为中国的事情跟他们美国一样，什么都可以摆到桌面上去说。

更伤脑筋的是记者采访“战俘营”。刘庆曾和王超凡精心设置了十个“战俘管理处”，却因人数不济，“战俘队”才勉强凑了五个。没有办法，只好轮番调用，结果大出洋相。记者们拍照时，今天这个点上拍的俘虏，与明天另一个点上拍到的俘虏，居然都是一伙人。一看照片上熟悉的面孔，两名金发碧眼的英国女士觉得不对头，遂开始发难。几个伪装“俘虏”经不住盘问，结结巴巴道出真相，而在场的王超凡想解释一下，又驴唇不对马嘴。胡宗南听了汇报肺都气炸了，破天荒地打了这位堂堂新闻处长一个耳光，并传令枪毙那个多嘴多舌的“战俘”。然而，一切都已无可挽回，不少记者连延安是座空城的内幕也搞到了手……

那时的胡宗南，压根没去多想麦宗禹一三五旅，有何不妥之处。他相信自己对战局的把握与判断，更相信麦宗禹的忠实。整编第一三五旅前身是国民党第一三五师。1945年抗战胜利后，由鄂西进出江陵、沙市一带，接受日军投降，曾一度执行蒋介石驱逐大洪山区人民地方武装的任务，归第六战区指挥，后编为十五军建制。1946年夏天，奉命追击八路军中原突围部队，追到陕南，就被胡宗南顺手牵羊收养过来，寄放在刘戡二十九军名下。前不久，旅长祝夏年因为腿部骨折，到西安住院去了，所以让麦宗禹暂时代任旅长。这个“代旅长”下一步命运如何，全凭胡长官发落。因而，麦宗禹上任后竭力表现出恭顺不二。

4月14日清晨，整一三五旅在瓦窑堡南部集合完毕，忠于职守的麦宗禹照例进行了一番热情“训示”。他决定采取战备行军的方式，沿瓦、蟠大道向南行进。第四〇五团为前卫，派出一个营为本队左侧卫。旅部、特务连、通信连、工兵连、化学炮连、第四〇四团及辎重营和卫生队，依次作为行军本队，由四〇四团派出两个连，分别担任右侧卫和后卫。

队伍出发后，麦宗禹莫名其妙地老感到心慌。他问参谋主任朱祖舒：“以我们一个旅的兵力，万一碰上共产党军队主力，该能够抵挡一阵子吧？”

朱祖舒不明其意，便随口答道：“共产党军队主力不就那么几万人吗？论装备，他们差远了！”

这话多少让麦宗禹得到一丝安慰。埋头走了一阵，麦宗禹觉得还是不对劲，额头上直冒虚汗。朱祖舒问：“旅座，你是不是老毛病又犯了？”麦宗禹一向心脏不太好。但是，此时麦可以肯定地断言，他的心脏并无异常。那可能就是近日太劳累的缘故吧！麦宗禹暗自思忖。连日来，麦为了加强瓦窑堡的防务，从早到晚忙于侦察地形、督促工事，还要对付共产党地方武装没日没夜的骚扰，几乎没睡过囫囵觉。

9点多钟，一三五旅旅部行至三郎岔以北地区。猛然间，前方不远处枪炮声大作，队伍出现一阵慌乱，有人一惊一乍地喊：“共产党军队把咱们包围了！”

接着，搜索部队送来确切报告：在大道东西两侧千米高地上，发现了解放军的大部队，双方处在尖锐对峙之中。麦宗禹一听头皮都发麻了，急问：“大部队？有多大？”报告情况的人说不出。麦宗禹吼道：“五分钟内给我侦察清楚！”

五分钟在此刻简直是个天文数字！解放军教导旅和二纵队已经由东向西、新四旅由西向东呼啦一阵夹击过来。霎时，伏击战变成了运动攻击战，惊慌失措的一三五旅还没反应过来，已被分割成若干豆腐块，前后不到三分钟。大惊失色的麦宗禹回头对朱祖舒小声说：“来者不善啊，是以逸待劳……”

“糟了，旅座，我们中了埋伏！现在只有拼死一战，不可能有别的选择了！”朱祖舒显得比麦宗禹清醒，也更沉着。他当即命令旅直和四〇四团登上西山半坡，千方百计控制制高点。但是，这一招为时已晚。爬到半山腰的麦宗禹，清清楚楚看到全旅都已进入了共产党军队的伏击圈，半个制高点也没占领，局势极为严重。他强制自己沉下来思考了一下，唯一念头便是：鱼死网破！

麦宗禹传令：第四〇五团占领三郎岔以北的河川东山，掩护旅主力向蟠龙攻击前进，待旅主力通过后，即迅速脱离战场，当本旅的后卫，跟着旅本队前进；第四〇四团用一个营的兵力，占领三郎岔以北的河川西山，特别是控制各制高点，巩固和加强现有阵地；自己立足的西山半山坡上，就是旅指挥所。警卫、勤务分队全都围绕自己展开工作。通信连迅速架设电台，与延安指挥所取得联系，报告情况；化学炮连立即选择阵地用炮，阻击共产党军队对四〇五团的冲击……可解放军部队势如破竹，能挡得住吗？担任主攻的教导旅一团三营，还没等敌人把炮架打开进行驻锄，就已冲到面前。看到熟悉的部属们在自己眼皮底下一一举起双手，麦宗禹脑子里顿时一片空白。

上午11点左右。羊马河以东所有阵地，全被解放军攻克。国民党兵只能拖着烧火棍般的长枪往河西溃逃。那边有个小高地，他们企图依托地形支撑一下。但没跑多远，新四旅从对面一个冲锋，将逃敌冲得七零八碎，紧接着便分割包围往河边压。敌人一看抱不成团，零零散散各处一地，只好趴在地上不敢动。时间一秒秒过去，到下午4点钟左右，麦宗禹身边最后一块阵地——三郎岔西山，也被教导旅攻下来。正所谓“树倒猢狲散”，敌阵地炸了锅，残敌四散奔逃，谁也不管谁。新四旅二团团长王季龙立即指挥部队分头追击，大部分国民党兵在追杀中被击毙，少数侥幸脱网企图南逃。南面不远处有一面琉璃坡，他们还没来得及踏上坡脚，就被包抄过来的新四旅二团三连堵住去路。情急之下，国民党兵闭着眼睛钻进一处洼地，结果，四面八方一阵猛射，来不及举手者全部报销。

应该说，麦宗禹最初的指挥并没什么不合适的地方。如果董钊和刘戡的九个旅中有一个旅靠近麦宗禹接应一下，命运之神会不会给这位代旅长一丝微笑也未可知。然而，在他和九个旅之间，始终堵着一道牢不可破的墙——解放军第一纵队独一旅和三五八旅强有力的阻击。这一点，麦宗禹在几十年后仍喟叹不止：“没有想到啊，实在没想到！”

“没有想到”的麦宗禹在后续指挥上也是有效的。他的命令下达之后，四〇五、四〇四团很快夺占了几个高地，短时间内对局面有所控制；经过声嘶力竭的呼叫，胡宗南的飞机也派过来了，虽然时机不佳，地面已混战一团，飞机“老虎吃天”无从下口，但天上地下遥相呼应，决一死战的气势倒是有了。然而，麦宗禹仍然无力回天。解放军兵力相对集中，数量上占绝对优势，炮火之猛、攻击之烈，在麦宗禹以往经历的战事中从未见过。区区一旅人马，总体上又不占据优势地形，被动挨打已成定局。最后，麦宗禹把工兵连、特务连统统压了上去，也无济于事。眼看山穷水尽，他只好换上便衣，带着一伙警卫人员钻到山沟里，撅着屁股躲起来。出此下下之策，麦宗禹仍不甘心。他仰望苍天，竖起耳朵谛听南线的枪炮声，幻想着老天爷能破格给他一个奇迹。直到解放军教导旅一团七连连长陈忠绪带着几个战士赶到时，想入非非的麦代旅长才浑身打起哆嗦。

陈忠绪外号“小叫驴”，才20多岁，精干得很，身边几个兵都是连队战斗骨干。开始，麦宗禹那班警卫还想逞能，拼命抵抗。陈连长等居高临下，一顿手榴弹教训下去，朝对方喊话：“你们听着，解放军优待俘虏，缴枪不杀。可谁要是不老实，就立刻崩了谁！”这一下麦宗禹慌了，双手不听使唤地举过了头顶，嘴里连声惊恐，“别、别打了！我是……旅长！”警卫们还有什么好说的，一个一个乖乖地把枪扔了，举起双手。在麦宗禹的回忆中，那个惊心动魄的场面是这样的：“在沟里我遇到一个战士，我随这战士到他的部队。就这样被俘了。在路边没停多久，就见到王震司令员、王恩茂政委，互通姓名，一如朋友相见……”

这天晚上，麦宗禹被安排在一个土炕上，和王震、王恩茂同睡一铺。几小时前，双方还在羊马河畔厮杀，而现在，他们竟可以面对面地谈笑自如、无拘无束，这不能不使麦宗禹感慨“共产党人的伟大胸怀”。

刚坐下来时，麦宗禹还有点负气，说：“你们虽然打赢了，可我不佩服，你们根本不懂战法，以多欺少，偷偷摸摸……”

王震哈哈大笑：“我在中原突围时，你们是多少兵力？我们是多少兵力？人家讲败军之将不敢言勇，你倒好，尽吹牛皮。我们不会打仗，可我们会抓俘虏啊！”

麦宗禹语塞。他已无话可说。一三五旅全军覆灭，除了他这个代旅长，还有两个团长，全被活捉。4700余名官兵就在董钊、刘戡9个旅几公里远的地方，化为乌有。这种被解放军称为“虎口拔牙”的战例，还有什么辩解的余地呢？

头枕羊马河的这一夜，是麦宗禹一生中永难忘怀的。他彻夜不眠地听着王震和王恩茂均匀的鼾声，脑子里堆满一连串的想不到：想不到解放军一声不响就调集了这么庞大的兵力，为他设下一个亡命的大“口袋”；想不到董钊、刘戡的9个旅居然突不破解放军两个旅的阵地；当然，他还有更想不到的事，那就是刘戡的整二十九军一部，事实上已经冲到了羊马河以南地区，与他被困的那条山沟仅仅隔着一道山梁，却没能向他伸出救援之手！

六、第三击，蟠龙

教导旅遇险快马按兵，伤病员告状老总求情

阳光透过云层泼洒下来，山野的绿意和坡边桃红，突然撞进彭德怀的眼中。他跳下马，迎着晨风解开几颗纽扣，噢，粗布老袄已经捂不住了！这时，峁下的沟谷里隐约飘起炊烟，部队陆续起床做饭。

几天来，战士们够辛苦的，连续二十多个小时的战斗，撤出阵地后，跟着又是三四十里急行军，到昨晚深夜1点，才赶到这个叫后徐家疙瘩的小山村。窑洞有限，许多连队就露营在山旮旯里。仗打得急，有的人被子都没有带，好歹滚在土窝子里美美地睡一觉，也就阿弥陀佛。肚子没什么讲究了，搜集到的一点杂粮，包括谷壳的树根树皮之类，睡觉之前就打扫得干干净净，这时候起火造饭还能做什么指望？彭德怀饥肠辘辘地牵着马，顺着坡边一条山羊道缓缓走下去。

迎面过来张宗逊。老远就喊："老总，你真是，我还交代小鬼们别吵醒你哩，你咋就起来了，才睡多一会儿！"

彭德怀咧嘴笑道："半夜宿营，也不知个底细，出来看看嘛！"他随手朝那面阳坡上一指，"春天到啰！"说着话，两人走到一起。

张宗逊告诉彭德怀，据侦察员刚送来的报告说，敌三十六师之一六五旅、一二三旅，及十七师之十二旅，昨天已经到达三郎岔东西高地，晚上是在那两个高地上露营的。今天一大早，有一小部已占领黑山寺，主力开始往强家峁、张家坪方向运动。

彭德怀听到这里，突然刹住脚步："那不是逼近我教导旅了吗？"张宗逊点头。他正是为此事来找彭德怀的，并在出门前把情况给教导旅作了通报。

彭德怀眉毛拧成疙瘩，沉吟良久，才将这疙瘩徐徐放开，说：“我看，敌人还是瞎子摸猫，并不晓得我军的详情。部队不可轻举妄动，抓紧时间整训，把兵好好练一下。像教导旅，打野战过硬，攻坚战就不怎么样，可以加把劲搞一搞嘛！”他想了想，忽一挥手，“你对罗元发和陈海涵讲，过些天，我去看他们训练！”

张宗逊不住地赞同着，又谈了些一纵、二纵部队撤出阵地、隐蔽宿营的情况，以及下一步开展短期军训的打算。他们说着说着，不觉已到野司驻地。只见头天晚上还死一般寂静的小山村，窑里窑外热闹一片。

得知解放军进村的消息，大清早就有许多乡亲从深山返回家园。他们带回粮食、牲口，也带回了欢声笑语，使每个连队炊事班都成了最红火的地方。战士们有的在擦拭武器，有的在帮老乡整修窑洞，圈羊圈猪忙得不可开交，还有的见太阳好，天气暖和，便脱光了膀子、捉完了虱子，再把那件絮着生羊毛的夹袄拍拍打打缝缝连连……这情景让彭德怀和张宗逊从心底涌出一丝感动。

国民党三十六师和十七师部队当天中午就进到强家峁、张家坪南北高地，已逼近教导旅。罗元发旅长和陈海涵参谋长正捏着一把汗，可不知为什么，敌人刹住了脚步，再不往前。他们哪里知道，相距一箭之遥的某个山沟沟里，就藏着整团整营的生死冤家，当然更不能料想西野最高指挥员彭德怀的几骑快马，竟会从他们眼皮底下穿峡而过，直奔教导旅营地去看训练。

那是一个多星期后的事了。吃过早饭，教导旅陈参谋长带几个参谋到二团驻地小姚店子去看训练，刚走到村口，忽见平川尽处有五六个快骑飞奔而来。小马队转过山腰一抹树林，大家看清了，那跑在最前面的不是彭老总吗?

“是彭老总来了！”陈海涵惊喜不迭地喊道，一行人就兴奋地奔上去迎接。

彭德怀勒住缰绳，在马上笑着问：“你们这是迎客还是阻客？”

陈海涵自顾，发现几个人都堵在路中间，便现出一脸尴尬，赶忙让大家闪到路边，说：“太突然了，老总，我们预先一点儿不知道你要经过这里。”

“经过这里……看样子你是不欢迎我啊！”彭德怀故意沉着脸。

陈海涵急了：“哪里哪里，我们希望成天和彭总在一起哩。”

“那好，我们不走了。”彭德怀说着，朝身后作战处长和几位参谋挥挥手，自己先跳下马，随即绽开笑脸和大家握手、敬礼。见陈海涵慌慌张张地要报告罗旅长和通知部队，他立即举手制止，说：“陈海涵，你忙么子嘛，我来看部队，还真做客呀！那些个迎来送往的陈规陋习，免了好。

哪个也莫惊动了，走，带我去训练场！”

上了路，陈参谋长才小心翼翼地告诉彭德怀，此地临近硝烟未散的羊马河。国民党军那几个游魂般的野战师，距此不足20里。他嗔着眉眼责怪道：“老总你也太大意了，就是来也该事先打个招呼，我们派人去接你一下，万一撞上敌人……”

彭德怀一声不吭，只咧着嘴，好像这些数落是挠痒痒，听着很舒服。等到陈海涵把话说完了，他把脸一虎：“见面就是这一套，谈点工作嘛！”一句话把陈参谋长头上的汗都说出来了。

于是，陈正色汇报，根据总部指示，羊马河战役之后他们抓了三件事，一是战役总结，总结出了三条经验：领导战役决心果断，时机抓得准，部队运动迅速。还有两条教训，一条是连续战斗，思想准备不足；另一条是担架队组织工作，不够细致……

“有没有骄傲、自满的苗头啊？”彭德怀打断汇报。

这一问，让陈海涵心头咯噔一下：彭总看问题真准啊！原来，部队自撤出延安后，一直有股不服气的思想，认为老是叫敌人撵着屁股跑，丢人。希望有朝一日拼个鱼死网破。青化砭一仗，把这股不服气打掉了，可又有少数指战员，反过来把胡宗南看成纸老虎，不堪一击，自满情绪渐渐滋长。及至羊马河战役取得胜利，这股情绪就更加厉害了！既然彭总一针见血，陈参谋长也就老老实实承认了这一点。

彭德怀停下脚步站在路边，双手抄衣兜，认真沉默一会儿，说：“美国有个名将叫巴顿，带兵很有一套。他曾经讲过这样的话，‘军队是个特殊的集体，它往往是根据指挥员的变化而变化的。部队能不能打，经得起经不起拖，受得了受不了苦，打了胜仗能否保持冷静的头脑，打了败仗敢不敢从自己检查起，这一切的一切，都是和指挥员有关系的。为么子古今中外军事家，都要求指挥员成为战士的表率呢？道理就在这里。因为战士每天都在看你，你一点点变化，都会反映到部队……你刚才的汇报，我不满意。你没找到部队自满情绪的根本原因。要我看，首先要从旅长、参谋长、团长、营长、连长查起。你们没得自满情绪，只是战士们身上有，那才怪哩，骗鬼哟，我不信！”

彭德怀说着，自顾自地往前走。陈海涵在身后小声嗫嚅道：“老总批评得对！我们指挥员要作检查……”

“我不是要你们作检查，是让你们懂得这个道理。”彭德怀顿了顿，“哪有指挥员不愿部队打胜仗的？可打了胜仗以后，不能满足，要千方百计寻找胜利中的不足，自始至终保持冷静的状态，这样的指挥员才是永远打不垮的。打个把胜仗，就把尾巴翘起来，趾高气扬；打个把败仗，就把脑壳垂下去，唉声叹气，这叫么子指挥员？低能！蠢！胜不骄败不馁嘛，我们都应做到这一点。”

陈海涵默默无言跟在彭总身后。虽然，这些话并不专门针对他，但他脸上也禁不住热辣辣的。若干年后他回忆这件事，还深有感触地谈道：“接触过彭总的人都晓得，无论他暴跳如雷，破口大骂，还是耐心说理，循循诱导，都能使你明显感觉出他的真情实意，使你觉得他的确是发自肺腑、设身处地关心人，爱护人，因而使你感动，使你自愧、使你永远难忘。这种真情实意和发自内心的爱，恐怕就是人们之所以不忌讳他‘粗’，不计较他‘直’的原因吧！”

二团训练场并不远，可这一路对陈海涵来说却特别长。终于听到训练场人喊马叫了，迎面过来两个战士，看上去身上都有伤，有一个头上还缠着绷带。一问才知道，两人都是让团长从训练场上轰回来的，个子高的叫高有光，河南人；矮一点的叫赵栓虎，家在陕北米脂。高有光和赵栓虎正一肚子不开心，又撞上彭老总和陈参谋长，躲不是，不躲也不是，就硬着头皮站在路边，挺起胸脯敬礼。

彭德怀还过礼，问：“你们二位在哪里负的伤？”

高、赵齐答：“羊马河。”

“为什么不到后方医院去治呀？”

这句话捅了马蜂窝，高有光把头上的纱布一扯，气呼呼地说：“彭总你看看，这算个啥伤？就擦这么块皮，背上小窟窿眼早平了，吃啥啥香，躺哪哪打雷，脚不拐手不少，到后方干吗？上级不是经常讲，轻伤不下火线嘛——是不是啊老总，你给评个理……”

彭德怀静静地听着。陈参谋长急了，生怕这个火爆爆的河南小伙子，还要说什么不中听的话，一旁又是咳嗽又是挤眼。谁知，这全不管用，高有光越说嗓门越大。等高有光话说完了，彭德怀问赵栓虎：“你有么子话讲？”

赵摇摇头。彭德怀近前扒开高有光的头发，查看了伤情，又叫赵栓虎脱了上衣，看看肩头的弹孔。之后，彭德怀像个老医生似的说：“伤了骨头，还是蛮严重的，要好好治疗，就不要四处乱跑了。团长批评你们是对的！”

高有光撅着嘴：“老总，你不了解情况，这桩官司，冤……”

彭德怀不解地问：“官司，么子官司？”他指着没有言语的赵栓虎，“你老实跟我讲。”

于是，赵栓虎结结巴巴讲出了事情经过。

原来，二团今天搞全团比武会演。昨晚高、赵二人就心里痒痒地去泡排长。排长经不住“蘑菇”，未经连长批准擅自决定同意他们两个轻伤员参加这场比武。哪知早上一集合，营长发现了，当场“揪出来示众”，还把连长没鼻子没眼批了一顿。连长虽说气粗，当着全营部队的面，只好老老实实接受批评，可高有光和赵栓虎却不服气，缠着营长说什么“轻伤不下火线”“敌人来了怎么办”等好一番理论，弄得营长无言答对，就睁只眼闭只眼，由他们挤到队伍里带到比武场。事情叫团长王季龙知道了，二话不说，把高、赵二人从队伍里拉出来，立逼他们回去躺着。

“没想到，回来的路上又碰到……”赵栓虎涨红着脸还没说完，高有光抢过话头，口气软和地哀求道：“老总，你看这事儿……去跟俺团长说说吧？”

彭德怀脸上漾出一丝笑意，一手拉一个战士的手，长久站在那里，不知该说什么好。最后，他转身对陈海涵参谋长说：“看到了吗？党和毛主席有这样的战士，还怕么子强敌战胜不了？”

陈参谋长也深有感触。彭德怀拉着两个战士：“好了，高有光、赵栓虎同志，我老彭今天想帮帮你们，就看你们王团长给不给面子。但有一条，养伤是头等任务，团长做得对，这是对革命负责的态度！”

高有光和赵栓虎大喜过望，愣愣地傻笑。

彭德怀说：“笑么子？走吧！”说着使个眼色，拉着他们向比武场走去。一路走，他一路询问两人负伤的详情。

见到王季龙团长，彭德怀把高有光、赵栓虎的要求说了一遍，指出：他们两人表现出人民子弟兵的本色。“现在，我把他们二位带回来了，请王团长和同志们批准他们参加比武！”彭总说完，举手向王团长和列队战士们敬了个礼。

这一下让在场的人全惊呆了，王季龙更是不知如何是好。好一会儿工夫，王季龙才扭头朝队列吼了一嗓子：“谢谢彭总的信任！”

顿时，这句话成为全体战士的口号，口号声中，高有光和赵栓虎急忙向彭总敬礼，跑步入列。

下午，比武结束，二团召开党委会，中心议题就一个，如何以彭总为榜样，深入细致做思想工作，真心实意关心爱护战士。

彭德怀临走时丢下几句话：“我们当指挥员的，应该时刻了解战士们想么子、做么子，能帮他们干点么子……”

这些话很快上了教导旅干部小本本。特别是陈海涵，一晚都睡不好觉，跟罗元发旅长盘腿坐在炕上，点上烟，聊，直到雄鸡三唱，天一点一点亮了，战士们的歌声在沟里响起来：“红旗呼啦啦飘，喜鹊喳喳叫，青化砭羊马河，两仗打得好，把敌人两个旅全都消灭掉。胜利消息到处传呀，人人都欢笑……”

董钊重操故技占绥德，盛文难言真情说空城

连吃两个败仗，胡宗南有点摸不清东南西北。“拿下延安”一个多月，他“精心”组织了四次“大扫荡”，满以为能继续闹出几个天字号战绩，给国防部翘首以待的老爷们再放几颗卫星，结果事与愿违，丢一个李纪云，又丢一个麦宗禹，“戡乱大业”惨不忍睹，实在没法去向南京“老头子”作出像样的交代。

蒋介石的日子也很不好过。山东战场连连吃紧，山西、河南告急不迭。陈赓大军横扫晋南，先头部队已挺进黄河边的永济县，离胡宗南大本营西安，只一步之遥。可胡宗南呢，还在那里心急眼瞎地寻找陕北共产党军队主力，什么“决一死战”“一战解决陕北问题”，豪言壮语把蒋介石耳朵都听出趼子来了。现在，老蒋嘴上硬着，心里六神无主，除频频急电胡宗南施加压力，也没什么高妙的主意。

噩梦常在深夜敲响胡宗南的门，这位“西北王”整宿整宿合不成眼。青化砭糊里糊涂钻“口袋阵”，完全是由于自己一意孤行；羊马河马失前蹄，细细推敲起来又与自己不无关联。

战后第三天，新华社社论说，一三五旅的被俘，意味着一个历史转折点已经来临，这句话的意思是说自己就要走下坡路了？这虽属赤色宣传，但敌对双方短期内军事实力的微妙变化，却是个不争的事实。国民党中央社播的所谓“国军在瓦窑堡以南，歼灭共产党军队贺龙主力一万多人……”天知地知，胡宗南不愿多想。

好你个彭德怀，难道你就没有失手的时候？胡宗南拧着心劲。伸手不见五指的土窑里，因为他的苦思冥想，而生出一阵阵燥热。

很快，热浪过去了，想抓也抓不住。延安这个小角落毕竟比不得西安东仓门官邸，要什么没什么，起夜小解还得跑到洞外……陕北4月实在不像4月，露天寒气还深着呢，何况又在后半夜。

胡宗南凉着身子回炕，连哈欠都冷飕飕的。不知为什么，他又想起羊马河的败绩。这是头脑清醒的代价！现在，他自信地认定共产党军队主力在瓦窑堡，并向绥德、米脂方向撤退，大有东渡黄河的迹象。因而严令董、刘二人以九个半旅的兵力，于4月26日从蟠龙出发，经瓦窑堡向绥德、米脂一带死死咬住不放。

此外，胡宗南还让榆林邓宝珊及驻在榆林监视邓杂牌军的主力二十八旅，也如数南下，向米脂、葭（佳）县摸过来。由此，他轻而易举构想出一场激动人心的“会师”，并且顺竿子注解：打通延（安）、榆（林）公路，把共产党军队赶过黄河去，预言5月在专出英雄好汉的绥德城招待中外记者。胡宗南想着想着，感到周身又在回暖。他惊喜于自己的热血并不曾

冷却，随手操起作战处专线电话，问：“董、刘二部有消息没有？”

“报告长官，昨天下午清涧下雨，道路泥泞，董、刘二部在清涧河两岸安营了！”

这可不是胡宗南想听到的消息，他嗓门粗起来：“他妈的，下点雨就畏缩不前，还叫什么军人？慢腾腾的，等赶到无定河，共产党军队主力早过黄河啦！传我的令：董、刘二部即刻开拔，风雨无阻，三天内如不拿下米脂和绥德，军法从事！”

“看来，胡宗南是铁了心要把我们赶过黄河去吧？”毛泽东专门找周恩来和彭德怀说，“我们过了黄河，他好腾出手招架晋南，换下老彭，来跟陈赓交锋，这个如意算盘打得不错啊。可惜，我们偏就不过黄河，胡宗南有什么法子？”

毛泽东对于立足陕北挫败胡宗南，始终信心十足。早在3月底中央决定留在陕北时，他就给彭德怀、习仲勋、贺龙和李井泉发电报说：“中央率数百人在陕北不动，这里人民、地势均好，甚为安全。目前主要敌人是胡宗南，只要打破此敌，即可改变局面，而打破此敌是可能的。”

3月29日在清涧枣林沟将中央政治局兵分两路后，毛泽东又召集留在陕北的周恩来和任弼时等人，在靖边青阳岔专门开会，把中央机关留在陕北的806人，按照军事斗争需要组编为四个大队，代号“九支队”，让化名为“史林”的任弼时担任司令员，化名为“郑位”的陆定一任政委，叶子龙任参谋长，廖志高任政治部主任。另外，自己和周恩来也开始启用一个陌生名字，一个叫李得胜，一个叫胡必成。从此，“毛泽东”和“周恩来”在无线电波中消失了。

起初，毛泽东的胃口并不大，西北野战部队在陕北战场一个月，若能吃掉胡军一个团，就算胜利。哪想到彭德怀出手这么辣，而胡宗南又如此大方，不过二十来天，就毙掉胡军两个旅（欠一个团），这让毛泽东颇感意外。他不得不重新给国共战局作个估量和预测。那篇题为《战局的转折点——评蒋军一三五旅被歼》的新华社社论，实际上就是毛泽东点阅出来的。他在修改中所加的两句话很耐人寻味，第一句说：“可以预计，4月开始后的两三个月内，蒋军将由攻势转变成为守势，人民解放军将由守势转变成为攻势。”第二句说：“历史事变的发展表现得如此出人意料，蒋介石占领延安将标志着蒋介石的灭亡，人民解放军的放弃延安将标志着中国人民的胜利。”

胡宗南的确输得有点儿沉不住气了，参谋长盛文甚至建议放弃延安——这当然是胡乃至蒋介石绝对不会同意的，可见围歼共产党军队的急切心情真正到了无以复加的地步。这次所取攻势，在胡宗南看来，应是万无一失的，南有董、刘两军，北有邓宝珊和整二十八旅，西面的宁、青二马已推至陇东，东面拦着一条黄河，这可是李鸿章当年剿灭捻军的招法呀！即便你共产党军队上天入地有七十二般变化，陷入如此密密匝匝的罗网，还能有多少生还的希望！

但是，胡宗南忘记三十六计中还有一招——瞒天过海。他竭尽全力布设的所谓“罗网”，恰恰为中共留下生机。周恩来幽默地说：“这很好啊，彭德怀同志应该成全胡长官嘛。首先，他不认得路，你应该派人给他当向导。他要找我们主力，胃口很大，所以，我们人少还不行，要多搞些人，把他带到绥德、米脂那边去。我们主力当然不能跟他兜风。他走，我们留下来……”周恩来神秘地眨眨眼，指尖按住一个套红的地名——蟠龙镇。他说：“这里有一六七旅，油水足得很啊！”

蟠龙，就是中共中央军委为西北野战部队选定的新目标。它是延安东北方向一座重镇，胡宗南在这里设立了军械、军需补给基地，枪支弹药、面粉被服堆积如山。打下了蟠龙，胡宗南在陕北的大游行就没法支撑下去。因此，胡特地委派他的心腹一六七旅驻守。该旅是嫡系第一师主力，装备精良。旅长李昆岗，曾当过胡宗南的参谋长，骄横淫侈，心狠手辣，屁股底下又垫着蟠龙这么一个宝座，就更不把寻常人物拿正眼去瞧。彭德怀偏就瞄准这个李昆岗。他看破胡宗南的心，说：“要是把一六七旅搞丢了，胡宗南恐怕就得哭鼻子啰！”

其实，就在董钊、刘戡大部队浩浩荡荡从蟠龙、永坪出发北上的当天，彭德怀和习仲勋就下定了将计就计——“待敌进逼绥德时，围歼蟠龙之敌”的决心。考虑到毛泽东和周恩来的意见，让北进的敌人铆足劲儿跑起来，完全赶到绥德或东进清涧时，才动蟠龙，彭德怀命二纵三五九旅，加上其他各旅抽出的少量兵力，配合绥德分区和紧挨着黄河的晋绥军区三纵独五旅，大造我军主力向绥德撤退、企图东渡黄河的假象。而真正的主力，却在蟠龙周围悄悄隐没下来，准备瞅准机会解决李昆岗。

短短几天时间，米脂、绥德一线黄河沿岸，便集中了大批船只，千帆竞发过黄河的架势摆出来了。奉命当“向导”的三五九旅等部队，在蟠龙去往米脂、绥德的路上，挖下无数野炊灶坑，破鞋烂袜之类的废弃被装，稀里哗啦丢了一路。董钊、刘戡那九个半旅认定“咬住了共产党军队主力的尾巴”，铺天盖地由蟠龙出发，数路并进，越追越起劲。他们除碰碰三五九旅有意设下的“钉子”，几乎没遇到什么抵抗。所以，七天七夜长途跋涉，自我感觉非常之好。

终于到达绥德城，董钊喜不自胜，破天荒地亲拟一篇电文，向已回到西安遥控指挥的胡宗南报捷：“共产党军队溃不成军……国军收复战略要地绥德，二十二军邓宝珊部也已南下配合，米脂占领在即，两部即日会师，咸榆公路打通在望。我全部兵力南北夹击，将共产党军队主力压迫至黄河西岸，一举而歼灭之……"

这是多么令人兴奋的一幅蓝图啊，连董钊自己听完参谋人员复诵的电文后，也禁不住陶醉地举起酒杯。

然而，胡宗南接到这份电报，脸上却没有喜色。对于董钊的夸夸其谈，他已领教得够多。于是，他一面好言相抚，让董钊转达他对全军将士的"问候"，一面不急不忙地提出："速将战果呈报……"

这一军可把董钊将住了。事实上，绥德和延安一样，也是一座空城，连老百姓的影子都见不着，就更谈不上与解放军对阵交锋了。但是，董钊依然故技重演，又让一师一旅抢先进城，以制造"天下第一旅再建奇功"的新闻。事到如今，他也只好顺竿子爬了，硬着头皮弄出一份捷报："一旅猛攻绥德城，毙敌两万，残敌向东北方向逃窜……"

胡宗南一看就不相信，电报纸掷到地上，命盛文速查原委，是不是又让共产党军队主力滑脱，而占领了一座空城。结果很快出来了。"空城倒不是，但……"盛文似有难言之隐。胡宗南急红了眼："莫非没抓住共产党军队主力？！"

盛文痛苦地点点头。

胡宗南瘫在座椅上，许久没话说。空军不是明明发现共产党军队主力在向绥德撤退，而绥德和米脂一线黄河岸边所有船只，一条也没动吗？难道他们还能插翅飞了不成……胡宗南嘘口气，自语道："这个董钊，该杀！"

西野撒网连天雨，胡军追赶擦肩行

陕北高原少有的一场雨，仍在淅淅沥沥下着。彭德怀穿件打补丁的灰土布军衣，在崎岖山道上健步匆匆。他身后，是一班旅长、政委和作战参谋。蟠龙周围已伏下一纵独一旅、三五八旅和二纵独四旅、新四旅等四个旅的兵力，万事齐备，只欠野司一声号令，但彭德怀仍坚持组织主要指挥人员，再勘察一次地形。

"打仗是拼命，各种情况都要想到，"彭德怀一边走，一边比划着对大家说，"就说这山路，天下了点雨，敌人在蟠龙补充了足够的粮食，肚子饱饱的，如果不偷懒的话，今明两天，差不多可到绥德、米脂。这样算来，一共是七天，同志们注意，他们走了七天！也就是说，我们这边一打响，董钊和刘戡回援的时间也就是七天。不过，那时天气会好一点儿，路好走一些，估计他们要不了七天时间，就会赶回来。而我们打蟠龙，少说也得四天吧，所以，时间还是蛮紧迫的哩！大家赶回去，抓紧准备，赶前不赶后嘛。无论如何4月30日完成攻击任务，5月1日开始进攻，各部队出手要猛，一举打掉胡军这个前进补给基地，叫敌人北上部队回援不及，两头落空！”

说话间，蟠龙镇已经尽收眼底。此地相距延安45公里，镇子坐落在一个小盆地中央，正好是两川汇合的三角点。周围群山环抱，地势险峻，易守难攻。特别是镇东、镇西两道山梁，伸出多个制高点拱卫着镇街，十分有效。全镇只有三条进出道路，东达永坪、清涧，南下延安，北通瓦窑堡、绥德。位置重要，地方狭窄，所以守备兵力不宜太多，但必须得力。李昆岗除分兵把守隘口之外，还在四面山上构筑了外围防御工事。这些工事稀稀拉拉连起十六个寨子，一呼百应，火力可以互相支援……彭德怀把地形前前后后分析了一遍，说：“同志们不要小看李昆岗，这可是个虎狼似的人物，黄埔六期毕业，又是陆大的‘高材生’，给胡宗南当参谋长之前，还做过蒋介石的侍从参谋哩。所以，胡宗南把他奉若神明，吹上了天，说他‘智勇双全，有雄才大略’，否则，怎么能称得上胡宗南手下的一大金刚呢！老实说，此人还是有两下子的，打仗不要命，枪法顶准，而且臂力过人，冷打热打，一般人都很难成为他的对手。胡宗南把这么‘一员虎将’放在蟠龙，他才敢吹那个大牛，说蟠龙‘固若金汤’。

“不过，我可以告诉同志们，‘固若金汤’的蟠龙镇，早已坚壁清野，没得一个居民，更无一草一木可资利用。大家看到啰，外围防御以东山集玉峁为制高点，必须死守，守护部队是敌一六七旅直属分队，计有一个工兵连，一个输送兵连，一个通信兵连，一个特务连，一个卫生排，加上步兵第四四九团，配属山炮一个营。另外，还有押送给养来蟠龙的宝鸡民兵总队1000多人，也给他们拉上山。这些人，没训练，可说是‘乌合之众’，谈不上战斗力。李昆岗把整个外围防御任务，交给四四九团肖伯廉团长全权指挥，他自己躺在镇上当‘太上皇’。此人是好色之徒，见到女人没命，部队约束差，老百姓恨之入骨，说蟠龙是‘淫窟’是‘贼窝’。这些，对于我们取胜是有利的……”

从敌情方面来说，西北野战部队获胜的有利条件还不只是这些，最重要的，胡宗南刚愎自用，意气用事。如果说这是他往脖子上套住一根绞索的话，那么勒得最紧、最致命的便是那种有意无意间亲一部、疏一部的做法，这使胡军内部无风三尺浪，冤冤相报，终无宁日，往往不经意间的一念之差，千军万马即刻葬送出去。这种触及根本的败象，谁都看在眼里，谁也无法挽救。

那是几天前一个黄昏，董钊的一军九十师从蟠龙补足给养，奉命追击共产党军队“主力”。刚出发不久，便发现王家湾附近距本部以西几公里的大川边，有大批解放军部队自北向南运动。九十师先头旅旅长邓钟梅见此情形大为惊骇，不是说共产党军队主力全部北上了吗？怎么会有这么大的部队逆向运动？他当即报告师长陈武：“师座，如果我的估计没有错的话，这才是共产党军队真正的主力！他们没有走远，还在安塞和青化砭一线，而且……另有所图！”

陈武是个久经沙场的老油条。他不慌不忙地爬上一座山头，用望远镜静静地看了十分钟之久。的确，那是一支队列整齐的解放军行军纵队。他们正在悄无声息、急急忙忙地南进，显然是有组织、有预谋……陈武拧起眉头沉思好一会儿，脸上阴飕飕地从牙缝里挤出几个字：“蟠龙镇……”

聪明的邓钟梅当然明白陈武的判断，当即会意地点头，并和参谋长一起在旁边提醒道：“师座，这种军情大事，应该赶快报告董、胡……否则……”陈武岂有不懂其中利害之理？但是，他却故作糊涂地问：“报告？报告谁呀？”想了一想，冷冷地说，“别自作多情了，咱们九十师的话，人家能听得进去吗？人家心目中只有第一军第一师！你们记性怎么这么差，占领延安时，老子们流着血，而请功领赏的是谁呀？”

“可是，误了军情是要……”邓钟梅惴惴不安。这话有点儿让陈武生气，他将眉毛一扬，露出声严厉色：“谁误了军情？是你还是我？笑话！我只知道执行军座的命令，北上追敌，不敢怠慢，别的，咱啥也不知道！啥也没看见！”陈武眉眼生动地在原地兜了一圈，忽然脸上现出一丝得意。他慢步踱到邓钟梅跟前，语重心长：“放心吧老弟，蟠龙镇有‘战无不胜’‘举世无双’的一师精锐部队防守，天上有飞的，地上有追的，对共产党军队情况早就了如指掌啦，还用得着你我来操这份闲心吗？走吧，不要耽误时间，指挥部队赶路要紧！”军令如山，邓钟梅还能说什么呢？然而，陈武这声命令，等于将李昆岗推向深渊……

其实，彭德怀的西北野战部队指挥部，此时相距胡军也只有1公里远。在陈武和邓钟梅站在高处看一阵议一阵的那个时刻，趴在冷炕上琢磨地图的彭德怀，就一直揪着心。侦察员们五分钟一个报告；警卫部队枪上膛、人上马，伏在旁边的地沟里，紧张得大气都不敢喘，窑里窑外的参谋们，额头上汗珠直滚，手里忙着活儿，眼角瞅着彭老总的脸。那脸始终平静着，不兴一丝波澜。这个刻骨铭心的黄昏似乎比一年还要漫长。终于，侦察员笑嘻嘻地跑过来了：“报告，敌人过去了！”彭德怀抬起头，微微咧了一下嘴，继而从土炕上一跃而起，说：“好嘛，大路朝天，各走一边。敌人向北，我们向南，各走各的路，各办各的事啰！”

正好，与敌人擦肩而过，成为警卫员们接下来夜行军的谈资。有小鬼就吹开了：“我说嘛，咱彭老总是个啥人？有他站在这儿，敌人还能咋的？腿都不听使唤啦！”彭德怀来了兴致，也加入进来：“见你的鬼哟，当心把牛皮吹炸了！不过，敌人也真是傻瓜，不动脑子，要是稍微往山下弯几步，不就捉住我彭德怀了吗？”有小鬼忙问：“老总，你当时怕不怕？”彭德怀说：“我要是怕，你还不得尿裤子啊！”大家一听都哈哈笑起来。彭德怀却不笑，掏出怀表看了看，吩咐张文舟参谋长："给各部发个报，要求加快步伐，总攻时间尽量靠前，务必达到突然、勇猛的效果！"

彭德怀在说笑间，心里一直精密审视着那张悄然撒开的罗网。此时此刻，除正面担负攻坚任务的部队外，独一旅三十五团和警备第七团已经组成"南进支队"，专门负责破袭延安以南的公路，扫清临真、南泥湾地区敌人的地方武装；在关中分区活动的部队，也正向咸榆公路的洛川、耀县地段出击，以牵制延安以南的敌人；三五九旅主力把董钊、刘戡九个半旅带到绥德之后，自己来了个"隐身法"，钻到永坪东北热思湾地区，瞪大双眼监视着盲目乐观的董、刘，随时准备阻止绥德、清涧可能回援的敌人；教导旅赶到青化砭以北，任务是阻击来自延安和延长两个方向的敌人增援。同时，他们还扫清了青化砭外围一些地方杂色武装，建立起巩固的支撑点，准备在必要时助蟠龙主攻部队一臂之力。

蟠龙顿成瓮中之鳖。在风卷云飞之际，一纵三五八旅、独一旅和二纵独四旅、新四旅以迅雷不及掩耳之势，突然把蟠龙包围得水泄不通。按照彭老总的预定决心，一纵主力由西北向东南方向发起攻击；二纵两个旅分别自东北、北面两个方向向西南及南面攻击，主要攻占制高点集玉峁。最后各部队会聚街区，直捣李昆岗巢穴。4月30日，一切部署停当。5月1日便是发起攻击的时间了，不曾想当夜又哗哗下起滂沱大雨……

彭德怀立断停火休整，胡宗南缓阅天文数字

西北野战部队旅以上干部会就在雨中召开。彭德怀甩着一脚烂泥巴，反反复复跟大家讲攻击发起后部队土工作业所需要注意的问题。天公不作美，进攻时间要推迟，既增加了彭德怀的心理压力，也为他赢得了研究战法、精雕细琢的时间。守敌火力工事都布设在险峻的山地上，部队没有攻坚火炮，夺取敌前沿据点别无省力的办法，只有靠挖地沟摸到人家身边放炸药包来解决问题。这样笨的战法，要避免大的牺牲几乎不可能。但是彭德怀提出"啃硬骨头不许伤牙齿"的要求，说："如果说青化砭、羊马河两仗我们吃了两块肥肉，那么，蟠龙这一仗要准备啃骨头，要切实作好攻坚打硬仗的各项准备。把战士们都发动一下，开诸葛亮会嘛！我就不信没么子好主意！"

贺炳炎、廖汉生和王震等几位纵队领导都纷纷表态。然后，各自开小会去了。一纵决心以三五八旅和独一旅同时由西北向东南出击，用短平快的办法，出其不意地突破敌人外围防御之事。三五八旅先攻歼北山田子院之敌，再继续向蟠龙北山发动进攻；独一旅（含八团）在右翼出击，先把老庄南北山头上各敌人阵地拿下来，然后向辛店北山的小庙梁攻击。任务明确后，张

宗逊跑过去问黄新廷和王尚荣："你们两个旅长，有困难没有？"

还能没有困难？黄新廷吸口凉气，眼睛盯在地图上，五指插进军帽里面挠着头，与王尚荣互相看了看，憨憨地笑了。这笑是大家所熟悉的，它比"坚决完成任务"这样的话似乎更有分量，所以张宗逊也跟着露出笑容。倒是站在一旁的廖汉生心里不踏实，说："这一仗不是好干的，可不能轻敌哟！"他蹲下来指戳地图，"这么丁点儿的小镇，那么多面粉、那么多军服，枪支弹药装了几十孔窑洞，是胡宗南的命根子。我们替人家想一想，狗急了要跳墙啊，一定要教育部队准备打硬仗！把这一仗打好了，比吃掉胡宗南几个旅还有意义哩！"

黄新廷和余秋里、王尚荣和颜金生都简单表示了一下决战的信心，并且把本旅打法及兵力部署复述一遍。张宗逊注意到两个旅的接合部保障都体现出高姿态，至于部队动员，干部战士雪片似的请战书之类，那都是意料中的情节，也就无须多问，唯有黄新廷发言提到什么"膏药战术"，让他精神一振，急忙追问："快说说，快说说……"黄新廷脸上含着一丝自得，却不说话，而是朝余秋里神秘地扬了扬下颏。

余秋里将一只空袖朝怀里掖一把："我讲就我讲！我们的'诸葛亮会'都开过了，大家分析认为，敌人主阵地是高大的核心地堡和一些土寨子，打攻坚仗，我们缺少重炮，人工爆破量会相当大，牺牲也就可能很大。所以，战士们动脑子想了很多办法，比方说，把粉状炸药装到干粮袋子里，捣紧它，每人身上拐它几个。敌军火力射击时，我们就搞对壕作业，一步一步贴紧敌碉堡，把炸药袋子统统挂到敌人的碉堡上去，就像贴膏药一样……"

"战士们就叫这个方法为'膏药战术'！"黄新廷忍不住插嘴，"我们已把前沿一些小据点都清干净了，准备顺着山势展开攻击，首先夺取田子院，进而向纵深发展，夺取控制街区的主阵地，直捣敌人一六七旅指挥部。"余秋里意犹未尽地补充道："我们的口号是：夺取蟠龙镇，保卫陕甘宁！"张宗逊看着三五八旅这两名年轻指挥员既纯真又成熟的叙述，很是满意。他兴奋地叉着腰，胸中平添几分豪气："这一仗，我有信心！今晚明晨，雨一住就动手！"

终于迎来5月2日。雨后的蟠龙镇，群山笼罩着一层薄雾。季节到了，又有一场透雨，山上显出草色青青。红日是从指战员们心窝里冉冉升起的，簇新的阳光格外明净，迎头飘洒下来，把这座陕北小镇映照得十分妩媚而生机盎然。大战料也为时不远，整整一天，朗日和风，山上山下静得出奇，直到黄昏时分，才突然之间枪声四起。老战士们一听枪声就明白，敌我双方的外围战接上火了！

跟彭德怀预计的情况相差无几，最初十几个小时里，重点方向攻击行动，进展速度很不理想。一整夜土工作业爆破，只拔掉敌人几个前沿据点，连外壕攻击都没有成功。彭德怀处在两难境地：继续强攻，牺牲太大，难以奏效；偃旗息鼓，调整部署再攻，时间可能又来不及。要知道，董钊、刘戡一旦回援，九个半旅兵力至多七天即可压向蟠龙！

各路战报一份接一份：独四旅十四团在新四旅七七一团协助下，向集玉峁发起攻击，经数次冲击，因不能压制敌人暗火力点，障碍始终未能扫除，外壕无法通过，进攻受阻；七一四团以及刚刚配属独一旅的八团，占领了老庄、新庄科等高地，部队本该乘胜前进，分别向小庙梁和磨盘山发展战果，但因准备不足，协同不好，火力也不紧凑，七八个小时的攻击不见起色；三五八旅……彭德怀立断：停火休整，总结再战！

战场喧嚣突然安静下来，但这已让李昆岗惊吓非常。从各个据点报上来的情况判断，李昆岗料定蟠龙外围共产党军队不下五个旅的兵力，加上习惯性余数，他决定在上报胡宗南时称“共产党军队主力约八个旅围困蟠龙”。这份告急电报让胡宗南简直不敢相信自己的眼睛。在阅读那行天文数字的时候，心里就早已把李昆岗骂个狗血喷头。这也难怪，一小时前，董钊的“捷报”上还言之凿凿地说中共主力受到重创，“残敌”已向绥德“东北方向逃窜”，怎么可能瞬息之间又出现在蟠龙？这个李昆岗就喜欢夸大其词，岂有此理！先摆一摆再说吧。

胡宗南的自信，丝毫没有减轻彭德怀的压力。无论如何在目前这种情况下中断攻击行动，延长作战时间，都不是一件轻松的事。彭德怀充分估计到风险。正因如此，他要稳中求进。他在午夜的门槛上细碎地踱着步子，想象各旅各团此时此刻将作怎样的部署调整——指战员们献计献策、指挥员的判断与行动……彭德怀决定，跟三五八旅黄旅长通一次话。黄新廷是个不愿意张扬却能不声不响拿大主意的人，不管战场情况怎样变化多端，他总有自己一套办法，从来就没有束手无策的时候。从眼下土工作业效果看，三五八旅方向，进展速度也是最令人满意的。而且——这也是最重要的，在彭德怀下达停止攻击、巩固既得阵地的命令之后，据说黄新廷并没有完全执行！那来自某一个方向略显单薄的枪声，在彭德怀心中形成了一连串的反应。

神魔鬼道英雄汉飞进了土寨，晴天霹雳西北王找不到感觉

战斗刚打响时，三五八旅阵地上就出了个小情况：平白无故拥上十几个陕北汉子，说什么也要跟部队一块上。当时七一六团正在实施“膏药战术”，满阵地射击的射击、装药的装药、挖壕的挖壕，忙得一塌糊涂。有位小战士急了，冲那些汉子嚷嚷道：“哎呀老乡，这是打仗，又不是种庄

稼，还兴搭把手什么的！”一个陕北老汉听到这话不乐意了，瞪着眼喊起来：“打仗咋的？我打鬼子那会儿，你还在哪儿哩！真刀真枪我见过。后生子，小瞧我，当年贺老总还表扬过我哩！”

无意间提到贺龙的大名，干部战士立马肃然起敬。贺龙是这支部队的一面旗帜，谁的心里都在飘扬。大家换了口气，性子也平和了许多，老同志长老同志短地招呼起来。团长储汉元让人把这班陕北汉子领到二连：“你们就算二连一个班吧。干脆，交给一班长得了！”

二连一班班长李子华是个共产党员，雇工出身，左云人，仗打得精熟，又勇敢又机智，前不久配合羊马河歼灭敌一三五旅那一仗，他一个人一挺机枪挡住敌人一个连的冲击。见连上把十几个老乡交给自己，李子华欢喜不迭。一班正在对壕作业，人手像金子。李子华把庄稼汉排上号，编到作业队伍中。这下力量可强了！二连当面七个明暗火力点，一班在天黑前就炸掉三个。而包括十几个陕北庄稼人在内的一班全体战友，完好无损，连皮都没碰着。

仗打得正在热乎劲上，七一五团二营六连阵地又跑出几位老太太。其中一个上来就冲连长双膝一跪，眼泪一把鼻涕一把：“官长，快救救我的女娃……”一了解，才得知几个老太婆都是蟠龙镇人，被李昆岗的队伍撵出家门四处流浪。听说解放军要打蟠龙，几十里地赶来。下跪的那位大娘有两个女儿，一个15岁，一个17岁，被国民党兵糟蹋后，又弄进兵营，到现在下落不明。

六连战士郝万龙也是陕北人，一听乡亲们遭罪，心里就难受得不行。他泪流满面地告诉大娘：“您放心，我拼上这条性命，也替您老人家把仇报了！我是绥德西边的郝家沟人，要是死了，烦您老托人给我家里捎个信……”这话说的！几位老太太哭成一团，说：“官长，枪子儿长着眼，像你这么好的人怎么会死？老天都不容啊！”哭着，她们就拐起小脚抱炸药往前送，用衣襟兜土筑工事，帮着炊事班生火做饭。战斗打响后，郝万龙当了突击队员，一马当先冲进一座土寨，里面有敌一连人。郝手里握着两颗手榴弹，拉环扣在小指上，大声喊道：“不想死的，举起手来！”结果，一寨子敌兵全都成了俘虏。

王树山是七一四团刚从青化砭战斗中解放过来的战士，才满20岁，在国民党军三十一旅当了三个月的运输兵，这次打蟠龙他实际上是第一次真刀真枪上火线。开始有点儿紧张，枪炮一响，也顾不得许多了，背上炸药袋一溜烟冲了上去。他连续两次把炸药送到敌人的碉堡上，后一次因为躲闪不及，胳膊上负了伤，血咕嘟咕嘟直冒，他用绑腿简单捆了捆，抱起一袋炸药还要上。排长一把按住他：“王树山，你不能上了，休息一下！”王树山死也不肯，可着嗓子喊：“让我上，我要报仇！”

王树山的仇大家都知道。他的父亲是饥荒年景被活活饿死的，保长歹心不遂就害死他的母亲和一个不满10岁的弟弟，一大家人就剩下他孤苦伶仃一个了。正没活路时，他又被国民党抓了兵。青化砭解放过来后，王树山时常对战友们说："我与蒋介石有血海深仇！"他决心在蟠龙战斗中"拿出一条命来拼一拼"，所以上来就冲到最前面。战斗最后阶段，王树山把腰带紧了紧，狮虎般地直扑敌营，一口气抓到三个俘虏，缴获三支步枪。

那已是两天后的事了。其实，部队奉命整训期，三五八旅战术上也做了些小的修补。黄新廷坚持不让部队完全停下来的原因，在于他认定对壕作业是接敌的唯一办法。于是，主力始终沉下心来埋头苦干，切实一步步逼近敌铁丝网、外壕和火力碉堡。与此同时，他将配合行动的攻击部队进行了编组，一直不间断地轮番佯攻，即便是彭德怀下令停火，这种佯攻也没有中止。敌人被打得人困马乏，火力也消耗得差不多，刚开始的那股势头一点一点打下去了。5月3日整整一昼夜苦干，到4日拂晓，效果大为明显。抵近敌人阵地，办法就多了，七一六团七连有个班长叫王有才，靠连续打手榴弹掩护搭梯爬上敌人寨墙……消息一阵风似的传开来，各部队都铆足劲挖呀、掏呀。正在东面主阵地集玉峁脚下血战的二纵独四旅和新四旅，借着有限的炮火掩护，一鼓作气冲到敌人外壕和铁丝网跟前，顿时，手榴弹大显神威！王震说："只要集玉峁一拿下，整个蟠龙镇就算控制住了！"他的下一道命令就是"活捉李昆岗，收复蟠龙镇"！国民党官兵当然也懂得这一点，驻守这个制高点的敌四九九团二营五连，在解放军还没冲到前沿阵地时，就已三心二意，乱成一窝蜂。

此刻，独一旅二团和八团进攻正面的磨盘山阵地，近处爆破一片轰隆隆山响。八团三营八连担任主攻，连长是个精明干练的年轻人，叫张金榜。张连长身上那股风火劲，四年前在陕北米脂大练兵时，就已声名很响。其时，他是有名的练兵模范，刺杀、射击、投弹和战术指挥，样样提起来让人吐舌头。这次八连打主攻，是王尚荣旅长亲自点将。王旅长问张金榜说："你行不行？不行我换别人。"他知道张金榜最不能听这种话。张金榜没有吱声。他平静地接受了任务，甚至看都没有看王旅长一眼。他知道王旅长不喜欢听豪言壮语。

天麻丝亮，张金榜就把副班长以上的骨干带到前沿，最后一次仔细察看地形。回到阵地天还没大亮，班、排长不散，接着研究打法。八连任务是以最快速度攻占磨盘山，保证大部队如期夺取蟠龙镇。张金榜掂着分量跟大家说："磨盘山是蟠龙南边最要紧的一座高山土寨，不把磨盘山搞到手，部队咋进镇？就是进了镇也展不开，在人家眼皮底下，全成了活靶子，大家想想，那个牺牲该有多大？"班排长们都表示，八连就是打得一个都不剩，也要完成任务。张金榜吼道："胡说，八连损失也是部队的损失，一个都不剩了，还完成啥任务？”接着，他目光炯炯地宣布突击队名单。

张金榜决定由三排担任突击队，一排竖梯子，二排做预备队。他盯住三排长王正林的脸看了好一会儿，大声补充道：“左右都有友邻配合，就看谁的指挥好、出手快！”五班杨义泉站出来请求参加突击队。他是代表全班战友说话的，特别强调“我们班有经验”。五班长所说的“经验”，是指前不久攻打老庄山战斗中，该班担任突击队抓到17名俘虏、缴获18条枪这件事。三排几个班长不乐意了，王正林排长站起来说：“五班长，上次你们打得漂亮我承认，可我们排也不是孬种啊！连长选咱当突击队，千斤重担咱挑得起，你等着瞧吧！”

总攻开始了，双方各种火器全都用上，打得难分难解。张金榜瞅准时机，手一挥，三排长王正林立即带领突击队员跃出阵地。他们猫着腰从弹雨中间穿过去，一个突袭，直扑磨盘山主峰。但是，敌火力实在太猛，王排长他们没冲出几步，就有两个队员中弹倒下，此时，架梯组也出动了。他们几个人一组，又拖着梯子，目标更大，好几个战士相继负伤，倒在血泊中不能动弹。

怎么办？张金榜看在眼里，额上滚动着豆大的汗珠。如果按原计划硬拼下去，牺牲将会更大。他转头对指导员说：“咱们仗不能这么打，得立即改变计划！”说着，冲三排副排长李广义喊：“看见了不？刚才一阵扫射，敌火力点全都暴露了，右侧是敌人防守疏忽的地方，你带一个班上去，要快速隐蔽，出敌不意！”李广义心领神会，就近选择九班，手一挥：“九班跟我上！”

“一排长！”张连长调头吩咐一排长袁士民，“重新组织掩护火力，把大个子和吴贵合的机枪拉上来，火力往前延伸，压住敌人阵地，要不顾一切封住敌人枪眼，手榴弹别乱扔，集中使用，瞅准敌人火力打，打他的土寨子，要猛！要狠！掩护竖梯子！”

大个子机枪手叫高洪国，也是大练兵那阵子打出来的好汉，力气大，技术又精，挺大的身坯，却灵活得像只猴。听到连长和排长的命令，他当即就同副射手吴贵合拖着机枪往前运动，一直靠近到离寨子只有200米的地方才卧下来，一口气掏出个射击依托工事，转身，汗淋淋的双手带着泥巴，抱起枪就扣扳机。这当口，袁士民排长也已将全排手榴弹集中起来，组织几个“贺龙投弹手”，拉开导火索往寨子上投，一颗接一颗，一连甩出30多颗，颗颗都砸在敌人的工事里面，随着震耳欲聋的爆炸声起，寨墙上燃起一片火光，敌人哇哇乱叫，枪声慢慢稀疏下来。

战机往往存在于瞬间。一排战士张富根和张友和，趁着烟雾一跃而起，三步并作两步就冲到寨墙跟前，协力一送，把云梯架上了墙头。五班长杨义泉眼疾手快，脚底生风，掂起早已压满子弹的步枪，大喊："同志们，跟我上，为劳苦大众报仇的机会到啦！"自己飞身上了云梯。战士们立刻像离弦之箭，冲到云梯旁边。就在此刻，难题来了：由于寨墙太高，梯子太短，爬到顶端的战士们因为距离太大，怎么也上不了城墙。

手榴弹烟消云散，一个班赤裸裸地暴露在寨墙下面。杨义泉急得从云梯上跳下来大喊："原地卧倒！"声音未落，敌人火力马上转移过来，情况万分危急。匆忙之中，杨义泉想利用刺刀在寨墙上挖脚蹬，可一试，不行；又想几个人叠罗汉，试了试，更不行。正在无计可施时，偶然发现寨墙上有棵嫩绿的小松树，差不多靠近梯子顶端，杨义泉来不及多想，也不管它结实不结实，立刻把梯子靠上去，一气爬上顶端，伸手拉出树枝，奋力一跃，终于登上寨墙。他人到手到，顺势甩出三颗手榴弹，敌人的机枪手即刻血肉横飞。寨墙下面，一排战士一个接一个照杨义泉的办法，爬上了寨墙。

杨义泉神魔鬼道把寨子里的国民党兵惊呆了，他们全副精力都集中在这个方向，而对从右侧迂回到寨子外壕跟前的突击队，竟然毫无察觉。趁这个机会，李广义带着九班竭尽全力清除堵塞通道的鹿砦、铁丝网。刚清理完，战士李学伍抢先飞身一跃，向寨子上爬去。谁知他一露头就被敌兵发现了，敌兵立刻端着明晃晃的刺刀，照准李学伍头顶就是一刺。李广义本能地举枪射击，没等敌兵刺刀触到李学伍的头皮，一枪击毙了敌兵。李学伍顺手捡起敌人的步枪，冲上寨子。

八连三个排差不多同时攻进敌人土寨。张金榜指挥战士们边打边进，大家越战越勇，忽而手榴弹，忽而步枪。有个战士禁不住豪情大发，高声唱起来："蒋介石呀是运输大队长，给我们送来了大批美国枪……"沙哑的歌声随着晚风满寨子飘荡，把硝烟弥漫的黄昏装点得壮烈而无奈。这是1947年5月3日黄昏，在这个无奈的黄昏中，胡宗南才真正读到了恐惧。那是李昆岗最后一份求救电报，报文告知：扼守蟠龙镇的两个主要制高点——集玉峁、磨盘山及所有外围阵地，已悉数落入共产党军队之手，连补充弹药也无从送达了！

晴天霹雳！胡宗南揉了揉发酸的眼睛，话筒在手中再也找不着感觉。他知道无线电那头已是个绝望的囚徒，那双布满血丝的眼睛仿佛在瞪着自己，像是在问：你为什么不相信我？为什么不相信我！胡宗南不能容忍这种责问，尤其是此时此刻。"蟠龙丢不得呀！哪怕一六七旅还有一兵一卒，你也得给我守住蟠龙！否则……"胡宗南斟酌一下，"否则，割下你的脑袋来见我！"他不相信这句话是自己亲口对李昆岗喊出去的。为此，他镇定下来。他是自己把自己镇住了，然后才连续签发几份十万火急的电报：董、刘星夜南撤，驰援蟠龙；空军40架飞机即刻起飞……

失蟠龙胡宗南丧魂落魄，当俘虏李昆岗打拱告饶

指责李昆岗没有恪尽职守，说不过去。拿田子院纵深那个控制街区的主阵地来讲，就可见这位“金刚级”少将旅长十二万份苦心。这个阵地的整个防御体系构筑在一个大山包上，顺着山势向东南延伸，即可抵达李的旅指挥部。所以，这里既是控制街区的制高点，又是其指挥核心的最后屏障。阵地上所有工事都是在李昆岗亲自部署和监督下修筑的。他在山包上筑起个大地堡，围着大地堡将山体切成峭壁，峭壁四周，又依地形构筑了大小不等且有交通壕互通的碉堡群，围着碉堡群挖了深宽各5米的外壕，外壕拐弯抹角的地方设有暗堡或火力点，壕外还有鹿砦、铁丝网、地雷等障碍物。派一个营驻守这样完整的一块阵地，另外加强火器、组成交叉火网，里三层，外三层，用李昆岗和其部属们自己的话说，真比铁盒子还要牢固。

然而，这只“铁盒”终于抵挡不住比钢铁还要硬的利器。在解放军两天多攻坚战斗中，军事民主是一路发扬过来的，战术翻着斤斗在变，基本上是边打边研究，“诸葛亮会”也不知开了多少次，至于指战员们临场即兴发挥，更是没法说。打冲锋的时候，团长、营长、连长，哪一级指挥员不是腰插手榴弹、手提驳壳枪冲在部队最前面！这是宿在“铁盒”里的李昆岗所无法想象的事情。

5月4日晚7点多钟，彭德怀发出总攻击令。在隆隆的大炮声中，解放军四个旅居高临下，漫山遍野喊着“冲啊”“杀呀”拥向蟠龙街区。胡宗南为了救急，从延安调来几辆破旧战车，开到半路上见大势已去，再也不肯往前走了。董钊和刘戡的九个半旅远在绥德、米脂，插上翅膀飞也来不及呀！摸黑升空的那些飞机更是糟糕透顶：地面上火舌乱闪、人声鼎沸，炸弹究竟往哪儿丢呢？手中握着数十万兵力的胡宗南，居然就这样眼睁睁看着自己的一块宝物咕嘟一声沉入水底。

三天三夜的激战结束了，蒋介石嫡系一六七旅旅部及四九九团的6700多人被俘，打死打伤300多人。那位“天才”的少将旅长李昆岗与前面的李纪云、麦宗禹一样，束手就擒。面粉、被服和枪支弹药悉数补充到西野各部队。胡军官兵饿着肚子提心吊胆的日子终于来临，从此军心涣散，一团阴影在胡宗南心头再也挥之不去。即便重新筹措这些东西，也无法做到坦然从事。更何况千百里之外调集如此大批物资，谈何容易！胡宗南的物质支柱动摇了，精神支柱也动摇了。前两次打击虽说叫他鼻青脸肿，但毕竟元气未伤，总体实力还摆在那里。而这次情况不同，是一次真正的打击，伤筋动骨！

胡宗南如同大病一场，痴盯着那份报丧的电文，许久说不出话来。一连七八天，西安也懒得回，胡子也懒得刮，整天蜗居在延安指挥所，蓬头垢面，拒不见客，什么公事都不想理，谁也不敢去招惹他。他要彻底检讨自己，否则就无法平复那种强烈的精神刺激！共产党军队逮住的不是别人，而是他的参谋长——蒋总裁的侍从参谋，更不用说一六七旅这支部队的“光荣”身份了。要命的是，李昆岗被俘后，始终在不屈不挠地炫耀自己的那段“辉煌”历史。这使胡宗南在很多日子之后痛写那篇祭文似的《论蟠龙之失》时，还有点儿欲哭无泪。

李昆岗委屈着呢！当俘虏的滋味——这个叫人无论如何也接受不了的事实，迫使他拼命抓住往日情怀，寻找一根半根的稻草，以平衡心理。第一面见彭德怀，李昆岗七上八下的心里便冒出一堆问号：“怎么？这就是彭德怀？！”他将胸脯高高地挺了挺，趾高气扬的架势更足了。彭德怀依然如故，粗衣布鞋，什么架势也不做，奇怪的是，相视几秒钟，却把李昆岗压倒了。彭德怀的威严渐渐浸到李昆岗骨子里。顷刻间，李昆岗的硬气化掉大半，成了外表上的一张皮。

李昆岗硬邦邦地说：“贵军打仗不讲道德，几个旅围攻我一个旅，我输得不服！你有胆量把我放出去，我们一个旅对一个旅……”看那模样，好像他还真的占着理。彭德怀淡淡一笑，脸色沉下来，义正词严地问：“你们打仗讲的是么子道德？这次进犯延安用24万兵力对我24000兵力，亏你好意思还在这里同我谈么子道德，你没得资格！”彭德怀牵起萝卜带动瓜，越说越气，忍不住拍起桌子，“尤其你这个李昆岗！你的部队在蟠龙东山寨好本事啊，十个持枪的士兵对付一个手无寸铁的少女，鲜血都染红了半边炕！而你姓李的又是怎样一个人……”

李昆岗坐不住了，急忙双手抱拳，打拱告饶：“彭先生！彭先生……”据俘获李昆岗的部队报告，在捉住他的时候，还在他的床上发现两个一丝不挂的女孩，经审问，两人都只有16岁！“你们把廉耻都丢到脑壳后头去了，还要谈么子道德，真是可笑！可恨！”彭德怀背着双手，在李昆岗面前愤怒地踱着步，“我早把你们这班人看透了！你今天当了俘虏，回到人民这边来，算是不幸中的万幸！我可以告诉你，人民解放军必胜！你们必败！这是大势所趋，哪个也挡不住的！”

话是这么说，李昆岗心里还是堵着一团棉花：假如战前胡宗南能在蟠龙多留1个旅、假如空军那40架飞机能提前几小时赶到、假如董钊和刘戡的9个半旅能早些回撤——他那时还不知道这些个痴心妄想的“假如”，董、刘即便提前3天接到胡的十万火急电，也于事无补。其时，董、刘经过北上一路的波折，已成惊弓之鸟，别说“十万火急”电，就是“万万火急”电，对他们来说也是次要的。从绥德到蟠龙，本来有两条光明大道，至多

250里，又好走又抄近，满打满算3天足可返回。然而，董、刘见这两条路线上有川道，便认定会有共产党军队设伏，不够安全，因而选择了另一条“远敌而行”“出敌意外”的第三条路线。这是一条山峁沟谷间的羊肠小道，多绕出50里路不说，车马行走也极为困难，连人员都只能是单行。可是董、刘不在乎，一致同意将数万兵马排成一字长蛇，稀稀拉拉几十里之远，在山岭之间“安全”而“壮观”地昼夜兼程。后来事实表明，等这支驴子拉屎似的庞大队伍翻山越岭、攀岩过沟赶到蟠龙时，日历牌已经翻到5月8日。那个让他们吃饱穿暖的温柔富贵之地，早已人去洞空，看家金刚李昆岗也已在陕北漫漫大川的不知哪一个角落里当他的阶下囚去了！

最是纷乱如麻的当作还得数胡宗南。他悔不该当初把参谋长盛文关于放弃延安的建议当作耳旁风。这是死要面子活受罪啊，总觉得那一步走得太远，有碍国际国内舆论与观瞻，更顾忌到蒋老头子接受不了。那么，现实情况是，一片迷宫似的陕北，地形复杂，处处有陷阱，部队展不开亦收不拢，又不能就地取粮，后方补给难上难。而共产党军队则轻车熟路，时聚时散，主力如同秋云飘忽，指不定什么时候在什么地方就是一场暴风雨，让人找不着也捉不住，唯一的思路只有效法李鸿章“剿捻”，镇守与围困相结合，以主动坐镇延安，将宁、青二马推向陇东，北依榆林邓宝珊，东借黄河天障……胡宗南认为这是绝无仅有的正确答案，兴致勃勃准备在5月初亲赴南京献于蒋介石前。不曾想如此之快，一个亮晶晶的美梦就像瓷花玻璃缸似的摔在青石板上！《论蟠龙之失》——胡宗南在这个题目下要写的文字实在太多，情况不明？失于主动？将不用命？士气不振？他不知道该从哪里下笔才好。

但是，中共方面的声音并不理会胡宗南的情绪。新华社捷足先登，就在董钊和刘戡辛辛苦苦扑到空城蟠龙时，一篇题为《评蟠龙胡军被歼》的长篇大论便已播发出来了。其中不乏对战事本身入木三分的剖析，而嵌入胡宗南记忆深处的，还是文章中引用的那段顺口溜：“胡蛮胡蛮不中用，延榆公路打不通，丢下蟠龙去绥德，一趟游行两头空，官兵六千当俘虏，九个半旅像狗熊，害得榆林邓宝珊，不上不下半空中。”弄痛胡宗南的是最后一句。他觉得此情此景，吊在半空之中的不是邓宝珊，恰恰是他胡宗南自己。这一点，在新华社5月12日发表的另一篇社评上，更是把话说到骨头里去了。《志大才疏阴险虚伪的胡宗南》，单是看一眼题目，胡宗南便不寒而栗。

此番心思也只有熊向晖一人可托，胡宗南伤感地想。于是，他就在这个刻骨铭心的深夜召见了熊向晖。正好，熊向晖手边有个急件要呈送胡宗南处阅，所以，应召得极为爽快而自然，操起公文包就往边区银行那孔小窑洞奔去。这是胡自蟠龙丢失之后第一次见人，熊向晖在推门之前竭力将心情弄得沉重些。三天前他就想好第一句话：“革命者百折不挠，胜败乃兵家常事。”但见面后他便改变了主意。他发现胡宗南的头顶上已经找不见当初推销“三分军事、七分政治”时的“革命”气象，而满面憔悴的尊容也说明这个“兵家”是个输不起的角色。熊向晖只能靠临时发挥，跟着感觉走了。他立于一侧，轻描淡写但却体贴备至地说：“胡先生，你要多保重！”胡宗南心头一热，指着面前的木椅，示意熊坐下说话。

熊向晖以吊丧的意态，在胡宗南对面落座，并前屈身体，恰到好处地做出促膝交谈状。这时候，胡懒散地仰在躺椅上，用下颏朝案头一份文稿点了点：“中共又一份社评……很妙，看过没有？”

熊向晖起身，略作概览，灵机一动，回道：“还没有来得及看。”

“给我念一念，如何？”胡强行挤出一抹微笑。

熊向晖面呈难色：“还是……不念了吧！”

“不，要念！”这是命令，熊向晖不可违拗。

准确地讲，这不是一篇社评，倒像是专门给胡宗南拍下的一张X光片。文章称：“蒋介石最后一张王牌，现在在陕北卡着了，进又进不得，退又退不得，胡宗南现在是骑上了老虎背……事实证明，蒋介石所依靠的胡宗南，实际上是一个‘志大才疏’的饭桶……胡宗南‘西北王’的幻梦必将破灭在西北，命运注定这位野心十足、志大才疏、阴险虚伪的常败将军，其一生劣迹必在这次的军事冒险中得到清算，而且这也正是蒋介石法西斯统治将要灭亡的象征……”熊向晖记不清自己是怎样当着胡宗南的面读完这篇社评的，只依稀觉得屋子里的空气被抽干了，整个世界沉入死寂。

过了好长时间，还是胡宗南打破寂静。他的声音像是从深水中浮出来的：“是个高手啊，非中共决策人物所不能为。”熊附和道：“也许吧。”胡宗南忽而发问：“依你看，这个东西是谁的手笔？”熊向晖摇头，表示不敢妄断。可胡却紧追不舍：“想想看！”这又是一道命令。熊向晖真实的感觉给逼出来了，浑身打个激灵，说：“看思路及文法，有点儿像周恩来……”胡宗南哈哈大笑——是一种突如其来的爆发。他从座椅上跳起来，背手走了几步，复又长叹，自言自语道：“知我者，周公！”

熊向晖突然想起随手带来的密件夹，那里面有份特急件，是军事谍报头目刘庆增派人专递过来的“特级”情报，说中共5月14日在真武洞组织召开了一次陕甘宁边区军民祝捷大会，庆祝青化砭、羊马河、蟠龙镇三战三捷。周恩来在这个会上公开露面，并宣布，毛泽东和中共中央撤出延安后，一直留在陕北“与边区军民共同奋斗”。这消息无疑又是夯在胡宗南天灵盖上的一榔头。尽管是“虱子多了不痒”，胡还是禁不住瞪大双眼睁在那里，许久，疑疑惑惑地问：“可靠吗？”熊向晖回答：“我打电话向刘庆增核实过，千真万确！”

七、东出陇东北上三边

周恩来犒师真武洞，杨步浩叙旧马王滩

从王家湾到安塞，俗称110里。周恩来、陆定一和警卫班的战士们上了路，打马顺着延河往前赶。天地间，阳光、春风一应俱全，山野的嗒嗒马蹄声鼓点般敲打着这个喜气洋洋的5月。

距真武洞不远了，陆定一说："周副主席，下马喘口气吧！"他个子小，压不住马，身子一路都在马背上跳，惊险时屁股都脱了鞍，吓得警卫员们在后面呼叫不迭，所以很累，满头大汗。周恩来也不轻松，他的右臂1939年夏天在延安从马背上摔过一次，落下毛病。现在靠左手拉缰绳总不是那么得劲。于是，大家下马，往河边走，想捧口水喝，顺便也打湿毛巾擦把脸。

喝了水，擦过脸，周恩来敞开衣扣，往高坡上站了站，一任小风鼓荡胸襟。"定一呀，"他说，"我们要去的那个地方，据说是道教真武祖师修行的洞府，地气旺香火也旺，声名远扬啊！"

陆定一边舒胳膊一边应道："彭德怀和习仲勋同志很会选择休整地点，真武洞真武洞，练兵习武再好不过。我还听说那个洞子很深，一直可以通到陇东、宁夏哩！"

几个小警卫员信以为真，都说，那多好啊，今后部队到陇东和宁夏打仗，可以从洞子里钻，隐蔽接敌神出鬼没，不用披被单、插树枝，露天趴地上过夜了。

周恩来和陆定一听了都哈哈笑起来。周想了想，说："是啊，定一，小鬼们的话是个玩笑也有实情啊，我看，彭、习的真正用意恐怕就在于此……"见陆定一和警卫员们都在不解地盯着自己，周恩来打住话头，示

意大家上马。跨上马背，他接着说："青海马步芳和宁夏马鸿逵，趁我西北野战部队跟胡宗南交手的空隙，连续对陇东根据地搞突然袭击。不到一个月时间，陇东分区的合水、西华池、曲子、环县、庆阳，五个城市啊，都给他们占去了！这些魔鬼，惨无人道，陇东老百姓吃尽苦头。彭德怀同志早有收拾'二马'之心。"

周恩来判断得很对，彭德怀和习仲勋在蟠龙一仗之后，考虑最多的就是陇东。连续的打击，胡宗南被迫"乖"了许多。他将主力统统拉到延安安营扎寨，大有雷打不动的架势。而西北野战部队撤至安塞，一蹲十天，人要粮马要料，区区小县，长久下去势必难以支撑。而安塞距延安近在咫尺，胡军又抱成一团，兵力悬殊的情况下，是不便轻动干戈的。到安塞这七八天，说是休整，彭德怀心里一块石头从没挪过地方。他成天趴在地图上找啊、量啊……困了，打个盹；饿了，喝口糊。习仲勋说："我的老总，你这么熬，怕是扛不住呢！"彭德怀表情严肃，没有言语。习仲勋只好吩咐管理部门将警卫员排上班，轮流守着彭德怀，吃喝拉撒睡，全方位保障。

祝捷大会的事，由习仲勋一手操办。他是个活泼的人，人到哪里吆喝到哪里，事情从头到尾张罗得红红火火。到日子了，习仲勋更忙，一会儿是边区政府劳军慰问团，一会儿又是中共西北局的领导同志。什么支前劳模介绍经验、战斗英雄戴光荣花等，没有一件不催得急促。然而，再急，习仲勋都独自挡着，决不许惊动彭德怀。直到会议前一天下午，部队报告说："中央来人了！周副主席也来了！"习仲勋才亲自跑到指挥部，一把拉着彭德怀："老总，你得出马，我们骑牲口去接周副主席！"

这还有什么好说的？彭德怀丢下手头的活儿，与习仲勋并肩迎到村口，老远见到周恩来等人一溜烟尘过来了，习仲勋在马背上就喊："欢迎！欢迎！"彭德怀也跳下马，满面笑容迎上去，同周恩来、陆定一及警卫人员一一握手，说："你们走得不慢，路上没出么子事吧？"然后就站到一边，望着习仲勋和各位大声地寒暄，沉默寡言地笑着。

"辛苦了！辛苦了！"习仲勋说，"部队知道你们要来，那个高兴劲啊……"说着，上去搀扶周恩来下马。周恩来嘴说"不用、不用"，双脚已经着地。那种精神抖擞、豪情满怀的样子，强烈地感染着每一个人。他边跟大家握手边说："我们也是在胜利捷报的鼓舞下，快马加鞭、如乘春风啊！"说罢，仰起脖子哈哈大笑。这笑声在山谷间回荡着，经久不息，直到第二天祝捷大会开幕。

祝捷大会会场选在真武洞南边的延河滩上，当地人俗称"马王滩"。几天前，中共安塞县委便组织民工在滩头依势修筑了主席台。各部队的战绩表和花样不等的战利品，统统陈列在场子边上。3月14日下午开会，一大早部队就在驻地集合往会场带。刚打胜仗的指战员们，休整的几天工夫，剃头的剃头、刮脸的刮脸，沾着蟠龙李昆岗的那点“洋财”，都换上了单衣，加上新枪新炮往肩头一扛，精神面貌好极了！过午时分，野战部队、地方部队、游击队和安塞县地方群众5万多人，差不多就在马王滩聚齐。河岸边锣鼓喧天、鞭炮齐鸣，腰鼓队和秧歌队，搅得黄沙弥漫，一个仿佛过去了很久的陕北高原欢快景象，又回到这些穿着对襟小褂、扎着白羊肚头巾的人们心中。

人们狂欢是有理由的。从3月19日三五八旅最后撤离延安，到5月4日蟠龙被克，前后不过一个半月时间，西北野战部队就在青化砭、羊马河和蟠龙镇“三战三捷”，歼敌一万四千多人，活捉了三个少将旅长，其中两个是“金刚级”。尤其是拿下蟠龙镇，军衣、面粉、山炮、子弹、医药和骡马，成千上万的物资，在穷见阎王、苦见黄连的陕北简直就是命根子！这些胜利，哪一条都足以使边区军民威风大长、信心倍增。

周恩来出现了。他神采奕奕地朝会场巡视一遍，健步登上挂着毛泽东和朱德巨幅画像的主席台。身后跟着陆定一，以及中共西北局副书记马明方、边区政府副主席贾拓夫。马、贾二人是带着边区政府林伯渠主席拨出的6亿元现金来犒赏部队的；而周恩来作为中共中央副主席，专程从百里之外赶来参加会议，事件本身就有非同寻常的意义。按照毛泽东的意图，周要在会上宣布：中共中央仍在陕北，毛泽东仍在陕北！显然，这是个震天响的消息。毛泽东说：“不仅让边区军民知道，让蒋介石、胡宗南也知道。他不是宣称捣毁了共匪老巢吗？擒贼先擒王，可事实怎么样呢？我毛泽东还在陕北，他失败了！”

“同志们，”周恩来洪亮的声音被延河滩上亲切的微风徐徐传扬，“我代表党中央和中央军委，代表毛主席和朱总司令，向为保卫陕甘宁边区、保卫延安、保卫党中央和保卫毛主席浴血奋战的全体指战员，表示亲切的慰问！热烈祝贺边区军民取得了粉碎胡宗南进攻的巨大胜利……”

“全国解放战争最紧张而艰苦的内线作战，差不多就告一段落了。这一年里，解放军消灭了国民党正规军97个半旅共73万人，加上那些非正规军，总共112万人。这是个很好的开端，蒋介石的尾巴再也翘不起来啰！有了这一年的经验，大兵团作战我们也不怕啰！今后，国民党蒋介石不管怎么打，我们都奉陪到底！对于夺取全国胜利，党中央、毛主席是充满信心的！最后，我要向同志们宣布：自从撤离延安之后，毛主席和党中央一直留在陕北，与边区军民并肩战斗！”

“毛主席万岁！”口号声骤起，掌声如雷，人们含着热泪交流着难以抑制的兴奋。“毛主席还在陕北！毛主席和我们还在一起！”有声无声的默诵一遍一遍，汇成一股炽热的暖流，在整个会场每一个人心中剧烈地涌动。阅兵式开始了，部队情绪高达极点，指战员们拼命抖擞着精神高喊：“蒋军必败！我军必胜！”那股气浪，使得哗哗的延河流水也跟着颤动起来。

祝捷大会不知不觉到了歌舞阶段，队伍被笑声和掌声弄得有些醉意。大战之后，老友新朋聚在一起，谁都有满腹心事需要倾诉。大家就一边观看节目一边畅谈体会。这一个多月来，三战三捷，佳话连篇，新奇古怪的故事自然少不了。其中贺炳炎走单骑、骡子失而复得的事，成为人们传谈的焦点。

那还是在蟠龙战斗之前，独臂英雄贺炳炎由晋绥军区第三纵队副司令员兼独五旅旅长，调任一纵队当副司令员。他是个有名的“贺大胆”，在当时敌我阵营那么抵近的情况下，竟然从蟠龙东面野司所在地，只带一个警卫员，一头骡子一匹马，横穿敌我之间，到蟠龙西面的一纵走马上任。许多同志都劝说他别这样冒险，劝不住，贺炳炎把大斗篷一披，拔腿就走。结果走到中间，不出所料，跟敌人保安队撞上了鼻子。

开始，保安队那些家伙看贺炳炎披个大斗篷，骑着大骡子，屁股后面还跟着护兵，气派很足，而且又不避人，以为是国民党正规军的什么官，心里含糊，也没敢动他。谁知贺炳炎大意得没了边，居然把保安队误认为是自己人，上去问人家：“喂，你们是哪个部队的？”这一问露了馅，保安队一听不对头，哗啦拉开枪栓。贺炳炎这才察觉到情况不妙，跳下马就招呼警卫员飞快地顺着山沟往回跑。因为跑得急，路又不好走，骡马也顾不得拉了。

保安队追了一段没追上人，却逮着了贺炳炎的骡子。那匹马到底是调教过的，保安队奈何不得它，它就一路飞奔跑到我方一纵阵地。恰好遇到廖汉生，当眼认出是贺炳炎的坐骑，大吃一惊，赶紧打电话到野司查问，这才知道贺炳炎原来有惊无险。那匹替主人受累的骡子被保安队吆二喝三带到蟠龙镇，夹在李昆岗的骡马群中待了好几天，最后又被缴获回来。“骡归原主”，人人都说，“贺大胆”命大福大造化大，玄玄乎乎的故事都可以编小说了……

正当大家热火朝天笑谈贺炳炎，一个扎白羊肚头巾的陕北汉子登上了主席台。会议主持人王震可着嗓门介绍道：“这是边区劳动英雄杨步浩……”说完带头鼓掌，台下又是一片欢腾。杨步浩是个名人，毛主席在延安时，同他是好朋友，两人来往很密切。毛在重庆谈判回来，杨捉几只鸡、装一筐鸡蛋，专门用毛驴驮到枣园来看望。毛泽东也回送他两盒饼干和几条腊肉，还有果子、糖什么的；年关，杨又带个秧歌队给毛泽东送去一块金匾，上面写着“人民救星”四个字，毛泽东看了秧歌，在军委大礼堂有酒有肉地招待了客人；胡宗南进犯边区了，毛把杨接到枣园，讨教坚壁清野的办法，还让他给美国军事观察组的记者答问……大家今天见到杨步浩，实际上含着另外一番寄托。所以，他没说几句话，台下便格外安静。

杨步浩说："今年正月初七，我去给毛主席拜年。毛主席问，'杨步浩，我们要走了，你是跟我们走，还是跟游击队走呢？'我想了想，婆姨死了，留下三个娃娃，还咋走咧？我说：'我离不开这里，我打游击去！'和毛主席分手以后，我就扛枪当了游击队员……"杨步浩一口横山县老家的土话，说一句，磕巴一下，可台下人听起来却特别受用，许多人听着听着眼眶都红了。

王震更是如此。他想起当年三五九旅在南泥湾大生产第一次认识杨步浩时的情形，心潮起伏，不能平静。杨是被派往三五九旅指导生产的，那时就已评上劳动英雄。当杨听说毛主席也要亲自劳动，也要上缴公粮时，当即就向王震表示，要替毛主席代耕并缴公粮。秋后，杨步浩果然给毛主席送去一石麦子的代耕粮。

毛泽东高兴地问他："你为什么给我代耕缴公粮呢？"

杨步浩触动了心事，说："我逃难逃到延安川口，内人和女娃娃饿死了都没处埋，埋到地主地上，就欠下一辈子的阎王债。红军来了，共产党在川口建立了政权，给我分窑分地，我豁出这条命也报答不完毛主席你的恩情！"

毛泽东听完这番话，沉默许久。后来，他私下跟王震说，杨步浩的话里面有哲学，"我们共产党凭什么本事得天下"？

这句话问得王震好几个晚上没有睡好觉。是啊，我们靠什么立足、靠什么打胜仗、靠什么让老百姓舍着命跟我们走？撤出延安时，胡军在王理河抓到30多名手无寸铁的群众，这些人都是普普通通的庄稼汉，一辈子清白本分。国民党军端着枪威逼他们交出共产党，他们就30多人往前一站，说我们都是共产党。问谁是领导，大家又一起挺身而出，说我们共产党个个都是领导，是自己领导自己。事实上，他们中没有一个是共产党员……

台下的掌声一浪一浪爆响起来，王震才发觉杨步浩的话讲完了。接着是胸戴大红花的战斗英雄们一一登台，由周恩来、彭德怀等领导同志把盖着拳头那么大方戳的奖证，亲手发给他们。会议最后的节目是将一大批敌三十一旅、一六七旅解放过来的战士，补充到解放军各部队序列中去。彭德怀站在周恩来身边，默默看着旅团在各自整队补人，心里掂着周恩来刚才在会上提出的三句口号——一是收复延安，二是解放大西北，三是同全国人民一道，消灭蒋家王朝，甚觉沉甸甸的。

这时，陆定一想起与周恩来在路上的谈话，便问："彭总，部队下一步有何打算？"彭德怀不假思索地回答两个字："要走！"周、陆二人相视一笑，会意地点点头。

天色不早，部队开始解散。领导同志们站在高处和大家挥手道别。

彭德怀一边挥手一边向周恩来和陆定一谈自己的想法，他希望挥师西进，鞭抽“二马”，并打算把很有战斗力的绥德警备区四、六两团留下，以保证中央前委的安全。周恩来表示同意，答应回去和毛泽东商量。

此时，部队已纷纷带离会场。各连司务长交给战士们一个任务，每人搬个大南瓜或者扛袋小米。这是参加会议的老乡们顺手带来的犒劳解放军的礼物，边区政府统一接受下来，并分到各部队，战士们扛着南瓜和小米的长队，在周恩来和彭德怀及四乡百姓的眼里渐渐模糊，但在新华社记者摄影镜头里面，却保存了一个清晰而动人的瞬间，并在历史教科书中占据永恒的一页。

出师陇东子午岭遇雨，围攻合水二纵队遭难

听了周恩来介绍真武洞犒师的情况，毛泽东很是喜悦，说：“你这个相亮得好，一下子把胡宗南的西洋镜戳破了。什么‘三分军事、七分政治’，老彭才打了几仗，已是一分不分，军事上破了产，政治又在哪里呢？真武洞来这么一下子，说明问题呀！”

为了衬托毛泽东的好兴致，周恩来又顺着话题对整个蒋军阵营评价起来，特别指出其内部危机四伏、分崩离析的现状，说着说着，就又提到两个月前赵寿山历尽艰险奔赴晋冀鲁豫解放区的事。

这个消息使毛泽东比任何时候都备感振奋。赵是当年杨虎城将军旧部中的重要人物，自1945年7月其部属第十七师在河南洛宁举义后，蒋介石即对他和他的第三十八军加紧了控制。他被明升暗降，任命为蒋氏嫡系第三集团军总司令。这种吊进麻袋拳打脚踢的处境，当然是最不堪忍受的。于是，赵寿山借口去美国考察水利，主动卸去这个空心萝卜职务。如此一摊牌，他的人身安全问题便成了毛泽东及中共中央很长时间牵肠挂肚的事。

毛泽东问周恩来，就目前中央掌握的情报看，蒋军里面有多少赵寿山似的人物？他要求周恩来加强联络，发动全军中高级指挥员，都来积极主动地做这项工作。“瓦解敌军，不战而屈人之兵嘛，这一点，要向老彭学习呀！”毛泽东说，“当年西安事变，没有签字就放了蒋介石，赵寿山在三原拍案大怒，极为不满，老彭就花了三天时间跑去做说服工作。没得当初，哪来今日？”

忆及“西安事变”，周恩来感慨万千。外界提到中共出面调停大功之人，主要是提周亲赴西安之举，而实际上，当时几乎是全党动员，个个上阵，更多的无名英雄功不可没。就说这个赵寿山，除了彭德怀之外，任弼时、贺龙、左权、杨尚昆、陆定一、王稼祥等一大批人，都“朝夕往还”地做过工作，这才使其“获益甚大”。

周恩来一向主张两条战线并举，且以身作则，苦心经营，取得许多意

外之功。比如胡宗南身边的熊向晖，就是他在抗战初期“下闲棋、布冷子”的结果。在经历了撤离延安和“三战三捷”等一系列大事件之后，今天再来回想这件事，不能不让人格外刻骨铭心。周恩来深切地挂念起熊向晖来。

熊向晖这些日子清闲自在而又忐忑不安。自从陕北广播电台和新华社播发了西北野战部队召开祝捷大会的消息，胡宗南又是连续几天不说话。广播上没有指明祝捷大会的具体地点，而只说“在距延安数十公里处举行”。这就是说，中共根本不把他胡宗南放在眼里，差不多与延安隔山相望了！难道这就是“龟缩延安只守不攻”的后果吗？胡宗南痛苦地一千次一万次反躬自问。显然，这又是个不小的刺激。他把一双终日汗淋淋的手揣在裤袋，一个人在边区银行窑洞前的小院内踱来踱去。熊向晖每天都要例行公事似的送去机要文件，又匆匆离开。他坚持意沉丹田，严格恪尽职守，静观事态发展，而决不越雷池一步。

时间一晃又是一个礼拜，相距蟠龙失败已经半个多月了。

这天，熊向晖递上文件又要离开，忽听胡宗南在背后叫道：“等一等！”

是因为这一声来得突然、意外，过于低沉、阴冷，还是别的什么原因，总之，熊向晖禁不住一惊，乍出一层冷汗。但他随即抬头笑道：“胡先生，有事啊？”

“没有！”胡宗南叹道。稍停一停，他又意味深长地加重语气，“没有事了……”

熊向晖如释重负地迎上去，故作肃穆状：“胡先生，有事您请吩咐！”

胡宗南沉吟片刻，欲言又止。终于，他下定决心，低声对熊说：“我想好了，这里已经没有什么事，你还是去美国吧，明天一早就走！”说着，他伸出手来。

即便旧事重提，熊向晖也还是感到思想准备不足。他脑子里蹦出的第一个信号就是：胡已摆脱精神困境，有所决策！

那么这一新的决策是什么呢？从近日南京方面文电来看，蒋介石对中共首脑人物仍留在陕北这一点，极为不满。尤其又知道真武洞祝捷会的地点是在延安咫尺近旁，就更加不高兴了。这一情绪自然要通过文电表达出来，胡宗南的压力有增无减！就在此刻，一份重要情报给他送来了灵感，彭德怀有西出陇东的迹象！而此前，美国电台测向仪已经明确得出结论：在靖边县的王家湾一带，确定无疑地存在着一个电台群。

握手之际，熊向晖将所有可能都想了一遍。他暗暗决定，离开陕北之前，须与组织联系一次。

事实上，中共方面对此早有判断。在周恩来亲赴真武洞犒师之前，毛泽东说过“胡宗南要来拜访我们”的话，这曾使他对彭德怀西出陇东的方案多思考了一点时间。然而，最终的决断还是作出来了。就在祝捷大会召开的那天，毛泽东致电周恩来、陆定一、彭德怀和习仲勋："完全同意六月作战方针，除留警七团于现地外，全军出陇东……"

这其中原因是多方面的，最根本的还是基于打破固有格局、"让胡宗南动起来，相机歼敌"的考虑。毛泽东的电报中对此信心百倍，要彭德怀"先打新一旅，再打一百旅或其他顽部"。显然，胃口不小。陕北战场从头至尾就是一着险棋。若只求安，那将一事无成；唯有求险，才可能收到不世之功。这决定了必须跟胡宗南玩玄的。玄就玄在那"诱饵"太有质量了，是胡宗南乃至蒋介石一想起来就会丧失理性而无法抵御。所以，毛泽东站在高处的神机妙算一掐一个准，总是能把擦边球打得恰到好处，绝无误差。

彭德怀情况不一样。他始终处在一个具体情景之下，面临具体对手，再用经验与智慧战胜对方。西出陇东鞭抽"二马"的作战计划被批准之后，西北野战兵团就在熊向晖与胡宗南握别上路的5月21日从安塞出发，兵分三路，二纵和教导旅在左、一纵在右、野司带新四旅居中，静悄悄地转向陕甘两省边界。

经过九天急行军，部队踏进人迹罕至的子午岭。这是当年红军长征初到陕北与刘志丹胜利会师的地区，指战员们重返故地，往事历历，正当忆岁月峥嵘，想不到老天爷突然变脸，一场大雨倒下来，使得山洪暴发，顷刻间千沟万壑狂啸奔腾，整整齐齐的部队一下子分割成七零八落，彼此在雨中隔山相呼，可望而不可即。

有山就有路，各部队迅速调整行军纵队，在山岭之间转了大半天，终于踏破陕甘两省边界，到达陇东的怀安、悦乐、合水一线。5月30日拂晓，右路一纵部队首战得手，把蒋台攻下来了，全歼驻守在那里的宁马整编第八十一师六十旅二七九团（欠一个营），俘上校团长马奠邦（马鸿逵的女婿）；中路新四旅也发展得很顺利，一举夺取悦乐，消灭青马骑兵第二旅三团的五个连队，俘少将副旅长陈应权和上校团长汪韬；唯有左路二纵方向碰到硬钉子，仗打得极为惨烈，收效不是很理想。

二纵和教导旅最初一战是在5月28日。按当时的行军序列，教导旅是前卫，二纵部队殿后。中午时分，前卫一团到达合水以东20多里的蒿草铺，突然与"青马"新编骑兵第八旅警戒部队遭遇。敌我双方不由分说展开枪战。因为是初战，彼此都想以气势压倒对方，铆足一股劲往死里打，所以，虽投入部队不多，但战斗异常激烈。

这是个要命的地方，自然环境极为酷烈。战士们刚走出洪水咆哮的子午岭，转眼间水又成了稀罕物。光秃秃的黄土高坡上，几十里地见不着水源是常有的事。当地老乡世代储水一如储粮，家家都在窑旁起窖，从塬上挖沟把一点可怜兮兮的雨水引过来。据说出于净水的考虑，水窖里必须倒进一些羊粪或马粪蛋子。你不用嫌水的味道不好，能够喝上一口这种“粪蛋蛋水”，就算很讲究了！多数情况下，窖子里只有泥浆。泥浆也得往嘴里灌，所谓“过了八百里火焰山，一眼望不尽老沙滩”，当年孙大圣都在这里犯了难，何况肉眼凡胎！时近6月，虽说清晨沙粒上还凝着霜色，冷得钻心，可一到中午，骄阳似火，烈焰腾腾，烤得人口鼻生烟，别说背着一连串装具打仗，就是赤手空拳走上半天，也叫你变成一根软面条。

王震大汗淋淋地举起望远镜朝枪响的方向观察了一阵，从马背上跳下来，简简单单地问郭鹏：“打下去了吗？”

回答说没有，还说罗元发旅长也赶到前面去了。

王震有点儿奇怪，敌人不过是前方警戒部队，怎么就这么硬？他想了想，说：“不要理他了，我们干我们的，你跟王恩茂指挥三五九旅攻合水，独四旅再给你一个十二团，怎么样？不管三七二十一，先把它围起来再打，要快，部队跑步，动作慢了他们会溜，他们是骑兵，四条腿！”

“那罗旅长呢？”郭鹏急问。

王震说：“罗元发的教导旅继续打警戒，‘青马’一〇〇旅就驻在庆阳、西华池，近得很，不把这个冤家抗住，合水怎么打？一定要抗住，断绝增援！如果罗元发他们干得顺手，可向西峰镇发展进攻。大部队打下合水就直攻西峰镇，不要在外围据点上花太多时间，耗时太多，敌人全集中到大据点上，就不好打了！”

说话间天色已经昏黄，夜幕就要降临，郭鹏明白了王震的意图，三言两语就把部队划拉开了。他让三五九旅副政委廖明和自己一道亲率七一七、七一九两团，赶到合水城以北及西北，消灭袁家山、李家山、芦家塬三个主要据点上的敌人；七一八团赶到城东，先消灭城东二郎山守敌，继而攻城；独四旅十二团打下城南南寺塬，在原地待机。各部队到达指定位置时，天还没有亮。按照预定作战计划，早晨7点发起攻击，于是，眼前这两三个小时的休息显得格外珍贵。战士们趴在泥土地上，干巴巴地嚼着炒面，嚼着嚼着，就睡着了。郭、廖二人带着七一七、七一九两个团的团长、政委，轻脚轻手地从他们身边跨过去，悄悄摸到前沿。

黎明前的黑暗，万籁俱寂。郭鹏等人面对夜色中隐约可见的高地廓影，静静地观察着、分析着。郭鹏把地图压在地上，捂着手电从左至右仔仔细细对照方位，将图上标出的一个一个高地攻击任务定到具体团营甚至连。最后，在前沿阵地侧后隔开近百米的距离上，还有个小土堆没有点到，图上没有标示，现场也不怎么起眼，郭鹏想了想吩咐七一九团：“你们做预备队，部队就伏在那个小土堆后面，既隐蔽又安全，万一一梯队进攻受挫，你们上去冲击距离也不算太远。”

这是个并无不当的安排。但万万没想到，战斗一打响，恰是那个“隐蔽安全”的小土堆，突然弹如雨下。原来，敌人在这个高地上早已配置了相当重的火力，步枪、轻重机枪和各种口径的小炮，顿时与正面敌火交织在一起，形成了一张密密麻麻的火网。天亮一看，什么“小土堆”，原是绵延于二郎山、芦家塬、南寺塬、西关山等高地一溜儿下来的又一个正儿八经的高地，一打问，才知道叫“葫芦巴”。这样一个有名有姓的高地，地图上竟然没有标示!

望着面前那张交织的火网，郭鹏一阵阵揪心的痛。这个意外打了他一个趔趄，他稍稍定神，赶紧调整计划。郭鹏当机立断，命令当预备队的九团立即投入战斗，向葫芦巴展开攻击——幸亏当初把九团配置在葫芦巴后面。在一丝丝愧疚、一丝丝庆幸和一丝丝提心吊胆的心绪中，郭鹏下达了这道命令，七一九团立刻由预备队变成突击队，无论指战员们的反应如何迅速，总还是有些仓促，思想上缺乏准备。而葫芦巴高地的工事明明暗暗，火力一出现就不可一世。所以，九团一个冲锋号打出去不到五分钟，部队就稀里哗啦退下来了，伤亡很重。郭鹏眼睛红了，急令再攻。可是，部队趴在那么一大片开阔地上，敌人火力是有准备的成梯次配置，我方临时张罗，轻重武器形不成拳头，没法给对方以起码的压制，屡攻屡败，不能奏效。

这时，主攻合水西北方向的七一七团，也打得很不顺心。部队按老规矩，凭刺刀手榴弹逼近敌人的外壕前沿。谁知，狡猾的“青马”打下埋伏，待七团攻击部队端着刺刀冲到近前时，预伏在暗道里的敌人突然一声呐喊，出其不意杀出来。一场刀飞血溅的短兵相接展开了！九团指战员立足未稳，不占优势。而“青马”士兵个个精熟刀法，混战没有持续几分钟，九团就血迹斑斑地逃脱阵地。郭鹏听到报告，手压着电话机久久不敢松开。现在只剩下七一八团和独四旅的十二团了，他不知道这两个方向会不会出现奇迹。

三五九旅血流成河，马莲河畔尸横遍野

八团和十二团到目前为止并未使郭鹏失望。两团攻击正面的外围据点已悉数拿下来了，最有意义的当然是二郎山，居高临下，一挺机关枪便可控制整个城东。南北城地势平坦，西城不远处就是马莲河，回旋狭窄，没有余地。因而，郭鹏希望奇迹能在城东发生。早在天不亮时，他就下令八团趁着夜暗条件，不惜一切代价冲到东关城下，在城关上码炸药，进行爆破。然而，又是一个意外，东关城门原来是由好几道障碍重叠起来的，炸开了第一道，还有第二道……

至此，围攻合水的意图已经暴露无遗。彭德怀最初想定的“隐蔽、突然”四字，已成泡影。

这可急坏了王震，太阳穴上的粗筋暴起老高。二纵指挥所几乎成了一个囚牢，王震真想策马直奔前沿部队，看看究竟敌人是怎样三头六臂。但是，他是纵队指挥员，当然不能由着性子来。他将一壶千珍万爱带在身旁的烈性老白干拧开盖子举在手上，闻一闻，狠狠地喝了一口。待要再喝，被警卫员上来拦住了。王震只好无奈地望着小警卫员那双眼睛。这是战前他们彼此间的私约，是自己亲自授予了他这个权力。作为指挥员，应该言而有信！王震不得不将雷鸣般的吼声压到心底深处。他重重叹口气，用壶盖倒满白酒，朝自己脸上用力泼洒上去，然后拧紧壶盖，把大半壶余酒不情愿地交给警卫员。

现在怎么办？王震将自己里里外外燃烧起来，急速地思考对策。他知道局面会越来越不好把握，现在最要紧的是加强郭、廖二人指挥力量，有效地掌握部队。“恩茂，你去三五九旅，”王震的目光守住瞭望孔，头不偏、脸不转地对副政委王恩茂说，“你骑马从后山沟赶过去，差不多一公里多点路，8分钟，我给你8分钟！”

实际上，可供三五九旅选择的再攻方案只有两条：一是先解决合水北山敌主要阵地，然后攻城；二是相反，先攻合水城，再杀回马枪，解决城北敌主要阵地。王恩茂一路掂量。他力主第一方案。目前现实摆在这里，“隐蔽、突然”已经谈不上了，不把外围据点整理清楚，就冒冒失失攻城，势必腹背受敌。部队前面破城，屁股后面没遮没拦地给人家打，怎么架得住！

这一来，仗就完全落入俗套，按部就班。阵地对阵地，而且敌人是从容有备，我方则重开锣鼓。王恩茂见郭鹏耷拉着脸，说：“没有办法的办法，只能如此。否则，部队牺牲不起！”郭鹏咬咬牙，他还从来没有经历过这么被动的局面。时间来不及多虑了，他同意电话报王震，说：“看看王司令是什么意思。”王震岂能有回天之力？电话里就痛痛快快地告诉王恩茂和郭、廖二人，“你们看着办，总之要灵活机动……”这个指示的潜台词是很明白的。于是，天一擦黑，王恩茂就和郭、廖重新组织力量，再从城外据点打起。可是，部队刚刚展开，一场不期而至的大雨劈头盖脸浇下来，把精心拟订的全部计划，都浇成了黄汤！

驻守庆阳的“青马”新编骑兵第八旅一个团，终于耐不住寂寞：他们倚仗膘肥体壮的烈马和刚从美国人手中得到的新式排子枪，大呼小叫以圣战者自居，战刀高举在手，口号不绝于耳，一路黄尘弥漫、气势汹汹，直奔合水而来。负责打警戒的教导旅全力迎战，但毕竟仓促上阵，对方又全是马队，来势迅猛。速度之快，是过去在陕北与胡军交手时少见的。王震一看这架势，知道硬顶肯定扛不住，便趁该敌与教导旅专心争夺一个叫马家嘴的山头时，命独四旅突然从马莲河一线悄悄插到这股敌人身后，断其退路——起码做出这种姿态。

果然，庆阳来的“青马”援敌着了慌。他们对这种带有冷兵器时代鲜明痕迹的兵家大忌，有着本能的畏惧。一听说后路被人抄了去，队伍立刻骚动起来。惊慌的情绪是相互传染的，不一会儿。官兵不约而同拨转马头，夺路而逃。这时，又一个意想不到的情景发生了：解放军阵营中那些可爱而又可敬的勇士，一看敌人要跑，便趁机不顾一切猛扑上去，一个个死死抱住马头，或是背起步枪，追上烈马，拼命揪住马尾巴，嗓门嘶哑地喝令马背上的骑敌：“缴枪不杀！解放军优待俘虏——”他们哪里知道，鞍前马后露着一颗人头，正好是骑敌血刀翻飞的极好机会，于是，这些胳膊被草靶和树枝训练得跟牲口一般粗的马上屠夫，毫不犹豫刀起头落，一如抛切西瓜。他们陶醉了，打着呼哨，疯狂地虐笑着，在马莲河畔度过了平生最得意的一个下午……

傍晚的黑云重压下来，天地只留下灰蒙蒙的一条虚线，恍恍惚惚、隐隐约约的虚空间，教导旅和独四旅伤痕累累的战士们，在默默掩埋烈士。残烟缕缕和横七竖八的无头遗尸——当然也有少量被勇士们用短刀捅倒的骑敌与敌马，把几公里旷野涂抹得黏稠而峰峦叠嶂。晚风呜咽，马莲河的涛声锥心刺骨，但指战员们还是打起精神完成一切。不管怎么说，这是一个胜利的结局。几分钟前，王震司令员在电话中跟教导旅旅长罗元发和独四旅旅长顿星云就是这么肯定的。王恩茂与郭、廖对于这个胜利更为看重，他们作出种种假设，每种假设都足以造成极为严重的后果。现在，这些后果一个也没有降临，所以值得庆幸，不失为以小的代价换取大的成功之范例。总之，这个沉重的夜晚虽然悲痛，却也还有值得沉浸的理由。血战了大半天，指战员们太累了！部队打扫完战场，简单地总结了一下经验教训，便抓紧时间休息，养精蓄锐，以利再战。

千头万绪的善后工作淹没了一个最重要的主题，那就是对于敌情的分析。他们只知“马家军”的野蛮与惨无人道，而对其性子急、胆子大、心眼小、仇怨报复心理迫切且敢于铤而走险这一点，似乎还估计不足。

第二天一大早，庆阳驻敌便倾城出动，“青马”新编骑兵第八旅以2000人马，分南北两路，再度浩浩荡荡疾驰合水，来寻前日旧梦。情况确乎突如其来，风云翻卷、局面复杂，疲惫不堪的教导旅和独四旅多少有点儿茫然不知所措。因为疏于戒备，事先该扼守的隘口没有扼守，该构筑的阵地也没有构筑，匆忙上阵难免顾此失彼，致使敌人以南路作掩护，而北路神不知鬼不觉地突然插到合水攻城部队侧后。这一手非同小可，短短十几分钟时间，三五九旅就被推到了极地！生死存亡，只是一眨眼之间的事。

郭鹏急忙下令，从七团和九团各抽一个连抢占有利地形，阻止这股狂风暴雨般席卷而来的骑敌。但是太势单力薄了，骑敌如同潮涌，两个连岂能挡得住！

“再调一个营！”情急之下，郭鹏已无心商议，抓起电话就喊。他要七团把预备队三营调上去。可是，三营还没有跑到位置，骑敌已经刀劈马踏一阵风似的冲了过去。敌我之间，马上马下，根本不可同日而语。三营一枪都没来得及放，伤亡就已极其惨重。郭鹏正不知怎么办才好，忽又闻报合水城北葫芦巴高地守敌，突然大开城门迎接援军。这是一个稍纵即逝的转机，他心头一动，顾不得与王恩茂和廖明招呼，当即就从半山坡上的指挥所扑出来：“我下山去组织反击！”谁知刚跑出指挥所，一颗流弹嗖的一声飞过来，他只觉得手臂被重重一击，眼前一黑栽倒在地……

三五九旅被困在合水城下，步枪手榴弹失去往日的威风。整个战场混乱一片，几乎听不到爆炸声，只见马刀闪烁，叮当响亮，鲜血溅得天都红了！骑敌身上、脸上全是血浆，个个成了血人儿。鞍边的脚镫上是血，高筒皮靴上是血，战马奋起的马蹄上是血，连抛向蹄掌后面的泥点都是红色的！死亡已经不是什么问题，战士们手中握着手榴弹，不知该往哪儿扔。他们哑着嗓子大声喊：“拼啦！拼啦……”毫无惧色地扑闪在敌人马群中间。一个小战士拉开引环正要出手，却见有战友跃上马背和敌人扭在一起。手榴弹嗤嗤冒着白烟，犹豫间，另一骑敌冲到了面前，一刀下去，小战士倒下了，手榴弹也开了花，敌坐骑受了伤，嘶鸣着竖起双蹄。刹那间另一个战士冲上来，挺枪不偏不倚朝马胸前一刺刀扎下去，结果来不及拔出，用力别了一下，刺刀断在马身子里。于是，他又急忙向马背上的敌人开了枪……“拼啦！拼啦！”战士们撕心裂肺地呼喊着，扑打着，一个一个倒下去，似乎谁都不把死亡放在心上。

仗打到这个份上，王震似有万箭钻心！但这是个从不肯轻易低头的硬汉。他无论如何也不能相信，千锤百炼的三五九旅怎么会输给这群马背上的乌合之众？但事实已不容置疑。他敏感地注意到王恩茂和廖明在报告战场情况时，用了“尸横遍野”和“血流成河”这样的词语。他当然知道三五九旅的处境，旅长郭鹏又负了伤，被抬下指挥所。但是，大仗恶仗对三五九旅来说已不是什么新鲜事，南下北返途中，绝处逢生、反败为胜的战例成把抓。眼下，能否考虑给予必要的增援……王震急切地思虑着，忽然接到野司通报：侦知“青马”驻宁县一〇〇旅已兵分两路，正向马莲河东岸的合水步步进逼。

攻环县网开一面放马归山，走沙漠收复三边打马北上

战事未果，指挥员要突然冷下来，下达撤退命令，其实需要很大的勇气。更不用说是在付出了巨大代价的情况下。

6月1日这天，王震从清早到午后，连水都没有喝一口。他要给彭德怀和习仲勋打电报，检讨合水失利。显然，因为这一失利，影响了整个战役，王震深感自己负有重要责任。但是对于“青马”的“英勇善射能战，行动迅速胆大”这一点，他又有一肚子话要说。他觉得在彭、习面前陈述这一点，“实非夸大以掩过错，亦非认识为不可消灭敌人”，而只是希望借此对“青马”的特点有所认识，“可供今后行动方针之资料”。王震的报告作得那样沉痛。他在执笔拟写“战役共伤亡八百余人，干部伤亡尤为严重，弹药消耗特大（*九旅近乎打光*），必须移至一个地区整顿几天”这几行文字时，泪滴差不多都要下来了！

奉命撤出的部队，即刻转移到合水西北一带不毛之地。这里人烟稀少、吃水困难，部队唯一存身的办法，就是“天当被、地当铺”，露营山野，好处是“马家军”一般不愿光顾。因而指战员们得以安安静静地喘口气。合水一仗对部队震动太大了！

战士们就躺在光秃秃的塬畔，眼望苍天，苦涩地回忆着刚过去的一幕幕……这是西野部队较早与“马家军”的“四条腿”交锋，它刻入每个指战员的心里。要记下的实在太多，王恩茂在当天的日记中论及作战经验，就历数出五条：“一、与任何敌人战斗，均不能轻敌；二、攻击敌人城镇、据点，必须攻克敌主阵地，才能结束战斗；三、攻击任何敌人，均须控制强大预备队；四、炮火作用很大，但无论如何不能单纯依赖炮火解决问题；五、攻占一个阵地，必须对付敌人的反冲锋。”至于攻击敌阵地一次不成功，不另想办法，而作无效的反复冲锋；冲锋到敌人工事面前受阻时，停留在敌人火网之下，不知转移地区和做工事；冲锋前进挺胸屈身而不匍匐；敌人打手榴弹不知疏散卧倒；不观察利用地形常挨冷枪；炮火零乱缺乏组织指挥以及步兵不认真迫近作业等，更是一言难尽。

彭德怀喜欢阅读这样一类具体详尽的战报。他对那些大而无当的东西不感兴趣。二纵的遭遇在老总心中拧成了一个“结”。这个“结”由来已久。早在1935年秋徐海东的红二十五军与“马家军”激战平凉马莲铺之后，彭德怀就听说西北有支“四条腿”的国民党部队，“一手拿古兰经，一手拿枪炮”，很有些说道。什么借教建军，以教治军，内部不分族别，强制回化，信奉伊斯兰教；什么以“护教保教”挟制官兵，鼓吹杀死10个仇敌即可升天见真主，因而战场上人人舍命、宁死不降等，传得神乎其神。及至到了1936年夏西路军惨案发生，彭德怀对“马家军”的认识有了

切近感。精神信仰——哪怕包含着政治阴谋是一方面，战场上骁勇——哪怕带有蛮荒野性也是一个方面，而脱离战场之后对生灵的屠戮及种种丧失人性的狂妄，则又是另外一个方面。这一次，彭德怀算是有了切肤之痛。但站在西北战场的高度考虑，他还不急于立即着手报一箭之仇，而是沉下来用心去酝酿一个大的策略。

在彭德怀心中，西出陇东从根本上来讲，也还是对付胡宗南的一着棋。他从未把胡宗南和“马家军”及邓宝珊放在一口锅里煮，而总是适度地将他们区别开来，在他们之间游刃有余。安塞休整期间彭德怀就断定，只要西野主力一动，胡军“固守延安”的定力便不攻自破。果然，当得知陇东战况而又探知中共中央大体位置就在不远处的王家湾时，一直犹豫不定的胡宗南再也把持不住了！尽管有此前三战的隐痛，尽管对“马家军”只用眼角去瞧，尽管蒋介石一日三电督令他用兵务必慎之又慎，胡宗南还是义无反顾地下达了一道命令。他要董钊、刘戡所部拨四个半旅出来，由刘戡担纲，分别从西、南两面，以钳形攻势直扑王家湾！

消息传到西野司令部，彭德怀笑了。他踱近地图，说：“老习呀，我猜就是这样。现在，主动权又在我们手里了。我们只要稍作反应，哪怕是东移一小步，胡宗南也会叫‘马家军’跟上来。好嘛，他跟‘二马’一东一西，我们夹在当中，正好‘围而聚歼’，如意算盘打得真不错哩！”习仲勋说：“我看‘马家军’未必就听他胡宗南的调遣。”“那可不敢断言，”彭德怀分析道：“合水一仗给他们占了上风，正在那里神气得不得了呢。更何况，老蒋最近又待他不薄，给了官，给了云麾勋章，又给了武器，一大批美国货啊，都是排子枪。受人钱财为人消灾，总得表现一下子嘛！”说到这里，他放低了声调，手中的红铅笔在地图上找到陕北三边一带，重重地画了个圈，叹道：“就是党中央毛主席他们有点儿险情啊！”

以彭德怀的判断，胡宗南兴兵北上，中共中央在王家湾是待不下去了。向北转移，胡、马防线接合部的“三边”地区是唯一选择。那么，西野主力下一步攻击箭头就只能指向北而不是南，这同样别无选择。到目前为止，胡宗南最担心的还是彭德怀南下关中，那是陕中粮仓啊！还在合水一仗热火朝天时，胡即命令整三十六师急驰关中，分守长武、彬县、旬邑三地，就常识而言，彭德怀西出陇东而不图关中，似乎不好解释。可是，彭德怀现在却选择了北上的大方向。他举起一个手指从合水出发，溯环江而上，越庆阳、曲子，抵达环县。他敲定了环县。驻守环县的是宁马八十一师，师长马惇靖，是时任国民党西北军政长官公署副长官马鸿宾的儿子。彭德怀说：“碰一个是碰，碰十个也是碰，我们就横下心，再碰他一个！”

彭德怀是智慧的，打环县只不过视作继续北上“三边”的一个铺垫，打得下打不下并不重要，重要的是打。当然，这不是说环县是可以随意糊弄的，在战术上，攻则必克是彭德怀一贯的决心，何况“宁马”不比“青马”，相对来讲要弱一点。如能一举打下环县，合水之战的阴影多少可以扫除一些，同样达到敲山震虎的目的，不负陇东之行，进一步实现对付“马家军”的总体策略。在西北战场一盘棋上，彭德怀不但要区别胡宗南与“二马”，还要区别“马家军”内部的“宁马”与“青马”。存此一念，部队在向环县进发之前，他才突然灵机一动，有了个神来之笔——义释马奠邦。

“什么？我们牺牲那么多同志，不毙掉这小子就算便宜他了，怎么还放他？”全军上下没有想得通的。如果不是彭德怀亲自跑到俘虏营宣布这一决定，谁敢说这是事实！是的，连马奠邦自己也闹糊涂了。不是说被共产党捉住就要割舌头、挖眼睛、活剥人皮吗？咋就……他望着面前这个平平朴朴的中年人，一再揉眼睛。看守战士告诉他彭德怀的名字，他傻愣在那里好半天，终于醒悟过来，急忙在衣襟上蹭蹭手、躬身抚胸，行了个穆斯林“都瓦”礼。然后，他将信将疑地揪着衣角，嘴里嘟囔一大串只有真主才会听懂的话。

接着，彭德怀去打环县马惇靖。这是一次有准备的攻击，部队全都憋足一股劲。彭德怀命一纵三五八旅打头阵，狠狠砸下去！值得回味的是，久经沙场的彭老总此番的“四面合围”竟偏偏出了个明显的疏漏——城东塬没有部队占领。这等于是一只手攥紧了万钧雷霆，而另一只手又轻轻地网开一面。自然，招架不住的“宁马”溜出了东塬，夹着尾巴朝黑城岔方向逃遁。彭德怀把追歼残敌的任务交给王震的二纵。因为第一拳挨得太重，逃敌狼狈极了，什么重炮、轻重机枪、骆驼驮子上的弹药和粮食，统统甩下了。甚至连步枪和马刀也丢得遍地都是，指战员们越追越起劲，部队士气大振，前几日失利的沮丧烟消云散。

不管怎么说，攻克环县算是个真正意义上的胜仗。部队虽然劳累一点儿，伤亡倒不大。最令人鼓舞是俘获的资财和武器装备非常可观。短期内有吃有喝，许多人还领到一支新家伙，怎能不开心呢？前一段战士开小差的现象明显少了，全军上下皆大欢喜。休整是愉快的，干部们忙着开会研究战例，战士们随意搞点训练，环县川里川外部队驻地，到处都听得见欢声笑语。相比较而言，野司驻地反倒显得有些沉闷，除了滴滴答答的无线电发报声，就听不到别的声音。大家连说话和脚步都放得很轻，生怕惊动了什么。这当然与彭、习两位主要领导同志的情绪有关。

休整日期必须压到最低限度。中央前委已把撤离王家湾的消息通报了彭、习，刘戡的兵马开始北上，步步进逼，而前委又确定下一步要动邓宝珊集团——邓占据榆林重镇，这个邓宝珊动不动就跟胡宗南呼应一下，给陕北战场带来的威胁不言而喻。彭德怀对此早有想法，中央的决定让他颇觉兴奋。更何况，前委同时还告知，晋南的陈、谢纵队也将于7月西渡黄河，加入到西北野战兵团的序列，攻打榆林。然而，这一切都取决于眼前这道难关能否闯过去：中央欲往“三边”转移，西野主力由环县去榆林，也必经“三边”。

“三边”现为“宁马”所占。几个月来，他们在那里移村并户、编保制甲，建立一套政权机构，搞得老百姓鸡飞狗跳，四散奔逃。本来，定边、靖边、安边地处长城脚下的大沙漠边缘，吃粮、喝水都成问题，居民也少得可怜，这一来更是没人烟了。眼下西野主力要在这地方跟“四条腿”的“马家军”再度交手，劣势显而易见。彭德怀命令电台跟中央前委保持全时联络。两个安危挂在心上，如同两把刀子悬在头顶，实在叫人轻松不起来。

部队不得不提前出发，沿陕甘宁三省边界线，向首攻目标定边前进。第一天就开始喝泥浆。那黄泥巴汤又黏又稠带着难以沾唇的苦涩味，真是没法解渴。大家边行军边谈论着艰苦，说着说着，队伍整个儿踏入大沙漠，涩嘴的泥巴汤也没得喝了。沙漠上风沙弥漫，炎日熏烤，战士们饥肠辘辘却不敢把炒面往口中放。有的人掉队之后就再也不赶队伍，军纪也不管用了，某旅逃兵最多时每天达八十人！这让各旅、特别是营团干部大伤脑筋。彭德怀天天都要亲自看各纵、各旅的宿营报告。这天，他正在为此事皱紧眉头，忽见年轻的电台主任汗流浃背跑来哭丧个脸，“老总，不知为啥子，我们跟前委的电台联络信号五分钟前突然中断，怎么也呼叫不出来！”

八、避难时期的格局

黄昏王家湾三支队突围，黎明三岔口八百人历险

天黑之前，王家湾已是一片忙乱。人们只要看任弼时、陆定一、叶子龙和廖志高这几个人的脸色，就知道敌情有多么严重。更何况，头顶上敌机正在东一榔头西一棒子扔炸弹。“三支队”800多人已进入情况，个个都在收拾东西，骡马赶得遍地奔跑。老乡们插不上手，就默默摆弄自家的马灯。他们知道，天黑之后送“三支队”同志们上路，用得着。

闲人只有毛泽东。他一手倒叉着腰，另一手夹着香烟，高大身躯伫立在窑洞前的暮色中，极有耐心地望着远处。远处川道上，周恩来和任弼时骑着两匹高头大马，卷起一团黄色尘土跑过来。到了面前，毛泽东迎上几步，问：“敌人离这里还有多远？”任弼时抢着回答：“先头部队已到镰刀湾和李家岔一带，距此30里——哦不，只有25里了，你早该上马了嘛！”这位800多人队伍的司令员同志，很有角色感，表情严肃，而且还带点责备的意思。毛泽东并不在意，依然保持着他的无所谓，说：“项庄舞剑，意在沛公，胡宗南是冲着我来的……”他还想把这段幽默继续下去，任弼时失去耐心，借着布置反击，大声命令汪东兴，硬是把毛泽东冲淡了的气氛弄得浓重起来。

把紧张与镇定糅合得最漂亮的，是周恩来。别人说话的工夫，他和警卫员不知到哪里搞到几根柳条棍。出发时，天上莫名其妙地下起雨来，坡陡路滑，打湿的路面马不好骑了，年过半百的毛泽东就和周恩来拄着这些柳条棍上路。老乡们的马灯派上用场，一盏一盏闪烁在长长的队伍里，“三支队”就这样游龙似的出了山峡。雨还在下着，几个警卫战士扯起油布要往毛泽东和周恩来头上罩。周恩来不肯，但他却力劝毛泽东接受这一

优待。毛泽东气呼呼地说：“好没道理，你自由自在，凭什么要我受罪呀？我不干！”警卫员们无计可施，嘟嘟囔囔地跟在身后。这时，不远处传来几声枪响，毛泽东停下脚步朝夜空中张望，心事重重地叹道：“汪副参谋长他们还要对付敌人哩……”

出发前，毛泽东专门给汪东兴留了条子，嘱咐他务必小心谨慎，最好不要出现伤员，更不要有牺牲。那时，人马往哪儿带，他心里还没谱。议定两条，要么去陇东与彭德怀会合，要么去“三边”胡、马接合部碰碰运气。临出发时，毛泽东一咬牙做了决断：去“三边”！这和当时与西野部队失去无线电联络大有关系。而且他断定胡宗南出兵主要意图是想把他往陇东赶，好东西夹击。当然不能跟着敌人指挥棒转，毛泽东决定去看沙漠。他说：“万里长征，我们翻了雪山，过了草地，大江激流也经过了，就是少一个沙漠。这次，我们补上它！”话虽如此，可在这样一个漆黑的雨夜，在枪炮声催逼下，去边墙脚下领略大漠风情，毕竟不是件有滋有味的事。毛泽东一路上言语不多。

淅淅沥沥的雨烦了大半夜。到东方露出鱼肚白时，淋湿的衣服又风干了。队伍在山沟里钻来钻去，总算钻出一块平整地。跟老乡打听，说就快到靖边了，而且脚下走的就是通往靖边的公路。毛泽东对赶来报告情况的叶子龙说：“叶参谋长，了解一下附近有什么村子，我们差不多了吧？我是不想走了！”叶子龙说刚问过随队当向导的民兵队长，前面不远就有个村子，叫小河村。毛泽东哦了一声，抬头望了望，一堆黑魆魆的山影堵在眼前。他将信将疑地拄起棍子甩开大步：“走，我们就到小河村去避难！”

小河村不算大，其实很美丽，绿柳掩映窑洞，上上下下那么几孔，加上雨后晨光的衬托，风流而精致。毛泽东一眼就看中这个地方：“就是这里了，先住一段，万一胡宗南不让住，我们就往绥德和米脂那边跑。”这句话是经过深思熟虑的。显然，他已想到了黄河。走投无路时东渡黄河，绥德和米脂便是一块跳板。果不出所料，在小河村屁股还没坐热，国民党飞机就赶到了。几颗炸弹一丢，“三支队”赶紧往外撤。他们爬上村后一个小山头，就听老百姓报告说，国民党部队已不足20里。毛泽东望着周恩来：“再往哪里走？”

天空突然又像戳破窟窿，雨哗哗浇下来，大家猝不及防，没鼻子没眼，全成了落汤鸡。侦察员的情报是，刘戡已形成三面合围之势，唯有往西还剩条口子没来得及堵。用不着商量了，任弼时一挥手头里就走。跟毛泽东走在一起的一个当地老汉说，西去十来里地有个天赐湾，是哪朝哪代皇上驾临过的地方，古有“天官赐福，万福来朝”之说，故而得名。毛泽东听出了兴趣，说：“皇帝去过的地方，恐怕没事吧？”跑过去看看，不是那么回事，地方连300人也容不下，毛泽东歇口气，说过去来的肯定是小皇帝，还得走。转出天赐湾天又快黑了，队伍里没有不精疲力竭的。

荒郊野外，雨又下个不停，“三支队”司令部也拿不定主意下一步究竟该怎么办。周恩来伸手在脸上抹把雨水问毛泽东的意见，毛不回话，却将双手伸进口袋里摸索，边摸边问任弼时：“我可不可以吃一根烟？”任弼时毫不客气地表示反对。毛泽东无可奈何，不满意地自语道：“烟也吃不得一根！”随即火冒冒地问，“彭德怀联络上没有？”周恩来回答正在联络。毛泽东回望白天的来路，下了决心，把手中的木棍往泥地上一戳：“老子杀个回马枪！”大家都惊讶得张着嘴，有人小声嘀咕，“敌人还在小河村哩，怎么回？”毛泽东别人不问，只问周恩来：“你以为如何？”周恩来沉默半天，说：“有道理，‘安’和‘危’既矛盾又统一，符合辩证法。”

毛泽东又开始说笑起来，队伍的情绪也有明显改观。大家信心百倍地爬上刚翻过来的那座山，爬着爬着，雨也停了，小风也吹起来，天空渐渐净朗，一切都好像在昭示着什么，愉快的心情随之而浮升。可是，到了山顶一看，人人都吓傻了，只见几百米远的山岭上，蹲满了一片敌军。看上去他们正在享用晚餐，三个一堆五个一伙，围住一堆火苗：热热闹闹，连说话的声音都听得清。若以火光判断，这是敌人的主力部队无疑，队伍前不见头后不见尾，大大咧咧放着胆子，毫无惧戒。任弼时急忙传下口令，让大家蹲下来，保持肃静。

毛泽东不蹲。奇怪的是，他反倒显得更加坦然，一个人站在坡上，双手叉腰，很豪迈的样子。他由远及近向绵延不绝的火光瞭望许久，那意思似乎还有作诗的兴致，急得任弼时等几人直跺脚，压低声催道：“李得胜同志，快蹲下呀……”，“李得胜同志”神情自若，说：“用不着怕，现在是敌人在明处，我们在暗处。敌人向山上来，我们就走，敌人顺沟过去，我们就住下。我估计，敌人不晓得我们在此，否则还敢明目张胆的烧火？人怕鬼，鬼亦怕人嘛！不用着急，最迟明天12点，他们就可能要走。”

毛泽东的话正好说到刘戡心坎上。在烂泥地里露宿山头，对于吃粮当兵的国民党军人来说，当然也是不得已而为之。在与毛泽东“三支队”隔山相望表演京戏“三岔口”的那个晚上，刘戡给胡宗南发了一份长长的电报，对毛泽东的去向问题提出了一大堆判断。他站在山头上遥望靖边朔关，再往北去就是一望无际的毛乌素大沙漠了！况且，左有“马家军”，右有邓宝珊，各有各的防区、各有各的责任，何必由自己来充这个冤大头呢？再说，毛泽东自投沙漠的可能性微乎其微，也更不会硬着头皮去碰“马家军”和邓宝珊。那么，他唯一的可能，只有向陇东的彭德怀靠拢。于是，刘戡顺理成章地盯上保安与吴旗。

坐而论道的胡宗南，自然相信刘戡跋山涉水所得出的铮言。他以一种俯视的胸襟，将陕甘宁三省相接这片辽阔的图廓扫描了一遍，益发与刘戡达成共识。彭德怀所率共产党军队主力集中在合水与环县一线，中共首脑机关前往陕甘边界会合，难道不是天经地义的吗？子午岭，那是一个国军驻守相当薄弱的地区啊……胡宗南顺着刘戡为他竖起的竹竿，越爬越高。他甚至为自己过去没有对子午岭这样的接合部投入必要的关注而略感内疚。对于他来说，军事操作实际效果如何，另当别论。首要的是，在道理上要能够自圆其说，胡宗南的道理除了步兵操典意义上的军事地形学之外，还有支撑他个人在大西北重要地位的诸多因素，比如说与友军的协调结合问题。他知道蒋介石是看重这一点的。他希望能在子午岭地区与陇东“马家军”给中共来一次东西夹击，使中共遭受前所未有的毁灭性打击——那将是一次多么愉快的合作啊！胡宗南彻夜都在想象着蒋介石得到这一胜利捷报时的快乐心情。然而，历史偏不这样走，它偏要证明陕北战场上的胡宗南没有一刻不在一厢情愿、盲牛瞎马。事实上，此时此刻的彭德怀早已北上定边，进入烈焰蒸腾的沙漠地带……

彭总带病检阅二纵，王震负重请缨三边

彭德怀在沙窝子里一觉醒来，忽觉舌头干裂得像根粗布条，而嘴唇外面却一片黏黏糊糊的，伸手一摸，竟是紫红的血块！这时他才回忆到自己突然惊醒是事出有因。他清楚地记得自己在梦中有一声大叫，一是鼻血流得厉害，一是呼吸困难，胸前犹如压着块大石头。彭德怀睁开眼，发现秘书和警卫班几个小鬼都站在面前，马灯透出的红光，映着他们愁苦的面容。看得出他们受了惊吓，个个都有点儿要哭的样子。彭德怀内心充满感动，嘴上却硬邦邦地说：“干么子，我又没牺牲！”秘书和警卫员们听到老总开口说话，脸上都泛出活气，但他们手中的毛巾和水壶却犹犹豫豫不敢往前送。

几天来，为了劝彭老总喝口水，秘书和警卫员们谁都挨过骂。“一口水就是一条命啊！”彭德怀嗓门哑哑的语气很重，“战斗部队有些同志牺牲在沙漠里了。我们司令部的同志，要尽量节约用水嘛，省一口是一口，送给部队更需要水的那些同志……”这些话从彭德怀口中说出来，显得特别有声色，让人感觉到顷刻间被击穿了，绝非一般批评所能比。因此，大家本能地愣在那里。还是警卫员小刘人小胆大，不管不顾地把水壶递到彭总面前，大声嚷嚷：“老总，这回你不喝口水不中，鼻血流那么多，嘴唇都肿了！”

望着这个可爱的小同志，彭德怀心里一热，笑了笑，接过水壶，象征性地抿了一口。那是黄汤似的泥浆水，又涩又苦，彭德怀忍不住皱皱眉头。交还水壶时，他脸上依然漾着笑意，说：“你这个小鬼，警卫员怎么当的？我本来就是个厚嘴唇嘛！”大家都咧开干巴巴的嘴唇笑起来。小刘

趁机嗔着眉眼得寸进尺："不行，老总你还得喝一口！"彭德怀破天荒地很听话，重新接过水壶"喝"了一口。

自从与中央无线电联络恢复之后，彭德怀知道毛泽东等人离开王家湾有惊无险，心中一块石头落了地。虽然在滚烫的沙漠地带兜了几天，又连续攻占定边和盐池，部队已经拖得疲惫不堪，但对未来有盼头，加上几次踏实的睡眠，大家精气神倒还不坏。彭德怀决定在定边休整几日，一来恢复士气，二来整肃军纪，当然也有观察一下"三边"风云、等待中央新的行动指示的意思。老规矩，部队准备开个大会，搞搞总结表彰，并以此为契机，集中动员一次，鼓鼓劲。大会之前，彭德怀要做的事很多，第一件事便是去卫生队看看伤病员。

听说彭德怀要来看伤病员，卫生员把病号炕简单整了整。值班的王医生跟大家说："老总是个实在人，目前条件也就这样，待会儿他来了，不要瞎提要求，有牢骚冲我们发发就行了……"话还没说完，彭德怀进来了，身后跟着几个参谋人员。王医生的话他听到了，但他没有接茬儿，只是挨个地同伤病员握手、问候，扒开他们头上、腿上的伤口仔细察看。之后，彭德怀在炕边坐下来，问："你们有么子牢骚，信得过我的就对我讲，莫兜圈子！"伤员们你看我、我看你。王医生脸一下子红了。沉默片刻，彭德怀开口了："你们不讲，我讲。肚子吃不饱，是不是啊？"这句话点中穴位，伤病员们雀跃起来。彭德怀将目光从伤病员脸上转向带来的几位参谋，"病号和伤员最要紧的是补养，天天吃野菜和榆树叶子面，补么子嘛！看看我们司令部还有小米子没有，有，统统拿到卫生队来……"王医生和伤病员们一听这话全都嚷起来："这可不行，首长工作任务那么重……老总你看你，都瘦成个啥样儿了！"彭德怀起身，表情严肃："就这么定！"他走到王医生跟前："你们很辛苦，但今天我要批评你们，伤员的头发那么长，不便包扎也容易感染，为么子不给他们剃呀？"

这个问题成了接下来整肃部队的缘由。彭德怀要求司政后机关带头，清一色，全部剃光头。命令一下，部队上上下下立即行动起来，战士们嘻嘻哈哈边剃头边开玩笑："这下好了，夜间行动省得点马灯，再也不愁夜盲症了！"然而，十八九岁的小年轻，不想剃光头的大有人在，尤其一些解放战士，喜欢爱个俏，总觉得头发推了太可惜，想观望观望再说。

两天后，彭德怀突然命令司政后机关紧急集合。队伍带到操场点了人数，彭德怀往队前一站，首先扯掉自己的帽子，亮出颗光油油的脑袋。他平常一贯如此，所以，大家看上去也没有什么稀奇。接着，彭德怀下令全体脱帽，他背着手从排头至排尾一一看过去。

原来，他背着的手上，握着一把理发推子，见到未剃光头的战士，上去就是一推子。全部察看完了，彭德怀回到队前，语重心长地对大家说：

“同志们，我们是野战军，又处在非常时期，天天都在行军打仗，时刻都有流血负伤的可能。剃个光头，万一脑壳负了伤，便于治疗嘛！再说，头发那么长，军容风纪也不好！所以我来个突然袭击，今天亲自动手，给大家剃个头，有意见没有啊？”指战员们一齐回答：“没有！”

“解散！”彭德怀干脆利索地下达口令，接着要去部队看。看哪个部队呢？老总想都没想：“去安边，看看二纵吧。”二纵在合水一仗伤亡不小，环县追敌、安边攻城，都打得还不错，入城纪律也好，可行军途中逃兵较多，还有拉老百姓的毛驴不按期归还的现象。

内部团结也有一些问题，比如为了争水吵架打架。独四旅的十四团，问题更为突出，团长吴子杰和政委吴鉴群两个主要领导之间关系搞得很紧张。安边是个古战场，敌情也比较复杂，过去长期在国民党统治之下，属榆林专署、邓宝珊的地盘，1945年曹又参的十一旅起义，才划归到陕甘宁边区。这次重新沦陷，地方政权和武装人员，叛变相当多。前几天攻城时，驻守的“马家军”早已闻风而逃，与二纵部队对战的，大多数是过去陕甘宁边区基层政权和武装叛变分子。他们心情复杂，玩着命抵抗共产党。城市一打下来，这些人又变了颜色……彭德怀听到这些情况报告，心里一直放不下。他希望能和王震面对面把这些问题好好谈一谈。

王震是个出了名的铁将军，整肃部队一点儿不含糊。见到彭德怀张口第一句话就是：“给我三天时间……”接着，他摆了摆苦衷，“这么些天，部队拖得狠了点，解放战士补充得猛了点，有的来不及教育，拎起来就用。”

对此，彭德怀心中有数。他特别强调指挥员自身素质，兵烂烂一个、将烂烂一窝。只要干部站得正坐得直，就不怕部队出岔子。说到这里，彭总关切地问：“郭鹏他们几人伤势怎样？”

王震叹道：“难啊，要药没有药，肚子又搞不饱，喝口水都保证不了，伤口恢复起来就是个大问题了。”

彭德怀垂着头，默不作声地听着。陕北战场上“粮草”问题，自始至终是他的一块心病，早在延安主动请缨那会儿，他就把问题摆上了桌面。无论是“三战三捷”，还是此次西出陇东，纯粹从军事上说，都贯穿了彭德怀对粮草的考虑，因为这个问题始终是当前决胜的关键。部队没有东西吃，士兵中不辞而别的人一天比一天多。这种情况下，发展部队、以大兵团与敌人较量，就是句空话。因而，以少胜多、以弱胜强，这是中共在陕北战场命定的战略决策，它正以前所未有的严峻，考验着彭德怀的品格、胆略与才智。

陇东战役之后，有种焦虑一直隐约跳动在彭德怀心里。中央在5月底已经有电报，正式决定让西野收复“三边”，然后向南攻取宁夏同心县的韦州、预旺及同心县城，再向“三原”（镇原、固原、海原）之线出击，以威胁平凉和兰州。与此同时，陈赓和谢富治的纵队7月1日起，由晋南曲沃和翼城出发，用半个月时间直奔绥德，7月20日开始打榆林，并攻取榆林东北方向的重要门户——神木和府谷，然后，南下关中。

陈、谢纵队自4月4日揭开晋南战役序幕之后，不足半个月内，即连克七城，切断同蒲铁路，进占禹门口。此时，又回师夺占数城，据说军需、军械多得用不完，部队精神十足，形势一派光明。

这和西野目前处境形成鲜明对照。彭德怀嘱咐王震，在这节骨眼上，部队一定要经得住考验，要利用这几天休整时间，下决心整出一点眉目来，坚持少而精的原则。若能再打几个胜仗，形势就会有所改观！他说：“中央的想法，有中央的道理，西野部队和陈、谢纵队数月内分开作战，在一定距离上相互策应，对分散敌人注意力、改变西北战场形势，肯定会起作用……只是，这样一来，部队吃饭问题更大了，战斗会更艰苦。陕北就那么巴掌大一点地方，穷啊，这两年又老打仗，土地荒芜，老百姓哪来余粮供养部队？”

“依我看，还是让我们西野北上比较好，”王震快人快语，“打榆林，西野部队对敌人情况也更为熟悉一些嘛。”显然，这个意思不是王震个人的一己之见，代表了部队指战员的普遍想法。

彭德怀对此也了解，但他还没有把问题考虑成熟，对上对下都不便多说。经王震这么一提，彭德怀猛然感到自己面前实际上摆着一个不可回避的难题。陈、谢纵队西渡黄河，北上主打傅作义集团之邓宝珊，而西野南下主打宁、青二马，然后陈、谢南下关中对付胡宗南，西野攻占兰州以图大西北，这在目前一盘棋局上究竟有多大意义？对蒋介石重点进攻的一翼——西北局部战场，意义又在何处？长时间在军委工作，养成彭德怀事事站在全局高度权衡再三的习惯。当晚，他几乎彻夜不眠，联系全国战局的发展，针对部队北上还是南下这个看上去极为简单，而事实上在收复“三边”之后已不是问题的问题，反反复复地琢磨开了。结论是，中央5月对陕北战场的决策，的确有某些欠妥之处。然而，彭德怀还没有来得及将这种“欠妥”的感觉报告给中央，毛泽东的主意已有大的变更。

其时，全国战场一天一个形势。5月以来，除晋南连传捷报之外，华东部队在陈毅和粟裕指挥下，一举歼灭号称蒋介石“御林军”的五大主力之首整编七十四师，师长张灵甫魂断孟良崮；以邓小平、刘伯承和李先念组成中原局，犹如异军突起。特别是刘、邓强渡黄河，胜利实施战略反攻的序幕战——鲁西南战役，更是挑起了诸般交响的最强音。

此间，豫北部队对平汉路两侧蒋军发起进攻，连克孟县、博爱、滑县、封丘等9城，歼敌5000余人；豫皖苏军区部队攻克了淮北的亳县、太和等7城，歼敌6000余人。至此，蒋介石所谓重点进攻已焦头烂额，其总兵力由战争之初的430万人降为373万人。正规军虽然还保留了248个旅的番号，但人数已从200万人降到了150万人。这一落差给毛泽东心灵撞击是巨大的，他锐敏地看到：蒋介石不但已失去牛皮烘烘说大话的资格，更失去战场进攻资格，而人民解放军应该具备前所未有的胆魄，来完成一个重大的历史转折。

1947年6月的最后几天，在靖边以南80里小河村的毛泽东、周恩来和任弼时，每天都在激烈的讨论中度过。关于推进全国战局进一步发展的新思路越来越清晰了，用毛泽东的话说，"我们不能等到敌人进攻被完全粉碎，我们在数量上装备上都超过敌人再展开战略进攻。我们必须立即转入进攻，我们的主力应该立即由内线打到外线去"！

毛泽东在表达如此重大决策时，每每喜欢用手臂来辅助诗一般的激情。他随着气吞山河的语势用力往前一推，高大的身躯也跟着一起摆动。毛泽东惬意地吸着烟，说："过完'七一'，我们把西北战场的各路好汉召集起来开个会，就叫个'小河会议'吧！恩来呀，电报马上就发！"

这是尚在毛乌素沙漠边缘喝黄泥浆苦水的彭德怀所估计不足的。收到中央电报后，他和习仲勋翻过来调过去看了好半天，预感到中央有什么新的部署。毛泽东的战争导演术他们是知道的，常变常新，也不必关起门来瞎胡猜测了，干脆，把纵队以上干部召集起来开个会吧！一来搜集搜集部队情况；二来吹吹风，大家都有个思想准备。主意一定，通知就发出去了。张宗逊、贺炳炎、廖汉生、王震等一班人打马就到。大家济济一堂，不知为什么，心情都有些激动。

习仲勋来了段开场白，讲了讲情由和意图。彭德怀插上说："我们要去中央开会，有么子话，大家就说……"事情来得有点突然，谁都似乎没想好。憋了一会儿，贺炳炎和廖汉生说："没啥子要说的，要是碰到贺老总，帮我们带个好。"

黄河两岸贺龙得水，陕北小村江青认亲

贺龙病了有些日子了。胆囊炎复发，又有高血压，人住在晋绥军区的碧村医院，心却一刻也不安宁。这几个月来，一条黄河在他的梦中简直成了扯不清的丝带，有许多关爱、许多担忧，全部放进那些琐琐屑屑的日常事务之中，什么筹集军粮、输送物资、选调人员、开办兵工厂以及土地、戒烟、商埠开业等，总之，晋绥因为有贺龙，后方也成了前方——而事实上，他的名字在西野广大指战员心中，永远是块坚实而稳固的后方阵地。

风格决定一个人决不和别人混为一谈，风格即人。西北野战兵团1947

年3月16日组成时，毛泽东对贺龙只说了一句话，他告诉贺龙，彭德怀请求暂时指挥陕北几个旅及后勤的两万来人，他认为很好。毛泽东说："晋绥有你贺老总坐镇，我们才踏实。"

贺龙没有说二话，很爽快地拥护这个决定。他一贯把军队看成是党的军队，自己带得，别人也能带。他说："要是我贺龙带的部队，别人指挥不动，就说明我贺龙的党性有问题。"那时，他亲手组编起来的晋绥野战部队有三个纵队，一纵已于前一年冬天西渡黄河开到延安。显然，延安要撤守、要跟胡宗南"转战陕北"，这么一点兵力还不够。

说完痛快话，贺龙回晋绥第一件事就是把王震的二纵也送过黄河。分手时，贺龙跟指战员们千叮咛万嘱咐。部队出发后还不放心，还要托人带信给一纵司令员贺炳炎和政委廖汉生，说："你们任务很光荣，毛主席在陕北，一定要保证毛主席和党中央的安全。要多打胜仗，多消灭敌人，坚决听从彭老总指挥，这样才对得起党和人民。"

毛泽东说得对，晋绥的天顶起来了，陕北才踏实，否则，局面不可想象。这还不单单是因为中央和陕甘宁边区领导机关有一部分撤到了晋绥，最重要的是陕北战场人穷地窄而须负载重兵周旋的现状。

虽然中央军委有"以战养战"的策略，但未战之前总得先有"本钱"，前期基本投入——兵员与粮草从哪里来？如果这一最基本的"供血"没保障，打胜仗也只能是句空话。不能打胜仗，何谈"以战养战"？这是个环环相扣的连环套。贺龙的任务就是为河西的陕北战场"造血"。这个后方"大老板"不是好当的！他的家底太薄了，统率的部队仅有一个野战纵队、一个骑兵旅和十来个地方团队，而硬邦邦的任务却有四条：一是保卫和巩固晋绥解放区自身稳固，二是保证中央和陕甘宁边区机关在晋西北工作上的安全，三是配合晋察冀、晋冀鲁豫等解放区友邻部队作战，四是给陕北战场源源不断地输送人员和物资。

贺老总的性格是，肩上担子越重越高兴。3月底，周恩来到山西临县三交镇跟贺龙会了一次面。那时中央枣林沟会议刚开过，决定中央机关一分为三：刘少奇带一班称作"中央工作委员会"的人马去河北；叶剑英和杨尚昆带一班称作"中央后方工作委员会"的人马，留驻晋西北；中共中央和中央军委主阵地仍在陕北，毛泽东、周恩来和任弼时三人把舵。周恩来要同贺龙一起研究中央机关到河东晋西北人员去留问题。周说："人多头绪多，单位一大堆，还有许多老同志和妇女孩子，事情很麻烦，一切都靠你贺老总来安排。"贺龙挺着胸脯："你放心，我亲自负责，保证他们的吃住和安全！"周恩来回陕北一汇报，惹得毛泽东好一番感慨。毛泽东说："我相信，贺龙点过头的事，什么问题也没有。"

这些话当然也包含着很深的个人感情。谈完公事，周恩来对毛泽东说："主席呀，贺老总对我们有意见呀！"毛泽东一听很惊讶，急问是什么意见。"什么意见，他对我们留在陕北很不赞成，想不通，认为这是冒险。他还狠批了我的警卫员一顿哩！"毛泽东本来想笑，听到后一句话又吃惊起来。周恩来解释道，贺龙听周的两个警卫员说贴身只带着两支短枪，立刻板起脸就训开了："你们也太不负责任了，乱弹琴！两支短枪，这怎么行啊！射程那么近，火力又弱，万一路上遇到敌人，你们怎么办？！"训过人之后，贺龙的气还不消，出去转了一圈回来对周的警卫员说："这样吧，我给你们每人搞一支卡宾枪，再给几百发子弹，你们千万保护好周副主席。要是出个岔子，我可不讲客气哟！"

武器弹药在晋绥这个被看作后方的地方，也相当紧张。那时彭德怀"三战三捷"的好戏还在酝酿阶段，部队集结隐蔽在延安东北地区正准备做"大买卖"，急需投资"本钱"。

彭德怀求援电报还没发出，贺龙已把2000多发各种炮弹和几千支枪及一批子弹都准备好了。他同李井泉商量："怎么搞呀井泉，吕梁、绥蒙两个军区那边小仗不断，许光达和彭绍辉、姚喆他们要打仗、要训练，天天消耗，南面又要计划正太战役。正太战役一打响，太原这边，我们晋绥要配合。最要紧的还是彭总他们，我们责无旁贷，必须全力以赴！"后来到5月10日，彭致电求助，贺当即把准备好的炮弹和枪支都送过去，继而又一连送了三批。此事使得彭、习一直很感谢，专门发来电报表达谢意。这倒让贺龙不开心了："怎么搞的嘛，哪个要感谢？感啥子谢！"

虽说不谈"感谢"，贺龙对陕北战场武器弹药问题，更加上心。他是长期带兵打仗的人，懂得陕北战场在这么大兵力悬殊下作战，对武器弹药的需求不言而喻。晋绥既已成为陕甘宁的后方，理应站出来挑这副担子。

这当然不是句空话，造枪炮子弹要靠军工生产，而晋绥老军工企业又微乎其微，规模小、条件差，缺仪器、少机械，尤其是技术人员，简直凤毛麟角。能不能把陕甘宁边区遗留在陕北的那点军工企业老底子拉到河东来发展呢？这样既可免遭战火破坏，又可集中人力、物力扩大生产，提高技术。

贺龙办事一向心到手到，看准的事情不达目的誓不罢休，当即找晋绥联防军的军工局局长李强，说干就干，几天之内，河西的军工厂全部迁到河东，两股力量拧成一股，预计1年时间即可启动14座工厂，还能开1所工业学校，规模达到3500名职工，年产炮弹4000余发，两种型号的迫击炮弹7.5万发，手榴弹100多万枚，各种炸药20多万斤，子弹15万发，这将会给陕北乃至西北战场长期有力的军火支持。

彭德怀和习仲勋接到报告，高兴得直拍桌子："这个贺老总，硬是有眼光，么子工作都跟打仗一样，轰轰烈烈！"

轰轰烈烈的贺老总毕竟已是年过半百的人了，风里雨里、泥里水里，数九寒天，脚上连一双好鞋子都没有，脚后跟上的裂口如同娃娃的小嘴，经常血糊糊的。加之饱一顿饿一顿，长年睡不成一个囫囵觉，就是一棵树也得倒啊！他累病了，但怎么说都不肯治疗。好不容易把他劝到军区碧村医院，强行按在病床上还没有一个礼拜，中央的会议通知来了，一切平静都被打破。

“住不起呀，同志们！形势这么紧张，中央召集开会，肯定有大事商量，耽误不得！”贺龙跟院长和医护人员板起面孔严肃起来。“那怎么办？”几个人面面相觑，只好去找卫生部长。

卫生部长还没到，却来了一个老大娘，身后跟着闺女。娘俩挎着柳条筐来看贺龙，进门就嚷嚷：“听说老总病了，乡亲们都要到医院来看看……”大娘埋怨贺老总口严，病了也不说，害得娘俩耽搁了时间。

贺龙绽开笑脸，一边责怪是谁走漏风声，一边向大家介绍娘俩。

大娘姓张，老伴打鬼子那会儿负了伤，不治而亡。两个儿子，大的是村里民兵队长，也在抗战中牺牲了，小的叫张映清，在独二旅当机枪班长。现在家里只剩下娘俩过日子。有一回贺龙访贫问苦了解到这一情况，便上门看望，并叫警卫员送去一袋小米。知道张大娘想儿子想得厉害，就亲自写假条，把张映清从独二旅的训练场找回来探亲。他还招呼张剃了头、洗了澡，见张身上没有衬衣，就把自己刚发的一件新衬衣塞给张，自己穿打补丁的旧衣。张到家，贺龙又将张家三口人请到自家做客……张大娘掀开柳条筐上的白洋布手巾，露出鸡蛋、棒子面和小米，贺龙大手直摇：“老嫂子，哪来的这么多粮食嘛，我担不起呀！”

张大娘哪里肯依，没二话，就往床头塞东西。正塞着，外面又来一班人，是“人民剧社”的演职员们。没进门，有人嗓门就亮开了：“贺老总在哪儿？哪是贺老总的病房？”

“人民剧社”是贺龙将原来的“绥蒙剧团”和“七月剧社”两家合并起来的，成立一个文艺团体救了一批人，尤其是“绥蒙剧团”，过去在地方上很有名气，专演晋剧传统戏，老百姓欢迎，部队也爱看，什么“二百五”“十三红”“海棠花”“二梅兰”“小黑头”等这些名角，几乎家喻户晓。

抗战后，战事又起，剧团流落在雁北一带，戏不好演，艺人们没生活，贫苦交加，许多人抽上了大烟。贺龙率晋绥野战军北上绥远到左云、右玉地区时，得知这一情况，硬是收编了这支队伍，把剧团改造过来。特别是给老艺人戒大烟，费尽心血。从此，这批得救的老艺人都把贺老总看作救命恩人。

演员们一到，病房就热闹了。有人喊：“老总，我给您来一段吧！”“好，来一段！”贺龙是个喜欢热闹的人，听说要唱戏，精气神十足，病痛也减轻一半，“喂，来啥子嘛？”

“那就……‘明公断’？”

“好，就《明公断》！”唱完了《明公断》，又唱《蔚汾河畔草青青》，又唱《边区恨》的主题歌，又唱《西北人民歌唱毛主席》。唱着唱着，唱出了贺龙的心事，当晚就催着备马，准备出发过河西。

中央的会期定在7月21日，贺龙卡准时间，非得提前两天上路不可。贺老总一口咬定的事，谁能拦得住？医院只好作出让步。但是，为防止万一，几位领导同志商定，专门指派一个医生随同贺龙一块去陕北。

一早上路，贺龙天不亮就刮脸，换套干净的军服。忙停当了，他把警卫员叫到跟前：“喂，小家伙，我记得还有一斤水果糖吧？”警卫员摸摸脑勺，忽然想起来了，那还是年前一位老朋友从白区大老远带给贺龙的礼物，老总哪舍得吃这个，一直托警卫员保存着，这一留留了一年多，警卫员都快忘了，贺龙却还记得。

警卫员匆匆忙忙找出那斤水果糖，交给贺龙。贺龙拎着糖对警卫员说：“毛主席离开延安，整天和敌人周旋，生活一定很艰苦，我们把这包水果糖带去送给主席，怎么样？”

这包水果糖可给毛泽东的家庭生活添了喜气。自从投到小河村，江青的手脚忽然勤快起来，见天手里拿着一只鞋底纳，这在毛泽东看来很是稀奇。一了解，才知道跟村里一个叫兰兰的女孩大有关系。兰兰这年十六七岁，长得标致，又生灵又聪明，很是惹人喜爱，当时，李讷不在江青身边，一见兰兰，江青就有点儿克制不住母爱的本能，欢喜得不得了。听人说兰兰她娘很能干，就三天两头上门唠家常、学做针线。一来二往有了感情，江青要收兰兰做干女儿，教兰兰认字，跟兰兰痛说自己苦难的“革命史”，总之，投缘得很。

既认了干亲，兰兰就把江青称作“干妈”，把“老李”（毛泽东）称作“姨父”。江青死要面子，可平常手边条件所限，从来拿不出什么上嘴上身的东西送给干女儿，贺龙带来的水果糖，可给这位“干妈”挣了脸了。自然，活活泼泼的笑容也就进了门，无数美妙话题随之而来。

这一大串幕后的故事，贺龙当然一无所知。他到小河村那天是个难得的晴好天气，骑在一匹大白马上，老远就看到毛泽东那高大魁伟的身材站在窑洞门口，忙跳下马，扯开嗓门：“李得胜同志，你好哇！”

贺龙是这次远道而来的第一人，毛泽东显得格外高兴。两人紧紧握着手，一起往窑洞里走。贺龙盯着毛泽东看了一会儿，脸上笑着，心里却不是滋味：“主席呀，你比在延安时瘦多了呢！”

毛泽东笑着摸摸自己的脸颊，心里感动着，嘴里说：“是吗？可我觉得比起在延安时更结实了。”他忽然体会很深的样子，“我看，行军是个好事情，可以锻炼身体。现在不骑马走十里、二十里路，也不觉得累。”

贺龙快乐地喊道：“好，那我们就放心了！”

话题立刻转向目前形势和此次会议的中心，毛泽东兴奋地拉起贺龙：“干脆，我们到新落成的大会堂去谈！”

贺龙一听，哟，还专门盖了会堂！跟着毛泽东就出了门。见自己的警卫员还在马鞍上解着什么，贺龙便走过去小声交代几句，然后径直朝“大会堂”走去。

中共小河会议聚谈大格局，国府大众舆论纷传小纰漏

什么“大会堂”啊！不过就是为了开会，在河滩边一个小院子里的大槐树下临时搭起来的凉棚。毛泽东领着贺龙躬腰钻进去，指着一条破旧木椅让坐。

贺龙一坐，椅子咯吱咯吱响，他就感叹开了：“我在河东的司令部有房子、有沙发，还有电灯，开个会都觉得很艰苦。主席开这个会，只能搭个棚子，谁艰苦呀？回去我一定要好好宣传宣传。”

毛泽东说：“是啊，看来陕北战场就得依靠你晋绥了，无论在军事上、财政上、粮食上都是如此。所以，中央考虑，由你贺老总来把两个地区领导起来，形成统一的前方和后方。这样，老彭才好放开手脚打仗。”毛泽东朝贺龙看了看，又说，“你不要小看这个后方，打仗没个好的后方，就无论如何打不下去！中央这次会议主要研究怎样进一步组织和发展战略进攻问题。我们原打算叫陈赓队伍西渡黄河，加强陕北的军事力量。现在，有另外一种考虑，陈赓不过黄河，直接到豫西去！这样不仅可以迫使胡宗南从陕北分兵，对陕北战场有利，而且还可以对全国大的战局产生影响，策应刘、邓南下，直取中原！好戏哟，一举多得，何乐不为呀？不过，这还要等陈赓来了，征求一下他的意见。”

陈赓天黑以后才赶到小河村。派去引路的中央警卫战士迎接到黄河渡口，一见面，陈赓就叫自己警卫员把身上崭新的佩枪跟中央警卫战士换了换，说：“拿这些破旧玩意儿，怎么保卫党中央、保卫毛主席呀！”

晋南就是晋南，四匹驮子压得走不动路，除了木耳、虾仁、香菇、白糖和香烟、茶叶，就是全套簇新的无线电器材，让来自大沙漠的彭德怀、习仲勋和王震自惭形秽。

开会了，毛泽东先给每人发了一支烟。接着，周恩来、任弼时、陆定一、杨尚昆等人一起动手，顷刻间便有几根火柴同时擦着。大家一团和气地点烟对火，温馨里面透着热烈。待到喷香的烟雾丝丝缕缕在笑声中飘散

开来，气氛立时让人回到了延安。毛泽东带着浓重湖南口音的普通话又响起来了："解放战争形势发展之快，令人鼓舞！现在来看，对蒋介石的斗争，计划五年解决问题，是完全可能的……"

毛泽东的判断，是来自对蒋介石所谓"重点进攻"的灵机一动。老蒋当初的出发点就是一种"东施效颦"。他的所谓"凡是匪军老巢……及其发号施令的首脑部所在地，必须犁庭扫穴，切实攻占"和"在主战场决战的时期，其他支战场唯有忍痛一时，缩小防区，集中兵力，以期固守"，不过是对毛泽东"集中优势兵力打歼灭战"的拙劣翻版，"攻占延安"成了经典篇章，一引再引。然而，实质性的后果却是，山东和陕北两翼吸引了全国兵力的一多半，而中间黄河天险的防御却形同虚设。失去这道壕堑，又没对陇海路加以特别防范，毛泽东怎能不感到良机在握？自古以来有"得中原即得天下"之说，何况还有个天然储兵的大别山！

大别山地处鄂豫皖三省交界点上，又夹在南京和武汉这两座长江沿岸战略地位极为重要的城市之间，可谓中天一柱。早在李先念等人中原突围之前，大别山的战略位置在中共中央心目中就是重中之重，只是那时蒋介石还不糊涂，前后左右都布设了足够的兵力，看得比较紧。一年过去了，几招一过，兵力对比有了变化，也不知老蒋哪一根神经起了作用，居然给对手弄出一个如此大好的战机。

以刘邓、陈谢、陈粟三路大军挺进中原，实施战略展开的决定，在1947年春夏之交显得自然而然，有点儿瓜熟蒂落的味道。这种瞅准机会、拳打脚踢的姿态，符合毛泽东及中共中央高层决策者们一贯的战斗作风。站在这个可以看得见胜利桅杆的制高点上，他们谁都有足够的理由兴奋。

周恩来当然更是如此。关于由内线转向外线作战的部署，他胸有成竹地指着地图介绍说："除刘邓大军直趋大别山外，陈粟的华野也向豫皖苏挺进。与此同时，陈谢率太岳野战兵团强渡黄河，注意，不是西渡啊，是南渡，向豫西挺进！刘邓当主攻，山东、陕北两翼一齐配合，三个拳头同时打出去……"他一边口述，一边随手在图上画出三个红圈圈。三个圈不紧不松地靠在一起，恰成一个品字，这触动了毛泽东的灵感。毛含蓄地笑着发挥道："一个品字形阵势，大家看出来没有啊？江淮河汉之间，三个口互为掎角之势，机动变化，想怎么打就怎么打。"他将目光投向陈赓，"这一下子，你们校长的日子可不好过了！"

陈赓一直非常专注地听着每一个人的发言，越听越感到肩上担子沉重。所谓"太岳兵团"，会前毛泽东已给他露过底，就是由四纵、九纵、第三十八军及太岳军区二十二个旅组成一个兵团，确定陈赓任前委书记，全权指挥一切。既不设司令员，也不设政委，也没有兵团指挥机构，完全是轻装上阵。从个人角度上说，这多少有点儿突然。但从整体战略格局上讲，陈赓不由得不从内心深为佩服。周恩来洞悉他的心思，半是闲谈半是做工作地说："现在是非常时期，大家都须独当一面，主席也是在世界上最小的司令部里，指挥着世界上最大的人民解放战争嘛！"周恩来的话从来都是不事雕琢，一步到位，而且举重若轻。陈赓听起来更是"响鼓不用重敲"。他当即对于改"西渡黄河"为"南渡黄河"的战略决策表示了态度，没得说，坚决服从中央决定，举棋要稳，落子要快，战则必胜！

这当然不是泛泛地吹牛。一连几夜，陈赓都在反复推演，战役步骤精确到几分几秒，一切都只待一纸命令便可付诸实施。这时候毛泽东一番形象生动的描述，无疑是最大限度地展开了他的想象空间。陈赓笑着扶了扶眼镜："豫西为我所占，岂止是蒋，胡在陕北战场上，谅他尾巴也要夹一夹！"也许是刚在晋南与胡数次交锋，也许还有别的原因，陈赓对自己南渡黄河于经略中原方面的重要意义之外，始终忘不了给胡宗南及陕北战场所造成的军事影响。这一点，他私下与彭德怀也作过交谈。两人不需太多语言，便取得共识。对于已经收复"三边"的西野来说，北攻榆林似乎顺理成章。现在，既已明确了与晋绥前方后方关系，又有陈谢的"北上"改作"南下"，彭德怀的行动纲领是否可以暂时搁置胡宗南？

历史作出极其微妙的暗示，但胡宗南却无法领情。刚度过新婚蜜月，幸福了一阵子的这位国防部挂号人物，日前正被一桩说不出口的密案所累。事情缘起于熊向晖赴美留学。

这是胡宗南于最不情愿的时刻作出的一个最不情愿的决定。攻占延安啃了个空心萝卜之后，连续三战三败，不论怎样粉饰，消息传到南京，还是引起不大不小的风波。尤其是朝野哗然，人们作出种种猜测，其中一条就是西安城内共党活动"猖獗"，是不是胡宗南身边也有问题呀？问题的提出，使郑介民、毛人凤大为震动。恰好熊向晖赴美之前在西安逗留的个把月期间，出于"留后手"的需要，常在家里邀请绥靖公署和西安党、政机关熟人（其中包括像胡宗南住处行政副官张德广这样的人）聚会，借机把负责与其联络的中共地下组织要员王石坚介绍给大家相识。声势一闹，保密局的人不能不有所敏感，很快就盯上了王石坚。

王石坚的真实身份不费吹灰之力就查了个水落石出，电台、密信全都亮出来了，无话可说。王石坚料想保密局并不摸熊向晖的底牌，便一口咬定是自己在利用熊等人，熊向晖是警惕性不高，上当受骗。鬼才相信！保密局的信条一向是宁可错杀三千，决不漏掉一个，即便熊此时已赴大洋彼岸，要抓也是易如反掌。问题是抓了熊向晖，对胡宗南如何交代？胡与熊的个人关系是无人不知的，胡宗南丢不起这张脸。再说，这种把柄一旦被冤家对头诸如陈诚这样一些人捉住，落井下石就在所难免了！最要紧的，还是怎样瞒住蒋介石的耳目。

胡宗南庆幸自戴雨农时代便与保密局结下了不解情缘，如今的毛人凤不管怎么说也不会驳了这位老大的面子，他早已有令，涉及胡部下的问题，必先向胡详细报告，有关案卷必先送胡审阅。显然，不良影响已经压到最低限度。就是这样，胡宗南也“脸气得铁青”。上峰未予追究，反倒加重了胡的内疚。熊向晖呀熊向晖，毕竟此人与自己患难与共，度过了近十个春秋的风风雨雨啊！这十年来，胡与熊之间，那真是国事家事难分难解。历乱世如胡宗南，怎么能够接受这样一个事实！

胡宗南每天都在吞咽苦酒。他决定把熊向晖这个名字从自己心头悄然抹去。但是，胡宗南越抹越黑，以至于像中共“小河会议”这样的头等情报，也没能激活他那双失神的双眼。仿佛在一夜之间，胡宗南已对仍留在陕北的中共首脑机关失去胃口。草草阅完报告，他只是对参谋长盛文平淡地哦了一声，就过去了。这使得包括董钊、刘戡在内的所有人员都感到震惊。

然而，胡宗南的轻慢丝毫也没有降低“小河会议”的历史意义。它确定陈谢南下，而让贺龙统一主持、领导联防军，把两个地区合起来，“解决统一后方，精简节约、地方工作三个问题”“以集中一切人力、物力、财力，支援西北战争”，是一个非常英明的决策。正如习仲勋在后来的回忆中所说：“不合，仗难打胜。没有这个会议，前后方就不能一体化。会后就一体化了。前方打仗，俘虏带回来也有了地方。兵员补充、粮食弹药都靠晋绥，没有两区统一，就不可能取得只经一年一个月零三天就收复延安的胜利。”那么，对于彭德怀和西北野战部队来说，“小河会议”似乎又是个开局，一个真正的开局。

九、一打榆林

邓“腊肉”滋味兵家必争，胡“革命”风格泼皮投缘

“三战三捷”、西出陇东及收复“三边”——彭德怀的序幕三部曲让胡宗南露了怯，“马家军”受了惊，莫名的恐惧心理瘟疫一般蔓延于西北战场国民党官兵之中。

唯有一人置身事外，那就是稳坐榆林、处变不惊的晋陕边区司令邓宝珊。

自1937年秋由驻防兰州的新编第一军军长调任榆林为二十一军团长兼第二战区北路军副总司令之后，邓竭尽内政外交之能事，一面安置逃往榆林的蒙旗王公和大批难民，把他们组编成游击队，进驻到包头以西的黄河沿岸；一面与二战区司令长官阎锡山、二战区北路军总司令傅作义密切联络，强化晋西北的防御部署。与此同时，也以一种亲密的态度，与八路军后方部队取得联系，稳定河防。他还将百灵庙供奉的成吉思汗灵位，煞有介事地运往兰州，安放到榆中兴隆山。这对蒙古族百姓的心理影响可不能低估。从此，大草原上再乱，他们的向往与回眸始终落在黄河源头。

榆林不守，自然稳固。打从民国初年陕西老军阀井秀岳筑巢于此，榆林就一直处在风雨飘摇之中。井秀岳的部属旅长高双成乃至高的部下左世允，沿袭下来十几年，都没能把榆林这条骇浪中的帆船锚定在一个港湾，邓宝珊却做到了。

邓奉命抵榆时，太原及归绥、包头相继沦陷，察绥两省政府及所属机构、地方部队等各色人员，纷纷逃往榆林地区，蒙旗王公更是慌作一团。邓自己都难以想象当初是怎样镇住了这一混乱的局面。抗战八年，邓宝珊在离乱中渐渐老了。坐镇边塞，数年一日，当初的热血男儿渐渐成为一块

咬又咬不动，嚼又嚼不出滋味的腊肉。

蒋介石不敢小觑这块“腊肉”。内战前夕国民党“六届二中全会”上那次刻骨铭心的会面，给他的刺激经久难忘。正是从那次会面之后，老蒋才确认这块骨头不软的家伙不是自己实施“戡乱”政策的忠实执行者。邓宝珊当面声称拥护华盛顿而不拥护拿破仑，这难道是偶然的吗？蒋介石表面上未予置理，私下却不只一次地提醒胡宗南：“老弟，这个人（指邓）是靠不住的。他闭口不谈领袖，满脑子的‘主义’，什么华盛顿了、拿破仑了，我看，他心里只有一个邓宝珊！”胡宗南叹气：“这都是给共产党赤化的。”

胡宗南的话若有所指。整个抗战期间，邓宝珊与共产党大大小小的接触，胡不但历历在目，而且记录在案。那时候，邓只要去西安，往返途中必经延安逗留一下。在延安，毛泽东曾经两次与邓晤谈，据说两人谈得“甚为投机”。中共将领萧劲光、王震等还多次到榆林访问，彼此常有书信往来。至于贺龙、彭德怀及习仲勋这些人，就差和邓宝珊称兄道弟了！说是私交归私交、政治归政治，可二者怎能分得一清如水呢？他邓宝珊末了还不是关起门来潜读共产党的小册子——当然，这一点胡宗南也不便多说，胡自己对共产党的理论政策也并不陌生。

的确，就理想与信仰而言，邓与胡之间或许还有共同共通之处，彼此都还算得上革命行当中人。但“革命”与“革命”不一样，即便如邓、胡这样同处一个阵营，同称“三民主义”的忠实信徒，同读共产主义的小册子，但若往深里看一步，还是谁也摸不清谁的真面目，20世纪中国的复杂性，恐怕就是在这里。

要命的是，邓宝珊手中结结实实握着榆林。这座长城线上古老的重镇，是名副其实的边关要塞。地理位置上的不可替代，使胡宗南每每一想起来就感觉身体某个部位在隐隐作痛。进攻延安之前，榆林驻军所辖防区东起府谷、神木，西至横山，“三边”，处在中心地位的榆林本部一肩挑两头，绵亘六七百里。以榆林为支点，北与傅作义的绥远、西与马鸿逵的宁夏，遥相呼应，成掎角之势。如果没有这道防线，他胡宗南在陕北战场就算蹦上了天，也是孤掌难鸣。

然而，榆林靠得住吗？胡宗南千万遍地朝自己发问，心中始终没底。他自然不能对这种状况听之任之。以君子之道，先礼而后兵，胡对邓展开凌厉的攻势。第一招便是竭力吹捧，无论何种场合，提起邓宝珊你就听不到胡宗南有半个“不”字。甚至在老蒋面前，胡对邓也是倍加推崇，说他对党国有功、在西北德高望重、深得百姓爱戴等，溢美之词有多少堆多少。只要邓去了西安，胡宗南总要请到东仓门官邸优礼备至。榆林守备旅长高双成病逝时，胡以吊唁的名义亲赴榆林，把自己与邓宝珊的亲密无间表演到令人作呕的程度。可是，邓宝珊还是邓宝珊，该说的说，该做的做，谁也别想把脑袋架到他的脖子上。

胡宗南剃头挑子一头热终于“热”得有些累了，他便密奏蒋介石，希望能给榆林换人。正好，邓宝珊在开完“六届二中全会”后，不知哪一块肌肉不舒服，一溜烟跑回陕西三原老家，声言不愿再去榆林供职。他是逃避现实，不想卷入内战的旋涡罢了！蒋介石顺水推舟，不真不假劝了几句，就急忙把心腹董钊推了上去，名义上任命为晋陕绥边区副总司令，邓仍为总司令，而实际上是以董取而代之。

董与榆林老牌守军二十二军军长左世允是同乡，按照胡、蒋的思维逻辑，董钊控制榆林的局面当不是难事。哪知榆林这把交椅上长了刺，左世允虽为同乡，对于董钊这位只身来榆的中央直属大员也心存戒备，外迎而内拒。董钊爬上带刺的交椅没有坐到半年，自己难受不过，坚决提出告退。这一下胡宗南明白了，榆林还得邓宝珊。

邓宝珊也离不开榆林。从“少壮”混到“元老”，榆林这座城市似乎跟他有了某种生理上的联系，而他的名字似乎也和这座要塞一样，注定要成为“兵家必争”。返榆没过多少日子，就发生了曹又参“三边”起义这样的事，接着便有贺龙与聂荣臻攻击绥包的行动。邓宝珊不能不丢掉一些海市蜃楼般的想法，而作出比较务实的选择。这一选择迫使他半受挟制半是尽责地在榆林修起飞机场来，当然还有纯粹从军事角度考虑的问题——榆林内外防务，而对朱德总司令和与他感情深厚的续范亭劝他“当机立断举兵起义”的长信，犹豫不定。

即便如此，胡宗南也还是看在眼里急在心上。能做的除了“强化督导”之外，只有“安钉子”了。这还是戴笠生前教给他的“一招鲜”。但胡宗南不是戴笠，手下赳赳武夫倒是应有尽有，而精巧溜滑且又忠心耿耿如戴雨农那么有能耐的角色，毕竟不好找。一连好些日子，胡宗南都为这件事伤透脑筋。情急之下，他忽然想起一个人，此人就是整编第二十八旅旅长徐保。徐是察哈尔怀安（今属河北）人，黄埔四期毕业，战场上从不怕死，有股傻愣劲儿，但秉性顽劣，一身都是臭毛病，所以虽在胡的嫡系一师，到1936年才混上个团长。不用说，这是个胡大胡二的团长。他嗜赌成性，赌瘾比当年的胡宗南有过之而无不及。想不到的是，恰恰是这一点成了他打动胡宗南进而飞黄腾达的机缘。

事情缘于某一夜狂赌。刚好月头月尾，全团官兵的军饷都在手边，徐保放胆闯进赌场，指望抱个金娃娃。谁知运气不佳，又欲罢不能，一夜下来，数万饷银输得一毛不剩。徐保的赌风爽快，输得脱裤子也决不赖账。天亮之后，他只好双手空空地把队伍集合起来训话：“弟兄们，这月的饷本团长……领来了！”官兵们欢呼雀跃，个个脸上放光。徐保眉眼一涎，口气垮下来，“不过……他奶奶的，咱团运气不好哇，团长一晚上都没开牌，钱，输光了！”这兜头一瓢冷水，把官兵泼个透心凉，眼都直了。精明机巧的徐保急忙话锋一转：“弟兄们不要着急，今晚日子不错，本团长一定去给大家翻回来。明天，我保证给全团发双饷！大家说，成不？”还有什么不成的？全团官兵愣了片刻，只好七长八短地喊好。

事情传到胡宗南的耳朵里，可把他气坏了！“浑球！”胡对毕恭毕敬挺立一旁的徐保大拍桌子，“我问你，古来将帅，哪一个是赌棍出身？你答复我！”如果能回答出这样的问题，徐保也就不是徐保了。胡宗南失望得直哼哼，不知该骂什么好。这时，恰巧外面有人喊“报告”，胡趁机夺门而出。三个圈圈一兜，就把这件事丢到了脑后。

天黑时，胡宗南回来了，万没想到那个徐保居然一动不动地仍旧站在原地。这一下胡被感动得不轻，忠不忠看行动，到底也是黄埔中人，而且又在自己的整一师干出来的……想着，心头一软，嘴上斥道：“谅你再想十天也答不出我的提问！没用的东西，去，到经理处再领一个月的饷……下次可不许胡来！”徐保还管什么下次不下次，吧唧一个敬礼，转身笑嘻嘻地跑去领第二遍饷。

从此，胡宗南的小本本里有了徐保的名字，没过多久，徐便接到晋升旅长的委任状，乐颠颠地离开那个欠下一屁股赌债的团长位置。随着了解的深入，胡宗南后来还知道，徐保的岳父武勉之与邓宝珊原是当年国民二军的老同事，私谊笃深，且又与许多西北籍将领存有瓜葛。徐本人以前在整一师任团副驻防兰州时，常与邓有来往，见面叙以子侄礼。如此，起用一个忠贞不贰的徐保，可以牵动一大片背景，这当然是胡宗南非常乐意干的。但如能将徐保通过一定理由放到邓宝珊身边，意义则会更加不同一般。

主意既定，胡宗南立派自己的副官长高桂滋飞往榆林，与邓共同策划榆林的防务。紧接着，作为胡军大举进攻延安的题中之意，徐保的整编第二十八旅6000余人空运至榆从天而降。事情前后极为自然，胡宗南的居心昭然若揭。不错，6000人的兵力的确加强了榆林防务。但对邓宝珊及其原班人马构成了压力。胡宗南要的就是这个“压力”。他相信此举的特殊意义迟早会有一天能显现出来。果然，到1947年8月，一切都看得清清楚楚了。

榆林羞羞答答进入情况，延安忙忙碌碌准备迎驾

邓宝珊获悉彭德怀进逼榆林的情报，感到很突然。晚上，他悄悄把左世允招来商议对策。左面色沉重，说：“彭手中有共党陕北主力七个旅，就是不打，把榆林围困一两个月，也够咱们受的！”

邓宝珊淡淡地哼了一声：“事情真有你讲得那么严重吗？”他起身踱到挂图跟前，缓缓拉开布帘，“据我所知，共产党刚在‘三边’开了会，

谋划新的战略。他们的提法是从内线防御转入内线反攻，何谓‘反攻’？无非是把仗挪到国军驻防区域去打嘛。你知道吗？晋南的陈赓已在组织‘太岳兵团’准备南下。目前彭德怀首要的是拖住胡先生，给陈赓兵团让路，而不是对我……”

左世允将信将疑地听邓宝珊把话说完，不敢肯定，更不敢否定。早在胡宗南攻取延安时，邓就曾预言共产党首脑决不会轻易离开陕北，胡过于张狂必定要吃亏，果然不久就有了青化砭的败绩，接着又是羊马河、蟠龙之失。现在的情况虽然有所不同，但凭邓宝珊对共产党军队情况的了如指掌，其判断也似乎自有他的道理。左世允转而说些部队防务方面的琐事，两人谈话就此冷了场。

这时，徐保进来了。他总是这样，不请自到，而且静悄悄的，叫人猝不及防。这让邓宝珊很不舒服，但碍着面子，又不便多说。徐保极善于察言观色，对此当然心中有数，只佯装不明白，见面始终按部就班地伯父长伯父短，以不变应万变。邓宝珊被徐保几声伯父一叫，心中难受的那股劲也就消了，免不了也得以礼相待，问一些言不由衷的话。几天前在一次高级军官会议上，邓宝珊分析下一步彭德怀行动时，就阐述过自己的观点，认为大家所谈“东渡黄河”和“进攻榆林”这两种可能性，都缺乏存在的依据。特别是进攻榆林，他断定在胡宗南主力尚未消灭之前，彭是不会轻动榆林的。

此言一出，徐保第一个站出来反对。邓宝珊当时没有说什么，事后一直想找徐谈一谈，此时正是机会，邓便说：“世侄对彭德怀是不是言过其实呀？”徐保收起讪笑，正色道：“伯父想过没有，彭的七个旅在‘三边’休养已快一个月，如果他要南下跟胡先生干，队伍拖不起，兵力也显单薄，啃不动。而北上榆林只有一两天路程。再说榆林被围，胡先生能眼睁睁地看着不管？我要是彭德怀，就打榆林，一块石头打两个鸟嘛！”

徐保虽鬼，终究是个粗人，说出话来，句句让邓宝珊皱眉头。倒是一旁左世允用心听出了滋味，等徐保说完后，小声附和道：“我也觉得彭德怀是来者不善……”邓宝珊有些动摇了，但口锋还是没变，冷冷笑道：“共产党对榆林还用得着那么大动干戈？他们要进榆林，也不一定使用武力嘛。我看，他们八成是想东渡黄河！”这话无异于把自己和共产党的关系赤裸裸地抖搂出来了。徐保摇摇头，明知其中的奥妙却不点破，只说：“古人说得对，篱笆扎得紧，野狗钻不进，伯父别太大意了，还是小心点好！”邓宝珊张口一笑，“放心吧世侄……”嘴上打着哈哈，心里也敲起小鼓：难道中共果真要占榆林？

邓宝珊疑虑有他的理由。自从胡宗南增兵榆林起，就再三电促邓备战。徐保更是积极响应，其二十八旅自作主张地在城南凌霄塔防御阵地上大做文章，又是浇铸钢筋混凝土，又是搞新武器演习，这让邓的心中很觉得别扭。他是行伍中人，一向把个人交情看得很重，因而始终不相信由彭德怀指挥的陕北解放军会不宣而战、进攻榆林。“果真要占榆林，总该先派个人打声招呼嘛！”这话他私下不只一次地向二十二军军长左世允提起。

左世允是清醒的。胡景铎举义时，邓宝珊总部办公地点还放在城南金刚寺旁边的桃林山庄，左坚邀邓到他军部去住，说：“总司令，恕左某直言，战场不比江湖，共产党一向为‘主义’而战，您千万不要意气用事！”邓宝珊摆摆手，一脸满不在乎：“人各有志，我心里有数！”他依然回到桃林山庄，并且还给自己固定了一部电台，由一个老电务员陪着，每晚收听新华社新闻，对陕北局势作壁上观。这几个月来，战局急转直下，邓宝珊对国民党越来越不抱乐观态度。这更加坚定了他将榆林置身陕北战火之外的决心。

但是，邓宝珊一厢情愿的个人心境能说明什么问题呢？荷枪实弹的榆林，对陕北解放军及中共首脑机关来说，无疑是个极大的威胁。邓宝珊既然无力给这座城市卸去铠甲，就只能接受刀剑。两天后的8月4日，他不能不作出理性的选择，另一个真实的“总司令”浮出水面：邓宝珊在桃林山庄大摆宴席，把重新组建起来的第十一旅旅长于建　和一团团长王永清、二团团长周效武及该旅营以上官佐召集起来聚会。邓举着酒杯向他们宣布，要将他们分别从榆林西北的红墩至乌审旗和城南二十里的三岔湾调入城内，就放在金刚寺旁边，距总部几百米远，以备不测。

可是为时已晚。就在邓宝珊羞羞答答决定应战的第三天，榆林外围三岔湾、刘官寨、高家堡几个据点，同时被解放军包围并如数歼灭驻守的国民党军几个营。因为战斗中电话线统统被切断，消息并没有马上传到邓宝珊那里，直到第二天才来了个如雷贯耳。

邓宝珊傻了！守卫这几个据点的官兵都是他从家乡一个一个带出来的呀！当年曾任司令部中校秘书的甄载明先生回忆说，三岔湾之役对邓宝珊刺激很大，“他绝没有想到自己会与共产党打仗。不得已打起来了，首先牺牲的却是自己带出来参加抗日战争的家乡子弟”。

在左世允等人多次电话催逼下，邓宝珊才悻悻然离开桃林山庄回城。“邓离开桃林山庄那天，脸色阴沉，行前还亲自到各办公地点巡视了一遍，此时金刚寺上边沙梁后已有枪弹穿屋而过。我们遂蜂拥随邓步行进城，当我们走到榆林南门时，回头看见桃林山庄以东的南峁庄一带，解放军的红旗已飘扬在沙梁上。”

于是，榆林在匆忙之中开始成为一座有准备的城市。当天下午，邓宝珊在城内一所基督教堂布道堂召开军事会议，重新部署榆林城防，确定以东、西、南、北四城为城防要点，其中南门外关隘凌霄塔及飞机场、三义庙等阵地最为重要，邓把扼守这些阵地的重任交给徐保，命其二十八旅八十三团团长敖明权任阵地指挥官。第八十二团固守南线城垣。城防部署完毕，邓宝珊专门带着徐保到全城各主要阵地巡视了一遍，并同时向西安、北平发报，通报被围困的情况及守城举措。

胡宗南接到邓宝珊的电报，很平静。略感欣慰的是，邓终于没有退路而公然宣战，至于把徐保的队伍压在惊险之处那是人之常情，从另一个角度看，这也说明邓宝珊对自己派去的徐保是信任和重用的。无论如何，徐保得到邓的信任和重用比被无端猜忌要好。胡觉得自己可以不必在这些枝节问题上多费苦心了。他有更重要的事情要做，在邓宝珊电报之前，南京国防部另一份电报已经早到了。蒋介石欲对西北战场作一次历史性的调整，定于近日亲自莅临延安视察！

为了这一天的到来，胡宗南折腾已有半年。那还是攻占延安不久，他就着手选址备料，布置“委员长官邸”，特地为老蒋改造延安南关西坡的原边区外交宾馆。胡宗南对此煞费苦心，下了大本钱，凡建筑砖瓦和内部设施所需材料，统统从西安空运过来，重新更换。室内咖啡色漆条木地板、洋瓷澡盆、抽水马桶、沙发、钢丝床、中西餐具及柜橱之类一一精细到位。整个工程大体完结后，胡宗南吩咐重门紧锁，专人专管，闲人一律不许近前。眼下，日子近了，得赶紧从西安、南京、上海、北平等地空运中西厨师和山珍海味。胡才不在乎榆林外围究竟聚集了多少共产党军队。他明白，蒋介石临幸延安，就是天塌下来，还犯得着他胡宗南用头去顶吗?

胡宗南表面上的满不在乎，使中共中央军委和彭德怀多少有些失望。当时，毛泽东还不知道蒋介石就要大驾光临延安，只道胡宗南反常沉着一定另有原因，到底是什么原因，尚须琢磨。邓宝珊收缩兵力、以空前积极的态势投入防御，和胡宗南的泰然处之、迟迟没有做出必要反应，在彭德怀预设情节中，似乎都不太合乎情理。不过这并不令他惊讶。到目前为止，解放军不过兵临城下而已，除击溃几个外围据点，并没有什么大动作。假如哪天榆林城被撕开口子，看你胡宗南还能沉得住气不！胡从来都是不见棺材不流泪，而彭德怀此番攻榆的真正目的，就是要弄口棺材给胡宗南瞧瞧，调动胡宗南集团主力北上，并相机夺取榆林战略要点，以取得兵员，物资补充，巩固后方。为此，中央军委作出全力以赴的姿态。小河会议一散，贺老总就把在晋西北打磨已久的许光达第三纵队送过了黄河。

徐保丢凌霄塔忍气吞声，九连设连环套拼却性命

许光达过黄河是有备而来。这几个月对于刚组建不久的第三纵队来说，仗虽然没有少打，但要和直接“保卫党中央、保卫毛主席”这样大的

主题下纵横驰骋相比较，总归逊色得多。眼瞅着河西陕北那一幕幕惊险奇壮，指战员们不免有些寂寞。所以，接到西渡黄河参加西野会攻榆林的命令，部队只用两个钟头就完成了出发准备。

任务是够刺激人的：独五旅率先渡河、直扑乌龙堡，然后从沙家店经杏树塔、银匠峁，收拾榆林外围流泉河、青云山之敌；独二旅由纵队指挥部直接掌握，负责解决榆林东北高家堡、乔岔滩之敌。这几个据点南北一线排列在榆林东侧，三纵是独当一面与一、二纵成夹击之势，显然，在对榆林构成合围中举足轻重。此外，许光达在所有命令后面，还都留有一个无限的尾巴。以他的战术敏感不难揣测，眼前部队完成对榆林的包围做得再逼真也只不过是种姿态。而隐藏在这姿态之后，说不定什么时候就会拨转马头，去接应和掩护正在转移中的中央机关！

这种可能性的存在并不能减轻当前任务在许光达心中的压力。他是个作风极为精细严格而又生性要强的指挥员，决不允许战斗组织上有万分之一的疏漏。部队行动这一路过来，他反复思量的就是两件事：其一，奉调陕北第一仗，一定要打出晋绥部队的威风；其二，准备担负最艰巨的任务，付出最大的牺牲。头一步，就是要按时赶到集结地域。这的确是给三纵的下马威。几百里路程，不足两天时间，就算不考虑敌情，中间还要渡一条黄河呢！但是许光达做到了。可以想象，8月6日临近黄昏时，彭德怀接到三纵各部队均提前进入指定地域的报告，是一种什么样的心情。彭一贯痛恨那种时间到了人不到位的局面，每每破口大骂，决不留情。可眼下，参加围城的各部队提起哪路是哪路，一切都得心应手，实在让彭德怀感到惬意：仗，就该这么打。

计划天黑之后外围战全面展开。想不到晚8点开始，天空突然阴云密布，不一会儿，哗哗地下起雨来。彭德怀踱出指挥部，在雨中站了一站。举目望去，古老的城紧锁烟雨之中，敌人就躲在那些明碉暗堡或是城头角楼里，而我们的战士则要落汤鸡似的竖云梯、爬沟坎。再说，三纵……就在一转身的几秒钟内，彭德怀作出决定：攻击时间推迟一天。这一天，对于那些昼夜急行军赶到集结地又仓促上阵的指战员，是个多么美妙的大喘气！而对于刚刚撤进榆林城内的邓宝珊，却简直是个蹂躏。以邓对于共产党军队作战风格的了解，部队从来都是到了就干、速战速决，而且借风借雨，专拣苦天气打仗。那么，这样一个雨夜，彭德怀怎么会放过？然而，这一夜什么事情也没有发生。邓宝珊双眼一眨不眨地熬到天亮，在世事飘摇中空守了一个静寂的雨夜。

8月7日，又是难挨的一整天。终于挨到黄昏，彭德怀一声令下，攻击首先从城南凌霄塔高地开始。紧接着，东城、西城、北城及东北方向的高家堡等各围攻部队，全面拉开战幕。让邓宝珊感受最强烈的，当然是近在咫尺的城南。战斗一直打到第二天拂晓，国民党凌霄塔阵地守军第八十二团三营全部被歼，阵地被解放军占领。塔内的团指挥所和塔西三义庙的该团一营阵地，只剩下少量守军仍在拼着老命固守待援。这可急坏了徐保。他像热锅上蚂蚁，咬牙切齿跑到最前沿去督战，还是那个使用过一万遍的老招法，可着嗓门朝士兵们喊："给我守住，守一分钟五块大洋！不许后退，援兵马上就到！"

不知过了多少个"马上"，援兵没有影子，邓宝珊却来了。他也是得知凌霄塔阵地丢失，才亲自上来督阵的。邓对徐保的部队这么不经打，很是失望，指着徐的鼻子说："小子，凌霄塔阵地，关系榆林全城安危，你花了我那么多钱，又给我搞丢了！你提着脑袋也得给我夺过来，若不然，别怪我邓某人六亲不认！"

事已至此，徐保也无话可说。本来，他是受胡宗南之命来榆林监视邓宝珊的，没想到邓委了他这么个"重任"。过去一段时间，他多少碍着邓宝珊同老岳父那点私交关系，许多事情能省则省，在胡宗南面前尽可能大事化小、小事化了，基本上没有打过小报告。现在，自己就是想报告，恐怕也没有机会了！不管怎么说，大面上他还是榆林守军的一员将领，军法无情，如果南城再出个三长两短，邓宝珊是有权给他点"颜色"看看的。

徐保越想越觉得小辫子揪在邓宝珊手里，生姜到底是老的辣，不服不行，他感到自己目前已无退路，便拿出一副决绝的架势，当即派八十三团副团长王宗义带一个营出城，反攻凌霄塔阵地。他站在队伍前，把王宗义叫到身边，端起大架子，说：王副团长，事到如今，是要凌霄塔高地还是要脖子上吃饭的家伙，你看着办！"他知道王宗义是个极粗的角色，上了战场唯一的好处是不怕死，故意丢出这句话，让大伙儿掂量去。

王宗义领命出城，大有一去不还的念头。他与徐保是同乡，过去常得关照，节骨眼上不知恩图报还待何时！出发前，王宗义站到队前把袖子捋起来，膝盖上拔出短刀，一闭眼扎进小臂，顿时鲜血如注。他就让鲜血染红五根手指，印在一张白纸上交给徐保："咱也不认得字，要是死了，你把这个给我娘捎去，也好对她老人家有个交代！"王宗义说话时眼睛并不看徐保，说完，单膝着地，别过脸面把拳头抱得咕咕响。这给徐保的震动不小，点着头接过这张印有五指的"信"，只说了一句："你娘就是我娘，你去吧！"说完调头就走。

徐保下令旅炮兵和南城两侧守军，同时集中火力射击，打得凌霄塔高地乌云翻滚，火光冲天。与此同时，邓宝珊也命令守备二十二军炮兵向东南、西南两角的解放军阵地拦阻射击，使得我军二梯队增援部队无法向南城接近。王宗义的反冲击就是在这个大背景下拉开架势，前前后后折腾了三个多钟头，而其中炮火轰击就有50分钟！到8日上午10点多钟，我军固守凌霄塔高地的全体指战员均壮烈牺牲，王宗义带的一个营也只剩下三十来个人。既得阵地重新落入敌手。

凌霄塔阵地的得失在徐保心目中已被更加看重。他再也不敢麻痹大意，特命八十三团团长敖明权带一个营的兵力，接替临近阵地三义庙的守护任务。这样，后备底气足了，凌霄塔阵地亦显不出孤单。一时，凌霄塔阵地平静下来。但北关枪炮骤响，变成了一片火海。那里紧靠城边有五十多户居民，地形比南城要复杂得多，我军初战告捷，占住几个要点。邓宝珊不放心，同样下死命令要夺回去。双方打了一天一夜没有结果，死伤不计其数。9日半夜三更，国民党守军作鸟兽散，个个夺路往城里逃，民房点着一把火烧个精光。老百姓哭号震天，整整闹了大半夜。

要说难打，莫过于西城。榆林的东、南、北都是山地，唯独西城毗邻沙漠，一片开阔，战士们上去，无遮无拦，无法隐身，连工事都没法构筑。只能勉勉强强筑起一点高埂，但没用，挡得了人脸却挡不住子弹。这给占领阵地三五八旅七一五团三营可作了难。战士们只好快速扒出一个沙窝，将身体埋在里面，露出一双眼睛向城墙上射击。8月的天气，沙窝里面能烤熟鸡蛋，人的身体埋进去是个什么滋味？许多战士因为汗水流得太多，又没有水喝，就静静地躺在沙窝里再也醒不来。而被居高临下的敌火所击中的人，更是接二连三。然而，部队从拂晓拼到黄昏，整整坚持了一天，却毫无效果。

七一五团团长罗坤山和刘佩荣政委在沙梁后面指挥所看到这番情景，心里急得呀！部队连城墙的边都沾不上，还谈什么攻城！云梯、手榴弹、炸药包这些“老三件”一件也用不上。眼看太阳又出山了，一会儿工夫就到了晌午。沙堆里埋过一天的指战员们，想到头顶的骄阳就浑身打怵。这时，罗坤山突然听到三营长在电话里嗓门沙哑地报告说：“团长，有啦，你等着瞧吧！”有什么了？罗坤山将信将疑。这个三营长，三分钟一个主意，五分钟一个点子，什么挖对壕、定向抛沙等，诸葛亮会上把办法都想尽了，这一回不知又是什么西洋景。

时近中午，国民党小西门守城部队第二十二军辎重营杨谦之连的一名哨兵，忽然发现距城头一里多远的西沙梁背后，有人在摆动白旗。战场上的白旗是极为敏感的信号，哨兵撒腿就跑，立即报告连长杨谦之：“共产党军队要投降！”这未免有点儿蹊跷，也有点突然。杨谦之心里犯着嘀咕，但表面上还是喜形于色，一口气爬上城头。可不，清清楚楚一面白旗，在阳光下显得格外耀眼。没什么好说的了，满心冲动的杨谦之想都没想，就命令全连停止射击，同时派出一名排长带着二十多个士兵出城侦察。

城头上所有眼睛都盯住这二十多个士兵。他们在排长带领下，一步一步向沙梁走去。沙窝里行走，脚下一陷一陷的，一公里多路差不多走了半个钟头。就在这个排抵近沙梁正要往上爬时，猛然间从沙梁后面喷出火舌，二十多个敌兵连滚带爬，被这突如其来的打击弄得不知所措。片刻懵懂之后。他们醒过来了，一个个抱头往回跑。城上敌兵见此情形，扳机勾在手上就是不敢扣。距离太远，没有准头，怕打着自己人，只好干着急。

一个奇妙的景观出现了：在那些回撤的敌兵背后，七一五团三营九连上百名指战员紧追不舍。他们很快追上逃敌，却并不向敌人射击，显然，他们需要这二十多人的掩护，接近城墙。城上的杨谦之悔得拼命跺脚，双手直搓，打又打不得、拦又拦不住，只好扯开嗓门拼命朝那个带队的敌排长喊：“刘奇山，刘奇山，拦住共产党军队！打他们！打呀……”但此刻的刘奇山哪还顾得上打呢！他心里只有逃命的念头，只恨爹妈少生了一双腿！就这样，双方混合一处，渐渐迫近了城门。杨谦之不得不下手了，城上的步枪、机枪一起狂叫起来，这支混合队伍在离城几十米的地方，纷纷倒地……

敌人万没想到，这是我七一五团三营精心设计的一个“连环套”战术。在敌人的步、机枪响起第一声时，混在敌人中的九连指战员早就有准备地“纷纷倒下”了，而真正中弹的多是敌人那二十多个兵。后来知道，在这场有准备的挨打中，九连仅牺牲十九人，是预想数字的一个零头。出发前，九连每个指战员都表示了决心，随时准备以生命掩护幸存的战友，完成既定任务。此时，这个誓言便在十九位烈士身上实现了！

黄昏不期而至，三营的攻势越来越猛，子弹打在城上，压得国民党军抬不起头来，杨谦之三番五次企图派人出城“收尸”，都没有成功，因为派出这个排，他没有事先报告，心里很虚，不知马虎眼怎么打过去。还算杨谦之命大福大，后来当西城指挥官张之因询问原委时，小西门负责人张博学扯了个弥天谎，称西沙梁边有一座小庙，解放军白天据为哨所，不断向城上射击，所以派兵去破坏。从而替杨谦之打了个圆场。此事一级一级报到邓宝珊那里，也没予以追究，内中情由，多半是因为小西门接踵而至的有惊无险。

那是当天深夜1点多钟，与七一五团三营相邻的部队土工作业取得了成效，这正好给逼近城门的九连提供了极好的机会。他们趁着夜暗在城门一侧安放好足够的炸药包，而城上的敌兵还浑然不觉。不紧不慢乒乒乓乓打了大半夜的敌兵们，都有点困了，刚要打个盹，忽听脚底下轰的一声巨响，烟尘冲天而起，小西门被炸开一条缝！九连杀声震天，鱼贯入城，各种武器一齐抡开了，有的战士跟敌人展开肉搏。敌小西门守卫负责人张博学和杨谦之等人听到爆炸声还以为内部失事。他们无论如何也想不到城门会被炸开。不但他们想不到，我方指挥员对此也估计不足。当敌二十二军补充营营长张彦明仅以一个排的火力集中封锁城门时，冲进城内的解放军官兵却迟迟不见后续部队，只好无奈地交替掩护向城外撤退。这期间，邓宝珊的特务营一个加强连和另外一个工兵连先后赶到。邓还下令八十六师炮兵向小西门外集火射击，阻止我军后续部队靠近缺口。稍纵即逝的战机失去了，九连撤出城外冲过敌人的炮火封锁线回到阵地，只剩下了四个人。

钟松大吹大擂踏上黄泉路，刘戡小心翼翼踱近绥德城

榆林小西门的惊险情状，蒋介石是次日凌晨知道的。他于8月7日乘美龄号专机抵达延安后，神经一直很紧张。那个精心装修起来的边区外交宾馆，并未给匆匆一宵的他留下多少印象。

日程简单而又简单，好像仍在南京国防部一样：当天下午，召开整编军军长、参谋长以上高级将领会议；第二天上午到延安指挥所看了一眼作战计划，随后在延安市区泛泛地转一圈。围绕他转的无非是胡宗南、裴昌会、薛敏泉、董钊、刘戡以及随行的国防部司长罗泽闿、空军副司令王叔铭等人。

平淡如水的起居饮食是蒋介石一贯作风，到延安就更得如此。领袖的大度与正确性，到此为止无可挑剔。

但是，蒋介石永远是荒谬的。他总是在小的行迹方面谨严得天衣无缝，而在大的道行方面放纵到纰漏百出。延安之行实质性的内容，是给胡宗南面授机宜。这关键性一出是当晚胡送蒋到边区外交宾馆之后，在蒋的卧榻旁边完成的。其时，蒋取下假牙，说话有点“瘪”，但胡还是句句听得真切。蒋要胡在今后的陕北作战中，“不要稳扎稳打，要用急进猛打的战法，以补过去的缺陷”；特别是眼前榆林战事，要趁共产党军队胶着于榆林外围的时机，一举攻占陕北各县，并迅速北进寻求共产党军队主力决战，最低限度也要压迫共产党军队主力东渡黄河。显然，蒋介石把邓宝珊当作鱼钩上的一条蚯蚓。他要用榆林来钓大鱼，一战而定陕北。所以，蒋介石千叮万嘱一句话：“这是关键性一仗，马虎不得！”

胡宗南的功夫之一，就是会爬竿子。他知道蒋介石是因为对自己在陕北战场上表现不太满意，才有这番叮咛和嘱咐，因而竭力做出悔过的样子。谈及北解榆林之围的计策，他连忙表示：“共产党军队围攻榆林，是醉翁之意不在酒。他们的真正目的，是想靠近黄河！校长放心，这次我不会上当，我要在米脂以北地区打他一个埋伏！”

这个意见正好说到蒋介石的心坎上，让蒋介石看到了胡的长进，颇感快慰。但是，蒋还是点拨这位“高足”，“榆林之围，也不可不解”。他神秘地眨眨眼睛，并加重语气而深含意味地嗯了一声。见胡愣怔片刻作顿悟状，才又语重心长地接着往下说：“兵力嘛，这个……可以分成两路，一明、

一暗。主力沿咸榆公路北上，不要急，一步一步来，声势搞得响一点，此为明；另派钟松第三十六师，出击横山，沿长城以北向东急进，侧击围榆之共产党军队。此为暗。三十六师是国军的精锐，很能打的嘛，这次，就给他们一个机会。你同钟松讲，动作要快，要突然出现在彭德怀的脑后，可以让宁夏马部配合一下嘛！这样一来，榆林之患不解自消。”说到这里，蒋叹口气，自言自语：“这个邓宝珊……叫他吃点儿苦头，有好处！”

胡宗南忙又点头。蒋转过眼珠重新说：“最要紧的是，榆林解围之后，三十六师须出榆南下，接共产党军队之踵尾击，同北上之主力会攻榆、米之间，形成南北夹击之势，与敌决战！”

这无疑是一着妙棋。如果没有众多的耳目周详的情报，对蒋介石的所谓“暗”——钟松整三十六师行迹有清醒的预见，彭德怀势必难以应付，更谈不到下一步的灵机一动，作出暂停攻榆、并在沙家店地区集结七个旅陷钟松于死地的对策。即便如此，彭德怀也还是历尽大惊大险才赢得转机。

老蒋的钦命经胡宗南转述，成为钟松建立不世功业的巨额野心。他拿出百分之百的骄狂，拼命鞭打部队，8月11日就到了横山以北地区，接下来只用三昼夜即逼近榆林城下。而彭德怀此时的攻榆行动经过一而再、再而三的失利，出现明显疲软。特别是七一五团炸开小西门竟未得手，继而围城各部队又争取到几次爆破机会，均因药量不足没有成功，痛失大好战机，对部队情绪影响很大。彭原以为敌人主力沿咸榆公路经响水堡、归德堡北上的可能性比较大，如此，在归德堡地区打援亦不失为一绝。谁知部队调集到归德堡又落了空。这种情况下，钟松的出现使形势立刻变得相当严峻。

摆在彭德怀面前有两条路：一是攻城不舍，明知不为而为之。那么，钟松一到，内外夹击，部队牺牲不可估量。另外一条路便是撤围。这意味着整个攻榆行动未果而终。尽管当初计划就没有指望攻城能有多大收效，而重在调动胡宗南北上；尽管胡军倾巢而动锋头北指，陈赓的太岳兵团南渡黄河挺进豫西便没有什么威胁，但一镐刨下去连个白点也没见，多少让人有些遗憾。闪念之间，彭德怀还是果断地下达了命令：撤！下达命令之后，他兴奋地补充了一句话：“撤是为了争取主动，有主动就能克敌制胜！”

这是8月12日凌晨1点，彭德怀目睹围城部队一批一批离开榆林城下辛辛苦苦构筑起来的攻击阵地，心中忽然涌起一团巨大的期待。这期待究竟是什么，他还说不清楚。但有一点可以肯定，上苍正在赐给他一件战争神器，似乎一切都在按照某种定势不可遏制地徐徐而降：西野部队撤围南下，客观上示弱于前，产生了骄敌之兵的效果，胡军包括钟松三十六师在内的10个旅共6.3万兵力全面蠢动起来的壮观图景使这一“效果”得到强化，而刘戡所率主力的缓缓推进与钟松“援榆快速兵团”的昼夜兼程形成鲜明反差，以及榆林转危为安、大难不死之后获救的喜悦心情等，所有这些在胡宗南、邓宝珊、刘戡、钟松的心头产生了一系列微妙的交响。一时间，榆林、延安及西安、南京的上空，文电交驰，信号拥挤，豪笑与庆幸之声不绝于耳，谁也不去想这狂喜的背后会不会还隐藏着别的什么。

12日晌午时分，钟松让部队驻足在榆林城头可以看得见的距离上，而自己和几个将校军官，则披着斗篷、骑着大马摇摇摆摆地进城去见邓宝珊。他要告诉邓宝珊在沙漠中急行军披星戴月的种种感受，并尽量保持未及洗尘的本色，让猎猎威风自然而然唤起这位老将的羞愧。且共产党军队不战而退又恰似无言的颂诗。钟松想象着马蹄踏入城门时扑面而来的花香和泪雨，不觉浑身战栗起来，在马背上有些摇摇欲坠。他按下马头，让随行的军官们再次整理军风纪。

果如钟松所料，邓宝珊安排的欢迎仪式令人满意。不管怎么说，榆林之围是因为钟部来临才解脱的，邓的感激之情溢于言表，见面就一口一个“钟将军”，当晚在私人官邸大摆“家宴”，隆重款待钟松一行。“真险啊……”邓宝珊恍若隔世地感慨着几天来的惊心动魄，特别是凌霄塔高地失而复得和西城小西门的有惊无险，重提起来居然有些眼泪汪汪，“我全军将士用命不二，硬是用鲜血和性命保住了这座榆林城！”这番颂扬当然也包括了钟部的整二十八旅。徐保站在旁边挺胸收腹。钟松禁不住频频送去嘉许的目光。

钟松听着邓宝珊的絮叨，时而点头，时而微笑，时而不屑一顾地仰起脸望着那些五颜六色的家眷们。三杯酒下肚，控制不住了，点头、微笑和仰脸斜视都开始失去分寸，嗓门也响亮起来：“邓将军何必如此伤怀，共产党军队不是退走了吗？钟某不才，对付共产党军队倒也有点儿心得，只要他敢跟我交手，管叫他……”钟松的牛皮泡泡越吹越大。正在大吹大擂之际，忽见徐保领着他的机要参谋神色板正地闯进来，趋前递上一份急电。钟松皱起眉头看电报，宴会厅也随之一片肃静。

电报是胡宗南打来的，命钟松火速带领所部南下绥德，与正在那里因扑了空而大生闷气的刘戡会师，然后合兵一处寻找共产党军队主力决战。这份不识时务的电报破坏了钟松的好兴致，牛吹不下去了，脸上不免蒙起一层沮丧的阴云。他朝身边的邓宝珊咧咧嘴，苦笑着说：“你看，军务在身，一顿饭也吃不成。对不起，兄弟不便久留！”说着起身拱手，满场扬过一遍，拔腿就走。邓宝珊目睹这个年轻气盛的家伙，在微明的星月下跨马远去，不禁打个寒战。隐约感到，钟松这一走，或许是个不祥之兆。他默默收拾零乱的心情，静观其变。

邓宝珊的预感千真万确。在钟松三十六师抵近榆林时，中共中央的思路已有一个奇妙的跳跃。西野攻榆的同时，毛泽东率中央纵队告别小河村，沿大理河斜斜地向东北方向转移。8月13日深夜，他们通过无定河大桥，跨越了绥德，进到无定河与黄河之间狭长的“走廊”。刚好，这时贺龙和习仲勋奉命率西北局和陕甘宁边区后方机关向黄河东岸转移，军委便让他们故意把声势搞大，借机诱惑敌人，使之误以为中共中央和西北野战军主力已撤离陕北。

主意打的正是钟松三十六师。自从该敌放单插到榆林，彭德怀就瞄准了它。现在的问题是，怎样迫使钟松沿一定的路线机动。想不到这一步轻而易举做到了，胡宗南的电报已使钟松急会刘戡成为石板上钉钉的行动纲领。那么，从榆林至米、绥的途中，就含着解决钟松的唯一机会。为了完成必要的铺垫，彭德怀命令第二纵队在撤离榆林后，大张旗鼓地向长乐堡方向移动，而一、三纵队及其他部队全都静悄悄地在榆林不远处隐蔽下来。

这无疑是一着险棋，胡宗南的注意力被吸引到榆林东北地区，我军真实处境极为险恶：西北两面是沙漠，东侧是黄河，一条不大不小的无定河插在其间，使得立足区域更为狭窄，根本没有回旋余地。但是，胡宗南的愚蠢却使险情打了折扣。他一言九鼎，咬定我军主力正在东渡黄河，完全放松了西、北两面的警戒，而把目光紧紧盯在黄河沿岸。他完全被自己固执的判断所鼓舞，尾巴情不自禁地翘起来，竟下令钟松“迅速追击，勿失此千载良机”。自然，这种狂躁也传染给正在自恃“援榆有功”的钟松。钟的脑子热得不行，一路走一路高谈阔论，开口闭口要“一战结束陕北战争”。倒是刘戡吸取了前几次失败的教训，带着整二十九军和一军的九十师共五个多旅的兵力，走一步看三看，不急不忙地由绥德向葭县北进，显得十分谨慎。

中共中央进入高度紧张的运作。西北野战军旅以上干部会，毛泽东和周恩来亲自参加。会上，毛泽东第一次提出“过山坳”这样一个形象生动的词语。他说：“……眼前陕北的处境，就像我们湖南人常说的‘过山坳’，快爬到山坳坳上了，千万不能松劲，要咬紧牙关一鼓作气爬上去，往后的路就好走了！”这话到了彭德怀嘴里，就变成一条活生生的策略。他告诉大家，钟松三十六师一二三旅和一六五旅的四九三团，现正在由镇川堡向沙家店的乌龙铺前进。“同志们注意啰，”他用红铅笔在地图上着力一画，“我决定在这个地区给他一下子……”一个红色圈圈凝固了一段辉煌的历史，那便是解放战争史册上赫赫有名的沙家店战役。

十、险胜沙家店

刘子奇装傻解哑谜，周恩来扶鞍叫号子

好像老天爷有意要把黄尘弥漫的陕北土塬清洗一遍，平白无故下了一场透雨。转眼间，大川小沟齐声咆哮，浊浪滔天，以至于在镇川堡东侧小山梁上，几百米外无定河的吼叫也清晰可闻。

这给整三十六师师长钟松平添了几分豪情。他奋力挣脱卫兵的搀扶，固执地站在雨中，全然不顾帽檐上成串的水珠往下直滚。

自从彭德怀下令主动撤出榆林，钟松得以“不战而解榆林之围”，从而在榆林城里被邓宝珊的迷魂汤灌得飘飘欲仙之后，这位胡宗南的小兄弟就不断夸下海口，要由他亲手来完成胡先生的“大业”，“结束陕北问题”。假使风调雨顺，从镇川堡开始，他钟松就该有所收获。如此一路推演下去，别说小小的西安绥署，就是蒋总裁的南京国防部大厅，怕是也有我钟某人亮一嗓子的那一天！

是的，告别榆林以来，钟松的好心情一发不可收拾。他没法不兴奋。在整三十六师到达镇川堡的同时，董钊和刘戡两队人马已在绥德会师。

按照胡宗南的通报所示，解放军主力已被压缩到米脂县以北、长城以南、黄河以西、无定河以东地区，并且董所带领的整一军军部和罗列的整一师，早把绥德和米脂守得结结实实，而刘所率五个整编旅直奔黄河边的葭县。

现在，黄河沿岸大小渡口，已尽在掌握之中。这种时候，三十六师挥兵南下，一举歼灭共产党军队主力，既如囊中取物，又可领受独当一面的赫赫功名，真是天助大功！宗南兄，你就坐镇延安静候佳音吧！

事实上，钟师目前的情况很不美妙。早在榆林尚未起程时，胡宗南就

电告说在第二天早晨派飞机到榆林机场，空投熟食给养，害得钟松将各旅辎重营和团的运输部队统统留在榆林，迎接那梦中的“馅饼”，以便追送前方部队。结果，直等到14日上午9点多钟，西安派来的四架运输机才将一批发酵得有些臭味的大饼扔了下来，而且钟师一万多人的队伍，每人还分不到一块。

杯水车薪，钟师也只好如此上路。第一天走到中午，先头一二三旅在归德堡附近，就遇到解放军，双方拼了一个下午，快天黑了，解放军又莫名其妙地无影无踪。对方有多少兵力、去向何方，钟师一无所知。敌情不明，地形不熟、民情不达，部队又饥肠辘辘，兵家大忌给钟松占尽了！然而两天后，一连有两件事让盲牛瞎马的钟松重新大开其怀。一件是，一二三旅在快到镇川堡时，与当地武工队打了一仗，得了便宜，并且进堡子撞上一个没有运完的地方粮库。凭自己的本事弄到一批粮食，钟松能不心花怒放吗？第二件事，他和刘戡终于联系上了。这也就是说，胜利的确犹如伸手可摘的月亮了！

钟松的情绪使他面前一大群水鸭子似的军人受到感染。他们个个故作姿态地挺起胸脯，伸长脖子，脚跟僵硬地靠在一个点上，脸部表情庄重而严肃，仿佛在和眼前的风雨赌着一口气。他们中间格外醒目的当然是这三位：整二十八旅旅长徐保、整一六五旅旅长李日基和整一二三旅旅长刘子奇。在师参谋长张先觉通报榆林一役“共产党军队仓皇逃窜”等军情的近半个钟头里，三位中将或少将旅长自始至终石头似的，一动不动。这份满意感让钟松颇为受用。相反，他倒嫌张先觉的陈述过于啰唆，军语也不够标准，尤其是在描述董钊和刘戡诸部北上战役动作时，措辞不当，有夸大不实的感觉。

张先觉不管这些，只顾滔滔不绝往下讲：“军座所率各部攻占葭县之后，即以迅雷不及掩耳之势，东向封锁了黄河渡口，西向控制了咸榆公路，并以一部前出，沿乌龙河向我部靠拢，接应……”这“接应”二字显然带有色彩，对钟松构成刺激。钟松实在忍不下去，粗莽地打断话头：“参谋长，那些个老掉牙的情报，从略，从略！”听说“从略”，张先觉如释重负，索性草草收场，紧闭嘴巴，不说了。

钟松恢复主演地位，立刻短促有力地清清嗓子，双手一抬：“诸位，”他将目光重点投向三位旅长的脸部，“此时此刻，不正是压迫共产党军队于米脂、葭县之狭小地区而一举围歼之良机吗？”扔下这么一句话，钟松戛然而止，迈着大步走到刘子奇面前，火灼灼地盯住对方，眼里透着难以掩藏的激动。持续好一会儿，钟才语重心长地低声说道：“千载难逢啊，子奇！”

刘子奇不能不受到鼓舞，会意地点点头。但他不敢同钟松对视。他只觉得面前这位热血沸腾的顶头上司，浑身危险得像是一枚重磅炸弹。那随时随地都将会胀开的胸脯，让一排金光晃眼的铜纽扣死死锁住。威风八面的茶色斗篷湿透了，凝在风中，重得飘不动。这个不经意的小感觉，伴随刘子奇度过一个焦躁不安的下午。当晚，他横下心，冒雨摸到钟松指挥部，神色不明不白地问道："师座，子奇有句话，憋了很久，不知当讲不当讲？"

这是私交的情分，钟松一改威仪，非常平朴地趋近刘子奇，一面做出洗耳恭听的样子一面埋怨道："嗨，你我多年兄弟，有甚不好出口的？神神鬼鬼！"说着，伸手搭在刘子奇的腕上。这使刘子奇很有温暖感，但没有到失态的地步，只是摸出一支"白金龙"香烟，顶在大拇指的指甲盖上轻轻把玩，那句"憋了很久"的话也随之缓缓地吐出来，"师座是否记得，《孙子兵法》里面有这么一句良言，叫作'胜可知而不可为'。"

原来是这么一句话！钟松冷笑一声，释然地踱开去。他面含得色，用力眯缝起双眼，一字一顿地回道："明明知之而不为，那又何必兴师动兵千里征讨？再说，眼下对手乃是笼中之鸟，这一点，怕是孙子没有料到吧？"钟松尽量把话说得跌宕有致，一步三折，努力弄出一点学究味来，既是在品尝刘子奇的话，又是给自己的心境做注解。

刘子奇听懂了，脸上阴过一刹那，立刻活泛开来，连声"是是是，师座英明、师座英明"，说着就要打恭告退。脚步刚退到门边，就听钟松威严地吼道："慢！"吓得刘子奇浑身一抖。抬头看时，刘子奇傻了，"师座"派头已回到面前这个壮硕的男人身上。刘子奇脚底条件反射似的生了根，身体顿时变成一段木桩，笔挺笔挺地戳在那里，听候上司发落。

钟松倒背起双手，慢悠悠地走到那幅一人多高的军用挂图跟前，说话掷地有声："我意已决，师主力迅速沿金鸡河向沙家店方向推进，命你率所部及一六五旅孙铁英团从右翼出击，务必在明日黄昏之前进占乌龙铺，接应军座由葭县派出的先头部队。"说到这里，钟松略事停顿，目空一切地望着高处，许久，自言自语地冒出一句："胜可知，亦可为！"转问刘子奇："想不想知道这是哪位名家名言？"

"是谁？"刘子奇惊疑地瞪大眼睛，居然真的发问。钟松为自己手下这位傻得可爱的旅长那副傻模样而窃笑。他像扔出块小石子一样随口答道："此言出自老子。老子，懂吗？！"刘子奇怎会不懂？他是装傻！在这个蹩脚的哑谜面前，两人同时愣了一愣，接着一道哈哈大笑起来。

其时，帐篷外面瓢泼大雨下得分外起劲。陕北已经入秋，夜间的气温本来就低，经风雨一闹，更是凉得透心。在葭县乌龙铺东侧的一条塬畔山羊道上，一支不大不小的队伍正赶着骡马、踏着泥泞，风一口雨一口地往前摸索；这就是指挥着世界上最大的人民解放战争的最小的司令部。自从毛泽东作出"不东渡黄河：仍留在陕北吸引敌人"的决策之后，他们已经几天几夜泡在泥水里。今晚，他们的目的地叫曹家庄，距钟松命刘子奇进占的那个乌龙铺，不足20里。这是一个连周恩来也不甚了了的神秘去处。其神秘性在于敌我双方的地图上都没有它的小圆圈。它是由一个头上扎着白羊肚手巾的老羊倌指点出来的。

化名“李得胜”的毛泽东和周恩来、任弼时等几位领导同志，前前后后夹在队伍中间。雨披绞在身上，但还是被风鼓起很高，说是遮雨，实际上也只有个象征的意思。湿淋淋的单衣紧贴着坐骑的皮毛，一任雨水哗哗打着。警卫战士们真是忙坏了，遇到上坡下坡，跑前跑后，唯恐一不小心摔着了领导同志。这样，差不多走了半夜，队伍渐渐逼近一个小山坳。风雨变得时紧时松。松一阵时，战士们吆喝牲口的声音，隐约听得清楚。大半夜没有说话，领导同志们都有点儿憋得慌，便趁着短暂的稀风薄雨交谈几句。

“李得胜同志。”周恩来伸手在脸上抹了一把，朝身前的毛泽东喊道。他已经将化名喊得很顺口，而毛泽东听起来尚不适应。是因为没有听到还是因为在投入地思考什么，总之，毛泽东没反应。马下的警卫战士小声提醒道：“主席，周副主席叫你啊！”毛泽东仿佛被惊醒，但只是哦了一声，仍无应答。周恩来有一丝丝无趣，自说自听地念起唐代边塞诗人高适的两句诗：“山川萧条极边土，胡骑凭陵杂风雨。”叹道，“八百英雄好汉，对付数万虎狼之师，空手套白狼，前无古人……”后边的话被风卷了去。

“怎么没有？”毛泽东突然接上话茬，“诸葛先生就是一个嘛！一座空城退去司马懿十万雄兵……”他吃力地扭转身体，尽量把话送到周恩来面前。这让周颇感兴奋：“李得胜同志真会幽默。不过那是冷兵器时代，和今天不可同日而语……”听到毛和周的对话，任弼时嘴里嚼着几根烟丝凑过来了。他对周恩来的话有不同意见，说：“反正，苏共历史找不着这么精彩的记录！”苏共历史上没有过的东西不等于中共历史就不可以有，毛泽东一向不信邪，他接口说：“俄国是俄国，中国是中国。大奇大巧的例子，古往有之嘛！他胡宗南占了延安，逼我们过黄河。可是我们到了渡口，又不让过。那好，就不过它，看他能奈我何！”

周恩来说：“我们本来就没有想过。要过，他挡也挡不住。”这话鼓舞了旁边那位小战士，那小战士接上去稚声稚气地说：“横竖是个打，有毛主席、党中央在，我们什么也不怕！”毛泽东忍不住笑起来：“哦？小鬼……”这时，牲口脚底突然打滑，朝前一个趔趄，让马背上的毛泽东吃了一惊。身子忽闪间，笑声也打断了，他用力勒住缰绳，低头叮嘱警卫战士：“小鬼，又要爬坡，当心我的书哟！”后面那匹骡子上专门驮着毛泽东随身携带的几箱书。小战士有点儿生气：“您就记着书，刚才差一点……”毛泽东说："书，少不得哟。"小战士模仿毛泽东的口气："红烧肉也少不得哟！""对啰！对啰！"毛泽东哈哈笑出声，没留神牲口脚底下又是一滑。这次滑得比前次更有质量，毛泽东的笑声戛然而止，吓得几个小战士一齐上来扶住毛泽东的腰腿，其中一个嗔道："您看您呀，好危险！"

毛泽东沉寂下来，缓缓地若有所思，说："怕危险就不要骑马……"说着话，脚下的道路节节升高，也就比先前益发滑溜。大家都不说话了，瞪大眼睛盯住脚下。这样默默走了一会儿，似乎脚下又平坦一点，那个小警卫战士忽然想起一个问题："李得胜同志，您说，将来会不会有人把咱今天的事也写到书里去？"毛泽东想了想告诉他，说肯定会有，而且"大有人在"。小战士幸福地叹息一声。毛泽东进一步告诉他，历史是要靠人来写的，人不奋斗，就谈不上历史。小战士安静地听着，似懂非懂。

这时候，小路已经接近坳顶，益发陡得攀不上去，马背高高扬起，警卫战士们又开始纷纷用肩膀扛马屁股往上推。队伍前前后后一片吆喝牲口声："笃！笃！笃……"听着这声音，就叫人情绪紧张。周恩来率先跳下马，紧赶几步，来到毛泽东坐骑旁边，帮着警卫战士一起拉马。毛泽东大叫："不用推拉，我下马！"警卫战士们坚决不肯。毛泽东不由分说，掀起右腿就往下跨。战士们急了，只好向匆匆赶来的周恩来求援："周副主席，您看……"

公认周恩来是做毛泽东工作的高手，特别是毛泽东性子起来谁也劝不住的时候，周恩来总有办法一点就灵。此时，就听他心平气和地说："李得胜同志，我看你还是少数服从多数吧，革命总得有人坐镇指挥嘛！来，你叫号子，我们大家一起用力，一、二、三……"他自己先叫上了。毛泽东不上圈套，说："号子你喊我喊都一样，过山坳，不用我自己的双脚，怕是过不得哟。"说着扶住警卫战士的肩膀，翻身一跳，双脚落在烂泥地上。就在大家争来争去扛马屁股的时候，谁也没在意黑暗中有两个人影一歪一歪地摸了过来，他们一个是毛泽东的警卫参谋，一个是毛泽东的机要参谋。

调三纵彭德怀汗如雨下，下九连余秋里情比山重

此时，整二十九军军长刘戡正在黄河西岸葭县县城慢用夜宵。这次北上作战，胡宗南让他唱主角，而把董钊降到配角的地位，已使他的虚荣心得到了满足；现在，中共中央又被网在黄河西岸，终于没能突破河防东渡，就更可称得上是个不小的成就。

连日奔波总算有点儿结果，疲惫中的刘戡又有几分惬意。他可以从容不迫地一面给胡宗南发报邀功、一面在地图上梳理沙峁头到螅蜊峪一线的

黄河渡口了!

将中共中央机关一举“解决”在黄河渡口，是刘戡在胡宗南面前立过军令状的。如今，随着兵力的展开，他所渴望的就是及早摸到中共中央具体位置。他感到某个历史性时刻就要来临，越是接近那个目标，越是觉得那个目标不同寻常——既诱人又烫手，就像他正在享用的那个刚出笼的白面饽饽。

吃完夜宵，刘戡开始新的工作，围绕地图和电报预谋一切。他一贯有两条自信：一是他比所有人都更加效忠于党国，二是他比所有人都更加了解共产党。鉴于第一条，他除了准备让黄河渡口随时成为一个旷世屠场之外，也向乌龙铺方向伸出一只手，给远在镇川堡的那个牛皮烘烘的部属钟松，做出一种优美的姿态。鉴于第二条，他绞尽脑汁地琢磨开来：我刘戡若是彭德怀，这会儿该走哪一着?

根据各路人马明报、密报，以及胡宗南每隔几个钟头一次的军情机要，刘戡隐隐约约看出了钟松的厄运。钟松手上的整三十六师，号称胡宗南三大主力之一。但眼下这支“主力”因为长途跋涉，严重减员，早已成了疲惫的蛤蟆。而钟松其人刚愎自用和利令智昏，更是刘戡所熟知的……刘戡心中情不自禁地荡起一层不知是兴奋还是沮丧的波澜。这波澜里面，既怀有对钟松的一份微妙，亦有对彭德怀的一份钦羡。他开始以职业军人的心情，一步一步揣测彭德怀的种种作为。

刘戡没有想到彭德怀此刻与他近在咫尺，更没有想到彭正在满头大汗地读着这样一份十万火急的电报：“中央决定不过黄河，仍继续留在陕北，目前处境困难……”电报是以军委副主席周恩来个人名义发来的。当时周恩来接到敌情报告，说中央机关要去的曹家庄已被敌人占领，找来带路的老汉又牺牲了，八百人的“三支队”被晾在黑咕隆咚山坳上，进不能进，退不能退。周恩来让警卫参谋一手撑开雨布、一手拧亮手电筒，自己和机要参谋就钻在雨布里面，铺开一份发报纸。本来，毛泽东嘱咐周要告诉彭“李得胜同志安然无恙，原作战计划不变，加快部署”，而周恩来拟出的电文，非但没说“安然无恙”的话，还坚持在级别码上标出“AAAAC”这几个表示“特急”的字母。他要让彭德怀知道真实情况，认为这是自己的责任。

可想而知，这样一份“AAAAC”带给彭德怀的是什么。他啪的一声将电报拍在地图上，把凝神专注的野战军政治部主任徐立清和参谋长张文舟吓了一跳，连守候电台和跑进跑出的参谋人员也都惊呆了。彭德怀并未理会大家的情绪，就势用他粗壮的手指在地图上指了指，然后直起腰杆，板着脸一言不发。足有十多分钟，他坐坐站站，对着地图沉思。野战军指挥中心所有人，都不敢弄出一丝声音。

不知过了多久，徐立清和张文舟交换了眼色，参谋们也开始窃窃私语，指挥中心那孔窑洞内外急剧地沸腾起来。彭德怀的目光火一般灼人，额头上大颗大颗的汗珠往下滴，所有的人都在等待着他，包括张文舟、徐立清和刚从外面轻轻进屋的副司令员张宗逊在内，人人都下意识地抓起纸笔，准备记录他将要口述的每一个字。

“给中央复电！”彭德怀终于一字一顿地口授电文，窑洞里除了沙沙的着笔声，没有一丝杂音。电文内容已在彭德怀心中酝酿得烂熟，“建议中央机关火速向葭县西北方向转移，靠近野战军主力。为确保万无一失，我即派……”他在原地踱了一圈，略事沉吟，猛转身间，毅然决然地接道，“我即派许光达率第三纵队，以最快速度赶到乌龙铺、曹家庄一带接应和掩护中央机关转移。彭德怀。8月16日0时37分。”

接着，彭德怀分别给三个纵队发报。首先是三纵，然后是二纵，最后才是一纵。一纵部队正在由老虎圪塔向沙家店地区的指定地域开进。相比较而言，他们的行进速度一直很不错，彭德怀感到满意。当然，天下这么大的雨，昼夜行军困难也是有的。武器、牲口和人员，全都卧在草木稀疏、泥坨子成堆的黄土坡上，那滋味很不好受。战士们心疼枪炮，把它紧紧地揽在怀里。大雨下得急时，人睁不开眼，只好背靠背地坐在泥水中等一等再走。机枪手可为难了，那么大的家伙，抱又抱不起，挡又挡不住，干脆脱光膀子，用军装把机枪裹起来。到处是山洪暴发，路都冲垮了，从水里爬来爬去的情况有的是。雨小些的时候，微风幽幽，战士们的单衣贴在身上，情不自禁打起牙颤……

这时候，三五八旅政委余秋里踩着灌满雨水的胶鞋咕叽咕叽沿着队伍走过来了。不知是哪位小战士轻声哼起解放军进行曲，“……脚踏着祖国的大地，背负着民族的希望，我们是一支不可战胜的力量……”歌声吸引了余秋里，他循声过去，朝大家喊：“喂，同志们，靠近点嘛！骡马呢？靠近骡马就暖和些哩！”听到这熟悉的声音，战士们纷纷靠过来。余秋里注意到前后几百米队伍中，都没见着一匹骡马！老带兵的人，心里立刻明白，干部战士在饿着肚子呢！

“余政委，你也歇会儿吧！”那个哼进行曲的小战士抹把雨水，吃力地起身向余秋里打招呼。余秋里说；“歇就歇会儿吧。”说着踅近旁边的机枪手，“你看，打个大赤膊，嘴唇都紫了，着了凉怎么办……”他边说边脱自己身上的外衣。机枪手一见急了，抓住余秋里的空袖：“首长，这怎么能行。我年轻轻的，火力旺着哩！”两人的争执惊动前前后后好些人，大家围过来，依着余政委往泥水里一躺，唠起来。

正巧，这就是七一五团的三营。榆林战役中，九连打光之后，补充了一些解放战士，重新组合了一下，编制没有变，但架子显空。大家唠着唠着就唠起榆林攻城。一个战士气嘟嘟地发牢骚，“妈的，打这个鸟仗，死那么多人，一个城门也没破，窝囊！”又有人说要是再打一天就好了，干吗那么急就撤出？余秋里微笑着，静静地听大家七嘴八舌发表看法，最后，说：“仗打得没有什么错，你们连很勇敢，也很机智，血不会白流的！”他告诉干部战士，现在要集中全力对付钟松整三十六师。钟师是胡军的精锐，有三个整编旅，每旅各辖三个团，连同师、旅两级指挥部及炮、工、辎、通信、卫生等直属部队，全是半美式机械化装备，所以，尾巴翘翘的。

提起钟师，干部战士们并不陌生。半年来，胡宗南“陕北大游行”首推三十六师。这个部队纪律糟糕是出了名的，走一路抢一路，老百姓的牲畜、粮食和大闺女，见什么抢什么，甚至拆了民房当柴火烧。陕北老乡听到国民党三十六师，老老少少没有不咬牙切齿的。特别是延安西南地区，三十六师曾奉胡宗南之命在那里搞过“三光政策”，制造无人区。他们是想斩断共产党和老百姓的军民关系，结果把自己搞得声名狼藉。余秋里说：“眼下三十六师正在居功自傲的锋头上，头脑昏着哪！在榆林捡了便宜，不甘罢休，还要‘功’上加‘功’，把一二三旅和一六五旅的四九三团往乌龙铺赶，想和刘戡合围我们的中央机关。同志们说我们答应不答应？”大家说不答应。余说：“对！我们要盯住他留下的师部和一六五旅，彭总要我们在沙家店地区给他来个……”余秋里做了个卡脖子的手势，“得加把劲啊，同志们，二纵兄弟部队已从东西两面压向沙家店，我们要抓紧绕到沙家店的西南面，协同作战……”

“那要是钟松不走沙家店怎么办啊？”一个小战士天真地问。旁边的机枪手立刻反驳：“嗨，咱彭总的话，国民党咋敢不听？上次在青化砭，咱在山梁子上趴了两天雪窝子，临了咋样？李纪云还不乖乖钻进咱的伏击圈？到时你就铆足了劲儿打吧！”又有战士关切地问：“刘戡过来了怎么办？”余秋里接上话：“好嘛，问得好！”此刻，他发现了战士们身后的连长、指导员，因为面熟，就点点头，说：“你们看看，战士们多细心啊，个个都是当家人！”他又对刚才发问的战士：“放心吧同志哥，三纵和绥德军分区警四团、警六团的战友们，早就撒下天罗地网啦！刘戡，他是馋嘴猫看屋梁上的腊肉，干流口水呢！”

风小了，雨住了，部队又要前进。战士们咧嘴笑着，恋恋不舍地回到行进队伍中去。余秋里看大家笑容里藏着苦涩，有几个战士干脆捂着肚子，实在不好受。他小声询问连长、指导员：“粮食都用光了？”“早断了！”连长叹气，“天不亮吃了点，一顿秕糠煮黑豆，几个屁一放，肚子早在唱空城计了！”余秋里皱起眉头，马上就要上阵，一粒粮食都没有怎么能行！见政委急得慌，指导员诡秘地凑到他耳边告诉说：“首长放心，还有两顿黑豆，煮熟的马肉也能凑合一顿，咱留到上阵之前……”

余秋里笑不起来：“骡马全宰了？”连长低头嗫嚅，说全宰了。“要是撑开肚皮让大家吃，三天前就该断顿。行军打仗，总饿着肚皮，掉队的就管不住，身子虚一点发晕，倒下去的人越来越多，非战斗减员直线上升……”连长在余秋里面前觉得挺委屈。余沉思良久，慢慢说：“不该杀马！再困难也不该杀马！长征时那么艰难，连队也想法留匹马嘛……带兵不易，你们的难处我理解，不是批评你们，这次任务实在太重了，战斗后期靠的就是两条腿。没有马，后续任务怎么办？”不知不觉队伍已走去好几里地，天色也暗下来。这时，身后一匹快马泥浆四溅地哗哗追上来，余秋里回头一看，认出是旅部通信员。只见通信员熟练地勒住马头，没等马煞住步子就翻身跳下来，三步并作两步冲到余秋里跟前，打过敬礼，气喘吁吁地报告：“黄旅长让我来接您……”

许光达雨夜飞奔乌龙铺，刘子奇黑地摸到乌龙河

前委会开了半小时，彭德怀嫌长。人还没散，他就急不可耐地挥手让张文舟参谋长沟通三纵。他现在全部注意力都放在许光达身上。因为许光达未来几小时的成败得失，很可能关系到整个中国革命的命运。夜间窑洞里并不是太热，但彭德怀脸上汗水一直挂着。他把军帽摘下来放在桌上，时而细看地图，时而来回踱步。“党中央安全压倒一切！必须切实保障党中央的安全，要以最大努力给中央以安全感！”他将刚在前委会上表态的话，又向张文舟重复了一遍。

自7月31日中央军委批准，由彭德怀和习仲勋、张宗逊、王震、刘景范等五人组成中共西北野战军前委会后，凡军事指挥上的重大决策，彭德怀都要首先听听前委集体意见。这次调动三纵南下，掩护中央机关转移，是个特例。彭既考虑到当时中央机关的危险处境，又考虑到正在展开的战役部署，时间实在刻不容缓。无论如何，他不能让前出的敌三十六师一二三旅与刘戡“接应”部队碰上面。这一刀如果不来得利索，沙家店地区歼敌计划很可能成为泡影事小，整个西野主力和中央机关800人的“三支队”，都将在无定河沿岸成为胡军盘中餐。尽管如此，命令下达之后，彭德怀还是补上了前委会议这项工作。广泛听取意见后，他更加坚信对三纵的选择千真万确。

三纵7月下旬西渡黄河后出手的第一仗相当漂亮。不管榆林围城整个行动如何埋汰，三纵在外围攻陷高家堡一战却令人扬眉吐气。这个据点易守难攻，堡内驻守敌人八十六师二五六团和一个补训营，工事坚固，弹药充足，特别是地形很不一般，四面高山筑有明碉暗堡，俯视全城，形成严密的火力

保护。更不用说经年累月加修起来的城墙了，又厚又陡又滑溜，四个角落均有炮楼。负责攻坚的独二旅旅长唐金龙看完地形，倒吸一口凉气，当即把三个团长叫过来交代："这块硬骨头够啃的！我指三个制高点，你们一人一个，就是门牙崩掉了你也给我啃下来！到陕北第一仗，别给许司令丢人！"果然，一个冲锋打下来，就把守敌吓倒了，慌忙派个营长打着白旗出来交涉"谈判"。原来，这堡子里住着邓宝珊的副司令张子英少将家眷。攻堡时，张正巧在家中，枪炮一响，一家人急成热锅上的蚂蚁。

听敌营长提出"谈判"，唐金龙把脸一抹，"谈判？谈什么判？无条件投降！"这位1931年参加革命的老红军，是湖北汉川人。当年红二方面军爬雪山过草地时，就是五师十五团团长，到抗战时被编到一二〇师，又在三五八旅七一五团当副团长，接着，是独二旅四团团长。前后十几年在团长位置上，养成了一身过硬的作风，办事从来麻利干脆，决不拖泥带水。手下那三个团也不含糊，尤其是十七团团长闵洪友，眉毛一拧，十条老牛也拉不回。敌营长一看这架势，忙说"容敝人向上峰报告"，就灰溜溜地逃了，一去没有消息。过了限定的中午12点，唐金龙一挥手，"打！"不到三个小时，国民党陕北警备司令部少将副司令张子英和二五六团团长李含芳及所属官兵两千余人如数生俘。

高家堡的"小胜"并没有给许光达带来多大的满足，相反，还给了他一个沉重的打击。当初贺老总在晋绥送别时，强调又强调的是，"给党中央、毛主席当警卫"，这个先入为主的概念让许光达一过黄河就有种强烈渴望。高家堡一仗他把"家"交给了参谋长李夫克和政治部主任杨尚高，自己跑到闵洪友的十七团一线阵地上，亲眼观战。他始终有个观点：枪炮声能养人，指挥员听少了、看少了就有问题。他想利用小小的高家堡把自己、也把部队预热一下。谁知道，这个"预热"竟让他付出一个心爱的团长！这位团长叫张野炬，许光达参加军调工作时，张一直跟在身边，充当左膀右臂，彼此感情很深。张野炬牺牲这样一个打击，足以抵消"小胜"中所俘获的什么副司令、什么团长、什么几千几百敌兵。因而，撤围待命的那几天，许光达内心的渴望更是无法遏制。

李夫克与许光达算是老上下级了。当年许任抗大教育长时。李是训练部军事教育科长。接到彭德怀调三纵南下的命令，李夫克既紧张又兴奋。他知道许光达的心事，当即建议，部队先出发，边行进边组织战斗！许光达没有二话就同意了。于是，黑夜里十几匹快马上了路。什么组织战斗？许光达让大家跟部队就说一句话：党中央、毛主席正处在危险之中，部队前方就是党中央、毛主席所在的方向！

独三旅旅长杨嘉瑞是陕西兴平人，塬上沟里爬惯了，跟老乡说话也方便。许光达说："嘉瑞，你打头，我们跟着，抄近路走，保证不拉队！”“放心吧司令员。”杨嘉瑞也是1930年的老同志，长征时在红九师当二十七团团长，又到一二〇师特务团任过团长，什么世面没见过？部队出发前十分钟内，他就把行进路线以及向导等一应杂事安排得妥妥帖帖。然后打马直奔纵队指挥部，头里带路。集中野战军主力在运动中吃掉钟松，这对于旅以上干部们已不是秘密，但中央机关“处境困难”，大家还只有个含糊的理解，并不知道深浅。所以，一上来大家就都围住许光达打听：“党中央、毛主席他们究竟……”

许光达只是用手指了指紧随其后的电台。那句话重得让他说不动。于是，大家又都围住电台。电台的铁疙瘩里只有一片模糊不清的无线电噪音。它仿佛隐藏着陕北高原这个雨夜的全部秘密。敌情和前进方向，都只能作出大体上的交代，此外的一切，就指望这堆老掉牙的铁疙瘩与总部、野司“保持不间断的联系”。因为连日阴雨，到处都在流水，水裹挟着黄土，浓浓的，人和牲口投入其中的声音都显得那么浑浊与沉闷。马是不能骑了，许光达和旅团干部们已分头滚在队伍中。天是无底的深渊，又是无边的渴望，指战员们的心弦全都紧得不能再紧。当然，那时候他们还并不十分了解自己的双脚具体是在跟谁比赛，并不十分了解早一分钟赶到乌龙铺那个地方究竟有什么具体的意义。大家都在闭着眼睛爬、滚、摸，反正，解救党中央、毛主席，事不宜迟。

现在我们知道了，他们实际上主要是和国民党军一二三旅及一六五旅的四九三团在比赛。少将旅长刘子奇出发伊始，就试图强迫自己的心情保持在一个常态频率上。雨水使深沟峻岭间完全失去了驾驭车马的条件，他也只好随着队伍高一脚、低一脚地往前摸，大半夜过去了，好歹没有出什么岔子。天快亮时，天空又飘起一阵密雨，刘子奇淋在雨中，冷飕飕一个激灵，重重地打了个喷嚏。刚要挪步，脚底又是一滑，差点摔个仰八叉。自此，维持了大半夜的好心情荡然无存。一种不祥之兆直往上漂，按也按不住。

前后左右听不见一丝声响，唯有冷雨浸入肌肤，让人心头重煞煞地难耐。刘子奇信一点儿佛，口中默念阿弥陀佛。突然在黑暗中，参谋长罗秋佩叫道：“旅座，按照绥署电示，此时刘军长与我部相距当不足百里！”刘子奇明白，罗秋佩口中的刘军长，实际上是刘戡派出“接应”的七十六师一四四旅和十七师十二旅及三十八师五十旅部队，并不是刘戡的本队，因而也就不值得大惊小怪。他沉吟片刻，问：“那……共产党军队呢？”

“共……”罗秋佩的答话还没出口，就听前方轰的一声巨响，接着枪声大作。罗秋佩顾不得刘子奇，转身直奔参谋部的电台车。刘子奇长长地嘘了口气，喊：“罗参——”不知是因为风雨，还是因为枪炮声，反正，罗秋佩没有听见，头也不回地隐没在黑暗中。但这并不妨碍刘子奇满心涌出的一股快活劲。多年征战经验告诉他，行军途中有点枪炮声要比毫无动静踏实得多。尤其是在黑夜，而且——他想起钟松临别时将一二三旅说成是“一把尖刀”的话。

刘子奇开始尽情体会“一把尖刀”的感觉，不曾想，罗秋佩又神色慌张地出现了。他报告说当面共产党军队有一个旅的兵力投入作战，双方打得相当激烈。尽管罗秋佩极其夸张，刘子奇仍旧不以为然。他一声“知道了”，让罗秋佩脚底生了根：“旅座，问题是……共产党军队怕是来者不善啊！”罗秋佩意犹未尽。什么叫“来者不善”，刘子奇哼了一声，踱近罗秋佩，问：“何以见得？”罗说：“据谢挺欧团长报告，共产党军队是且战且退！”难道“且战且退”就是“来者不善”？刘子奇脑子转了半天，没有转过弯来，便负气地咕哝一句：“荒唐！”

罗秋佩心里嘀咕：荒唐的是你不是我！他真想把怀疑共产党军队有诈的话说出来，可看到刘子奇这么个态度，话到嘴边，还是打消了念头。这时，正好有个参谋来报告，说电台收到了刘戡方面整五十五旅的信号，并断言，该旅与本部图上距离绝不超过25公里！刘子奇黑暗中在罗秋佩手心捏了捏，那意思很明白：你罗秋佩说出口和没说出口的疑虑，统统不攻自破！

天色大亮时，刘子奇已经随队过了乌龙河。这一天，雨幕中的枪炮声乒乒乓乓响个不住，一直绵延到黄昏。夜幕低垂，天色渐渐灰暗，而刘子奇的心情却越打越亮堂。这时候，他已准确获知刘戡的整五十五旅就在他一二三旅右翼不到20公里的那座小山梁上。他亲自在电台旁边听通信参谋用报键与对方道了一声晚安，然后，不紧不慢地命令所属各部在山峁上搭帐篷，准备当晚的露营。他怎么会想象得到，此时此刻，中共中央机关就夹在他的一二三旅和刘戡派出接应的整五十五旅之间不足20公里的空间里呢！

强渡五女河三支队大惊大险，伏击“金刚师”野战军侧水侧敌

这是个历史的奇迹。当刘子奇沿乌龙河盲牛瞎马向东摸索时，解放军新四旅和教导旅，在罗元发旅长带领下，冒着胡宗南的轰炸机，抢先到达乌龙铺西山。这才让刘子奇结结实实享受了一天的枪炮声。

刘子奇当初并没有意识到，如果不是这一天热火朝天的激战，他将会接近一个怎样的目标！他只把目光机械地盯着刘戡，仿佛他急急忙忙从镇川堡赶来，唯一目的就是一头投到“军座”的怀抱。因此，刘子奇并没有觉得在露营的这一夜，将会发生什么惊天动地的大事。

刘戡则不然。经过两天的咂摸，他不仅渐渐看透了沙家店，更发现在乌龙铺不远也存在着一个巨大战场。他几乎动用了所有侦察手段，并尽量做到精确控制部队，期望着有一个轰动世界的新闻在自己手上一举爆响，

而对钟松那边每日数遍官样报告置若罔闻。这让钟松极为不满，但碍着战事，也不便发作。就在刘子奇与刘戡接上信号、情绪安定地准备露营山梁时，钟松的三十六师师部及一六五旅大部人马，也由镇川堡浩浩荡荡地开进了沙家店地区。

缓缓泊定的黄昏显得过于平静，让钟松心中生出些许恐慌。也许为了镇定自己——也许什么也不为，总之，钟松决定坐下来亲手给胡宗南拟发一份详细的宿营报告。每当这种时候，钟松都有许多难言的感慨。胡对钟有知遇之恩，钟一刻也不敢忘怀，他恨只恨盼不到一个“涌泉相报”的机会。为此，钟松一直都在努力，苍天可鉴。可是，胡宗南明白吗？

如果说胡宗南还有什么成功之处，就得数上这一条。古往今来治军之道，有的以德，有的以法，唯有胡宗南很特别，他是靠心机来治军的。胡军上上下下，都把个人的忠诚看得高于一切，眼里掺不得一粒沙子。胡宗南为此算尽机关，他活得真是很累。有时候推己及人，胡宗南也想中共集团有没有什么类似的奥秘，比方说毛泽东、周恩来与彭德怀、王震、张宗逊、许光达等这些人之间，到底是个什么关系。他的研究总是毫无结果地被搁置起来，等待下一次的闲暇和兴趣。他不可能把这个问题真正琢磨透，就像他无法搞清眼前十几个日日夜夜，中共中央决策者们究竟怎样从自己数十万大军的围困中绝处逢生一样，这对于胡宗南是个永远也解不开的谜团。

最叫人不能理解的，是黄河岸边那一段。先是说中共中央要东渡，河边几个渡口人山人海，害得董钊大队人马蜂拥而至，费了九牛二虎之力，把蝗蛐峪、桃花峪、木头峪等所有渡口都封起来，结果，一转眼就找不到中共过河的一兵一卒。胡宗南就是不相信，以刘戡、董钊几个师数万兵力压在河口，居然找不见中共中央机关区区几百人的行踪？难道毛泽东等人就不是肉身凡胎，而能够上天入地？这一大堆疑问，后来不知被谁传给了毛泽东，引得毛哈哈大笑：“天晓得哟，深更半夜下着雨，我在河里游水哩！”

毛泽东说的是强渡五女河。五女河是葭芦河的一条支流，说是“河”，还不如说是神仙用斧头在高山峻岭之间劈出的一条狭槽，河谷深邃、悠长，平常只有涓涓细流。狂风暴雨那晚，山洪暴发，情况大异，浪头有一米多高，卷起车马一般大的石块和连根拔起的庄稼棵子，咆哮着倾泻而去。中央机关800人的“三支队”当时刚从曹家庄折回头，接到彭总电报，要往西北方向去。尽量靠沂西野聿力，此前又发现原隐蔽在曹家庄的部分干部、家属和伤员远没来得及东渡，周恩来要顾东要顾西，急得团团转，一面指示廖志高找葭（今佳县）县县委书记张俊贤，要张负责在敌人未到之前抓紧把这批人渡过黄河去，一面要叶子龙沿五女河寻找渡船或是桥梁。

但来不及了，叶子龙报告说，三十六师先头部队一二三旅相距不足20

里，如果溯河而上，肯定要碰头。怎么办？周恩来和任弼时蹲在河边一块雨布底下商量，唯一的办法，只有自己架桥。人员立即分散到附近村庄去找群众搞木料和绳子，或者砍树，或者拆房。好不容易在山屹崂里发现一座小庙，大家犹豫着，要不要拆来架桥。江青跑过去大喊：“还愣个啥，架桥过河要紧呀！拆呀！”她的嗓门最大，黑夜伸手不见五指，人就听到她四处咋呼。这和周恩来不声不响地沉着指挥，形成鲜明对照。周恩来一会儿组织大家扛木料，一会儿对汪东兴小声叮嘱几句。汪负责毛泽东的安全。看看桥没搭成，身后枪声又越来越近，他简直不知怎么办才好，一遍一遍问毛泽东：“主席，你看……”毛泽东始终置身事外的样子。他被安置在一块大石头上，衣服全淋湿了，冷得浑身发抖，牙花打牙花。

手枪班长身上捆着几根椽子、带着一卷麻绳往河对岸游。游一次不成功，游两次又失败了。浪太急，人太轻，没法稳得住，更不用说在激流中打桩了。任弼时说：“再下去几个！”说着自己直挽裤腿准备下，被人拦住了。时间刻不容缓，没法等下去了！汪东兴提议打马下水，说马会凫水，当年长征过金沙江就是这样过的。他让毛泽东趴在马背上，由十几个水性好的战士护送过河。毛泽东坚决不肯，坚持让机要人员先过。“我着什么急呀，叫他们先过，文件、电台要保住！”他虽然说话打战，但显得很轻松，“敌人万一冲上来，我还会游水嘛，怕什么？”他不怕，别人可胆战心惊。事后，汪东兴说：“要是主席那天晚上有个三长两短，我这条命也不要了！”

总算马马虎虎搭起一座桥！那是什么桥啊，就是两根大木头并排放在一起。毛泽东一上“桥”，脚下就闪个不住，偏偏胡宗南的一架侦察机冒雨飞到头顶上，那低沉的嗡嗡声，更加剧了河边紧张的气氛。周恩来破天荒地吼了一嗓子，要大家灭掉所有的灯光！人们相继惊叫，吓着了毛泽东的坐骑，这家伙早不愣晚不愣，偏偏在河中央发了傻，站在那里不动弹。这回连毛泽东也急出一身汗，操起缰绳猛抽。结果，那马被打痛了，一时性起，蹄脚大乱。毛泽东差一点儿连人带马倒在河中……

所幸的是，身后枪声虽越来越密集，却没继续迫近。当时他们隐约猜到可能是彭德怀的救兵上来了。事实的确如此，不远处密集的枪声正是三纵先头部队拦住了敌一二三旅，双方黑夜遭遇，都显得很仓促，都铆着一股劲，打得很猛，直到五女河的洪峰降下去了。中央机关大部人马过了河，枪声才渐渐稀疏下来。雨下得太大，双方胶着在那里，当然最重要的原因还是刘子奇马虎了。他口气软软地通知部队下营，陶醉在与整编五十五旅沟通了联络的幸福之中。

这是8月18日凌晨两点多钟。彭德怀接到报告，大大吐了口气。炊事班长不失时机地端来一碗小米粥，彭看了一眼，实在是饿了，便抓起碗喝了一口，眼睛还是没有离开地图。就这，已让旁边的炊事班长和参谋人员心里都乐开了花。连续几天，彭总几乎没有吃过什么东西，也很少睡眠，连打个盹还得叫别人看着时间。张文舟参谋长老是批评炊事班："你们怎么搞的？做一点可口的嘛！"炊事班长挺委屈的，拿什么做呀，小米粥就是天字号美味佳肴啦！

彭德怀喝了几口小米粥，突然想起什么，问一旁正乐着的炊事班长："大家都喝了吗？"炊事班长一脸尴尬答不上来。彭德怀把碗一推，"哎呀，你这个同志，就晓得围着我转，给大家都弄一口嘛！"说罢，又匆忙转过脸口授电文去了。他命令各纵"以伏击姿态歼灭敌三十六师"，一、二纵部队加速占领预定地域，三纵（并指挥绥循军分区两个团）以一部兵力吸引钟松一梯队，主力抗击刘戡所部，阻止该敌与三十六师会合，并切实保证中央机关安全。彭的决心是，集中一、二纵队和教导旅、新四旅，首先把钟师师部及一六五旅大部的敌第二梯队彻底歼灭，再合力聚歼一二三旅及一六五旅四九三团敌第一梯队。目前为止，中央机关基本脱险，各部队进展顺利，彭德怀看看怀表，决定趴在图板上打一刻钟的盹。

俘刘子奇走李日基钟松怨刘戡，品白兰地扔李得胜主席夸彭总

18日黄昏，钟松给胡宗南报过平安之后感觉不大对劲。侦察分队连续报告说：沙家店地区多处发现共产党军队大部队在机动。根据时间和方位判断，不由得让人浑身冷汗淋漓：一张大网正在铺天盖地！到当晚1点多钟，电台已是一片嘈杂的混合信号，而四周常有稀疏的枪声传来。

此时，钟松所部先头分队与刘子奇尚距30多里，中间阻隔着多重山梁和深沟，大晴天没有敌情顾虑下，也要走七八个小时才能靠拢。一种不祥之感洪水般地淹没了钟松，他立刻电令刘子奇："十万火急，向沙家店靠拢！"

刘子奇接到电报颇感奇怪，我在前面给你扫清了道路，你在后面还吃什么紧？隔几分钟，"十万火急"的电报又来了，刘子奇窝起一肚子火："靠拢靠拢！深更半夜，路没有路、人没有人，叫我怎么靠拢？！"刘将电报撕碎，心想：说得轻巧，周围全是共产党军队，动一动就是灭顶之灾呀！刘子奇遂赌着气跟参谋长一说，连跟团长们商议都没有商议，就给一六五旅配属一二三旅行动的四九三团团长孙铁英打电话："你团火速撤回沙家店，归还原建制！"

孙铁英深更半夜孤零零地去"靠拢"。再没有比这更显出亲疏有别的了！孙铁英当即反问刘子奇："你们呢？难道师座电报单是调我四九三团吗？"刘子奇不管不顾："执行命令，别的不用你管！"其实刘的心里早有盘算，自己的一二三旅部队最起码也得天明之后才行动。

说实在话，刘子奇并非存心跟孙铁英过不去，这样处理也是出于无奈。钟松有令，部队如按兵不动，就是违抗军令。然而，要皋闻风而动、连夜瞎闯，明摆着凶多吉少！刘子奇是个谙熟世故、圆通人情而又工于心计的人。他也给孙铁英抛一道军令，要孙团顺来路撤回归建，执行不执行由你去斟酌，反正一二三旅到天明行动。刘心存侥幸：天亮时，还不知战场情况是怎么回事呢！

到19日早晨6点多钟，孙铁英才磨磨蹭蹭翻过一道山梁。刘子奇偷睡了一个黎明觉，醒来时，并没有出现他所期待的任何新情况，因而，他再不能坐等，便让一二三旅旅部和三六八团也打点启程，缓缓通过乌龙铺。而担任后卫的三六七团还在北山坡下打火造饭。

这时，沙家店方向的枪炮声愈来愈紧，刘子奇知道钟松已经没救了！他担不起“见死不救”的罪名，决定尽力驰援，一二三旅全旅离开孙铁英团行动，取捷径向钟师师部威胁最大的左侧翼急进。刘子奇当即令三六八团为先头团，并派一个营为先遣队，占领常高山北面的制高点，掩护旅主力进入常高山。

刘子奇哪里知道，解放军新四旅正在常高山等着他哩！刘的先遣队刚一进山，新四旅便从正前方和右侧方一齐射击，教导旅从刘子奇主力背后追杀出来，刘的一二三旅所有部队都落在一条狭长而又低矮的山梁上，预定夺取的制高点，全被解放军占领了。新四旅和教导旅很快形成合围之势，居高临下，任意打击。敌一二三旅先遣队冲一次垮一次，几门山炮毫无目标地放了几十发炮弹，一点效果也没有。

新四旅和教导旅边打边收缩包围圈。刘子奇指挥部队左冲右突没有希望，待想到撤退时，已经无路可退。况且他手下三六七、三六八两个团都怕吃亏，谁先谁后意见还不一致。刘子奇只有痛下决心：跟共产党军队拼个鱼死网破！说来也巧，就在节骨眼上，胡宗南的电报又给人带来一线希望。胡让刘固守待援，说是飞机十分钟内就来助战。

刘戡此时也做出仁义道德的样子，电告刘子奇，他已命令整五十五旅就近增援。这些天外馅饼，让饥不择食的刘子奇欲罢不能。谁知，不上不下地煎熬了几个小时，连个响屁也没等上。没指望了，一切都无法挽回，全军覆没的必然结局终于来临！黄昏中，刘子奇在一名解放军战士明晃晃的刺刀威逼下，无可奈何地举起脏兮兮的双手。

刘子奇被俘的消息，钟松是在十几天之后才知道的。19日黄昏后那段时间，在他脑子里已是一片模糊。当时，我一、二纵队包围圈疏而不漏，各部队均展开了强烈攻势。在一纵独一旅方向，三十五团进到沙家店以西的白家，一方面抗击镇川堡可能来援的敌人，另一方面堵敌西逃。担任主要突击任务的七一四团，立即向沙家店以南的均家沟之敌发起攻击。

敌人一见我军往上冲，急忙向前沿阵地开炮。拦阻射击一刻钟后，改为小间隔冷炮射击。炮打得很怪，像是长了眼睛。我军卧下去，炮火即刻停止；我军一抬头冲锋，炮弹又劈头盖脸往下落。显然，是由前沿指挥所直接指挥的。七一四团前卫一营打主攻的一连连长贾荣保急了："这么干，啥时候能拿下敌人阵地呀？！"他把驳壳枪一挥，扯开嗓门，"同志们，他打他的炮，咱冲咱的锋，不怕死的跟我上，冲啊……"

敌前沿阵地守兵，一直以为有炮火拦阻共产党军队冲不上去。没想到我军硬是从雨点般的炮弹中冲了过去，炮弹爆炸的烟雾，反而使他们看不清我军兵力到底有多少，只觉得一睁眼，共产党军队已冲到面前。顿时，敌心慌意乱，防守的决心动摇了。而此刻，在一连左侧，二连已攻占敌人最看重的阵地——一座大庙建筑高地，守敌连长、排长及二十多名士兵正在那里举手投降。阵地上三挺机枪被二连战士扳过头就往一连正面敌阵地上猛扫；在一连右翼，三五八旅七一六团的六连，也已攻克沙家店以东高山阵地。三路并进，互相支援，敌兵败山倒，唯一选择就是举手，不到一个钟头，黑压压一大批俘虏被带下来。

沙家店的局势，让刘戡心头酸甜苦辣说不清是个什么滋味。人之将死，其言也善，钟松已不是往日的钟松，每电哀声切切，这比他过去那些高谈阔论更有力量，刘戡被击倒了！可是，任凭钟松嗓子喊冒了烟，刘戡的回话依然是那两句："要坚持住！一定要坚持住！"钟松要是能坚持得住，还用得着对着报话机扮娘娘腔吗？这一点刘戡也明白，他何尝不想将面前这堵"墙"戳个窟窿！然而，事到如今他有这个心却没这个力，在解放军三纵阻击阵地面前，刘戡的几万兵力苦战多日非但寸功未收，有几次还让人家一个反冲击差点端了司令部！为此，胡宗南面前他已丢尽面子。而且不光是个"面子"问题，再这样下去，他必将受到军法制裁。胡宗南已给他下了死令："钟师不测，唯你是问！"

刘戡捧着这八个字，整天像丢了魂一样。他不是那种轻易认输的角色，有一个梦想始终没有放弃。他让参谋长刘振世秘密地组织了一支500人的手枪队，全部脱下军装，扮作老百姓，在葭芦河两岸撒出去。这一手是冲着中共中央机关来的。刘戡心想，灭了一个钟松算不得天下大事，而要是自己能亲手捉得中共首脑人物一个两个的，那可就天下闻名了！刘戡如意算盘打到这儿，并没有错。问题是，毛泽东及他的"三支队"早在两天前就脱离了葭芦河险境，来到一个叫梁家岔的地方。这里距西北野战军指挥部只一步之遥，刘戡的手枪队队员就是胆子长到头顶上，怕也是不敢飞蛾扑火。

又是一个日头顶中，沙家店地区出现了短暂的静默。解放军战士们的肚里空空如也冒着酸水。大家翻衣袋，盐水炒黑豆早吃光了！没有办法，只得将布缝里藏着的一两粒豆瓣，抠出来放到嘴里空荡荡地嚼个味。然而，瞌睡虫似乎比饥饿更加难以忍受。这时候，只要精神上稍微一松弛，眼皮立刻就撑不住。因此，战斗间隙事实上比激战时分更为难熬。

就在这个难熬的时刻，彭德怀电话来了。彭德怀握着话筒亲自喊："喂，一纵指挥部，一纵吗……二纵……三纵……新四旅、教导旅……"贺炳炎、廖汉生、王震、许光达、孙志远及罗元发、张贤约依次答到。彭德怀声音短促有力："……同志们，彻底消灭敌三十六师，是我西北战场由战略防御转入战略反攻的开始，也是收复延安、解放大西北的开始。为着人民的解放事业，继续发扬你们无限英勇精神，立即消灭三十六师，活捉钟松，号召你们本日黄昏以前胜利完成战斗任务！"

彭总的歼敌动员令，立即传达到西野各部队干部战士中，部队士气大振，一、二纵队密切配合，向三十六师师部和一六五旅阵地发起猛攻，这股锐气势不可挡，敌兵无法招架，死的死、伤的伤，投降的投降，形势急转直下。到下午5点钟左右，敌主要阵地已全部都被解放军占领。钟松也在抱着话筒喊，呼叫一二三旅旅长刘子奇，没有回音；又呼叫一六五旅旅长李日基，也没有回音。话筒从他手上无声地滑落下来……此时，指挥部门外枪炮声近在咫尺，已经一片混乱。

"师座，他们来了！"副官吴栋宇凑到钟松耳畔小声嘀咕了一句。钟浑身一震，某根神经痛了一下。他明白吴副官所说的"他们"指的是谁。他慢慢地转身，抬眼朝门前一看，只见一六五旅的李日基旅长穿着一套士兵服，像个泄了气的皮球站在那里。钟松眼珠如同被针刺了一下，不自禁地圆睁起来，似要流血，随即从腰间无声地拔出手枪，举起来瞄准李日基。李一动不动，长叹一声，仰脸闭上眼睛。然而，结局却令人沮丧，钟松的食指迟迟没有扣动那支勃朗宁手枪扳机，相反，竟和李日基一样，也换上一套士兵服。这种时候，两人谁也不用正儿八经地端详谁了，一前一后地钻进混乱的人群，三十六计走为上。

第二天晌午，钟、李二人脱帽站在胡宗南面前，长久地低着头，不说话。沙家店一仗，钟师一二三旅旅长刘子奇以下官兵6000余人，顷刻之间化为乌有，而只剩下这么两个活宝带几十名官兵惶惶然如丧家之犬逃往西安，这对胡宗南是杯怎样的苦酒啊！他合上眼睑又无力地打开，打开又合上，如此再三，长叹不已，最后，冷冷地扔下一句话："打得不错！"

钟、李二人浑身哆嗦一下，眼角瞅着胡宗南慢步过来，边走边拖着长腔："还有什么可说？"这话可以看作逐客，也可以认为是听从辩解。钟松自己给自己壮了壮胆，微微颤抖着小声嗫嚅："败军之将，别无他求！不过……"胡宗南愤怒地转身，声厉色严："不过什么？！"钟松斗胆抬起头来："不过，对那些见死不救的党国罪人请先生明察法办！"

这一招还真管用，胡宗南降了温。他知道钟松所指是何人何事，可刘戡亦有一肚子苦水。钟松逃出重围之际，解放军绥德军分区四、六两团，在司令员吴德锋指挥下，于乌龙铺以西的石板村和沙柳滩，跟刘戡整十二旅和整五十五旅也打得一团糟，刘戡的警卫连险些都被打掉了，不能说不惊心动魄。胡宗南揉揉肚子，走到钟松面前："算啦，胜败乃兵家常事，我可以再给你装备一个师！"一句话说得钟松五内俱动，差点当着人面哭起来。

可在蒋介石面前，话就不那么轻松了。沙家店败绩传到南京，老蒋跑到国防部大拍桌子，又是查办又是撤职，吓得胡宗南三天都没敢把战斗详报呈送上去。

胡宗南度日如年的三天里，西北野战军在离梁家岔不远的前东原村召开旅以上干部会。毛泽东、周恩来和任弼时等领导同志喜气洋洋地赶来祝捷。毛泽东兴致最高。据说沙家店决战的三天三夜里，他不出屋、不上炕、不吃东西，全靠香烟和茶水挺过来的。喜讯传来时，他跌坐在炕边，一连声地要酒。他过去是极少喝酒的，这次一口气喝掉半瓶白兰地，还大喊大叫说"拿错了酒"，意思是嫌洋酒度数太低，不如中国的白干辣。这时候，彭德怀来了电话，问："你是李得胜同志吗？"毛说："我不是李得胜，我是毛泽东！"这是他撤出延安以来第一次扔掉化名。消息传开，全军欢呼，彭德怀对着电话听筒看了好一会儿，嘴也咧开合不拢。

中央军委领导的光临，使西野旅以上干部会大放光彩。平平朴朴的土窑里，大家争着同毛、周、任等握手。这次握手不比往常，是在一场生死惊险之后，所以，每个人都握得意味深长。接着，是长时间的掌声，毛泽东踏着掌声走到那张小木桌前，说："胡宗南有'四大金刚'，我们吃了他三个，何奇、李昆岗、刘子奇，这次还跑掉一个，叫个什么李二吉（日基）。"毛泽东的湖南口音逗得大家哄堂大笑，毛将错就错，"这次让他跑了，算他一吉；下次或许还抓不住，又是一吉；第三次总跑不了吧！"

说笑够了，毛泽东严肃起来："沙家店这一仗确实打得不错，可以说是陕北战局的转折点，有决定性意义！我们最困难的时期已经过去了，用我们湖南话说，已经翻过山坳了！"他一句一个手势，一个手势赢得一片掌声，解放战争伟大的历史时刻就在掌声中凝固了。毛泽东让掌声响了两分钟之久，然后再按住，接着谈军事："侧水侧敌，本是兵家所忌，而我们的彭老总指挥的西北野战军，短短三天时间，就消灭敌人一个师……"

彭德怀坐不住了，起身接替了毛泽东讲话的位置，说："毛主席讲过坳了，这是对我们的鼓励。我们要真正过坳，还得多打几个胜仗！摆在我们面前的困难还很多，比方说粮食问题、解放战士的教育问题……"彭总扳着手指，一连数了七八个问题，把大家脸上的笑容全都数没了。这时候，毛泽东已经坐下来，掏出火柴点着一支烟。听到彭德怀历数问题，毛泽东忽又插嘴道："现在我们要打出去，到胡宗南的家门口去打，不但要打，还要吃他的东西！"掌声忽又响起，迅速卷起浪潮。浪潮中，毛泽东带头笑了，周恩来跟着微笑，彭德怀也展开眉毛，笑出一脸深纹。

第三部　进　攻

一、收“两延”破清涧

彭德怀对刘子奇坦言去留，贺老总主大局面一升半斗

前东原村的欢笑一直持续到中午12点，炊事班给每人端上一碗小米汤。是“汤”不是“粥”。大家低头，从海碗里照见自己的影子，情不自禁想起一个人。这人便是贺龙。

一个多月前，贺龙在小河村会议上有句口头禅：打了大胜仗，我请大家喝小米稀饭！那时候，所谓“大胜仗”，只是一种预设。这个预设是以不在陕北打大仗为前提的，其原因很重要的一个方面，就是粮食问题。彭德怀当时在发言中说：“陕甘宁、晋绥两个区统一，很有必要，财政统一也很重要。精简非厉行不可，以90万人养9万人，甚至不能维持三个月，农村粮食枯竭，人力浪费太大，前后方均应有严格的编制与制度。有人寄希望于陈赓部来陕，而不认真准备艰苦奋斗，这种思想必须切实解决。”

于是，陈赓太岳纵队的箭头，从陕北扳到豫西，以协助刘、邓经略中原，来一个反向牵制，间接地为陕北军民歼敌创造条件。毛泽东之所以支持这个计划，同意“边区、陈赓两部分开打”，主要是考虑到“从战略上与粮食上均有利”。他当时预计用五年“解决”蒋介石。那么，对于胡宗南自然也就有一个从“削弱”到“消灭”的过程。不管怎样“精简节约”，以陕北的物质条件而言，这个过程也绝不是轻而易举的事。3月以来，兵荒马乱的陕北什么庄稼也种不下，打粮食当然就没指望。彭德怀尝够了缺粮的苦头。北上“三边”那阵子，部队饿急了，连老乡地里尚未成熟的包谷都一片一片买下来，连秆子带棒一块吃，甚至那些能架起来烧火的叶子也舍不得丢，一锅煮起来细嚼慢咽。到了打榆林，南瓜结了，啃南瓜。南瓜啃光了，宰马……

毛泽东寄希望于贺龙。让贺龙以陕甘宁晋绥联防军司令员的身份统一指挥后方，包含着毛泽东无比精细的苦心。

沙家店战役之前，毛泽东和“三支队”八百人队伍刚转移到佳县，吃饭成了大问题。佳县的粮食都拿去支援部队打榆林了，剩下零头，地方部队食用尚且不够，哪能供得了中央机关？万般无奈，新四旅旅长张贤约提出杀驴，毛泽东一听不同意，杀了驴，老百姓来年拿什么种庄稼？又有人提出让战士们放开肚皮吃枣子，佳县人有习惯，树上枣子熟了随便吃，不分你的我的。毛泽东也不同意，枣子是当地群众的“救命果”，一颗也吃不得。那怎么办？周恩来和佳县县委书记张俊贤大眼瞪小眼。毛泽东只好打贺龙这张牌。

那几天中共中央前委几个人是一天一个地点，这天又转到神泉堡，与晋西北临县隔河相望，毛泽东心潮起伏地给贺龙和习仲勋拟发了一份电报，说：“昨日我到前委参加会议，彭及各纵队首长对于继续在现地区（无定河黄河之间）歼敌信心甚高，部队士气高涨，均愿在现地歼敌，然后南下。请你们派几批得力人员迅速分赴神、府、佳、米、绥、吴六县用大力动员粮食，只要有七千至一万石粮食，即可供给一个月完成作战计划。如情况允许还可以考虑再攻榆林。”贺龙从电报中一眼看出粮食的举足轻重。

自小河会议后，晋绥军区筹粮工作已是压倒一切的任务。为抢时间争速度，贺龙曾把脑子动到晋南，想从富流了油的太岳方面解决些问题。然而，毕竟山高水远，杯水车薪。现在看来，还得就地挖潜。毛泽东点到河西六县，事实上都在国民党直接间接控制之下。尽管毛泽东轻松地告诉贺龙，说“敌七个旅在镇川以北，绥德仅一个旅，无定河东西两侧广大地方均无敌踪，然后该敌只能同我主力在不大地区内周旋，不可能再行乱窜。在我军胜利鼓舞下，筹粮一万石还是可能的”，但真的要想在当时的神木、府谷、佳县、米脂、绥德和吴堡这些地区搞到粮食，无异于虎口拔牙！

贺龙亲自武装齐整地站在筹粮工作队面前作动员。他跷起绑腿，在布鞋底上磕掉烟灰，神情严肃：“有人说，不就是搞点粮食嘛！粮食，大问题呀！哪个给我搞到粮食，我给他记大功！野战军主力的同志们在那里饿着肚皮打仗，包谷秆秆都吃不上哩，毛主席也饿肚子！了得哟！”这些调粮干部大多来自河东各分区，像崞县、静乐这些地方，近年风调雨顺，又没打什么大仗，公仓私仓都有几粒存粮，最不济肚子也能搞得饱。听了陕北战场上种种粮荒的困境，特别是听了中央机关和毛主席都饿肚子的消息，个个很有触动。

队伍一出发，几天就见到成效。到收粮的日子，黄河水码头上运粮队伍一支比一支有声势，牲口驮子一片驴铃叮当；肩挑背扛的人们唱着歌子、叫着号子，气氛很不一般。这些动人的情景，同金灿灿的玉米粒、小米粒，同红团团、白生生的高粱米，同圆鼓鼓的大红豆，同肥嘟嘟的大南瓜，一起转运到陕北前线及毛泽东的餐桌上，便成就了一个不朽的话题。

陕北打仗，就是打粮食。这一点，彭德怀感受最深。他不但知道粮食的重要，更知道粮食后面的东西，具有怎样的支撑力。刘子奇当初被俘时与他相见，两人叙起同乡，谈得很随便。刘子奇千不明白万不明白自己为什么当了俘虏。他的一二三旅共有三个团，除一个团留守山西运城，余两个团加上旅直属队1万多人，装备那么硬，为什么跟共产党一接火，就垮得抓不上手！刘子奇觉得不光彩，也不甘心，他想走。

彭德怀说：“你想走，我不拦你。去年整一旅旅长黄正诚在晋南被俘，不就放你回去了吗？问题是，你得把国民党同共产党比较比较，不要戴墨色眼镜看世界。军人当了俘虏自然不光彩，可你是回到人民的怀抱，这就很光荣。”

听到“人民”二字，刘子奇情动于衷。你是军人，可你也是人民一分子！他读过很多书，道理没有不懂的。俗话说，不怕不识货，就怕货比货。两个党放在桌面上一比较，刘子奇开了窍。那个黄正诚死抱着胡宗南不放，后来听说给枪毙了。而共产党奉行的是革命，第一是“人民”，第二才是“队伍”。正如彭德怀所说，当个师长、旅长并不是说地位就高了，在人民队伍里，只要你革命，你要干什么都行，你要当总司令都可以。

就这么几句并不复杂的话，使刘子奇明白过来，过去为什么大部队出动总是找不到共产党军队主力，而小部队出动一不留神又被吃掉，人多武器好，却始终不能主宰战场，反而处处陷于被动，说来说去，他的“国军”不是“人民的队伍”。刘子奇作出一个重要的人生选择。这位从二等兵干到旅长的老“行伍”，戎马生涯几十个春秋，连汤恩伯的参谋长都当过，如今，甘心情愿做了一名“俘虏”。他觉得自己不是作为一名军人为敌手所俘，而是为正义所俘、为人民所俘。

刘子奇似乎完全成了个自由人。彭德怀没有给他施加任何压力，只说，你认为共产党好，我们一起干；你认为共产党不好，我把你送回去。刘子奇权衡再三，同意一起干。彭德怀让他给西安的家眷写封信，报个平安，并说“随便你派什么人送去”。

刘子奇就写封信，还附拍了一张照片，让和他同俘的副官送去。就这样，刘子奇换了个队伍。后来，他在第一野战军司令部参谋处当参谋，取其所长，主编一本名叫《野战军》的杂志。他丢掉一个“旅长”的头衔。却找回一个“人”的位置，终生庆幸不已。这从彭、刘谈话不久《晋绥日报》全文登出的一份电报可以见证。那是陕北战场陆续被俘的一批“阶下囚”联名致刘子奇的，像整一六七旅旅长李昆岗、整三十一旅旅长李纪云、整一三五旅代旅长麦宗禹等，都在其列。电报这样写道：“闻兄等在陕北沙家店战役被解放，在兄等或懊丧莫名、恐惧终日，但弟等闻讯之后，却深为兄等庆欣，因弟等来解放区之后，备受优待，生活毫无痛苦，而且亲身体验到民主自由生活的愉快，既不做蒋介石反民主内战的工具，也不做美帝国主义侵略中国的清道夫，解除了内心与精神上无限桎梏，认识了中华民族解放事业的正确道路，甚愿等剔除烦恼，携手共进，为实现我国的独立自由民主和平而奋斗。”读着这样一份内涵丰富的电报，别说身在其中的刘子奇，就是几十年后的局外人，也不能不产生一大堆人生感悟。

可见，国共两党这场战争，实质上是一场不折不扣的政治角逐。虽然，它在某些细部环节上不乏技巧性操作，但从根本上说，还是赤裸裸的世俗人心在较量。谁不喜欢独立自由民主和平？专制独裁统治在任何时候都不得人心。蒋介石、胡宗南那一套为人，对国民党中上层造成的精神桎梏及全社会的广泛压迫，注定其垮台的命运，只是这“台”究竟如何“垮”法，需要有个军事上的操作过程。

彭德怀无疑是这方面的高手。但他所做的一切，也只是取这大的宿命中“必然”二字而已。就当时的情况而言，许多较大规模的军事举措，实际上都是让一个平平淡淡的东西牵着鼻子走，这“东西”就是粮食。所以，在彭德怀的心目中，贺龙仍旧是西北战场总指挥，到1954年他接见电影《沙家店》剧组的主创人员时，还郑重强调，写西北战场，要“加强描写贺龙同志”。他还念念不忘沙家店战役之后，从河东弄来的十万石粮食。据说为了这点粮食，贺龙亲自指挥护粮队同阎锡山的“响马”打了好几仗，连延安大学转移到临县的师生都上阵筹粮设站，参加搬运。好不容易才把粮食转手交到河西，任弼时接着运。他是受毛泽东之托担此重任的。陕北不比晋西，任弼时只好给个政策：运粮者可以吃粮。到黄河边背1斗半粮食，回来交半斗给公家就可以了。这才从清涧、延川、吴堡等渡口，拉出一条粮道。战士们得到这一斗半小米，真是下不了口啊！

王震重返南泥湾，董钊再钻“口袋阵”

彭德怀捧豌豆面糊糊，一口一口喝得艰难。这都是当地老乡把坚壁下的麦种、豌豆刨出来，磨成细面给送来的。他亲眼看见西野指挥部驻地那个十来户人家的小庄子上，家家都在吃糠咽菜，可听说他彭德怀在这里指挥打仗，就都跑到地头把要成熟没成熟的高粱穗子剪下来，搓些米子，在碾子上脱了糠，和那些尚未咧嘴硬被剥出来、来不及晒干的豆子，一口袋一口袋装了，用毛驴往部队驮。彭德怀嘴在碗沿上稀溜着，眼睛一直不离开地图，似乎只有这样他才配喝碗里的糊糊，否则，他心里就亏得慌。

地图上，陈、谢兵团那个大箭头已由晋南、豫北交界处南越黄河，直插豫西，威逼潼关。西安的危机显而易见。那么，痛失三十六师再加上后院起火，胡宗南你的定力是否经得住新鲜伤口撒上一把胡椒面呢？彭德怀一向不轻视胡宗南，但也从不把这个对手看得太重，他知道杨七郎脖颈底下那块肉和阿喀琉斯的脚踵，知道胡宗南此时此刻的六神无主。沙家店战役之后，种种迹象表明胡军在陕北有点心猿意马的意思，但侦察情报需要消化，每当这种时候，彭德怀就得像嚼豆面糊糊那样，把胡宗南的心思揉碎了细细地咂摸。

的确，审时度势的胡宗南，再次决定收缩羽翼，对陕北战势取以守为攻的态度。在延安以北广大腹地之中，他只固守绥德、清涧、瓦窑堡三个支撑点，作为延安的屏障。大批主力部队通通龟缩到延安或者更加靠近西安的关中地区整补。这样，不仅对陕北仍可维持狮子大开口的架势，重要的是，西安的后方安全有了可靠保证。想不到如此万全之策，竟不被一些高级僚属所看重。

正式决定尚未出台，就有人跳出来反对。那位驻守清涧的整七十六师师长廖昂，就是最起劲的一位“不敢苟同”者。廖认为胡宗南欲固守延安以北三个据点，没有什么实际意义。守兵不足相对孤立易被共产党军队分而治之姑且不论，各据点离延安那么远，又能起到多大的“屏障”作用呢？

一听口气便知廖昂绝非等闲之辈。他虽早在山城堡就曾败在彭德怀手下，落得个全军覆没、只身幸免的下场，但其战术眼光还是有一点的。主张撤出延安以北三个支撑点、集中兵力巩固延安外围据点，不无道理！可是胡宗南的道理更大，绥德、清涧和瓦窑堡一放弃，不就等于宣布整个陕北拱手让给共产党了吗？这种明目张胆的败退，还不叫蒋介石气歪嘴巴！胡宗南可不想冒这个天下之大不韪。最后的结论当然是廖昂的小道理服从胡宗南的大道理。想一想看吧，这不是上苍赐予彭德怀的良机又是什么呢？

彭德怀由内线转向外线、内外线配合主动向胡军地盘出击的决心，如长风出峡，呼呼有声。中央军委根据西北野战军战略进攻的要求，将原属陕甘宁晋绥联防军的警备第一旅、第二旅和骑兵第六师，组建成立了西北野战军第四纵队，司令员王世泰，政委张仲良，阎揆要担任副司令兼参谋长。

稍后，又以教导旅和新四旅组建成了第六纵队，罗元发任司令员，政委徐立清，张贤约任副司令员。现在，彭德怀将五个纵队在沙盘上一摆，陕北战场的气势立刻大不一样。他让野司亲率一、三、六共三个纵队，在延安东北拔除胡宗南视作屏障的那几个支撑点，而将二纵与四纵组成外线兵团，交给王震统一指挥。令二纵由甘（泉）、富（县）、洛（川）一线节节击敌，渐与王世泰的四纵合为一股，出击延安以南的黄龙山区，发动黄龙战役。

用大兵团作战的眼光来看，黄龙战役很有点大穿插大迂回的味道。这使胡宗南举止失措，思想准备不足。事实上，彭德怀只希望王震将部队攮成一个拳头，绕过延安，钻到胡宗南的深处，在那里翻江倒海，闹他个一佛出世、五佛升天，然后，他在外线好做文章。这任务颇合王震的口味。与当年南下支队长驱中原相比，简直就是小巫见大巫。命令一下，王震就指挥已在关中的四纵由白水北上黄龙。与此同时，二纵神不知鬼不觉地绕过延安，不费吹灰之力拿下了大劳山。接着，一头扎进故地南泥湾，准备在那里好好满足一下肚子，养精蓄锐。下一步两个纵队的好戏就不难唱了，一南一北唱念做打动作起来，胡宗南非喝迷魂汤不可。只要胡作出共产党军队西野主力意欲南进的判断，就不由得他不倾其全部注意。这样一来，彭德怀的另外三个纵队就可在延安以北放胆子吃了！

当然，王震的苦劳还不仅限于此。南泥湾可是老三五九旅手中的“小江南”啊，彭德怀把部队支到这里，用意极为丰富。别的不说，全军吃粮紧张的状况，多少会缓解一阵子。但这种秘而不宣的期望值，很快被无情的现实打掉了。胡军留给王震的南泥湾以及所有老解放区，已经远远不是过去的概念。在南泥湾，那块镌刻着毛泽东和贺龙题词的碑石被推倒了，白灰刷在墙上的标语早被铲得干干净净，当年“鲁艺”艺术家们演出《打渔杀家》《三打祝家庄》的大礼堂，也被一把火烧成残垣断壁，烈士碑全砸烂了，窑洞塌了顶，干部战士低头抬眼，满目荒凉，见不着一样完整的东西。老百姓当然早跑得不见人影，村子里静悄悄的，家家关门闭户，地里玉米高粱和豆子什么的，荒乎乎的一片狼藉，也没人照管收割。往村口地边一站，遍地是粪便和尿迹以及国民党兵留下的各色破破烂烂——这正好，它给王震即将展开的黄龙战役，作了一个绝妙的鼓动。

日子眨眼9月过半。早起行军，哈口气可以看得清了，路边的草叶上也已见出白霜。王震皱起眉头，想起彭老总军用地图上贴着河西由北向南那个又粗又长的箭头，心中不免一阵发紧。这是一个历史的潮头，全国解放战争的形势正在发生着根本性变化。陈、谢兵团在豫西的出色表现，已使西安大感不“安”，不用说胡宗南，连蒋介石的神经也吃不住了！西北这块地盘是老蒋的心头肉啊，他怎能坐视不管！从总部的敌情通报中，王震已获悉蒋介石日前直飞西安，亲自坐镇“研究如何制胜匪军的方法”。这说明中共中央军委的战略决策，真正戳到敌人的要害。那么，眼下二、四纵队如何在黄龙地区撕开口子，撕痛他，撕得胡蒋鲜血淋漓，是摆在王震面前刻不容缓的使命。

二纵一向被誉为“飞毛腿”，而王震对于深入敌后独立作战的组织指挥又从不含糊。于是，当即以独四旅为右纵队，三五九旅为左纵队，从南泥湾一鼓作气飞流直下，首先攻克了国民党在黄龙设立治局的所在地——石堡。与此同时，王世泰所率第四纵队，也把白水拿下来了。两个纵队遂会师于石堡东南。继而，“二王”协力一动，韩城不攻自破。韩城这地方依山傍水，本身就富得要命，加之又是黄河西岸的渡口要津，晋陕两省贸易集散，更使它仓储富足，肥得流油。两个纵队部队结结实实补充了一下。特别是得到6门野炮和800余发炮弹，让王震精神大振，拍着胸脯要打屁股后面的宜川。

这主意当然不坏。宜川是陕北门户，胡宗南在守备方面下了本钱。宜川不下，即便“二王”在黄龙地区闹翻天，也没法跟陕甘宁那边的大片区域接上脉息，成不了气候。胡宗南照样把陕北握在手中，照样稳坐延安和西安，从容不迫。而宜川一打下来，局面就不同了，不但胡军在陕北立足困难，其关中和渭水流域大部地区也将唇亡齿寒，甚至连西安也会成为一块剥了皮的芋头……王震喜滋滋地说：“打完这一仗就打西安，看他胡宗南能往哪里跑！”

王震的乐观有道理。在二、四两个纵队大闹黄龙地区的前前后后，彭德怀已在安家集周密部署好延清战役。许光达的第三纵队和教导旅10月1日从文安驿出发，直扑延长和延川。当时，延长县城只有敌二十四旅一个营防守，许稍稍用力，守敌就压得喘不过气来。二十四旅旅长张新一个劲地给他那个守备营营长傅瑞光丢“精神炸弹”，什么“牢记军人魂”“保持师的荣誉”，什么“不成功便成仁”，什么“临难毋苟免”“牺牲小我，成全大我”等，到了关键时刻全都不灵了！延长和延川两城几乎同时插上解放军的红旗。

“两延”一丢，清涧的屁股蛋就暴露在光天化日之下。在三纵夺取延长和延川时，一纵也从金沙镇出发，把清涧城南的三十里铺搞到了手。这样，清涧、子长、绥德等几个点上的守敌，与延安大本营之间的联系就彻底掐断了。胡宗南这一惊非同小可！本来，沙家店战役之后，胡对整二十九军和整一军这两张王牌就打得十分谨慎。经过反复斟酌及和老蒋密谋，好不容易把两部收缩到延安。接下来的如意算盘是，让刘戡整二十九军控制延安占领区，堵我西野部队南下去路；而董钊整一军则南下关中，以对付陈、谢兵团可能突破潼关、给延安颜色看。南拳北腿已是力不从心，没曾想彭德怀竟又让王震揪着董钊的尾巴紧追不舍，连连招架不迭，一直转到清涧才算稍稍摆脱。正要抬脚南下，忽又传来一六七旅五〇〇团在曲思教地区中埋伏的消息。这个埋伏中得可不轻，阵亡士兵百余名，被俘80多人，更重要的是有21辆汽车、5辆坦克不翼而飞。

胡宗南听不得“埋伏”二字，一听就禁不住浑身筛糠，仿佛陕北绵延起伏的高原处处都是坟墓。于是，他急令董钊暂缓南下，起码不要把南下意图搞得赤裸裸一丝不挂，而尽可能含蓄一些，让陈武由杨家坪、曲思教向延安前进，主力小心翼翼绕到公路以南，经关庄和岔口转进到延安。到了延安再作打算，南下不南下，主动权握在手中。可他万万没有想到，料事如神的彭德怀竟又在岔口以东为他布设了一个“口袋”。虽说这一仗因为兵力悬殊且半路上老天爷下了一场大雨，我军没有实现“歼其一部”的目的，但仅仅是那个稀里哗啦的场面，也够刘戡和董钊收拾一阵子了！

总之，黄龙山区一团乱麻，在胡宗南心头简直不知该摆放到什么位置。现实情况是，董钊如惊弓之鸟，刘戡不真不假的心思用在清涧方向。过去，胡军上下都口口声声要寻找共产党军队主力；如今，共产党军队在他们心目中，“最好别碰上”。这种局面使王震和王世泰基本上没有什么后顾之忧。两人在沙盘上一拍即合，对攻打宜川充满信心。行动的日子定在10月15日。四天之后，二、四两个纵队突然逼近宜川城，三五九旅主力包围钳制城北老虎山、虎头山，另抽七团配属独四旅负责攻打位于城西南的主阵地七郎山。四纵则派警一旅重点夺取城东南的凤翅山。

攻城阵势一摆开，王震的牛脾气又上来了。他跑到一线团指挥所，把帽子一扔，从战士手中夺过一挺轻机枪，打雷一般吼着就往上冲。团长苏宏道一看这情形魂都吓掉了，扑过去把王震一把抱住：“司令员，这不行啊……”说着“不行”，部队已经全线出击，无声的命令鼓舞着每一个战士和基层指挥员，那股锐气势不可挡。指导员连德合没冲出去多远就让敌炮火炸断一条腿。他在血泊中喘了口气，立刻爬起来单腿跳跃。那是60度的斜坡啊，他居然就凭着一条腿连跳带爬往上攀登，冲在队伍中间。战斗打得十分残酷，最后就是这位单腿指导员，指挥着全连仅剩的两个班冲上了七郎山。

正在延安大喘气的董钊再也不能装聋作哑了，立率整一师、九十师、二十七师四十七旅大张旗鼓赶来增援。王震和王世泰下令部队扛起宜川城头的红旗，押着国民党中将指挥官许用修、少将县长徐沛和新九旅二十七团上校团长彭友明等一干俘虏撤出战斗。遵照中央军委指示，两个纵队全部东渡黄河，保存实力。四纵转移到固临地区，二纵由吉县转移至运城。

几天后的一个黄昏，董钊大部队虚张声势赶到宜川。举目一望，这里早已硝烟散尽，呈现一派升平歌舞。宜川城防全线崩溃后，原驻守该城的国民党新九旅第二十七团、六十一旅第一八二团和整九十师野炮营一个连，加上地方武装三千多人，死伤及被俘者外，余皆作鸟兽散。解放军一撤出，这些炸了窝的鸟兽又都纷纷还巢筑垒，并刻意弄出满城祥瑞，好在上峰面前表现出镇定，不那么太扎眼。这一效果轻而易举实现了，董钊连续几天都在欣慰。当然，董的心情还有别的原因。在与刘戡的无线电联络中，他已确切获知，刘和驻守清涧的整七十六师师长廖昂，目前正在度日如年……

掠四库廖昂安民乏术说死与降，拒小灶彭总治军有方论鱼与水

清涧是座山窝里的小城，北依九里山，西南有笔架山。这支“笔架”从城外一直伸进城内，种种说法由此衍生开来，熏得小城颇有些诗文相传的味道。

廖昂对此情投意合。他虽说是个军人，却生性儒雅，喜欢读点典籍，更喜欢藏书。听说清涧有个绰号叫黄翰林的清末秀才，私家藏书丰厚得很，尤其是古籍，许多绝版线装本价值连城。廖昂毫不客气地钻进黄秀才的书斋，一“校点”就是几个月，结果把一套保存完好的四库全书“校”到了自己名下。

在廖昂心里，这大概是自己进驻清涧后最得意的一件事。它足以抵消延长与延川两座前哨城市的丢失。至于伤亡几何、投降几何，在他已是见怪不怪。他从容撤掉那个被二十四旅旅长张新骂作“贪生怕死、指挥无能”的营长陈炼，让副营长陆少侠代理营长，然后，给胡宗南发报，要求趁共产党军队主力还没来得及合围清涧之前，批准他撤往绥德，与绥德守军一六五旅共同防守。

然而，廖昂想错了。胡宗南压根儿就没把廖的进退问题摆上议事日程。他正坐在延安兴致勃勃地垂钓。在他心目中，陕北是个巨大的池塘，而清涧不过是下钩的点，自以为久经沙场的黄埔门人廖昂，实际上竟是一截不折不扣的蚯蚓肉！这无论如何是廖昂接受不了的事实。面对胡宗南千篇一律的那几行复电——“加强工事，准备歼灭来犯之敌，并继续查明情况具报”，廖昂心灰至极。

嫡系的感觉一落千丈，廖昂要做的第一件事，便是将那套四库全书悄悄装上两辆汽车，派重兵押解运到西安，再转运回四川老家。接着，他便听到清涧城外西南方向时断时续响起隆隆炮声。再提撤守已是天方夜谭，唯一可能就是请胡宗南将守备绥德的整一六五旅和守备瓦窑堡的第七十二团调往清涧，以增强防御实力。在报告战况时，廖昂硬着头皮把这层意思向胡宗南说了。不曾想胡宗南依旧王顾左右而言他，并说，围城打援是敌惯用之策，如整一六五旅及第七十二团脱离既设阵地驰赴清涧，两部兵力不多又各分离，恐清涧之围未解，反使该两部陷于不利。还是那句老掉牙的话：“着仍照现态势固守，并将战斗情况具报。”很显然，他廖昂不被咬个皮开肉绽，胡宗南是绝不肯轻派援兵的。

其实，胡宗南根本不把廖昂的感觉放在心上。此时此刻，他目光盯得最紧的，是彭德怀。根据陆、空侦察，清涧周围共产党军队数得着名目的番号，不过有个“一纵”而已，“三纵”部队那时还在延长和延川没来得及收拢，至于刚成立起来的第六纵队，胡宗南在很长时间内还摸不清头

绪。所以，彭德怀将一、三、六共三个纵队兵临城下时，胡还在那里执著地施行他的“钓鱼战术”，口口声声要等待共产党军队主力“咬钩”。二、四两个纵队已远走晋南，共产党军队哪还有什么“主力”？

难来难去难着了廖昂。他办事认真，何况对清涧又情有独钟。记得占城那天，他特意从咸榆公路那边爬上城西南一堵屏墙似的笔架山，隔着细水长流的清涧河，遥望城东北方向石头累累的制高点。这时，因河流而得名的这座秀美小城，就仿佛镶嵌在石头缝里，让人禁不住要大发感慨。作战参谋对着地图告诉廖昂，脚下这个制高点，读书的人称笔架山，当地老百姓就叫耙子山。廖皱起眉头，用鼻子哼道：“乱石滚滚的，别说耙，怕是用扫帚也扫不出个啥子来。还是给我架几挺机枪吧！”

事实果真如此，当时这座两万人口的陕北县城，已经“有户无口，无民可安”，满城空街净巷，更谈不上集市或是买卖，一片树倒猢狲散的冷清。若要招财就得进口，廖昂懂得这个简单道理，便在把城外居民引回城里的工作上大做文章。先是派部队四处张贴标语、告示，以绥署的牌子，大力鼓吹什么“按户慰问、计口救济”，“交易暂不征税”“分得田地继续有效”等，接着，干脆出动人马拉拉扯扯，进城也得进，不进也得进。

可是，老百姓就听你的吗？他们从来都不大相信耳朵而只相信眼睛，你廖昂贴一万条告示和标语，也不如一座碉堡更有说服力，何况他在清涧周围20多平方公里范围内一口气修筑了57座碉堡！而且，所有城墙上都增筑了横隔和掩体；南关和北关数百幢民房，墙壁上通通凿开枪眼，并蛛网般地连起交通壕、铁丝网、鹿砦等障碍物；城门前堆积如山的巨石挡在路口；城西北耙子山是廖昂的核心阵地，那里不光是架几挺机枪，除了用钢筋水泥浇出工事外，还建有一个炮兵阵地。冷冰冰的大炮一门一门蹲在居民们头顶上，谁还有胆量去接受“按户慰问”和领那份“计口救济”呀！

廖昂安民乏术，索性放开手脚，也不演戏了，一门心思将清涧城防整到钢牙利齿的程度，并且兴之所至，把“固若金汤”几个字写成斗大的横幅悬挂出来。什么“按户慰问、计口救济”，有那个钱还不如到西安来购些火腿、罐头鱼和香肠等一应美食，给守城官兵自己油油嘴巴！在廖昂来说，仅仅靠一个师部、一个旅部和一个尚欠着一个团的旅这么点儿兵力，要想做到“固若金汤”，就只能如此了。彭德怀领着三个纵队司令员、政委实地勘察了一遍，也不得不暗暗点头。但是，这丝毫没有影响他攻城的信心。当时，一、三、六纵队大部分部队都在文安驿、金沙镇一带休整了十多天，兵员、武器、弹药补充方面都还可以，提起攻打清涧，干部、战士全都气壮壮的，彭德怀除了担心攻城火器不足同时又缺乏经验之外，总体决心毫不含糊。看完地形，他摘下望远镜，一边往山下走一边对几位纵队领导说：“大家努把力，好好打，打下清涧，我请大家吃肉！”

这在咽小米糠、槐树叶和嚼黑豆钱钱的条件下，实在是个不小的诱惑。大家一块吃肉的记忆，还要追溯到刚打完沙家店之后那次总结会。那是毛泽东、周恩来和任弼时亲临会场，总部使出吃奶的力气，把所有家底都搭上，才勉强张罗了一顿酒肉，以至于吃得大家个个经久难忘。

贺炳炎当即追着彭德怀不放："老总你可得说话算话，别吹牛！"

彭德怀瞪贺一眼："吹你个鬼哟！"转而无奈地叹口气。彭德怀一个"请"字，是纯粹个人的承诺。这个愿他许了不止一遍，一直总没机会兑现，几乎成了老总的心病。时间渐入冬季，以眼前的情况看，别说请吃红烧肉，就是饱撑一顿小米干饭的理想也如同云外之烟。彭德怀喝黑豆汤都喝出毛病，肚子一天到晚稀里呼噜，开个小会就得跑两趟厕所。心细的廖汉生找四科长高克恭一问，才知道老总拉痢疾了。廖汉生又心痛又着急地数落高，可是高也有倒不清的苦水。要米没米，要菜没菜，油盐酱醋都谈不到，吃了上顿没下顿。而彭总的脾气谁都知道，拗得很，一丝一毫特殊优待也不接受。部队到"三边"时，炊事员为他买几根黄瓜，还给他狠狠说一顿，一句话把小灶就撤了。跟部队一起喝大锅汤，什么关照也保证不了，叫后勤咋办呢?

这就是彭德怀。他的严格总是从自己开始。所以，他的纪律犹如铜墙铁壁，严丝密缝，又像泰山一样压得住阵脚。饿肚子饿到要人性命的情况下，说打仗是打"政治"，归根到底还是打"纪律"。在沙家店战役总结会上，彭德怀就少数战士动不动对老乡耍态度、强行牵老百姓毛驴这件事，愤恨地拍了桌子。那是让一野老同志们终身忘不了的情节，彭总铁青着脸，两手背着吼道："山里没得树，那是死山；水里没得鱼，那是死水。不要觉得打个把胜仗你就了不得了，没有人民群众支持和关怀，你25000人能抗得住23万强敌？哪一个要是讲他能做得到，那我就来告诉你：放屁！吹大牛！莫听他的，他是个疯子！我们中间就有那么些同志，不晓得天高地厚，把自己成绩看得比天还大，看别人的优点比豆子还要小。而别人缺点到他眼里却比天还穴。这种人，脑子里有个公式，成绩是自己的，缺点是别个的。打了胜仗，站在别人面前耀武扬威；打了败仗，把别人推出来做替死鬼……不是我彭德怀言重了，我们中间确有这样的角色哩！"

这一席话说得可不轻，许多人头埋到裤裆里去了。彭德怀戛然而止，不说了。过了好一会儿，大家才使劲拍巴掌，想叫他再讲。彭将手一挥，扔下一句"没得讲了"就要往台下走。掌声潮水般地响起来，彭德怀的脚步被拖住了，他用手压了压，把如潮的掌声压干净后，才又说："我这个人，嘴巴子笨，和同志们在一道工作，经常见面，有的还是一日三见面。我要有话讲，你们不鼓掌欢迎，我也要讲；我要无话说，莫说鼓掌，你就是放大炮我也不会讲。今后，免了这一套。"说着，径自下去了。

没有人再鼓掌，大家都在想彭德怀的话。关于争取群众支持的问题，彭已三令五申。这年4月1日，还专门和野战军副政委习仲勋、政治部主任徐立清联名给各部队发电报，强调军民关系，要求检查纪律，“每一伙食单位要有纪律检查组，每班要有纪律检查员。连首长每日须有简短纪律生活讲评，营首长三至五天，团首长七至十天，旅首长半月须有一次讲评，坚决贯彻三大纪律八项注意”。还要求“各连队每到一地，召开军民联欢会，进行社会调查，军政首长、特别是政治机关要找地方干部谈话”。对那些“将引起人民怨恨我军”的“利用群众逃跑及坚壁清野，将鸡鸭猪羊杀光，翻箱倒柜，挖窖，牵牛赶驴，打人骂人，乱拉向导，吃粮用草不打条子，吃菜烧柴不给钱”等现象，采取断然的处罚措施……

四科长高克恭甚至眼里有点湿润。他觉得自己比别人更多地了解彭德怀，因而也就没法简单、孤立地看待老总对群众纪律问题的态度。就在头天晚上，高克恭看不过彭德怀一趟一趟跑厕所，想法子弄到些小米煮了点干饭，小心翼翼地端到老总面前。彭德怀白了一眼，没好气地问：“干么子？”高克恭忙解释：“吃吧，人人都有一份。”每次吃好一点的东西，老总都要从头查问到底，这个有没有、那个有没有，直到炊事员承认自己也有一份，他才肯下筷子。“毛主席、周副主席都吃窝窝头啊！”彭德怀捧起饭碗时，总是这样心事重重地感叹不已。然后，才开始苦着脸像吞宝剑一样把东西咽下去。

这滋味，胡宗南门下那些吃粮当兵的官老爷哪能体会得到？即便像10月6日清涧城防空前吃紧、城南阵地一部被解放军突破、廖昂大喊“粮弹告罄，如不早派援兵驰援，将陷于粮尽弹绝之地”时，事实上也未必就真的“粮尽弹绝”了。时任整七十六师少将参谋长的刘学超先生，几十年后撰文就明白无误地承认这一点。胡宗南想必对此也很有底数，所以，任凭廖昂喊破嗓子，他始终是那句套话：“着再详查具报”，根本不提“驰援”二字，非得等到廖昂和刘学超含沙射影地援引司马公“能战则战，不能战则守，不能守则走，既不能战，又不能守，又不能走，唯死与降耳”那几句名言，才稍稍改变态度，复电：“已饬刘戡军长率五个旅来援……”最后，胡宗南的飞机在清涧空投的既不是粮也不是弹，却是30亿元簇新的法币！

大概就在胡宗南稳坐钓鱼台对付整七十六师种种真假莫辨的呼救时，彭德怀给中央军委和贺龙拍发了这样一份电报：

（一）清涧敌兵工事不弱于蟠龙，我大部已有相当充分准备，班排以上干部均看好了地形，讨论攻击办法均有信心，因天雨时间关系，小部准备仍不充分，不便延迟，决于6日黄昏攻击，估计三天可得手。

（二）一、三两纵东西夹攻，教导旅位置于廿里铺骆驼铺，打绥德南援之敌及清涧北退之敌；新四旅一个团主力在河家山岔，一个营在拐峁东北阻敌援军争取时间，旅直及另一个团，于清涧卅里铺。

（三）清涧得手后拟以新四旅与警区四、六两团攻占瓦市（为争取时间，亦可不攻瓦市均攻绥榆）以教导旅及一、三两纵攻取绥德，得手后北取榆林，不知粮食有无办法，请贺龙考虑。

不足250个字，不但把清涧的攻城方案及后续任务表述得淋漓尽致，还给人以品评不尽的人格内涵。于是，围绕着一座小城展开了两幅明暗色彩各不相同的世情图景。把这两幅图景放在今人面前，要品评它也许不是什么太难的事情，但在当时，身为情境中人，能于时空之间超脱出来见解一二，怕是只有毛泽东一人。

毛泽东晤谈归来燕戏说聊斋，彭德怀训斥阶下囚痛陈冤孽

那些日子毛泽东很忙。全国解放战争正处在重大决策之后关键性的执行阶段，每天都有激动人心的消息传到米脂杨家沟。文电交驰，舆论一惊一乍，处变不惊的毛泽东，也几乎失去睡眠的概念。黎明时分刚打个盹，就有报告说，贺龙过黄河来了。他知道来的不是贺龙一人，还有刚从晋冀鲁豫解放区匆匆赶到的三秦名将赵寿山。虽有电报在先，毛泽东的兴奋还是难以抑制。这会儿普天下人都在痛骂蒋介石，指责他对赵寿山有功不赏反加陷害，硬是把赵逼上梁山！

赵寿山是杨虎城的部将，先后担任过十七师师长和三十八军军长。红军时代起，赵就暗恋共产党，“凡能有助于红军之处，无不悉力以赴”，曾为红军购买150多辆大车的粮食，帮助渡过难关。1937年春节过后，他还把自己一双儿女也送往延安学习。到抗战期间，蒋介石“攘外安内”政策出台，更坚定了赵寿山亲共倾向。“西安事变”中，赵坚决主张不放蒋介石，为这事彭德怀苦口婆心做了三天说服工作。那时，赵部驻三原，与中共将领彭德怀、任弼时、贺龙、左权、杨尚昆、陆定一、王稼祥等人“朝夕往还”。后来，赵部移防晋东南，在中条山抗日三年，得了个“中条一柱”的美名。就凭这一点，老蒋也不会轻易放过赵。又是抽他的部下“受训”、进“劳动营”，又是派特务盯梢或者搞闪电式调遣，折腾到1942年，赵寿山干脆扔掉“前途渺茫”的国民党，秘密加入共产党，成为置身敌营的一名共产主义战士。

毛泽东走过去抓住有点踉跄的赵寿山，喊了声“同志”，说：“大家这么多年对你都非常操心，今天你终于胜利地回来了！”又说：“多年来身在虎口，安之如夷，其故安在乎？今天我们好好谈谈！”赵寿山使劲点头，也说：“要谈，要谈，我憋了一肚子话啊！”他比毛泽东小一岁，出生于陕西户县北乡定舟村一户贫苦农民家庭，16岁在陕西陆军测量学校踏入戎途，后投效到冯玉祥的陆军第十六混成旅，从上尉参谋兼教导团学兵团地形教官，一步步干到杨虎城手下的教导队队长、教导营营长。北伐时，杨为国民革命军第二集团军第十军军长，赵升为补充团团长，继升旅长、汉中绥靖司令及十七师师长和三十八军军长。1944年春，蒋介石一纸命令，迫使赵忍痛别离了自己辛辛苦苦一手抚育起来的三十八军，而到蒋的嫡系第三集团军，当个空头总司令。两年后，蒋又以赵意欲出国考察水利为由，将这个“空头司令”的乌纱帽抹掉。正好，赵寿山趁此机会，于重重封锁之中，转道奔向了解放区。

谈话从晚饭的饭桌上轻松自如荡漾开来。毛泽东一面给赵寿山夹菜，一面笑着说：“你是一个聊斋人物哩……”赵寿山一怔，不解地望着毛。毛泽东看出赵的疑惑，不急不忙地放下筷子，解释道：“蒋介石是一个世界，我们又是一个世界，就好比阴阳两界嘛！你同贺老总还有彭老总，都是这两个世界的见证人，最有发言权。”赵寿山回味片刻，觉得比喻奇妙，道理深刻，大有暮鼓晨钟的震撼。忽然间，他想起好友杜斌丞在西安被害的往事和蒋介石与他的最后一次谈话。

杜斌丞就是太不明白蒋介石那个世界了。当初赵看出蒋对杜的痛恨，曾力劝杜离开西安，丢掉脑子里的“四架冰山”：其一，不要以为有本家杜聿明说话，就可安然无恙。事实上蒋要捕人，杜聿明连屁也不敢放；其二，不要以为与西北一些知名军人有关系，就可保平安。这些人眼下都是光杆司令，而蒋介石怕的是枪杆子；其三，不要以为有个西北民盟主委的头衔就碍着蒋的手脚，蒋只要愿意，连张澜、沈钧儒也照逮捕不误；其四，不要以为曾当过陕甘两省政府秘书长，在西北有人望，蒋会念旧而打消嫉恨。没有的事，蒋照样可以恨得浑身打战……遗憾的是，杜斌丞就是参不透这点玄机，坚持不离开西安，代买好机票也不走，气得赵寿山骂道：“你不走，那就只有等死。不过你死也要死得强硬一点，不要丢人，日后我回来给你立碑献花圈！”果然，杜在胡宗南进攻延安时人头落地。相比之下，老蒋对赵寿山要客气得多，虽说特务监视从未间断，但赵做出真得要出国考察的姿态时，蒋主动约赵吃饭，并在饭后的谈话中，把赵大大奖励一番，表示对过去未能早日提拔负有责任，待赵赴美考察回国后将有国家最重要的任务令赵承担。然而，赵寿山的脑子够用，根本没把蒋介石口头诺言当回事。说来说去，这都是赵对蒋的世界悟明白了啊！

"寿山，你说说这么多年来斗争的情况好不好？"见赵寿山出神地望着窗外，毛泽东小声提醒道。赵寿山抽回思绪，沉重地叹息一声："主席，是组织同志们救了我。寿山何德何能，这么多年能踏着两道门槛没有惹出杀身之祸！若不是党的关怀和经常的指示，别说一个寿山，十个怕也没了！"接着，赵寿山还谈到保全性命的一些其他方面原因，比方说三十八军武力的存在，特别是该军长期的历史关系，内部团结，有战斗力。当然还有赵自己置之死地而后生的决心及在社会上建立起来的良好舆论，把可能团结的人都团结起来，其中包括蒋管区一些所谓社会贤达，使他们人前人后多说好话不说坏话。这样，便有了一个较好的私人关系基础等。毛泽东的倾听亦是高质量的，不时让赵将某段话重复一遍，并插进自己的点睛妙语。谈话不知不觉间，便到了凌晨4点。

第二天晚上，毛泽东又找赵寿山谈工作问题。毛笑着对赵说："你很受欢迎，彭、贺都是争着向我要人，我都没答应啰。我要同你商量一下子，两个岗位随便你拣，你愿意在后方，就给贺当副手；愿意在前方，就给彭当副手。"赵答："请主席决定，我没有意见。"毛泽东表示对这个回答不甚满意："我的决定要实事求是嘛，最要紧的是人尽其才、人尽其用，心情舒畅。"他踱到赵寿山跟前，很虚心的样子问："你分析一下子，你在前方的作用大，还是在后方的作用大？"赵寿山不得不被毛的这番诚恳所打动，多少年来唯命是从，现在要自己当自己的家，他突然鲜明而强烈地意识到，身边的确是个完全不同的世界了，那光芒是耀眼的，他禁不住有点目眩，有点慌乱，有点手足无措。他沉吟一会儿，试着用自己的脑子认真思考了一下面前的问题，就说，要谈起作用来，我在前方可能作用比较大些。因为我是个当兵的，一切水平很低，仗打了多年总还有些经验。将来打西安，我是关中人，人地都比较熟悉，在情报方面可能要灵通一些。这下毛泽东满意了，随即说："好，我原打算让你在后方给贺当副手，现在看，你还是到前方给彭做个副司令员更为有利。"

彭德怀接到命令喜出望外，待与赵寿山见面，更是咧开了嘴。清涧攻城正在节骨眼上，本来就不拘礼俗客套的彭德怀，干脆一步到位，拉完手就谈战场情况。其时，一纵正在攻打那座笔架不像笔架、耙子不像耙子的制高点。这个控制全城的致命要点，自然而然要引起双方殊死决战。它确实是块难啃的骨头，主阵地整块灰色的岩石拔地而起，本来周围的陡崖峭壁就高悬数丈，廖昂又作了一次人工切削，就更为陡峭。担任主攻的三五八旅炮火有限，加之初始目标又没选准，一连攻击了三次都受挫，部队牺牲相当大。这可急坏彭德怀，刘戡的援军眼看就到永坪，距清涧只有一天的路程，时间再耽搁下去，势必影响攻城全局。他操起电话要贺炳炎："你赶快给我拿下'耙子山'！"贺在电话里边也是心急火燎："部队伤亡不得了啊，困难太大！”“不许讲困难！必须拿下！”说完，彭德怀摔了电话。那边的贺炳炎也摔了电话。

彭德怀压下火气，立即带上副参谋长王政柱和几名参谋、警卫人员，一头扎到三五八旅指挥所，把黄新廷和余秋里叫上，直奔前沿堑壕。黄、余二人吓得左遮右挡，生怕流弹伤着彭老总。彭德怀可不管这些，伸手推开挡在面前的人，自顾自趴在前沿工事上观察敌情。好一会儿，心中有了底，一回指挥所就重新调整部署，组织攻击火力，再打，到第二天上午，终于打下了耙子山。然而，三五八旅元气大伤，连七一六团团长储汉元都牺牲了！战后，彭德怀再次来到耙子山，感慨万端地说：“也亏了三五八旅啊，像这样坚固的工事，凭我们这个装备，若不是革命队伍，任何队伍都拿不下来！”

清涧老百姓将这座山改了名字，不叫耙子山也不叫笔架山，叫“汉元山”。一个勇士的名字与小城清涧永远共生于历史一角，而枉费心机的廖昂终难逃脱被俘的命运。这个结局是他所绝没有料想到的。当时解放军将清涧外围据点全部肃清、城西笔架山守军又蜂拥而退时，上帝本已递给他一个轻松而体面的台阶——一个被共产党军队俘虏过又重新放回的士兵，给他带去一封信。信是他的黄埔同窗张宗逊写的。张真心诚意地希望廖“认清形势、迷途知返”，廖在几秒钟里内心倒也动了一下，但这股微风立即又从树梢上抹过去了。“那怎么可以！”他冲着比较务实的参谋长刘学超和旅长张新训斥道。随后，耳边便仿佛听到刘戡的援兵千军万马掩杀过来。廖昂一遍一遍地昭告部属亦昭告自己：“再怎么说也不能放下武器！”接着命令作战参谋用报话机与延安指挥所明话联络。他一分一秒地熬着，总算得到援军先头部队接近清涧西南高地的消息，甚至连联络号音都有了，可是，望穿秋水、想断柔肠，终究只闻其声，不见其人。入夜，被管制灯火的清涧，宛若一个巨大的铁盒子渐渐沉入水底，廖昂脱下皮大衣，换上士兵服，继而将胡宗南空投的30亿元法币一张一张投入火中……

天地定数把这个11年前在山城堡就已一败涂地的廖昂，再次推到彭德怀面前。彭沉着脸，单刀直入大声责问：“廖昂，你是怎么搞的，叫你投降么子不投降？你睁开眼睛看看，城里城外死了多少人！”在这之前，廖昂见到他的另一位黄埔同学许光达时，还趾高气扬，一副不服气的样子，嘴里嘟嘟哝哝：“我不晓得这一仗是怎么输的，不晓得你们是怎么把我抓来的。你们有胆量就把我放了，我们正正规规再打一仗！”听到彭德怀这句话，立刻就像霜打的茄子。他双手不听使唤地抖起来，一边抖一边给彭递上支“薛仁贵”牌香烟。彭德怀拨开他的烟，缓了缓口气：“我听说你还很委屈，还不服输，是不是啊？哼！真是长居鲍鱼之肆，久而不闻其臭。你只知你们有几十万部队，装备精良，而我们只有几万人。可你知道吗，我们这几万人同150万陕北人民是血肉相连的。150万啊！他们个个都是战斗员，这个兵力优势只怕你们没法子比哟！陕北的哪个山头、哪条河川、哪个城镇和乡村，没有我们的民兵监视哨？你们拉一下枪栓，我们都一清二楚。你们是么子？是不义之师！是聋子是瞎子，是没有脑壳的人。所以，我们必胜，你们必败，道理就这么子简单，我们打的是人民战争……谅你也搞不懂！”

廖昂张着嘴巴，的确似懂非懂。这时，警卫员跑来报告，说炊事班优待俘虏的面条做好了。彭德怀朝廖昂看一眼，说：“廖师长要是饿了，我们就开饭！”廖不置可否地连声喏喏。彭德怀即让警卫员把面条端上来。这是一盆光面，粉粗，擀得也马虎，清汤白水，一丝油星也见不着，又没有菜。彭德怀操起勺子就往碗里打面条，而廖昂却站在一边吃惊地瞪大眼睛。他犹豫好一会儿，说：“早就听说彭总司令生活俭朴，万没想到是这么清苦，鄙人敬佩之至！”

这话刺激了彭德怀。他把碗往桌上一顿：“怎么，这样的饭还算清苦？兵连祸结，你知道陕北父老乡亲都吃么子？他们连小米、包谷面也吃不上！一年到头靠榆树叶子面、黑豆糊糊填肚子。我们跟你们不同，我们是人民的军队，人民是我们的娘老子，我们理当同他们同甘共苦。今天我彭德怀吃这碗白面条，已经是高高在上了，是特殊待遇啰！你们这些达官显贵，骑在人民头上，吃的是山珍海味，哪里管得着老百姓的死活，连个粗茶淡饭都难以下咽，这说明你们国民党腐败到了么子程度。你们注定要被人民打倒！”廖昂挑起一根面条，哆哆嗦嗦地送到嘴边，过于精细地嚼了嚼，他并未嚼出多少油盐咸淡，倒是嚼出一肚子落叶缤纷的秋风。他忽然记起了那天的日子，那是10月10日，双十节。

二、再打榆林

野战军立意再攻榆林，邓宝珊决心重守故城

秋天将近，陕北空气中略略多了些干爽。这使毛泽东愉快的心情更为清朗。午后的阳光伴着煦风，像是温柔的鞭子，一直抽打在远处。河流一天天变清，年景亦在成熟中老到起来。一切都适宜于毛泽东的思绪。他在窑洞里踱几步停一停，手上烟卷就快烧到指头了，终于踱到桌边，坐下来，笔走龙蛇。他要亲自将西北解放战争作个评价与总结。这就是10月11日中共中央军委向各军区、各野战军发出的那份关于西北战场情况和作战经验通报。

从以弱胜强、以少胜多这一解放战争最精要的战场宝典来说，西野的成就无疑带有普遍意义。毛泽东写道：西北我军在彭副总司令指挥下，包括3个地方旅在内，总共只有10个旅，每旅大者5000余人，小者3000余人，全军共计4万余人。边区人口150万，三分之一左右沦于敌占，一切县城及大部乡村均曾被敌侵占，现仍有11城在敌手。本年荒旱，近数月粮食极端困难。七个月作战未补解放区新兵，补的都是俘虏，即俘即补。七个月中没有做过1次超过两星期的正式整训，绝大部分时间都在行军作战中。然而我军战斗意志极其坚强，士气极其高涨，装备火力大大增强，人员因有俘虏补充，亦比3月开始作战时略有增加。利用边区地方广大，人民拥护，七个月内击破胡宗南中央系步骑24个旅及杂牌10个旅的攻势，被我歼灭及受歼灭性打击者达11个旅，加上敌人拖疲饿瘦，使我转入了反攻。人民虽受敌人摧残搜刮的灾难，却极大地提高了觉悟。我军虽在数量上少于敌人几倍，但在战斗力上优于敌人，尤其是在精神上压倒敌人。敌人极怕我们，我们不怕敌人。目前，我军主力准备再在内线一个短时期，即打到敌后

去。估计再有一年左右时间，即可歼灭胡部大部，并夺取西北许多地方。

毛泽东的这个估计还算比较保守。过去七个月的交战，胡宗南吃亏多在得意忘形之际。只要他的部队一张狂，大动干戈游行起来，厄运往往接踵而至。这也难怪，那时他处于攻势，心心念念要寻找共产党军队主力决战，怎么可以在屁股上加铆钉呢！现在情况大大不同了，胡的守势已成定局。清涧战役结束后，整一军向南一调再调，榆林整三十六师二十八旅（也就是徐保那个旅）也已空运西安，留守榆林的只有第二十二军及保安第五团。刘戡整二十九军分割出好几块，守备在延安、甘泉、富县等地区，都只是扛枪放哨，望着太阳过日子。这时胡宗南想得最多的还是守城问题，要是延安再一失守让共产党军队收复过去，那蒋介石同他的“政治账”就一辈子也算不清。

接到毛泽东亲手起草的这份通报，彭德怀伏在马灯下整整抠了一夜。以他的直觉，中央对西野下步行动的具体方案，肯定已有考虑。但这并不意味着西野自身可以不动脑子了。他在延清战役结束的当天，就按老习惯给各部队出了题目，要求指战员们出谋献策，同时也向中央军委讨主意。他知道，毛泽东从来不会交给他一个现成的死的方案。记得“三战三捷”那阵子，每战之后，总是在战况报告发出去几分钟内，就可收到毛的复电。沙家店战役后期，指挥所和毛泽东的窑洞之间干脆直接拉起电话线。相比较而言，蟠龙战役难度大一点，敌我悬殊，又是在没有什么重火器的装备下攻坚，彭德怀当时多少有些压力。毛泽东的复电十来个字：坚决地打，打得好是胜利，打不好也可取得经验。一下子风卷阴云，把彭德怀松了绑。所以，彭德怀说党中央毛主席英明伟大，那是实实在在肺腑之言，比谁都真诚。因而，彭德怀也就比谁都更感到责任重大。

“我们这个党，没有我彭德怀可以，没有毛主席不行啊！”这是一个信念。它毫无疑问地影响着彭德怀的军事决策。毛泽东关于外线出击“打到敌后去”的想法，在彭德怀内心来说，做梦都在盘算。试想，西北野战军面对的是大西北五省区广大到占全中国领土近三分之一的地盘呀，不要说抛头洒血用枪杆子去从敌人手中夺取，就是不打枪不放炮光是靠战士们用一双脚板来丈量，那也得需要花费多少时间！可是，西北野战军又恰恰不能像其他兄弟野战军那样潇洒，不能说走，抬起脚就走。因为它的立足点是陕北，是守巢者，它就首先要顾虑到核心首脑机关的安全。为此，彭德怀曾冒着可以预计的牺牲，从陇东北上“三边”，发动了第一次对榆林失败的进攻。他始终认为，榆林的存在，无论如何对于暂不离开陕北的党中央和中央军委机关，是个极大的威胁。

现在，彭德怀仍然没有摆脱这一沉重的忧患。整整一夜，他的大拇指就在清涧、子长、延川那个小三角周围无可奈何地跳来跳去，不知该是南下还是北上。若是图痛快，趁着胡宗南心神不定，一个箭头长驱宜川、黄龙，直逼其老巢西安，当然酣畅淋漓。可是把中央孤零零地丢在相距榆林不足百里的米脂，该会承担多大风险！彭德怀给自己结了一万个疙瘩，却找不到一个理想的解。就在这时，中央军委指示电到了。果如彭所预料，毛泽东给他出了一道选择题：一、现地寻找打刘戡，如能歼其一两个旅意义很大，但不知能寻得机会否，粮食有办法否；二、以两个纵队打榆（林）、神（木）、府（谷），一个纵队南下会合二王（王震、王世泰）开辟渭北；三、不打现地之敌，也不打榆林，全军南出洛（川）、中（黄陵）、宜（君）、同（官，即铜川）。彭德怀几乎是不假思索地选择了第二方案——再次解决邓宝珊。

在胡宗南与傅作义之间，邓宝珊的天平一向倾斜傅作义。隶属关系的因素当然是有，更重要的是个人感情大不相同。傅作义总像个老哥的样子，情深义重，顾全大局；而胡宗南则仗着后台硬，翻手云雨，说话不算数。如果光是吹吹牛倒也罢了，怕只怕他经常玩点小聪明，只顾自己风帆疾进，而把别人往绝路上推。比方说榆林防务。自沙家店战役之后，榆林便成了上不着天、下不着地的“半吊子”，增兵犹恐不及。可胡宗南偏在这个时候拉走徐保的整二十八旅，且董、刘两军又节节向南，邓宝珊孤悬一隅，一个二十二军如同小娘养的，粮秣、装备一无着落。

蒋介石的甜点心从来都不作数。当初空运徐保人马时，曾有诺在先：“榆林要塞，粮秣、装备将速予补充，然而，邓宝珊站在榆林南门外凌霄塔上望穿双眼，国防部飞机永远只在他的梦中降落。后来知道，这也是因为胡宗南从中玩了花花点子。老蒋的“浙江病”已到晚期。他的耳孔始终只开放一半、听一种声音，亲疏分明，乡党误国，沉疴致命！——这让邓宝珊这个陕西人痛心疾首。

邓宝珊的心事瞒不过中共耳目，彭德怀当然也有一本清册。趁机打榆林，扫除榆（林）、神（木）、府（谷）等北线障碍，既巩固西野后方基地，造成南下出击的有利态势，又可保障机关安全，何乐而不为？在野司作战会议上，彭德怀分析道：“榆林守军总数不超过9000人，十分孤立。目前这种情况下，胡宗南长途北上增援榆林的可能性很小，傅作义部又隔着几百里沙漠，近一点的，是宁夏马鸿逵部。可是马家军是个封建土围子，一贯保存实力，别人打，他们看。再说，‘三边’那一仗，我们也给了点教训，估计不会轻易出这个头。所以说，同志们要有信心，胜利有很大把握。”

于是，一、三、六共三个纵队和绥德分区四、六两团，立即从绥德出发，直趋榆林。一纵由下盐湾、西岔方向，北渡无定河，向三岔湾攻击前进。从10月24日到27日，三天内即把榆林外围归德堡、三岔湾等据点全部占领。与此同时，三、六纵队也发展得颇为顺利，诸如五里墩、青云寺、金刚寺、无量殿、常乐堡等这样一些知名据点，几乎没有费太大的周折，就一扫而清。甚至连邓宝珊苦心修建的飞机场，也得来全不费工夫。碰巧，遇上西安派来运送枪械的一架飞机降落，占领五里墩和西沙梁的我军两股炮火一起射击，一飞机枪弹悉数炸毁，正驾驶员被击毙，副驾驶员举起双手。就这样，榆林城轻而易举地被团团围个结实。

初战告捷，按说很有点鼓舞人心的势头，可彭德怀在听到各部报告情况后，反觉心头沉甸甸的。经验告诉他，攻击一个有准备的城市，一上手就过于顺利并不见得是什么好事，其中必有缘故！这缘故后来真相大白：其一，榆林守军对西野的攻城行动已有充分估计，并作了安排：因为兵力不足，他们规定，一旦榆林受攻，除城垣及南门外凌霄塔高地和北关紧靠城边的解宅两个据点必须坚守外，其余城外据点一律放弃；其二，榆林受攻时防守指挥大权，已分在二十二军军长左世允、八十六师师长徐之佳、总司令部参谋长俞方皋和总部高参胡景通的手上。左世允总当家，可以指挥和调度一切。而那位关键性的人物邓宝珊在榆林城外枪炮尚未打响时，便静悄悄地登机飞往北平了。这，当然是彭德怀无论如何也不能忽略的重要情节。

傅作义卖关子搬兵宁夏，左世允撑门面风声鹤唳

邓宝珊是有备而往。坐在飞机上他就痛下决心：此次若是傅作义不讲交情，对榆林坐视不管，他就决不返回！邓深知单靠榆林眼下的那点本钱，自己回去倒不如干脆坐飞机去投奔毛泽东——或许那样还要体面些。邓宝珊一路胡思乱想，到北平，一下飞机就换上将军制服，恨不能立见救命菩萨。不曾想傅竟在张家口“坐镇”，据说特意给邓留有口信，要邓前去他那里计议一切。邓宝珊虽有丝丝失落，但分毫未作表露，又行色匆匆地赶赴张家口。

谈话由头是从胡宗南开始的。傅作义拖着长腔：“西安方面如今是轻松了，钓鱼钓折了竿子，正可以隔岸观火嘛。”他觑一眼邓宝珊，想起有一段邓与胡过从甚密的往事，随口就酸溜溜地明知故问：“不管咋说，总不至于连份电报也没有吧？”这恰是邓宝珊的痛处，经此一戳，当然不好受，却又不便申辩什么，就长叹一声：“唉——人家是个啥，咱是个啥，不过，事到临头都得各扫门前雪喽！”这话带有点儿敲打的意思，但毕竟话匣子刚打开，还得悠着些，以免太冲，伤了和气。所以，邓宝珊把后一句话的声音压低，而且紧接着补上感慨：“他（指胡宗南）也是泥菩萨过河喽！”

傅作义艰难地皱紧眉头。他不过是想给邓宝珊来点跌宕，没想到邓倒当了真。于是，他换个谈话的方向，说：“以你我兄弟多年的私交，榆林

之危我也不敢坐视。就算肝脑涂地也没什么了不得，可是，你知道，察绥防线有数百公里之长啊！从什么地方能挖一块割一块呢？本来，我是想把交警队空运给你，不要小瞧了，那是正经八百清一色美式装备呀！可眼下榆林机场也没了……”你听，兄弟情义有了，侠肝义胆有了，最后的叹息中分明还包含着指责。邓宝珊听得七窍生烟，大老远叫我到张家口来，难道就是为了向我问罪吗？不想伸手也犯不着打哑谜嘛，彼此交往又不是一天两天……邓宝珊肚子里胡乱翻腾，嘴上还是把握着分寸，他决心摊牌：“那就……没有办法了？”

“难啊——”傅作义竟叫开了板。邓宝珊原是痛快人，更何况眼下榆林情势急迫，当即便不想七拐八弯兜圈子，立刻做出起身告辞的姿态。这个软钉子是他所始料不及的，只能在心里感叹世态炎凉，而把与傅的多年交情看淡一层。于是边起身边冷冷笑道：“如此，我邓某只能和榆林共存亡了！傅兄啊，倘若卑职为党国尽忠，你可不可以在每年清明节到坟头烧点纸啊？！”语虽平常，但意极凄婉，逼人的寒气之中含着扎人的锋芒。傅作义从骨子里感动出来，禁不住打个战，忙就伸手拦住邓宝珊：“不要性急嘛，宝珊，这么大的事，你我总要好好商议一下嘛！”

邓宝珊刹住脚步，不再说什么，只掏出左世允几小时前发来的告急电报，拍在傅作义面前。傅作义扫了一眼，这才切入正题，郑重地说：“我立即命十七师副师长梁潘池带一个加强团赶到扎萨旗。不用担心，我派汽车送。从包头到扎萨旗，起早贪黑一天也就够了。这个团交给你指挥。我把它的武器弹药补足一点。另外，我打算亲自到宁夏跑一趟，找马鸿逵……”一听说马鸿逵，邓宝珊连忙摇手：“不可不可，马家军那些东西，我受用不起了。”他是怕到时候请神容易送神难，遗患无穷。

“嗨，都什么时候啦！”傅作义很实际地劝道：“你管他是不是东西，能解榆林之围就可以了嘛！再说，我到宁夏去找他，又不用你去，你着什么急呀！”邓宝珊唉声叹气地说：“事到如今，也只能如此了。”傅作义朝卫兵一钩手指，两杯红葡萄酒送上来了。他端起一杯递给满脸哭丧的邓宝珊，自己举起另外一杯：“来，干一杯！”潜台词可以认为是前嫌尽释，也可以看作预祝成功。邓宝珊勉强地挤出一丝苦笑。

几小时后，援兵将到的消息就传到了榆林。第二十二军军长左世允龇牙咧嘴哈哈直乐：“还是邓司令长官有办法呀！”说句老实话，这些日子可把左世允吓惨了。尤其是七一四团占领飞机场那天，那架飞机还在滑行之中，就被几发六〇炮弹击中。当即起火，因为双方都在互相射击，救也没法救，只能站在城头上远远目睹浓烟，耳闻毕剥爆裂的声音。最糟糕的是，这件事居然是地勤人员报复飞行员而造成的。因榆林局势紧张，阔太太们纷纷设法搭飞机逃离，飞行员看准发财的机会乘势漫天要价：每人一两黄金！地勤人员眼红了，提出分赃。于是，天上、地下闹起龙虎斗。显然，假如地勤方面稍作暗示，那架运输机就不会降落。机毁人亡，丑闻也败露了，一时满城风雨，人心惶惶，直至左世允枪毙几个嫌疑分子，事情才算稍稍平息。

有了沙家店、黄龙和延清战役，西北野战军重火器装备已大不同从前。左世允一听城外枪炮声立即感受到这一点。孤城一座。援兵无望，全城军民如惊弓之鸟，邓宝珊又一去没有消息，让左世允这个当家人怎能不胆战心惊呢！情急之下，也顾不得许多，他慌慌张张下令，让驻防府谷、神木的杨仲璜团，先别管府谷和神木了，立即用强行军速度赶到榆林救急。当该团乱七八糟赶到城北40多公里的三道河子一带待机进城时，城南传来必守的凌霄塔阵地全部失守的消息。左世允东一榔头西一棒子下达几道命令，准备赴南门城垣察看详情，刚奔到东边，就听天空隐约响起飞机马达声。他没想到这就是前往宁夏搬兵的傅作义。左世允抬头望见云层中的机翼徐徐掠过，并看到飞机上撒下漫天飞舞的彩色纸片，心里别提有多么惆怅、多么懊丧！

左世允没有心情再去察看城垣，决定竭尽全力尽快把杨仲磺团搞进城，经一番联络与策划，当夜杨团顶着火力往城里硬冲。结果，饱受创伤的团主力勉强冲进城，而拖在后面的补训营大部分人员当了俘虏。紧接其后便是西野三个纵队全线总攻。担任主攻的一纵占领凌霄塔阵地后，经一夜激战，成效甚微。天亮后总结一下，还是过去那些老问题，云梯短、城墙厚，手榴弹打不上去。而且第一次榆林之战后，守军又在城墙上加设了很多暗火力点，专等攻城部队冲至百米之内突然开火。无疑，这一招给攻城部队造成的伤亡极为严重。

张宗逊、廖汉生和贺炳炎在望远镜中看着战士们一批一批倒下去，心如刀绞。贺炳炎火爆爆地骂起来了："他妈的，这打什么鸡巴仗，给敌人当活靶子啦！"廖汉生也在旁边诚恳地对张宗逊说："老张，我看是该停下来想想办法！牺牲一大，部队也有牢骚，尤其那些刚从国民党部队解放过来的战士，他们还不习惯我们这套拼法。你看到了吗？指挥员一举枪喊冲，总有一些人在后面磨磨蹭蹭，往前上的都是老兵和骨干……"

这一情况，张宗逊也是了如指掌的。但没办法，成千上万地补进俘虏兵，部队又是一个战斗接一个战斗，根本没时间静下来整一整，思想政治工作只有靠战斗间隔一言半语做一做。那些解放战士的军事技术一般还可以，绝大多数也都是穷苦人家子弟，被抓壮丁抓来的，阶级觉悟基础，应该说也扎实。然而，灯不点不亮，工作没有到位，这些兵政治素质跟老战士相比，自然要差一截子。他们都是凭着一股子热情参加解放军，许多人还存在"吃粮当兵"的思想，觉得当解放军、当国民党兵都是一样卖命，还不明白共产党的解放军与国民党军究竟有什么本质区别。这些平时摸不着、看不见的情绪，一到战场上可就是大问题了。

兵员素质不是一朝一夕可以解决的，但战略战术却可以适时作些调整。张宗逊决定，把“强攻”作为一种虚应，以掩护另一项秘密的笨办法——土工作业。他将意图贯彻下去之后，南门外一线阵地声势丝毫没减，但雷声大雨点小，部队牺牲也小多了。这种持续不衰的声势，让城里左世允产生了疑惑，难道解放军官兵都是神仙不成？不吃饭不睡觉，连口气都不需喘一下？他命令城垣守军四下察看，看看到底出了什么新情况。两天过去了，11月4日早晨，秘密终于被揭穿，守敌突然发现东南城角魁星楼附近的城南段和南城东段，以及其他一些重要地段，都有攻城的解放军在地下“吭叽吭叽”挖地道。

左世允大吃一惊。此人笃信佛教，始终认为活佛济公在保佑自己，总是念口头禅：“事到着急处，就有出奇处。”眼下，“出奇处”在哪里呢？倘使榆林城墙被炸开哪怕门洞大小的缺口，势如洪流的攻城共产党军队，是肯定挡不住的！他急火攻心，手忙脚乱给傅作义发求援电，同时下令搜集大量布袋和瓷瓮，以备装沙堵口和地声侦听之用。一时间，全城风声鹤唳，草木皆兵。第二天中午，南城高凌云团特务排一个士兵突然精神失常，在住所窑洞打起枪来，大喊“八路军挖地洞啦”！特务排长不问青红皂白，抱起挺机枪就向洞内猛扫，打得一塌糊涂……左世允咬紧牙关，就这样神鬼兮兮地支撑到11月8日，让他担忧的事终于发生了！

袁大滩再次遭遇宁马，榆林城二度出现失误

这天中午12点钟前后，侦察分队两次报告左世允：共产党军队挖掘地道的声音很微弱，且时有时无。左世允不明底细，只好含糊其辞地下令：“各城严加戒备，不得疏误！”一纸号令传出去不到10分钟，突然间东西南北四城枪炮齐鸣，攻城部队全面加紧火力攻击。剧烈的合奏一直延续到下午4点多钟，就听来自地层深处两声沉闷的巨响，“轰隆轰隆”像地震似的震颤全城。左世允面前的电话铃响，南城高凌云团报告：南城墙东段被炸得飞尘蔽天，城上守兵全被震晕倒了！

这是新四旅和独一旅坑道爆破作业完成的绝响。当天上午，他们分别挖了一条60米和一条120米的坑道，用两口棺材填进去500公斤炸药，下午封口捣紧，实施引爆，终于把城墙炸开20米宽的豁口，足以供四路纵队齐头并进攻进城内。遗憾的是，地下地上协调不是十分周密，现场没有领导干部准确掌握突破口的情况，攻城一梯队没能乘爆破瞬间一鼓作气冲进缺口。等到有条有理重新绸织冲击时，守军火力网已严严实实控制了缺口，

再往里冲根本没有可能。

这消息真像一把小刀子拉在彭德怀的心上。紧急情况下从不轻露声色的他，也禁不住对着话筒大声叫骂起来：“怎么搞的嘛！妈的，你们给我回答……”“部队正在总结教训，我们决定另挖坑道，再行爆破。”“挖挖挖，挖你个鬼哟！你知道这炸药是哪里来的吗？是晋绥、晋察冀军区的同志们从千里之外用毛驴驮来的！我们不像话，我们太辜负友邻支援了嘛！”彭德怀黑着脸扯下帽子又摔电话。这时，忽听身后一阵嘈杂，有几位老乡不知深浅把一个重伤员抬到野司指挥所来了，警卫战士着了急，大喊大叫不让他们进来。彭德怀吼道：“吵么子？”有人小声报告事情原委。他拨开人群急匆匆地走到担架跟前，蹲下去看了看伤员的伤势，起身就朝警卫员气愤地瞪着眼：“你们喊叫什么？这是野蛮行为！老乡们不知冒着多大的生命危险，才把伤员救下来，又不知翻了多少山，走了多少艰难的路程才赶到这里。你要是国民党司令部，用绳子捆他也拉不进来！”他让担架队员把担架抬到他的窑洞，自己亲手给每个老乡倒碗水，恭恭敬敬递到他们手里，说：“老乡，伤员们忘不了你们，我们也忘不了你们。你们为革命立了大功劳。”然后，派人把担架队员带到医院去。自己站在门口，目送抬担架的老乡消失在山间小径。

回到指挥所，刚在地图上趴下去，天空突然响起一片尖利的鸣啸，敌人飞机轰炸来了！接着，各部队阵地上炸翻了天，从望远镜里面看去，浓烟滚滚，火光闪闪。每个闪点都给彭德怀心头揪痛一下。他坐不是，站不是，拿望远镜的手直哆嗦。很快，伤亡报告来了……这些日子几乎天天如此，两三个小时来一次，每次轰炸不下50架次。蒋介石已下令归绥、太原、西安等空军基地轮番出击，不间断地对榆林围城部队实施狂轰滥炸。左世允怎肯放弃这样一个急打死拼的好机会！差不多每次飞机一到，城里地面炮兵就会密切响应，乒乒乓乓拼命射击，所有围城部队阵地上的泥土全部炸得稀松稀松，草木掩体更是一扫而光，战士们埋在土里，不到爆炸声稀下来绝不敢起身，战斗减员的数字让彭德怀睁不开眼睛！

怎么办？就此撤退，前功尽弃；继续攻城，伤亡又太大！就在彭德怀进退维谷之际，傅作义搬来的马家军到了。来者是宁马整编第十八师师长马敦静。他率第一六八旅、整九旅、骑兵第十旅及四个宁夏保安团，星夜兼程由“三边”以东一窝蜂直奔榆林。这使彭德怀失去权衡的余地，果断决定：留少数部队继续盯榆林，主力集结到榆林以西的袁大滩，迎战马家军。

打马家军的关键是打他的骑兵，这方面大家都是外行，陇东战役初期，二纵就曾吃过不少亏。部队在作调整时，彭德怀想起一个人，这就是三纵司令员许光达。整个西北野战军，只有许光达在苏联系统学习过步兵打骑兵这个课目，理论上有点基础。彭德怀立即把许光达叫到野司来。说：“光达，你给我摆谈摆谈，人家步兵打骑兵有么子讲究啊？”许当过抗大教育长，在战术理论上的确有一套。可是，他自己指挥打仗又从不局限理论框框。彭德怀找他之前，他已利用部队构筑工事这段时间，把三纵连以上干部会都开完了。会上，他自然介绍了苏联步兵打骑兵的理论，但他又特别跟大家强调：“千万不要死搬硬套，理论是理论，运用是运用，步兵打骑兵最关键的还是不要害怕，沉着应战，以快制快……”

这个观点引起彭德怀极大的兴趣。但他还是决定，把诸如灵活实施火力转移、射人先射马和人不离壕、逼敌人下马变劣势为优势这样一些常识性、规律性的条条，给部队传达指导一下。然而。这个工作还没来得及做，马敦静的骑兵便潮水般地涌来了。一纵过去在“三边”战役中跟马家军骑兵交过手，多少知道点路数，虽然缺乏沙漠作战经验，第一个浪头冲击，伤亡也很大，但毕竟打退了敌人的突袭，并打死打伤和俘获敌人4000余人。而三纵部队战士们光听说“骑兵骑兵”，亲眼所见还是头一回。新一套打法没有操练，能说不会用；老一套是对付步兵的，在骑兵面前不灵验。炮火准备之后，工事还没来得及恢复，骑兵就冲到面前了。所有浅表阵地形同虚设，部队没有依托。有人往堑壕里跳，可因为时间短，挖得不够深，躬起身子也埋不住脑袋，只好重新爬出来四散奔逃。正好，敌骑兵快速追杀，居高临下，左砍右劈。两条腿哪里跑得过四条腿？指战员们就在旷野上让敌人任意追杀，无处躲藏。

傍晚时分，狂风大作，黄沙打得马背上骑敌睁不开眼，解放军趁机反击，敌骑兵不敢恋战，打马西撤。激战后的袁大滩，遍地哀血涟涟，令人不忍卒睹。有的指战员忍不住流下泪……首长们心里自然也不好受，但不管怎么说，敌人最后的撤退，总还有点令人欣慰。因而野司敦促部队抓紧打扫战场，准备返回榆林，继续攻城。可是，谁也没有想到，马家军的撤退竟是一个花招。事实上，他们已经绕道赶到榆林，跟左世允守城部队欢会一处了！

彭德怀面前只剩下一条路：撤！主力迅速向南撤到响水堡、党家岔、鱼河堡、西岔一线休整，全军上下必须面对这样一个现实：第二次围攻榆林，又没完成预期作战目的。前后25天拼杀，虽歼敌6800多人，但付出的代价也极为沉重。尤其榆林城打开缺口而没有突破，教训十分深刻！说起来荒唐，因担心炸药一起爆会把肠子震断，事先战士们个个都不敢吃饱饭。炸药一响，没见谁的肠子被震断，倒是那些不敢吃饱饭的战士十之八九两腿发软、两眼冒金花，人像面条似的打不起精神；又因为怕炸药一爆脚底下会陷很深的窟窿，攻击分队兵员配置居然离突破口300米开外，而且中间还隔一条河。结果，爆破口子一出来，首先发现的是敌预备队。硝烟未散，他们便冲出口子。而这时我方攻击分队还没来得及过河。好不容易爬上河坎，敌预备队已经刀枪相迎，双方在城下展开肉搏。此间，控制缺口的有利地形均被敌方占据。同时，敌人还全力以赴用沙袋封闭口子。到第二天早晨7点，缺口便已封闭得完好如初了。

更深刻的原因，当然是部队自身素质方面。几十年后，张宗逊副司令员在回忆中谈到，二打榆林失利，除了轻敌和对马家军封建性一面估计过重之外，更重要的原因是，“经过了三个多月的内线反攻作战，西北野战军由两个纵队另两个旅扩大到五个纵队，在兵员成分上起了很大变化，俘虏成分增多，有的连队竟达80%以上，加上战斗频繁，教育时间短，部队思想极不稳定。解放战士阶级界限模糊，不知为谁打仗；在物资供应极为困难的情况下，部队有些人产生害怕艰苦的思想，违反群众纪律的现象增多，作战中不能坚决完成任务；有些干部错误地认为西北敌军强大，斗志不强，工作不负责任……”

严肃军纪彭德怀挥泪执法，深察军心余秋里感情带兵

彭德怀随着西北野战军司令部撤往赵家茆。这几天他寡言少语，胡子也顾不得刮，满脸是胡子茬儿，硬巴巴的。与围攻榆林前相比，明显消瘦了。陕北天气，说冷就冷，大风刮个不停，寒气一天比一天逼人，彭德怀身上还是那件从延安撤退时的老棉袄，袖口和肩头都磨破了，斑斑汗迹一眼就能看出来。不知是因为人瘦还是因为棉花板结，他身上的棉衣显得大了不少，上下身都有点晃荡。彭德怀并不在意，依旧踱步，依旧伏在炕桌上专心致志地工作。警卫班几位小战士却很在意这些。见彭总不大吃东西，一会儿弄个汤、一会儿熬点稀饭什么的，悄悄端上炕桌。希望他工作之余一有心情随嘴喝一口。

又是一个黎明来临，岗哨谁也没有发现彭总熄灯睡过。警卫员小张半夜起来给马灯加了点油，这会儿一看，又快干了。窑洞外面已闻禽鸟鸣叫和零星人声，窗格子上透出旭日的光芒。小张吹灭马灯，想说句劝老总休息的话，见脸色不好看，话到嘴边不敢出口。就提着仍在冒烟的马灯，蹑脚蹑手往门外走。刚走到门边，冷不丁耳边“砰”的一声巨响，吓得打个激灵，差点马灯落地。是彭德怀拍响了炕桌。彭的脸上刀削过一样，滚动着雷电，吼道：“不像话，太不像话，简直是国民党！”他从炕上跳下来吩咐：“去，把张副司令和赵副司令都叫来！”

张宗逊在河边洗漱，赵寿山在村口散步，两人都不知道究竟发生了什么事。一进门，彭德怀指着炕桌上一份文件说：“先看看再谈。”张、赵二人凑过去，见是贺龙、西北局和陕甘宁边区政府联合发来的一份电报，

通报西野部队近期行军作战过程中一些群众纪律问题。其中，有过去曾经发生的拿老乡的门板和家具当柴火烧、损坏缸啊桶啊等东西不赔偿，甚至强牵牲口、打骂群众，苛诈财物，最严重的是一个战士把房东没过门的小媳妇肚子搞大了，老乡告到边区政府，要求法办。

看完电报，张宗逊和赵寿山都表示，对违反群众纪律的现象应当严肃处理，并且借这个机会好好整肃一下部队，特别是教育解放战士问题，已到了刻不容缓的地步。但是，涉及处理具体的人和事，张宗逊试探地问彭德怀：是不是等习仲勋副政委和甘泗淇主任他们回来商议一下？习和甘一个去了河东，一个下了部队，张宗逊从部队现状考虑，心情比较复杂。彭德怀皱起眉头："伤了群众，还有么子可商量的！"停一停，慢慢踱几步，说："从土地革命到现在，群众养活我们，支持我们，恩德如同父母。没有他们，哪有我们今天？哪有么子胜利？可是我们偏偏有人不把群众纪律当作一回事！"他挺起胸脯，一言九鼎："把情况搞搞准，该枪毙就枪毙，有么法子。"说完，低头深深叹了一口气。

部队的纪律检查很快进入到实质性的阶段，各纵、各旅团都在批评教育基础上，处理了一些情节极为恶劣、影响很坏的人和事。那个出了男女问题的战士因为后果严重，决定枪毙。按规定，这个处理报告要由彭德怀签字，方可执行。整整一个上午，彭德怀把报告三番五次翻来覆去看，就是下不了笔。最后，保卫干部急了，跑过来催，彭德怀一咬牙签了个字，随之烫手似的把那报告摔到地上，跺着脚喊："这个小鬼才23岁，现在犯了杀头之罪！我们这些人是干么子的呀？"接着喟然长叹，两行热泪夺眶而出！

这件事对部队震动很大，指战员们把榆林失利当作一面镜子，一点一点对照检查，什么畏缩不前、谎报军情，个别营团指挥员责任心差，敷衍塞责等，全抖搂出来。纵队领导会议上，廖汉生火药味很浓地发言说："我们前后两次攻打榆林，都重犯同样的错误，痛失良机，贻误战事，这反映出我们领导对部队姑息迁就，遇到问题处理不严，教育不力，所以到了关键时刻战斗意志不强……"此言一出，大家七嘴八舌，有的指名道姓挑毛病，有的诚恳地作自我批评。任职时间不长的六纵司令员罗元发在人后瓮声瓮气地说："大家谈了这么多，都有道理。要我说，彭总是总指挥，他最有发言权！彭总，你说说嘛！"

"罗元发你说错啰，"彭德怀像个老大哥似的从地图上抬起身，"最有发言权的哪里是我，是战士嘛，是那些战斗在一线的战士。他们出生入死，他们流了血……"彭德怀说着说着又动了感情，沉默好一会儿，才又说："那么多的烈士，很多人名字都没有留下……错误是我们的，是我的，我们千万要记住他们啊，同志们！"彭德怀摘下帽子，默默踱个来回："我看，我们还是多到下面看看，多到连队，甚至到班排，听听战士们怎么讲。"

其实，许多人早就下去了。三五八旅政委余秋里就是这样，一头扎到七一四团五连四班，坐在土炕上，和战士们随随便便聊天。四班长梁虎是山西汾阳人，老八路，个子挺大，剃个光头，左手捧着马粪纸订起来的小本，右手握半截铅笔，随时准备记点什么。

余秋里脸上挂着和蔼的笑容，一个个问了名姓，哪里人，家中还有谁等。他发现炕角那个方头大耳的小个子战士总不说话，就问："你叫什么名字，怎么不爱讲话？""张二愣。"回话像石头一样，扑通声响。余秋里瞅着张二愣端详一眼，说："怪不得呢。"张二愣知道首长是说他的名字，便憨憨地解释："爹给起的名，小时候开口说话晚……"小伙子一句话没说完，脸就红到了耳朵根。余秋里点头："怎么样，张二愣同志，谈谈你的想法？扯什么是什么，不讲规矩。"张二愣这下可难住了，低着头，这个手搓那个手，半天没见声音。

见张二愣下不来台的样子，梁虎班长替他解围说："他呀，是咱班里的大姑娘，就怕首长叫他谈想法，胆子这么丁点……"梁班长比划着小指尖，说着朝余秋里挤挤眼睛。这是个激将法，还真管用，没想到张二愣胸脯一挺，说："谁、谁怕啦！说就说，余政委又不是别人！"他硬邦邦地开了口，身体抖抖地站起来。余秋里带头鼓开了掌，张二愣在全班的掌声中说："余政委，咱是有句话不明白，又不敢言语，今天冲你，咱说个痛快！""好啊，说吧！坐下说。"张二愣朝炕角看一眼，不坐："以前咱唱歌子是怎么唱的？'打走日本好回家！'可现在哩，日本人投降了，咱该回家过太平日子了，可又要和国民党打。打呀打呀打呀，光是榆林，咱班就牺牲了五个，这还算少哩，二班是七个，四班就剩副班长了，这仗……啥是个头哩？"

余秋里没想到张二愣要说的是这个，心里暗暗一惊。是啊，解放战争形势发展得这么快，差不多三五个月就有一个大的转折，一些同志思想准备不充分，还停留在抗战胜利那个阶段，搞不清为什么要跟国民党打……余秋里沉思起来：进行阶级教育刻不容缓啊。

见余秋里不说话，张二愣吐吐舌头："咱这思想……是不是，嗨，这也不是咱一个人的想法……"梁虎班长忙接过话头："这想法肯定有问题嘛，蒋介石是个啥玩意儿？不打能成吗！你不打他，他要打你，没见上月在鱼河堡，国民党飞机一颗炸弹就死了八十多个老乡。不把蒋介石打倒，咱抗日的胜利果实，能保得住吗？"

"我来说两句，"一个年龄稍长的老兵从外面进来，怀里抱着一杆枪，看样子是刚下哨。他一边摘着子弹袋，一边慢慢说："咱也说不好，前几天咱那口子，哦，就是孩他娘，托咱村一个乡亲给咱捎来个信，说咱家乡土改啦！斗倒了地主侯守仁，分了他家的地，好几百亩呢，都是好地！咱家也分到五亩好地，还有一头水牯牛。这几天咱就寻思着，地也有啦，牛也有啦，里里外外得有个照应，缺的就是咱这把手啊。庄稼人嘛，三亩地一头牛，老婆孩子热炕头，还图个啥呢，消消停停过日子呗……”

“看来，你是把过日子的好手啊！”余秋里饶有兴趣地望着他，“那么你倒给我说说，你来当兵是为了什么？”梁虎班长见余秋里问起这个，忙凑近耳边小声说：“首长，他是解放入伍的。”余秋里刚“哦”了一声，那老兵便抢着说：“梁班长，你不用那么点儿声，咱是抓壮丁去的。家里兄弟多，六个，三丁抽一，五丁抽二，这谁都知道。穷呗，又买不通保长，只好就来吃粮当兵。咱在那边也是个本本分分的兵，没做过亏心事。投了解放军，咱还本分当兵……吃皇粮，当丘八嘛，反正是卖命。吃毛主席的粮，就给毛主席当兵；吃蒋介石的粮，就给蒋介石卖命，活到今天就算不错了。”“你不觉得当解放军跟国民党兵不一样吗？”“是不一样，军服不同，解放军官长不打人，不糟践老百姓，像你，都当了旅长了，也跟咱当兵的和和气气。不过平心说，那边伙食好，常有肉吃，谁还嚼黑豆呀！这边饭也吃不上，老饿肚子……”

临离开五连时，余秋里去了营部，找到教导员夏伟，仔细了解全营解放战士的情况。据夏介绍，他们营除了骨干，几乎全是俘虏兵，“这些人过去受国民党欺骗宣传中毒太深，动不动就打架，还搞这个会那个会什么的，心乱得很，对我军的性质呀、宗旨呀、任务呀、纪律呀这一套，一窍不通。不说他们，就翻了天；说重了，又怕伤着他们，打仗还得靠他们哪……但这些兵本质是好的，大多是农家子弟，贫苦出身。”余秋里眼睛一亮：“对呀，我们要信任他们，启发他们的阶级觉悟嘛！”

这一点夏伟也想到了，动过一些脑筋，比方说搞国共两军的对比教育，启发解放战士控诉国民党抓兵之苦、当兵之苦，畅谈当解放军官兵平等、军民一家的切身感受，效果很好。有些兵刚解放过来，还叽叽喳喳说个没完，过不久便成了“闷罐子”。对比教育一展开，“闷罐子”又纷纷打开了。这些兵往往有思想，一开口就吓人一跳，就像余秋里遇到的那个张二愣。回到旅部，余秋里认真写了一份报告，提出以阶级教育为龙头、以巩固部队战斗意志为目的，展开思想上、组织上的一次彻底整顿。彭德怀看了报告浑身像着了火：“秋里，有么子办法没有哇？”余秋里说：“办法正在想，我看诉苦就行。”“诉苦？好嘛。我们这些指战员哪个没得一肚子苦水？！这个主意不错，从感情上入手，触及灵魂……”彭德怀兴奋地对着电话大喊大叫。

吐苦水挟仇抱恨出征，查毒瘤连血带泪宣誓

“老彭啊，听说一纵部队在搞诉苦教育，形势喜人，是不是啊？”毛泽东一见彭德怀就急切地问。显然，他早已关注这件事。彭德怀笑了笑，有一分得意，但不易察觉。毛泽东领会在心，自言自语地进行理论上的概括：“诉苦，诉什么苦呢？就是控诉地主阶级给予劳动人民的剥削之苦，控诉国民党反动军队给予士兵群众的压迫之苦。通过这种形式达到深刻的阶级教育之目的……”他深为赞许地点点头，转对彭德怀：“点子是个好点子，老彭，你又立了一大功劳！”

一听说功劳，彭德怀连连摇手：“不不不，主席，这个问题，前委起了批准作用，起带头作用的是三五八旅，又以七一四团为最突出。点子嘛，是余秋里他们想的。秋里同志很会做工作，最善于深入基层到战士们中间，解决部队建设具体问题；最善于抓典型，用典型推动工作。他手下有一批秀才，过硬得很。”彭德怀一向不喜欢夸说部属，这次似乎是个例外。

这时，周恩来和任弼时过来了。周提出可否把诉苦教育与学好《土地法大纲》和《中国人民解放军宣言》这两个文件结合起来搞。这两份文件都是毛泽东在9月、10月间的杰作。尤其是后一份，毛泽东郑重喊出了一个历史性的口号：“打倒蒋介石，解放全中国！”这和稍稍早一个月公布的中共中央另一份文件《解放战争第二年的战略方针》相映生辉。在那个文件中，毛泽东正式号召全党、全军“举行全国性的反攻”！那些日子，毛泽东每天清早都要爬到神泉堡后面那堆土坷垃上，吸着烟，看日出。远方的炮火像晨曦一样成为背景，仗越打越大，蒋介石的“全面进攻”成为泡影，“重点进攻”又严重受挫。人民解放军强渡黄河天险，千里跃进大别山，转战江淮河汉，形成对蒋军全国规模的巨大攻势。毛泽东心中“中央突破、两翼牵制、三军挺进、互为犄角”的一篇绝妙文章，就要如期封笔了。所以周恩来希望西野眼前的诉苦教育，能使战士们从根本上确立“为土地而战”的信念，从而在内心发出“打倒蒋介石，解放全中国”的呼喊。

除此之外，还有一个原因。周恩来向彭德怀透露：“主席对西北野战军很满意、很有感情，正在写文电向全军介绍你们的经验哩！”这个经验包括“以少胜多、以弱胜强，不怕伤亡，连续战斗，善于捕捉战机，在战役或战斗之间组织部队短期休整”，特别是“在粮食极端困难、物质条件极其差的情况下，不叫苦、打胜仗的精神”，如果再来一个“诉苦”、再来一个“为土地而战”，那么，毛泽东将要向全军转发的这份经验，就更加全面、更加厚实了。

经周恩来一点拨，彭德怀着了慌，忙说我们做得不好，打榆林有好多好多教训要吸取，他个人责任也很大，有点儿成绩是因为主席和党中央领导得正确。彭老总天生不会说光面话，一说光面话，周身都显得有点笨拙。毛泽东连连摆手：“老彭啊你不要说了，打榆林没有错，你的指挥也是好的，胜败乃兵家常事嘛，打仗哪能没有胜负？况且，榆林一仗未必就算‘负’，西北战场总体打得很好嘛，要不然，我们还敢站在这里说话？早就过河投奔贺龙去啰！”这席话乍一听春雨般的受用，可琢磨下去就不是那么回事了。回到野司，彭德怀不多想，咬住一股劲：把部队整出来！

其时，诉苦工作在三五八旅已经搞得有声有色了。战士们趴在炕头从算账开始，讨论地主和农民的剥削关系，引入一些基本的阶级压迫观念。阶级觉悟一启发出来，可不得了了，许多人整夜整夜睡不着觉，想苦痛，想仇恨，七一六团有个战士叫于得水，姐弟四人，父亲死得早。母亲为抵债带两个姐姐到财主家做佣人，长兄背着自己四处讨饭，结果，姐姐被地主儿子轮奸后卖到窑子里，母亲悬梁自尽。兄弟俩去讨公道，遭到一顿毒打，之后，又双双被国民党军拉夫。哥哥因为逃跑，给一顿鞭子抽死了。于得水当国民党兵，就想混个一官半职，替亲人报仇，哪里想过阶级不阶级。这一下明白过来了，深更半夜跑到村外野地里堆起一堆土，权当亲人的灵位，跪在面前大放悲声。把偷偷跟在后面的指导员哭伤了心，上去抱在一起，相诉相哭。原来，指导员的父母也是叫地主老财逼死的！两人相约第二天在全连带头诉苦，一下子把全连的火点起来了。一个叫冯福井的战士，在哭诉了地主“二阎王”为抢夺他家两亩水浇地而勾结国民党军队，活活打死他爹、打瞎他娘之后，大声质问：“同志们，是谁害得我家破人亡？是国民党。是谁救了我的命、替我报了仇？是共产党、解放军！我思前想后，悟出一条道理：只有共产党、解放军才是咱穷苦人的救星！只有抓起枪杆子，跟国民党这些吃人的家伙干到底，我们穷人才有出路！”

话到这里，口号像潮水一样呼啦一声翻卷过来，全连都举拳头喊为冯福井报仇。这正是彭德怀所需要的“同仇敌忾”。在余秋里的笔下，它是这样一个过程：“……从远及近，由浅入深；由小道理到大道理的启发诱导，使战士的认识与阶级觉悟逐步提高；从不知道阶级压迫剥削到知道阶级压迫剥削；从不知道苦到知苦，从不知仇到知仇，从报私仇到报公仇，一直觉悟到：四海穷人是一家。要彻底翻身解放，就必须消灭蒋介石反动军队，推翻国民党反动统治，解放全中国。”

从认识程式来看，这差不多就是一首宝塔诗。它作为思想形态，洋溢着特有的纯情之美。同时，它又暗含某种规定性情结：崇高的思想和美的载体，本身就应纯洁无瑕。苦，是诉出来了，可光是哭鼻子抹泪不解决问题，蒋介石不是喊一声口号就能打倒的。号了半天脉，归根结蒂还得治病，得把部队抬到手术台上给挖挖瘤子。这就是与“诉苦”相配套的“三查”：查阶级、查斗志、查工作。

当时，部队组织不纯主要是三种人，一种是敌伪军官，一种是地富分子和他们的子弟，还有一种是政治上倾向国民党的人，像国民党员、三青团员之类。三五八旅的七一四团就查出一个隐藏的国民党排长。此人姓刘，叫刘金盛，俘虏过来的，伪装成士兵，夹在队伍中混了一段时间，吃不住劲了。在国民党那边当个排长也是有点小滋味的，可以训一训班长，高兴时，还可以用皮靴在新兵屁股蛋上过过瘾。至于吃喝嫖赌方面，不告不发，只要不去侵犯连长的姨太太，谁管你呀！当了解放军可不同了，别说是个排长，就是团长也一板一眼跟士兵滚在一起。刘金盛藏不住狐狸尾巴，暗中串通几个解放战士拖枪逃跑，并且威胁说，谁不跟他走，将来就杀谁的全家。“三查”只查了其一，刘金盛就栽了跟头。

独一旅二团七连有个排长叫侯玉柱，大家讨论剥削关系时，他说：“你们说地主剥削人，那么八路军拉人当兵、打榆林要老百姓送粮送草，是不是剥削啊？”就是这个观点，怎么说也不通。问：“你这是什么阶级的语言？”什么阶级，一查，明白了。侯家土地有120亩，哥哥是土匪，父亲是恶霸，本人又游手好闲，不务正业。人就奇怪：“你为什么参加解放军呢？”“赌输了钱，还不了债。”他倒是坦白得可以。又问他到部队做过一些啥工作，啥工作？在葭县拖枪叛变过一次；在米脂强奸了一个十几岁的女娃娃；还打骂过两个老百姓，贪污了上百两大烟土……这样的人不枪毙还留着干什么！

七一六团二营四连有个解放战士叫路新理，是蟠龙战役过来的，张口就是怪话牢骚。行军爬山，他说：“钻山沟，走夜路，连土匪都不如。”发给他一顶解放帽，他嫌不好看，背着人扔在地上，还踏上一只脚。给他津贴费，他竟然把钱票撕碎了扔掉。打环县一仗，逮了不少俘虏，他跑去对人家说：“妈的，你拿的是枪，不是木头杆杆，为什么不抵抗就举手？”就这么一个人，一诉苦，哭得泪人一般。他回忆全家从山东逃荒到山西，父亲被老财逼死，弟弟卖给人家下落不明，自己又被抓丁，吃的苦比海深！感情变化了，再不说“吃谁家饭，给谁家干”了，知道“这支枪是给自己扛的”了，整个人变了模样。

听着这些事，彭德怀没法坐得住。他拉着甘泗淇：“走，我们到三五八旅去，感受一下嘛！”这一“感受”就把持不住了，那些“字字血、声声泪”的场面，那些按着血印的请战书，特别是像于得水那样一些解放战士，醒悟过来以后的哭诉和自责，真叫人揪心地痛！弄得一向以性子硬而闻名的彭老总一次一次忍不住泪水。他自己小时候也要过饭、挨过皮鞭，吃糠咽菜的罪没比人少受过。推己及人，这种感情就要真切的多。

“苦！真苦！”他扭头对余秋里说：“翻身农民参军的子弟过去受地主老财的剥削压迫，只受一重苦；俘虏过来的解放战士，绝大多数是贫雇农，他们在家受地主老财剥削压迫，在国民党军队又受官长压榨打骂，他们受的是双重苦，是我们的阶级兄弟！”余秋里极赞同彭总的分析，忽然大胆地提出一个设想：“经过三查，能不能从解放战士中选一批骨干？”“怎么不可以！”彭德怀一拍大腿，“可以发扬民主推荐干部嘛，确实表现好的，可以当排长、连长，当营长也可以嘛！”

一回到野司，这件事就立即着手办。彭德怀决定大张旗鼓地在整个西北野战军推广“诉苦三查”。“什么叫政治工作，这个新的形式就很好，彻底的群众路线，充分的发扬民主，引导群众从感性认识提高到理性认识，从根本上提高指战员们的思想觉悟……”这天晚上，彭德怀同甘泗淇彻夜难眠，越谈越觉得是个事儿。“干脆，给军委报告一下吧？”甘泗淇提议。彭德怀说很好，我来给毛主席打电话。都深夜12点多了，彭老总摇通了毛泽东的电话：“主席，我要给你送一个礼……”

三、宜川、瓦子街大捷

夕阳西沉蒋介石走麦城，雄师南出毛泽东点宜川

1948年1月的米脂杨家沟，把陕北老百姓吸引住了。都知道那里要开个很重要的会议，搞不好毛主席就在那里。小道消息传得活灵活现，说开完会西北野战军就要打延安了，到时候各县都要派代表参加收复延安入城式，和毛主席握手，还得派秧歌队、腰鼓队什么的。四十里铺有个老羊倌甚至到处吹牛，说这是彭德怀亲口对他讲的。大多数将信将疑的人，事后得出结论：无风不起浪，老百姓传闻永远有道理。因为会议真的开了——就是历史上颇为知名的那次西北野战军前委扩大会。说它知名，是因为包括毛泽东在内的党中央领导人都到了会。这份殊荣并不是所有解放军旅团干部都有机会拥有。而毛泽东直接参加一个野战军前委扩大会，这也是个例外，并且是个令人愉快的例外——彭德怀果然没有食言，给他带来一份像样的礼物："诉苦三查"经验。

毛泽东和周恩来以压倒一切的热情，听取一纵关于"诉苦三查"的汇报。彭德怀把准备参加汇报的廖汉生、余秋里和颜金生三人叫到一起叮嘱道："不光是代表一纵啊，是代表整个野战军，你们三人好好分一下工，不要啰唆，条理要清楚，例子要实在，一是一、二是二，不许掺水，原原本本讲就是了。"这也正是毛和周所期望的。两人从头听到尾，中间上趟厕所还吩咐"等一下"。说到紧要处，毛泽东必加入一两句点睛之语，或引经据典，或村言俚语，都出思想。这不但使廖、余、颜三人脸上始终泛着红光，也使整个汇报显得轻松有趣。

当初听彭德怀第一次提起诉苦三查这件事时，毛泽东就特别感兴趣。彭德怀是赤裸裸地关心部队的战斗力，毛泽东则不然，他还有更多的考虑。他

有一个强劲的“胃”，总能恰到好处地把第一手材料消化出来，从群众首创中发掘、提炼那些富有理论价值的东西。但是，他输出的又从不是理论，他从不说干巴巴的理论，而永远都是活生生的现实，有温度、有生命。

毛泽东听完一板一正的书面汇报，觉得不过瘾，又把余秋里单个找去，详细询问三五八旅搞“诉苦三查”的情况，甚至要看原始的东西，比方说战士们在马粪纸上记的笔记啦，按着一班人一排人一连人血印的请战书啦，等等。他说，我们从中央苏区起，就想找到一个教育俘虏兵的好形式，一直没有如愿，这次“诉苦三查”的办法把这个问题解决了。周恩来干脆给它个定位，说：“‘诉苦三查’是壮大军队的法宝！”对此，彭德怀迟迟没表态。他想，是不是“法宝”尚待检验。部队离开了战场，吹什么牛都是空的。

1947年至1948年这一个冬春，人民解放军刘（伯承）、邓（小平）；陈（毅）、粟（裕）和陈（赓）、谢（富治）三路大军摆开品字形的阵势挺进中原，已为全中国人民所瞩目。仅仅4个多月的作战，到1947年底便歼敌近20万，解放县城近百座，南线蒋军160个旅的90个旅已被吸引到中原。与此同时，许世友、谭震林指挥的华东野战军“东线兵团”4个纵队和彭德怀的西北野战军，分别在山东和陕西这两翼大展拳脚，而晋察冀、东北等战场其他各路人马，也有出色表现，可与沙家店、延清和黄龙战役媲美的大小战役，不在少数。像清风店、石家庄、运城战役等，都堪称此间杰作。

蒋介石实在沉不住气了！军事一摊子已经抓不上手，而军事之外的那些“方略”又一个个面目全非。从撕毁政协决议和停战协定开始，打延安，开“国大”，驱逐中共和谈代表，镇压民主运动，直到签订《中美友好通商航海条约》《中美空中运输协定》等丧权辱国的条约……他是一步一步陷入手忙脚乱之中。而今，人心丧尽，政治上完全陷入孤立的境地。随之而来的是经济危机。卖国内战政策必然导致蒋管区通货膨胀、物价飞涨，民族工商业不断破产，工农业生产更是滑坡滑得不可收拾。老百姓肚子搞不饱，水深火热，没有日子过了！全国各地学生、教员和工人争着起来，以反饥饿、反内战、反迫害和反对美国干涉中国内政为口号，举行罢课、罢教、罢工，声势一浪高过一浪，遍及60多个大中城市，并正向广大农村蔓延。一个包括工人、农民、城市小资产阶级、民族资产阶级、开明绅士、其他爱国人士、少数民族和海外华侨在内的民族统一战线，潮水似的滚滚而来。四海翻腾，声音只有一个：打倒蒋介石！

所有这一切，在陕北那个黄土沟里颠沛流离的毛泽东，都看得明明白白。他说：“和全国为敌的蒋介石政府，现在已经发现自己处在全民的包围中。无论是在军事战线上，或者是在政治战线上，蒋介石政府都打了败仗，都已被它所宣布为敌人的力量所包围，并且想不出逃脱的方法！”这话说得真惬意，如沐春风。的确，好心情和坏心情一样，该来的时候是挥之不去的。可以想象，在1948年开春后的某一个日子，毛泽东从容地喝下一碗小米粥，点起一支烟，哼着湖南花鼓小调踱到地图跟前的那个滋味。他甚至看地图连放大镜都不用了。本来就不老，这一来益发显得年轻。

西北野战军南下打宜川，就是这么决定下来的。已有十多天了，毛泽东在主持召开一个全国性的会，各主要战场负责人都在这里，大家谈土改纠偏、谈军事形势，最热烈的话题，还是推翻国民党政府。毛泽东兴致勃勃地提出五年为期，大家就围绕这个“五年”的设想尽情抒发起来。热闹了好一阵子，毛泽东说：“恩来呀，春天喽，老彭也该南下喽！”周恩来一点就通：“主席的意思是……”他不想简单重复，略加沉吟，说：“很对，部队‘诉苦三查’之后，大练兵也搞了一段时间，可以出击了！”毛泽东就提出打宜川的设想。他认为胡宗南当初进攻延安就是从这里出发的，如今一岁枯荣，就该让胡画一个圆。他对一切都那么不假思索。胸有成竹的话语中，随时都能弄出点儿幽默，让人伸手就能摸到肉摸到骨头。

三天之后，彭德怀拿着野司研究出来的春季攻势战役方向意见来找周恩来。开口就说：“主席的决定完全正确！”他还是老习惯，一激动就使劲敲打手中那堆图表：“完全是深思熟虑过嘛，跟下面的意见非常一致。”说话间毛泽东过来了，他刚散了会儿步，脸色焕发着热情：“恩来呀，老彭来了正好，把弼时叫过来，大家定一定。”待周恩来应声而去，他才笑着走到彭德怀跟前，从兜里摸出大半包烟，递上去：“来，再来一个歼灭战！”接着，就如数家珍似的谈起敌情：“……整个西北战场，蒋军有29个整编旅，33万多人吧。但战斗力嘛，就得打折扣啰。胡宗南这个‘绥靖’公署的主任不好当哩。蒋介石三天两头出他的血，光是组建一个裴昌会兵团，就干掉他整编第一师、第三十师、第三十六师和第六十五师，4个师啊，胡宗南嘴上不说，心里痛着呢！”

彭德怀兴奋地接上话茬：“现在，裴昌会兵团已经东出潼关和陕东南，意图很明确，是要配合刘峙打通陇海和平汉线，增援中原战场。”见毛泽东连连点头，彭德怀的话更有板眼了：“这么一来，胡宗南集团九个整编师二十八个旅，留在陕甘宁周围的也就剩下17个旅，主席你看，战机明摆着嘛！”毛泽东入神地想了想，果断掐灭烟头：“你的判断正确。目前，陕甘宁地区的胡军主力部队，就是刘戡了！”他略加沉吟，“此人生性多疑，历次战役来看，有点头脑，非等闲之辈，小看不得哟！”

这时，周恩来和任弼时都过来了。彭德怀习惯地走到地图跟前，用根树枝当指挥棒，比比划划地介绍敌人兵力部署：“……刘戡的整编二十九军军部和第二十七师、第九十师集结在洛川、黄陵地区为机动兵力，用以北援延安、东援宜川，或是阻止我军南下；整七十六师第二十四旅的七十二团和陕西保安第六团驻守韩城和禹门口，以阻止黄河以东我军西进；整七十六师第二十四旅（欠七十二团）驻守宜川；何文鼎率整个七师的十二旅、四十八旅和陕西保安第十一团驻守延安，维护延安到 县（今富县）的公路交通线。其余部队则驻守在铜川、三源等地。青海的马步芳整八十二师驻庆阳、合水、西峰镇；宁夏的马鸿逵整八十一师另两个旅，驻守安边以西地区；榆林的邓宝珊仍旧在我地方兵团围困之中……”

说完了敌情，彭德怀便找个炕头坐下来，照例让毛、周和任先拿意见，自己的想法稍后再说。早就胸有成竹的毛泽东，当仁不让地起身。他笑盈盈地转问彭德怀：“谈谈你们野司的想法如何？南下打宜川是不是更有利呀？”可不是“更有利”嘛！彭德怀见绣球丢到自己面前，也就毫不客气地把野司议过的方案和盘托出。然后，他说：“眼下最严重的问题是粮食。再攻榆林吧，那里没吃的，实在没有吸引力。指战员们肚子饿得瘪瘪的，怎么打仗？加上气候严寒，对攻坚也不利……”周恩来插话：“邓宝珊已经派代表过来了，想跟我们和谈。”毛泽东说：“这个人政治上还是有点倾向的，能和则好。”

“那么，西进陇东吧？也不合适！”彭德怀接着分析，“陇东那地方更没有粮食。况且，我们去跟二马打，胡宗南肯定要趁机集中兵力东援中原，对大局不利。这种不能顾全大局的仗，就是有点便宜，我们也不能打。”彭说到这里，叹了口气，显出点无奈，“要搞饱肚子，唯一的出路就是南出关中。关中人力、物力都很充足，起码可以就地取粮。另外，从战略上讲，我们一破关中，西安就受威胁，裴昌会怎么说他也得回援一下子。这样，我们也实现了策应中原三路大军的目标……”

任弼时听出了门道，转头同周恩来交换着兴奋的眼神：“好！好！一举多得，何乐而不为嘛！”周恩来说：“主席提出先打宜川的决策，我看非常正确。目前来看，胡宗南在延安、洛川、宜川等几个据点所投的兵力，宜川是最薄弱的，只有两个团嘛！我们围攻宜川，敌军肯定来援。现在是初春，天寒地冻，援军在运动中不易构筑工事，这对我们歼敌就太有利了。再说，我军背靠陕甘宁地区，部队行动掩护起来也不困难，贺龙总后方供应方面也是有保证的嘛。”毛泽东插话：“二纵和四纵到河东去养了些日子，马上就可参战！”

说来说去，还是“围点打援”，运动中歼敌——彭德怀的老手段。每次战役之前总会有这样一个不谋而合的过程。此后，就看彭德怀的功夫了。他是极看重敌情侦察的，不把战区兵要地志和敌军部署搞个一清如水，他绝不会轻动一兵一卒。潜入黄龙地区的化装侦察人员一批一批派出去了，各纵及各旅的副职或参谋长，也都带上得力的侦察部队深入到金盆湾、临真镇一带勘察地形和查明敌后部署情况，而他自己则忙着找纵队主要指挥员摆龙门阵。再轻的脚步走动起来也会有动静。这么大的声势，毫无疑问要惊动西安的胡宗南。

关中山城险人心更险，陕北土塬厚情义更厚

午后小憩被电话吵醒最令胡宗南头痛。一问，是宜川守军整二十四旅旅长张汉初，有火也只好压一压，但言语之间多少带出点儿小情绪："哎呀，战场上发现几个共产党军队嫌疑有什么大不了的嘛，不要'杞人忧天'，动不动就惊慌失措……"这可委屈了张汉初。他也不是故意来撞这个没趣。最初，按程序把电话打到绥署司令部，可参谋长盛文找不着人。勤务兵费了九牛二虎之力，总算打听到下落，却无端扯出一个什么红粉歌女来，说盛文吩咐过，谁也不许惊扰他，违者枪毙！勤务兵提起这个连舌头都不利索了，圣命难违，把张汉初气得……手中话筒摔两半，这才斗胆惊醒胡长官："胡先生，宜川可是关中门户啊，总裁……"张汉初忍不住软中带硬。

提到蒋介石，胡宗南不得不略显振作（尽管这句话让他听起来不那么舒服）。他抻了抻睡衣，皱紧眉头："是啊，宜川防务是总裁亲自过问的，无论工事掩体还是武器装备，都是一流的，你怕什么？人家榆林邓宝珊那几条破枪都守住了嘛！陕北共产党军队充其量不过几万人马，眼下王震部队还在河东，其他部队打榆林又伤了元气，起码短期内他们是不敢动我一根毫毛的！万一……他们要是不知好歹，我二十九军摆在那里是吃素的？"胡宗南的心情也随着自己的这番话开朗起来。他被电话线牵着，绕话机转了一圈："现在最重要的是，要相信宜川的防卫能力，共产党军队那点家伙我清楚，多半都是从战场上捡来的废铜烂铁，连榆林他们都攻不动，还想攻宜川？笑话！"

话题转到防御工事方面，张汉初心中也确乎有了一丝安慰。早在阎锡山手里，宜川城四周就已构筑了密如蛛网的永久性、半永久性工事。胡宗南接防之后，又经老蒋的秘密点化，专门请国内外军事专家，热热闹闹勘察了一阵，再拉起几千民工，花五个多月时间，狠狠"加强"了一下。宜川是座山城，四周山势险峻，重重叠叠悬崖绝壁，攀登起来本来就已极其困难。再经这么一经营，更有一夫当关、万夫莫开之势。

然而，国民党大势已去，军无斗志，张汉初手下那两个团长，跟张貌合神离，关系极其微妙，这使得张汉初心中总是涌出无尽的忧虑。行伍多年，他当然懂得打仗光靠工事是不行的。张汉初思前想后，把电话重又接到整二十九军军长刘戡那里。他不知道自己究竟想要跟人家说些什么，只觉得有种压迫，让人喘不过气，非得找个人说说不可。

这种心态正是彭德怀所料到的。在吕家沟召开旅以上干部会的头天晚

上，彭将三纵司令员许光达找来了：“许光达，我想把围宜的任务交给你。你这一拳头下去要有轻重啊，外紧内松，不要让张汉初感觉到他是个诱饵。”他想了想又说：“我估计，我们已经惊动他了，张汉初现在是屁股上浇油，坐不住呢！”彭总的话让许光达想起一件事。那是前一天的傍晚时分，彭德怀带着副参谋长王政柱和几位作战参谋、警卫人员一道到宜川外围看地形，因为靠城太近，大概被敌人的炮镜发现了，乒乓几发炮弹，近的就落在离老总十几米远的地方，差点出事。吓得许光达赶忙打电话问情况，并要求注意彭总的安全，不能让他往靠近敌人的地方跑，万一有个三长两短不得了。听说彭老总知道了还哈哈大笑着说：“这个许光达，就爱管闲事，我到前边看一看，有么子好担心的！”想到这里，许光达不禁也笑了：“你嫌我爱管闲事，你比我管得还宽咧！”彭德怀一愣，随即醒悟过来，两人一起开怀大笑。

笑过之后，彭德怀正色：“有人说，宜川工事坚固，位置又很重要，张汉初怕是不见棺材不流泪，你看呢？”对这个问题，许光达倒是认真想过，所以，张口就答：“我以为有两点值得注意：其一，宜川工事是老蒋的大作，守住了，那是钢筋水泥固若金汤；守不住，他张汉初就是十足的饭桶。以现实情况看，宜川工事虽硬，可毕竟孤悬一隅。其二，张汉初是不得已才当这个旅长的。二十四旅早在清涧就被我们打掉了嘛，哪里又蹦出一个二十四旅？现在这个番号是胡宗南强套在赵仁和蔡仲芳这两个团长头上的，而赵、蔡二人与张汉初私人关系，根本谈不上嘛……”

彭德怀眉宇间露出一丝不易察觉的满意，随之又急问：“胡军内部派系争斗闹得很厉害，这样看来，张汉初没有根底，一旦告急，哪个会站出来呢？”许光达知道老总是在考自己。沙家店战役之后，他们之间这样的对话是经常的，许在理论上有一套，这一点，过去林彪也都默认。但在彭德怀面前，许光达始终保持着学生的姿态，回答问题必得深思熟虑。当即他想了想，果断地说：“有一个人肯定要站出来，他就是刘戡。刘戡在洛川和黄陵的两个整编师近在咫尺，不可能装聋作哑。此人也是老黄埔，一期的，‘英雄’劲儿还有一点，陕北这几仗，他沾手就败，丢尽面子，这次不把它捞回来更待何时？”

如何在运动中彻底解决刘戡，成为第二天旅以上干部会议的兴奋点。经讨论，大家认为，刘部要增援宜川，只有三条路可走：一条是沿着洛川至宜川公路，差不多由西向东，快到宜川时，须经过一个叫瓦子街的小镇；另一条由黄龙到宜川，自南而北，半道上经过圪台镇；还有一条就是从洛川北边的金狮庙梁到宜川。三条路三个地形，打法各不相同。所以，彭德怀的打援方案也准备了三个。

以胡宗南心高气傲的秉性来说，最有可能指令刘戡取道洛、宜公路，必经瓦子街。彭德怀展开厚厚的大巴掌，在图上瓦子街上空使劲压下去，说："在瓦子街歼敌，这就是我们的第一方案！"它实际上又是一只口袋，口朝洛川、底对宜川。彭德怀命三、六纵队以一部兵力做口袋底，在正面抗击，不使增援之敌与宜川守敌会合；一纵从左侧后突然攻击，负责扎"口袋"口，断敌退路。黄河东岸的二纵迅速渡河，由南而北，从敌人屁股后边攻击袋口左翼，正好与一纵攻击方向相对应。这样，一、二纵队就像一把剪刀的两个刃面，往起一绞，便把刘戡的生路绞去了。这个称作"合围合歼"的打援方案如同火一般在旅以上干部们心头燃烧起来，大家七嘴八舌议论纷纷。彭德怀举起一个拳头，喊："就这么打，有一个师吃他一个师，有两个师吃两个，来多少收多少，一个不留！结束战斗后，枪口一转，再把宜川搞掉，就算完事！"他的拳头分别在地图的两个点上落下去，先砸瓦子街，又砸宜川，好像那是两个粉笔字，一抹就可以抹掉似的。

部队出征的日子定了。这次出征不比往常，陕甘宁大后方翻身解放的农民，刚搞过土改，支前热情高得不得了。真是忙坏了贺老总！中央军委考虑到西北野战军外线作战，决定把陕甘宁晋绥联防军区，干脆改为西北军区，贺龙仍当他的司令员，习仲勋任政委。这就是说，在整个大西北，彭德怀打到哪里，贺龙就得保障到哪里，而且打出一块地盘就得巩固住一块地盘，这才叫名副其实的"解放"。

"乡亲们——"在晋西北一个乡村土台子上，贺龙照例捧着烟斗，打着高高的绑腿，威风凛凛挺立在台前说话。他告诉那些扎着白羊肚手巾、穿着粗布棉袄的晋西北农民，国民党蒋介石就要完蛋了！"眼下土地改革，我们分到了土地，翻身解放过好日子喽，可是，全国还有许多地方仍在蒋介石统治之下，老百姓吃不饱、穿不暖。西北野战军这次南下作战，就是要解放那里的乡亲，让他们同我们一样，过好日子！"说着话，他又要出发赶往河西绥德军分区该分区四、六两团要北上榆林以北，对那里的守敌发起进攻，以切断榆（林）、包（头）之间的交通，整体上牵制敌人，保障边区北翼安全。这是两个团头一次单独作战，分区司令员张达志希望贺老总能去讲个话。

其时，贺龙刚从晋南给王震整肃部队回来，习仲勋说："老总啊，你别搞垮了身体呀！"贺龙笑眯眯地说："垮了身体没啥子，部队千万垮不得。"他是有感而发。二纵东渡黄河，同晋冀鲁豫军区八纵及三纵独三旅一道，在1947年底把晋南重镇运城打下来了，歼敌13000多人，战绩可嘉，纪律上却出了偏差，见什么没收什么，连学校的钢琴都没收了。周恩来听到这件事很生气，在西北局高干会议上板起脸批评了一通。贺龙心里不好受，二纵是他的老部队呀，出这种事！他跟彭德怀打个招呼，就赶去山西新绛。见了王震，说："你们客观上是帮助敌人啊！没有群众，我们还有啥子胜利哟！三五年内怎么消灭蒋介石嘛，想一想吧同志！纵队党委要作自我批评，检查错误，接受教训，把这件事当作大事好好抓一抓。搞个铺，我住下来，和你一起抓……”这一抓抓得王震终生难忘，解放后还常常提起这件事，说对二纵队此后的建设“作用很大”。

外线战场一开辟，稍稍像样点的主力部队都杀出去了，大后方一片空虚。尤其是晋绥，又要对付傅作义，又要对付阎锡山，九九归一，还得打仗，不打仗一事无成。贺龙同李井泉商量，让副司令员周士第挑担子。1947年12月晋绥分局联合召开对敌斗争会，一检查竟查出一个“左倾”错误：土改当中个别地方政策掌握得不好，一概而论把地主吊起来批斗，惹得毛泽东大发脾气。对国民党俘虏尚且发足路费走留自便，怎么就容不得一个土地主？毛泽东下令把任弼时“加强”进来做工作，才算把风气扭转了。这件事让贺龙有点儿尴尬，好在绥德分区的两个团北上之后干得很漂亮，1948年4月中旬，在内蒙古伊克昭盟准格尔旗接连打了两次胜仗，一次歼灭伪蒙警备师1000余人，俘敌少将师长；一次全歼敌八十六师二五六团1000余人。仗打得好，战场纪律、群众纪律也响当当的。贺龙略感欣慰的同时，也生出许多感慨。绥德分区这两个团一度也不怎么样，把张达志调去当了司令员，才出现新气象。所以，说一千道一万，还是要干部过硬。张达志，行。

张达志原是绥蒙军区副政委，几个月前冬季即将来临时，前方部队要南下作战，急需越冬的被服、装具和经费，彭德怀早一个电报晚一个电报，催得贺龙像热锅上的蚂蚁，同林伯渠、习仲勋商量来商量去，只有做点生意，贩土特产。贺龙想起张达志。命令一到，张达志带两个骑兵团呼呼啦啦赶来了。贺龙交代任务，说：“你带两个团，一个到关中，一个到晋南，我给你两部电台，任命你为陕甘宁晋绥游击司令。你每天同我直接联系，详细报告一切。换到的东西和钱，路上不管碰到西北野战军哪支部队，他们要钱给钱、要东西给东西，只要打个条子就行了。记住，你的任务不是打仗，一定要保证钱和物资万无一失！”结果，任务完成得非常出色。

贺龙一面给张达志签发表扬电，一面就想着这支部队的后路。他全力经营地方兵团，不光是为大后方自卫问题，大目标还是给野战军输送兵员。部队隔段时间就要紧缩机关充实连队，一步一步正规。在老区，贺龙要动员失散的兵员归队；在新区，则大力发动群众参军，组织游击队。贺龙地方兵团就是这样一点一滴拉扯起来的。几仗一打，部队翅膀硬了，就升级到野战兵团。光是1947年一年，就有五万人这样加入到地方部队，有三万人升级到了野战军。难怪彭德怀说，西北野战军建设自始至终凝聚着贺老总的心血。没有贺老总，就没有西北野战军的胜利。贺老总跟西北野战军指战员们感情最深。

情况确实如此。筹粮筹款，贺龙在老乡们面前提起前方指战员就动感情："我们部队苦啊，行军打仗，连顿饱饭都吃不上，天天饿着肚皮跟国民党干。大家都看到了，天冷啰，北风一刮，又要下雪啰，战士们身上还没得一件像样的棉衣……"寒冬腊月，解放区村村寨寨都在唱那支歌："好儿郎，上战场，打垮老蒋过新年。"贺龙也跟着一块儿唱。歌声里，陕甘宁和晋绥老百姓都从千里之外把粮食、药品、被服往西野部队送。边区政府副主席兼野战军后勤司令刘景范熬红眼睛，把成千上万的支前群众编了队伍，什么担架队呀、运输队呀，男女老少抬着门板、推着小车，跟随野战军正规部队，浩浩荡荡往南方开。老人们碰面就说："娃娃跟大部队走咧，打宜川去咧！"那神情既庄重又自得。到抗美援朝时，彭德怀在大同江边回忆起这一段，还感叹不已："么子叫人民战争？这就叫人民战争……"

一纵队雪中嚼原粮，许光达马上饮烈酒

连续一个礼拜，宜川城里显得格外安静。安静到一进入夜晚，老百姓就睡不着觉。张汉初的生物钟也被彻底打乱了，晚饭一吃就特别兴奋，必须一直不停地折腾，查查这个哨位，看看那个碉堡，不到凌晨五六点钟，他是绝对没有睡意的。

就工事而言，宜川城防的确值得吹嘘。能利用的地形条件，通通利用上了。最倚重的是外七郎山和凤翅山，为城防工事的核心。外七郎山位居城西，与城内的内七郎山紧密相连，内七郎山是城内制高点，地势极为险要。一旦打起来，城外所有据点都失守，而只要守住这个点，即使城破，对方也无法在城里立足。内七郎山的工事极隐蔽，周围又都是绝壁，仅有一条单人小路可上。如果把这条路一堵塞，天大本领也攻不上去。张汉初对手下那两个不怎么和谐的团长说："你们两个，一个人一座山，只要把外七郎山和凤翅山给我弄住了，大炮把我耳朵震出血来，我也能打呼噜睡觉！"

可是，万一守不住这两座山，要突围呢？张汉初没有认真想过。当初董钊向他传达胡宗南的命令，让他前往宜川上任时，他跟二十七师师长王应尊私下透露过一百二十个不愿意。那仅仅是因为自己与赵、蔡二位团长关系不深，担心日后指挥上掣肘。再说，宜川是兵家必争之地，越是"固若金汤"，危险性越大。至于突围……张汉初耳边不停地响起那些耳熟能详的话："不成功，便成仁！与共产党军队只有鱼死网破，誓死报效党国……"这是那天刘戡在电话里给他胡乱灌下去的迷魂汤。当真要将尸首埋进宜川城的瓦砾之中吗？张汉初疑虑重重地想。越想越感到宜川的城防

工事存在着重大缺陷，那就是于突围相当不利！

那么，只有破釜沉舟。张汉初痛下决心之后，粮食、弹药、电台及防守兵力，一连串问题纷纷像臭虫一样滚了出来。尤其是民心向背。城内百姓对强征强收早已怨声载道，而城南那个专门接纳被俘官兵的收容所，又不断美化解放军宽待俘虏的政策，仿佛是一发重型炮弹——这些，身为团长的赵仁和蔡仲芳却视而不见。寂寞难耐中苦熬时日的张汉初，盼星星、盼月亮，好不容易盼到2月中旬，终于接到胡宗南的一纸通报：共产党军队主力由延川南下，经延长，在临真镇一带集结，意图不明。同时，王震纵队由禹门口渡河，似有向西北方向进攻的迹象。通报并告，刘戡业已披挂上阵，整二十九军军部和两个师四个旅约3万人马，亦在洛川附近集结。

张汉初当然不会知道，此时西北野战军的第一、四两个纵队，早已奉命开到洛、宜公路两侧某个大山深处，在那里神鬼莫测地埋伏下来了！几天里，老天爷始终黑着脸，一场大雪就要倒下来，黄龙山区的寒风比刀子还要锋利。因为要隐蔽，丝毫不得暴露战役意图，彭德怀指示部队只能在人烟稀少的荒山野岭露营。战士们牙花打牙花地把身体挤在一起，借着衰草和枯落的树叶避避风寒；但不管怎样，彻骨的寒冷依然躲不开。谁的身上都像冰水浇透了似的，没有一丝热气。

荒无人烟，当然生不得火，也绝不允许生火，带在身上的粮食，是刚刚筹备过来的原粮，自然谈不到加工，不管多么粗糙，都只能原样往嘴里塞。无论是生山药蛋还是生玉米碴子，就着小水壶的凉水，怎么也咽不下去。可是，指战员们没有一个人说不能吃、不能咽的，全都红着鼻子笑呵呵地吃着、咽着。战斗动员实际上在出发前就搞过，但为了把作战计划研磨得更细一点，各营、连还在那里一遍一遍开“诸葛亮会”。战士们就是靠“消灭整二十九军，活捉刘戡”这两句口号，支撑了三天三夜喝西北风、咽苞米碴子的日子。它比任何一次激烈搏斗都更加刻骨铭心，以至于亲历过的老战士们在几十年后也难以忘怀。他们说，我们解放军那么破破烂烂一点家当，凭什么打败武装到牙齿的国民党军队？去看看黄龙山区打埋伏那三天三夜就明白了。

当然，还有一个重要原因，那就是部队刚搞过“诉苦三查”，谁心里都燃烧着一团火。没出征前那段时间，大练兵就很热乎了一阵。每天起床号还没吹，训练场便人喊马叫。有生病的哪敢说呀，想方设法瞒着班长、排长，生怕受照顾留下来压铺草。晚上，熄灯号吹了多一会儿，宿舍也安静不下来。营、团一开会，连队干部们就发“牢骚”，说以前从屋里往操场上赶人，现在反过来了，要从操场往屋里拉；以前是下命令练兵，现在是下命令休息。有的战士，拉都拉不下来，下命令也不管用。

一纵三五八旅大练兵有传统。1943年他们驻防陕甘宁边区时，就创造了“官教兵、兵教官、兵教兵”的练兵经验。这次“诉苦三查”，又是他们带头搞起来的。接着就有了“带着阶级仇恨练”的新口号。这个口号可提精神啊，部队往操场一拉，情绪嗷嗷叫。野司作了规定，基层指战员着重训练进攻作战技术、战术，纵队和旅团干部着重研读毛泽东著作中关于：十大军事原则。训练时间虽说不长，但部队军政素质见长，每天考核，各项指数标尺直往上蹿。

就在这时，攻打宜川的任务下来了。思想动员才开头，血书就雪片一样往上送。七一四团二营六连请战书上面，还一条一款写着：全连有多少指战员亲人被逼死，多少人被捆打，多少人被抓了壮丁，多少人坐过国民党牢房等。这个团有的连队还别出心裁，为死难亲人和牺牲的烈士举行公祭大会，组织全连指战员在灵前宣誓。灵台搭在练兵场，那是一种什么感觉？有人对灵牌跪着说：“给旧社会折磨死的爹娘兄弟姐妹，你们死得太可怜了。现在，我手里有枪杆子，我要为你们报仇！”有人对着灵牌忏悔开了：“……我被蒋介石抓兵，打咱穷人的队伍，真是糊涂啊！今天我明白了，我有罪，我要向你们请罪。如今我回到咱穷人队伍上，一定为你们立功，多杀敌人。”七一六团四连有个叫杨和光的战士，祭完爹娘后，转身含着泪向全连敬个礼，说：“同志们，我请求大家帮我报这个仇！”此言一出，口号冲天而起：“为杨和光同志报仇！为天下受苦人报仇！”有些家在蒋管区的战士就扯破嗓子喊：“打回老家去呀，消灭地主老财，消灭蒋介石；解放咱们父老乡亲！”更有些战士为了打头阵，“立第一功”，联名给各级首长写请战书，下到营团长，上到彭老总，有的甚至给毛主席、朱总司令写信，表达决心……

这些，对张汉初来说，自然是天方夜谭。他从通报中知道解放军攻打宜川的部队，充其量不过两个旅。按他比照国民党军两个旅作战能力的估计，在宜川那些硬邦邦的工事面前，解放军如果没有后续兵力，只能围着城墙吆喝吆喝而已。鉴于这种自信，在双方小有接触的前两天围城中，张汉初一直稳坐钓鱼台，吃饭睡觉基本不受影响。开始感到吃紧那是到了26日，围城部队突然向外七郎山放了两炮。27日入夜，老天爷蓄谋已久的一场大雪，终于落下来。张汉初望着夜幕下漫天飞舞的雪花，心里忐忑不安地想：“这究竟是个什么兆头呢？”

负责全权指挥围城的三纵司令员许光达，这会儿也在望着雪飘。他刚与彭德怀通过话。彭告诉他，刘戡的整二十九军仍然无动于衷，全不把宜川的事当回事。“看来，你得用点力呀光达，今晚机会就不错嘛！”许光达知道彭老总指的是这场大雪。他说了声“我明白”就放下话筒。然后，一只手撑着腰踱出指挥部，在雪地里默默站住，仰脸迎着雪花。他要知道雪朵猛不猛。警卫员飞奔过来，一把拉住许光达：“司令员，你的伤口……”话没说完，被许的大手捂住嘴巴。许的腰上昨天在前沿勘察时中了一块六〇炮弹皮，为不影响部队，他让妻子邹靖华和警卫员偷偷拔了出来，并嘱咐不准透露消息……警卫员从许光达汗淋淋的手掌上，知道伤口痛得不轻，便挣开许的手说：“首长，不行，我得报告上级！”许光达压低声厉喝：“你忘了我怎么跟你交代的？”“那也不行！”警卫员的固执惹毛了许光达，他低声吼道：“你敢！看我不处分你……”见警卫员低着头长久不说话，许缓和了语气：“想不通啊，打完仗再提意见，现在，把我的马牵来……”“什么，你还要骑马？”警卫员简直傻眼了。

许光达已决定当晚9点整，四城出击，向宜川展开猛烈攻势。

按照他的指挥习惯，命令下达之后，必须要亲临各旅、团掌握情况，而且越是靠前的指挥所越是要到。警卫员当然懂得战场上谁服从谁的道理。几分钟后，马牵来了，同时，他还为许光达提来一只水壶。那里面装着满满一壶白酒，是打清涧时备下的地道内蒙古货，烈得烧嘴。许光达让警卫员将自己推上马背，接过水壶狠狠喝一口，哈着酒气说：“小鬼，这就对了嘛！”

王应尊识天机无人喝彩，张汉初守危城有苦难言

外七郎山及其一脉相承的太子山方向，枪声突然由稀而密。不一会儿，炮声隆隆，群山震撼，机关枪打连发的脆响更是清晰入耳。张汉初一听便知，共产党军队这一下是动真格的了！他一口气给赵、蔡两个团长下达了三道命令：“坚决顶住，人在城在，誓与宜川共存亡！”调门上来就有点高，它多少表达了张汉初此刻过于紧张的心情。这心情被无限制地拉长，让张汉初在刻骨铭心的期待中煎熬了整整一个小时。报告终于来了：蔡仲芳团长声称阵地上伤亡很大，请求炮火支援；赵仁干脆大喊，外七郎山顶不住了，守护阵地的二营营长身负重伤，太子山阵地已经失陷……

张汉初一屁股瘫下来，这才刚接火呀！他一路小跑来到无线电台旁边，操起话机直呼刘戡。搬兵如搬山，救城如救火，他的声音中情不自禁掺进大量悲剧色彩：“刘军长，务请电转胡先生，看在党国分上，速派部队增援，否则宜川就……”这种话和这种腔调，让那位因清涧战役增援不力而“撤职留任”的刘戡，心里很不是滋味。张过去是在董钊手下混军粮的，那时凡沾上整一军的牌子，不论师长、旅长，为人处世多少带点儿夸夸其谈。如今董钊当他的陕西省主席去了，没想到这个不争气的部下就这么不坚挺！刘戡决定，既要表现自己关键时刻扶危救难的本色，也让张汉初小小吃点苦头。所以，开头几天张汉初呼救时，刘戡总是打官腔，以西安胡宗南尚未下令为托词，部队行动不慌不忙。

彭德怀有点着急了："光达，你那边再加点劲！"没想到这把劲加上去，打出一个口子。那是独二旅部队用炸药包炸的。许光达一听张开基旅长报告说，口子炸开了。一个营排好梯次，准备往里进，慌忙下令："部队就在口子附近猛打，不许进口子！"他让张旅长组织好掩护部队，每打10分钟撤换一拨，轮番攻击。还特别吩咐："一个口子就够了，在别的方向打猛些！"

这个口子的确让张汉初惊吓不小。刘戡的官腔官调，使他彻底失去信心。调过头来，他真想抽自己两个耳刮子。当初为什么抹不开情面要委曲求全，来当这个受制于人的破旅长！怪来怪去还是怪胡宗南，都是这个千刀万剐的家伙强人所难……想到这里，张汉初立逼通信兵掐断刘戡而接胡宗南的频道："胡先生，我敢说，共产党军队攻打宜川的部队绝非两个旅！起码是三个纵队！我军伤亡甚大，太子山、外七郎山、凤翅山和老虎山阵地均已丢失，城墙也被共产党军队炸开一个口子，宜川……危在旦夕，务求火速派兵增援！"

西安绥署大厅的气氛，像滚油锅里丢进一个稞子，立刻爆起泡泡来。参谋长盛文故作镇定地皱着眉头："不可能吧？空军半小时前还报告说城外只发现小股共产党军队……"胡宗南承受不住这种无可无不可的打哈哈。他气呼呼地制止道："你就不要再提空军了好不好！"急匆匆地踱几个来回，一个急刹步，"空中情报误事已经不是第一次……我要查办！"又急匆匆地踱几个来回，又一个急刹步，"要知道，宜川是丢不得的。宜川一丢，西安麻烦可就大了！"

一亮出西安，大家的嘴巴全都圆在那里。静场片刻，盛文不甘心地自言自语："假如其中另有隐情，援兵贸然一动，共产党军队半路上来一下子……"他借用两手虎口做了个宰杀的手势。然后，颇为痛苦地揉了揉太阳穴，打个哈欠，用一副疲惫不堪的神情面对胡宗南说："围点打援可是彭德怀的老把戏呀！这一次嘛，可能……"胡宗南瞅一眼盛文那个做派，气就不打一处来："这种时候，你就不要'假如''可能'了，彭部共产党军队三分之一是游击队编成的，现在有三个纵队攻打宜川，唔——还有一个纵队远在河东，他拿什么兵力来打援？！"胡举起一根手指："别再犹豫，我决定紧急命令：刘戡率整编二十九军军部和整编二十七师、九十师共5个旅、9个团，从洛、宜公路，经瓦子街驰援宜川！"

盛文瘪掉了，刘戡进入情况。军令如山，而且又加着"紧急"二字，虽然完全没有出乎刘戡预料，但真正动作起来，也还是免不了有几分忙乱和仓促。宜川的危急，刘戡大体上是掌握的，所以一旦有令，只能就快不就慢了。若是再来个"增援不力"，还不又得罪加一等？刘戡时刻记着自己的角色，那是个只能吃补药不能吃泻药的"罪臣"啊！按部就班的军事会议已经来不及。干脆，二十七师打头，九十师殿后，以常势用兵，取道洛、宜公路，尽快赶到宜川为要。

“刘戡动起来了！”这消息着实叫人既兴奋又紧张。西野司令部一片繁忙。彭德怀拉着副司令员张宗逊和赵寿山兴奋地说：“来来来，看看下一步……这个刘戡，好快哟！”张宗逊激动地说：“不出所料，果然抄近路！”彭德怀让张即刻告诉各纵，按原定第一方案部署行动。转而问赵寿山：“你看刘戡，是不是有点反常？”赵想了想，说：“不反常，也不会反常。他用兵一向是黄埔根基，求实、求稳。这一次，他在玩拖刀计哩！我仔细分析过所有敌情通报，前期刘戡按兵不动是假，韬光养晦是真。其实，取道洛、宜公路在他已是胸有成竹，不是急就章。拙中藏奇才是他的要害呀！”彭德怀一听，哈哈笑着，连说：“鬼把戏！鬼把戏！”

实际上，同样话题彭德怀已经问过许多人。再问一遍赵寿山，是为了最后印证。现在，他的第一方案即可万无一失地展开了：三纵和六纵各以一部兵力，继续冒充胡宗南判断的三个纵队围攻宜川，其他九个旅的兵力，立即在瓦子街以东南北高地进入预伏阵地。王震的二纵强渡黄河后，按要求必须迅速北上，向黄龙到宜川的公路上一个叫圪台街的小镇集结，然后，跟贺炳炎、廖汉生一纵盯住刘戡的后脑勺，待进入预伏的瓦子街地区，左右一剪刀，扎紧口袋，断敌退路。

“宗逊，我这个‘口袋’是密不透风的。最容易漏气的地方还是‘口袋’口，扎‘口袋’任务非同小可！”彭德怀一边用红铅笔在图上比划，一边对张宗逊说。张将部队从受领任务、战斗动员直至展开，仔细推敲了一遍，很有把握地回答：“一纵没问题，就怕二纵路太远了点，按原定总攻时间，他们赶不及。我想，要不要派个人去接应一下？”彭德怀略一掐算，认为有必要，说：“就你去！告诉王震，所有战斗准备，都在行军中完成，部队一到就投入战斗，一分钟都不能耽误！”

万事齐备，只欠东风。刘戡肯往口袋里钻吗？令彭德怀万分担心的事，在整二十九军从洛川集结地出发的当天晚上，果然就发生了。当前锋整二十七师进到一个叫永乡的小村宿营时，师侦察小分队在距驻地十几里远的观亭，突然发现我一纵的隐蔽部队！二十七师师长王应尊是个神经过敏的人，当即觉察到情况不妙，连夜派出一个轻装营，到观亭武力搜索。这一下，一纵部队没有退路，一不做，二不休，索性神不知鬼不觉地将这个营“包了饺子”。哪知这个轻装营在包围圈中混战了大半夜，居然有少量人员突出重围。王应尊从残兵的报告中当即判断：“共产党军队在观亭的兵力绝对不少于一个纵队！”

“军座，我有一种预感，”王应尊在电话中说，“共产党军队既围宜川，又在观亭集结重兵，难道不是想围点打援吗？如不去掉侧翼威胁，我部非但不能解宜川之围，本身将有被歼的危险！”刘戡心里“咯噔”一下，可又似乎不太相信：共产党军队胃口真有这么大？敢吃我的一个军？王应尊看出刘的疑问，便毫不客气地坦言：“此一时彼一时，如今咱们二十九军……”后边的话他没出口，那意思是，什么军不军的，早被胡宗南调得七零八落，不就是两个师嘛，而且疲惫不堪，士气低落……话到嘴边，王灵机一动，说了句：“军座，常言道，识时务者为俊杰呀！”

王虽为刘的部属，过去也有过不愉快，但如今表面上以兄弟相称，所以对此微感刺激的话，刘戡也不作计较，反而问：“依你的意思怎么办？”王应尊的意思很明确，先打观亭，解除侧翼威胁。他说：“观亭打下来了，我军可沿着山梁直抵宜川城下，解围也不在话下。”谁知胡宗南一听刘戡报告，气得七窍生烟：“你是不是被共产党军队吓破了胆？我看你越来越没有魄力了！”挨了骂的刘戡不肯罢休，知无不言，言无不尽：“事关二十九军生死存亡啊胡先生！你务必三思！”

胡宗南一思也不思，反而端起祖师爷的架子：“我早就跟你说过，胜败乃兵家常事，打了几个小小败仗，你就变得这么没血性了，软不啦嗒，还像个党国的军人吗？真让我失望！共产党军队充其量就那么几万人马，能有多大能耐？现在你要集中考虑的倒是宜川，兵不足三千，一旦失守，老头子怪罪下来，你能担待得起吗？要知道，宜川的防务是老头子亲自过问的！不用多说了，张汉初已多次告急，宜川城防已多处失守，共产党军队从小北门攻入了城内……再犹豫不前，军法无情！听到了没有？我再说一遍：军法无情！”刘戡听见“咯嗒”一声，胡宗南挂了电话，顿时木头似的僵在那里，手里的话筒迟迟放不下，嘴唇抖动了许久，才对参谋长刘振世喃喃地说：“你就通知下去吧，按原计划行动！”

于是，二十九军大队人马又沿着洛、宜公路向宜川进发。走了一天，到瓦子街以西宿营。王应尊的侦察分队再度发现我军在瓦子街以东地区的警戒部队，并目睹了我大部队抢修工事。这一回，王应尊的口气强硬多了：“军座，毫无疑问，共产党军队正在张网以待。我军再往前去，后果不堪设想！”刘戡何尝没有看到这一点。他长长叹了口气，决心冒死以谏。大出意外的是，胡宗南没等刘戡把话说完，又是一顿没头没脑的教训。这次胡是真动了怒，竟把刘戡的谏言看作是“仅仅为了本部的安全，而把关中战略要地和一个加强旅，拱手让给共产党”！这么上纲上线，刘戡哪能吃得消？更不用说胡最后那句“宜川若有差错，我先撤你的职，再送你上军事法庭”的警告了！死生由命吧！他已别无选择，身体一软，坐到路边一块石头上，像哭一样笑起来。

补“口袋”用好钢任世鸿，夺阵地看神勇刘四虎

这是1948年2月29日凌晨2点，天空静悄悄地飘着鹅毛大雪，独一旅三团一律轻装，战士们反穿着棉衣，白里朝外，很快隐没在茫茫大雪之中，无声无息，不见一点痕迹。按预定计划，一营从瓦子街北山向东攻击；二营为主攻，直插瓦子街以西；三营作为预备队在二营后面跟进。据预侦情况判断，他们将有可能碰到敌九十师一个后卫搜索连。当天下午布置任务会议上，纵队司令员贺炳炎和政委廖汉生一再问独一旅旅长王尚荣：“这次任务不一般，你们准备几团当前卫？”王尚荣肯定地回答：“三团！”“三团行不行啊？”“行！没问题，他们能完成任务！”王尚荣转身把自己在纵队首长面前打包票的事告诉了三团团长王万金。王万金心头沉甸甸的。他对二营营长和教导员说：“就看你们两个的戏了！旅首长这么信任我们，可千万别出岔子啊！”

主攻二营打头阵的是四连。连长高如海心里明镜似的：瓦子街及其北山，是纵队堵击围歼援敌的关键之地，必须不惜一切代价抢占有利地形，才能完成扎“口袋”口的任务，这关系着整个战役成败！他把全连分成两路，沿着道边沟渠静肃前进。约摸走了两个多钟头，三排在团侦察排王副排长引导下，摸到瓦子街西口。王副排长带着战士郭正英，几个跃进，猫腰进了村。摸索一会儿，他们看到两名敌哨兵正跺着脚，哆哆嗦嗦地在墙角晃动身体。王副排长凑在小郭耳边悄声说：“你干左边的，我干右边的！”于是两人蹑脚蹑手绕到敌哨兵身后，突然一个飞跃锁喉，扼住哨兵脖子。结果，郭正英出手太猛，松手一看，哨兵咽了气；而王副排长抓的那个却还活着。与此同时，一排立即展开，猛冲敌驻地。国民党兵全都脱光衣服在熟睡之中，枪声一响，个个懵懵懂懂，好多人光着身子乱蹦乱跳找不着枪。当四连一、二排从村东头包抄过来时，敌搜索连的这个排30多人已全被活捉，缴获两挺机枪和20多支步枪。敌另一个排准备上山放警戒，正爬着山，来不及抬头，我三团一营如同天降，突然扑向敌人，当场一个个缴枪，如数生俘。

此时，二营六连也攻占了南山脚下一个敌人的小碉堡。国民党兵胡乱放了几枪，立刻向东——他们在阵营里没命地跑。到天快亮时，瓦子街及其北山全部被独一旅三团占领，全团几乎没有伤亡。当即审问俘虏，得知敌五十三旅是九十师的后卫，瓦子街以东到片石山一线是一八五团营地，一五七和一五九两个团集结在乔儿沟。从兵力部署上分析，刘戡是打算从瓦子街南侧高地突围出去的。当时，其九十师各团都在急匆匆地调整部署，可按计划占领瓦子街南侧高地的二纵，却迟迟没到位。

情况紧急。瓦子街南侧高地立即成为敌我双方争夺的焦点。一纵指挥所刚下到瓦子街，贺炳炎便心急火燎地对廖汉生说："老廖，计划要变，二纵一时上不来，我们再等下去，要误大事！"按野司的原定作战计划，一纵部队只负责在公路以北展开，由西向东发展进攻。二纵缺席的这个情况是意外变故，稍微耽搁一下，就可能把彭德怀精心布设的这只死"口袋"弄成网开一面。廖汉生果断挥手："给三五八旅压个挑子！要他们拿个团出来，补这个缺口！"

当时三五八旅三个团，一个已奉命向洛川警戒敌后续部队，一个留作纵队预备队，手里仅剩一个机动团，再要拿出去，就成光杆司令了。贺炳炎在电话中对黄新廷说："服从大局吧！我知道你们有困难，可整个战役需要，而且刻不容缓！"这当然没什么价钱可讲，黄新廷和余秋里异口同声喊坚决执行命令，并决定派七一四团上，再从七一五团挖一个营加强上去。不用说，他们也深知这个缺口的分量。

七一四团团长任世鸿是个人物，货真价实敢碰硬的烈性汉子，打仗很有一套，独具个性，点子特别多。他接受任务从不挑拣，从不讲条件，而交代任务总是替下面想得周周到到。几个营长平时聊天都说："跟任团长上阵，脑子慢一点就追不上趟，他眨眨眼睛就是个新主意，每次战斗还没打响，他肚里几套方案都成熟了，没见有难得住他的任务！"这个团又是"诉苦三查"中最扎实的一个单位。后来摆灵堂大练兵，也是他们首创的。所以，贺、廖一致同意七一四团执行这个任务，就有好钢用在刀刃上的那么一层意思。

七一四团上去时，独一旅三团二营已跟敌人拼得难分难解、精疲力竭。任世鸿当眼瞅准敌前沿阵地几个致命的制高点，也不多言语，瞄着主阵地，咬紧牙关一个冲锋打上去，硬是给拿下来了。接着，又趁势连续夺得几个相邻的高地，将火力一配置，交叉起来，口子基本上封死了。但这毕竟是刘戡夺命的通路，其五十三旅一五七、一五九两团，也都死盯在这里，拼命抢占有利地形，一时双方形成混合交战的复杂局面。按计划、有条不紊的抨击已不可能，只能上下左右浑然一体，齐心协力主动配合。全团指战员乃至友邻部队众志成城，只要看到哪里有插手的机会，立刻冲上去……三营营长钱树登，看到二营猛攻时火力不足，不待有令，立即指挥八连配合二营杀向敌人左翼阵地，转眼间构成三面包围的态势。

二营夺取敌主阵地之后，敌两个团在配属轻重火器掩护下，反反复复反冲击，每次多则一个连，少则一个排，搞车轮战术，轮番不息地干，从下午2点一直干到晚上10点多，总共冲了三十多次。二营部队经过这么一场搏斗，伤亡已相当突出，连、排建制全都不完整了。战士们就自动组织战斗群体，连长倒下副连长上，副连长倒下排长上，排长倒下班长、副班长、老战士，一个接一个。只要有谁挺起腰杆振臂一呼：“同志们，跟我上！”大家就毫不犹豫地跟着跃出堑壕，杀向敌阵。

七连有个徐万财，是个很有点名气的英雄。排长喊：“一班打！”他提起几颗手榴弹冲到一班阵地上；待下达“二班打”的口令时，他又带上两名战友，加入二班战斗行列。还一边打一边鼓励新同志：“不要怕，有我在，就有你在！”新战士们都说：“跟着徐万财，天不怕地不怕！”

干部们更是冲在前头。二营教导员夏伟，一面指挥部队一面鼓舞士气：“共产党员们，考验我们的时候到啦！”喊着，自己带头冲向敌人阵地，一连拼死几个敌人。战士们互相鼓励时都说：“教导员在前面哩，冲啊！”四连连长朱振田，手榴弹打光了，就喊：“同志们，拣敌人的家伙打呀，阵地一步也不能丢！”当他身负重伤，将指挥任务交给副指导员任维殿时，说：“死也要死在阵地上！坚守下去就是胜利。敌人上来了，有手榴弹用手榴弹，没有手榴弹就用刺刀，没有刺刀用枪托，没有枪就用石头，全打光了就用牙咬、用拳脚、有手指抠他们的眼珠子……只要有一口气，就要站在这里！”

六连著名的战斗英雄刘四虎在这次战斗中更是打出了威风。他带领二班担任连突击队。攻下一个山头时，八个人剩下七个。第二个山头是敌人主阵地，有一个营的兵力守在那里。接近前沿工事时，敌以一个排的轻重武器组成火网，严密封锁了一片必须通过的开阔地。刘四虎带着七个突击队员，靠相机跃进冲过这片开阔地。结果，七个人倒下四个！刘四虎在覆着冰雪的陡坡上，爬上滑下一口气冲到距敌前沿十步之遥的一棵大树跟前，回头一看，才发现连自己只剩下三个人。这时敌人也发觉对方只有三个人，一批批手榴弹雨点般打过来，前后左右都是爆炸点。刘四虎指挥战友左躲右闪，一边用枪托把敌人扔过来的手榴弹拨到山下，一边快手拣起直打转转冒白烟的手榴弹回敬敌人，居然安然无恙。

“三个人就三个人，三个人上去也能把这些狗日的戳死一堆了。刘四虎事后这么说。他看准机会一声吼叫，带着两位战友向敌人阵地猛冲过去……最后两位战友也倒下了，而刘四虎则借着自己打出去的四颗手榴弹烟雾，单枪匹马端着刺刀冲人敌阵地。敌人被这种神勇吓昏了头，没人敢靠近他，全部扭头往后窜。一名机枪手扔下机枪正要逃走，四虎上去就是一脚，机枪被踢开的同时，枪刺也“扑哧”一声进入敌背心……仅一碗饭工夫，他连续刺倒七八个狂奔乱跑的敌人。正当他跟着敌兵穷追不舍时，有个敌军官醒悟过来，发现刘四虎只有一个人，当即用手枪逼着乱跑的十六七个敌兵，返身向刘四虎包围过来。“抓活的！”敌军官号叫着。此刻，刘四虎已没子弹，只好端着刺刀站在中间，前后左右旋转突刺。他刺向哪边，哪边敌兵就吓得躲闪开去，这样相持了四十分钟左右，敌人竟无法碰到刘四虎一根毫毛！

紧要关头，刘四虎隐约听到自己身后传来喊杀声，知道后续部队可能冲上来了，便机警地选准缺口，猛地一蹿，冲出了十几个敌人的包围圈。他立刻返身向前沿飞奔，刚跑出十来步，一眼看见一班长舒照明不知什么时候也冲到敌前沿阵地，正被一个敌兵按在地上，高高举起一把铁锹要往下砍。刘四虎顾不得多想，飞步刺出一枪，没想敌人一个躲闪，没刺中。由于用力过猛，刘四虎打个趔趄，一下跌落到狭窄的交通沟里，右手和枪压在身上，一时翻不起来，后面敌人趁机一哄而上，所有刀尖都向他头上刺去！就在这生死一刻，刘四虎拼出最后的力气，猛地抓住一把刺过来的敌刀，乘势一跃，惊得敌人枪刺乱晃。接着，十几把刺刀一齐捅向刘四虎。他身上十一处冒血，终于倒了下去……然而，刘四虎并没有死。当晚，他拖着血肉模糊的躯体，又奇迹般地回到我六连阵地上来了……

前沿拼杀的镜头，旅团指挥所全部都看得一清二楚。“老任啊，你们行不行啊？”黄新廷在电话中关切地问。话筒里传来任世鸿气喘吁吁的回答：“仗打得很惨，不过没关系，我手里还有一个营没有动！”黄新廷和余秋里兴奋地叫起来：“好——”这声“好”还没落音，一个不幸的消息传来了：七一四团参谋长武治安中弹牺牲！

刘戡亡命瓦子街尸填空谷，老蒋降旨胡宗南撤职留任

王震赶到了！他一路小跑直奔七一四团指挥所，老远就喘着粗气大声嚷嚷：“任团长，我们来迟了！任务张副司令已在路上交代过，部队已作好战斗准备，让四旅上来接替你们，你们下吧！”上阵地之前，贺炳炎已将独一旅和七一四团伤亡情况粗粗介绍了一下，说有个营只剩下十四个人了，但还在坚守阵地，人在阵地在。王震巴不得部队铆上劲关键时刻弄出点火花来，也好弥补一下迟到的歉疚。可是，任世鸿却告诉说，口子刚封好，敌人急疯了，玩命地挣扎，部队战斗士气正在锋头上，干部战士一致要求战斗到底。这个意思，黄新廷在电话中也表示过。他认为目前部队正在同敌人短兵相接，士气很旺，一旦转移阵地，势必会增加不必要的伤亡。王震觉得这话在理，便不勉强，说：“那好吧，还是根据实际情况来，我们去协同六纵围歼敌六十一旅！”

说是这么说了，王震的情绪多少有点波动。虽然来晚一步不是主观造成的，可毕竟有拣烟屁股的感觉。一路上，张宗逊不停地介绍这次战斗的意义和规模，部队差不多一天一夜都在跑步。可眼下，弓拉满了，却没地方射箭！王震猫腰从七一四团指挥所出来时，心中五味俱全。他斜斜地抄上一座山梁，从临近山脊线的背面往下走，山那边远远近近的坡面上拼斗

的场面和花白雪地上堆积的尸体、溅开的血迹，尽收眼底。他感觉这一切正在抹去心头的憾意，有股很熟悉的劲儿，从生命深处悄悄爬上来。他记不清楚自己是怎么把队伍带到指定位置的，只记得六纵司令员罗元发从指挥所跳出来一把抱住他，说："啊呀王胡子，你来得正是时候……"

这是彭德怀这台大戏至关紧要的一折。宜川克城胜券已稳操在许光达手中，这一点，从许在城南抽出部分兵力贴到"口袋"底上，增援阻击部队的弹性纵深，便可证明。而瓦子街被围之敌，经过几番奔突，已成瓮中之鳖。刘戡的喊叫声大不如前几天。一条山沟沟里，士兵尸堆如山，中下级军官战死不计其数，整三十一旅旅长周由之死了，整四十七旅旅长李达死了，五十三旅副旅长韩指针也死了，剩下几个师旅头目，电话里你怨我恨，骂翻了天。残兵败将，士气一落何止千丈！刘戡绝望了，在3月1日上午9时许彭德怀下达总攻击令之前，他便给胡宗南发出一份绝命电报："此战败局已定，决定为党国流尽最后一滴血！"

胡宗南睹电思人，五内俱焚。刘戡好歹也是个正牌的黄埔一期，几天之前缓援宜川、先打观亭的建议，现在看来千真万确，分明是自己错责军棍，以至于一错再错不可收拾！眼下怎么办？胡宗南一会儿说他已命令大批空军出动（见鬼，那空中救星直到刘戡闭眼也没见踪影），一会儿又说张耀明的三十八师已空运（张耀明此刻还在数百里之外搂着小老婆呢！）最拿手的还是放政治卫星，说："已令鲁崇义兵团星夜驰援，望兄等激励将士，苦力撑持，以建不世勋业"。笑话，此时此刻，他胡宗南还敢拿这种水淋淋的话来搪塞我刘某人！刘戡仰望苍天，雪空迷茫，深不可测……

刘戡这年只有49岁。想三十年前他从湖南桃源县那个贫苦农家踏上世俗征程时，也没有打算日后还有统率千军万马的今天。祖父和父亲都是穷乡僻壤的淡泊文人，本指望诗书传家，能通过《四书》《五经》培养出一个翩翩儒秀，想不到这棵小小的"儒苗"只有11岁，父母便相继过世，多亏旁系亲属中有位孀居的姑母担起抚育之责，刘戡得以续读诗书，随后，不知哪路血脉占了上风，满腔热情投考黄埔军校，并且如愿以偿。从此，跟着"校长"东征西讨，一会儿打冯玉祥、阎锡山，一会儿打李宗仁、白崇禧，结果打出一枚青天白日勋章和陆海空甲种一等奖章。勋章上只涂抹着血迹和硝烟，而蒋介石的恩宠是描画在梦中的。现在，这一顶深不可测的灰色天幕，它究竟镂刻着一个末路人怎样的命宿符咒呢？

刘戡长长地吐出一口真气，仿佛心头豁然敞亮，了无牵挂。凭着对"党国"的一片"忠心"，他接二连三下达手令，指示团长以上的高级人员"成仁"。这无疑是道催命符。团以上指挥官人人心灰意冷。部队散了，官不管兵，生死在此一决，兵们成了一群绝命的狼狗……当然也有"舍生取义"的"勇士"，比如九十师师长严明。自打刘戡的手令下达起，就立逼参谋长曾文思与他一道“成仁”。遗憾的是，曾文思不想死。为了保全性命，借口观察战况，总和严明保持着十米以上的距离，并且暗地里将随身手枪子弹推上膛。万一严明要枪毙他，他也就不客气……

严明的儿子严守礼在九十师通信营当营长。曾文思嘴上附和着严明“成仁”，私下却嘱咐严守礼：“你要特别注意令尊，防止师长自杀。”严守礼也还不到“成仁”的境界，于是，每天跟在父亲严明身边，寸步不离。但这毕竟不是办法，天真的严守礼对曾文思说：“干吗在这里坐以待毙？赶紧突围吧，参谋长！”曾文思轻蔑地翻翻眼皮：“突围？突到哪里去？白白送死！”他思前想后，把严守礼和几个副官、参谋找来，用命令的口吻说：“都给我听着，拿副滑竿来，把师长抬到山下的军部去，我随后就到！”参谋长下了命令，谁敢不从？大家七手八脚，硬是把又跳又喊的严明抬到山下去了。曾文思望着背影冷笑，庆幸自己逃脱了严明的那双眼睛。

山下的军部形势紧张得快要爆炸。刘戡第一次对准太阳穴举起手枪时，军参谋长刘振世扑上去夺下了他的手枪。不久，有解放军冲进指挥所，刘振世拉着刘戡就往外逃。跑出不远，需跳下一个土坎，刘振世先下。就在刘振世往坎子下面起脚一跳时，刘戡拾起路边一颗手榴弹，轻轻喊了声：“胡先生，对不起了！”就拉响了手榴弹……这是在经过一系列困兽之斗后，刘戡的最后收场戏。就在十分钟前，他还亲自在电话上督促固守丁家湾高地的敌军“死不屈服，效忠党国”，结果，彭总下令五旅集中全部火炮轰击，才把这个山头拿了下来。

与此同时，一纵以独一旅二团协同四纵的警一旅二团，突破了敌人元宝山阵地；三五八旅七一六团沿沟边东进，协同七一四团在乔儿沟东南方向，夺取敌瓦子街东南山残余据点。在兄弟部队支援下，七一四团一营连续突破敌人四个山头，接着向敌坚守的最后一个山寨攻击时，任世鸿团长带领特务连向枣湾的刘戡军指挥所冲击途中，不幸中弹牺牲。这不但使三五八旅和第一纵队、也使整个西野部队干部战士都大为震动，彭德怀失声喊道：“怎么是任世鸿！可惜，太可惜了！”很快，邯郸中央人民广播电台就详细播出了任世鸿团长的英雄事迹，称他英勇善战、足智多谋。一时间，他那种吃苦耐劳、敢打敢拼的精神，和他知己知彼判断敌情、合理布兵歼敌要害、大胆穿插迂回包围等战术，在全军各部队广为流传。1948年3月1日下午5点钟，太阳依着化尽薄雪的山冈，就要落下去了。瓦子街地区小南川、乔儿沟到丁家湾这段不足10里的山沟，乱成一锅粥。穿黄色军衣的敌军和穿灰色军衣的我军混战一处，数万人马和大批武器、弹药、装备、车马等搅在一起。解放军喊：“缴枪不杀，解放军优待俘虏！”国民党兵成批歪着、瘫着、跪着，有人磕头如捣蒜，口齿不清地哀告：“饶命啊，饶一条性命吧，我是他们抓丁抓来的！”“求求你再给我一枪吧，兄弟，求求你了……”哭叫声、哀告声和稀稀落落的枪声，加上姗姗来迟的几架胡宗南飞机马达发出“隆隆”巨响，把山沟里的血色黄昏闹得一片浑浊。渐渐天色暗下来了，枪炮声慢慢稀落，一个宁静的冬夜又将来临，获得围援大捷的各部队，开始马不停蹄向宜川城拥去。宜川已成为真正意义上的孤城，除了潼关以东那个裴昌会兵团，隔着数百里地唬唬自己、做做样子，其他再没有别的兵力斗胆敢说“增援”二字。宜川被共产党军队占领已是迟早的事，何必自讨苦吃？张汉初决定三十六计，走为上。3月2日拂晓，趁着夜黑风高，他将自己早已留心备下的一根粗麻绳，捆在腰上，然后吩咐勤务兵把他从城墙头上往外坠。旅长都在逃命了，勤务兵心里是个啥滋味？这小子本来就两手哆嗦，天气又冷，左手哈口气，右手哈口气，一点一点好不容易就快到底了，冷不了解放军杀声逼近，犹在耳畔，勤务兵顾不得许多，撒手就跑。下面的张汉初惨叫一声，黑咕隆咚四脚朝天掉在地上，当时就觉得腰背痛得钻心，怎么也翻不起身。天亮时，三纵一名战士发现城墙角下蜷着个水鬼似的敌军官，二话不说带到司令部……

上午10点钟光景，许光达带着警卫员、司令部参谋进城。他腰上的弹伤依然在痛，但他没用手支撑，而是迈着典型的军人方步，踏上街头。此时，艳阳当空。在明媚的阳光下，许光达仔细察看宜川风貌和城头各点的防御工事。诸多中外军事专家们留在山城的点点妙思，引得许光达流连驻足。忽然，他生个念头，让随行的参谋们取来纸笔，把敌军所有防御配系通通画下来。并故作神秘地告诉大家，要把这些画图送给彭德怀，作为庆功会上的“下酒菜”。

老实说，彭德怀此时还顾不上考虑庆功会的事。不知为什么，这么大的胜利不见他脸上有一丝笑容，反却显得心情颇沉重。宜川围城战斗一结束，他就给廖汉生打电话，问：“任世鸿的追悼会打算什么时间开？”然后，放下电话骑马。彭德怀特地打马到瓦子街打扫战场的部队和老乡中间走了一趟。打扫战场的任务很重，大家都在忙碌。一条山川，几十里都是尸骨重叠，久经沙场的彭德怀也不能不感到暗暗吃惊。据初步清理统计，敌重要人物除整二十九军参谋长刘振世、二十七师师长王应尊和九十师参谋长曾文思生俘之外，余皆毙命。刘戡的尸首还算齐整，严明已是面目全非。后来查明，他居然死在自己的电话兵枪下。因为他的临阵暴虐，也因为那个叫孙玉彬的电话兵积怨已深，战乱中出现这么个结果不足为怪。彭德怀指示，这两个人要好好用布包起来，以棺木妥为装殓。并委托陕北新华社向西安广播一则通告，通知胡宗南、也通知死者亲属前往领尸。特别是刘戡，彭说：“此人在抗战中有过功劳，对民族做过一些事，我们不应忘记这一点。”

这无论如何是胡宗南难以接受的事实。他已经三天不敢接任何人的电话了，甚至包括蒋介石。蒋第一次得悉宜、瓦战败的消息时，气得从沙发上跳起来。立刻将电话接通胡宗南，但却是胡的秘书赵龙文接的。蒋介石要胡宗南亲自听电话；赵龙文灵机一动，说："胡先生正在为刘戡将军英勇殉国悲痛万分，已三天三夜没吃没睡了！"蒋怔了片刻，无奈地扔一句国骂，便丢下电话。第二天，他的亲笔传令到了西安：胡宗南撤职留任，盛文撤职查办，赴京候处。

兔死而狐悲，何况又挨了处分，胡宗南的心情不难理解。但，西安追悼会仍如期召开。刘、严二人的灵柩已由他们的亲属到瓦子街搬运回来了。不但搬回灵柩，还从战俘营里带回一个严守礼。两家亲属来时的路上，意想不到竟遭国民党队伍的阻拦，返程就觉得很是气馁。彭德怀气得一跺脚："严明的儿子不是被我军俘虏了吗？放他出去，协助他母亲料理后事。"严守礼得以和母亲抱头大哭。哭完了，说："人家共产党军队得人心，所以打胜仗啊！天时、地利、人和，都给他们占全了。国军，唉……"据说这话胡宗南也听到了，他装作很不在意，他也并不跟严守礼说话，只是亲拟了一纸呈文，追封两个"成仁"的亡灵陆军上将衔。不知他记不记得，这一天，正好是他进攻延安的周年。

四、西击西府收延安

毛泽东告别陕北怀深情，党中央东渡黄河踏春风

中共中央走出陕北的决定，并非匆忙之中作出的。毛泽东在一年前对这个问题就有深思熟虑，只不过那时他打出五年的计划，用一种起步走的姿态来看待解放战争形势。没想到该来的来得这么快！全国是这样，陕北也是这样。沙家店战役之后，毛泽东就有点身不由己跑了几步的感觉。及至宜、瓦大捷扑面而来，他简直连喘气的机会都没有了！这个春天来得太突然。

毛泽东坐在杨家沟的会场上，怀着紧赶慢赶的心情，一字一句斟酌“蒋军必败、我军必胜”和“打倒蒋介石”等这些口号的内涵。随着三路大军挺进中原“第一个跃进”的实现，不但五年内推翻国民党政府的框架陈旧和保守得像一套长袍马褂，就是缩短成三年也还有小脚老太之嫌。一旦三大战役如期兑现，粟裕率“华野”三个纵队强渡长江、直捣浙赣的“第二个跃进”成为事实，毛泽东的时针就只能靠手动来快速拨转了！

形势喜人，形势逼人，形势不等人。毛泽东翻看着彭德怀送来的战役总结，觉得刚发给西北野战军的贺电还嫌分量太轻。任何一个战役的成败都不应当是孤立的。毛泽东习惯地开动了哲学机器。这是使他这艘巨轮始终保持吃水的刻度而不被风浪颠覆的重要原因。“我看，宜川获胜不是偶然的，它和前不久搞的‘诉苦三查’，有个因果关系。”毛泽东有滋有味地吸口烟，让思想起锚远航。许久，又自言自语，“……这是一篇大文章呀！”

几天之后，毛泽东便以人民解放军总部发言人的名义，发表了《评西北大捷兼论解放军的新式整军运动》一文，字里行间流溢着自信与喜悦。文中写道：“这次胜利改变了西北的形势，并将影响到中原的形势。这次胜利证明人民解放军用诉苦和三查的方法进行的新式整军运动，将使自己

无敌于天下。”

“无敌于天下”意味着什么呢？南京政府的官员们读到这里，个个头发根都竖起来了。有人悄悄打电话给国防部的哥儿们：“是不是共产党军队要大反攻啊？”弄得白崇禧和陈诚这些人假模假式地四处“辟谣”。可是，蒋介石的嘴你能堵得住吗？那些日子，他老人家走到哪里悲叹到哪里，“宜川丧师，不仅为国军剿匪最大之挫折，而其为无意义之牺牲，良将阵亡，全军覆没，悼痛悲哀，情何以堪。‘是啊，这不是一个小数目啊，一个整编军的军部、两个整编师的师部：十个满编的旅共29000多人，不出十天，就全部从胡宗南的名册上一笔勾销了，蒋介石的心里能放得下吗？

所以毛泽东决定，要从陕北走出去。也不张扬，只是意向性地把时间定在3月下旬某一天。具体哪一天，要等汪东兴把渡口、船只和水手一一落实好了才能公布。除了毛泽东、周恩来、任弼时等少数人心头延续着长时间的离情别绪，极大多数人像陕北老百姓，甚至警卫部队的基层指战员，都蒙在鼓里。突然得到消息时，日子已经到了。当那支几百人的队伍从米脂县杨家沟出发、踏着春风去往吴堡的川口渡口时，老乡们才恍然大悟，临时忙着找锣找鼓。这说明汪东兴的工作颇有成效，毛泽东很满意。

东渡黄河的时间选在下午。12点整，毛、周、任等中央领导同志都骑马来到渡口。警卫连早早布置好了，一大溜渡船也编上了号码。水手营的水手200多人是个拣个挑选出来的，不管外貌长相如何，水里功夫都身手不凡。毛泽东等人下马第一件事，就是上去和水手们握手。这一握是历史性的。尽管毛泽东、周恩来和任弼时他们的脸上挂着慈和的笑容，也冲不淡此刻的庄严。远远看热闹的人群中，不知哪位陕北大嫂“哇”的一声哭了起来。哭声容易传染，女人们全都传染上了。毛泽东带头往老百姓那边走过去，大家都跟上来，连江青也不拉下。他们不管警卫不警卫，径直走到老乡们面前，拉拉扯扯，说不尽的亲热话。

正午的阳光从头顶照射下来，风吹着女人的花格头巾和没被罩住的鬓发。有几个搂着娃娃的女人仍在抹泪，可脸上却生出笑意。扎白羊肚手巾的那几个牛老壮汉，一个劲地擂鼓敲锣；有一双古铜色的手捧着粗瓷大碗，碗里是尚在冒着热气的清水；大娘挎着红枣，有几颗抓在手上，见人就塞，枣皮打着深深的皱褶，就像她那红红的脸膛；小娃娃们喜欢爬到高坎子上手搭凉棚，眯眼眺望河对岸，对岸有隐隐约约的山影和谜一般颤动着的春色。这时，一个穿开裆裤的男娃娃抱着个比他小不了多少的羊羔从大人们腿缝里挤到毛泽东面前，天真地问：“你就是毛主席吗？”

毛泽东笑着弯下腰，伸手捉住冰凉的小雀雀：“是啊，我们好像见过面嘛！”

娃娃点头，又摇头，说：“我看你像。我娘让我问问你，你们要走多远？去啥地方？”

“我们呀，要去很远很远的地方！”江青抢着答道。她上前蹲下来，一边焐住娃娃的手，一边轻轻抚着羊羔。

娃娃眨巴眨巴眼睛，看着这个冷不丁儿冒出来的婆姨，又抬头看看毛主席，说：“那好吧，你们帮我捎个羊给我爸，还有我叔。”

毛泽东一惊，抬眼相顾左右，风趣地笑起来。

江青不笑，尖细的嗓门撇着孩子腔调认真问道：“可是，我们不知道你爸你叔他们在哪儿、是做什么的呀？”

娃娃一本正经地对她说：“我娘告诉我，他们就在很远很远的地方，他们和你们一样，也是解放军，他们也打国民党……”

江青连娃娃带羊羔一起揽在怀里使劲搂着。

一直到上船，毛泽东始终保持严肃，不见笑容。他和汪东兴坐一条船，船上铺了苇草，可站可坐，但他迟迟不肯坐。站着，朝岸上挥手，也朝另外几条船上的周恩来、任弼时及陆定一、胡乔木等中央机关同志们挥手。

大家都喊：“主席，你坐下去吧，河面上风大，站着不安全。”

周恩来隔得远一些，急得直打手势。毛泽东全不理会。指导员薛海玉和汪东兴两个只好贴近毛泽东，若即若离地扶住他。船就这样渐渐离岸，驶入黄河波涛之中。

正在大家庆幸天气晴好、风浪不大，且又没有出现敌情时，突然不远处有一条船上人喊马嘶地惊呼起来，抬头一看，原来是装运牲口的那条船出了问题，一匹枣红色的高头大马，陡然间挣脱驭手，高声嘶鸣着扬起前蹄，一纵身跃入河水中，拼命向刚刚离开的西岸游去，急得水手们赶紧拨转船头去追，一片手忙脚乱。

毛泽东目睹着马和船一前一后在河水中争游，本已复杂的感情变得更不是滋味。这实在是震动人心的一幕！毛泽东低声念着：“马也通人性呢，马是通人性的……”心里暗暗为那匹烈马鼓劲。他真想下个命令，叫船工们不要追了，让那匹马就回到河西，永远留在那块土地上，繁衍后代，生生不息。但是，毛泽东一直没有开口。

远了，陕北的山影、窑门和那些仍在挥着大手的老乡们，那些粗瓷大碗、枣皮上的红皱，那个抱着羊羔的娃娃——他冰凉冰凉的小雀雀，他不知为何没有露面的娘，他那个可爱的小心愿……毛泽东想着想着，不觉眼里涌出一股热意。

黄河东岸终于抵近了。晋绥与陕北虽然一河之隔，毛泽东踏上河东却还是第一次。“第一次”无论怎么说也是个刺激！将来要建设新中国还有多少个第一次呢？仿佛直到此刻，毛泽东才忽然意识到这次行程的意义巨大。

一年多来，粗粗计算，他带着这支几百人的特殊队伍，在陕北黄土沟沟里走过12个县，住过38个村庄，行程相加有2000余里。可是这一次，他却要穿过晋绥大地前往河北阜平县的西柏坡，去和刘少奇、朱德率领的中央工作委员会会合！西柏坡，它虽然也不过是华北平原上一个普普通通的小山村，然而，从那里去往古都北平，只有不足300公里呢！

毛泽东脚底生风、精神抖擞地踏上河东土地。没走几步，迎面过来一个高大身影。不是别人，正是贺老总。

围洛打援老皇历不灵，吃胡看马新主意难定

“主席呀，我来送一程，你不反对吧？”贺龙说完大笑，接着叫人牵来一匹好马（除了眉心有块黑斑，全身棕红，烈火一般）。贺龙指着马自得而又关切地说：“真正的蒙古种，又快又稳。说着，把毛泽东扶到马背上。

毛泽东拉起缰绳，试了试，果然不错，就说：“贺老总相马，没说的！”

贺龙又大笑：“主席呀，你光讲好听的，离开晋绥，也给我们工作作一作指示嘛！”这是贺龙式的谦虚，可在临别的此刻说出来，又确有些真实的成分。

毛泽东收住笑容，转身回望河西，凝神许久，说：“老彭那里……少不得你呀！”

贺龙一听也认真严肃起来：“我是全力以赴。”

毛泽东点头道：“中央前委走了，包袱甩掉了，你们可以放开手脚、大展宏图嘛！”

一点不错，解除后顾之忧的彭德怀，在毛、周、任东渡黄河的第二天，就把这种心情发挥到极致。宜、瓦战役的总结刚一结束，他立刻盯上了胡宗南的延安和洛川这两个据点，下决心再放一个超级卫星。那就是，要么收复延安，让这座历史性的红色首都落入敌手的时间一年为限，也向全世界宣告蒋介石政府所谓“重点进攻”的彻底破产；要么诱歼裴昌会，就像对付刘戡那样。可这是一个兵团、六个整编师啊，相当于刘戡在瓦子街钻“口袋”时兵力的三倍！

这两个计划都是诱人的。彭德怀权衡再三决心选取后者——围攻洛川。洛川位于延安与西安的半道上，洛川一去，延安自然而然就成了悬在半空中的葫芦，就是给何文鼎多长一个胆，他也不敢以孤零零一个师不着天不着地在那里久留。反之，如先攻延安，其工事坚固和地理上易守难攻不说，就是打下来了，洛川之敌仍依托关中，下一步面对的敌人还是铁板一块。而且洛川守敌又只有一个旅，用若干纵队来摆布一个旅，兵力上也占绝对优势。这些还都是次要的，彭德怀看中的是洛川战略地位。一旦受攻，裴昌会兵团肯定不会坐视。裴从潼关北上，黄龙山区是必经之路，可

不可以在那里再给它挖一座坟墓呢？

看上去，一切都是老掉牙的套路。可是，从“三战三捷”开始，胡宗南就永远都是看着火坑往里面跳的。既然如此，不妨再来一次。彭德怀仍以三纵队和六纵队攻城，而以一、二、四纵队到黄龙山区布设“口袋”。然而，毕竟城防与城防不一样。洛川虽没有宜川那么多钢筋水泥，可它坐落在关中与陕北交界处，海拔1000多米高的塬顶上，一览无余。周围遍是陡峭的深沟，隔塬相望，谈笑相闻不能牵手。守敌只要把住了要道口，攻击一方除非插翅，否则就无法越过深不见底的幽谷。因有这个特点，洛川城防副指挥、整六十一旅副旅长兼一四三团团长杨荫寰，就利用沟谷把城防工事一律推到距城8～15里之外。三纵和六纵一气攻了十几天，连洛川城边也没沾着。

彭德怀恼火了，跑到这两个纵队的阵地上，问许光达和罗元发：“我就问一句，是行还是不行？不行就撤下来，拉一边整训去，我让别的纵队上！”这叫什么话？许光达和罗元发受不了这个，狠狠心又攻打10天，还是毫无起色，急得两个司令员恨不得钻地洞。此间，一、二、四纵队在黄龙山区也待得乏味。这个裴昌会可不比刘戡，既不想戴罪立功捞表现，也没有一日三道催命符。胡宗南的增援电报也发了，可那分明是例行公事。因而，裴昌会完全可以保持一颗平常心，把增援行动看作一场大游戏，尽可以用从容欣赏、休闲消遣的方式来复命。所以，他不急不忙、稳扎稳打，白天前进30里，夜里后退15里，而且时进时退，真假虚实，难以分辨，屈指算来，没有一两个月是到不了洛川的。

这仗还要打下去吗？彭德怀冷静下来，跟张宗逊、赵寿山、阎揆要和习仲勋几人商量了一个通宵，拿出一个大胆的行动方案，并报中央军委批准下来。然后，彭德怀决定在杨坡头开个旅以上干部会，把问题摆一摆，听听大家的意见。

摆什么呢？大家心里都明白，头号问题还是没饭吃，数万之众揭不开锅，可不是件小事。不打洛川回头打延安？不行！胡宗南在延安工事方面下了大赌注，不要啃不动骨头崩掉牙，值不得！再说，那里既无粮亦无草，打下来了又如何？还是打晋南吸引人，到了晋南最起码肚子能够撑圆。可打晋南有什么战略目的呢？部队总不能光为吃饱肚子打仗，还得消灭敌人，推动解放战争形势嘛！如果从这一点出发，干脆南下铜川，把裴昌会摆平，那比吃大肥肉还带劲……彭德怀挑了个开场白，就一直埋头看地图。看看意见发表得差不多了，习仲勋捣捣他：“老总，你是不是讲一讲？”

彭德怀缓缓起身，帽子歪歪戴着，双手叉着腰：“肉倒是有一块呀，肥得流油，就不晓得我们敢不敢咬！”这一下把大家胃口吊起来了。动脑子的，使劲琢磨老总葫芦里究竟卖的什么药；不动脑子的就伸胳膊抡腿直嚷嚷："什么不敢？只要你老总有令，打到南京去我们也敢！"彭德怀咧开嘴："敢，那好，我来讲一讲计划。"他走到大幅挂图跟前，用一根手指先敲打一下西安，然后沿西兰铁路向西，经咸阳、武功直至宝鸡，他在宝鸡连敲数下说："这个地方叫宝鸡，唉，莫小看啰，胡宗南的这只'宝鸡'名不虚传啊！它是胡军战略后方的补给基地，吃的穿的和武器装备堆成了山。我们就去搞它一把，怎么样啊？"

有人默默点头，有人振臂欢呼，也有人交头接耳。王震对装备改善产生极大兴趣，说："这下好了，我们营以下干部也可以学学国民党，挂挂盒子炮，玩玩望远镜了！"那时西野部队的基层装备，还是官兵不分的。营长背"司登式"，连长背小马枪，排长背"三八大盖"，背"汉阳造"，基本上没有短枪。彭德怀瞧着王震那个得意样，说："到时仓库一打开，你就挑好的背吧，只要压不垮！"王震掩着嘴嘿嘿笑。这时，彭德怀注意到六纵两位领导不吭不哈坐在一边，闷闷不乐的样子，知道还是为围洛阵地上他那几句高声大语的批评，就走过去咧嘴笑着直呼罗元发和徐立清的名字："怎么，两个人闹情绪啊？"罗、徐低声说："没有。""没有？鬼才信哟！"彭德怀嗔着眼："不要背包袱，打仗嘛，我早就讲过了，胜利了是你们的功劳，打不好责任在我彭德怀。"罗、徐一起站起来：彭总你别说了，我们没包袱，这次没打好，下次好好打。

会场秩序有点儿乱，大家都在发表意见，开口宝鸡，闭口宝鸡，好像真有一只香喷喷的烤鸡端上来了。一直没多说话的习仲勋起身，示意大家安静，然后指着地图说："同志们一定要高度重视这次行动。宝鸡地处陕西关中，是汉中和四川的咽喉要冲，北面的西泾河和渭河之间这一地区，过去叫作西府。自古以来，宝鸡都是兵家必争之地。所以，胡宗南也看管得很紧很紧哩……"张宗逊副司令接上话茬："守宝鸡的头目大家知道是谁？是咱们老冤家徐保！这个人都还记得吧，第一次打榆林咱和他交过手。那时他还是二十八旅旅长，现在升了，当师长了，就是被咱在清涧连锅端的那个七十六师，原来的师长廖昂当了俘虏，番号又给胡宗南补起来了。现在，这个师交给了徐保……"

说到这里，下面一片唏嘘声，纷纷对胡宗南及徐保表示轻蔑和嘲讽。特别是徐保，在胡军里面臭名昭著，西野指挥员谁还不知道他？此人倚仗着是胡宗南的"四大金刚"之一，一向骄横跋扈，蛮不讲理。他又是个地道的泼皮无赖，当团长时，赌输全团的军饷；当旅长又为娶姨太太跟人打破头。可是，胡宗南信任他，就因他是老一师的人，有忠心。如今，徐保升任新组建的七十六师"师座"，更是不得了了，出气都比别人粗！师部驻在宝鸡东十里铺，大后方的感觉和充盈的财物，把这个本来就放荡惯了的家伙，一下子推到奢靡的顶峰。饱暖思淫欲，徐保哪有心思拨弄部队，干脆把宝鸡驻防一应事务和部队日常整训，全盘交给参谋长袁致中执掌，他自己则在西安的通济南坊公馆，每日醉死梦生，非嫖即赌。

彭德怀小声跟赵寿山嘀咕几句什么，重新站到地图跟前："既然大家都认为可干，我下这个决心就踏实了。我们从敌人的夹缝中杀出去，西击西府，相机攻克宝鸡……"话到这里，三纵司令员许光达听出门道："怎么叫'相机'？不是坚决攻取宝鸡呀？"赵寿山副司令起身，用衣角擦擦眼镜，操起浓重的关中乡音说："这一仗是步险子，我们不可太乐观，大家想一想，我们是从胡马夹缝里打出去的，打出去容易收回来难，所以，不可陷得太深，太深了有一定的危险性。"这瓢冷水把大家嘴巴泼没了。野司参谋长阎揆要站起来说："同志们，赵副司令讲得对，战斗纵深阶段攻取宝鸡不作硬性规定，而是视战局发展相机行事，可以避免盲目性，减少不必要的牺牲。现在我讲讲作战预案……"大家纷纷打开小本子。

这次大穿插拟用四个纵队的兵力。许光达的三纵不动，继续对洛川守敌杨荫寰打围攻。突入西府的纵队分左、中、右三路，既各负重任，又相互照应。二、四纵队为左路，由张宗逊挂帅，南渡泾河，夺取永丰、乾县，得手后分兵一部向咸阳佯动，主力夺取武功、扶风、岐山，相机攻占宝鸡；罗元发、徐立清的六纵为右路军，主要任务是抗击可能来援的宁青二马，保证主力侧后安全。战役开始，首先消灭职田、大峪、世店三镇地方武装，然后，强渡泾河，占领彬县、长武、灵台，切断西兰公路；第一纵队为中路军，担负大后卫，首攻旬邑，强渡泾河，夺取彬县、麟游、凤翔，然后协助左路军打宝鸡。

任务一分，各纵队干部围到一堆忙开了。尽管彭德怀几次提醒大家发表意见，也没谁再说什么。习仲勋照例要强调几句政策纪律之类的话，之后，彭德怀干脆宣布散会，让各单位回去传达动员。人都走了，彭德怀心头猛地沉重起来。西府是胡宗南的"黑匣子"，宝鸡更是黑中之黑。诚然，打下宝鸡能解决很多问题，而且胡宗南投入中原战场的兵力及陕西境内分散各地的地方武装，都有可能随之而调动起来，可这毕竟是拿四个纵队去钻胡马的夹缝啊！他知道，过去一年陕北战场打来打去，当面之敌始终只有一个，一旦出现两个——像两次攻打榆林，结果都不堪设想……敌众我寡、深入敌区、远离边区，这都是犯忌的！赵寿山的话切中要害，彭相信那不光是他一个人的意见……彭德怀内心出现用兵史上少有的犹豫。他心事重重地踱出会议室，一抬头，却见罗元发袖手站在那里。

何文鼎蒙大赦挟持百姓保命，许光达施小计半渡而击发财

“么事不走？”彭德怀问。罗元发从袖里拔出双手，正了正姿势，说：“我在等你。”彭德怀问：“对战斗任务有么子想法？”罗元发说：“我们服从野司决定，坚决完成战斗任务！”彭德怀点头：“我知道，打抗击是拼消耗，被动挨打，又没得战利品，部队也补充不了。野司之所以这样决定，是因为你们有抗击经验。保卫延安，掩护中央机关撤退，你们苦战六天六夜，打出了威名嘛！”罗元发一听这几句话，心里暖呼呼的，彭总对六纵还是信任啊！本来，他自己也说不清楚为什么要等彭德怀，现在，他反躬自问：难道就为了这几句话？他觉得自己有点傻乎乎，便不好意思地笑了，赶紧掩饰地立正打个敬礼，说声“老总我走了”，转身就跑。

望着罗元发的背影，彭德怀也情不自禁咧嘴笑了。很奇怪，眨眼之间，刚才心里的那点儿犹豫彻底打掉了。正好阎揆要参谋长过来，彭德怀下意识地挥一下拳头：“干！赶快起草命令，4月16日动手，三路齐发！”他忽然想起什么，凝神片刻，郑重地吩咐阎：“告诉许光达，要他吃一、叉二、眼观三啊！”阎睁开眼睛，有点儿茫然，彭总解释道：“我们一走，后方只有许光达了。他不能埋头围城，还要眼观六路耳听八方，随时注意延安的何文鼎和西安的胡宗南有么子动向，万一……”没说出口的话，彭和阎心里都明白，就是赵寿山讲的，打进去容易收回来难，万一出现这个结局，后方接应就只有指望许光达了。

4月16日，西北野战军3路大军如期出发，北起职田、南至高王庄30多公里的战线上，数万人马踏着月色各自扑向目标。罗元发的六纵表现格外出色，一口气拿下长武、灵台两座县城，继而把西兰公路控制到手中。接着马不停蹄构筑工事，严阵以待马家军。然而左路的二、四两个纵队，却发展得不那么顺利，在乾县耽误了时间，最后张宗逊不得不临机处置，把乾县先丢在一边，改打扶风，再夺取绛帐车站，破坏铁路，然后沿着扶（风）、岐（山）公路直奔宝鸡而去；中路一纵队出发的第二天就占了旬邑，18日又强渡泾河攻下彬县，俘敌少将指挥官赵璋和陕西七署专员兼保安司令乔维森以下1685人。五天之后，连续解放麟游、凤翔。到24日，就赶到了宝鸡城西的千阳河畔。在这里廖汉生同彭德怀通了一个电话。彭德怀问：“你看还打不打宝鸡？”廖汉生理直气壮地说：“为什么不打？我纵先头部队早出发了，恐怕已到冲击出发位置了吧，打吧！”彭德怀一拍桌子：“好，打！”

这么大的声势怎么会不惊动南京！蒋介石忍了七八天，西安绥署愣是鱼不动虾不跳。到第九天，他实在忍不住了，一个电话打到西安，要胡宗

南给他“解释一下”。他哪里知道此刻的胡宗南已是方寸大乱，接到电话手都直哆嗦，“兵力……唉，裴兵团行动迟缓，延安还有一个师……”胡结结巴巴，觉得一句话两句话扯不清楚。蒋介石那个怒其不争的心啊，都能滴出血来！压了半天，才压住火焰，说：“人家都攻到你后院了，还守着延安干什么？娘希匹，宝鸡一丢，我看你日子怎么过！”胡宗南听话听音，心尖尖直悸动，赶忙问：“那就……把十七师撤出来？”蒋介石那边早挂电话了，回答胡宗南的是一长串忙音。

从延安撤兵，这还不如抹了胡宗南的脖子！他放下电话，飞起一脚就踢翻自己的楠木椅，又伸胳膊一撸，将满桌的文电、台灯、电话全部撸到地上，转身触到手边的一只茶杯，不管三七二十一，抓起就往墙上悬挂的那幅“精忠报国”条幅上砸去。“当啷”一声，茶杯成了八瓣莲花，茶水连同绽开的茶叶，从条幅上溅洒下来。这时，秘书赵龙文刚好进来，伸头一看吐下舌头，赶紧又把头缩回去了。但这没有逃过胡宗南的眼睛，当即厉喝：“进来！”赵龙文自知躲不过去，毕恭毕敬地走进来，正要吞吞吐吐地解释什么，胡宗南又是一声厉喝：“滚！”

第二天，西安绥署司令部一位上校参谋专机飞往延安。他像宣布一道特赦令一样，告诉整十七师师长何文鼎：“胡长官有令，整十七师撤出延安！”何文鼎嘴巴张了半天，有点儿不相信自己的耳朵。这件事他是有心没胆地想过多少个日日夜夜呀，吊在半空度日如年的日子终于熬到了头！那简直是一场噩梦，眼见着延榆公路全被共产党军队控制，粮秣、装备的保障一无着落。这远在其次，共产党的敌后游击队，几乎没有一夜不登门“拜访”，特别是近一个月来，官兵已到草木皆兵的地步。就在西野进击西府出发的那天傍晚，清凉山突然枪声大作，何文鼎急令守军紧缩阵地。结果，碉堡给人烧了，库存的手榴弹和炮弹也被引爆。一时，火光冲天，爆炸声连天山响，整个延安城都在震动之中，正在演戏的剧场大乱，演员来不及换装，就穿戴着行头、登着高靴，一口气跑出几十里地！

尽管撤退命令只传达到旅以上军官，但不出两个钟头，连延安街头拉驴的老汉都知道了风声。何文鼎也不遮不瞒了，索性放开手脚引爆仓库，转运米面，给行署官员配发枪械。那些不穿军服的政府大员，从西安赶来做投机生意的大小商贩，以及延安本地一些富户豪门，紧张得一塌糊涂，说走就走，好像共产党会从地底下钻出来似的。有的夫人太太甚至连吃奶的娃娃都顾不上带，生意人的金银财宝也胡乱收藏。当兵的更干脆，枪弹偷偷丢到厕所里，重炮掀下了大沟，机关枪就往庄稼地里塞……非常时期，何文鼎一概睁只眼闭只眼。

因为南京正在召开“国大”，蒋委员长的“高级讲话”中将涉及“国军夺占延安”这一“重要事件”，所以，整十七师撤离的日期不能不往后推。一推推了十天。这十天里，许光达悄然撤出洛川阵地，将队伍作了周密分工，在何文鼎可能途经的道路上，埋下了伏笔。三纵指战员攻城数日，正好有个以逸待劳的喘息之机。终于有一天，何文鼎如获大赦似的上了路。谨遵胡长官之命，他还得到洛川捎上杨荫寰一道南撤，因而第一站走得还算从容，而且充满一点儿人情味。被围攻一个多月的杨荫寰，见到何文鼎恨不得趴在地上磕头。虽然只“恭候”了一个小时，却也有望穿秋水之感。两人合计，不走黄陵、宜君这条常规返路，而从洛河以东绕到白水与澄城之间再渡洛水。并且为防夜长梦多，一分钟也不在洛川耽搁。

许光达站在洛川城南交河口附近一座山上，从望远镜里看着何、杨大队人马出洛川不往黄陵，而掉头槐柏，不禁哈哈大笑。他早料到何文鼎会玩这个不依“常”而依“诡”的把戏，洛河两岸都布下机动兵力。何、杨就是沿洛河走到渭河，也逃脱不了这个天劫！想到这里，许不禁生出无限感慨。战局发展如此之快，真是谁也没有料到，由被动变主动，由防而攻，战场上的这份感觉，甚至令人猝不及防。曾几何时，遍地都是青天白日、固若金汤，仿佛一夜之间全都如泥委地，真是兵败如山倒啊！像何文鼎这样的将级军官，过去出入官邸是何等威仪和城府高深，而今一纸撤退命令，还不就乖乖地如惊弓之鸟、丧家之犬，那些心高气盛的延安守军，如今也放火、打劫，无所不为。更不用提靠巴结、奉迎过日子的土豪官员们，个个如丧考妣。往日费了多少心机才聚敛到手的金银细软和姨太太们，此时却成了吞又吞不下、吐又吐不出的赘物！倒是一文不名的老百姓被视作救命稻草，何文鼎撤离延安时，拿出浑身解数，软硬兼施，强行拉来了2000多名老乡。现在，何的十七师加上杨荫寰三个旅的兵马，以及两地百姓，会合起来少说也有3万多人。行进队伍是军民混杂，熙熙攘攘，这给许光达下手增添了很多困难。

队伍大了，何文鼎也有招呼不动的苦衷。快到洛河渡口那天，赶了70多里来到一个叫史家河的小地方，突然发现掉在屁股后面的炮兵不见了，空军侦察亦不见踪影。苦苦挨到第二天清晨，三纵人喊马嘶杀进史家河时，何才迷迷糊糊猜出几分底细。无奈当时两军抵面交手，横竖出不了拳，何文鼎纵有自以为是的那点功夫也顾不得施展了，抱头就往洛河岸边找浮桥。一看，满河浊浪，滚滚而去，哪里有浮桥的影子。他立刻明白共产党军队已经先到一步了。待要临时架桥，又发现舟桥部队去向不明。

许光达怎肯放过这一天赐的歼敌良机？不等何文鼎脑子转弯，追兵立逼，杀声震天！何文鼎看看抬着武器车辆徒涉是不行了，唯一出路是东走澄城，南下大荔，绕个更大的圈子回西安。他刚要举步，一架飞机从头顶上丢下胡长官的指令，说后面有骑兵追杀，命他们强渡洛水，并说对岸的白水县有援兵接应。何文鼎双眼一闭，听天由命吧！煮饺子似的一河尸漂就注定了。许光达不痛不痒地追了数百里，一直没敢大打，就是不忍心伤害夹在队伍中的无辜百姓。何文鼎和杨荫寰这个便宜占得不小！然而，客观上说，这又上了“虚留生路”的用兵之道。于是，眼前这条洛河便给许光达创造了一个“半渡而击”的绝妙机会。

生死予夺，许光达更加小心翼翼地把国民党军人与普通老自姓区别开来。他甚至要求部队：宁可少消灭一个敌人，也尽可能不伤害无辜。这又让何文鼎捡了便宜。枪林弹雨中他九死一生让勤务兵保护着总算爬上了南岸；回头一看，13门山炮、2门重炮、8辆坦克、48辆载重汽车、7辆美式吉普车以及小山似的被服和弹药，还都留在北岸，不禁拍屁股跺脚心疼。一大片落汤鸡似的残兵败将围在他身边。杨荫寰已经下落不明。与河里漂的成百上千人比，又庆幸自己命大。何文鼎忽喜忽悲地拟了一份电报，请胡宗南派飞机把对岸的重武器装备和物资通通炸掉，不要留给共产党军队。正当他翘首云端盼望飞机来临时，胡宗南一道命令下来，将所有侥幸活命的官兵个个吓得面无人色。

一二纵破宝鸡满载速撤，教导旅受围困蒙受重创

蒋介石怒气冲冲降临西安。这是三个月内他第二次西北行。胡宗南背上的包袱比撤离延安本身还要沉重。恰恰就在这个时候，那个像水鬼一样爬上洛河的何文鼎报告说，大批坦克大炮和汽车等物资，丢在洛河北岸要求空军去轰炸。“岂有此理！一群废物！”胡宗南在刚刚收拾出来的办公桌上打雷一般地捶着：“传我的命令，叫何文鼎回去把东西夺回来！要是夺不回来，通通把他们送上军事法庭！”

后来的事实证明，这不过是句气话，同过去胡宗南紧要时刻那些吹泡泡似的气话，没什么两样。何文鼎隔了没几天就回到西安。那时蒋介石还没走。这位不自量力的老先生居然念及在延安时同蒋握过手、蒋问过他一句“住在那里身体好吗”的话，就想入非非，希望还能重获眷顾。结果，蒋介石从他面前走过去，连眼角都没有扫到他。一个鸡毛师长，蒋介石认识他是谁呀！反过来想一想，幸亏老蒋没把他当回事，若知道他就是那个光撤退就丢了将近1万人队伍和大批坦克大炮的主儿，恐怕就不仅是撤职查办的事了！可见，胡宗南还是头护犊子的牛。把蒋介石扶上飞机之后，他狠狠地瞪了何文鼎一眼，说：“这下好了，共产党军队从今往后，有坦克了！”何文鼎头垂在胸前，声音像蚊子哼一样：“卑职知罪……”

何文鼎知罪，许光达发了洋财。大炮和汽车，战士们不新鲜，坦克可是稀罕物，爬上爬下叮了咣当，谁也不会摆弄。许司令员过来了，笑嘻嘻地跳上炮塔，几手一耍，把门给打开了。战士们“嗬”起来，在下面跳着

乐着，又拍巴掌又欢呼，问司令员啥时学会这一手。许笑答：“过去在苏联学习时，摸过这玩意儿……”话音未落，只见坦克塔门里爬出一个四五岁的小男孩和一只逗人喜爱的巴儿狗。许光达乐了，嘿嘿笑着把孩子和狗抱出来。一了解，才知小孩是国民党十七师副师长的宝贝儿子。小家伙一脸惊恐，满脸油垢，许光达连忙吩咐警卫员给他好好洗一洗，搞点吃的。又叫司令部参谋到收容的国民党军家眷中，寻找孩子的母亲。

在三纵指战员围绕几十辆汽车坦克兴致勃勃的时候，远在西府的宝鸡城里，正掀开惊天动地的一页。何文鼎撤离延安的当天，彭德怀就把这个振奋人心的消息转达给激战中的一、二、四、六纵队。这股东风可了不得。虽然党中央已经东渡而去，可延安毕竟是延安啊！国民党的败象、胡宗南的短命，通过这件事活生生地展示在指战员面前。大家把劲都铆在刀尖上，25日断然包围宝鸡。当夜一、二纵队突然攻城，枪炮打了半天，徐保都不相信：“怎么可能？共产党军队怎么可能来得这么快？”

徐保是在一天前才匆忙赶回宝鸡的。一到师部即和参谋长袁致中、宝鸡警备司令刘进商讨对策。刘进一个劲地强调兵力不足，希望撤到宝鸡以南宝成公路的秦岭上占领要地，抵御共产党军队。徐保给他一顿臭骂。徐制定出若干条部署，力主以现有兵力竭力死守。当然，这也是胡宗南的意思。胡在电报中一面下令死守，一面承诺援兵即刻就到。这让徐保铡死了一颗心。本来，他边对刘进说难听的话，边已将自己的行李捆好、吉普车加足了汽油。现在，胡宗南已有明示，他只能与宝鸡共存亡了！

徐保的感觉是对头的。一个“快”字，就是彭德怀攻取宝鸡的核心精神。战斗发起前，彭总就对张宗逊嘱咐：“要速战速决！进攻要快，打扫战场要快，撤离要快！”这一“快”，把徐保搞蒙了。在他的印象中，共产党军队围城一般都得清理外围，构筑工事，然后四城进发。因为弹药不足，打炮很有节制。怎么这次一上来就炮火打个不停。城区所有火力点、碉堡、制高点全都抬不起头来。第一个浪头，守城敌军就吓趴了，许多据点上的敌官兵不战而逃。刘进手下那个保警大队二话没说，立即缴械投降。到第二天早上，整个战斗就大头朝下，剩下街区巷战了。

这个局面也是徐保没想到的，师部不得不转移到地势较高的金台观。这地方低头便可通览宝鸡全景。徐保一看，全城已经到处是共产党军队，其数量少说也多于他那个老虎架子的七十六师十倍！而胡宗南夸下海口的“援兵”又迟迟没有消息。这下他着了慌，脸上立马呈现猪肝色。可巧，刚从西安开来的铁甲列车队长进了一言，说要是把师部迁移到装有小炮且弹药充足又有三天给养的铁甲车上，可以凭借铁路，指挥自如，又能确保安全。徐保喜出望外，立即采纳。他万万没有想到，这一上去，就爬进了坟墓。

几小时后，“指挥自如”的铁甲车被包围在车站内。解放军将车下塞满了一点就着的干柴并浇上汽油，然后喊话："如不投降，就要炮轰火烧了！"车内的徐保给胡宗南发了一份"效命党国"的电报，后在别人劝说下又准备逃命，让参谋长袁致中守车指挥。袁流着泪说："我的家小都在西安，日后务请师座关照……"谁知徐保大发雷霆："革命军人还怕死？！你走，我来坐镇！"就在这时，解放军失去耐心，只听"轰"的一声炮响，徐保倒在车里，浑身是血。

前后20多天，胡宗南损兵折将，死一个刘戡，死一个严明，又死一个徐保。西安城里沸沸扬扬传出一副对联："刘戡戡内乱内乱未戡身先死；徐保保宝鸡宝鸡未保人已亡，"横批是："杀身成仁"。徐保后来也葬到西安翠华山，与刘戡、严明身首相抵。据说蒋介石晚些时候去西安还专门登山祭奠了他们，并对随行者说："我们今天还能在这里祭奠他们，如果你们不努力作战，恐怕我们死后，就没有人来掩埋，更谈不到祭奠了。"

老蒋这话明显流于肤浅。他恐怕到死也没有搞明白，他数百万"武装到牙齿"的"国军"究竟是什么原因输给了那些身上长着虱子的土八路，仅仅怪他的将士作战"不努力"吗？这一点，只有留待比我们还有以后的后人去评说。我们现在要说的是26日黄昏宝鸡平静下来之后，一、二纵攻城部队城里城外就地休息。他们一律在野外和屋檐下做饭或啃干粮，不进民房，晚上就露宿街头，丝毫不惊扰老百姓。宝鸡的老百姓开始不敢上街，渐渐的，有人站在远处看，胆子大的，靠近部队聊起来。说："你们部队纪律这么严明，难怪打胜仗！"解放军就趁机宣传："我们是老百姓的队伍，讲'三大纪律八项注意'，跟国民党部队是两码事。"消息不胫而走，到4月28日早晨，解放军撤离宝鸡时，老百姓已经拽着指战员的衣袖不让走了。

宝鸡储存的弹药差不多足够西北野战军用上两年，还有整车皮、整窑洞的粮食和布匹。可惜部队仓促撤离，来不及全部运走。彭德怀下令，全体指战员和俘虏，能带多少带多少，骡马以最大的驮载量满载枪炮、弹药。所有官兵，每人必须背一捆咔叽布或一发炮弹。此外，打开粮仓、布库发给老百姓，让他们能扛多少扛多少。实在处理不完的物资，只好连同军火仓库、兵工厂一起炸掉。顷刻间，宝鸡城里隆隆巨响，胡宗南苦心经营多年的补给基地，化为灰烬。

现在就得考虑赵寿山所说的"收回去"的问题了。部队远离陕甘宁地区，当然应力避较强的胡军11个旅，而相机歼灭兵力较小的"青马"八十二师马继援部。彭德怀的想法刚刚成形，奉命在扶风和青花镇一线抗击裴昌会第五兵团增援的四纵队突然全线溃退，钟松的三十六师和李振的六十五师一马当先，潮水般涌了过来，直逼虢镇和凤翔。一、二纵队顿时陷入侧水侧敌的困境，形势万分危急。而此刻，右路六纵又紧急报告，

“青马”八十二师已攻陷长武、彬县，有超过六纵五六倍兵力的队伍，正以四个蹄子的速度由西北方向疾驰而来。

怎么办？虽然事先有所防备，但马家军如此兴师动众（后来知道居然前后赶来三个骑兵师、两个步兵师）和四纵防线顷刻溃散，仍是彭德怀思想准备不太充分的。眼下已不是“收回去”的问题了，唯一办法就是背靠前，相对集中，抱成团。彭德怀下令：一、二纵立即破坏无法转运的物资，火速向千阳地区集结，视情在千阳、华亭、灵台、麟游一带建立新的根据地。然而，钟松和李振从凤翔、陈村一步跨过来，挡住了去路。情况异常被动，野司和一纵卡在夹板中间，动也不能动。只有二纵有条件扛这块夹板。独四旅和独六旅立刻死死咬住关键性地形——柳林一线不放，任凭钟、李两师炮火、飞机狂轰滥炸，坚决不撒手。两天拼杀下来，二纵损兵400多人。所幸的是，野司和一纵脱离了险境。

“新根据地”的设想已不可能实现。彭德怀一番权衡，决定仍坚持摆脱裴昌会，集中兵力吃马继援，北上陇东。谁知就在此刻，先头担负掩护任务的六纵反被马继援一刀两断，教导旅（欠一个团）被包围在镇原东边的屯子镇。彭总大惊，亲自指挥救援。可此刻，独一旅在屯子镇西南20公里处，被敌人的飞机盯上了，一时半会儿周旋不开；后卫三五八旅也让李振六十五师切成两半；四纵自防线被突破后，东一榔头西一棒子连续转移阵地抗击，此时又联络不上；而二纵的麻烦更大了，他们在荔镇、萧金镇突然遭到马继援骑五团、甘肃保安团和钟松重建的三十六师、马继援骑一团的四路人马南北夹击，自身应接不暇。

教导旅被困部队可吃苦头了！屯子镇弹丸之地，方圆几百米，老百姓早跑光了，没有一粒米一滴水。他们靠喝马血、吃马肉熬时光，病员和伤员都在急剧增加，营团干部也牺牲了好几个。马家军一炮接一炮打在那么小的地盘上，被困指战员无处藏身。六纵部队本来就很疲惫，从围攻宜川、洛川以来，连续血战，一直没有得到休整，像被困的二团，三个营的架子，凑起来不过一个营，实在经不起拖。当然更重要的是主力在此裹足不前，后果不堪设想。

彭德怀下令：教导旅全力突围！这是一次惨烈的行动。经过精心组织，部队趁着夜色分成几拨，分别由纵队和旅团干部率领，冲出包围圈。不便带的武器不得不含泪炸掉。一些重伤员为不拖累部队，纷纷在自己怀里拉响手榴弹，或是把枪口对准自己太阳穴扣动扳机。出发前，罗元发和关盛志、徐立清、陈海涵等纵队领导，不得不从大局出发，与坚持不走的重伤员及一具具战友遗体挥泪而别。他们刚刚突出镇子，就听到身后一声又一声悲怆的口号和凄厉的枪声，“共产党万岁！”“毛主席万岁！”“哒哒哒哒……”谁的心里都明白，这是伤员战友在与马匪同归于尽。这声音刻在他们心头，终身难忘！

为了配合突围，教导旅分割在外面的一个团冲进镇子接应纵队和旅机关，新四旅和好不容易摆脱了敌机的独一旅，迅速在外围马家军身后展开，对敌实施反包围。马继援心虚了，这才打马撤离。部队重新冲进镇子，只见所有的伤员全让马匪残暴地杀害了。这些惨无人道的家伙，竟然用刀割去死者的生殖器，塞进他们的嘴里，有的还用五马分尸……罗元发和徐立清第二天中午在一棵小树下见到彭德怀，眼泪止不住地簌簌直流，一句话也说不出来。彭德怀拉住他们的手说："这是为胜利付出的代价，不遭到这一次失败，就不是这个代价了！"

5月6日晚，胡、马大批部队正在乌云一般聚过来，形成合围之势。彭德怀立即命各纵，不失时机地交替掩护，分秒必争，东渡泾河。可这时二纵却还搅和在群敌之中，进退两难。要打，敌我悬殊太大，没有取胜的把握；不打，一旦敌人占领荔镇和萧金镇，南北接上气，我军主力东进求生的道路，就给堵死了。整个西野参战四个纵队，就会陷在屯子镇、西峰镇和泾川地区，危在旦夕。这一情况，走在后面跟一纵一起的彭老总，并不是十分清楚。

负责具体指挥的张宗逊急坏了。与彭总商量已来不及，且联络也不方便。便想起直接与中央军委联络，但又觉得不合适。最后还是找到纵队和各旅主要领导碰了一下头，才果断下令，改变原部署，以独六旅、三五九旅，在荔镇方向坚决抗击钟松第三十六师；独四旅主力，继续围攻萧金镇的敌人，另外，再以一个加强团抢占荔镇与萧金镇以东一个叫"三不同"的地形，在那里构筑工事，保障野战军主力东进的道路。这样，彭总交替掩护东撤的计划，才算付诸实现。

5月12日这天是个阴天，分不清早中晚，后卫三五八旅依托一道低坎打退敌人约一个团的最后一次冲击。马蹄声渐渐远去，余秋里对黄新廷说："撤吧，狗日的们不会再来了！"话刚说完，身后上来一支队伍。一问是关中军分区的游击队。告诉说：再过30里就是马栏了。"你们撤，敌人来了我们有办法对付！"黄新廷也不客气，就撤。天快黑时，前面传下口令，说彭总在路边等他们。不一会儿，黄新廷和余秋里见到了彭总。彭问："没事吧？"黄说："没事，关中分区游击队在前面。"彭说："估计敌人撤手了，不过今晚还要加强警戒。"余说："放心吧老总，你也好好睡个觉。"彭阴着脸："这仗没打好，问题很多，要做检讨……"

五、大荔以北的冬季

回眸西府彭德怀痛打板子，明察秋毫贺老总情责军棍

从白水县到洛川的土基镇，80公里开外。贺龙和林伯渠、许光达骑在马上，走一路聊一路，一天时间过得很快。

贺、林是月初到延安部署工作之后，专程赶到驻在白水的三纵，来参加纵队党委扩大会的，帮助纵队党委总结前一段作战的“美中不足”。会上，贺龙讲了一大篇话，对个别旅的干部不团结问题，批评得很严肃。他说：“打仗嘛，赢就有经验输就有教训，要认真总结、虚心检讨自己嘛，不要怪张三李四，埋怨这个埋怨那个。要我讲，这就是军事素质、政治水平不高的表现！这个问题不解决，你的战斗作风也顽强不到哪里去！”许光达对这番话评价很高，一路上都在讲“良药苦口”。贺龙说：“我们的同志苦惯了，所以我贺龙苦口的话，能吃得下。”他用冒烟的烟斗朝许光达点了点：“再不改，下次我还要骂哩！”

林伯渠就欣赏贺龙这个风格，率真，有性情，而且爽利得很。他觉得贺龙的魅力就在这里，不做作，光明正大，也没有什么可做作。他甚至认为“这是党内处理同志关系的典范”。贺龙解释：“国民党大官我也做过，就是面子上一套行头，暗里勾心斗角，没啥子名堂，我不喜欢那一套。那些个恶习，我们共产党莫搞它！”说完哈哈大笑，一身威仪，却偏偏透着亲切。许光达每每看在眼里，想：所以贺龙的朋友多呀，可交，好交，上至毛泽东，下至给他拉马铡草的那个马夫。得闲时，他可以往马厩旁边泥巴地上一盘腿，招呼说：“老伙计，马料拌好了没？我们来一把！”边说边在地上用小树枝画出方格棋盘，摆上小石子。一转眼军机大事来了，他又可以端坐到最高司令部，生杀予夺，

或者跟毛泽东、朱德、周恩来他们谈蒋介石、谈孙中山，也捎带天文地理，什么都不怯。这就让许光达回忆起湘鄂西时代。那时许作为中央代表和孙德清（孙一中）一道被派进洪湖，在贺龙手下当红军师长、团长。就听洪湖地区的老百姓风传，一个段德昌，一个贺龙，两个人都是龙，段称“火龙”，贺称“水龙”。

提起这一说，贺龙收起了笑容，猛吸几口烟，自言自语：“那是吓唬国民党的！”停了一停，他心情显得沉重：“老百姓可怜哪，没啥子靠山，要我们当他们的靠山。他们希望我是一条龙；可在革命队伍里，我算个啥子哟！”许光达说：“群众这么说也不错，龙要有水才能腾云驾雾嘛，人民群众和队伍不就是水吗！林老你说呢？”林伯渠是党内著名的“五老”之一，德高望重，学识渊博。贺龙和许光达刚才一番话触动了他。他轻轻捋下银白的胡子，说：“在我们中国传统文化中，龙是至高无上的。我觉得，这里讲的是个境界问题。龙要吐纳天地真气，腾跃于江海之中，海纳百川，江行万里，龙的胸怀就有这样大！”

“啊呀，好见解呀好见解！”贺龙笑着在马上和林伯渠打拱说：“我差得很远，要努力呀……”说完大笑。就这样不知不觉，土基镇已经到了。彭德怀、习仲勋、赵寿山、张宗逊、阎揆要等西北野战军领导同志，都跑到镇口来迎接，大家纷纷道辛苦，贺龙打着哈哈：“春暖花开的，骑在马上摆摆龙门阵，辛苦个啥子嘛！”他说着脱下帽子，解开腰带，乐呵呵的，显得精气神十足。见彭德怀站在面前，就说：“彭老总啊，这一拳出去，蒋介石可是够受的哟！”显然，他指的是西府战役。彭德怀只是勉强咧咧嘴。看得出来，他心里有事。

第二天，以总结西府战役为意旨的西北野战军第二次前委扩大会，在土基镇召开。贺龙和林伯渠风尘仆仆地赶来，就是为了出席这个会。出发之前，贺龙就了解到这次战役中，王世泰的四纵表现不太好，不大听招呼，致使全局受到影响，出了几次险情，就准备过来好好敲打一下。当晚，他和张宗逊、阎揆要以及赵寿山简单谈了谈，发现问题不止这些。西府战役歼敌2.1万，扩大和巩固了解放区，开辟了麟游新区，把战争推向国民党统治区，为下一步发展进攻创造了条件。但在作战过程中对胡、马之间有矛盾又有共同点这一本质认识不足，部队受到些损失。有的干部借此埋怨彭德怀战役决心有错误。这使贺龙非常恼火。

作会议报告时，彭德怀就自然而然亮出高姿态。他是个实在人，不喜欢兜圈子，要求别人做到，自己首先做到。平常对人严格，那是因为他对自己的标准很不一般。于是，在谈到西府战役自身问题时，他声音洪亮地喊开了：“宜瓦大捷，我们思想上都骄傲轻敌了！对困难估计不足，对胡马之间的矛盾也看过了头，战役指导思想上，就犯了若干错误。这些、我应负主要责任……”

会议是选在镇外一个打麦场上开的。雨后时间不长，气候也暖和，在麦场的裂缝中，旧年遗落的麦粒一颗一颗都已发芽，一嘟噜一嘟噜冒出寸把长，绿油油的，招人喜爱。有人扯出一根放在嘴里轻轻嚼着，有丝丝甜、丝丝清香，也有丝丝很淡的涩味。

大概是因为激动，彭德怀一把抹掉帽子，露出新刮出来的光头。他顿了顿，以手指敲着光头：“我的马列主义学到哪里去了？看问题就是不能像毛主席那样辩证，不能站他那么高，看他那么远。就晓得胡马两家有矛盾，可他们反共是一致的嘛！赵副司令提出了警告，老实讲，我也没有引起重视。对于裴昌会，也是知其一，不知其二，只晓得我们围攻洛川时，他的外线增援小心谨慎，八个旅日行十多里，不晓得他换成内线增援面貌大变，十二个旅日行一百多里呀，途经我军占领的城市，毫不理会，不留一兵一卒，全力增援主要方向……我一个指挥员，战略分析不深不透，犯这么大的错误，应负重要责任，我作检讨，大家给我批评！”

这么一顿重炮砸下来，大家心里都有点儿发蒙，会场鸦雀无声。彭德怀从象征主席台的那张条桌后面站起来，朝台下人群扫视一遍，说：“现在，我要讲一讲部队的问题。”他的目光找到了四纵司令员王世泰：“你这个王世泰是怎么搞的？”王世泰低下头，高架子的身板有点佝，嘴里嗫嚅着什么。彭德怀撇开王世泰，目光又转向政委张仲良：“张仲良，你这当政治委员的说说。”张仲良似有一肚子怨气：“我这个政治委员有什么用啊！”他鼓着腮帮子话中有话。这下把彭德怀引爆了：“你当个么子政委，我要撤你的职！”他绕到条桌前面，说：“告诉我，你们哪个守的西峰镇？”王世泰答：“警三旅。”彭德怀吼道：“黄罗斌！”目光在四纵干部群里急速寻找。警三旅旅长黄罗斌在人群中“噌”地站了起来，脑门耷在胸前，大气也不敢出。

彭德怀吐了一口气，复又转回桌后的原位，但仍旧不坐，脸上呈出绛紫色。他再次将目光猛地投向王世泰：“我命令你们掩护一纵、二纵打宝鸡，你们的行动磨磨蹭蹭，根本没有抓紧战机歼敌嘛！战役初期，你们完全可以利用敌人分散、逐次增援的机会，在常宁和临里镇狠狠打一下，可你们打了吗？没打！白白错过歼敌机会，你们说，这是为何？！”他停下来，徐徐转移视线，目光投向直挺挺的黄罗斌，回头又说西峰镇：“在扶风抗击中，屯子镇的抗击中，你们没有一次完成了所负的战斗任务……郭应春！”

警五团团长郭应春应声而起，毕恭毕敬。

彭德怀眼里喷着火焰：“你黄罗斌，你郭应春，打的什么仗，嗯？打滑头仗，敌人来了你们跑了，躲到太平镇，差点弄我个全军覆灭呀！我撤你们的职，我要……”

彭德怀的右手下意识地按在腰际的手枪上，好半天，变成拳头，狠狠砸在条桌上，“砰”一声，所有人都紧张得竖起汗毛。

彭德怀慢慢收回手，将它背到身后，又提到一纵。贺炳炎和廖汉生心里面直敲小鼓。彭总的声音平和了一点，但口气还是硬邦邦的，他说：“一纵在西府战役中是坚决勇敢和迅速的。”贺、廖心头一块石头落了地。“但是，”彭德怀突然目光尖锐地盯着贺炳炎和廖汉生说，“5月6日配合六纵夹击屯子镇外围之敌，耽搁了时间，行动迟缓。5月11日在公和塬转移过早，影响了野司的部署调整！”

廖汉生坐不住了。这两件事都是因为电话接转差错，把彭总的意思理解反了，并非故意后撤。他感到很委屈，要站起来解释。但这时，参加会议的林伯渠、贺龙及王维舟、习仲勋等人，都把目光投向廖汉生。那些和蔼的微笑中包含着理解、信任，也有提醒他克制的意思。尤其是贺龙的目光，廖汉生是最熟悉、最能读懂的。彭德怀不管这些，继续说他的话：“你们想过没有，我们的粮食在哪里？边区的粮食又在哪里？没有粮食，就算退到延安，也不会安全。再退，就退到黄河里去了……”听到“退”这个字眼，廖汉生克制不住了，他站起来打断彭德怀：“我纵在敌人面前从来没有退却过，这一次不是有意识的……”

这时，只见贺龙不急不忙地站起来。他将空烟斗往桌上一拍，毫不客气地打断廖汉生：“我来讲两句！首先我要说一说你们对待批评的态度……”廖汉生呆站片刻，准备坐下去，刚弯下腰，就听贺喝道：“不许坐……站着入耳。”廖便不坐。贺龙接着连续点了几个人的名字，说：“都给我站起来！”于是会场上站起一大片。贺不说话，却拿起烟斗去装烟。装满一锅，点着吸了一口，从嘴和鼻孔一块儿呼啦喷出来，这才又开口说话：“本来，打仗哪能没得输赢？战场上出点小岔子，也是常情。可是，思想不能有问题，人为的错误就不能有！我听说，有人对彭总的战役决心产生怀疑，岂有此理嘛！乘胜进攻宝鸡，破坏他的后方，削弱胡军的力量，迫使胡把延安拱手相让，彭总这个决策很有魄力嘛！”贺龙拍了一下桌子以加重语气，并从条桌后转出来说：“大家都看到的，围洛打援，人家不上你的套，我们没饭吃，无路可走。在这种情况下，只有往西南打，才能改变现状，调动胡宗南的部队，这个行动方针是完全正确的，我是赞同的，军委也是批准了的！”

说到这里，贺龙走近桌子，端起一碗水喝了口。旁边的林伯渠小声说：“让同志们坐下来吧！”贺龙哼了一声，但却没让坐，接着说：“事实证明，我军西府行动虽然增加了伤亡和减员，但也获得了敌人不少武器弹药，缴获了许多坦克、大炮、汽车等重装备，而且收复了延安和洛川。

特别是收复延安，对全国、全世界的影响都很大。”他吸了口烟，把更多说理性的话省略掉了。“总之，这次战役行动非常正确，如下面能很好实现彭总的决心，会打得更好！”显然，这句话又使他想起什么，说：“你四纵没有按毛主席指示去做嘛，你们不是把两个旅的力量集中起来，而是分散使用，这是轻视敌人。我个人认为，应由主要领导负责！这几年，边区和平生活环境对个别同志起了副作用，干部犯有严重错误，也不严肃批评教育，结果，使他们犯了更大的错误……”

胡宗南机动防御出新招，冯原镇钟松逞能蹈覆辙

过了几十年，贺龙的这番话以及土基镇麦场那一幕便成了经典。一位情境中过来的老同志说：“贺老总叫站起来，哪个敢不站啊，老总是我们部队的一面旗子嘛！”彭德怀有次在中南海怀仁堂开会，谈起往事，情不自禁对贺龙说：“你领导的晋绥部队真是好啊，能打仗，听指挥！”贺龙哈哈笑，说：“都是好钢，但不敲打不行。”贺龙是个粗中有细的人，会上敲打过后，散会时，他叫一纵干部留下来。彭德怀、林伯渠、王维舟、习仲勋都在座。贺龙表情严肃地说：“一纵打得不错，工作有成绩，作风纪律也比较好，连着受了一些表扬，可这就能够骄傲啦？！听不进批评啦？！我要狠狠敲你们！乱弹琴！”

彭德怀批评人过于严厉是有名的。对此，直接打交道的指挥员都有点儿看法，嘴上没有说出来，廖汉生借这个机会放了一炮。经贺龙一敲打，廖作了自我批评，但他最后说：“彭总，我们对你的指挥由衷地敬佩，可你的威严……有点儿受不了！”当面这么一说，彭德怀倒笑了：“我的工作方法是有问题……缺点不少。”“你批评是对的，可你开口骂人，别人就对你敬而远之了。”这些话彭德怀第一次当面听到，也是最后一次听到。所以他对一纵的感情很不一般。

为了帮助一纵干部正确认识批评、认识彭德怀，林伯渠也谈了谈意见。他说起话来慢条斯理，笑眯眯的，让人听着格外舒服。他说：“中国有句古话，叫作‘有威可畏，有德可怀’。彭老总正是这样的人！你们不要光看到他的严厉，看到‘有威可畏’的一面，同时要看到他‘有德可怀’的一面，他的‘威’正是他‘德’的一部分。你们愈是了解他，甚至受到他的批评愈多，也就愈能深刻地感受到这一点。德怀，德怀，有德可怀嘛！”这些话语重心长，深深刻在一纵干部们心中。此后，他们对彭德怀更加敬重了。

做完一纵的工作，贺龙又去了四纵，和王世泰谈到深夜。回到住处时，已经很晚，见彭德怀的屋里还亮着灯，就跑过去敲门。两位老总一

见面，三句话不离本行，一聊就聊到战场形势。自从宜瓦战役之后，胡宗南的兵力锐减。他既要守备潼关以东地区，又要应付来自西北野战军的压力，不要说主动进攻，就是把关中平原的要点都防守下来，也有捉襟见肘的感觉。于是，他煞费苦心地出台了一个“机动防御”的战略。彭德怀说：“什么‘机动防御’，还不就是以城镇为中心，做大面积的工事，搞成一体。”贺龙看着地图上数百里密密麻麻的战术标记，皱起眉头：“德怀，这倒是个新问题。不过我想，摊子铺得这样大，漏洞总是有的。杨七郎一身都刀枪不入，还有下巴底下那块要命的肉痣嘛！老办法，把它交给部队，开诸葛亮会。”这个意见点亮了彭德怀，部队按计划接下来正好有段整训。他咧嘴笑道：“好，搞它一个夏天再讲！”

不能不承认，胡宗南的机动防御有其独到之处。他充分利用渭河北岸三原、蒲城、大荔这三个重镇的地势险要、城高墙厚和交通便利等优长条件，建构起三个稳固的中心据点。然后，以点带面，在三镇之间100公里范围内，广泛而成体系地构筑工事，集结主力，或东或西、或攻或守，相机应付。这样既避免主力分散，又巩固了西安外围，也便于屏障关中平原。有适当机会时，还可向澄城、合阳、铜川和耀县两线扩张。就当时胡宗南的兵力情况来说，这的确不失为一个一举多得的万全之策。怪不得蒋介石在国防部公众场合夸说他“挫而不失其志”。

胡宗南之所以还有“其志”，仍源于他手中握有的军事实力。虽然在防守兵力方面，他有点力不从心，但从数量比例上看，到目前为止，他还是“瘦死的骆驼比马大”。仅“机动防御”区域内，他就部署有整一师、十七师、三十六师、三十八师、九十师，以及后来加入的整六十五师、七十六师。如果需要，他还将随时调入整三十旅、一三五旅。尽管这些所谓的“师”，差不多全是割韭菜一样灭了又补、补了又灭才保存下来的番号，但因为蒋介石倾斜的态度，总共还有7万到10万实实在在的兵力。这个数字在整个西北地区总兵力中就要占到四分之一了！

贺龙与彭德怀谈到这一点，心里都没法轻松。当时，西北野战军一、二、三、四、六纵队，加上野战军直属队，总数才6.8万人。就是把地方主力两个旅、8个军分区的3万人也算进来，还是超不出10万兵力。显然，正儿八经的阵地对峙，还不具备条件。集中优势兵力分割包围、拣弱的打，运动中歼敌这些传统战法还不能丢啊！根据中央军委计划，解放战争第三年，西北野战军必须解决12个旅的敌人，才能有效地牵住胡、马鼻子，在全国战局中显示价值。

彭德怀肩上的担子不言而喻。他说：“我就怕胡宗南不动，只要动，我就有办法。”胡宗南不可能不动，感觉好一点，他就要动手动脚。他背上的东西也很重。要体现“机动”的战略思想；要给马家军和邓宝珊作出

"积极"的姿态，发挥表率作用；要让蒋介石看到他的"不失其志"；更重要的是，要扳回老本、扳回面子！想当初曾有动议要把延安改成"宗南县"，那在国民党大员中是个什么感觉啊！现在，说丢就丢了，好像丢一片纸屑，简直是奇耻大辱。而共产党军队方面，限于兵力，延安甚至没派部队把守，而随意放在民兵手中。胡宗南想，得从头做给世人看一看。他不甘心寂寞。

5月下旬到7月下旬整两个月时间，趁西野部队整训的机会，胡宗南做了几个不同凡响的铺垫。首先，他下令整三十八师和九十师等部队，以突然袭击的方式向西野驻地发起进攻，连续占领澄城、合阳、白水。接着便是"扫荡"关中军分区。之后，又攻占旬邑、马栏等一些地方。到7月底，胡宗南下手搞大动作了，命裴昌会带四个整编师共10个旅，外加一个骑兵团，计近8万人马，从白水、澄城、合阳一线，分左右两路，扑向黄龙地区。其右路为整三十八师和十七师；由合阳犯韩城，占领禹门口，目的是要切断西野与晋南的联系；其左路为整三十六师，由白水犯石堡；另以整一师由铜川犯宜君，并随时准备东援。

彭德怀一拍桌子：机会来了！他布置好左右两路的抗击，一眼罩住已前进到白水县东北冯原附近的中路三十六师。这个三十六师在沙家店战役中已经灭了一回，如今又摇身一变，跑来逞能，而且还是那个换了士兵服落荒而逃的钟松当师长。彭德怀决定：集中5个纵队11个旅的兵力，围攻冯原的三十六师。主力一、二纵队，首先把它二十八旅所占的主阵地拿下来；四纵向冯原镇以南的一二三旅发起攻击；三纵向东对付敌一六五旅；六纵负责打刘家凹，那里有敌人一个团。彭德怀说，这是中央突破、两翼迂回包围的战法。

最难啃的骨头，当然是"中央突破"。阵地目标叫壶梯山，地形险要，防御工事由许多明碉暗堡组成，是敌人整个防区的重要屏障。我一、二纵队刚发起攻击时，钟松没有引起重视，以为是"共产党军队小部队的牵制与扰乱"，因而稳坐钓鱼台，闭着眼睛下令死守。一小时之后，阵地上的守敌招架不住了，向钟松求援。钟松不问青红皂白一顿臭骂，并说如要放弃阵地，以军法论处。半天过去，当面之敌八十二团已守不下来，团长董文轩只好收拾几十个残兵败将，逃下山去。这一下钟松才警觉到，自己可能是面对共产党军队的主力，苦声哀调向裴昌会发报，裴昌会遂觉察到彭德怀的意图，赶紧命进占韩村的整三十师和驻守澄城的整三十八师第十七旅，通通向钟松靠拢，听从指挥，加强兵力。可是，一切为时已晚。

钟松的整个指挥从一开始就乱了章法，乃至紧要时刻，内部矛盾又暴露出来，有的关闭电台，有的保存实力，有的擅离职守。整二十八旅旅长李规，素与钟松有隔阂，怀疑钟松所派驰援、掩护任务是挟嫌报复，管他娘三七二十一，把部队拉到安全地方睡起大觉来。部队到这个分上，还打个屁！钟松索性抛出一纸撤退令，全线收拢。哪知一个“撤”字还没出口，各路人马即刻溃不成军。真是兵败如山倒，第一二三旅和一六五旅及师直属部队，蚂蚁似的拥挤在一条路上，人踏马践，混乱不堪，整个部队稀溜溜地抓不上手。钟松站在路边，嗓子喊冒了烟：“不准乱跑，找你们的长官……”根本没人听。彭德怀目睹这一情形，立刻命令各纵乘胜追击，分割包围，一块一块地收拾敌人。第一个冲锋号，就干掉他一个三八六团。接着又在王村镇把整一六五旅围死了。除该旅旅部及四九五团一小部分人突围出去之外，其余全部消灭。

这一仗伤透了胡宗南的心！澄、合、韩三城收复不算，胡企图把西北野战军封锁在黄龙山区的计划彻底打碎了。更何况钟松损失了9079名官兵，其三十六师少将副师长朱侠被击毙，少将参谋长张先觉、少将高级参议李秀、国民党国防部战地少将视察官马国荣和第四九四团少将团长陈定，都当了俘虏，胡宗南给钟松的三分之二人马报销了，他怎能不气急败坏！发了一通脾气之后，胡宗南亲率执法队气势汹汹地赶到大荔，把囚车、脚镣、手铐等一大堆刑具全都带上，说是“检讨”，实际是问罪。上来跟钟松掀桌子扔板凳地闹了一场，胡骂钟指挥无能，钟说胡调度无方，最后罪责归到二十八旅旅长李规身上，当场逮捕，摘下手枪，监押起来，听候处决。没想到这反而成全了李，他后来被西安的民革地下组织营救出来，投奔了革命。

智多星黄新廷献妙计，孙猴子刘桐树钻敌营

李规的命运让胡宗南出了一身冷汗。他似乎看出彭德怀真正的实力所在，而对以往种种判断打上一个问号。军心民心岂可小视？现在，胡宗南必须把兵员数量放在一边，重新审视一下彭德怀的胆量。既然敢从洛川长驱直入攻打宝鸡，又在西安眼皮底下一口咬去三十六师三分之二，他难道就不能从澄、合一步跨过渭河而夺占商洛？商洛地区兵多粮广，彭德怀果真走出这一步，西安便只有光着屁股挨打的分了！

胡宗南不愿意再想下文，立即拿定主意，再次坐飞机赶到洛河北岸的大荔县。他要将从延安撤出的十七师和三十八师以及三十六师那仅剩的三分之一，在大荔以北、洛河以东地区，依托城镇和村落，认真地经营出一个防御带，它的正面20公里，纵深30公里，以阻挡西北野战军南下脚步。这一次，胡宗南是怀着重打锣鼓另开张的心情，来和彭德怀决一死战。整整一个9月他都没有休息好，一边夸下海口，“要痛痛快快打它个好一点的仗，振奋人民和军队的士气”，一边调兵遣将，并顺着蒋介石竖起的竿子，把所有整编师的架子拉成“军”，撤换军师两级一批诸如何文鼎这样

“不中用的东西”。与此同时，他还与绥署副参谋长沈策、第五兵团司令官裴昌会一同前往大荔县的义井镇，检阅“英雄的三十八军”。

经过几年来与共产党军队交手磨砺，胡宗南这帮难兄难弟也的确“收获很大”。这可以从裴昌会在三十八军营以上官长会的讲话中，看出一点门道。裴说：“……过去我们在战略方面，由于面摊得太宽，包袱背得很重，处处陷于被动，吃了不少的亏。现在我们改变了这种战略，把包袱让给共产党背上，我们则夺取机动控制，诱敌深入，集中绝对优势兵力，在渭北平原进行大规模的歼灭战。今后只要你们三个军（指三十八军、十七军、九十军）能拖住共产党军队的腿，后边集结的几个军就一起参加上来，与之决战……”

你有你的鬼把戏，我有我的老主意。彭德怀对敌斗争一贯原则是针锋相对！他决定在胡宗南这个呕心沥血的荔北防御带撕开一道口子，以实现他坚定不移的战略进军计划。赫赫有名的荔北战役由此拉开序幕。

这是一次全新的角逐，既不是攻城，又不是占山，而是面对一片以平川之间村庄、土塬为支撑点的、有准备的防御体系。闭着眼睛念过去游击战传下来的那套真经，恐怕是不行了。可是，正经八百地打阵地战，谁也不是行家里手。好在彭德怀早把问题放下去了，一个夏天，部队都在“广开言路”，眼下又有歼敌三十六师的引子，锦囊妙计肯定会有的。

野司预案很快拿出来了，一纵沿澄城到大荔公路，从正面突破；二、三、四、六纵队分两翼合围。过去的攻击总是强调攻其不备、出其不意，现在人家是张开一个口袋，口口声声要引诱我军上钩，是以逸待劳，早有准备，兵力上也有优势。有没有比面对面强打硬攻更好的办法呢？准备扮演主角的一纵讨论得很活跃。贺炳炎和廖汉生还是那句老话：“大家横挑鼻子竖挑眼，不成熟的想法也可以说！”发言就像开了锅，大家无所顾忌，争得脸红脖子粗，只有三五八旅旅长黄新廷始终低着头一声不吭。

廖汉生注意到这一点，问：“新廷，你怎么不说话？你这个‘智多星’献献宝嘛！”黄新廷抬头笑笑，说：“还没有想好。”他总是这样，关键时刻深思熟虑，却从不多说话。但只要一张口，便语出惊人。大家见廖政委点黄新廷的将，便都静下来向他投出期待的目光。过了好一会儿，黄新廷清清嗓子说：“我就不相信，敌人他几十里宽的正面，难道就是铁板一块？”当然不是铁板一块。平原地区阵地防御，不是在山头上构筑工事，工事都是跟着村庄走的，一个村子一个支撑点，村子和村子之间，肯定会有不紧密的地方。贺炳炎睁大眼睛望着黄新廷：“你的意思是……”

“我们为什么不找空隙，插入敌人心脏给他一家伙呢？这就好比两个人打架，你拉开架势硬邦邦地等着我，我偏不打，而把拳头从空当里面绕过去，照你的要害来一下，你那个架势不垮才怪呢！”黄新廷平静地打着比方，一句话钻到廖汉生的心窝里，“好主意！”廖汉生一拍大腿，“敌人一慌张，有准备的体系就会乱套。有备变成无备，我们正好乱中取利，乘机分割围歼，使被动转为主动。”

大主意一拿，讨论便开始务实。贺炳炎把纵队司令部二科科长孙巩、副科长刘桐树找来，边议边交代任务。贺说：“我给你们五天时间，你们把里面情况给我摸清楚，有困难吗？”孙、刘二人都说没困难。最后廖汉生指示，让孙巩主阵，具体任务由刘桐树去办。他特别叮嘱刘桐树：“你要像孙悟空钻到铁扇公主肚子里一样，想办法摸到敌人最要害的部位……”

当晚，刘桐树带着纵队所属各旅侦察部门三个正副科长、十几名参谋、报务员和译电员，一部电台，另有三个侦察连、六个侦察排，共600多人，悄悄出发了。这支队伍差不多就是纵队和各旅的全部侦察力量。他们首先摸到大荔和澄城两县边界敌人一线阵地。这里有条东西走向的深沟，叫大峪河。“河”的两岸，双塬壁立，不算太宽，两边塬顶上说话都能听得清，但如从北塬到南塬一上一下就得要三个多钟头，比翻越一座终南山还难。敌前沿防御工事，就构筑在南塬的塬畔。沟深坡陡，易守难攻。刘桐树看到这一切，心里直敲鼓：要是按照原定的野司预案，从正面突破，肯定比强渡江河和攻城还要困难，部队非吃大亏不可！

必须穿插！刘桐树顺着深沟细心观察，希望能找到敌结合部或工事与工事之间可以钻空子的缝隙。正在苦思良策，一个意外情况发生了：第二天拂晓，因为分队隐蔽地附近一个甲长告密，敌人以一个营的兵力突然袭击了刘的侦察基地。经过一番周折，打退敌人，查明了原因之后，刘桐树受到深刻启示：他甲长能给国民党告密，贫苦群众难道不能为我所用吗？对！必须在老百姓身上想办法。他一面派出侦察小组化装成国民党官兵，趁黑夜钻到敌人阵地浅近纵深摸情况，标简图；一面组织群众、武装群众。

又一个拂晓，刘桐树正在北塬犯难，忽然隐约看见一老一少赶着毛驴，从对面塬上走过来。担任警戒的侦察员上前拦住问，哪里人？上哪儿去？干啥？老汉结结巴巴回答：“咱是上布袋王家人，到……到交道镇驮……驮煤。”“上布袋王家”这个地名立即引起刘桐树的兴趣。他从地图上看，离此处有好几十里地！估算那该是敌防御纵深内的中心地带。刘桐树忙迎上老人，亲热地叫声大爷，说：“别害怕，我们是解放军……”说着把水壶也递上去。

一听说是解放军，老人的嘴巴也活起来了：“嗨，我说呢，过了这道大峪河也该是咱的队伍了！”他告诉刘桐树，和他一路的小伙子是他的侄子。他家有五口人，十多亩地，但叔侄俩还得出外卖短工，才能养家糊口。“咱老百姓，日子苦啊！”刘桐树趁机做了一番工作，又招待他们吃饭，最后提出请他们带路。老人毫不犹豫答应下来。并说："去了就住我家，保证你们平安无事。"

刘桐树成功了！他组成一个五人侦察小组，在老汉的掩护下，把敌人纵深内的防御部署和将来部队穿插深入的路线，摸得一清二楚。彭德怀听完汇报，沉思半晌，说："看来，黄新廷的建议能成立，预案要变！谁的方案好就用谁的嘛！"经过反复论证，他决定集中野战军主力，从侧翼直插敌人心脏和侧后，割袭包围，各个歼敌！部队战斗准备工作也随之改变，各纵都加紧侦察活动。阵势一展开，敌人有警觉了。裴昌会从下面雪片似的"敌情报告"中明白过来，共产党军队的目标是冲着自己来的，很可能要四面楔入遍地开花！他预想到，一场恶战就在眼前……

荔北烟消云散冬去春来，西安唇亡齿寒落花流水

10月4日的夜晚跟任何一个夜晚没有什么差别，防区内鸡不鸣狗不吠，更听不到人声，婴儿哭声一响起立即被母亲的乳头堵住了。唯一的嘈杂是哨兵们拉枪栓吆喝口令，或者远处传来零星的枪声。裴昌会像往常一样，就寝之前，要详细询问各部防务。刚由师改为"军"的十七军新任军长康庄报告：两天前，主阵地韦庄东南20公里的朝邑以北地区，发现有二三千人的解放军在活动，康即派出三个营，向合阳、澄城方向搜索、警戒，没想到黄鹤一去无消息，至今音信全无，只听到那个方向枪声激烈，祸福难测，干着急。裴昌会说，拣弱的吃，是共产党军队的一贯伎俩，那三个营分散孤立，又没有一个统一指挥，八成是让共产党军队包围了，"你就不能让就近的前沿团去增援一下？"

问起前沿团，康庄立即显得吞吞吐吐："报告裴长官，前沿团……前沿……"裴昌会知道里面有隐情，生气地说："是不是共产党军队突破前沿阵地了？"康庄说："那倒不一定，只是十分钟前军部同前沿的几个团全部失去联系，派去联络的直属部队，又被共产党军队挡住去路……"裴昌会火了，一手抓着电话一手拍桌子："浑蛋，你告诉我，你的脑袋还在不在脖子上？"

撂下电话，裴昌会再来谛听窗外的寂静，他觉得那寂静并不那么简单了。事实情况的确如此，这时西北野战军的行动计划已全面展开！各纵部队正按照预定穿插路线，开始秘密穿插。一纵以两个旅齐头并进，沿着刘桐树侦察到的路线，从敌人工事与工事之间神不知鬼不觉地进入裴昌会的心脏地带；二纵已基本控制了当面之敌十七军各团阵地……裴昌会对此已有几分感觉。他在原地急速地走了五分钟，复又操起十七军电话。

这一次康庄不再含糊其辞了，直言不讳："共产党军队已对我韦庄北

面和第三十四团的东家庄阵地发起攻击，该团已有两个营长负伤，下级军官也有多人负伤，指挥系统被打乱了，阵地多处被突破……”裴昌会不耐烦地问：“现在战况如何？”康庄说下午5点战场沉寂下来，突入东家庄的共产党军队，逐次向西延伸，好像对韦庄形成包围。话到这里，康庄面部的恐怖之状已流露出来，“裴长官，我军孤立突出，恐有不测，请求三十八军立即向我靠拢！”屁话！裴昌会轻声骂了一句，想撂电话又觉得放不下手，但心里极不舒服，说：“阵地战就得各自为政嘛，一个点一个点给我支撑起来。接敌不到几个小时，出现个把团失利，就要别人向你靠拢，整个兵团的防御体系还怎么保持？！”

康庄知道多说也白搭，裴昌会是话中有话。看来，指望“友邻”只能是痴心妄想了，还得自己救自己啊！他顾不上许多，逃命要紧。一念即出，立即指挥部队向西南方向突围。然而，电报发出去，有三个团没有回应。康庄愣了片刻，觉得师部和直属队再犹豫不得，于是一个命令下去，所有人员拔腿就跑，谁的腿长谁走，保存实力第一。结果这一夜，整个十七军除三十四团还剩一小半人，余三个整团、一个师部打得精光。

天一见亮，整个国民党军炸了营！我军犹如神兵天降，裴昌会的防御体系内没有前沿纵深之分，哪儿都是枪炮声。敌四十八师师长万又麟，一觉醒来听说近在咫尺的西观据点发现了共产党军队，吓得带上几个勤务兵，撒手往西跑，半路上正好碰到我七一四团一营，二话没说，当了俘虏。一营捉住万又麟，转身又抓住两个敌号兵，立即命令他们用号声将后面敌两个排调上来，当场缴械。与此同时，独一旅迅速围歼了西观据点的敌人，与三五八旅大部队长驱直入。敌人的整个防御体系顷刻间土崩瓦解，敌营空前混乱。

这种混乱是从西安开始的。胡宗南刚躺下，副参谋长沈策脚步乱敲着鼓点破门而人：“共产党军队全面突入我防地，电话线全部切断，裴司令官正在详查……”胡宗南并不惊慌，反倒露出一丝得意：“你不是担心共产党军队不上钩吗？”那是十几天前在义井镇检阅三十八军时，沈策曾说过这个意思。“可是……”沈策一副担惊受怕的样子说：“此一时、彼一时呀胡先生，您知道，眼下好些军官还在西安焐着暖炕呢！下午，我就看到一七七师师长李振西陪着太太逛戏园子！”

“是谁让他们回来的？！”胡宗南气冲斗牛。他知道，军师团军官家眷在西安城里的，岂止一个李振西！他飞快地拿起电话，要找裴昌会问个究竟，嘴里不干不净地嘟哝着。沈策一步上前压死电话，说：“胡先生，目前战事正紧……西安城里的军官，赶他们回去就是了。”话虽这么说，胡宗南心里的气怎么下得去？他还是把裴昌会的电话要出去了。但他没有半句责备裴昌会的话，只是平静地说：“你给我报告一下战况。”

裴昌会的报告词毫无秩序。很明显，他已经双手抓稀，部队早就七零八落。到10月8日下午，坞泥村据点全线崩溃，整个荔北防御区域已是硝烟一片。溃散的敌逃兵，分不清军师序列。6日午后，敌九十军、三十八军就“情况不明”。裴昌会急星火燎推上第一军，又是一去没有消息。三十六军本来兵力就少，除留下一个“师”在大荔城里维持秩序外，“主力”早已撤过洛河。黄昏时分，船舍镇的洛河桥头，满河滩都是“国军”溃兵；在铁镰山及其西侧的胭脂山南麓东西汉村、义井镇，大小车辆和各种火炮堵得道路上蚊子都飞不过去。解放军追兵迫近，逃敌就像没头的苍蝇四处乱窜。胡宗南的飞机长时间盘旋在空中，毫无作用。

但是，胡宗南仍硬着头皮撇开裴昌会下达了一道很有气魄的命令，声称“进攻之共产党军队伤亡惨重”，要求各部“重振军威”。他连夜让李振指挥所属六十五军和二十七军四十七师的杨荫寰部实施“反击”，又把在宝鸡刚“调整”出来并让李日基当了师长的七十六师调过来“策应”。另外，第十二师的李继唐部、二十七军三十一师刘孟廉部及庞大的直属战车团，全部调集大荔。然而，这已经全都无济于事。除了李振在我军撤出战斗后趁机占了合阳、澄城而荣立“功勋”之外，其余各部按胡宗南的逻辑，通通可送上军事法庭。

10天时间的荔北战役，以歼敌5万、摧毁4个整编师的辉煌战绩而载入史册。10月将近，金风送爽，西北野战军在欢庆胜利的锣鼓声中，不知不觉跨入全国解放战争第三个年头。从9月份开始，解放军已先后在东北、华东、中原、华北、西北战场上，发起规模空前的秋季攻势。毛泽东依据战局的变化，把这些攻势衍化成一句最具体的军事术语，那就是就地歼灭敌重兵团的战略决战！伟大的辽沈、淮海、平津三大战役隆隆的雷声，已经隐隐可闻。

严冬到来之前，西北野战军为配合中原的淮海战役，在11月下旬发动了冬季战役。彭德怀将5个纵队组成两个“拳头”，像打乒乓球一样来回打，争取歼敌2～3个军，改变渭北战局。这一仗又使胡宗南的兵员损失增加到5万人。彭德怀对这个忙得“连吃饭、睡觉都没有空子”的冬季，甚为满意。他觉得光阴太快，眨眼间，1949年的春天又蹒跚而来。2月1日，按照中央军委统一部署，西北野战军奉命改番号为“中国人民解放军第一野战军”，所属各纵队改成军、旅或是师。彭德怀站在新改制的部队前面，高兴地说：“当初，胡宗南占领我们一个延安，他是那样的神气快活。他没有想到今天，不但延安又回到我们手里，连他西安的老窝也自身难保了！”

第四部　决　战

一、太原，胜利告别

西柏坡恭候米高扬，彭德怀预约太原城

嘹亮的军号声迎来西柏坡又一个黎明。太阳静悄悄地刚冒个尖，门前柿树上那几片尚未落尽的红叶便湿透了。顽强的叶子们化去一夜薄霜，在晨风中顽强地挥洒着，不知不觉引来几只美丽的小鸟。鸟儿与叶子在阳光下纵情唱和，一股含蓄的生机徐徐勃发。

这是1949年1月的最后一天。平津战役与傅作义的谈判大功告成，北平和平解放，一周以前傅部20多万人马陆续开出北平，接受改编，今天，人民解放军将正式进驻北平城内。这不能不给此时此刻的西柏坡烙下一点历史性的印记。

毛泽东和周恩来、朱德、刘少奇等人站在柿树下，有的叉腰，有的背手，有的夹根香烟，口中哈着气说话。刚忙完一个通宵，经毛泽东提议，他们出来吸点新鲜空气，放松放松，然后小憩，然后还要恭候斯大林派来的特别代表米高扬同志……不承想跨出门槛便撞上一轮旭日。新鲜的空气、新鲜的阳光，一个新得有些耀眼的日子扑面而来，谁还会有睡意！大家不约而同地遥望着北平方向，谈兴顿时刹不住车。自然，话题重又回到刚刚过去的战事。

“……傅作义最终同意和平解决问题，也是不得已而为之！”刘少奇笑盈盈地对朱老总说，“这样，双方都好，保住了北平这座文化古都，对子孙后代也有个交代，不留什么遗憾。”

朱德频频点头，脸上洋溢着深情与喜悦。说：“要不是刘亚楼把天津啃下来，我军兵临北平城下，恐怕问题的解决要难得多。就算傅本人深明大义，他手下的人能否就范，很难讲啊。”

大家颔首。谁都知道，傅部虽非蒋介石的嫡系，并与蒋有着很深的矛盾，但在反共这一点上也从不含糊。傅作义在华北控制的兵力号称六十万，在有力可恃、有路可走的情况下，要他率部接受和平改编，当然不是件容易的事。周恩来感慨地说："关键时刻，主席的决策非常英明。三面出击，断其退路，彻底粉碎了傅作义集团南逃和西窜的企图，为和平解决北平守敌创造了极为有利的形势！"

毛泽东笑道："打了新保安，吃了他一个三十五军；又打了张家口，断绝了他的西退之路，然后，东北野战军再给天津来这一家伙，傅作义没法动摇了。他是山穷水尽啊……"

说着话，旭日冉冉升起，山坡上轻烟缭绕。早操的马队在远处的大路上喊着整齐的队列呼号，耳边是无线电滴滴答答的报键声。大家突然沉静下来，谁也不再说什么，默默体味着一种从未有过的巨大欣悦。

全国解放战争的形势发展之快，的确超出中共中央决策层的预料。尤其是以辽沈、淮海、平津三大战役为主的大规模决战决胜，别说在中国战争史上是空前的，在世界战争史上也非常罕见。从1948年9月到1949年1月，不过才一百多天时间，东北大定，中原粗平，北平和平解放，战争的脚步快马加鞭！这不能不让毛泽东、周恩来、朱德及所有中央军委的领导同志，重新理清思路，对既定的计划有个再认识。

米高扬的光临，恰好将为这项"清理"工作提供契机。米氏的姿态做得很足，行前的联络电报上就郑重声明，他这次到中共来是"只听不说"，后来一见面又再三表示："我们是受斯大林同志的委托，来听取毛泽东同志意见的……只是带着两个耳朵来听的，不参加讨论决定性的意见……"

这正合毛泽东的意。他很精细地作了准备，对将来新政权的建立、胜利之后恢复生产和经济建设、外交政策的制定以及国内民族问题等，一一提出具体意见。当然，最重要的还是目前战局发展。毛泽东希望通过米高扬，把自己的声音和信心一并带给斯大林。这是他期待苏联客人的真实动机。

"米高扬何时可到？"毛泽东打破寂静。

周恩来回答，午后就到。

"他们以前对我们的估计有误，"毛泽东说，"这次我要告诉他们，我们全国解放的时间，还可大大缩短！"

朱德说："现在，国民党军队的主力已被消灭，剩下个百八十万，今后的重点是华东、华南和西北、西南，情况比较复杂一些。"

周恩来接上话茬："斯大林同志会不会有什么指示啊？"

"这个不管他，"毛泽东挥挥手："我们的事情还得靠我们自己双手去办！华东、华南情况不复杂，复杂的是西部。西北这边最急，还有两个包袱没有甩掉，一个绥远，一个太原，背不下去了。”

周恩来说：“有个傅作义，绥远的5万人放一放倒没什么，太原不能放，后顾之忧太大。”

这的确是个迫在眉睫的问题。本来，整体战略格局上备受重视的太原城，早该在图表上插小红旗了，谁知进入攻城最后阶段，负责指挥的徐向前突然病倒。眼见着胜利在望，数十万攻城部队群龙无首，中央军委怎能不着急呢！

当务之急，要有人接替徐向前把大梁挑一下，趁势发展战果。否则，攻城半途而废也未可知。这个人是谁呢？大家都想到了彭德怀。

荔北战役之后，彭德怀就深切感到兵员的压力。西北野战军改编为第一野战军，中央已明确了解放祖国大西北的重任。大西北之“大”，地跨黄土高原、内蒙古高原和青藏高原，平均海拔在2000米以上，五省（区）之间，除了峰峦叠嶂就是无垠的沙漠和平川。山峰终年积雪，平川雪水积聚，又有数不清的盐湖和沼泽，至于人迹罕至的戈壁荒漠，更是险恶不堪。所以，自古以来这片土地上就人气不旺。地域占全国版图三分之一，纵横320万平方公里，人口却只有2000余万，不足当时全国总人口的二十分之一。

可是，西北地区的国民党军力仍有约40万啊！一野现有实力充其量只有15.5万人。这两个数字的巨大悬殊及大西北这片望不到边的不毛之地，促使彭德怀考虑再三，还是向党中央提出了兵力补充的报告。

毛泽东说：“刚好，老彭3月初要来西柏坡开七届二中全会，既可面商华北部队参加西北作战问题，亦可跟他谈谈太原攻城事宜。”

实际上，兵力补充问题在文电交驰中已经大体商定。彭于2月8日致电中央军委，报告西北敌军动态和刚改编完毕的一野部队概况，提出1949年春、夏两季具体作战方案。在这里面特别强调说，如三四月间留在山西的老西野部队能够归建，徐向前、周士第部能进入陕西夺取潼关和渭南，并进逼西安，则第一野战军四五月间即可把西府和宝鸡打下来。这样的话，胡宗南必定弃西安，退汉中，我军可乘敌撤离之际，在追击截击中歼灭其主力。

四天后，毛泽东的复电简明扼要：拿下太原再说。太原一解放，华北三个兵团中，至少有两个兵团17万兵力可用于西北。

这个承诺出乎彭德怀所料。两个兵团17万人马，对彭来说简直是个奢望。他一接到电报就把中央急于要甩掉太原这个“包袱”的意图看明白了。去往西柏坡开会的路上，彭德怀便对同行的王震说：“开完会，我可能要到太原耽搁几天。”所以，当毛泽东提出让彭去太原前线协助徐向前实施后期作战指挥时，彭德怀显得胸有成竹，一点儿也不感到意外。他实打实地说：“不过，我得提个条件。”

毛泽东知道彭德怀心口如一，接受任务时从来不讲条件。他先是一愣，随即笑了笑：“哦？老彭也提条件了，说说看，是个什么条件？”

“向前同志前段打得很苦。他虽病了，仍是战役总指挥。我去，只是协助他。”

毛泽东会意地点点头：“好！我看这个条件可以答应。不过，特殊情况还是由你当机立断。”

“放心好啦，主席，太原这个包袱一定尽快甩掉，让中央轻装上阵！”彭德怀的笑容很珍贵，是那么自信而充满力量。周恩来说：“没问题了，彭老总打包票了……”

毛泽东掐灭烟头，原地踱个圈，手臂凌空一劈，说：“定下来，太原战役结束，周士第的十八兵团、杨得志的十九兵团就跟你过黄河，充实一野部队，投入西北作战！”

“另外，傅作义的队伍还可以拨给你一点嘛。”周恩来补充道。

革命进城耳目一新，总裁下野手足无措

中共七届二中全会从3月5日开到13日。这是一次定夺全国胜利后各项方针政策的重要会议，到会的34位中央委员、19位候补委员和重要工作人员每分钟都在谈论着撑破天的头等大事。毛泽东的讲话中，几乎一句一个新观点，像人民解放军不仅永远是一个战斗队，而且又是一个工作队，必须准备把210万野战军全部化为工作队，开展新解放区的工作；像从1927年起就每天挂在嘴边的“农村包围城市”这一战略方针“现在已经完结”，“从现在起，开始了由城市到乡村并由城市领导乡村的时期”等提法，让人听来觉得耳目一新。

最鼓舞人心的，当然是有关政权建设的那些细节。毛泽东响亮地宣告：“召集政治协商会议和成立民主联合政府的一切条件，均已成熟。”“我们希望四月或五月占领南京，然后在北平召集政治协商会议，成立联合政府，并定都北平。”建立一个“无产阶级领导的以工农联盟为基础的人民民主专政”的国家。

伴随着这一巨大预期而来的，便是有关经济政策、外交政策等一系列新精神。毛泽东热情洋溢地指出中国革命胜利的伟大意义后，郑重提醒全党不要被胜利冲昏头脑，防止居功自傲、停步不前、贪图享乐乃至不愿意再过艰苦生活等情绪的滋长，特别是要警惕“糖衣炮弹”。为了使大家增强免疫力，他搬出了马克思主义，用新编的12本“干部必读”来解决“全党理论水平低”的问题，说：“马克思、恩格斯是先生，我们是学生……如果在三年之内，有三万人读完这十二本书，有三千人读通这十二本书，那就很好。”

这是个基调，也可以说是个警钟。毛泽东试图表达出目标的远大及持之以恒的耐力，还锤炼出一句在新中国流行了几十年的名言：“夺取全国胜利，这只是万里长征走完了第一步。”

彭德怀十分用心地记住了这句话。对于他来说，或许长征的第一步还没有迈出呢。这八天的会议期间，他差不多没有睡过一个囫囵觉。3月13日宣布散会，14日天不亮就和王震打点上路。他们带着一班警卫人员分乘两辆美式吉普车，悄悄告别滹沱河畔的西柏坡，直奔山西方向。

王震在彭德怀身边一坐，颠颠簸簸没走多远，就打起盹来。而彭德怀手中捏着份太原的图幅，没完没了地琢磨。太阳丈把高时，车过娘子关，彭德怀用胳膊肘捣醒王震：“喂，该分手了！”

王震使劲搓搓脸，嘻嘻笑着说：“不知为什么，往老总身边一坐，瞌睡虫就来了。”

“你是说，我这个人没么子朝气，你们年轻人不感兴趣？”彭德怀故意把脸拉着。

“不不不，老总一贯生龙活虎的……”王震扮个鬼脸：“再说，我也不年轻了！”他朝车窗外瞄了一眼：“不急嘛，老总，还可以同一程哩。”

彭德怀说：“分吧，我要抄小路。”他果断地吩咐停车，“主席牵挂太原前线，我得赶急点。你也快些赶，贺老总和王政委他们连夜动的身，这个时候恐怕快过黄河了！”

王震严肃起来。车刚停稳便跳下地抻抻军衣、扶扶军帽，隔着车窗向彭总打个敬礼，说：“老总你放心，我一回去就召开野战军前委扩大会，把七届二中全会精神贯彻下去，保证用新的面貌迎接十八、十九兵团！”

几个跟王震走的警卫员也从敞篷车上下来跟彭老总告别。有个小鬼嘟着嘴跟彭总的警卫员小声嘀咕：“不是讲好的一块吃过中午饭才分手吗？老总咋就这么急呀？”

这话被彭德怀听到了，在车里说：“小鬼，不是我急，是敌人着急……”话没完，吉普车已经冲上旁边的一条乡村土路，卷起一团尘土。

这句半拉子话被王震带到第一野战军前委会上，当作经典一再引用。所谓“敌人着急”，在1949年第一季度可供论证的材料数不胜数，最有说服力的当然是蒋介石“引退”。这是1月21日的事。老蒋在人民解放军兵临长江、南京城头已经隐约可以听到隆隆炮声的情势下，迫于众叛亲离，又一次玩起了老把戏。结果，蒋介石离开南京的第二天，北平的傅作义宣布驻城部队撤出城外接受改编，南京的代总统李宗仁发表声明，表示“中共方面所提八项条件，政府即愿开始商谈。”

李宗仁提出“商谈”的实质，是想退而求其次，与中共实行“划疆而治”，以保住国民党的“半壁江山”。这服汤药在一蹶不振的国民党阵营里已经见不着一丝波澜。产生刺激的只有一人，那就是仍在苦苦撑持着西北战场的胡宗南。

对于蒋介石的第三次下野，胡宗南是以一种欢欣鼓舞的心情来看待的。在得到消息的刹那间，他便蹦出一个期待。历次的经验告诉他，天大的危机总是随着蒋的精彩表演而获得柳暗花明的结局，难道这一次“下野”就仅仅是“下野”了吗?

胡宗南很快从两方面证实了自己的判断。一方面，蒋介石回到溪口屁股还没坐热，就接二连三给他这位小老弟发电、致函，中心意思只有一个，要胡宗南保持高度清醒，“作死中求生之奋斗”；另一方面就是，军统重要人物沈醉神不知鬼不觉地来到了西安。胡宗南深知沈的秘密使命一直是在南京准备对李宗仁下手，如今突然“脱岗”外流，起码可以说明蒋对李宗仁的态度有了微妙的变化。究竟是暂时中止行动还是彻底放弃？这一点，胡宗南还吃不透。

沈醉当然不是为了给胡宗南“揭秘”才赶到西安来的。这位号称有一万只眼睛、一万个耳朵的双枪魔王，昨天还在妙高台上帮助“山人”蒋介石拿着拐杖，今天，便又和挽狂澜于既倒的“大英雄”胡宗南在西安东仓门小客厅共进晚餐了。他一口一个“胡先生”，把蒋介石的处境、用心以及对胡的期望惟妙惟肖地传达出来，这给胡宗南的亲切感及由此而产生的抚慰效果，是难以估量的。刚好，胡又破天荒地吃了一杯绍兴老酒，满腹的心事便一发而不可收拾。

“叔逸老弟，不瞒你说，这几个月我是寝食难安啊！”胡比沈大十八岁，称一声“老弟”还有点抬举对方的味道。他有着情绪化的一面，但说话却总受角色的约束，一向不能不谨慎，只有少数几个“声气相求”的人才领略到这片风景。过去熊向晖算一个，后来出了纰漏，他的门就关得更紧了。不过再紧，军统局的人总得例外，这是从戴笠时代就确立的理念。

沈醉说：“我生来是个小鬼，就会抓人捕人，当当杂差，不晓得什么叫战术。若论两军对垒，在先生面前我甘当一个小学生。可兄弟就是不明白，以国军八百万之勇，枪炮精良，战将如云，怎么就打不过共产党的几个蟊贼呢？！”

“老弟，”胡宗南冷笑着拖着长腔，“此一时彼一时，而今的共产党，已经不是什么‘几个蟊贼’了，兵多将广是一说，单就战法方面，共产党军队那里就有好多东西大有揣摩之必要啊！”

这番话让沈醉暗吃一惊。面前这位可是胡宗南啊！此公刚愎自用在国民党上下是出了名的。毕竟天地轮回，日子真的能打磨人。他决定往胡宗南痒处挠一把，顺手捞点意外之财。于是，沈醉故作一脸景仰地追问：“胡先生久在前线与共产党军队浴血奋战，对当前时局中的成败得失必有高见！可否让小弟开开眼界？”

胡宗南叹了口气说：“高见谈不上，心得倒是有一点。”他想了想，沉痛地眯起双眼，一横心地说：“东北、华北一失再失，这到底是为什么？不能说党国没有栋梁之才，也不能怪全军将士不肯前驱流血，实在是因为高级将领之间不能精诚合作，致遭共产党军队各个击破……徐州一役最能说明情况，最有检讨之必要！”

沈醉将头点得如同小鸡啄米。

胡宗南吹得愈发起劲：“不是我胡某夸口，别的不敢说，要是谈对付共产党，还有哪一位有这个资格来跟我比？我研究过他们的军事，研究过他们的政治，他们的革命思想。共产党军队的攻防进退、官兵操练、政治讲话以及调遣民众与粮秣供给，有哪一位比我更了解？十年啊老弟，与共产党刀兵相接，马不停蹄，宗南我是两脚黄土、一身血迹，征衣都磨破好几套哪！”

“胡先生剿共的盖世功勋，国人有目共睹，在下也是耳熟能详，国军之中无人可比！”沈醉得寸进尺，往死里灌迷魂汤，“唉，兄长啊，国军兵败至此，我做梦都没有想到哩！如今，国人丧气，友邦耻笑，全世界的观察家们都跌坏眼镜……不知胡先生对下步战事有无良策？”

“良策？哼！”胡宗南冷笑道，“总裁给了我四个字‘死中求生’，怎么‘求生’法？不在‘求生中死’，就在‘求死中生’。我想过了，三十年河东转河西，国军已不是过去的国军了，必须反省，开始施行新的战略。我们为什么不学一学共产党，以其人之道还治其人之身呢！”

“先生请说得明白点。”沈醉兴趣大增，急忙探过身子，凑近胡宗南。

胡宗南摆出长者的架势：“共产党十余年来最拿手的办法，就是放得开收得拢，不计较一城一池的得失，相机出击。这样，其有限的兵力才始终得以保存，而吃亏的总是国军。如今，国军当以保存实力为要，既如此，何不也像共产党军队那样大踏步后退、大踏步前进，在机动之中寻求战机，以达成歼灭共产党军队主力之目的呢？”

沈醉作顿悟状，大呼“妙、太妙了！”他轻轻弹着响指，激动地在原地兜圈圈。

胡宗南颇得意地说：“当然，把一些大城市、一些重要据点，把大片大片的地盘拱手让给共产党，心里肯定不那么好受。可这有什么办法呢？舍此便不能保存国军实力，便不能达成兵力优势，没有这一点，怎么跟共产党军队长期较量？以往的教训就在于轻敌，力量分散各自为政，处处皆防，则处处不防，给共产党军队以可乘之机。你看时下的太原，不就是如此吗？唉，阎老西，老毛病啊！”

金蝉脱壳阎锡山走人，赏罚严明彭德怀论兵

这夜无话，太原城外的枪炮声也似乎平息了一点。但阎锡山还是彻夜未眠。自从运城丢失以来，整夜合不上眼的情况时有发生。闭上眼是徐向前，睁开眼还是徐向前，他知道共产党不把太原搞到手是决不会善罢甘休的。夜深人静，长吁短叹，想不到自己一生的业绩，竟要丢在这个五台乡亲手上！阎锡山心中涌出一股不是滋味的东西。

只待天亮，阎锡山就将召集绥署的军事、行政、经济和组织等方面的高级人士开会。他要宣读代总统李宗仁给他发来的一份邀请电——那是他通过在南京政府中做事的亲信贾景德从李代总统手上求来的，目的是想用这个小小花招金蝉脱壳。那么，今夜就是自己枕着故土睡觉的最后一夜了。谁知这一去还能不能……阎锡山深感命运多舛、前程渺茫。

不知什么时候，窗外淅淅沥沥地下起雨。阎锡山披衣坐起。山西的雨也下得那么亲切，不带一丝风，就是下，屋檐下、树叶上，滴滴答答，听得人心里酸溜溜的。人生自古，上船不容易，下船也不容易。记得徐向前打运城时，阎锡山正过64岁生日，把热热闹闹的祝寿会给搅黄了。那时候，阎还满不在乎，以为“一个洋灰碉、一个集团工事能抵挡共产党军队一个连、一个营的兵力”，于是，把修筑的碉堡、防线数量，一个劲地向蒋介石报，并且十拿九稳地断言：“运城守半年没问题。”因为有这点气魄，他还敢跟胡宗南打打嘴巴仗，推诿推诿责任。运城一丢，蒋介石脸色不好看，阎锡山心里也咯噔一下，但是，他还有个临汾！临汾那30米厚的卧牛式城墙加上徐其昌“特别能守城”的六十六师驻防，足以让阎吃得香、睡得着。他亲临坐镇，抖尽了风光。可没想到，徐向前竟把打临汾当作“战场练兵”，发誓“胡子白了，也要把临汾拿下来”，硬是攻了72天，终于打下来了。这一棒打痛了阎锡山，头也蒙了、眼也花了，双手不听使唤。好在还有日本顾问团当参谋，又拉起十几万部队，要在晋中跟徐向前大决战。此次他学乖了，要打运动战，能打则打，不能打则跑，叫作“一跑万有，一跑万胜”。结果，还是损兵折将。这次输的不是个小数目，而是1个集团军总部、5个军部、9个整师、2个总队，加起来十几万人！更重要的是，徐向前还顺手占领了14座县城，把战线推进到太原城下。

困在太原城里的阎锡山傻眼了，孤帆一片，是应东风还是应西风？

这也是蒋介石考虑的问题。山西人的脑瓜子转得快，却没有蒋介石的出手快。早在晋中会战之初，国防部长白崇禧就飞到了太原。白刚回南京，蒋介石又亲自来“督阵。”他带着陆军学校校长徐永昌和国民政府铨叙部部长贾景德这两个阎的亲信，冒着小雨走到阎锡山跟前，一声“百川，我来了！”差点让阎老西落下泪来。

从此，阎锡山“王八吃秤砣”铁了心。

但是，徐向前没有放弃他该做的一切。太原战役尚未打响，他便亲笔给阎锡山写了封信，希望阎念及数十万父老，大家坐下来谈判，和平解决，不用动武。谁知阎锡山非但不从，还把送信的那个80岁老汉给杀了，信也原原本本转送到蒋介石面前。

那就打。徐向前指挥部队一鼓作气攻占了太原东山，继而一番苦战，又占领了牛驼寨、小窑头、淖马和山头“四大要塞”一线阵地。这时，驻守在这里的西北军旧部、三十军军长黄樵松，派人出城来接洽起义，不料被其所属的一个师长出卖了。阎锡山毫不客气地把黄樵松押到南京，交由蒋介石处决。

这两件事让蒋介石看清了阎的真心。他想，阎锡山不会变成傅作义了。于是，运送物资、弹药和粮食的飞机，就一批一批降落到孤城太原。

然而，毕竟国民党江河日下，老蒋把烂摊子一交出去，自己溜之乎也，经营他的那个小岛子去了。北平一和平解放，留在那里的阎氏同僚如赵丞廉、温寿泉、郭宗汾等人，纷纷来函劝和。阎锡山嘴上大骂傅作义，心里早软了半截。

恰在此时，有人传过话来：中共已派彭德怀来参与太原攻城指挥。

其实，那时彭德怀在西柏坡还没动身。到太原前线阵地的那天下午，彭德怀先去看了看病中的徐向前，之后马上就要就要往阵地上去，谁也不敢拦。正赶上战斗间隙，指战员们都在修补工事，彭总听到大家议论，说阎锡山是茅坑里的石头，又臭又硬，就插嘴说：“‘臭’是真的，‘硬’嘛，我看未必。蒋介石泥菩萨过河，救不到他啰！”说着，拉起罗瑞卿、周士第、杨得志、陈漫远、李志民和杨成武、李天焕、文年生等人钻到一线看地形。

杨得志说：“老总，前面乱得很，敌人打得很凶。我们几个在地图上汇报一下吧！”

“不行，”彭德怀态度坚决，“不到前面去，光靠电话和地图，神仙也打不了胜仗，我没那个本事，还是笨办法好，到实地摸它几遍！”

彭德怀在几位兵团领导同志陪同下，把太原城外的地形反反复复琢磨透了，选定三个敌占高地，说：“一旦和平解决无效，我们就动手干。你们三个兵团，一家一个制高点，要不惜任何代价把它拿下来，太原城不攻自破。”

不出两天，三个高地全部得手。彭德怀当晚趴在那张铺满作战地图的小方桌上，借着马灯红红的光亮，亲笔给毛泽东起草了一份电文：“太原战斗发展甚速。24日拂晓攻城，当日可能攻下。拟于5月初回陕。”

1949年4月24日这个日子定得真准。4月21日，毛泽东和朱德将发布中国人民解放军向全国进军的命令，对全军将士提出“奋勇前进，坚决、彻底、干净、全部歼灭一切敢于抵抗的国民党反动派，解放全中国”的口号；4月22日，人民解放军百万雄师将横渡长江。如果一切顺利，4月23日，南京国民党总统府的青天白日旗便随风落地。那么，24日的太原城，就算彭德怀一枪不发，也震塌掉一半！

就在毛泽东和周恩来、朱德兴致勃勃传看彭德怀这份电报的那天清早，太原城里的阎锡山把绥署副主任梁化之、孙楚，建军会总负责人、太原守备总司令王靖国，绥署参谋长赵世铃，秘书长吴绍之等五人外加阎的堂五妹阎慧卿召集起来，宣读了李宗仁代总统给他的邀请电：“张治中、邵力子等组成的和平代表团日内将赴北平，进行和平谈判，请速来南京详谈一切。”

谁也不是傻子。大家面面相觑，一眼便看穿了太原城的命运。

果然，几天后的1949年4月24日，在上海公馆像热锅上蚂蚁似的阎锡山，接到奉侍他多年生活起居的堂五妹阎慧卿一份绝命电。电文中写道：“……连日炮声如雷，震耳欲聋，弹飞似雨，骇魂惊心，屋外烟焰弥漫，一片火海，室内昏黑死寂，万念俱灰，大势已去，巷战不支……今生已矣，一别永诀，来生再见，愿非虚幻，妹今发电之刻尚在人间，大哥至阅电之时，已成隔世。”

此时，彭德怀与周士第、罗瑞卿、杨得志、李志民、陈漫远、杨成武、李天焕等人已出现在太原大街上了。部队正在打扫战场，有的在楼道里扑灭余火，有的后送伤员或抬运双方战死者遗体，也有的押着长长短短的俘虏队伍往城外去。彭德怀边走边说：“太原打下了，阎锡山就要当他的行政院长去了，可我的任务还没完成哩！”

大家一惊：“彭总还有什么任务？”

“带兵！我是来带兵的。周士第和杨得志你们两个带上部队，跟我走！”

“你是说，十八兵团和十九兵团要西渡黄河？”杨成武急切地发问：“那我们二十兵团……”

彭德怀说：“这是中央的决定。你们留作总部直属兵团，任务也很繁重……”他嘱咐周士第和杨得志：“打扫战场行动要快，让部队抓紧休息一下，作好千里急行军的准备！”

一支后撤的队伍过来了，看上去有些凌乱，稀稀拉拉，不成队形。战士们个个浑身污迹，有的风纪扣不扣、帽檐朝天，倒背着枪，甚至还有人一边行军一边骂骂咧咧发牢骚。彭德怀一看很生气，急问：“这是哪个部队？把指挥员给我叫过来！”

不一会儿，一个头上和手臂都打着绷带的团长跑步来到彭总面前。立正，敬礼，报告部队番号和自己的姓名。

彭德怀满脸怒气地指着对方鼻子："你是共产党还是国民党？你简直是土匪！"

团长被骂得莫名其妙，不知如何回答。

"你看你给我把队伍带成什么样子了！这也叫解放军？连俘虏队都比你们走得整齐！"彭总指着马路对面零零散散的队伍说："太不像样子了！"

团长这下才明白过来，忙又敬个礼："报告彭总，我马上整顿队伍。"

彭德怀的气这才消了些，走近团长，看了看他的伤口，又帮他把没有扣好的一粒纽扣扣好，把帽子在绷带上小心地扶端正，嘴上说："同志，我们是人民的军队，人民群众千万双眼睛都在看着我们，大街上行军，这个样子影响多坏！再苦再累，牺牲再大，也要振作精神嘛，保持钢铁般的纪律，这是我们战胜敌人的法宝！"

团长面带愧色，一个劲地重复刚才的话："我马上整顿队伍！"

彭德怀点点头，但口气坚决地说道："你要作检讨！"又转对旁边的周士第："要通报他们！"

周士第上前小声报告，说这个团长在太原攻城战斗中，身先士卒，指挥很出色，全团打得也很过硬，是他们不怕牺牲第一个炸开城门，而且端了敌人的指挥中心，使巷战提前结束，是不是将功补过，免予通报。

彭德怀说："给他记战功，不过今天的事还要通报！"他说着说着提高了嗓门："功者应赏，罪者当罚，不能马虎。两个通令一起发，一个批评，一个嘉奖。"

说话间，后面传来停止前进的军号声，那个团长跑前跑后地忙着整顿队伍了。彭德怀欣慰地说："部队是个好部队，能打仗，听指挥，有错就改。就看我们怎么带……"他吩咐骑马回指挥部，说："我原打算让部队休息一个月，总结一下太原战役。现在看来，没有时间给你们了，部队要发扬连续作战的作风，"他的声音突然沉缓起来："西北的胡、马十分猖狂，正在南北呼应，攻城夺地，企图窜犯咸阳。再说，关中的麦子也快开镰了……"

胡宗南试"新战略"治病不灵，马步芳看老皇历记错时辰

胡宗南疲惫不堪地"视察"回到绥署作战指挥中心，抬头看见三十八军军长李振西孤零零地坐在那里打盹。李是应胡宗南的预约前来绥署谈话的，谁知胡竟把约定的时间搞忘了，让李振西白白等了他三四个小时。

李振西起立迎上胡，第一句话便说："胡先生要注意身体啊，你的脸色可不大好！"

"是吗？"胡宗南强打起精神说，"人家说，国家中兴有两条：文官不贪财，武官不惜命。你我军人，唯战死沙场才是正宗，像阎老西那样临

阵脱逃苟全性命，还叫军人吗？”

李振西诺诺，他深知此刻胡宗南需要的就是两个耳朵。

胡宗南被自己的话激愤起来：“可恶！这样的人居然还要准备去当什么行政院长！”显然，此话是发泄对李宗仁的不满意。蒋介石下野之前，曾亲口许诺给胡宗南两个军的番号和全副美械装备，要他扩充实力，以备不测。然而，李宗仁一上台，硬是把这两个军及其装备，转拨给了桂系白崇禧的名下。这对胡宗南是个不小的挫伤。

“国运不济，哪里还找得到公道哟！”李振西长长地嘘口气，顺着竿子往上爬。

胡宗南无可奈何地叹道：“目前西北局势，同过去相比，已大不相同。过去我们占着绝对优势，而目前……如果进攻太原的共产党军队以主力西渡黄河，与西北共产党军队会合一处，那我们就不一定占绝对优势了！”

李振西故作惊讶地瞪大双眼。事实上，这些看法他早就埋在心里，只是没把它说出口罢了。

“今后的战略……”胡宗南沉吟着。他希望李振西冒冒失失说出一个错误见解，由他来更正，并顺势把自己的“远见卓识”贩卖出来。遗憾的是，李振西谨慎得很，好像抱定只出耳朵、不出嘴巴的宗旨。于是，胡宗南把腔调拖了一拖不见回应，只好还是失望地由自己继续往下说，“今后的战略，我们要大踏步撤退，大踏步前进，以此歼灭共产党军队主力。也许我们一下进到陕北，或者一下退到四川。因此，我有个打算——”

李振西皱起眉头猜想这是个什么打算。猜不出，便急问：“胡先生有什么深谋远虑？”

胡宗南伸出右手，在李振西面前握成一个拳头，脸上含着得意之色说：“我想把你们几个战斗力强一点的军编到一起，有你三十八军，还有六十五军、一军，组成一个兵团，就叫作十八兵团吧，由李振带上，将来用于绝对需要的方向……”

李振西大悟，连连点头：“这是个好主意呀！不过，三个军还太单薄，最好把九十军也捎上。这样的话，或进或退，到哪里都可以独当一面。”

“可以，可以，还可以做更长远的打算！”胡宗南兴奋得一会儿站起来，一会儿坐下去，“有了这个第十八兵团，再把陕西保安队编成几个新军，交五兵团裴司令带上，会同省政府董钊主席一起维护陕西治安，我看就万无一失了！西安嘛，守亦可，放亦可，全不必计较它。”

听到这里，李振西暗暗咂摸出一点滋味：胡莫非要撤离西安？于是，投石问路：“西安城固防重，共产党军队纵有胆量来碰一碰，恐怕也得三思而后行。”

“一城一池，何必看得那么重！”胡宗南显得不耐烦，嘴上说得脆响，眼里却有心事。他顿了顿补充道，“过去国军所以失大于得，就是老把眼睛盯住那点点家当，怕丢了这个怕丢了那个，放不开手脚，然后呢，越怕越丢，从延安起始，以下诸城无不如此。昨晚我跟同官的褚静亚师通了个电话……这个褚静亚……”胡宗南皱起眉头，一言难尽。

同官是西安的重要屏障。李振西从胡宗南拖泥带水的口气里听出门道。据李所知，驻守同官的二十师师长褚静亚是胡宗南亲自挑选出来委以重任的，当时，褚力辞不从，胡宗南抓住他不放。褚提出三个团长由自己推荐任命，并在编成后作短期整训等条件，胡一一答应。像这样低姿态地求人家当师长，在胡宗南还是第一次。对此，西安城里曾有一片感慨。

当时，第二十师只是一个已经不复存在的番号，部队在哪里？胡宗南把陕西省三个保安团拨归给他。胡在西北拉队伍有牛皮可吹，陕西等省，上至省政府主席，下至县长，差不多都是由胡宗南一手保荐的。这些地方实权人物，哪个不想着知恩图报？所以胡宗南搜集地方粮秣物资及兵员，不怎么费力，那些灭了又生、生了又灭的部队，即溃即补的奥秘就在这里。

褚静亚领命之后倒也尽心尽责，在西安年节都没过，就冒着雨雪跑到耀县、白水拉队伍。直到1月中旬才马马虎虎扯起一个毛坯。说是三个团，实际官兵3500人，许多士兵，数九寒天，身上没有棉衣，数月没有关饷，队伍跟一群叫花子差不多。褚静亚就带着这么一群乌合之众开往同官，当了胡宗南一块挂在门脸上的烂布帘子。

胡宗南压根儿就没有想守住同官如何如何，不过是摆出一副继续经营西北战场的架势而已。在这个虚招的幕后，胡宗南紧锣密鼓地组建兵团、调整部署，到1948年12月底，其九十军在蒲城地区、六十九军在三原地区以及各个掩护性质的守备部署，均一一就绪。这期间，胡的内心充满着矛盾和痛苦。十数年的苦心经营一朝一夕即成了肥皂泡泡，能说不是块心病吗？！这是任何“新战略”也治愈不了的。1949年1月中旬，胡宗南突然把六十五军推到富平、九十军也撤到高陵附近，所有部队都奉命向北推进一步。是要调试一下其新战略的高度机动能力，还是表示对西北地盘即将丢弃的一份不甘？只有鬼知道。他这种略带浪漫色彩的情绪波动，很快又在冷冰冰的现实面前惊出了一身臭汗。这便是第一野战军1949年春季攻势的发起。

其时，彭德怀和王震正在西柏坡开会。春季攻势由张宗逊、赵寿山、甘泗淇、阎揆要等几位组织指挥。

战役是从2月18日开始的。四军首先把枪口指向同官褚静亚的那个二十师和驻守耀县的敌六十九军，目的是要吸引敌主力西援，然后把一、三、六军压向蒲城、兴市地区，围歼敌三十六军的三十师和陕西保安第四旅。

正如胡宗南对李振西感叹的“这个褚静亚……”，同官一触即溃。关键时刻，还是胡的一道撤退令救了褚的性命。二十师在最不可收拾的情况下奉命“沿铜川（同官）、陈炉镇、富平向富县附近撤退，然后在三原待命”。到目的地一看，褚静亚才发现胡宗南刚刚配发下来的大批装备都给他的叫花子兵一路丢得差不多了。撤退路上，他的后卫团一直被解放军死死咬住不放，全师都在“且战且退”，草木皆兵。行李面粉，丢得满地都是。军官怨言不止，士兵携械开溜，部队拖到最后就剩一副骨头架子了！

褚静亚将情况如实报告六十九军军长谢义峰，请求部队休整几天。不料没有得到恩准，却得到裴昌会从咸阳亲自打来的一个电话，要二十师即刻开往泾阳王桥镇，防守龙首山，阻止解放军由淳化南进。

龙首山位于礼泉县唐陵上方，地势南陡北平，到处可以攀登，利于攻而不利于守。褚静亚太熟悉这个地方了，深知绝非自己一个二十师可以防守得了，更何况眼下二十师千疮百孔……褚静亚将实际困难再报告了一遍，请求上峰改变命令。

“军令如山，如你敢违抗，我当以军法从事！”裴昌会的口气不容商量。

就这样，裴昌会一句话把褚静亚的二十师送上了西天。褚硬着头皮赶到泾阳县以北约15公里处的“龙首”，一看阵地不由得倒吸凉气，东西全长30余里，以二十师那点单薄的兵力，只好采取重点防御。当即下令一面构筑工事，一面派人侦察。所幸的是，没有发现任何大的险情。一连两天，风平浪静。第三天入夜，解放军突然发起全面进攻。褚静亚勉力支撑，明知不可为而为之。第四天下午2点多钟，防线被突破了；5时许，师指挥所被围。随即，褚静亚和他的参谋长张凌汉，在王桥镇北面的麦田里被双双活捉。当晚7点左右，部队打得干干净净。

此时，国民党第一军退到泾阳以南；六十九军撤至泾河以西；九十军主力也退至永乐镇，还有一部留守三原及附近地区；六十五军及胡宗南的得意之作——十八兵团司令部退到泾阳。解放军第一野战军各部队越打越起劲，张宗逊等人决定以一、二、三、六共四个军同时向富平推进，歼灭这一地区敌人后，再定下步行动；以四军向淳化追击，打掉此地散落的敌十四师后，威胁西兰公路；另以骑兵在大邮、孝义、关山、交口和渭河北岸地区，消灭团匪、摧毁保甲，掩护地方工作。

这一计划得到中央军委的批准。军委指示要以当时情况酌定行动方案，告诫干部不要轻敌，防敌反击。于是，一野心中有了底，拳脚轻重有度地施展开来，几天工夫就把胡宗南所谓“进退”部署打了个稀里哗啦。

眼看着胡宗南手忙脚乱将要沉没，青海马步芳集团有点坐不住了。唇亡齿寒的感觉促使马家军一反常态，主动请战出兵，配合胡宗南“反攻”。马步芳还在看老皇历，过去屡占便宜的往事让他太把自己那点本钱当回事，一上来就气势汹汹，忘乎所以。几个回合连遭伏击，这才认识到自己记错时辰，只好伤痕累累地退到陇东，感慨道：“共产党军队跟从前不同了！”

第一野战军开局满堂红，打出了威风。节骨眼上，王震从西柏坡回来了。战斗间隙召开前委会，把中共七届二中全会的精神一传达，全军上下欢呼雀跃。王震摆了摆全国解放战争的形势，毛主席怎么说的，周副主席怎么说的，朱德总司令又是怎么说的，绘声绘色。最后，他告诉大家，彭总已到太原带兵去了，马上一野又要增加两个兵团，胡宗南的日子不长了！就这么简简单单的一席话，比任何动员令都有力量。那些日子，战士们真像娃娃盼过年似的，日日夜夜心里都淌着蜜。大家全在望眼欲穿，凑一块儿就念叨：彭老总什么时候能回呢？

太原城下两帅话别，暮春时节诸将受阅

转眼到了5月初，是彭德怀满载而归的日子了。

在太原指挥作战这段时间，忙得打个喷嚏的工夫都没有，彭德怀除了刚到太原那天在一个叫峪壁村的小村子上跟徐向前见面聊了几句私话外，两人一直也没机会深谈。要分别了，彭德怀硬是把日程挤了挤，去跟徐向前聊聊。彭总说：“向前同志，太原前线党的总前委，你是书记，我向你汇报一下子。”

徐向前忙摇手：“彭总你太客气了！我一直很希望能在彭总领导下工作，也很想去西北，只是身体不行，恐怕是去不了了！”

“去年你打完临汾战役，我就想让你去西北，向中央请求了好几回，没能得到批准。现在太原拿下来了，中央决定把十八、十九兵团调给一野参加解放大西北，你哩，又病得这么严重！”彭德怀不无遗憾地叹口气，“你还是先把身体保养好，身体好些再去也不晚！”

“我真想跟咱们一野的同志们一起消灭胡、马匪军啊！”徐向前说着努力起坐，没有成功，痛得龇牙咧嘴，只好无奈地重又躺下，“你看这个身体，肋膜两次出水，胸背疼痛得厉害，身体虚弱得很，实在没办法。这次太原攻城，要不是老总你亲自来挂一下帅……”

“哪里话哟！”彭德怀制止了对方，“我这次是到你这里来学习的。你这里人才济济，周士第呀、罗瑞卿呀、杨得志和杨成武呀、陈漫远呀，还有胡耀邦和李天焕等同志，都呱呱叫嘛。你就不用讲了，在西柏坡，主席特别跟我谈到你指挥的晋中战役，他非常赞赏呢！”

彭总提到的这些名字，大体都是太原前线总前委的成员，是中央军委3月17日给徐向前定下的一套班子。对这个班子，徐向前非常满意。太原攻城过程中，大家齐心协力做了许多艰苦的工作。特别是后期徐向前病倒、彭德怀来了，所有工作都靠前委一班人主动自觉落到实处，指挥灵光，

很让彭总感到得心应手。比如4月5日毛泽东突然电示徐，告诉说阎锡山离开了太原，李宗仁愿意出面交涉和平解决太原的问题。中央还作了具体安排，想比照北平的方式解决。这让病榻上的徐向前又喜又忧，“和平”二字他过去不是没跟太原提过，结果是热脸烫个冷屁股。请示彭德怀，彭也表示怀疑。但既然中央有指示，毛泽东说了话，多难也要试一试，无非是猴子不上树，多敲一遍锣罢了，只是时间要拉长，这让彭德怀比较揪心。

一封给国民党太原绥署副主任兼第十五兵团司令官孙楚和太原防守司令兼第十兵团司令官王靖国的信写好了。就让已经反正的阎部旧人赵承绶及被俘人员高斌、曹近谦拿着这两封信进太原城试谈，没想到在城门上便碰了壁。阎锡山临走前有令，被俘人员不许返城！

没有办法，太原前线司令部连续发布《告固守太原的蒋阎军官兵书》《最后警告阎锡山书》，口气提高八度，给了一点颜色。可是，太原守敌仿佛色盲，不但不听劝告，反而回敬了一阵炮火，还在广播里大喊大叫，说什么“坚强意志，奋斗到底”，什么“本成功成仁的决心，誓死保卫太原，以待第三次世界大战的到来！”全是阎老西的腔调，真是天真可笑。

彭德怀不客气了，当天下午便给太原送去一份《最后通牒》，同时命令各部队完成攻城准备。这时，毛泽东也看破李宗仁“和谈”中“南北分治”的阴谋，什么想法都没有了，就一个字，打！“何时发起打太原为有利，即可动手打太原，不受任何约束。”毛的电令仍对徐向前，尽管徐那几天说话都没有力气，实际支撑局面的是彭德怀。

这是个只有太原前线总前委一班人心照不宣的策略。徐向前后来忆起这段往事时说：“彭老总留在太原前线指挥作战后，为避免影响军心，那时下命令、写报告，仍用我的名义签署，实际上是彭老总在挑担子。他新来乍到，对敌我情况不熟悉，但慨然允诺，勇挑重担，实在难得。”

个把月时间的大半个太原战役，让彭德怀对十八、十九兵团指战员有了深一步的了解。他决定在部队出发之前，到各单位随便走一走、看一看，也算是个检阅吧。

两兵团指战员得到这个消息，好一阵忙活。那时，听到彭总的威名，谁不如雷贯耳？特别是许多解放战士，拿出一副要见大明星的劲头，刮胡子、洗澡，把最齐整的军装穿出来，有的营连干部还在那里悄悄地背报告词，生怕关键时刻在老总面前表现不利索。

彭德怀的心情的确很兴奋，同时又因这兴奋而格外庄严。两个兵团加上与两兵团一同入陕归建的一野第七军和一军三师，总共兵力有20余万！这与一年前带着那5万左右队伍转战陕北时的心情相比，简直不可同日而语！

然而，真正“检阅”这天，彭德怀却显得平淡如水。他还是那身硬不拉碴的老棉衣，袄外边扎着一根皮腰带。土布单鞋后跟都磨薄了，绑腿倒是精心打过的，同每天一样，紧紧恰恰。

按计划，兵团的领导都提前到齐了。彭德怀朝周士第一招手说：“走，从你们看起！”说着，头里爬上吉普车。

老将周士第是十八兵团司令员兼政委。他是广东乐会人，出身黄埔，参加过北伐和南昌起义，当年是起义军的二十五师师长。因为早年干过“大元帅府铁甲车队队长”，在国民党阵营里也很有名气。后来从红十五军团参谋长当到红二方面军参谋长，抗战中又任一二〇师参谋长兼抗大七分校校长，到晋绥军区，仍旧当参谋长，一直是贺老总的得力助手。这次太原战役他还是副总指挥。第十八兵团由他来挑大梁，稳稳当当。

周士第的两位副司令员也非常得力，一个是王新亭，一个是陈漫远。王新亭兼兵团副政委，陈漫远兼参谋长。这两位都是老红军，曾长期在高层军政机关工作。特别是王新亭，当过军、师、旅的政治部主任，还当过红四方面军的组织部长，抗战时又当一二九师组织部长，后来到三八六旅，从政治部主任到政委，然后到太岳纵队当政治部主任，太岳军区政委兼主任，最后为军区司令员。十八兵团刚成立时，他是第六十军的军长兼政委。

兵团政治部主任胡耀邦更不用说了，后来成为家喻户晓的风云人物。

十八兵团下辖三个军：第六十军、第六十一军、第六十二军。

六十军军长张祖凉，原是华北军区八纵副司令员兼参谋长，河南商城人，1931年的老红军，早年当过三十一军的保卫科长、三八六旅政治部主任和晋冀鲁豫军区十九军分区司令员。军政委袁子钦，在延安抗大时期就非常知名，是抗大总校的政治部主任，新中国成立后他跟随彭德怀领兵入朝作战，当志愿军三兵团政委，后来到总政任秘书长、干部部长，最后为总政副主任。

六十军的两位军政副职是白天和桂绍彬。参谋长邓士俊，军政治部主任周仲英。

军辖一七八、一七九、一八〇师，第一七八师师长温先星、政委刘聚奎；第一七九师师长黄定基、政委萧新春；第一八〇师师长郑其贵，政委王观朝。

六十一军军长韦杰，徐子荣任政委，副政委兼政治部主任郭林祥，参谋长胡正平。军长韦杰是个壮族人，原籍广西东兰县，1929年的老红军，在红十五军团七十三师当过团参谋长、团长，后来当骑兵团长及七十四师师长，抗战时任八路军一一五师六八八团团长和一二九师新编一旅旅长，任职前为华北军区十四纵队司令员。六十一军辖三个师：第一八一师师长王诚汉、政委张春森，第一八二师师长王海东、政委王贵德，第一八三师师长钟发生、政委杨绍曾。

六十二军军长刘忠是福建上杭县人，1929年参加红军，任过一军团侦察科长，太岳军区二分区司令员、太岳军区司令员和华北军区第十五纵队司令员。六十二军政委是鲁瑞林，副军长方升普，参谋长熊奎，政治部主任高德西。军辖第一八四师，师长林彬，政委梁文英；第一八五师，师长涂则生，政委孔骏彪；第一八六师，师长蒲大义，政委车敏樵。

第十九兵团司令员杨得志、政委李志民。耿飙和葛宴春任副司令员，政治部主任是杨自力。所辖六十三、六十四、六十五等三个军，都是经过战火千锤百炼的老部队。名将杨得志早在长征时期就是个“星”级人物。他是湖南醴陵人，1929年参军后，当过红一军团的一团团长，红二师师长，抗战时从八路军二纵队司令员当到冀鲁豫军区司令，后又任冀鲁豫军区一纵队司令员、晋察冀野战军司令员。他一路都是战功、声名赫赫，连国民党阵营都传遍了，俘虏兵过来张口就打听：“这是不是杨得志的部队？”

郑维山是六十三军军长，军政委王宗槐，副军长兼参谋长是易耀彩，龙道全任副政治委员，陆平是政治部主任。军辖第一八七师，师长张英辉、政委张边君；第一八八师，师长宗玉林，政委李真；第一八九师，师长杜瑜华，政委蔡长元。还有一个独立骑兵第五师，师长刘春芳，政委刘光裕。郑维山军长是1930年的老红军，河南新县人，在红三十军当过八十九师、八十八师政委，后任晋察冀军区四分区司令员和晋察冀野战军三纵队司令员。

六十四军军长曾思玉，王昭任政委。副军长唐子安，副政委傅崇碧。辖一九〇师，师长陈信忠，政委边疆；一九一师，师长谢正荣，政委陈宜贵；一九二师师长马桂华，政委王海廷。曾思玉军长是江西信丰人，1930年参加红军，当过中央军委警卫团的政委，冀鲁豫军区八分区司令员，冀察军区司令员，任现职前是华北军区四纵司令员。

六十五军，邱蔚任军长，王道邦任政委。邱军长是湖南浏阳人，1929年参军后，当过红三军团十三团的副团长，晋察冀军区四纵十旅旅长和八纵队司令员。六十五军辖一九三、一九四、一九五师，师长政委分别是郑三生、杨银声、赵文进、袁石栋和阮平（一九五师政委暂缺）。六十五军的军参谋长由副军长王克斌兼任，军政治部主任也由副政委蔡顺礼兼任。

彭德怀最后来到一野的七军和一军三师，和彭绍辉军长、罗贵波政委及三师师长傅传作、政委曹光琳聊了聊部队情况，提出入陕归建后的要求。正好，两兵团的领导也都在场，彭总特别强调了一下离开山西时的群众纪律问题。说，这次西进是历史性的。刚打了胜仗，不许翘尾巴，还要准备对付更猖狂的敌人，部队必须谦虚谨慎。“这不是我说的，是主席在七届二中全会上一再要求的！”

接着，部队西进的行动命令便进入执行阶段。西兵团都用弹药箱和炮布搭起台子，召开向西北进军的动员大会，由兵团首长宣读毛泽东主席和朱德总司令的进军命令，部队把所有的荣誉锦旗都亮出来了，驻地的政府和群众更是了不得，扎彩门，设慰劳站，组织民工队和船工运输队送到部队上听候调遣。不论村寨还是城镇，到处是新刷的标语口号，“向进军西北的解放军致敬！”“华北战役是英雄，解放西北再立功！”各种各样的腰鼓队、秧歌队，专业半专业的戏班子，村头路口遍地开花，把1949年晋南这个异彩纷呈的暮春时节，搅了个天翻地覆！

十几天后，两兵团分别在风陵渡和禹门口渡过黄河。每到一地，迎送的群众照例是人山人海，抢着给部队拉马、扛炮，给战士们塞鸡蛋、塞点心，事情虽不新鲜，却有一种新鲜的感觉。徒步1000公里的路程，指战员们根本不知道累是个啥滋味，每一公里路程都走得津津有味。大家一遍又一遍地感叹：解放了！真的解放了！解放了就是不一样！

彭德怀的感触也很深，只是没有太多的时间去体会。早在太原克城之前，二野、三野就已打过长江，南京解放，江南诸城捷报频传；四野先遣兵团也直逼武汉。又是一个星期过去了，华东和华中地区的战事一天一个新面貌，而西北这边，一个冬季攻势，又来个春季攻势，似乎还没让胡宗南伤筋动骨。胡甚至对蒋介石败逃和南京丢失这样的重大事件，都没有作出如彭德怀所预期的反应，而且还在那里拼命地经营陕中！彭德怀想，死猪不怕开水烫！不出几口棺材，胡宗南是不会轻易掉泪的！

二、得西安望汉中

野战军舒筋活血承天地，西北王于无声处经风雨

事实上，放弃西安时的胡宗南要比占领延安时的胡宗南真实一万倍。

春季战役之后，胡宗南成天显得懒洋洋的。奇怪的是，国民党兵败至此，他浑身反倒比以往轻松了许多。文电是不能不看的，每天的广播也不能不听。蒋介石去了溪口老家，国共之间的和谈不痛不痒，中央银行的金条一箱一箱往台湾转运，以及共产党占领南京、国民党政府迁往广州，李宗仁与阎锡山等人一忽儿飞往桂林、一忽儿飞往广州……胡宗南一一留心。在这个一团乱麻似的局面面前，他不再掂量自己在党内有多么多么重的分量，也不再顾虑自己比谁谁谁矮了几厘米，大厦将倾，哪根柱子都在独立支撑。情感不值钱了，大家凭着理念及由这理念生出的一份责任或者说良心，去独当一面。这种时局之下，他不可以对国家发言，也几乎失去对西北发言的资格，但是，他还可以对自己发言。他要自己当一回自己的大老板……是走是留？胡宗南举着棋子问自己。

苦撑，已不是办法。若不撑，就得三十六计，走为上。最保险的去处当然是地偏人稀的大西南。要去西南，就绝不可罢手西北这个屏障；要占据西北，又万不能失守关中门户。想来想去，不如打定主意，主动从同官、蒲城和耀县后撤，并与宁青“二马”来个患难挽手，以陕中、陇中为防御重点，确保西北、屏障西南，万不得已时，留着退居陕南甚至四川的一条后路！

胡宗南作出这一决定时，一直警惕地审视自己。他终于发现，这实际上是个不折不扣的退却方案。至于其中究竟有多少“进”的成分，他想，能留得西南一片青山在，所谓“进”也就尽在不言之中。他用这种理由将

内心的懊恼搪塞过去，为的是能够战胜那份无可挽救的虚荣心，而真实地面对一切，定决心，下命令。

应该说4月下旬胡命令全面放弃蒲、富、同、耀地区，撤至三原一线，是个很不寻常的决策。它既有掩护撤退、放弃关中的意思，亦有背靠秦岭、凭依泾渭两河而固守西安的架势，你可以把它看作“以退为进”，也可以把它看作“以进为退”。其中的得意，胡宗南自斟自饮。

这些日子，胡宗南闲来时一改当初喜欢翻翻小说的雅趣，而让作战参谋大声地报告当前部署。那位头发只剩一撮、如同写意画似的搭在额前的作战参谋，每天捧份地图闭着眼睛念：“第十八兵团部及六十五军驻泾阳；第九十军占领高陵、三原到淳化口头镇一线；第十七军一部在渭河北岸担任警戒，主力陆续撤至泾河以南地区……”

作战参谋实在没有东西可念了，机要秘书上场。

机要秘书带来的消息总是不那么中听，每每让胡宗南拧一下眉毛、牵一下嘴角或是脸上某个局部剧烈跳动几下，以至于他对机要秘书其人也怀有一种本能的厌恶。

机要秘书硬着头皮公干。今天，他要报告的头条消息就让胡宗南心律紊乱，他以职业口吻冷冰冰地照本宣科：“日前李代总统专呈蒋总裁，建议国防部长和军事及政治领导人应有全权指挥调动中央政府控制区的军队。代总统、行政院院长在任命及解除军事将领和行政官员方面，应享有宪法规定的主要权力。各地政府应只对代总统及行政院院长负责，国民党及委员长都不应插手上述事情。运到台湾的所有金、银和外汇必须运回大陆。最后，希望委员长目前离开中国，到欧美旅游一段时间……”

“委员长是如何答复的？”胡宗南破例追问了一句。

“委员长……委员长……他由上海去了台北……”

胡宗南不耐烦地提高声音：“废话，我问你委员长如何答复？”

机要秘书嘴上说“有有有”，手在密件夹子里不得要领地翻弄了半天，终于喜出望外：“这……这里有封信稿，是委员长托经国先生给代总统回信的大意……”

“念吧！”

“非常遗憾！哦，是信上说‘非常遗憾’，”机要秘书小声解释一句，接着念，“你们要我到国外去，我不能这样做，因为我不是军阀！但我同意不插手国内的大事，从明天起，我就彻底不管不问了……”

胡宗南轻轻冷笑，重新抱臂倒在躺椅上，闭上眼睛。机要秘书后面念了些什么玩意儿，他一句也没听进去。他没有兴趣听那些自己不关心的事，于是慢吞吞地说：“讲西北共产党军队的最新情报！”

这大概是机要秘书非常熟悉的，所以，用不着照本宣科，而是放开来直接口述："彭德怀指挥山西共产党军队主力已全线出发，其先遣队渡过黄河并控制了风陵渡和禹门口渡口……"

胡宗南不动声色地问："关中共产党军队有行动吗？"

"没有！很奇怪，好几天不见他们的动静，无线电好像也关掉了。"胡"唔"了一声，随即小声自言自语："不可能，绝不可能！"

当然，胡宗南判断的这种"不可能"是有原因的。在确定第十八、十九两个兵团划归第一野战军之后，中共中央军委进一步于5月1日批准原陕南军区部队成立第十九军，也划归一野。稍后，又批准同意一野对自身的编制序列作全面调整，成立第一、第二兵团。这段"没有动静"的时间，部队忙于动员教育和协同训练，正在淬火磨刀哪！

对于中国人民解放军第一野战军这个战斗集体来说，当下是非常重要的发展时期。它兼收并蓄，吮吸大西北的天地精血，完成了生命中一次最迅猛的生长发育。它强健的筋骨及未来驰骋大西北的辉煌业绩，绝非偶然。

新成立的第十九军军长是刘金轩。设两个政委：张邦英和汪锋，张为第一政委。副军长陈先瑞，副政委李耀。薛克忠任参谋长。军辖第五十五师、第五十七师，全军共15000人。

五十五师师长符先辉，政委张明。该师曾是抗战初期山西新军决死队的一部，著名的百团大战和上党、白晋、晋南战役，他们都参加了，而且表现不俗，出了不少英雄。

五十七师师长张复振，政委张文彬。这个师的历史也很不简单，它原是国民党爱国将领杨虎城的部队，参加过震惊中外的西安事变，后来加入到解放军的阵营。

这两支部队过去一直是在陈、谢麾下作战，1947年8月奉命强渡黄河，进击豫西、陕南、鄂西北，势如破竹，打得相当出色，短时间内便开辟了拥有10个县200多万人口的陕南根据地。1948年6月，他们组织了陕南军区。这个"陕南军区"始终是胡宗南的心腹之患，对西安构成直接威胁。现在，它一跃而成为第十九军，与一野大本营互为犄角，正好把西安夹在中间，等胡宗南惊觉于脑后时，一切都已来不及了。他面前突然出现两个兵团——第一野战军的本队：

第一兵团司令员是大名鼎鼎的王震，张子意任政委。张未到职，王便一肩双任。政治部主任配得很得力，他就是当年许光达杀出晋西北时的老搭档孙志远。

一兵团下辖第一、二、七军。

一军军长是以善打硬仗而著称的独臂将军贺炳炎，政委廖汉生。两人都是红二方面军贺、关旗帜下的得力干将。

副军长王尚荣及两位副政委冼恒汉和余秋里，也是红二方面军的名人。王尚荣当过三五八旅七一五团团长，后到独一旅，副旅长至旅长。他文武兼备，精明干练，打仗很有一套，带出了一支能征善战的部队。

冼恒汉是壮族人，和余秋里早年同为红六军团骨干。二、六军团会师，冼任六师十六团政委，余任十八团政委。抗战时，两人先后当过三五八旅政委。任现职前，冼恒汉是一纵政治部主任，余秋里仍为三五八旅政委。

一军参谋长是陈外欧。

军辖三个师，一师师长由傅传作暂代，政委曾祥煌；二师师长王绍南，政委颜金生；三师师长、政委兴中和曹光琳。

第二军由郭鹏任军长，政委王恩茂。

郭鹏原为二纵队副司令员，湖南醴陵县人，是1927年随毛泽东参加秋收起义的老战士。后辗转到红六军团。二、六军团会师时，他便是十七师五十团团长，接着到红二军团当六师师长。长征中又调任红三十二军参谋长，抗战后一直在三五九旅任职，从参谋长到副旅长，南下北返中任旅长。

王恩茂政委是个非常刻苦的文化人，江西永新籍，最初任县委“技术书记”，后到六军团政治部当宣传干事。长征时是红二方面军政治部的总务处长，到抗战又在三五九旅当宣传部的教育科长。南下北返中为三五九旅政委，现职之前，他是二纵队副政委兼政治部主任。

二军副军长顿星云，1930年在洪湖参加红军，长征前是红二军团六师十六团团长，后为三五八旅七一五团副团长、七一四团团长，解放战争之初，他在晋绥军区八分区当副司令员、独四旅旅长。

第二军参谋长张希钦，左齐任政治部主任。

军辖四师、五师、六师。四师师长兼政委是洪湖老战士杨秀山；五师师长徐国贤，政委李铨；六师师长张仲瀚，政委曾涤。

刚由河东归建的第七军，军长、政委即彭绍辉、罗贵波。彭是湖南湘潭人，1926年就参加农民赤卫军，后又参加平江起义，到红五军、红三军当分队长、队长和师、团长。曾是“兴国模范师”师长、“少共国际师”师长，当年在中央苏区声名赫赫。长征前后，相继任红三十军和红六军团参谋长。后又任一二〇师教导团团长，“彭三五八旅”旅长，晋西北军区二分区司令员，抗大教育长、副校长和七分校校长。

七军参谋长是何辉燕，政治部主任侯维煜。

军辖十九、二十、二十一师。朱绍田和孙鸿志分任十九师师长、政委；张新华和龙福才分任二十师师长、政委；范忠祥和李建良分任二十一师师长、政委。

第二兵团司令员是许光达。许原为三纵队司令员，他出身黄埔，湖南长沙人。从追赶南昌起义队伍、三河坝负伤脱离组织开始，历尽坎坷、千里找党，回到周恩来的上海军训班。接着到湘鄂西的红三军当师长、团长，战斗中又负重伤，三次开膛未果的情况下，才于1932年千难万险去了苏联，在苏疗伤、学习五年，回到延安任抗大训练部长、教育长和三分校校长。他还当过军委参谋部部长兼延安卫戍区司令员、中央情报部一室主任，后到晋绥军区二分区当司令员，独二旅旅长。

二兵团政委王世泰，他是西野四纵司令员，带出一支好部队；副政委为原六纵政委徐立清；参谋长是西北野战军原参谋长张文舟。

兵团下辖三、四、六军。

第三军军长便是号称“智多星”的黄新廷，政委朱明。此二人都是红二方面军的名将，黄是湖北洪湖人，一直在贺老总麾下，从七一六团团长到三五八旅旅长，始终位于编制序列前茅。朱当年是红二方面军的组织部长，到一二〇师，仍当组织部长，后在三五八旅任政治部主任等职。

副军长唐金龙、副政委朱辉照、参谋长朱文清。政治部主任江勇为。军辖七、八、九共三个师。七师师长张开基，政委是梁仁芥；八师师长杨嘉瑞，政委孟昭亮；九师师长朱声达，政委王亦军。

那个当年被贺龙抽出来到河东“做买卖”而虎口夺银的“陕甘宁晋绥游击司令”张达志，任第四军军长。张是陕西佳县人，军政素质都很棒，尤其是在处理军民关系方面，能打能说，独当一面，曾为西北野战军解决给养问题，立了大功劳。此前，他当过绥德军分区司令员、陕北军区司令员。

四军政委张仲良，孙超群任副军长，下辖第十师，师长高锦纯，政委左爱；第十一师，师长郭炳坤，政委高维嵩；第十二师，师长郭宝珊，政委李宗贵。

六军军长即原六纵司令员罗元发。罗是福建龙岩县人，参加革命之初是“龙岩列宁青年队队长”，后到红十二军、十三军、十四军先后担任军部特务连政委、机枪连指导员、直属队总支书记、团代政委兼政治部主任，后到三军团当保卫局执行科科长，又到一军团任一师一团政委，一师政治部主任。抗战时，他是八路军一一五师独立团政治处主任，后到独立一师、晋察冀军区一分区，都是任政治部主任，后到陕甘宁晋绥联防教导二旅任政委、教导旅旅长兼政委。

军政委张贤约是安徽金寨县人。他原被任为副军长，到7月份才改任的。张1929年参加红军后，一直在红四军工作，从班长到师长及军随营学校的校长，抗日时是一二九师教导团团长，后任陕甘宁晋绥联防军新四旅的副旅长。

六军参谋长是唐子奇，政治部主任饶正锡。下辖第十六师，吴宗先任师长，关盛志任政委；第十七师，师长程悦长，政委由黄振棠兼任；第十八师，师长陈刚，政委萧头生。

杨德亮粉墨登场折腾西安，胡宗南无可奈何暗觑汉中

西北局势比胡宗南想象的要复杂得多——这是个定律：开始是过了头的自信，结果是恍然大悟。一年多来的陕北战场，始终如此，几乎找不到例外。因此，失败对胡宗南来说，永远莫名其妙；因此，他永远都雄心勃勃地期待着“下一次”；因此，你说他是个糊涂蛋亦可，说他是个英雄也行。古今中外的战场上，谁见过脑子清澈如水的英雄?

现在，摆在胡宗南面前看得见、摸得着的是人民解放军四个兵团加一个第十九军。其中，当面之敌只有一个老对手一、二兵团，十八、十九兵团只在逼近而已，第十九军虽然所占的位置很可怕，但那毕竟只是一个军，就兵力而言，胡可以忽略不计。他的判断和决策凭着这样一个很不切实的依据，自然离谱。

胡宗南丢掉了一个非常重要的情况，那就是，在西北野战军改编为第一野战军稍前，陕甘宁晋绥联防军区，已于1948年11月悄无声息地改称为西北军区。这个西北军区下辖晋绥军区、晋南军区和西北军区军事政治大学，以及八个直属军分区，即延属、绥德、三边、陇东、关中、黄龙、西府、榆林。也就是说，从此以后，西北人民解放军与胡军对阵，再不是过去那种漫游的纯粹意义上“野战”，而有了一个相对稳固的大后方。不用说全国战争形势，就这样一个局部的现实，也注定了胡宗南的绝对劣势及必然命运。

西北军区创建的“大后方”，同样是以一大批精英默默奋斗为前提的。对于他们而言，那儿就是实实在在的前线。这批人以贺龙为首。中央军委仍旧任命贺龙为西北军区司令员，政委是习仲勋，副司令员王维舟，张经武任参谋长，政治部主任李卓然，朱早欢任副参谋长，陈希云任后勤部长，刘海宾任后勤部政委，后勤部副部长是何维忠和周子祯。

看得出来，基本上还是老晋绥军区的原班人马。事实上最初贺龙还兼任晋绥军区司令员，晋绥军区政委开始也是任命李井泉的，后来由张子意代任，并兼政治部主任。晋绥军区副司令员兼参谋长为谷志标。

晋绥军区下辖两个军区五个军分区，主要领导同志是：绥蒙军区司令员由姚喆兼任，政委由高克林兼任；五寨军分区司令员刘仲五，政委郑林；离石军分区司令员黄永昌，政委秦力生；雁北军分区司令员李仲英，政委李登瀛；雁南军分区司令员苏鳌，政委景明远。

晋南军区是1949年1月成立的，司令员是马佩勋，政委马明方、彭德，副政委武新宇，参谋长江子炎，罗志敏任政治部主任，孙占彪、张德任副

参谋长，卫青一任政治部副主任。下辖隰县、新绛、运城三个军分区。

还有一个专为前方培养、输送干部的训练基地，那就是西北军事政治大学。它是1948年7月由“贺龙中学”和陕甘宁晋绥联防军步兵学校合编而成的，贺龙兼任校长，李长路、钟师统任副校长，黄荣忠任教育长，戴伯行任副教育长，政治部主任胡光，校务部长是金仲华，郭一、贺风辉分任供给部长和卫生部长。

从军事上考虑，陕北、三边、陇东、关中及西府这一大片地区，仍被视作重中之重。它既是与胡、马目前交锋的立足之地，又是他们企图实施突击的主要对象，所以，西北军区在这些地方设立了八个直属军分区，干部配备方面也有所侧重。延属军分区司令员是李启明，政委白清江；绥德军分区司令员张达志，政委白治云；曹又参任三边军分区司令员，政委朱敏；陇东军分区司令员兼政委刘殿青，政委李合邦；关中军分区司令员陈国技，政委赵伯平；黄龙军分区司令员牛书申，政委强自修；西府军分区司令员赵伯经，政委李景膺；榆林军分区吴岱峰任司令员，政委刘长亮。

今非昔比，仅西北军区后方这一块的储兵，就相当于解放战争之初陕甘宁边区部队总和的5万余人，加上新扩充后的第一野战军，总兵力可达41万！其中野战部队由原来的15万人增加到35.9万余人。这是胡宗南完全没有吃透的一组数字。习仲勋在一野前委扩大会上传达七届二中全会精神时，说胡宗南“这个人顽固得很，不到黄河心不死”，告诫大家不要以为他焦头烂额就“可能老实一点”，想法不要太天真，正是基于与胡宗南的长期交道、基于对胡的心性有深刻了解而言的。

胡宗南的心性，此刻正从一个不大不小的人物命运中泄露出来。这人便是杨德亮。荔北战役之后，杨受任到残缺不全的第十七军当军长，自我感觉很不错。虽说是乱世乌纱满天飞，可毕竟是一军之长啊！一段时间，杨德亮全身心地投入招兵买马，刚刚把那个几乎只剩下一堆骨头渣渣的队伍，整补出一个大概模样，突然接到胡宗南的一道新令，要他火速接替钟松西安警备司令的职务，部队随之从郡县大王镇进驻到西安西郊，担负保卫西安的重任。

众所周知，钟松与胡宗南是密不透风的铁哥儿们。杨德亮素来怀才不遇，人前人后总在埋怨自己是“小娘养的”，成不了胡的亲信，一直游离于胡氏圈圈的外围，白忙活几十年。现在，突然让他接替钟松，又肩负守护西安之责，觉得胡宗南没有把他当外人看，这显然是个吉祥的标志。机不可失，时不再来，他要好好表现表现。

头一件事，就是给警备司令部大换血。杨德亮从第十七军直属辎重兵团精心挑选了50名身强力壮的士兵，充进西安警备司令部。另外，凡是原在司令部“不甚得力”的人全部遣散，而“果断、有魄力”（坑害老百姓最甚）

的职员，“一律保持原职不动”。这样做，无非是取悦于胡。“胡长官将信任我是不用私人的，会得到他的更大的信任，对我的前途更有利。”

对上“表现”到位，对下当然也要有绝活。杨德亮最拿手的就是在老百姓头上敲剥。为了显示警备司令的权威及其业绩，体现西安金融方面的稳定，杨强制商人和普通市民必须使用金圆券，有胆敢拒用者，立刻抓起来戴高帽子游街，并在高帽子上赫然标明“奸商”“奸民捣乱金融”。

那些日子，西安城里鸡飞狗跳，成群结队的“奸商”“奸民”被粗麻绳捆成一长串，在荷枪实弹的国民党士兵押解下，满街示众。还有的“高帽子”被反剪双手押到钟楼上，从早站到晚，不准坐卧，也不给吃的，杨称这是“疲劳处罚”，有的人这么连续几天“疲劳”下来，“不放回家，也不准家人见面送饭，因而致病，甚至有致死者”。

这还不算什么，小人得志的杨德亮，常把威风耍到极处，每每带一班卫兵前呼后拥走在大街上，看到不顺眼的，嘴一努，抓了就走，要是有人敢冒天下之大不韪，这时候拌个嘴、打个架什么的，杨德亮哪里遇到哪里枪决，没有青红皂白，一条“破坏城市秩序罪”就足够了！

杨以其惊人的“实绩”，博得了一个“活阎王”的称号。

时至5月，胡宗南的心情一天比一天坏。落花流水人去也，绥署和省政府机关都在明里暗里地往汉中转移，西安既非久留之地，又不是一掌即可推出去的地方。长时间的闭门思过，让胡宗南一再记起大特务毛人凤的多次提醒：明枪好躲、暗箭难防，最可怕的是灯下黑呀！于是，外部御敌必须同内部整治结合起来，必须彻底清除西安城里的地下共产党组织。

所谓“整治”西安，在胡宗南，一方面是报复，要发泄一股说不出口的怨恨；另一方面也是现实的需要——继熊向晖之后，他的大小决策依然从没有“保密”过，绥署机关实际上成了一把筛子，那种兜不住水的感觉，让他气短发疯，几乎要枪毙身边所有的人。眼下是“非常”时期，自己打一个嗝也事关数万人马的生死存亡！他想，即便泰山压顶，也要耐着性子把身边搞搞清爽。就算西安保不住，将来反攻时也留有一个基础。

这篇历史文章自然要仰仗杨德亮的手笔。

“听说你干得不错，百姓称快，恶人丧胆？”胡宗南说。胡早知道杨德亮的“雅号”，对杨的匹夫之勇或者说完全没有政治头脑的滥捕滥杀，他并不欣赏。然而此刻，他却变着戏法抛出这么一句话，听起来似有褒奖之意。

杨笑嘻嘻地：“刁民奸商，不来点手段咋行？胡先生尽管放心，只要我杨某人在位一天，西安它就乱不了！”

胡宗南颔首：“看来，我没看错人……”他故作深沉地想了想，忽然又问：“城里共产党的地下组织‘十人团’一案，查明白了没有？”

提起这一壶，杨德亮有些紧张。“十人团”在西安的街头巷尾可以说是无人不晓，几个月前毛人凤和沈醉都亲自赶来插手此事，也没弄出个子丑寅卯。钟松移交西安防务时，还特别提醒，要杨德亮“尽力缉拿”；可是，杨欺寡妇、唬孤儿的勾当倒还在行，而和地下共产党斗，他还缺个脑袋，何况又是这么大的名案。

见杨德亮回答不上来自己的问题，胡宗南也就作罢，但那一口长气却叹得杨钻心般疼痛。

“胡先生有所不知，共党‘十人团’的首犯王桥北，据说早已逃出城去了！”杨德亮想竭力提供一些安慰。

胡宗南脸上的笑容比哭还要难看。好半天，说：“绥署与省政府拟全部撤往汉中，西安城就指望你了，所余咸阳以东和临潼以西的部队，统归你指挥，你看怎么样？”

杨德亮的身体在椅子上一弹。他有两个没想到，一没想到胡宗南对自己的信任竟至于此；二没想到胡居然这么快就准备放弃西安。前者让他受宠若惊，后者又让他有些失望。

“先生……难道……西安大本营……”杨德亮吞吞吐吐。

胡宗南又是冷笑。

早在辽沈战役结束时，胡即料到退守汉中，放弃西安的必然。那时，东北一役就让国民党损失“精锐之师”47万人！乃至淮海战役胜败定型，“国军”又将有55万人付诸东流，这个结局就看得更为清楚。紧接着是平津、新保安、张家口……可以说，胡宗南是国民党将领中较早看透战场形势的优劣变化而头脑清醒下来的人。但他并不服输，而且随着毛泽东一系列文告、特别是中共有关和谈的八项条件等出台，他已一步步把自己送上了绝顶，不留任何退路。如今，蒋介石虽然“引退”了，但胡宗南非常清晰地注意到蒋在退下来之前毫不疏忽的两道命令：一道是任命汤恩伯为京沪杭警备总司令部总司令，统一指挥长江防务；另一道是任命陈诚为台湾省主席兼警备司令；这就大体勾画出1949年乃至更长一段时间内蒋氏集团军政战略的基本轮廓。

这才是胡宗南应该附和的大形势。

燕雀安知鸿鹄之志。胡宗南对杨德亮冷笑着，含而不露地说：“退，是为了进！将来能否反攻西安，就看你……”

电话铃声乍响，胡宗南不慌不忙地欠起身子接电话。

是绥署参谋长罗列老气横秋的声音：“共产党军队已于5月18日下午从三原县大程镇出发，渡过泾河，现正急速迫近西安，一部攻击咸阳以东林场，另一部攻击咸阳以西五陵……”

罗列所报告的是第一野战军六军的战役行动。在彭德怀指挥第十八、十九兵团从山西出发的同时，一野刚编定的第一、二兵团也开始投入陕中战役的全面准备。各军均以一部兵力及所有的侦察部队，组成先遣队，分别抵达铜川（同官）、耀县、美原镇、流曲镇，到贤镇、龙阳镇、交斜镇、羌白镇等地区，展开战斗侦察。

当时，张宗逊、赵寿山和阎揆要等人的指导思想是，不等十八、十九两兵团到达，先行动起来，趁胡宗南全面撤退的机会，在关中地区歼敌一部，把他所说的“以退为进”的战略撤退计划打乱，尽量截缴胡的军用物资，使西安不致被破坏。这样，接下来进军大西北，就有了一个坚实的立足之地。

作战行动整体上分两步走。第一步，以歼灭三原地区之敌为目标；第二步，视情逐次夺取咸阳、西安、宝鸡。

就西北战场一盘棋来说，这一着走得千真万确。它和中央军委整体上的大思路也很一致。所以，军委当即批准了这个部署。但从全局考虑，军委当然希望一野能把胡宗南就地解决，不要让这股祸水再流到川北乃至西南，引起新的麻烦。此外最重要的是，要当心马家军趁机进来插一竿子。因为据当时情况看，第一野战军进军大西北，最后、也是最棘手的作战任务就是要对付宁、青二马。马家军地方性极强，盘根错节，牵涉宗教、民族等复杂因素，其部队管束又差，个个匪气十足，胸无点墨，一肚子乌拉草，且杀人不眨眼。过去，胡、马之间多半是楚河汉界，山头分立。如今，国民党日薄西山，政治利益高于一切，一旦胡、马勾结起来……这不能不让一野的指挥员们三思利害。他们得认真地坐下来，重点商讨一番。

5月17日，张宗逊决定，在富平县的谢村，召开师以上干部紧急会议。

风云动古都见人心，十七军退守子午口

陕中战役的重要目标是解放西安。

西安之于西北，在政治、经济、文化等方面的中心地位不言而喻。它是我国六大古都之一。西周以降，秦汉及隋唐五代，先后有11个封建王朝在这里筑巢建都，号令天下，这里的每一块残砖都散发着森森古气，每片碎瓦都是一部千年史籍。

这十数年来，因为延安的关系，西安一不留神成了“前线”，成了国民党对付共产党的特殊基地。从蒋介石开始，许多反共大人物都身不由己地在那里留下了痕迹。胡宗南更不用说了，他本人及他的几十万部队是把西安当作一个怀抱来看待的。因此，解放西安，不仅有广泛的政治影响，能打击国民党军的士气，而且对第一野战军然后大兵团作战所需物资及运输保障，亦有重大作用。特别是它将为进军甘肃、宁夏、青海，歼灭二马创造条件。

张宗逊望着匆匆赶来开会的各兵团军师两级干部，个个脸上泛着一层绚烂的油彩，立刻有种豪迈的感觉——他们亟待揭开一个历史性的序幕呢！张告诉大家：“据西安地下组织同志报告，胡宗南要撤防了！”

大家议论纷纷：刚刚还在说胡宗南嘴硬，死抱着西安不放哩！

胡宗南的突然变卦当然事出有因。张宗逊说：“他得到一个错误的情报，以为我十八、十九两兵团已经到了陕西，其实还早呢！胡宗南看到的，是六军张贤约副军长从北平带来的解放战士，是军委改补给我野战军的，才七个团呢，你们看，姓胡的到底还是心虚嘛！”

会场顿时活跃起来，人人都被这个戏剧性的情节所感染。

“这是个战机……”是赵寿山浓重的秦腔，“俗话说，兵败如山倒，胡宗南正在那里着手撤兵，他要把主力撤到秦岭以南地区，准备在宝鸡一线布防，阻止我军南下，并伺机反扑……现在，西安只有杨德亮带一个十七军和少量保安队在那里当替死鬼！”赵说完朝张宗逊等人会意地点点头。

身材魁梧的张宗逊激动地站起来用力一挥：“我们没有时间了！”他转对参谋长阎揆要：“你讲讲具体的敌情和野司的决心吧！”

说话间，胡宗南的六个军已陆续撤到咸阳、乾县、礼县、永寿地区，胡决定从宝鸡沿川陕公路入汉中，在那里待机。一旦兵败，就经四川撤到云南。“我们就是要西追歼敌，打他这个败退时的‘山倒’！”阎揆要说，“野司决定：一、二、四军向西截击敌人，六军解放西安，三军为预备队……”

紧急会议一结束，各军分秒必争，抢渡泾河。

第二天，二军旗开得胜，追上了敌五十三师，歼灭其一个团和骑兵二旅四团一部，并乘胜解放了咸阳。与此同时，四军也攻克了醴泉；一军进到咸阳西北；三军跟进，到达武功以北的临平。六军在配合二军攻占咸阳之后，掉头杀向西安！

杨德亮这一夜过得不是人过的日子。头天后晌起，咸阳方向就隐约听到隆隆炮声。接着，有线、无线通信全部中断，唯一能做的，只有给渭河南岸的守军拼命打气，并且反反复复检查西安各处城门的防务。

太阳还没下山，解放军六军十六师便抢渡了渭河。杨德亮握着话筒“喂”了几声没有回音，一屁股瘫在坐骑上。

这时，西安城里已是天翻地覆。老百姓成群结伙拥上街头，大家交头接耳谈论着、期盼着。当兵的个个灰头土脸，心头揣着小兔子似的。那些来不及出城的党部官员和军官姨太太们，更是惶惶不可终日。大街小巷，人头如蚁，保安队喊破嗓子没人听，鸣枪示警也不顶用。

西安这座古老的城市，真是给憋坏了！

自从胡宗南给杨交了底，杨放开手脚折腾，更加杀气腾腾，当天就派出一个营的城防部队，把十一名“嫌疑犯”（实则是进步人士）拉到玉祥门外枪决了。两天前，他又命令宪兵队和警察大队满城撒网肆意破坏，爆炸工厂、洗劫商店、毁坏道路桥梁，特别是临潼到咸阳的铁路，拦腰切断……整个西安城成了一座死城。

杨德亮的恶行激起公愤。老百姓中站出来为民请命、跟军警对着干的也大有人在。共产党的地下组织乘机做工作，保护经济和文化重要目标，比如国民党部队去炸大华纱厂的锅炉时，就由于工人的奋起反抗，没有炸成。这让杨德亮颇伤脑筋。十七军参谋长胡文思说：“干脆，下道死令，关闭所有城门，全城戒严，禁止人车通行，街上不许有人！”

杨德亮同意这个方案，当即组成若干个军警小分队，挨门挨户地搜查，三句话答不上来，就拿人。此令一出，那些小头目们可找到了发财的机会！稍有可疑，张口就是逮捕，要想保全性命，交钱来！平头百姓还是要命不要钱的居多。所以，一时间杨的爪牙敲诈勒索成风，搞得人人提心吊胆，鸡犬不宁。

胡文思不安地对杨德亮说：“司令，城内情况不妙，军心不稳……”

“嗨，都这时候了，什么稳不稳的，”杨德亮说，“只要城防顶住一阵子，把军部撤出去，阿弥陀佛！”

胡文思拧着眉心说：“自卫总队可靠不可靠啊……”

杨德亮把西安城防的主要防务，交给警备司令部下面的自卫总队担任，而让十七军部队当老大，名义上是把守重要关口和守护重要目标，实际是督阵。这样既保存了实力，又不至于失控。胡文思对此心里老犯嘀咕，毕竟城防第一，十七军部队不掌握这一块，总有点退居二线的感觉。隔靴搔痒，越搔越痒，不怕一万就怕万一，胡文思的不安一天比一天严重。

其实，杨德亮的心里也不踏实。十七军的第四十八师集结在三桥一带待命，杨灵机一动，特命该师第一四四团挪到飞机场，作为机动部队，以防不测。这番苦心，胡文思也有数。但到关键时刻，他还是想借个题目刺激一下杨德亮的注意力。

杨表面不露声色，作领悟状地沉思片刻，对胡文思吩咐：“命令非战斗人员和直属辎重兵团先撤到凤县一带待命；其余战斗部队一律整装待发，不准稍离驻地，以备撤出……”

此时，解放军第六军十六师已进抵西安西门；十七师也从灞桥渡过渭河，正绕道直逼西安南门，已经能看得见大雁塔的塔尖。

胡文思急了，带着明显的慌张报告杨德亮：“军座，共产党军队突破三桥已成南北夹攻之势，要赶快命令一四四团掩护军部和警卫营、工兵营、通信营、无线电排向子午口撤退！”

“还报告个屁，快下命令呀！”杨吼道。

胡文思手忙脚乱地抓起指挥电话，扯着嗓子喊："……要以急行军的速度，一分钟也不许耽搁……进到山口后，选择阵地防守待命！"

命令下达后，杨德亮对胡文思说："你掌握着部队，我到警备司令部去看一看，顺便给闵继骞点拨点拨，然后到子午口会合，再商讨进山事宜！"

闵继骞是西安自卫总队的副总队长，平常对杨言听计从，深得杨的宠信。在杨的授权下，他实际上负责着西安城防的具体指挥事务。对此，胡文思颇有微词。杨德亮嘴上说"用人不疑，疑人不用"，可胡的阴风吹多了，也就不能不多长一个心眼。他把控制闵继骞的希望寄托在一四四团团长张芝安身上。

杨德亮跑到警备司令部兜了一圈，便急火火地赶到一四四团掩护阵地——飞机场北马路。一看，连个人影也见不着！杨顿觉大事不妙，掉屁股转回警备司令部，操起电话打雷似的喊："给我接自卫总队闵继骞！"

总机接线员冷冰冰地回答："电话接不通。"

"接不通？接不通我枪毙你！"

"枪毙我也接不通……"接线员不甘示弱地"哼"了一声，又说，"你枪毙不了我！"

杨德亮明白了，自卫总队八成出了岔子！他丢下话筒，急忙又抓另一部电话机，要通了西门守卫连连长："我是杨德亮，你报告一下防务！"

"共产党军队已经到了西门外啦，正在朝咱们喊、喊投降哩！"

"打呀！还愣个什么呀！给我开枪打呀！"

"可是……可是我们没、没子弹啦！"

"没子弹？混账东西……"

杨德亮气急败坏地骂了声，浑身吓出冷汗。他什么也不说了，扔下电话机直奔南门。谁知，南门却结结实实地下了大锁。守卫连的连长战战兢兢地报告说："这……可不关咱的事，是、是总队下令叫锁的……"

"管他谁的命令，你给我打开！"

连长额头上滚着豆大的汗珠，支支吾吾不肯动手。杨德亮的贴身警卫拔出手枪，抵着对方的脑门："你好大的胆子，敢违抗军令，老子毙了你……"

连长结结巴巴："别、别，我开、我开！"

杨德亮和警卫爬上汽车，吩咐驾驶员加足油门，一头冲出城门，飞也似的逃往子午口。军参谋长胡文思早已等在那里。杨德亮面色苍白，跳下车就惊慌地喊："他妈的，该杀……张芝安该杀，闵继骞也该杀……"

这时候，西安西门已经大开，解放军六军十六师四十七团，一阵风似的拥进城去。

部队控城后，首先占领了西安机场、发电厂，消灭机场守敌一个独立营，抓获包括飞行员在内的各色俘虏2000多名，停机坪上的12架飞机也一一缴获。

很快，六军军部紧随十六师进城。十七师也从西安南门入城。西安解放了！地下党的同志刷出许多标语，老百姓自动敲锣打鼓欢迎解放军进驻。当晚，六军军部在张治中公馆安下营寨，这和5月22日举行的解放军入城式一起成为历史性的标志。

掌灯时分，杨德亮和胡文思爬上终南山的一面高坡，遥望西安城里万家灯火宁静闪烁，无限酸楚涌上心头。事后才弄明白，他们及十七军部队得以保全一个囫囵性命，实际上是不幸中之万幸。因为当时张宗逊考虑到西安地下组织的力量，并没有把作为“重要目标”的攻城放在心头，而集中主要兵力，追歼由永寿经麟游向凤翔败逃的胡军直属三十师和徐汝威的第五十七军，正在组织大规模的合围。那是一场漂亮的拉网，敌五十七军和三十师除少数溃散，余数尽歼，生俘官兵达8000人，并占领了凤翔。东府分区的地方武装也借这股东风，杀过渭河，一举解放了临潼、渭南、华县、华阴、潼关，从而使宝鸡以东渭河南北大片土地重见天日。

西安落入西北军区的锦囊，成为“大后方”的重要枢纽城市。六军军长罗元发担任城防警备司令，贾拓夫当市长。军管会成立了，一应事务立马操持起来，发电、生产、店埠开张、学校开课，共产党的旗帜从心头飘到眼前，老百姓欢呼雀跃，日子一个比一个晴朗。

然而，胡宗南还回来吗？这种由小道传闻而生出的顾虑，不知从什么角落蔓延开来。就在这时候，人们迎来一位共产党的要人，他就是谁都熟悉的贺龙。

贺龙豪言说建国人才，二马请缨收关中失地

贺龙的好心绪从去年8月初开始居高不下。那时他得到通知由延安到河北平山的西柏坡参加政治局扩大会议，连日目睹蒋介石集团四面楚歌的境地，深切感受着胜利的喜悦。新生政权百业待举，白纸上涂彩，贺龙自感肩负着重任。他穿过黄龙山区刚刚解放的地方，来到黄河岸边的禹门口，然后直驱山西临汾，那里正筹建中国人民解放军西北军政大学。为了解放大西北，前线部队急需培养大量的干部，过去那所小不点儿的“贺龙中学”不解决问题了。贺龙见了副校长李长路，说：“你要设法抓紧修缮校舍，可以边建设、边招生、边学习嘛，不要等什么都齐备了再开学。搞两匹马，我们到郊区去看看校址……”

听了贺老总的话，李长路也很兴奋，一路感慨：“真想不到，打临汾好像还是昨天，一眨眼间，就这么生气勃勃地建设起来了！”

“那可不！”贺龙笑眯眯地，“解放区在一天天扩大，全国已经是234万平方公里了，人口也有1.6亿多，老解放区全部完成了土地改革。前方打仗，后方要恢复生产，教育要跟着上，哪个行当都要用人呀！”

随行者有人插嘴，提到晋绥军区工业部长蒋崇琼正在临汾筹建一个财会、统计人员训练班，事情办得很艰难。贺龙一拍大腿说：“是吗？你们把蒋崇　给我找来！”

蒋崇　来了，贺龙问：“喂，你那个班子搞得怎么样了？”

“财力物力遇到点麻烦，教员也有些困难。不过没关系，我能克服！”

贺龙满意地点点头，与蒋一道去勘察财经训练班的地址。看看地址、谈谈规划，老总的热情愈加高涨：“同志，眼光放远一点吧！西北快要全部解放了，全国解放也不远了，不要叫什么训练班了吧，我看，就叫‘西北人民工业学校’！你就盯在这里干，负责培养大批财经人才，准备迎接新局面。”

“训练班”一下子变成了“学校”，可把蒋崇　喜坏了，忙就汇报起人事上的打算以及教学安排一揽子事。贺龙说：“我定了，这个‘西北人民工业学校’就由你蒋崇　来当校长。别的事，你去办嘛！校长校长，一校之长，我只问你要人才……”

这便是后来“西北军政大学财经学院”的缘起。

离开临汾，贺龙又去离石。

李井泉赶来相见。李是晋绥军区政委，对晋绥的民情很熟悉。贺龙见面就说：“井泉呀，这一带大革命以来就有我们党的组织，青年学生也很多，人才不少，我们一定要把他们收集起来。我已经让李长路在临汾筹建西北军政大学。现在，应该让这里的贺龙中学赶快组织人力，到晋中平原去招生。”

“老总，这件事您不用操心了，由我去办吧！”李井泉态度非常积极，在贺龙离开离石时，他已派贺龙中学的学生队队长到汾阳招生去了。

几天后，贺龙路过汾阳，特地把这位队长找来问情况。知道同来招生的只有四个人，贺龙不高兴了，“太少了！力量要加强，要大大加强！”他解开纽扣，热气腾腾地说：“现在全国胜利在望，我们就要解放全中国了，需要大批吸收知识分子，建军、建国，到处缺人才呀！晋中各县已经解放，广大知识青年有了参加革命和学习的机会，他们也有这个要求，我们为什么不放手一些呢？我看，这次在晋中招生，至少要招1000名学生！你们要认真完成任务，等我从中央开会回来，再来检查。”

政治局扩大会开了近一个月。

正如贺龙所料，会议确定建设500万人民解放军，大体上用五年的时间，把蒋家王朝彻底埋葬。眼前是战争第三年，任务非常繁重，要准备3

万到4万名各级干部，以应新解放区的管理之急。贺龙谈到的“吸引知识分子”问题，不但提到议事日程，而且迫在眉睫。尤其是西北军区，毛泽东格外关心，在报告中指出其：“……部队数量大，但负担不小，几次战役中干部伤亡较大，党和政府对支援战争已尽了一切力量，但仍有困难，主要是经济问题。”因此，毛泽东强调“西北要用一切力量来努力发展生产”。毫无疑问，这一切都突出了培养干部的必要性问题。

散会回延安刚过个年，开春二月中，贺龙又和彭德怀、王震、习仲勋一道到西柏坡参加党的七届二中全会。之后，奉命与聂荣臻、林彪、陶铸几人前往北平，同傅作义、邓宝珊谈绥远问题。接着又去解放不久的东北，考察恢复生产建设的经验。这期间，西安解放了！中共中央任命贺龙为中国人民解放军西安市军事管制委员会主任。不久，中央决定组成新的西北局，以彭德怀为第一书记、贺龙为第二书记，习仲勋为第三书记。贺龙从东北赶到西安是5月24日。第二天，西安的军管会和市政府同时成立。

这些个喜庆的日子，把贺老总浸润得容光焕发。他挤了点儿时间，理过发、洗过澡，对妻子薛明说：“你把娃儿们都叫上，我们带他们上街！”这真是个稀奇事，薛明吃惊地瞪大眼睛。贺龙所指的“娃儿们”，有他们自己的孩子；更多的，则是一同随军过来的野战军干部子女。贺龙说：“他们老子都在前线打仗，娃儿们也管不着。陕北过来，就光个脚丫子，我们去给每人买双胶底鞋吧！”薛明高兴地连声说好好好。

于是，贺龙捧着大烟斗大步流星地走在头里，穿上了新鞋的那群孩子们围着薛明阿姨又蹦又跳地欢声笑语。贺龙说：“这是你们的爸爸打了胜仗，我们庆祝胜利，往后，一个人可不许上街！”

“为什么？”孩子们天真地问。

“因为西安过去是胡宗南的老窝子，刚解放过来，暗藏的坏人还很多，很不平静……”贺龙父亲似的给孩子们讲道理。

老总并非是在哄孩子。自从六军占领西安之后，这座“不平静”的古城每分钟都处在慌乱不安的情境中，数不清的谣言，离奇古怪，头五天内，就发生了170余起的抢劫事件，老百姓看不到解放军巡逻队时，绝不敢跨出门槛一步！

这些情况不是偶然的。它起码表明了一个事实：胡宗南放弃西安是多么的不情愿、多么的无奈！其内心怀有极大的矛盾。

尽管胡宗南退守秦岭的方案早已了然于胸，然而，一旦成为事实，仍无异于山崩地裂。他丢下的毕竟是西安啊！想当初，胡不止一次夸夸其谈地对人述说所谓“以退为进”、所谓“不计较一城一池”“大踏步撤退”，实际上那是他潜意识中的“山雨欲来”。他研究共产党，敢于面对现实、看清战场优劣变化，这是其“志大”的一面；而他想机械模仿共产党处于劣势时的那套战术，以为这是什么灵丹妙药，显然露出了他“才疏”的一面。他既没有共产党大放大收的那种胸襟，亦不懂得任何战术都有其背景条件——共产党的“人心”背景。而今国民党早已山河日下，民心丧尽。没有了水，怎能效法鱼儿遨游？

昏昏沉沉的胡宗南，被他的第一军簇拥着，不知不觉越过宝鸡来到汉中。一到汉中，他就后悔得遁地无门。丧家之犬的滋味不好受啊！而且，他这一跑不要紧；青海马步芳和宁夏马鸿逵可找到了表现的机会。多少年来，此二人对“西安尕人”胡宗南始终耿耿于怀——这是蒋介石压在他们心头的一块石头，敢怒而不敢言。一年多了，二马硬是耐着性子目睹胡宗南咕噜咕噜沉下去。可如今这块石头真的沉下去了，唇亡齿寒之感又立刻逼到了眼前。胡宗南的背影靠不住了，兰州那个作威作福的马家小朝廷一下子将赤裸裸的屁股蛋暴露在共产党的枪口之下。

经历了最初的乍喜乍惊，马家军的巨头们心情复杂地云集到兰州三爱堂。这时，国民党主持西北军政的张治中早被李代总统宗仁先生召去跟共产党和谈，一去就没有消息，临行时把大权暂交给甘肃省政府主席郭寄峤。外面风传张治中不愿再回西北主持军政，郭寄峤这个“代长官”本来就头顶烈日、脚踏沙地度日如年，更不曾想这一代还代出了麻烦。好在他抱定宗旨只当一个木偶，更何况又是“议军”，自己手中并无一兵一卒，还不是马步芳和马鸿逵怎么说怎么好。

宁、青二马轻而易举地说动了郭寄峤。在郭的“支持下”，由马鸿逵领衔，马步芳摇旗，马家军倾巢出动，向蒋介石致电请缨，拍着胸脯表示要出兵反攻西安，收复关中失地，确保大西北！

这一招真是将了胡宗南的军。马家军口口声声是“协同胡长官”，这既是在打他的耳刮子，又是逼迫蒋介石夺取他“西北王”的宝座。言外之意，人家要协同你反攻，你还能无动于衷？还能再保存实力？还能再玩什么“大踏步撤退”的浪漫情调？你只有老老实实把兜里剩下的那点本钱往外掏，老老实实脱光了屁股当你的叫花子去！

该来的很快就来到了。几天后，蒋连电胡宗南，要他回头东击，竭尽全力，出兵与马家军协同，共同收复西安，固守关中。胡宗南用发抖的手捏着那一份一份“急电”，捶胸顿足地喊“校长好糊涂啊……”

三、从悬崖到坦途

胡马联手将计就计，宁青合作各怀鬼胎

这时候的蒋介石正在距台北八英里的台湾糖业公司山中宾馆小住，眼前云收雨歇，毕竟海岛上的气候还算宁静宜人。

大陆的输局已定。上海在蒋离去后几天内便告失守，华东和华南战役一天一天向南推进，李宗仁又把“中央政府”搬到了广州——那是大革命的发祥地，李不知出于何种用心，一个劲地在打阎锡山这张牌，竭力促成老蒋复出，搞得蒋介石遁在深山也得不到一个安逸，每日头昏眼花地发表看法。

事情到了这个地步，蒋哪里有心思“考虑个人进退”？目前最重要的是要扳本！华南一隅岌岌可危，没有退路；西南地方险峻且又褊狭，亦不便来日施展；西北倒是辽阔，可胡宗南在那里一败涂地，擅离西安、退守秦岭，连个信儿也不给。在这节骨眼上，多年的友邦美国老爷居然在“中央政府”最需要他们的时候，采取“不干涉”的政策！国难当头，英雄豪杰在哪里呢?

马家军的请战书无异于暗夜闪电，突然照亮了蒋介石。既然胡宗南不行，何不让马家军试试？一封特急电报发到胡的流浪公署。

胡宗南心头滴着血，收拾收拾委屈，便硬着头皮，招来罗列、裴昌会、董钊等人，说：“马部主动要求出兵，老头子迭次电催，要我们协同，想听听各位高见。”

大家都小心翼翼地赔着一脸沮丧，半天没有人说话。

胡宗南抬头在裴昌会脸上打量片刻，扬了扬下颏说：“裴副主任，你讲。”裴无可奈何地冷笑一声，露出自嘲的表情。然后，叹气，又叹气，

声音像蚊子哼哼："这……也好，既然他们肯出兵反攻，我看就汤下面，把他们推出去。假若他们能在关中抵挡一下共产党军队，何乐不为？"

"在理，在理……"胡宗南听出了兴趣。他一边附和一边从每人的脸上寻求支持。

董钊不以为然。他紧锁双眉，凝神许久，摇摇头说："马部都是些什么东西诸位该一清二楚，他们肯下本钱给你干？他们不过是想在中央面前出个风头，显摆显摆罢了，未必有真心……反正，我是不敢抱这个奢望！"

"不！"罗列满腹韬略地起身发言："马部在共产党军队身上得的便宜不少，自恃骁勇，一向轻敌，一鼓作气夺回西安也未可知！我倒是担心，一旦他们得手，我等在中央面前就更没有说话的余地了。与其坐而论道，莫如将计就计，好好跟马部'协同'一下，成功了，有我一份；失利于我也无大碍……还是由胡先生定夺吧！"

罗列的这个意见打动了胡宗南，也让马步芳和马鸿逵"甚为满意"。他们的目的就是要挟蒋介石以令西北，就怕胡宗南死猪不怕开水烫，装熊不答理，不肯动兵。只要胡答应一起出兵，他们觉得就是莫大的成功。

事实上马步芳和马鸿逵在给蒋介石发请战电之前，彼此也是各怀鬼胎。两人在三爱堂当着郭寄峤的面，就像骡马市场做交易似的，互相打着"坎子"。马鸿逵声称要出卢忠良的主力一二八军，并吹嘘说卢虽为汉人，却对主子如何如何忠诚；马步芳表面谦恭，骨子里亦不甘示弱，即把"犬子"马继援的八十二军拿出来夸耀，说马继援如何如何年轻老成敢打恶仗等。戏还没有开场，就魔王比宝似的，把个神圣的三爱堂闹得阴霾弥漫。

胡宗南派出的是裴昌会第十八兵团。自从春季战役之后，裴的明智已在具体战役行动中逐步体现，此次出兵就更加把握着分寸。他将陈子干的第九十军、谢义峰的第六十九军、刘超寰的第三十六军、李正光的第二十七军抱在一起，作为一个虚拟的集团兵力，沿陇海铁路及其两侧，向咸阳方向徐徐推进，而实际上在头里热热闹闹唱大戏的，仍旧是由胡宗南直接掌握的第十七军杨德亮。

裴兵团的四个军一动，马家军的"宁青联合兵团"五个军、两个骑兵旅计十万兵马，也沿着西兰公路及其两侧推进起来。马部总指挥是年轻气盛的马继援，卢忠良为副总指挥。

胡、马这样一堆庞大的队伍，指挥运作方式却颇为滑稽。两军号令各自为政，虽然彼此商定6月5日发起总攻，先占咸阳，再收复西安，可在开进途中，大家都像磨道上的驴，蒙着双眼谁也不能确切知道谁的位置。双方在通报进程时，都留了一手。尤其是裴昌会，出兵之前胡宗南就再三交代，说马家军一贯比泥鳅还滑，千万不可上当，部队要相机减速，原地踏步都没有关系，切不可突出冒进。胡的意图就是把咸阳让给马继援去打，“若能顺利收复，我们再向前推进也不迟；若攻打咸阳失利，我们调头就走，至时也不会受多大损失！”如此，裴昌会的任务就只是一条，拼命给马继援灌迷魂汤，把马家军十万兵马哄出陇东，推向关中，押在自己的前面做挡箭牌。

这可劳苦了杨德亮，他得把声势造足，让马继援有个耳闻目睹，产生起码的信任感。

自从丢了西安之后，杨德亮一直背着黑锅。暗授机宜的那个胡宗南不见了，只有一个脸色要多难看有多难看的胡宗南。杨被扔在宁陕北部的东江口一带，与西安保持着五六十公里的距离，每天瞪大眼珠提心吊胆地守候在那里。

经过那么一次匆忙撤离，部队早谈不上什么斗志了。团以下官兵中，有开枪自杀的，有弃暗投明的，军部通信营长和电台一个姓孙的排长，都在进山之后又逃回了西安。杨德亮想与其这么疲疲沓沓地拖下去，还不如找个机会拼杀一下。所以，当胡宗南命令他配合马家军和裴兵团反攻时，他真不知道自己该是抱怨还是庆幸，当即亲率军部和一四四师出山，同时下令军直属部队进至子午口，第十二师由子午口向韦曲前进，第四十八师由沣峪口向斗门镇前进，第一四四师出汤峪向灞桥前进，这便构成了东、南、西三面对西安的围攻之势。

杨德亮的动作被胡宗南无限膨化之后，通报给马继援，并不失时机地对马追加几句吹捧，说，马指挥官挂帅，哪一次不是所向披靡！又说马继援的英名早在关中广为传扬，共产党军队闻之丧胆，国军官兵无不奋发斗志等。胡宗南还从未这么赤裸裸地夸过别人，足见非常时期非常人格，胡也有趋奉与乖巧的一面。他这一“乖巧”不要紧，弄得马继援神魂颠倒，气冲牛斗，大呼小叫地要“踏平关中，建不世之伟业”，早把出发前他老爸马步芳的叮嘱抛到了脑后。

那是三爱堂的议军会刚结束，马步芳招呼儿子马继援从国民党西北军政长官公署驱车回到自己的官邸。父子俩一头钻进密室，马步芳说：“这一仗不比寻常，你打头我没话，万不可叫人家见风行船要了咱，行军作战，切记‘独立’二字，不可莽撞。宁夏那个老东西，一贯老谋深算，心口不一；胡宗南也是个狐狸精，尕人嘛，啥话你都得给我掂个轻重……”

马继援满口答应着，肚子里却还是自己的主意。他是马步芳的独根苗，寄托着马步芳天大的希望。为了让这个宝贝疙瘩能够承继家业，甚至“一代更比一代强”，马步芳真是耗尽了心血……他见儿子答应得过于利索，便将信将疑地望着儿子，心里还有千言万语，一句也说不出来。

算起来，刚满30岁的马继援应是整个马家军这根藤上的第四代骄子了。他从小有股子血气，深得族人宠爱，取名继援，也就是要继承马援、追习汉代伏波将军功业的意思。马步芳下决心要把“这棵好苗苗”培养起来，8岁就在白玉巷公馆开馆延师，并选亲族子弟马世龙等随同伴读，后又到一所学校，一面学习文选、兵书、历史、地理、自然等科目，一面又随从专门选调来的鲜子良等军人操习劈杀、拳棒等军事科目。为使儿子文武双全，具备新知识，马步芳还特地从上海、天津买回一套理论实验设备及《万有文库》丛书，聘请名家来当家庭教师，学习到19岁，尚未毕业，马步芳便开始培养儿子统兵的感觉，给他虚任了一个青海南部边区上校参谋长的职务。第二年马继援毕业了，20岁的他又顺理成章地当上了八十二军独立骑兵第三旅上校旅长。隔两年，升任为八十二军少将副军长。

小小年纪的马继援紧接着去了重庆中央训练团党政班和陆军大学甲级将官班第一期受训，毕业后回到青海，立刻便兼任省政府委员。他也的确很争气，少年得志平步青云，吃喝嫖赌恶习不沾，一副做大事业的派头，让国民党内文武权贵刮目相看，甚至连蒋介石到青海三天竟也与他长谈三次，并特邀陪同吃饭！马继援进京，从不忘代父亲拜会中央各位军政大员，至于蒋经国等人，更是不分彼此，打得火热，把马步芳喜得睡在梦里都哼小曲。

马继援倚仗文武精熟，又有新思想，很瞧不起父亲手下那班目不识丁的鲁莽武夫。他拿出新时代军官的架势，在队伍里搞研究班，给军官们补习国文，自己也手不释卷，还专门请人“开小灶”补习英文。同时，他又广涉文学名著，研究各国战史，发了疯似的崇拜希特勒，把日本武士道精神也吹上了天。自然，也就极端仇视共产党，扬言在将来的国际战争中，一定要去打垮苏联！对于国民党，马继援其实也没有好感，认为太保守，没有“革命朝气”，他的政治理想是什么呢？一团糨糊。

史蒂文森的语录被马继援奉为座右铭：“世界上任何荣誉的桂冠，都是用荆棘编成的。”“英雄从不蔑视劳动。”他心目中的英雄，就是目空一切，狂妄而自负。因此，他要求部属必须“当一个好军人”，即：不怕死，不爱财，讲义气，爱团体，锻炼性格。而他自己则西装革履、看外国电影、吃西餐、参加舞会、叽里呱啦用英语讲话，甚至把原配夫人扔到一边，去南京汇文女中找个洋派密司特做二夫人……

这一切，马步芳能容忍，可马鸿逵就不同了。他一向对马继援花拳绣腿那一套不放在眼里，所以这次把10万兵马交给马继援，马鸿逵心里有一万个不踏实。出发的前一天，他不辞劳苦赶到平凉，把两个兵团好生检阅了一番，嘴上高喊宁、青不分，“应团结一致，保卫大西北”，暗地里却给卢忠良撂下一句话：“宁夏部队不得过咸阳……”

贺老总唱空城计，胡长官操杀威棒

马鸿逵不但赔了唾沫星子，还开销了好几万银票。他给青海兵团的团长以上军官，每人赠送一只手表，而自己的宁夏兵团各军、师、团部，分别得到银币200元。这一手把马继援唬住了。他也不能一毛不拔，干脆，给宁夏兵团的团长以上军官，每人回敬“宝马”一匹。这样，同马鸿逵这个“前辈”握起手来，就不觉得发软了。

当时，马继援并不知晓马鸿逵私下里搞了小动作。谁知马鸿逵戏太过了，回到兰州还不放心，又派两名心腹马全良和马友梅返回前线，给卢忠良等人再传圣旨，要卢“保存实力，不打硬仗”，并告知宁夏兵团一切行动均听命于马鸿逵，马步芳父子的命令可以不予理睬。这时，马继援才对“前辈”的小心眼有所耳闻。他不多说什么，只是毫不客气地把宁夏兵团主力放到中路军第一线，而青海八十二军等部均处于掩护位置。仅此一着，就将马鸿逵的良苦用心打了个七倒八歪。

胡宗南把事儿看在眼里，心上爬出一万个“愁”字，从而怀疑这场轰轰烈烈的“反攻”行动，究竟是一场战役还是一场游戏。

但是，西安城里的气氛就不同了。胡、马的声势把那些来不及逃走的残渣余孽刺激得吃不好、睡不香，每分钟都把耳朵竖起来，倾听咸阳方向的炮声，哪怕谁在西门外扔颗手榴弹，城里也会有人披头散发地奔到大街上狂呼不止。

寝食不安的还有一人，那就是贺龙。这时，十八、十九兵团仍未到位，一、二兵团主力又都集结到咸阳以西严阵以待，六军在西安城里驻兵只有一个师，力量单薄得除了把守城门之外，三四条街也见不到一个解放军战士！

贺龙问罗元发：“要是胡儿子和马匪帮真来搞一下子，你这一个师守城，胜利能有几成账？”

罗元发屏着气，说不出话。胡、马两军计30多个师（旅）、20多万人摆在眼前，绝不是个轻松的局面。一、二兵团兵力是一个排一个班的用，严重不足。所以，六军主力必须拉到礼泉、赵村镇集结，以应付全局的“重中之重”，而真正留守西安的只有一个第十八师。西安，这才是敌人真正想叼的肥肉！不要说它的四城防守，就是咸阳到西安及渭水一线的常规阵地也得个把团来驻守，可怜巴巴一个师的兵力哪够分的！他这个警备司令当得真悬乎。罗元发支吾半天，回答不出贺龙的问题，只说：“好在有老总你、还有习政委……大家都在……”

“我们在管啥子用？”贺龙不太满意地说，“一个人是一个人，浑身是铁也打不出几根针！”他猛吸几口烟，对在场的党政军负责干部点着烟斗，“同志们千万不可轻视，不要以为有野战军主力堵在咸阳那边，敌人就过不来了。要准备其来，不可望其不来！如果来，西安的守备力量这么薄弱，彭老总带的两个兵团又赶不赢，万一情况出来了，没有一个万全之策，险呐！”

新任市长贾拓夫说：“是啊，城里的敌、社情况很复杂。胡、马联合反扑还没出发，这边就谣言四起，有人在小街旮旯里，到处给你制造混乱，这股势力不可低估……”

“听说还发现了电台？”习仲勋问罗元发。

罗答：“目前看，还不止一部电台，敌特武装地下活动猖狂得很，打一打，好一点，但不解决根本问题……”

这时，警备司令部一参谋报告：六军的张贤约政委从北平改编部队带来的7000多人，快到渭南了！

贺龙眼睛一亮，忙磕磕烟斗，问：“啥子？张贤约到了？”

“到了，离西安不到100公里！”年轻的参谋把本来准备给罗元发的电报直呈贺龙。

贺龙看也不看，随手又丢给罗元发，吩咐：“快，给张贤约发报，叫他原地待命！”说着来到地图跟前，将手伸开八字虎口，在图上量了量说：“你们看，灞桥就有杨德亮的部队，我们叫张贤约把声势搞大点……”

罗元发等人恍然大悟。是啊，敌人早就误以为张贤约带的那几个团是华北兵团，为什么不将计就计，来个瞒天过海，起码可以唬一唬杨德亮，就是胡、马主力，如果得知十八、十九兵团已经抵达西安，行动起来也得掂个轻重！

贺龙对习仲勋说：“给陈希云和刘海宾他们加点担子，军区后勤部动员一下，想尽一切办法，给我调运10万石粮食进城。三天之内，一定要运进来！不然，敌人围了城，军民断粮，援兵一时又赶不到，不打自乱嘛！”又对罗元发和西北军区参谋长张经武说：“守备部队的三个团向南展开，对付杨德亮；机关干部、战士一律拿起武器；城里的接收工作，照常搞……”他压低声：“张贤约这个话只到我们这里为止，往下面去，就讲十八、十九兵团已到陕西，要大力宣传，可以先号房子嘛！公安部门的同志辛苦点啰，加紧工作，组织力量往深里挖，打击潜伏的国民党特务分子，杀一批是一批……”

接下来几天，六军采取各种办法，大造华北兵团入陕作战的舆论。十八师派出七八个组，打着华北兵团的番号，在西安城里城外到处号房子、贴标语，弄得声势浩大。不久，张贤约带来的人马奉命赶到了，西安组织军民搞了一个盛大的欢迎仪式，紧接着十八兵团先遣师真的到了，又是一场隆重的欢迎。

消息当天就反馈给胡宗南，气得他抬手就摔掉一个茶杯。

正好这时杨德亮报告，其四十八师在秦渡镇遭到共产党军队伏击，大部缴械，不少人弃枪潜逃，只有小部“转进”回到沣峪口，仍留该处设防；其十二师亦有同样遭遇，“多处接敌，损失弥巨”，第一四四师先头部队进到腾空地区，听到前面的消息，一步也不敢挪了，屁滚尿流地退到汤峪……胡宗南火上浇油，一下子找到了发泄的由头，破口大骂杨德亮指挥不力，是头“蠢猪”，影响了反攻西安的战局。他当即宣布，撤销杨西安警备司令的职务，取消其对一四四师的指挥权。想一想还不过瘾，索性将四十八师的番号也一笔勾销了，命该师开到宝鸡听候改编，而杨德亮只带军直属部队和十二师。军直属部队在子午口的土地梁、枣儿岭；十二师守子午、沣峪口。胡宗南命令：再不准擅退一步。否则，提头相见！

这一巴掌把杨德亮掴了个七窍生烟，官场的梦想灰飞烟灭，乱世之中，身为败军之将，唯一可求的只有搞饱肚子、留条小命罢了！那时，胡军的供给渠道已经全部断了，部队穿衣还凑合，吃粮成了大问题。杨德亮听说，土地梁和枣儿岭有两个粮食仓库，里面储藏的面粉足供十七军吃用半年，便觉得不幸中万幸，欢喜不迭地把部队开过去。哪知到地点一看，有两座仓库不假，可面粉早被洗劫一空。杨德亮傻眼了。那么多人要活命，既无粮又无盐，怎能做到“不擅退一步”？没别的办法，他咬咬牙下道死令，命所属部队武装出动，趁共产党军队未到之机，跟老百姓抢个秋！

正是麦收季节，老百姓白天躲兵匪，黑夜下地，半熟不熟的麦子一车一车拉到西安城郊解放区碾打，月亮底下通宵干。十七军兵一出动，谁还敢下地呀！杨德亮收获不小。可是，他们抢了麦子没法下磨取粉，只好囫囵煮起来充饥。加上天气晴好时，胡宗南的石泉兵站也运来一点有限的盐、粮，十七军驻防的残兵败将尚可马马虎虎对付着，一天一天往下熬。

胡宗南发落了杨德亮，又骂马继援。马家军近日来的表现，让他感到颇失望。本来，他认为，只要把马家军拉出甘肃，渭北就可交出去，他有几个军守住渭河以南地区，大家便可共同撑起西北的天。现在看来，马继援是徒有虚名，既没有笼络宁马的威德，又没有一往无前的胆略，部队出发之后，心事重重，脚底下能踏死蚂蚁！如此，怎么可以共担大业？他从来没有像现在这样感到孤独和悲凉，叹着气对罗列说：“共产党的天下，一大半是国军拱手奉送的！”

罗列明白胡宗南话有所指，说：“姓马的现在成了名角呀，唱一出是一出，进亦英雄，退亦英雄，一身都是戏呐！”

胡宗南不语，许久，冒出一句：“有什么办法，国难当头……哼！”

平心而论，胡对马继援种种酸不溜丢的非议有失公允。他是否具备这个资格暂且不论，就马继援率兵出征以来的现实表现而言，也是他胡宗南这“缩头乌龟”所没法比的。

6月10日，裴昌会兵团的主力沿渭河以北向东攻击岐山和蔡家坡。这时，马继援所部陇东兵团已沿西兰公路，向东进到了永寿、崔木镇一线。这个位置，在马家军的序列里算是遥遥领先了。它一改出发时的阵势，把马继援的忠勇多少体现出一点。要知道，这时候本在一线的卢忠良宁夏援陕兵团第十一军、第一二八军及九个保安团才入陕西不久呢，而王治岐指挥的陇南兵团第一一九军及一个师，也只进到凤翔。

解放军第一野战军一、二这两个兵团初始部署的指导思想是“阻胡打马”。阻胡的任务由三军担任，此时部队已在降帐、武功一线展开，正面就是裴昌会集团那四个军，二军要使对方不越雷池一步，绝非易事。援兵是不可能有的，其他部队都集中在马继援身上：三军驻守乾县，四军在仪井、临平镇一线，一军守扶风和兰店镇。此外还有六军主力，在礼泉和赵村镇集结。用这不足三个军的兵力，来对付马继援10万人，其悬乎的程度可想而知。

马继援是个“人来疯”，小小接触几次之后，他那股铤而走险的野性膨胀起来了，铁着心肠要攻咸阳。

张宗逊和赵寿山心里捏着一把汗。毕竟兵力悬殊，如果不考虑敌人内部的矛盾因素，马继援若是一要横，不会毫无结果的。咸阳能否保住，实在没有把握。咸阳一失，兵力空虚的西安便危在旦夕。虽说敌人是秋后的蚂蚱，但全国解放战争的形势摆在这里，万一西北出现这么大的周折，谁能担当得起!

彭德怀始终坚信：马继援三个跟头一翻必然要露馅。在兵力不占优势的情况下，他对这个“积极防御、诱敌深入、阻胡歼马”的作战方针，看得很准。后发制人，是彭老总用兵的绝招。从“三战三捷”开始，哪一仗他不是等敌人嚣张够了才收网？打他的仗，你得有足够的信心和耐心等待，得有足够的气魄承受敌人张牙舞爪的第一拳。目前，最重要的是“静观”，待二马疲劳攻击受阻、粮食发生困难时，全力举行反攻，包围歼灭之。当然，其中也包含着不在乎一城一池得失的胆量。

这种建立在现实基点上的浪漫主义思维方式，恰恰可以于莫测的幻变之中，把握战事发展的真实，抵达人所不能抵达之处。所以，它总能出奇、出彩，有超常的魅力。正是在这一点上，彭、毛军事思想达成了共振。战争从本质上含有某种浪漫，这与“革命”二字异曲同工。具体的战事总是带有赌博心态的，因为它以人的生命为筹码，就不能不以神圣的面目出现，所以，人们对此总是持否定态度。人们否认战争本身的浪漫性质，自然，对1个人打垮十个人的事，想也不敢想。

彭德怀是敢想的，而且他每一“想”必定有决胜的把握与理由。但是这一次，毛泽东提出了异议。他于6月9日给彭的复电中指出：“就现有兵力与马胡全力作战，似觉无全胜把握，不如诱敌深入，俟兵力集中再打较为适宜。”这话明显不是命令，而只是一种“商量”。紧接着，他又把自己的思维修正到适当位置，补充道：“如你们认为有各个歼灭敌人的良好机会，我们亦同意先打一仗。”就是说，彭德怀各个歼敌的决策，只能作为权宜之计。“先打一仗”当然不是解决根本问题的办法，不是主旋律，而只是大的决断中的一个小插曲，有点兴之所至、神来之笔的味道。

毛泽东相信的还是“诱敌深入”。这是打乱规则、施展智慧的最佳途径。他喜欢把野狗引到内室，门一关，坛坛罐罐打个稀巴烂全不在乎，就在乎一个结局。这就叫置之死地而后生，既有搏命的刺激，又有决胜的把握，还带有饱满的诗的激情。毛泽东给彭德怀复电的最后，要求彭将诱敌深入的“困难及不利之点，分析电告”。

此话点拨了彭德怀。他决定修正自己。

咸阳阵前小子功名心切，西安城下老总临危决胜

就在马继援拼命抖动羽毛的6月10日，彭德怀又给毛泽东发了一份电报。这份电报竭力想把自己看好的当前泾渭之间一仗，与过去中央苏区拒敌于山门之外的打法区别开来。

彭德怀觉得，马继援兴致虽好，毕竟劳师远征、立足未稳。而且，胡军士气很低，胡、马之间又相互猜忌。地形方面，刚好有座麟游山，可以天然分割胡、马的联系，有利我钳制一个打击一个。我军眼前的兵力虽然不占优势，但十八、十九两兵团正在日夜兼程往西安赶，这边几个回合下来，他们也就赶到了。他们一到，我方兵力即可由劣势而稍占优势。总之，不能等到万事齐备再动手，要边打边等，有机会就吃他一口。这样，“对我很有利”。相反，如等到6月底或7月初，华北两个兵团如数到达西安，再开打，“对我就有诸多不利”。

彭老总所说的“不利”，是以“利”为参照系的。所谓“利”，根本点在于，敌人内部都怕吃亏，胡、马之间，宁、青二马之间，并非铁板一块，谁都是又想当婊子又想立牌坊。没有风险时，大家逞能、比谁的腿长；一旦凶险在前，就不是那么回事了。若其中哪家挨上一口，哪怕一小口，都会痛得他锥心刺骨。这疼痛将被无限放大，以至于从前方弥漫到后方大本营，因而，敌人内部的平衡立刻打破，互相之间埋怨一起，内讧在所难免。这大概就是彭德怀不想放弃“泾渭间作战”的心理依据。

毫无疑问，预设是合理的。第二天，毛泽东复电，同意彭的作战方针。但他提醒彭老总，“作战时请注意先歼灭宁马一个军，然后再歼其一个军，各个击破，一次不要打多了。”

拣硬的打，这是毛泽东的一贯风格。要是一出手就把马继援摆平了，胡、马纵有10万之众，谁也别想再跳起来！

接到电报，彭德怀的心里踏实了，一门心思做“诱敌深入”这篇大文章。他将原准备集团围攻马继援的三、四、六军后退一步，转到云阳、石桥、泾阳一线；一军和原担负阻敌裴昌会兵团的二军，闪开向南，转到眉县和户县，而让匆忙赶到的十八兵团先头六十一军坚守咸阳。这样，我军实际上分成了两坨，一坨转往泾河，一坨转往渭河，泾、渭之间的三角地带主动让了出去，把一个赤裸裸的咸阳扔在马继援面前。

马继援在乾县接到一九〇师师长马振武从咸阳附近发来的电报时，那颗兴奋的心，简直就要跳出胸膛！他把电报翻来覆去看了好几遍，那上面说，咸阳城里共产党军队很少，西安空虚，眼下是夺取咸阳和西安两城千载难逢的好机会。要是陇东兵团不先下手，头功肯定要被别人抢去，到时候后悔来不及！

是啊，要是首功不属于陇东兵团，自己这个总指挥还有什么颜面回兰州复命！

“振武果然是条汉子！”马继援挥着马鞭狂笑道：“传我的命令，马振武为步骑兵总指挥，集结一九〇师、二四八师和骑兵第八旅，把咸阳城团团围起来，包它的羊肉饺子！”

这时，突然有一人站出来喊了声：“慢！”

马继援眉毛一耸，谁敢这么大胆？一看，却是一一九军军长王治岐。这个姓王的此次身为陇南兵团指挥，一直拖泥带水，表现不佳，马继援早有轻蔑之意，没承想他倒在关键时刻自己跳出来碍脚碍手。马当即斜着眼睛冷冷地问：“王军长，你有啥话要说？”

“难道你不觉得事儿有点怪吗？”王治岐觑着目光逼近马继援：“八十二军在永寿大小竹竿与共产党军队接触，你下令骑八旅进攻，明明被共产党军队炮火压下来了，退守待攻，按说共产党军队该追击才是，可他们没追击，反而消失得不见踪影；在关头镇，卢忠良一二八军原打算拂晓进攻的，谁知头天夜里，共产党军队又不声不响地自己撤走了；十一军在阳屿岭那一仗，从太阳出山打到后晌，死伤六七十个兄弟，没有前进一步。最后，也是共产党军队不攻自退……”

马继援不耐烦地挥挥手：“好啦、好啦！我骑八旅在南北竹竿大获全胜你为啥不说？骑八旅把共产党军队打得落花流水，缴了炮，得了马，阵地也夺到了手，照你说，也是共产党军队自己让出来的不成？”

这一仗，一上场解放军就让骑八旅狠挨了一顿炮火，旅长马英吃不消，向马继援告急，马继援把韩有禄的二四八师拉上去增援了一下，才稳住阵脚。到晚上9点多钟，解放军且战且退，乘着夜色有计划地向东北方向转移，四条腿的骑八旅狂追不止，而二四八师则乱了套，黑暗中官找不到兵、兵找不着官，赔了血本。但是，在往西北军政长官公署呈报战绩时，却只有前者而没有后者，这是秘而不宣的事实，眼下却被马继援拿来当作“炸弹”回敬王治岐，真是叫王哭笑不得。

王治岐觉得没有必要多跟马继援争论什么高低，只是尽职尽责提一句醒算了。于是说：“共产党军队作战一贯诡计多端，进退得失满不在乎，战场回旋大。这方面，胡宗南倒是比咱们懂得多呀！”

马继援说：“你还提他，他算个啥玩意儿？他要是比咱能耐，咋就三枪两炮把西安丢给共产党军队啦！”眯着眼沉吟一会儿，又拖着洋腔道：“怪不得你待在凤翔不肯走，原来是跟人家学着使心眼子呢！”

这话不大中听，王治岐脸上青一阵白一阵，拍马便走。

马继援倒也不是信口胡诌，凤翔这地方的确给了王治岐一点刺激。一个月前，胡宗南的三十师和五十七军就是在凤翔翻的船，到如今当地老百姓谈论起来还是一套一套的。那时，实际兵力不足三个团的五十七军烂得抓不上手，与三十师共六七千人，奉命从乾县出发，经永寿过麟游向凤翔行进，军长徐汝城仗着是蒋介石的得意门生，无所顾忌，吉普车里妻子儿女一大堆，整个部队也上行下效地拉家带口、大包小包，说是行军，跟老百姓大搬家差不多。因为东西多，辎重累累，一路上强拉民车，士兵也纪律败坏，拉夫抓鸡、穿门入户、翻箱倒柜，无恶不作，老百姓敢哼一个“不”字，开枪就打。结果，解放军在凤翔东20里亢家河的山隘口一个截击，就歼灭了它8000余人。徐汝城的吉普车打成一堆废铁，老婆受了伤，女儿滚到公路边的地沟里，成了一个泥猴子。惯于逞能的三十师师长王敬鑫声称“誓与共产党军队周旋到底”，又是拍胸脯又是打包票又是喝酒壮胆，最后不到三分钟脑袋便开了瓢。陕中战役的这——段，被凤翔一带老百姓越传越玄，王治岐当然有所耳闻，多少领到一点对于共产党军队今非昔比的感觉。

目睹王治岐的背影，马继援哈哈大笑。笑过之后，脸一沉，分别给一〇〇师和一九〇师发报。马振武的一九〇师距咸阳60里左右，原定攻击任务是兴平；而一〇〇师距咸阳只有30里，任务主攻咸阳。现在，马继援要一九〇师取代一〇〇师主攻咸阳，而一〇〇师改攻兴平。为给马振武助威，主力八十二师也经礼泉向咸阳发起攻击！

当然不能让王治岐仍留凤翔，马继援命其沿咸阳至宝鸡公路向杏林镇前进。

胡宗南的目标是西安。李振所率十八兵团三个军向武功前进；第三、第十七、第六十九军由陇海路南的蓝田、子午镇，分两路北上进攻西安；第三十六军从眉县出发，沿陇海路南侧向东，向西安逼近。

不管怎么说，这是个多方密切配合的攻击部署，而且行动得紧锣密鼓。胡宗南在其中的表现虽然露骨了一点，但毕竟摆开了“反攻”的架势，显得自然、贴切，颇有诚意，且又都是在马继援的统一领导之下，所以，胡、马建立在共同利益基础上的攻击意志，达到了较高的和谐。这让彭德怀有点儿吃惊。他决定改变阻胡歼马的计划，同时进一步明确放弃泾、渭间三角地区，甚至咸阳和西安也不在话下，目的是争取时间，待四个野战兵团全部集中之后，再与敌决战。

这个缺口可开大了！毛泽东和中央军委一班决策人物个个提着心。但是，思前想后，又觉得除此之外，别无选择。于是6月15日，中央军委给彭德怀、张宗逊和赵寿山发来这样一份电报：“你们放弃三角地带，引敌深入准备反攻的部署是适当的，但请充分注意马匪有利用我军分置泾渭两路，中间薄弱，采取中间突破进取西安，使我两路不能联系之可能。”

其实，这时的战场情况已经有了变化，华北十八兵团在几天之内，又有五个师陆续赶到了西安，其他大部队也相距不远，正在跑步前进。西安的兵力加重，给三角地区提供了有力的支撑，也使原一、二兵团对“兵分两路，处泾北渭南，中间薄弱，马匪乘弱中间突破”的顾虑，逐渐消除了。试想，一旦“薄弱”的中间部位集结起两个兵团，其被割裂开的泾北与渭南两坨兵力，自然联结起来，不是“两坨”了，而成了“两翼”。胡、马胆敢闯入咸阳，顷刻间就会处在西安和泾渭的三面包围之中，成了瓮中之鳖。

6月19日晚，中共西北局、第一野战军前委在西安建国公园召开紧急会议。议题很简单，一个是西安要不要坚守问题，另一个是先收拾胡宗南还是先收拾马家军，也就是所谓“击南击北”问题。

对第一个问题，彭德怀的态度很明朗。他一直不主张放弃西安，认为那样会“对政治、军事和士气均不利”。他希望能够“利用西安、咸阳坚固据点诱敌深入”，然后用机动兵力寻找战机，把敌人消灭在西安附近地区。这正好抓住了胡、马（特别是马继援）功名心切的弱点，所以不难实现。只要守住西安，并利用西安和咸阳坚固的城防消耗敌人，就有可能“集中机动部队寻机打击敌人一路、歼敌一方面或另一方面的几个军”。

大家在会上仔细分析了一下当前敌我兵力比例情况。张宗逊和参谋长阎揆要算了一算细账，结论让人惊喜，我军兵力竟高于敌军！敌现有3个兵团、11个军、32个师共21.3万人；我方十八兵团抵达后，也有3个兵团、9个军、27个师。这些军、师都是刚整编完满编单位，不像敌人（特别是胡军）多数只有番号没有兵员，剩下空架子单位，所以，论人数我军是24.8

万人。况且，我军在士气方面的优势，胡、马军无法相比。

“击南”还是“击北”？彭德怀说：“我看，打马是理想的，但在胡、马两军趁我十九兵团来到前即联合实施反扑，使我被迫过早决战的情况下，可能先击胡更有利一些。特别是敌威胁到我不能守西安，须集中力量歼敌一两个单位，迟滞敌人进攻是需要的。”不管打马还是打胡，彭德怀提出了一个原则性的要求，那就是“不怕困难，不为零碎动摇整体”。

赵寿山对彭德怀的这个原则要求极为欣赏，后来他同人聊起这一段，说：“人家讲‘临危不乱’‘将帅风度’，我看没人比得上彭老总，就那一句大白话，恰恰当当；整个扶眉战役就稳住了！”

一纸撤退令二马怄气，举城放光明万众称雄

咸阳北垣坡头，是历代王侯陵寝之地。

那是个晴朗的上午，马继援的八十二军中校作战参谋李少白，伙同骑八旅旅长马英、第二四八师师长韩有禄登上一个大坟包，用望远镜俯瞰咸阳城内，发现从西安到咸阳的公路上，黄尘滚滚，军车如飞。进城的车辆满载兵员物资，而出城的全是空车。

这时，那位“好汉”级师长马振武还没有见到人影。他是午后1点多钟才随其一九〇师先头部队匆忙赶到的。李少白、马英和韩有禄三人因为登高望远招来了城内解放军的一顿炮火，此刻惊魂未定，一个劲地在那里叙说险情，感叹命大。马振武不耐烦地打断他们，立逼报告“情况”。谁知“情况”还没有报告完，马又嫌太啰唆，干脆，啥也别说了，部署攻城！

攻城，是马振武唯一的欲望。来这里就是为了夺取咸阳，别的七拉八扯，都是放屁。老实说，他已经让马继援的嘉奖电弄晕乎了！

马振武的莽撞在攻城发起一个多小时后，便带来了严重后果。咸阳城北各个据点，抗战期间都构筑了坚固的永久性工事，堪称铜墙铁壁，易守难攻。马振武的一九〇师及二四八师没打多一会儿，伤亡粗估就已逾千，官兵瘫了脊梁骨，全线处于相持状态。城内解放军依托工事，火力异常猛烈，攻城马部寸步难进。

恰在此时，在城西渭河北岸担任警戒的骑八旅，给马振武送来一个神秘的“俘虏”。此人二十七八岁，湖南口音，自称“不是俘虏”，有证为凭，是国民党中央军校十七期炮科毕业生。毕业后分配在阎锡山的部队，太原解放时被俘，到解放军第六十军任炮兵教员。六十军由潼关过黄河乘车前往咸阳，他趁下车混乱之机溜出城门，过桥转到城西，泅过了渭河，特地赶来报告消息。他说，解放军十八兵团先头之六十军已经抵达咸阳，大部队很快就到，“如果你们今天攻不下咸阳，明天恐怕在这里就站不住

脚了！”

仗打得这么一团糟，狗屁“消息”对马振武一文不值。此刻，他只听命于马继援。他是发过誓的，死活也要把咸阳拿到手。但是，八十二军作战参谋李少白的眼光不一样，他认为这是一份重要情报，专门写了信，派传令兵把“俘虏”押送到设在礼泉的军部交给情报科长京让，并提议即刻复审。

这一情节成了胡、马联合“反攻”西安的重要转折点。

当天半夜，马振武和韩有禄、马英同时接到军部电令：限拂晓前撤出咸阳。刚好配属一九〇师攻城的西北长官公署重炮营摸黑赶到咸阳坡头，营长灰头土脸来向马振武报到，迎面撞上马那张凶巴巴的尊容，以为自己贻误了军情，吓得不知从何说起。结结巴巴刚要张嘴，马就打雷般地拍起桌子，一股无名之火全部撒到这个可怜兮兮的营长头上。这家伙不明就里，直挺挺地站在那里白挨了数记响亮的耳光之后，才有点觉醒，回去炮衣都没扒下，拉着队伍掉屁股就逃。

想不到马振武比那个倒霉的营长跑得更快。下面部队还在那里吆喝队伍，他的小吉普车已跑出咸阳40多里地。韩有禄的二四八师和骑八旅按部就班都慢了一步，被咸阳城里的解放军猛烈攻击，陷在泥坑里差点儿拔不出来。到第二天中午，队伍乱糟糟地撤出几百里地，才喘着粗气跟马继援联系。两人牢骚满腹，同声控诉马振武：不仗义，发誓攻城是他，夺路逃命也是他，只顾自己，不管别人！

马振武的这点小毛病在马继援看来是碧玉微瑕。再说，马继援这会儿也没心思追究这些鸡零狗碎的小事。随着一道退却令下去，眨眼间，解放军又重新占领了南北竹竿、永寿梁、武功等一些地方，并且频频组织侦察，一派山雨欲来的势头。而胡宗南的秉性在这场弄巧成拙的“反攻”中，越来越暴露无遗，让他深感失望且厌烦。更讨厌的还是马家军内部，尔虞我诈，没有信任感。宁马卢忠良这个人，从出兵那天起，马继援就看着不顺眼。他青海八十二军在前方冲锋陷阵、浴血奋战的这几天，卢的宁夏兵团却一直按兵不动，缩在一边作壁上观。这倒也罢了，还要拿什么假间谍事件，闹个没完没了，不依不饶——想起这件事，马继援就头痛欲裂。

事情是由一二八军谍报队引起的。某日，该谍报队在营地查获了两名形迹可疑的人。一审，供认是八十二军派出的侦察人员，顺路过来买点东西。买东西为什么偏跑到一二八军营地上来买呢？放人之后，卢忠良起了疑心：莫非是马继援信不过咱宁夏部队，怕咱宁夏部队退却，派来监视咱们的？

过一天，卢忠良派他的参谋长万和民拜访马继援。一来看马有无猜忌之心，二来看马有没有撤退的迹象。马继援心中有数却装作不知，按照礼节，盛情款待了万和民。万两手空空，一无所获。又过一天，卢忠良再派万和民登门拜访。马继援火了，拉下脸来说：“你的来意我也明白。回去告诉你们军长，宁青两家既然并肩作战，就要同舟共济，同时进退。我绝不干对不起人的事。”

这句话正是此地无银三百两，一下子点拨了万和民。返回时，万留心青马部队，发现沿泔沟一带的队伍，比前次来时看到的要少得多，尤其辎重部队，大部分已经撤走。卢忠良揪住了青马的狐狸尾巴，立刻部署撤退，并一问再问，要马继援给个说法。

马继援对此张口结舌，鬼要从自己心里先开始捉起，他只得王顾左右而言他，用几句不痛不痒的话搪塞过去，把矛头转向胡宗南，对胡、马部署忿忿然。

按照西北军政长官部和西安绥靖公署的协商，第一次“反攻”之后的胡、马部署是，马家军负责西兰公路西侧的永寿、麟游地区守备，胡宗南部队担任武功以西、渭河两岸袋形地带的守备，其结合部为麟游南山分水岭之线，线上各点本应由胡军负责，可胡宗南硬是以地形复杂、兵力单薄为由，把它推给了马继援。对此，马继援咬牙切齿，根本就不接受，所以，至今结合部还是个大漏洞，两人谁也不把部队往那里派。

胡宗南更赌着一口恶气呢！胡军以三个军的兵力，守备在扶风、眉县地区；又以三个军的兵力在盩屋（今周至）、眉县、宝鸡、南秦岭北麓各山口，封锁秦岭，并相机策应袋形地带作战，身上的担子千斤万斤呢。这个“袋形地带”是关中西部的要冲，囊括了武功、扶风、岐山、凤翔、宝鸡、眉县、盩屋等7个要点。它北依讲山山脉，南临秦岭山脉，西接关山山脉，形成南北100里左右、东西200里左右的天然口袋形。自古要想保兰州，不守住这块风水宝地是万万办不到的，因而，它必定是共产党军队重点突破的方向。胡宗南以残破之身守备此处，充当中流砥柱，难道还不足以表明心迹么？而好大喜功的马家军，充其量是敲边鼓而已。刚刚过去的联合“反攻”中，马家军从头至尾是雷声大雨点小，让现成的咸阳给他们占，结果连根毛都没拔到。打了几个钟头，才擦破点皮，听说共产党军队华北兵团上来了，比兔子跑得还快。在马继援，所谓“进攻”，不过是荡个小秋千罢了，而他胡宗南却为一个“秋千”付出了沉重的代价！

这代价就是刘超寰的第三十六军。当时三十六军沿秦岭北麓进至眉县东南的宁堡、金渠镇地区，行动迟缓，与大兵团拉开了距离。解放军一兵团司令员王震一眼看出其孤军前进、战机可握，立刻命二军包围金渠镇。二军干得很漂亮，没费太大的气力，就歼灭了三十六军的一六五师大部，生俘2200余人。要不是统帅敌十八兵团的李振脑子反应快，及时把六十五军和三十八军拉过去救援一下，三十六军就彻底报销了！

胡、马联手，不欢而散。虽然彼此都不死心，但初出场时盲目出击的那股“英雄”劲儿早没有了。现实迫使他们只能抱定侥幸之心，一方面把守西兰公路，同时以宝鸡底座，凭借“袋形地带”，扼制铁路线。并订立策应计划，以备不测；另一方面伺机反扑，策划新的攻势，做些诸如兵犯临泾、暗修石渡的小动作，企图突过泾河。这样，守，可以给兰州留住一口活气；攻，也有了一个较为稳定的大本营。

关中大地出现了短暂的宁静。

入夜，胡、马大营黑灯瞎火，一片惴惴不安。而百里之外的西安市却大放光明，欢声雷动。周士第的第十八兵团和杨得志的第十九兵团终于如数抵达。这一次贺老总让贾拓夫市长组织的欢迎仪式货真价实，空城计总算告一段落！

几个月没见面，周士第一眼看到贺龙便惊呼：“啊呀我的老总，你瘦多了！”

贺龙喜在眉梢，烟斗衔在嘴上，一双大手早已伸过去了。一边紧紧握着，一边咬着烟斗说话：“还是前线好啊，养人呐！”

杨得志笑道：“听说西安吃紧，指战员们急的呀，白天黑夜跑啊，巴不得长出两个翅膀来。我那个通信连，战士们都拴在马尾巴上打瞌睡，一天一夜照样好几百里！”

“嗬，你们慢一步啊，我们又得搬家啰！还好，彭老总手下留情，没搬成。这下好了，你们救了驾，我们各项工作接着干。西安已经永远为人民所有，再不会被任何反动派占去了！”贺老总问过一路上的辛苦，便笑眯眯地妙语连珠。

习仲勋插话说：“你们是不知道啊，接管工作刚开个头，好不容易哟！机关、学校、银行、企事业单位，什么行政、公安、金融、交通、电信、农林、文教、卫生……千头万绪，老总这阵子把心都操碎了，怎能不瘦！”

谈起西安的接管工作，军管会的同志都七嘴八舌议论起来。他们的感慨最多。刚进城那些日子，又是接管机关单位，又是清匪肃特、安定社会秩序，还要安置失业人员和难民。最头痛的是稳定金融，平抑物价。光是处理银圆贩子这件事，就折腾了一个多星期。贺龙给大家作指示，说：“不要眉毛胡子一把抓，要突出重点。重点是啥子？一个‘管’字嘛！把规矩立起来，让政策说话，第一是企业，管他是公营还是私营，先把生产恢复起来。像大华纱厂这么大的企业，西北首屈一指，3万锭纱，800台织机，停一天就是一大笔损失，了得哟！前面要打仗，将来4个兵团40万张嘴，加上西安城里60万人，都问我们要吃穿呐！我们两个肩膀扛一个脑壳，啥子也没得……”

工厂复工了，将近10万失业和半失业人员陆续安置，地痞特务抓的抓杀的杀，难民资助还乡或是集体拉到黄龙山区开荒种粮，社会秩序也随之平和下来。接着，人民币运到了，银行成立，银圆收购价和各地物价指数也公布出来，市面上买卖才一步一步活络。那些民主人士都站出来给贺龙竖大拇指，说："过去知道将军是马上英雄，如今看来，治国安邦也身手不凡啊！"

大把大把的溢美之词，贺龙躲都躲不掉。他要的是批评，见了民主人士、民众团体什么的，到处当学生，征求意见。他那诚挚的态度，打动了一大批人，都夸共产党的风度好，居官不傲，为官不贪，真心待人。

贺龙这方面的口碑是一贯的。在国民党阵营里，凡接触过他的人，对此无不感念在心。所以，当初西柏坡的七届二中全会之后，毛泽东要派他的差，让他到北平同聂荣臻等人跟傅作义和邓宝珊谈判。据说那是一次很有味道的交锋，贺龙的率真与诚恳在正式、非正式场合，留下许多花絮。眼下，那些花絮正在结出果子——国民党第二十二军已于6月1日在陕北重镇榆林宣布起义。

消息传到西安，全城欢呼。这时候，罗元发奉命去向彭总汇报部队进驻西安的情况。

四、扶眉大包抄

罗元发战战兢兢防糖衣炮弹，彭德怀洋洋洒洒布大块文章

部队刚进城，工作千头万绪。罗元发来汇报工作，从哪里说起呢？彭德怀说："你就讲讲'糖衣炮弹'问题嘛！"

一听"糖衣炮弹"四个字，罗元发高度紧张起来。这个怪里怪气的新名词，彭总已经第二次提到了。头一次是讲解七届二中全会精神时，谈到毛主席的报告，说在全国胜利的情况下，党的工作重点必须从乡村转到城市，毛主席提醒大家务必警惕，千万不要被糖衣炮弹击中。有的同志不知道"糖衣炮弹"是个什么东西，问："糖衣炮弹是个啥了不得的武器，还有那么厉害？"彭总被问得哈哈大笑，当即要随行的王政柱副参谋长给大家解释解释。王说："糖衣炮弹就是指金钱美女，国民党枪杆子打不过我们，就用美人计来拉我们下水哩！毛主席讲，拿枪的敌人消灭了，不拿枪的敌人还依然存在，他们打我们用的就是糖衣炮弹，外面甜蜜蜜的，里面是炸药，可要当心呢！"军参谋长陈海涵不知深浅，说："这要什么紧，我还亲手杀过女汉奸、女特务哩！"

彭总笑着告诉他："以后可不许随便杀了，要讲政策，要学会和资产阶级作斗争。"

进驻西安这么些日子，部队要说抓特务、打地痞流氓啊什么的，倒是有很多例子可讲，至于怎样和"资产阶级"作斗争，真还讲不出个子丑寅卯来。见罗元发憋了半天不得要领，彭德怀提醒道："那个叫吴什么满的连长，是怎么回事啊？"

"嗨，你说他呀……"罗元发来词了。吴什么满叫吴巽满，他的连队驻在军部附近一座破破烂烂的小庙里，挤得不得了。小庙旁边有一家名叫

“珍珠泉”的浴室。一天，吴连长无意中逛到浴室里，一看，门也没插，不见人影，里面很多小房间一格一格排下现成的钢丝床，却空空荡荡没有人住。心想，咱们在小庙里那么挤，放个屁臭一大片，而这边的房子空着，为什么不匀一些人过这边住！于是，马上回去跟一排长交代，让他集合全排住过来。

看见解放军全副武装地进了浴室，外面住着的珍珠泉店员以为浴室开张了，纷纷都跑回来，又是注水，又是起火，热气腾腾地烧了几大池子水，然后对战士们说：“请大军洗澡。”

战士们挺纳闷，这真是新鲜事，住房子之前还得洗把澡，可见城里人生活讲究，可见这房子多么高级。一排长脑子里多了根弦，觉得这是不是国民党资产阶级的“糖衣炮弹”？最起码也是群众纪律问题。因此，大家犹犹豫豫不敢脱衣服，跑去报告吴巽满连长。

吴连长听说住房子要洗澡也觉得稀奇，立马赶过来。还好，珍珠泉浴室有一位党的地下工作同志，站出来把情况一五一十讲清楚了。吴巽满打从娘胎里出来，想都没想过还专门造一幢房子让人洗澡！当即满面通红地吩咐一排长集合部队：“快，快撤回小庙去！”

珍珠泉浴室的店员们都莫名其妙，解放军真有意思，这么好的热水，说不洗就不洗了？有脑子复杂的，立刻多想了一步，吓得拔腿就跑，“不好，肯定又要打仗了！”

吴巽满这才不好意思地回过头来，向店员们赔礼道歉。

“这个连长还得表扬一下子，”彭德怀笑着说，“知错就改嘛！不过，人家澡堂子的损失，我们要认账啊！”

罗元发感慨：“我们的干部战士，真是太朴素了，土得可爱……刚进西安那晚，我们军部住张治中公馆，有的同志看到园子里种了许多花草，还养了猴子、孔雀等许多动物，就大惊小怪，还有人指着地毯说：‘咋把被子铺到地上呢？’有人晚上睡觉干脆拿地毯当被子盖，出尽了洋相……”

陈海涵接过话头说：“开头几天，交通警察散了伙，我们的战士站交通岗，看到人力车上躺着长袍马褂，而拉车的伙计却一身破烂衣服，打着赤脚在前面跑，就把人家拦下来，熊一顿，硬叫坐车的人拉车，拉车的人坐车，闹了一大堆笑话。”

彭德怀静静地听着，许久，说：“这不是什么笑话，也不是什么洋相。我们的同志都是苦出身，这就叫阶级感情……要好好引导，感情归感情，政策归政策，违反了群众纪律照样不客气！”

接着罗元发又谈到一些诸如露宿街头及在国民党高级人员家中搜缴的金银财宝一一交公等方面的情况，最后，小心地问：“老总，你看……马上要跟胡、马大打，我们城里的部队什么时候归建？”

“怎么，想当逃兵啊！”彭德怀声音提高了八度，“咸阳‘炮吃马’，你六军给野司的通信保障搞得很不错，又协助贺老总稳住了西安，有点功劳，可不要翘尾巴啊！现在，我们是大兵团作战，胡、马二匪架子拉得比较大，哪个位置都重要，何况你六军这一摊子，又有前又有后，任务可不轻！”

“大兵团”的一个“大”字，让罗元发领悟到很多道理。他向彭总保证，当好无名英雄。

彭德怀真正确立大兵团作战的意识，是从胡、马“拉开大架子”开始的。这个“大架子”充分借鉴了反扑受挫的经验，说是“互为犄角”，实则都想借助对方的力量，各图自保。

这里面数胡宗南的心情最复杂。他要拉出一个宽正面来，显示自己的实力和在整体防御中的地位，又得保证防御质量，以使共产党军队从一开始就不敢轻易选作主要攻击方向。要达到这个目的，光靠兵力显然不行，必须依靠特殊的地形条件和对阵地的经营方式。

胡宗南选择了潦水河。

潦水河的源头在麟游西北，向东南流经乾县西南，到武功的东门外，再向南注入渭河。它差不多就是一条时令河，除雨季外，水一般不太大，河谷自然也不太深。但是，河两岸大多是悬崖绝壁，尤其是武功西北方向的天度和店头一带，地形相当复杂，大部队机动极为困难，只有武功县城、特别是车站附近，相对平坦一些。所以，咬住这条潦水河是有道理的。如果对方大兵团来攻，既不利迂回，又不利攻击，而小部队就根本起不了多大作用。

胡军上下都为选择了一个理想阵地而得意。胡宗南下令各军在构筑工事时，都要自成体系，师、团、营各自形成三线。这样，整个防御阵地如同“羊拉屎”一样，漫漫散散把潦水河两岸撒满了，地图上看去，煞是壮观。如此“豪迈”的气概，给了胡宗南当中央军、做中流砥柱的感觉。他目的就是要让斤斤计较的二马看看，领教一下什么叫作瘦死的骆驼比马大！

远在千百里之外的毛泽东，都看出了胡宗南的用心，认为其“不外两途：一是以全力担任钳制我渭南各军，保证马匪右侧之安全；二是马、胡同时向我泾北、渭南举行攻势”。毛泽东指出：“不论胡匪采取何种计划，均给我军以首先歼灭胡匪的机会。”因而，他在给一野的电报中，要求彭德怀等人“针对先打胡匪的方针，迅速集中王周两兵团（王震的一兵团、周士第的十八兵团）主力，于马匪向泾阳攻击之际，突然发起对胡军的攻击，以歼灭三十八军、六十五军、九十军为目标。”

守是为了攻，这个涵义彭德怀从胡、马当前阵势中也读得很透彻。彭的用兵一向注重用“势”，讲究因势利导。因而对于敌人可能采取的攻击行动，有特别敏锐的眼光，这是他实施后发制人的基本依据。有了这个依据，他便可以用手中的诱饵从容不迫地为敌人找一块坟地。除非你闭关不出，你只要一流口水，一有欲望，他就有把握叫你方寸大乱，老老实实上他的钩。

现在，胡宗南的欲望是什么呢？他将凤县以南三十六军、六十五军、三十八军和九十军共四个军的兵力，放在渭河两岸；而王治岐的陇东兵团则卧于咸、马公路；被杨德亮搞得一团糟的那个十七军及八十四师、二五四师，一直躺在西安不远处的南山。一旦马继援等部渡泾河向泾阳、三原进攻，胡宗南料定将引起双方激战，吸引共产党军队注意力，这样，他那三路看似赋闲的人马便可乘虚杀向咸阳和西安。

根据以上判断，彭德怀的对策是，准备视十九兵团集结程度，以一至三个军放到三原附近，组织对青马的防御，利用地形给马继援狠狠教训一下，放他的血，消耗其实力，也好让他在今后的作战中能收敛一点；另三个兵团，除二兵团留一部分兵力在三原外，余皆集结到西安附近，对付胡军进攻的那七个军。

彭德怀看上了户县以西的斗门镇周围这块风水宝地。这地方南靠秦岭，北依渭水，正面只有三四十里地，大多是水稻田和藕塘，有利防御而不利进攻。彭决定：“拟诱敌至西安附近，我集一兵团全部、二兵团大部，以至全部（视敌进攻时间与十九兵团集结程度决定），于西安东南、十八兵团以一个军守咸阳、西安城防与维护工事外，可抽两个军集结于西安、三桥间，待敌进到西安西南地区时，我以七至八个军，由东向西出击歼灭之。”

给中央军委发报之后，彭德怀想来想去，忽觉不太对头，计划里面的漏洞很多。比如，许光达的二兵团如何能在马家军的眼皮底下，从现驻位置泾北转向渭南而不走漏风声、暴露意图呢？再比如，从前次胡、马反扑的情况看，敌人虽气势汹汹，但内心空虚，是惊弓之鸟，行动中各图自保，进攻时往往雷声大、雨点小，极有可能一触即退。一旦牛鼻子牵不住，所有歼敌计划不就成了一句空话？

彭德怀把这些想法跟张宗逊、赵寿山、阎揆要等几人一谈，大家都有同感。张宗逊性子急：“要不，补发一个电报，修正一下？”

“我看不必，”赵寿山说，“等一等再说，看看军委的意见。”

彭德怀趴在地图上不吱声，这让阎揆要有点无从遵循，便问：“老总，你说呢？”

“我们太保守、太被动……”彭德怀直起腰，叹了口气。还想说什么，却没开口。

大家面面相觑，琢磨他的这句话。

云聚云散野战军捉战机，人抬人高潦水河找感觉

当天晚上，毛泽东复电第一野战军首长："假如胡马各敌照你们来电所述，分向渭南、泾北进攻，则你们的作战计划是正确的，但请注意：一、以许兵团由泾北转至渭南，难于保持秘密，似不如令杨兵团改开西安集中，留许兵团就地钳制马匪，或退至三原诱马深入较为适宜；又，一个军不足钳制马匪，至少要有两个军。二、须估计到胡马各匪可能不战而退的情况，假如这样，则部署须准备及时改变。"

彭德怀读完电报，表情平静地递给张宗逊和赵寿山，说："现在我们只要讨论一个问题，胡匪和马匪，哪一个进，哪一个退！"

"退，是肯定的，但还不到时候。"张宗逊说，"他总不能还没有交手就退吧，那样，他们谁也没法向兰州交代呀。"

"这可不好说……"赵寿山沉思了好一会，才慢慢地开口。

彭德怀对赵寿山的话发生了兴趣，问："寿山同志的意见是……"

赵寿山说："我十九兵团已经陆续到达渭南，这对胡、马的进攻信心方面不会没有一点影响吧。以我的判断，马家军会比胡宗南更敏感，胡是亡命之徒，马家军目前还算不上。"

"对，这就是我们确定打胡还是打马的关键。"彭德怀深以为然地点着头说，"如果二马有这个胆量，不把我十九兵团的到来当回事儿，部队仍集结到乾县、永寿、彬县、常宁镇地区，敢于铤而走险，我们就以十八兵团把胡军看起来，钳制在宝鸡、扶风、眉县地区，集中第一、第二、第十九兵团，聚歼二马主力，再回头收拾胡宗南；二马果如寿山同志所说，对十九兵团的到来有所反应，撤往长武、平凉方向，我们就以十九兵团看住二马，集中第一、第二、第十八兵团围歼胡宗南及王治岐部，把他们消灭在扶、眉地区，然后，乘胜南下汉中、广元！"

事实的演变分毫不差。就在一野首长讨论胡、马或进或退的时候，宁马卢忠良首先动摇了决心。他本来就是要哭不能瘪嘴，正好得悉解放军十九兵团到达的消息，想都没有想，连夜退到乾县，接着又从乾县撤到崔木镇一带。马继援底气不足了，他一面骂卢忠良卑鄙无耻，一面比卢忠良跑得还要快。卢忠良在崔木镇草草安营时，马继援的先头部队已差不多快进到甘肃境内了！

马家军的这一手把胡宗南惊呆了。

中共中央军委迅速作出判断，胡宗南冒傻气搞金鸡独立的可能性极小。他会全线撤往宝鸡、凤翔，不会再前进，也不会保守不退，因而这一

地区可能有个歼敌的机会。于是，军委指示一野：应以王震、周士第和许光达三个兵团主力，“取迅速手段，包围胡匪四五个军，并以重兵绕至敌后，切断退路，然后歼灭之。”

对于二马的监视当然不能放弃。中央指定许光达的二兵团留下“必要兵力”来完成这一任务，以待杨得志的十九兵团接替。十九兵团长途跋涉过来，刚到地方又得跋涉，并按中央军委的指示“迫近二马筑工，担负钳制二马的任务，并严防二马回击。”尤其是后一句话，军委千叮万嘱，要求“严格告诉杨得志”，以免杨吃亏。

文电交驰，愈加急促。到6月27日，中共中央军委给第一野战军复电为止，一个统揽全局的战役方案，已经大体敲定下来。

军委认为，假使二马是小撤退，先打二马后打胡、王是正确的。它可能是整个西北战场上的一锤子买卖。如果走这条路，后来的兰州战役，即便打也会简单得多。但是，打二马肯定要比打胡宗南费事，军委预测将会付出数万人的牺牲。这个牺牲在二马作大撤退的情况下，就可以暂时避免，暂时可以把二马作为监视对象，留待来日慢慢解决，而把主要精力用于围歼扶、眉地区的胡、王所部。这比打二马要省事一些。

当然，这并不等于说打胡、王很简单。从全局考虑，这一“打”的轻重缓急大有讲究。它涉及国民党伪政府是放心迁往重庆，还是迁往台湾的问题。毛泽东早已深谋远虑到国共两党的尾巴问题，自然不希望让这个尾巴拖到海峡两岸来扯长棉线，而是以重庆吸纳蒋介石集团，将来收拾起来无疑更为有利。因此，中央军委对一野围歼胡、王的分寸感要求甚严，生怕打得不巧，让胡宗南过早地进入四川，而影响到伪政府“放心迁往重庆，而不迁往台湾”，特别强调“暂时不宜去占汉中，让汉中留在胡匪手中几个月似较有利”。

这为胡宗南后来在汉中的种种历史表演埋下了伏笔。

胡宗南已非昔日胡宗南，他的英雄气概正在经受前所未有的严峻考验。过去那种所谓“大踏步撤退”的纸上谈兵，再次成为一枕黄粱。倒是马步芳的儿子往咸阳那么“唬”了一下，“唬”出满天下的英名。蒋介石在台湾又是提升马步芳为西北军政长官公署长官，又是宣布给马步芳空投武器弹药，而胡宗南反倒成了小娘养的流浪儿。他必须对这一切人世浮华不在意，而把目光投向眼前的现实，咬紧牙关，始终保持一个足以在精神上支撑下去的兴奋点。

胡宗南及裴昌会等人的兴奋点，仍旧放在易守难攻的潦水河。6月底，权柄日重的西安绥署宝鸡指挥所主任兼第五兵团司令官裴昌会，亲自带着参谋长李竹亭，情绪饱满地来到潦水河沿线视察阵地。不知为什么，应该出马的十八兵团司令官兼六十五军军长李振，忽然这天“身体不适”。陪同视察的重任，只好由三十八军中将军长李振西代劳。

第一站当然选在地势平坦、防务最为艰险的武功。那里驻守着六十五军的一八七师，师部就设在重中之重的武功车站。

裴昌会挺着胸脯，到附近的工事上转了一圈，这里踹一脚，那里摸一摸，显得比较满意。于是，再去师部。走到离车站不远处的一个小街口，裴看到一些零星百姓，远远避开去。其中一个半老汉子，手里牵着牲口，走得慢了点，裴昌会便想找他问问话。谁知卫兵刚要去叫，那汉子就拍着牲口屁股跑起来，卫兵急了，跟在后面哗哗地拉枪栓。这件事让裴昌会颇感不快。

到了一八七师师部，裴昌会依然情绪低落。多亏该师师长曾颖和骑兵四团团长钱治国这两张嘴巴回天有力，七叨唠八叨唠，多云转晴，裴昌会脸上重新升起笑容。

曾师长和钱团长报告："兴平和武功之间，一片和平景象，老百姓照常在庄稼地里忙活。有时出现一点小惊慌，那不是因为来了共产党军队，而是国军去筹麸料，他们误以为要抓壮丁，自相惊扰罢了。"

这很容易让裴昌会联想到刚刚在路上发生的事情，感触深重地说："老百姓怕打仗，想过太平日子。我也怕嘛，可没有办法呀，诸位还不都是为了反共救国。将来救国成功，老百姓才能安享太平嘛……唉，都是共产党作的孽呀！"

曾颖师长把头点得意味深长，并表示武功车站的工事在日益加强，不会发生任何特殊情况。裴昌会嘉许地"唔"了一声，把手伸给他。曾立刻用双手捧住，以至于裴昌会抽都抽不回来。这个握别给他留下了印象，是他在此逗留半个钟头中最精彩的华章。

接着到杨陵镇的第一七七师师部吃早饭。

正赶上新麦登场，裴昌会用眼角对参谋长李竹亭说："要想办法责成地方机关赶快抢运麦子，迟则生变，等到老百姓的麦子入了仓，再去征收就要困难得多。"

李振西在旁边听了，低头"嘿"了一声，没有下文。其实他的三十八军早就动手了。三十八军全军都在等米下锅呢！这个意思到了三十八军副军长兼一七七师师长刘孟廉那里，变成了一个赤裸裸的问题。他问裴："我们能否维持到水果成熟的时候？"

裴昌会对这一问题显得猝不及防。但是，他回答起来仍旧胸有成竹："这个倒没问题，打太原的共产党军队，还没有过河哩，光是西北这么一点共产党军队，是不容易把我们怎么样的，别说等到水果成熟，我们还要在这里过年哩！不过话得说回来，这还要看你们这些王牌军的杀法如何啊！"

刘孟廉摸到了上司的痒处，赶紧使出手段来可意地抓挠。说："我们阵地前面那个深水河，好多地方都是悬崖，别说在西岸做下工事，就是不做工事，只要这边有少数人防守，共产党军队也难跨过河一步。”

显然，效果不错。裴昌会舒舒服服地笑了，说：“三十八军同六十五军这方面，我们没有什么顾虑，就怕一一九军是新成立的部队，沉不住气就糟了！我准备同你们军长一会儿到那里给他们打打气。”

第一一九军军长就是统帅陇南兵团的王治岐。下午2点，裴到达王的所属二四四师师部时，王还并不了解“打气”这一说，所以，自我感觉挺不错，早早地把一九一师师长廖凤运叫上，等候在二四四师师部。二四四师师长蒋云台极会办事，从精神到物质，妥妥帖帖，发誓要为王治岐军长在裴昌会面前挣个第一印象。

果然，裴昌会一到，春风扑面，气色颇佳。简单交换了一下情报，就对王治岐说：“为了战地军政一元化，决定武功、扶风、岐山、凤翔等县县长由你们几个军长指派，今后凡是战区的壮丁、粮食，都把它控制住，能补多少算多少。我们如不补，还是叫共产党军队夺去了。不过征兵也得讲究方式，不要像三十八军在西安撤退时，闹了一身腥，却只补充了几个壮丁。”

李竹亭听到数落三十八军，忙朝李振西看了一眼，只见李振西埋着头，表情木木的，毫无生气。

王治岐倒是撑了一肚子激情，还没来得及抒发感受，蒋云台跑上来附耳报告，午餐已经备好了，并故意把音量放大一点，说：“长官一路劳顿，想必肚子也饿了，还是边用餐边报告吧？”这个蒋云台，两分钟的表现就把身手抖搂出来了。他这一招，既为军长王治岐做了人，又让裴昌会注意到自己的体贴，可谓一石两鸟，打个正着。

午餐丰盛而又体现出战时的节制，吃得裴昌会踏实、舒坦，一脸满足感。

席间王治岐可用了心，把严肃的报告词精心翻了版地说，像音乐一样徐徐播放。他除把第二四七师师长陈倬视察阵地没有回来的原因及第一一九军人员、武器、阵地配置情况向裴详细报告之外，最后，趁裴夸张地品尝一道时鲜小吃时，小心翼翼地问道：“共产党军队最近有没有向我们进攻的迹象？”

这在裴昌会，简直不是问题。他张口就答：“太原虽然被共产党军队占领，但是山西有阎老西多年的经营，共产党军队要想在短期内稳定局势，绝非易事！所以，其大部兵力，也不是短期内能运转过来的。就是过来那么几个军，只要我们同马家联络好，以逸待劳，仍然可以打个好仗。”他顿了顿，显出思考：“退一万步讲，如果兵力过于悬殊，你们几个军并排摆着，节节抵抗，节节撤退，到河西岸既设阵地固守。第一军、三十六军、十七军由秦岭北山口大散关、斜峪关、崂峪一带出击，马家军由麟游南下，南北夹击就可一举而歼灭深入的共产党军队……”

是裴昌会撒了个弥天大谎，还是裴闭目塞听对情报一无所知，他居然不知道周士第的十八兵团和杨得志的十九兵团已到关中这一事实，而在胡诌什么山西的局势。可见，裴昌会这个人跟胡宗南在本质上异曲同工，为人汤汤水水，不是很扎实。

裴的露汤之处，集中体现在他妄下结论方面。当天下午，他被蒋云台的一顿酒菜闹快活了，在回宝鸡的火车上就忍不住当着李振西、李竹亭及一大帮随员夸起王治岐来。说一一九军有战斗力、有人才，不但可与马家军媲美，甚至比马家军高出一个档次，将来，渭河北岸没问题！接着，就对别的部队大加贬损，忧心忡忡地担心渭河南岸的第九十军会出漏洞，说九十军军长陈子干太软弱，由七十六军暂隶九十军的二十四师师长张汝弼，又没有实战经验，只有六十一师师长陈华毕“比较硬棒一点”。把李振西听了个七窍生烟，不客气地回他一句：“不是还有第一军、第三十六军在他们一侧吗？怕什么！”

裴昌会一脸自负：“那倒也是。”

李振西斗胆发问：“我有一事不明，共产党军队华北兵团究竟过没过黄河？来了多少人？什么番号？最近有没有进攻的准备？”

“你这是什么意思？”裴昌会敏感起来。

“没有什么意思。难道这不是我军布兵设阵必须掌握的情报吗？”

裴昌会情绪下跌，阴着脸，一言不发。

这时候，参谋长李竹亭不紧不慢地开了口：“李军长，常言道，兵不在多，而在精；将不在勇，而在于谋！你身为一军之长，怎么连这个简单的道理也不懂呢？”

许光达奇兵夺扶眉，马鸿逵密令退平凉

李振西的满腹疑虑、满腹忧思，是有其道理的。

周士第的十八兵团和杨得志的第十九兵团7月初全部抵达西安、咸阳、三原地区后，西北战场第一野战军兵力已达40万。这个数字摆在彭德怀面前，决策起来的感觉就大不相同了。彭德怀的后发制人与胡宗南、裴昌会之流恰恰相反，决不轻易下结论，必先让对方尽情地表现，将对方的部署意图吃透嚼烂，然后捕捉弱点，一招制胜。

彭德怀认为，胡宗南部署的潦水河阵地与扶风、眉县地区渭河两岸的五个军，诚然可以达成在作战中南北呼应，无论攻守或是退却，都能保持兵力集中的意图，但其致命的弱点，是没有战役预备队。胡宗南摆在秦岭的兵力少得可怜，只能起到钳制作用。并且，渭河两岸并无大军渡河设备，一旦受攻，南北两岸的相互支援就很成问题。这样，彭如集中足够的兵力，在扶风、眉县地区将胡军主力分割包围，胡纵深内没有强有力的预

备队可援，两岸之间又有天然障碍，全军覆灭的局面就注定了！

7月6日，第一野战军前委扩大会议在咸阳召开。

彭德怀站起来主持会议。他永远是那么沉着、坚定、富有感召力，大家情不自禁地热烈鼓掌。彭背着手，也不制止，不等掌声落尽，便说："消灭胡宗南和二马这两股敌人，不是一个战役能解决的问题。我们的作战方针是：钳马打胡、先胡后马，这一仗就这么打。大家讨论一下子，怎么执行。先由各兵团汇报。"

就这几句话，说完，就又坐下去。

于是，各兵团汇报。按编制序列从王震开始，不按编制序列也往往是王震先讲。但这次，王震把机会让给了刚到关中的周士第，之后是杨得志，之后是许光达，王震最后讲。

王震的汇报从来都是实打实地讲，特别是对部队存在的问题，绝不隐瞒。他简单谈了谈部队对歼胡钳马作战方针的讨论情况，接着谈部队开小差问题。全国大部分地区解放了，一些战士家乡分田分地，特别是解放入伍的战士，就不想打仗了。以二军为例，四师近期不辞而别的就有300多人，五师、六师也各有200多人。王震还谈到部队群众纪律问题，如买东西时币值作价太高，让老百姓吃亏等。当务之急，部队需要新兵补充，每师约需1000人……问题这么多，最后还是那句话："我们要加强工作，克服困难，保证完成战斗任务！"

彭德怀开始作报告。他手里不知什么时候捏了一沓发黄的粗纸，那是专门为他准备的文稿，但他始终没有打开。他的讲话极少照着稿子念。就是念，念着念着不太顺口就干脆扔到一边。他说："西安解放之前，胡匪求马匪；西安解放之后，马匪求胡匪。现在，胡、马互相依赖，互相要求，企图延缓他们的灭亡。这次我们一定要出击，一是中央交给我们关于今年必须解放玉门的任务，国家建设，要油啊！二是雨季快要来了，不打就不好打了，时间拖不起；三是粮食，不出击一下子粮食会发生困难，我们有40万人要吃饱肚子哩……"

接下来讲话的是张宗逊。他紧紧围绕着"钳马打胡"战役方针的形成及中央军委首长的连电指示，一步一步介绍过来。然后谈到敌情，他说："让阎参谋长讲吧。"因而大家将目光投向阎揆要，并跟着他手中那根细长的竹竿，转到挂在墙上的地图。

因为会议地点是在十八兵团司令部，所以这份图是由十八兵团提供的。图上醒目地标示着由宝鸡到武功的一段渭河，东西两端，各有一条支流朝北偏西方向斜上去。阎指示道，东为潦水河，西为千河。居中位置，北岸30里是扶风县，南岸紧依渭河是眉县。野司首长的决心，就是力争在潦水河与千河之间的扶、眉地区，消灭胡宗南的主力！

攻击时间定于7月10日。

十八兵团在这个时间应进至乾县和礼泉之间，主力在乾县及其以北地区，牵制马家军；歼胡任务由一、二、十九兵团担任。一兵团沿渭河以南西进，歼敌九十军和三十六军，配合渭北作战；二兵团经临平、法门寺到罗局镇、眉县车站，负责截断敌人的退路；十八兵团把六十一军留在西安，主力沿长宁、武功、扶风公路攻击；彭绍辉和罗贵波的七军，刚随十八、十九两兵团到达关中，立即投入战斗，沿渭河北岸攻击，求得歼敌于扶风、罗局、午井、绛帐地区。

彭德怀说："这次行动是一个战役、两个步骤，第一步解决胡，第二步解决马，总目标是两个都解决，一前一后就是了。"因此彭德怀要求："密切配合，一鼓作气，连续作战！"

二兵团司令员许光达的担子不轻，彭德怀报告中特意提醒："最关键的是你们，要隐蔽开进，路上如果遇到小股敌人，一定不可纠缠，不可因小失大！你们的任务就是突然插到敌人脑后，直逼渭河。在占领青化镇、益店镇后，再向罗局镇、眉县车站进攻，务必把蔡家坡抢占到手，控制陇海路，阻止敌人向宝鸡撤退。许光达呀，你是深入敌后，初期要跑得快，中期要扎得稳，后期要打得狠。这一仗成败，你们二兵团是关键！"

战役行动展开的这天，彭德怀在南北两个点上闹出两个大响动：南线是守备西安的六十一军干的。一大早突然向西安南面的子午镇地区胡军十二师又是开炮又是冲锋，猛攻一气，打得这个师不知所措，官兵就像炸了窝的马蜂似的，抱头向南逃命，慌乱之中1000余人被歼；北线是十九兵团突然占领乾县、礼泉以北高地，并大肆修筑工事，以一部逼近"二马"的部队，对"二马"拉开了进攻架势。

这是两个迷魂阵。马继援和胡宗南、裴昌会在电话里你问我、我问你，不明白彭德怀总的作战意图究竟是什么。

然而就在当晚，一野主力悄无声息地沿渭河两岸出发了。部队直奔扶风、眉县地区，各自瞄准自己的目标。

许光达的二兵团三、四、六军走得更急，天一黑便从乾县和礼泉突然离开。部队不点灯、不吹号，连骡马都带紧嚼子、嘴上带着布。凡渡口都早已侦察好了，他们神不知鬼不觉地就越过了潦水河，然后日夜兼程往扶风以西猛插。

天气已进入伏天，夜间的山野，小雨停停下下，无论是停是下，不知名目的小虫子都成把抓。战士们顾不得这些，上路就一直跑步，脚下如同敲鼓一样，没命地赶。大家只有一个念头：快！争分夺秒抄敌人的后路去！

许光达始终跟队伍走在一起。这种夜黑风高赴汤蹈火的情景，很自然地就让他想起往事。当初三纵刚过黄河打下榆林的高家堡，也是这样的天气、这样的雨夜，突然奉命参加沙家店战役，插到刘子奇和刘戡之间，分割两敌，掩护党中央机关安全转移和沙家店地区主力歼敌。那次的行动同样讲究一个“快”字，今夜又是一个“快”字，但这两个“快”所带给许光达的感受却大不一样。

部队根本不能安排长时间睡觉，歇口气、打个盹就得走，白天黑夜连轴转。7月11日拂晓，先头部队竟奇迹般地插到了扶风的西面。各军报告位置时，自然都已精疲力竭。许光达下令：“不许休息，天亮前必须占领预定目标！”

这可得靠硬功夫啊！很快，三军报告，青化镇和益店镇都拿到了手，并向北猛烈迂回到敌三十八军、六十五军和王治岐那个可以和马家军媲美的一一九军侧后；四军这时还在行进途中，到11日凌晨3点钟，在150里的急行军之后攻占了罗局镇，紧接着过了四个钟头，又占领了眉县车站。

胡宗南这时才吓出一身冷汗，惊呼：“共产党军队的胃口太大了！”

当许光达的二兵团在敌后打响时，正面进攻的一兵团和十八兵团立即放手大干。十八兵团7月11日分三路由东向西进攻。第二天，六十二军便攻下了武功，歼敌一部；六十军则插入武功和扶风之间的杏林镇和绛帐镇，把扶风与武功之间的口子割开了！一兵团的动作是在渭河南岸，除将辛口子、黑山寺的守敌打掉一部之外，主力由长益公路和秦岭北麓齐头并进，第二天一口吃掉了敌九十军的一个师另两个团，并且占领了哑柏镇、横渠镇等几个要点。

仅仅一天时间，敌人三个军便被压缩到罗局镇以东、午井镇以南的渭河滩上。然而这步棋并没有死，渭南的眉县实际上是个缺口。奇怪的是胡宗南迟迟没有看到这一步。接下来，这三个军似乎甘为瓮中之鳖，而北线马家军的阵营又出现了戏剧性的变故。

发现解放军大举进攻并且闻风而动的，当首推宁夏的马鸿逵。在许光达兵团夺占青化镇和益店镇后，他就琢磨着给卢忠良下达救援命令。可电报发出去之后，卢忠良到12日下午才把部队集中到崔木镇附近，犹豫了大半天按兵不动。

卢忠良心里乱成一团麻。出击救援吧，没有胆量，而且也觉得没有必要，更重要的是：不甘心；掉头撤退吧，马老头子有令在此，不管是真是假，军令如山、圣命难违。再说，王治岐的兵团也陷在里面生死未卜。

马鸿逵心中有数。他下不下命令是一回事，卢忠良执行不执行又是另一回事。况且，他看到的战况是一行文字，而卢忠良却能听得清扶、眉方向的隆隆炮声。卢忠良的进退两难，是马鸿逵可以理解的。

天将黑时，十一军军长马光宗突然从报话机里听到了马鸿逵的“圣旨”，赶忙向卢忠良报告喜讯：“总指挥，总指挥，‘掌柜的’有电……”

“还不快说！”卢忠良红着眼睛拍桌子。

“掌柜的说了，老乡的眼已麻了，叫咱们赶快缩，缩，缩。”马光宗一慌，把电文中的暗语原封不动地抛了出来。

卢忠良听得懂这些。他知道“掌柜的”就是马鸿逵。所谓“老乡的眼已麻了”，就是说王治岐的陇南兵团已失去联络。最后那三个“缩”字，让卢顿时觉得浑身松了绑。他长长地嘘了口气，立即给马光宗下令：十一军退驻泾川、长武；卢忠良自带的一二八军则经灵台、崇信，一步退到平凉与白水。马继援站出来了。他毫不客气地派兵先行一步，占据　县，拦住宁夏兵团马光宗的退路。马光宗才不吃这一套呢，有马鸿逵出发之前交代过的那句话，他怕谁呀！马光宗的一六八师连夜冲过了马继援的警戒线，拼着老命跑到长武、泾川一带，吃饱肚子，睡觉！

这消息把马继援气得从马背上跌下来，连续电告西北长官公署，要求制裁宁马。马鸿逵的鼻孔“哼”了一声，说：“放他妈的屁！”

后院着火李振西东西莫辨，前线告急胡宗南遁地无门

不是胡宗南没有注意到眉县这个缺口，而是横在中间的一条渭河让他束手无策。更主要的是，胡没有想到共产党军队会这么快就迂回到他的侧背，将他扶、眉地区的“重兵”全部“包了饺子”！

明摆着的现实情况是：如果从渭河向眉县方向突围，立刻会给共产党军队创造半渡而击的良机。且不说渡河器材无着，渡不了河，即便渡过了渭河，爬到南岸也还是一个背水作战的处境。一团愁云将胡宗南的汉中临时指挥部压得沉重如山。

“怎么办？”胡宗南把一大摞电文稿纸往赵龙文等几个人面前一丢，有气无力地说：“总不能三个军叫人家一口吞下去吧！”

个个垂着脑袋，像是一群哑巴。胡抬头朝墙角边的一张木桌上看去，那里摆着副挂空的报话耳机，里面传出裴昌会哇啦哇啦的倾诉。

赵龙文除了叹息，还是叹息：“没想到、没想到，绝对没有想到……”蚊子似的哼哼唧唧比裴昌会的倾诉更加刺耳。好在胡宗南已经习惯于这种嘈杂。他麻木地望着这一切，听着这一切，感受着这一切，许久，似乎拿定了主意，皱着眉头冲那副一直哇哇乱叫的报话机嚷道：“突围，你立即指挥部队突围，能给我拉出多少算多少！”

这么胡嚷了一气，胡宗南的心头仿佛透亮了一点。他漫不经心地踱到正在想着心事的赵龙文身后，平静地说：“将扶、眉战况电告校长，请求他严令二马以党国大局为重，火速增援，救我各部突围！”

赵一听这个决策非同小可，拔腿就往电台室跑。没跑几步，被胡宗南

叫住了："你，今天就给我出发，到陇南分署去坐镇。务必将突围出来的官兵收容妥当，务必控制局势，要不惜一切代价保住陇南！"

然后，胡宗南才再次将目光投向那副传出噪音的报话耳机。

裴昌会的倾诉是永远也听不明白的。当初，有些下级军官跑到胡宗南面前，说潦水河两岸的阵地有点像"羊拉屎"。东起武功潦水河，西至扶风益店镇、罗局镇、眉县车站，一百里长的地带，四个军并排摆着，而且各成三线，遍地开荒，怎能不是"羊拉屎"！然而，胡宗南在军事会议上刚要评议几句，裴昌会和李振二人便异口同声说人家没有军事修养。又说这样布阵，纵横互成犄角，进退自如，共产党军队无法包围，挖心战术失去作用等。现在如何呢？裴昌会和李振还有什么可说！

胡宗南悔不该迷信裴、李，没有对"羊拉屎"这件事深究下去。想到这里，他忽又觉得那些忠言逆耳的人其实也并无忠心可言。怎么就没有一人冒死强谏、以身殉忠呢？

此时胡宗南对部队情况的了解，只是九牛一毛罢了。他哪里知道几个月来，官兵们是怎么过来的！上至兵团司令，下至团营长，哪一个不在那里混日子，除了酗酒，就是赌钱，或者带枪到当地老百姓家里抢粮食、搞女人。所谓成者为王败者为寇，人心不过一层纸而已。共产党称他为"匪"，他可以泰然处之，而老百姓称之为"匪"，他还能有多长的尾巴呢？

胡宗南是不会承认自己是瞎子的。但眼前这场败局已定的窝囊仗，他的确不知其始亦不知其终，某个时刻就好像从梦中飘来似的，一点一点将他淹没，将他引领到另外一个世界……

7月10日下午3点多钟，那个极会办事的蒋云台给三十八军军长李振西打了个电话，说武功东北的潦水河对岸一个小高地上，发现有几十个人在那里活动，身份不明，会不会是共产党军队在那里侦察阵地。他的二四四师没有山野炮，迫击炮的射程又够不着，希望通过李振西跟相邻的三十八军一七七师协调一下，借几门山野炮过来用一下。

李振西满口答应帮忙。他虽不赞成裴昌会过分夸奖一一九军，但对蒋云台个人的印象却很不错。

当一七七师的山炮连开到武功时，李振西专门垂询了一下刘孟廉师长，问有没有发现什么异常情况。刘的回答很肯定，也很平淡："一切如旧。"

这个报告让李振西当夜睡得很香。

第二天一早。李又听到六十五军一八七师师长曾颖报告，说骑兵四团发现兴平车站附近有一大堆粮食，八成是共产党军队征集起来没有带走，他们想把它抢回来，以应急需。

李振西想了想，粮食是个好东西，为什么不抢？便对李振建议："抢吧，抢！"

这天黄昏时分，被二四四师借去的山野炮连归建，也说好像阵地前沿有人在活动，不过他们去打了几炮又不见了。李振西勉强安慰自己：两军对垒，在前沿发现几个人没什么了不起。

这一夜李振西睡得还是很香。

不料半夜12点多，突然，电话铃声大作。军部直属指挥的一七七师五三〇团团长王立志惊慌地报告："驻地小寨不远处的扶风益店镇东北方向，狗咬得特别凶，并且发现有手电闪光，恐怕是共产党军队部队活动……"

李振西骂了声"见鬼"，想，如是共产党军队活动，还能活动到屁股后面的益店镇去了？于是，打着哈欠打官腔："派人搜索了没有？"

"一营的二连长强居信是本地人，他带着二连去搜索还没回来。"

"那着个什么急呀！"李振西乏味地丢下电话。正在睡觉的瘾头上，头往枕头上一歪，又香喷喷地睡着了。谁知，没过多久，电话铃声又响起来。

还是王立志，说是他听到了益店镇方向有机枪声，问会不会是一一九军部队同强居信的那个搜索连发生了误会，请李振西帮助打听一下。

李振西的瞌睡被轰走了，立刻给王治岐打电话。王治岐告诉李振西，益店镇那边根本没有他们一一九军的部队，但他立刻作出一个合理的假设："大概是那个姓强的连长同抢粮的地方部队发生误会了吧？这种事天天都有，昨天我还毙掉一个兵哩！"

这完全是有可能的。但李振西思前想后，还是觉得有些蹊跷，于是，分别给蒋云台和刘孟廉去了一个电话，问他们前方有没有什么情况。刘孟廉简简单单地报告说没有，蒋云台这个猴精，却叽里呱啦地给李振西来了一段莲花落。他说："军座的感觉过敏了，你以为我们借山炮，就是情况紧张呀，实话告诉你吧，没有的事，其实是我们那些人没有见过美造山炮，听说你们的美造山炮能打一万多米，所以借来看看的……你睡吧，没事，我们又不是死人，难道共产党军队能越过我们的防线，跑到百里以外的你们军部后边，我们还不知道吗？你也太小瞧了我们。如果由马继援那边过来，他们早就会通知我们了，马同我们的关系可不是一般的。"

李振西心里不痛不痒地放下电话。人家蒋云台虽是一番幽默，却也不无道理。睡吧，杞人忧天的家伙！他拍拍自己的前额，自己给自己调了一句侃，快活地钻进蚊帐里。

凌晨4点，电话再次骤响，还是那个倒霉的王立志。这次李振西从话筒里听出他明显的喘息，报告的口气也十分肯定："益店附近真的有不少共产党军队，是我亲眼所见！我搜索部队被迫退到后河北岸，停止监视……"

虽说有点儿不正常，但事实不容怀疑。李振西立刻抓起电话要王治岐。

"不可能吧？怎么可能嘛！"王治岐仍旧是那个四平八稳的腔调：

“李兄，十之八九是地方部队同我们的搜索部队发生了误会。”

李振西望着话筒，那边已经挂上了电话，有一万个问号在眼前打架。他决定报告兵团司令李振。

李振问：“你不是在讲梦话吧？”

然而，这时王立志的五三〇团第一营已全部投入战斗，继而全团加入，战斗异常激烈，连迫击炮都用上了。李振西听着密集的枪炮声，再也不怀疑王立志了，大着声对李振喊道：“你还蒙在鼓里呢，自己听听枪炮声吧！”

李振有点将信将疑。但不管怎么说，宁可信其有，不可信其无，先把机械化部队抢出来再说，免得万一出了纰漏不好向胡宗南交差。他当即下令驻在眉县车站附近的机械化部队，一律撤到塬上，先通过罗局镇往宝鸡开着，等情况弄明白之后再定行止。

李振西建议：“是不是跟裴司令交换一下情报？机械化部队一走，对战局可不利呀！”

李振说他想到了这一点，只是裴昌会的宝鸡指挥所电话，怎么也要不出来。据电话兵讲，裴睡觉后，按老规矩谁也不敢叫，所以电话不能接过去。

“岂有此理，”李振西跳着脚大骂：“我来要他！”

果然，宝鸡指挥所的电话兵，照拒绝不误。

李振西已经来不及发脾气。就在这几个电话要来要去的个把小时内，五三〇团右翼的第一六五团也投入了战斗，打得一片山响。

“奇怪，简直不可思议！”李振西想。他的南边有六十五军，北边有一一九军，人家都稳坐钓鱼台，偏偏夹在中间的我三十八军后院起火。如果确是共产党军队，莫非他们长出了两个翅膀从头顶上飞过去的？若不是共产党军队，怎么打这半天，总不见结果，而且越打越大？他和李振研究来分析去，得出一个彼此都可接受的结论，认为是第一次扶风解放时，共产党军队留下的武工队，潜伏至今，现趁黑夜袭扰，企图打乱国民党军的阵势，把国军吓跑。

“放心吧，三伏天的暴雨，一阵风就过去了，你要沉住气！”李振胸有成竹地对李振西说。

李振西这股“气”一直沉到早饭过后，再也沉不住了！这时许兵团已开始向强家沟、窦村的第三十八军军部攻击，军部直属部队甚至连辎重队的武装营都投入了战斗，并在交手不到半个钟头，就伤亡300多人。这哪是什么武工队，分明是共产党军队大部队，最起码也是一个师！

裴昌会的电话终于接通了。他很不耐烦地听完报告后，劈面一句：“你凭什么说共产党军队有一个师的兵力？共产党军队也是怪呀，西兰公路、渭河南北那么多阵地都不打，怎么就专打你三十八军的军部？”

三个军头夜泅渭河，一句牢骚惊动汉中

裴昌会的金口玉言还在那里呱嗒呱嗒讲着，王治岐的一一九军一九一师也捂着屁股跳起来了；中午12点左右，眉县车站李振的十八兵团警卫营被歼灭，随之，六十五军火辣辣地兜了底。李振那个大嗓门叫将起来，把裴昌会吓倒了，满口答应把二线师撤下来救急。

李振和李振西成了一对离得最近的难兄难弟，两人灰头土脸各带四个团，排成一溜儿向西突击。结果，玩命地干了两个多钟头，伤亡过半，一事无成。看来二线师不解决问题，还得等一线师下来收摊。

李振西真的耐不住了："这哪行啊，共产党军队这是要咱们的整数啊！"

"你呀，沉住气！"李振仍显得蛮有把握："一六〇师比较弱一点，一八七师下来了准行！等一八七师一到，加个一七七师，我就不信打不过去！"

这时，一辆吉普车疯牛似的冲到三十八军军部门前，车未停稳，王治岐破门而出，步伐乱糟糟地跑到军部，一见李振西就哑着嗓子喊："怎么搞成这样！下午2点左右，扶风廖凤运的一九一师和扶武之间陈倬的一四七师，都被共产党军队包起来了，军、师、团分割得豆腐干似的，一小块、一小块，你叫我怎么有组织地抵抗呀！全在那里散打，各自为战，一塌糊涂，我是急了眼乘吉普车冲到塬上来的……"

正说着，一一九军司令部的一个参谋歪扣着帽子、满面泥浆跑过来了："啊呀军座，你怎么跑这里来了，到处找你哩……郭参谋长给共产党军队俘走了，二四四师向扶风撤退时，遭到伏击，两个团打散了，杨伯达团根本还没从武功跑出来，困在里面呢！"

王治岐气呼呼地问："蒋云台蒋师长呢？"

"他呀，那家伙，队伍一撒手，就带着百八十人往渭南方向逃了。"

"还有那个谁、谁、谁……陈倬呢，廖凤运呢，有下落吗？"王治岐说话已不利索。

那个参谋告诉王治岐，陈带着一个骑兵团向东南方向冲过去，不知成功与否；廖下落不明。

两人的絮絮叨叨惹火了李振西："还啰唆个球！想法子收容队伍吧……"话犹未了，忽听不远处杀声震天，解放军从升水坡上了塬。王治岐一看风头不对，吉普车也不要了，一头钻进乱糟糟的士兵队伍中，没命地奔跑。

冲过来的是四军十师二十九团部队。用彭德怀后来一再表扬的话说，四军这回"有很大进步"，"虽然伤亡大一些，但打出来了一个好的战斗作风。"其时，四军的军长是张达志。此人打过恶仗，足智多谋，搞侦察

出身，指挥部队很有板眼。四军插到扶风以西围住敌人后，他就给指战员们提出一个口号："寸土不让，誓与阵地共存亡。"二十九团坚守罗局镇，是这次战役能否全歼渭北敌人三个军的关键，彭德怀的眼睛从早到晚就盯着这个地方，生怕出纰漏。

这就是李振和李振西用二线师没突破又等待一线师企图突破的重点方向。二十九团在这里打退了敌人十多次的轮番冲击，牺牲相当大，战士们就喊着张达志的口号，在前沿跟敌人拼刺刀，没让敌人前进一步。这个团五连最后只剩下五个人，个个身上有伤，班长马春生自告奋勇当指挥，他把五个人编成三组，伤势轻重搭配了一下，每组占一个位置，架一挺机枪，形成火力交叉，就这样，坚守在一个连的阵地，血战了十一个小时，一步不退！

时间已到7月12日黄昏。中午12点，彭德怀总攻命令已经下达，野战军炮火向渭河北岸敌整个"羊拉屎"阵地狠狠轰击了十多分钟，敌军被打得一片混乱。李振和李振西已经被压缩到一起，也无所谓兵团部或是三十八军军部了，两人就面对面地商议如何收拾残局。

突围无望，一线师等不见踪影。周士第的十八兵团已在正面大张旗鼓地攻打起来，与敌后许光达的二兵团越压越紧，成对攻之势。面对"尸横遍野"，李振问李振西怎么办，李振西说："由塬上突围已不可能，等一线师来支持到黄昏的计划也已绝望，还能有什么办法，只有渡渭河一条道了！"

李振面带难色："上游下雨，河水暴涨，无法徒涉，而船一时又搞不到……"

"闯吧，没有别的出路呀！"李振西硬着头皮充好汉。

李振问："部队怎么撤得下来呢？"

"当然不能搞计划了，现在怎能谈到有计划的撤退呢！干脆，叫他们各自突围算了，大家到宝鸡集合。"

李振犹豫着："眉县车站的共产党军队正在向河南岸移动哩……"

"那总是少数嘛，不用前怕狼后怕虎了，事不宜迟！"李振西着急地把话说得像打枪。

李振想了想："好吧，就照你说的这么办。"随即吩咐他的副参谋长王杰赶快通知部队。而他自己，则带着几个卫士径直下塬走了。

李振西和五十五师师长曹维汉刚通知完部队，准备出门，解放军已经到了窑背上。曹维汉说："你先在窑里等一等，我带卫兵给你杀出一条血路……"

李振西急挥手："还说什么，冲吧！"

他们冲出了院子，李的卫士排50多人，只剩下几个人，曹维汉师长和他的副师长石涤非，也都负了伤。几个人惶惶如丧家之犬，钻进一片玉米地，连滚带爬跑到了祁家坡，一看，傻了，解放军早已赶到，封锁了下塬的道路。

说来也巧，为难之际，那个首先向李振西报告情况的王立志团长，带着他的五三〇团一营赶到了。二话不说，队伍一拉开，掩护李振西等人下塬。

李振西等人下塬赶到渭河滩，才听逃命的士兵说，王立志的一营打光了，王本人也中弹身亡。

南渡渭河，谈何容易！王震的一兵团已占领眉县，早已将南岸河滩控制在手。一些先赶到河边的国民党官兵，不知死活地跳入渭河，硬着头皮往南岸游，被击毙在水中的不计其数，侥幸爬上南岸的，有一个俘虏一个，几个钟头已有8000多人的俘虏队伍。

李振西等人在渭河滩犹豫了又犹豫，最后还是挤在溃兵中间下了水。他们没有直奔对岸。而是顺流往下，好不容易潜到下游，找到一个空隙，偷偷爬上岸，在一块水稻田里趴到半夜，才溜出来，赤只脚穿只鞋，沿着河滩向宝鸡摸索。直到第二天半夜，才千般庆幸万般庆幸地到了宝鸡第五兵团部。一打听，王治岐也到了，李振也到了。这两个活宝都在水里泡了大半夜，才捡了这条性命，而李振的腿还被子弹穿了一个眼儿。

不用说，远在宝鸡的五兵团团部算是大后方了，几个人也顾不得许多，各自找个铺位，倒头便睡。满以为能好好睡一觉呢，哪知刚到半夜，不知是谁在院子里一声呐喊：“共产党军队来了！”吓得有人尿了一裤子。

这喊声的确是实情。7月12日午夜，解放军十八兵团和二兵团全歼残敌，胜利会师。二兵团乘胜一个回马枪杀回宝鸡。四军又是一马当先，于7月14日攻克了宝鸡，三军占领凤翔。与此同时，一兵团也沿着渭河南岸向西追击败逃的国民党军，在四军攻克宝鸡的前一天，他们围歼了马营镇地区的国民党五十三师一部，紧接着又一举攻占益门镇。

李振、李振西和王治岐听那一声喊，心跳立刻加快，黑灯瞎火地爬起来连房门都找不到在哪一边了，好不容易哆哆嗦嗦套上士兵服，准备各奔前程，那个一直没有露面的裴昌会却在黑暗中传来命令，要王治岐回天水，李振西三十八军守秦岭、李振六十五军驻双石铺。

于是，三个人边骂裴昌会“一派胡言”边往城外摸，苦苦熬到天明，像招呼旅游团似的收容部队。王治岐匆忙带一拨残兵绕了好几天才回到天水，“二李”则胡子拉碴地加入到散伙逃兵中间，东一堆西一堆恰似一群鸭子，摇摇摆摆拥进大散关，不敢歇脚，又往双石铺赶。到了双石铺李振西一屁股坐在地上，说：“不走了，刀砍在脖子上不过碗大个疤！”

这话很快被人传给汉中的胡宗南。他听到后冷笑一声，说：“好，很好！不到3天时间，报销了1个兵团部、4个军部、8个整师共44000多人，丢掉我8座县城800里秦川，总算换来一个不怕砍头的！好，很好……”

五、血溅皋兰铁桥头

静宁不宁静马继援就范，兰州没遮拦马步芳失策

刘孟廉最不起眼，但却会编故事。

在一个适宜讲故事的黄昏，刘孟廉坐在胡宗南跟前，娓娓叙述一切。他按照时间线索，从遭遇共产党军队的缘起一点一点讲，包括打电话找不到裴昌会，电话兵态度如何蛮横，包括李振的优柔寡断、王治岐的惊慌失措、李振西的沉不住气，包括慕中岳的头脑简单、郭宝贤没有气节，以及曾颖不力、曹维汉莽撞……还有蒋云台，刘孟廉说他没有看到蒋云台。事实上，蒋在7月12日晚曾在露营地接待了逃命的李振西、刘孟廉和曹维汉三人。蒋还让卫士挑了三匹好马送给他们，并拨出几十名随员给他们保驾，所以后来人都说蒋云台聪明绝顶，举手之劳便给自己留下无穷前景。刘孟廉人前人后多次提到："蒋云台这个人，还是有他一套的。"谁都知道，刘孟廉的话有多么值钱!

胡宗南叹着气决定，谁也无须追究。刘孟廉颇失望。他哪里猜得透胡宗南的心事!

此时的"宁青二马"彼此怀着鬼胎。因为扶眉大胜沉浸在"甚慰"之中的毛泽东果断批准了一野"阻胡打马"的决策。胡宗南眼看着彭德怀举兵北上打破了山门。固关一仗，兰州已暴露无遗。

兰州若再有不测，西北大局就算明明白白，而西北军政长官公署却仍旧陷在一片混乱之中。这位昔日的"西北王"该作何选择呢？他决心固守一隅、坐观龙虎。

马步芳也想坐观。他从兰州跑到西宁，把一应大事交给儿子马继援。但是，他无论如何难以置身事外，那个刁钻古怪的马鸿逵和"中央派"刘

任这班人，无论如何也要把他推在风口。

定西会议多少有点“三岔口”的味道，一开场就闹得刀光剑影。

焦点是为什么要坚守兰州。刘任宣布理由：兰州北有宽阔的黄河，南有险峻的皋兰山，天然屏障，易守难攻；兰州又是西北交通枢纽，与青海、新疆、宁夏的公路脉络相连，仗打起来，接济方便，兰州物资储备优越……

大家心里都明白，这全是马步芳的意思，刘任在故作姿态扮演一只鹦鹉。

会场僵住了，一僵半个小时。

八十二军参谋长马文鼎终于耐不住，起身打破僵局，说：“兰州防守有利也有弊。它虽有皋兰山作屏障，背靠黄河，但如大兵团作防御战就未必适当。胜，在重叠的山峦中机动部队无法进行逆袭，战果受到限制；败，只有一座铁桥，退却不太容易，就有被动挨打遭受覆灭的危险！”

马文鼎提出一个新方案，称之为“河川防御”。他主张把大兵团摆到兰州城外的黄河北岸，凭借宁夏、河西、青海等广大地区的接济，支撑防御，而将兰州城盘空，在南岸紧邻城区的皋兰山、沈家岭、狗娃山等险要地带，只派少量部队，据险阻击。经过一段时间，完成消耗任务，主动放弃兰州，撤到河北。也就是说，南岸的兰州城只是作为前哨阵地。让解放军轻而易举得到一座空城，最后和兰州二十万居民一起闹粮荒，不战而退。

这个天方夜谭似的方案，除了让大家开眼界之外，几乎没有支持者。但是，会场给搅和了，发言者踊跃，意见一边倒：主张防守兰州。

目光开始集聚到一个人身上，那就是马继援。

也许考虑到父命难违，也许还嗅出一点别的什么，马继援在这个会议上出人意料地保持了长时间沉默。这让掌握火候的刘任有点难堪。他知道这一票很重要，足以压倒那一大群叽叽喳喳的麻雀。于是，不轻不重地敲着桌子示意会场安静，说：“让我们请八十二军马军长谈谈高见！”

这句话把马继援逼上了绝路。他脱下军帽，五指使劲地搔脑门，决定不管怎么样，也要把防守定西的意见说一说，而且坚持到底，打败所有的人——包括他的父亲！

就在马继援准备张口说话的时候，八十二军上校高参史载忠凑到他面前小声报告：外屋有人找，声称十万火急！马继援怔了一下，不知深浅，只好把面前一堆文件推开，起身跟史载忠走。

这是个突如其来的情节。马继援起身离开不跟任何人打招呼——他从没有这个习惯，让刘任毫无精神准备。马继援出去了，会场一片安静，好像一段音乐中间的突然休止。

“呱嗒！”不知是谁把凳子摔了一下。

刘任掏出怀表：“哟，都快12点了！”他小声惊叫过后，即宣布休会。

刘任挺着肚子、背着双手最后一个走出会场，迎面碰到一一九军军长王治岐。王自从扶眉战役之后，到哪里都低着头，遇见上峰更是能躲则躲。刘任见王没头苍蝇似的，像是在找什么人，就问："王军长，你找谁呢？"

"我、我……"王治岐慌乱地支吾着。忽将双手伸到腰际："我怕是闹肚子了！"

刘任将信将疑，但话还是顺水推舟："要吃药的！叫我的医官给你看看。"

王治岐说着"不用、不用"，摆手钻进不远处的一个茅厕。

刘任不在意地过去了。他要急找彭铭鼎问马继援的下落。正好，彭也在急匆匆地找他。彭告诉刘，西宁来人了，是青海省的财政厅长冶成荣。此人肩负着马步芳的使命，把马继援拉到城外一个小树林里密谈去了。这当然不是坏消息，刘任的脸上抑制不住三分自得。

事情果不出刘任所料，马步芳改变了马继援。冶成荣除了重申兰州的优越条件利于内线防御战斗之外，还特别强调了青海的安全问题。说：过去青海军打孙殿英是在宁夏境内，打藏兵是在青藏边境，打共产党的红四方面军在甘肃河西，这次无论如何战火不能烧到青海境内，青海毕竟是马步芳的立身之地。

这层意思勾起马继援一种复杂的感情，他决定让步。

在刘任宣布继续开会时，固守兰州实际上已成定论。马继援即令八十二军所属三个步兵师从速开赴兰州，准备防御工事；第一二九军及骑兵第八旅殿后。那个在固关基本上已经打光了的骑兵十四旅，又给补充整齐了，也受命开赴兰州驻守。接着，各级司令部又是标绘作战地图，又是开设指挥所，忙得不亦乐乎。

马继援这一回要扑下身子了，当晚同一二九军军长马步銮、八十二军二四八师师长韩有禄及那个"英雄"劲儿十足的马振武等人，把兰州城里城外的地形翻来覆去研究了一整夜，发现沈家岭和狗娃山这两座山梁至关重要。它们在兰州西南十里左右，两山相接，东高西低，东为沈家岭，西为狗娃山；两山东西，各有一条公路，直通兰州城西关，一条可去临洮、临夏，一条可去阿干镇。公路沿河延伸，河叫雷坛河。两山的东侧便是皋兰山。守住这几块阵地，就把兰州城锁住了！

第二天一大早，马继援带着原班人马去爬皋兰山、沈家岭和狗娃山，连带皋兰山以东的豆家山、古城岭、马架山及西兰公路以北的十里山，通通跑了一遍。返回指挥部时已经天黑了，马继援吩咐准备酒菜，他要解解乏。

这时，史载忠高参走过来，犹犹豫豫地掏了一份电报递给马继援。电报是已经回到陇南礼县、西固防区的王治岐发来的，大意是：防守兰州利客不利主，胜则无战果，败则无退路，愚见当否，请作参考。

马继援看完电报，轻轻骂了一句：“放屁！”便将电报团了团，塞进马裤兜里。然后，像没事一样朝卫兵喊：“酒菜加足点，让大家痛决点！”

这顿晚餐吃得很有意义。按照已确立的兰州战役指挥部成员看，除刘任、卢忠良不在，其余都在，像马步銮、赵遂、马文鼎等人，都是马继援穿一条裤子的朋友。所以，马继援放开喝酒。他举着大号酒盅，把白天看过的几座山一一交代给一〇〇师师长谭呈祥、二四八师师长韩有禄和一九〇师师长马振武，并责成参谋长马文鼎即刻督促各部占领阵地，修补削壁、加固工事。他觉得这种方式落实军令很有味道，说：“没有那些‘豆腐部队’反倒好，免得他们作战不力，碍脚碍手，影响我军士气！”

接着谈起共产党军队，马继援满脸不在乎，说：“共产党军队算什么，还不是老子手下的败兵！兰州不比关中，我马继援也不是胡宗南，只要彭德怀敢来，就有他好看的！”

马继援吹牛从来不打草稿，张口就来。从关中一路过来，打一仗败一仗，却丝毫不影响他把共产党军队看作手下的“败兵”。彭德怀得知后，淡然一笑：“我倒是觉得此人很天真。天真不是么子坏事，但打仗靠天真可不行。”

在野战军指战员们中，也有人让马继援的牛皮糊弄得担心起来，问：“彭总，兰州有黄河这么大的障碍，又是马家军的老巢，假如敌人真的死守，咱们是不是先掉头去打胡宗南？”

“死守兰州？太好了嘛！”彭德怀说：“我就是怕他跑掉。他不跑，守在兰州，我们就有办法了嘛！打马家军是硬任务，尤其是青马，困难再大也要打，这是解放西北人民的第一步。”

这话彭德怀在决战平凉时说过，到固关战斗时，他又反复地说，而且态度更加恳切，口气更加坚决。

那是固关一仗结束战斗的那天中午，彭总和王震从固关不远处一个高地上下到山脚，正好旁边有个小山村，十来孔破旧的窑洞，散落在路边，无声无息，没有一丝活气。时近正午，也看不见炊烟，只有偶尔出现一两个人影，才让人看出村庄的意思。彭德怀和王震几个随意推开一扇用树枝扎成的窑门，伸头一看，吓得慌忙退了出来，原来这家老少五口，包括十几岁的姑娘，全都赤身裸体。经了解才知道，他们全家只有一条供出门穿的裤子，一旦有外人来，只好全部钻到破棉絮里或在墙角蜷缩一团……彭德怀和王震几个人站在路边唉声叹气好半天，久久不忍离开这个村庄。彭德怀说：“都讲西北人民贫穷，哪晓得穷到这个地步！饿肚子，可怕哟，我小时候饿怕了，晓得是么子味道。可是今天我却看到了一种比我童年经历的更可怕的贫穷。可以看出，青宁二马的黑暗统治，给西北人民带来了多么深重的灾难！二马不除，西北有么子希望呀！”

王震的牙齿咬得格格响，一连声地念叨太惨了！太惨了！说："不消灭马步芳，我们还叫什么人民的队伍！"

彭德怀极赞成这句话。一个在兰州歼灭马步芳主力的作战计划，渐趋明朗。8月4日，彭德怀发布命令：以二兵团之三个军和十九兵团之两个军分两路包围进攻兰州；由一兵团主力（欠七军）附六十二军沿渭河，经天水、临洮，进占临夏，突破敌右翼，进入青海东南部，向其老巢展开迂回西宁的攻势，以动摇其军心，并拦击和歼灭从兰州逃窜之敌，然后西渡黄河，直取西宁。另以十八兵团主力（欠六十二军）及第七军在天水、宝鸡一线钳制胡宗南。以六十四军于固原一带，牵制宁马援兵和靖远、景泰蒋系的两个军，使之不敢配合青马作战……

马步芳父子久居夜郎，哪里想象得出，兰州战役竟是以这样一种遍地开花的形式席卷而来。他们依然在那里做着"诱敌深入"的美梦，称"本署以诱敌于有利地形与之决战，凭天然屏障筑工，严密部署，如敌来犯，决举全力一鼓而歼灭之"，并扬言兰州是"攻不破的铁城"，一个劲地给马家军打气，弄得官兵神魂颠倒。只有马鸿逵脑子尚未糊涂，得知消息后失声惊呼："完了，兰州完了！"

马鸿逵拒和甘当战犯，彭德怀试攻品鉴失利

宁夏兵团作为兰州战役的总预备队这是马步芳的一厢情愿。

卢忠良虽然是兰州战役指挥部成员，却没有参加定西的军事会议，亦没有亲到兰州领受作战任务。一应大事均由马鸿逵的儿子马敦静抛头露面。马敦静的身份是宁夏兵团司令，是可以给卢忠良发号施令的人。卢忠良的战功再大，终归屈身人下。他只能谨奉主子的旨意去操持一切，名为"管家"实则"家奴"，这双鞋子有多挤脚，只有卢忠良的脚指头知道。

现在是非常时期，卢忠良不得越雷池一步，只有静静地守候在宁夏境内，等待马鸿逵从广州带回世界大战的消息。

马鸿逵在广州一直挨到8月19日才飞回宁夏。他不但给卢忠良带回了世界大战的消息，还带回一份共产党的宣判——他自己已被中共宣布为战犯。也正是因为这一点，他更加渴望着第三次世界大战早一点爆发。跟卢忠良一见面，他便梦呓般地宣称："人家美国多厉害呀，原子弹大的小的都准备好了，大的大地方放，小的小地方放。世界大战快打起来了！"

兰州已经无可挽回，但宁夏还得静心地等待，这是摆在马鸿逵面前最基本的现实。马鸿逵知道这种"等待"需要付出怎样的代价，因而唯一可做的便是备战。他将所有的保安总队、保安师加以改编，通通隶属于正规军。这样，在原来两个军的基础上，硬是挤出一个"贺兰军"。取岳飞

《满江红》一词中“踏破贺兰山阙”之意。他说：“万一失败，我就把队伍拉到贺兰山打游击！”

8月20日，马鸿逵放弃了他人生中的最后一个机会。这一天，他接到傅作义的电话。

“少云兄，还记得你前次托人与我谈起的事吗？天下大势摆在这里，此时不举更待何时？”傅作义希望马鸿逵能自己回忆起曾托人向傅所提的投诚之意。他的声音响脆、清朗，显然受了中国共产党的委托，有着鲜明而强有力的背景。

马鸿逵干巴巴地咳嗽了两声，说：“此一时，彼一时，我现在是共产党的战犯……”

傅作义说：“战犯不战犯，在于你自己的表现。如果你放下武器，接受新政权，人民会原谅你的。”

“笑话！我要谁的原谅？我马鸿逵扪心自问，对得起西北父老。”马鸿逵的话硬邦邦的，像丢石头一样，“我生为党国，死而无憾！”

傅作义问：“你说话这么噎人，蒋介石给了你什么好处？非得替他卖命，非得打下去不可？”

马鸿逵沉吟半晌，绕开答道：“军人守土有责。我只是尽我军人本分，非打不可，有一枪打一枪！有一弹打一弹！”

“要是打不了呢？”

“走呀！”

“走也走不脱呢？”

“那我就死呀！”

傅作义长叹：“没想到你糊涂到这个程度！我已无话可说。那么，你好自为之……”

“人各有志，你也好自为之……”马鸿逵率先撂下了电话。

这一天，解放军第二兵团许光达部和十九兵团杨得志部，已经顺利地进抵兰州城郊，从东、西、南三面包围了兰州。

摆在许光达和杨得志面前的，的确是个坚固的堡垒。作为甘肃、宁夏、青海、新疆四省的枢纽，兰州防御工事的根基由来已久，到抗日战争，国民党又大规模地兴修加固，主要阵地全部浇铸了钢筋水泥碉堡，形成环环相扣的碉堡群。阵地的外斜面上，均有一到二道环形的人工削壁，壁高六至十米。因为下面立足的地方狭窄，且有一两层三至六米深的外壕，壕与壕之间又有暗壕和野战工事，所以要想攀援削壁是极为困难的，更何况在削壁的半腰，还暗藏着侧射机枪火力点！此外，阵地前沿的地雷与铁丝网也敷设得相当密集，用青马士兵的话说，“蚊子都飞不进去”。马步芳敢于在短期内把部队撤到兰州设防，敢于吹大牛说兰州是座“铁城”，多半是倚仗着这些工事。

当然，也有地形条件。兰州南有皋兰山、北有白塔山，中间夹着一条黄河，能被古来兵家称之为“锁钥”的关口要塞，比比皆是。这使得兰州这座城市即便卧着酣睡，它也是一种防御的姿势。

最严重的还是马家军这支部队的本身。这是一支以家族世袭统治和宗教控制为特点的封建军事集团，士兵本来就是一些边地的游猎闲汉。僻野蛮荒，闲匪气狭，胸无点墨，斗杀成性。加上长期接受反共教育和所谓“汉人共产党军队打回民”的民族仇恨煽惑，以及“杀一个共产党军队死后就能升天”的宗教迷信影响，灌了一脑子糨糊，那种原初的野蛮与残暴就毫无节制了。其凶悍、其战斗力，邪邪乎乎难以想象。过去，红军西路军吃过他们的亏；西府战役中他们又得了点便宜，所以，嚣张气焰从马继援开始，一发不可收拾，不把共产党军队当回事。

兰州的剑拔弩张，紧连着广州的心。苟延残喘的国民党政府，怀着极大的兴奋注视这场厮杀。他们是多么担心第一野战军主力南越秦岭、巴山，向四川进军啊！现在，有个“二马”挺身而出，挑起决战的担子，把彭德怀的几十万大军拖在西北，简直是天赐神机！

首功当推刘任。刘任不择手段地促成了马步芳父子防守兰州之后，又把这条线牵到广州，忙着跑前跑后地张罗“二马”和胡宗南到广州的“中央政府国防部”召开“西北联防会议”，以进一步策划“兰州决战计划”。蒋介石要让青马死守兰州，以吸引和消耗彭德怀的第一野战军主力，然后让宁马和胡宗南残部，从旁边侧击，从而一举合歼第一野战军；而胡宗南和“二马”此时也拼命抱住老蒋的大腿，以不使西北这块立足之地沉入红色的海洋。

所有这一切，都寓示着兰州的对峙，绝非等闲。遗憾的是，处在1949年8月的人们，在拥抱新的曙光时，也拥抱了太多的情不自禁。这就是在所有回忆文章和档案记录中，都被同样的文字注作“一野部分官兵由于陇东追击发展顺利，产生了轻敌麻痹思想”和“他们认为敌有可能放弃兰州，担心失去歼灭马家军的有利战机”的两条原因之缘起。它的结果是：“一野部队抵达兰州外围的第二天，在准备不足的情况下，就向古城岭、营盘岭、狗娃山等几个兰州外围阵地发起试攻。敌军充分发挥了兵力火力，第一野战军攻城部队在外围攻击受挫，并有不小的伤亡。”

彭德怀从不贸然下达攻击命令，何况是面对兰州这样一座有准备的城市。在最后的攻击令下达之前，他照例亲自到兰州的外围阵地观察数次，并对突破口的选择很费了一番脑筋，既要减少部队伤亡，又能够突破敌人防线，难啊！

决心在总体上是两条：一要攻克皋兰山阵地，打开兰州城门上的这把大铁锁；二要占领黄河大铁桥，切断敌人唯一的退路。由二兵团首攻营盘岭、沈家岭和七里河诸要点，继而向西关和南关发展进攻，并一分为二，一部沿黄河南岸前进，夺取黄河大桥；一部从七里河区相机北渡黄河，歼灭北岸之敌。十九兵团沿西兰公路首先把路南的马架山、古城岭、豆家山及路北的十里山这些阵地拿下来，然后向兰州东关发展进攻。

这一部署得当吗？彭德怀心中没底。

战场延伸到了兰州，深入敌人腹地，和陕北及关中已大不相同。群众基础谈不上，地下内线也没有，少了这两条，单凭到前沿用望远镜看几眼，就定决心、部署兵力，彭德怀心中怎能踏实得了！

事实上，此时彭德怀对兰州守敌究竟有多少兵力，尚不敢精确肯定。部队逼近兰州近郊时，他曾收到两份情报，一份说敌人的九十一军、一二〇军已从兰州北撤，准备随国民党甘肃省政府退到酒泉去，而且还有大批物资正在由兰州运往西宁，兰州的守敌准备炸毁工厂、拆除电线，破坏黄河铁桥，显然，随时都要夹着尾巴逃跑；另一份情报则恰恰相反，说蒋介石每天都派飞机往兰州运送粮弹，马家军也正在抢运粮食和大批的磨盘进城，马继援的八十二军在兰州南山一线加修工事，宁夏马鸿逵还准备了六个师随时出击，增援青马固守兰州。

哪种说法更接近真实？彭德怀宁可相信后者。但是，能不能确切否认敌人不会逃跑呢？不能。

兰州战役难道就这样开打？不能！以彭德怀用兵的一贯作风，是绝对不允许在部队“准备不足”的情况下，贸然出击的。

彭德怀还是一贯作风。在一种他认为非常没有把握的情况下，现实允许他的唯一途径，就只有付出血的代价了！

这是一个极为无奈（而且非常痛苦）的决定：先以九个团的兵力，对敌人进行一次试探性攻击！它是挑逗性的、完全不知深浅的投石问路，自然，它要以目的性的眼光，期待敌火的充分发挥，也就是说，期待着预料中的失败和牺牲。如果一举成功，仗就这么顺顺溜溜地打下去了；如果“首次失利”，这样的结论也的确可以给全军普遍存在的“轻敌思想”敲一记响亮的警钟。

或许，这是攻击时间安排得如此急迫的真解；或许，从中还可以看出彭德怀的另一面：敢于牺牲和善于牺牲。

一野边打边看火线观阵，马匪讨价还价冷面请赏

野司临时指挥所设在一个名叫乔家湾的小村上。彭德怀预计这地方能听得清前沿的枪炮声，这是他实施指挥的必备条件。

参加试攻的九个团由四军、六军、六十三军和六十五军派出。其时，四军军长张达志尚在赶赴兰州的路途之中，六十五军军长邱蔚也因病未能指挥作战。但是，彭德怀决定，攻击命令不能拖延，仍于8月21日准时下达。

这是彭德怀最紧张的一段时间。他必须张开浑身的毛孔，注视和感觉眼前这座城市的每一个呼吸。

彭德怀掏出怀表，盯着秒针轻快地走向某个既定的刻度。霎时，前沿大炮骤响，接着是密集的枪声。他不安地走出门外，天空还不甚明朗，繁星尚未退尽。他侧耳倾听片刻，仔细分辨着每一个阵地，哪儿是豆家山、古城岭和十里山方向，哪儿有六十三军和六十五军五个团的兵力；哪儿是皋兰山营盘岭、沈家岭方向，哪儿是四军和六军的四个团兵力。他可以根据枪炮声辨别出前沿部队的种种战术行动。

不知在门外站了多久，突然，彭德怀决定去前沿。参谋们一点也不感到奇怪，大家都知道“大炮一停，彭总出门”的惯例，像这样的突击行动，彭总光是待在指挥所里听声音，那才奇怪哩！

当然是去六军。六军突击方向是皋兰山正中央的营盘岭。它西接沈家岭，东连马架山，而且互为依托，是马继援“国防工事”体系中最高、最突出，也是最坚固的一处。六军的成败，关系着整个战役。彭德怀放心不下。

电话立刻通知到六军司令部，把罗元发军长吓了一跳。都知道彭老总到前沿阵地不大听招呼，也不管危险不危险，越是靠前越是要去，让下面觉得担不起责任。罗元发立即招呼张贤约政委、饶正锡副政委和参谋长陈海涵：“喂，伙计们，我们到村口迎一下吧！”

六军军部所在的村子叫郜家泉，路到村口，不太难找。罗元发几人跑到村口蹲了好一会儿，不见彭总的影子，赶忙打电话四处查问，这才知道，彭德怀招呼也不打，直接爬到皋兰山南麓的阵地上去了。

罗元发拍着屁股吩咐：“快，叫司令部通知前面的部队，把警戒搞好点，绝对保证彭总的安全。”接着，又通知团以上主要领导干部，以最快速度赶到彭总爬上去的那个山头，听取彭总的指示。

“么子指示，我也是刚到，观察了十分钟就做么子指示嘛！”彭德怀心情不错，一边亲切地埋怨着，一边和大家握手。

六军担任试探性攻击的十六师四十六团打得相当顽强。虽然牺牲不小，寸功未进，但毕竟把敌人所有的明暗火力点都吸引出来了。彭德怀看得很过瘾，料定马继援是真格的守城，估计不到万不得已，他是不会逃跑的。这样，彭总的决心就不难下了。

罗元发报告，全军团以上干部都已到齐，他再次请求彭总，给大家指示两句。

彭德怀手一挥说："先看，看明白了再讲。"

于是，大家认真地观察起来。

"同志们看啊，那是营盘岭，"彭总手指正前方一个高地，向干部介绍，"营盘岭连着三个山头，中间老大，最高，叫'头营子'，往下是'二营子'，最下层是'三营子'。敌人给每个营子山崖都削成了峭壁，大家看，有三四丈高哩！主阵地东西两侧都是悬崖峭壁，上有双边堑壕，下有地雷铁丝网，看来只有从南侧正面突破。这是一块马骨头，硬得很，没有一副好牙齿就啃它不动啊！"

干部们都说，老总放心，战士们对马匪早就恨得咬牙切齿了，仇人相见，分外眼红，别说是马骨头，就是铁榔头也要啃。

说着话，彭德怀把大家领到山背后一块平地上，让大家坐下来，发扬军事民主，各抒己见，看眼前这一仗究竟如何打法为好。说："在战略上藐视敌人，这对头。在战术上可要重视敌人。马步芳还有一股牛劲哩！所谓困兽犹斗，我们千万不可掉以轻心噢。"

这番话让那些原以为马家军已经兵败山倒、不堪一击的同志，受到震动，对下步战法的发言也就谨慎多了。但彭德怀决不让人在他面前拘束，尤其是基层干部，他总是能恰到好处地给人留下一个空间，将"自古骄兵必败"这样一些道理糅到具体的战术话题中去讲，使人觉得春风拂面，但却火辣辣的，开口言无不尽，有时还巴不得彭总批评自己几句。

越受批评越想说话。只有在彭德怀面前才会有这个感觉。许多真知灼见就是这样一点一点谈出来。

根据皋兰山的地形特点及敌人的火力配置情况，大家一致认为从营盘岭南边正面突击，比较理想。最下层的"三营子"以南不远处，有个"九条路口"，可以作为冲击出发阵地。在野司炮火支援下，部队由"九条路口"向"三营子"发起攻击，同时以少数兵力在东西两侧助攻，吸引敌人的火力。

彭德怀很满意，但他不写在脸上。那种潜在的担心，始终萦绕在他的心头。

"马步芳父子是你们六军的老对手了！"彭德怀说。

这句话虽不动声色，但分量很重。六军的干部谁也忘不了西府战役中被青马围困在屯子镇的情形。部队突围出来后，罗元发见到彭总忍不住泪流满面……彭德怀揭这个疮疤，意味深长。大家都心痛地低着头，说不出话。

彭德怀说："马步芳这个老家伙，到了黄河心不死呀。他有他的如意算盘，认为我军长途跋涉，人困马乏，加上后方补给困难，没得战斗力；而他们则是坐镇兰州，以逸待劳，北有黄河天险，南有高山屏障，加上工事坚固，自以为固若金汤了。他要死守兰州，孤注一掷！我们呢，第一，是不怕；第二，要认真对待。同志们啊，古人说知己知彼，百战不殆，这个话要时刻铭记哟！”

罗元发和张贤约等几位军领导面面相觑。他们明白了彭总的担忧，立即决定在全军揭疮疤，用彭总的讲话对部队教育一遍，务必清除轻敌思想。

决定做出来了，罗元发征询地问彭德怀：“老总，你看这样行不行？”

彭德怀说：“不要搞花架子，要让干部战士真的面对现实，承认马家军的战斗力……”

这个意思在野司同日下发各兵团的作战指示中，作了特别强调。写道：“青马匪军为今日敌军中最有战斗力的部队，在全国也是有数的顽敌。我们对他须有足够的估计，并作充分的精神准备，力戒轻敌、骄傲急进。进攻时，须仔细侦察，精密计划，充分准备。作正规的进攻，任何疏忽大意与侥幸心理都是错误的。”

彭德怀的苦心可见一斑。他的一系列“刹车”措施，最终因为“首攻失利”而立见成效。这一份血淋淋的代价，让许光达与杨得志两兵团从上到下受到警策。然而，另有一人却因此飘上了云端。这就是正在兰州三爱堂大耍威风的马继援。

刘任副长官将首战告捷的战报当天就传到了西宁。马步芳躺在太师椅上，一面给广州方面口述电报，一面勾画横陈几案的军用地图。说完捷报，他理直气壮地向中央政府提出，第一要给马继援及所有作战有功人员记功、发放赏金；第二要求按照他亲手所列的一个长长的清单，补充给养、军需和武器装备。他说：“飞机每天起码要有10个架次，否则……”马步芳眯着眼睛，考虑用什么措辞比较恰当。

此时，马步芳与“中央政府”的关系微妙之极。西南危在旦夕，国民党高级将领频繁倒戈，连程潜、陈明仁这样一些人也都响应了共产党的“和平建议”，今天3万人、明天5万人，把部队往共产党方面带。白崇禧空有一腔热血，那个雄心勃勃的长江防御计划早已成了泡影，他甚至于8月4日将长沙也放弃了！

时局至此，广州内部还在大吵大闹。蒋介石对林彪二十九军在湖南与白崇禧一仗仅仅说了一声“声东击西”，广东省主席余汉谋就敢对老蒋大拍桌子。他小小一个余汉谋凭什么胆大包天？还不就是手里有5万正规军！5万人的队伍在马步芳眼中不过小菜一碟，但人家余汉谋就靠这碟小菜，把显赫一时的白崇禧挡在广东省外，而让陈诚从台湾把部队带到厦门，又从厦门大陆撤回到海上，没根没绊地四处漂流！

天下大势，不过如此。马步芳越想越感到情况不错，心里乐滋滋的。

马步芳的兴奋反馈到兰州，经刘任蓄意地一放大，就成了满世界的春风，连最普通的市民都受到影响。前些日子听说共产党要攻城，许多大户人家忙着往外转运财宝细软，弄得黄河铁桥不堪重负，阻塞了军运。马继援不得不下令卡死这条唯一的通道。结果，堵得住道堵不住心，有钱人家就到处雇船摆渡，有的人干脆暗暗地挖地窖，闹得全城军民奔跑，一片恐慌。现在好了，刘任的话像一帖药那么见效，他说："共产党军队在城外被国军打得尸积如山，早吓坏了，过不了几天就要开走，马长官也要回来主政，一切如常，买卖照做……"

街面上略显平静。整个三爱堂也像是被自己吹出去的仙气迷住魂灵似的，人人脸上出现少有的喜悦。唯有彭铭鼎例外。他对一切冷眼旁观，心中另有主意。

"中央派"刘任"使绊子"，"铁将军"王震"扎猛子"

"中央派"派内有派，刘任和彭铭鼎各怀春秋。

刘任位居长官公署副长官，是西北局面情境中人，当然面子大、口气大，在派内说话有点儿"我就是党国、党国就是我"的味道。他脑后的那根线是由广州方面牵着的。因发迹于广西，属于桂系，不能不做李代总统得天下的梦，一心要让马步芳跟共产党在西北搞龙虎斗，以减轻西南的压力。

彭铭鼎不同，他当了参谋长还是"副"的，依这样一个位置说话，即便是金嗓子也得低八度。在彭德怀大军西进这段时间里，他除了服从刘任的统一指挥、完成"分内之事"，似乎没有大的作为。但是，他在骨子里就不是一个"主战派"，一直希望能借鉴傅作义和邓宝珊的做法，偃旗息鼓，与共产党坐下来"商量着办"，以解决西北问题。

彭铭鼎这根线也有人牵着。这人就是曾任西北军政长官公署副长官的陶峙岳。陶现在已经是新疆警备总司令了，西北长官公署这边的事，他不好多问，只有靠彭铭鼎这样一批比较投缘的旧部（或者说亲信）来间接办理。

陶峙岳身为新疆警备司令并兼河西警备司令，驻地偏远，似乎心地也宁静得多。时局变化，物是人非，反省一生戎马生涯，颇多感伤，早有脱离蒋介石集团重敲锣鼓另开张的打算。

这想法通过新疆警备司令部参谋长陶晋初传达给彭铭鼎。以彭铭鼎的聪明，他自然而然要考虑得更多。陶峙岳手下多少有三个整编师加两个骑兵旅的队伍，而他彭铭鼎有什么？这是最切实的一个问题。他得向共产党证明自己的功绩与地位，尽可能为以后的道路做点铺垫。

皋兰山的炮声一响，彭铭鼎寝食难安。

这一天，彭铭鼎碰到相处不错的骆驼团团长贺新民。两人找个小间，温一壶酒，炒几碟菜，交谈起来。贺叹道："这仗一打，几时是个头，兰州这么大的地方，共产党军队几十万大军，恐怕……”

彭铭鼎忙将话头掐住，压低声喊一声老弟，说：“这种话，当讲处讲，不当讲处可不敢胡言乱语啊！”

贺新民哈哈一笑：“这真是官小胆大，官大胆小，咱小鬼都不怕，你当阎王的怕什么！”

“当真不怕？”彭铭鼎正色发问。

“怕什么呀！大不了回家拉骆驼去，谁稀罕这个芝麻团长，整天提心吊胆，给人倒尿壶当奴才！”

彭铭鼎叹口气，压低声：“是啊，自古英豪，识时务者为俊杰。明摆着的，国民党气数已尽，大势已去，共产党得天下是迟早的事。”

这话正对贺新民的心坎子，忙凑过来：“我看兰州守不住，你没瞧见，马继援那小子狂得什么似的，指望不了他……唉，我们还得早作打算啊！”

“可不是说么，”彭铭鼎沉吟半晌，“对我们来说，无论如何得攒足资本，将来也好跟共产党讨价还价……”

“老哥，咱信得过你，这节骨眼上的，你若有什么吩咐，就只对我说，曾司令给丢过话！”

“曾司令”便是国民党设在兰州的第八补给区司令曾震五，是贺新民的顶头上司，与陶峙岳旧谊很深，也可以说是彭铭鼎一条线上的人。

“好，你听我的，不要慌，稳住队伍，还得多联络一些弟兄，队伍拉得越多越好！”

彭铭鼎拉队伍，刘任也在拉队伍，两人的目的不同，但焦点都放在陇南兵团。

陇南兵团总共三个军，一一九军军长王治岐借配属第五兵团，缩到武都，坐观成败，再也不打照面；一二〇军军长周嘉彬是张治中的女婿，早不想在兰州待了，要去汉中投奔胡宗南。幸亏刘任手上抓着他的夫人，硬逼着她给周嘉彬打电话，这才勉勉强强把周拉住了；剩下九十一军最令刘任头痛，军长黄祖埙是蒋介石的嫡系，一向腿粗腰壮，像块茅坑里的石头，别说对刘任，就是西北军政长官公署的命令，他也当作儿戏。于是，刘任决定拿这个丧门星开刀。

这正好暗合了彭铭鼎的意。他知道黄祖埙跟胡宗南一样，对蒋介石忠心不二，是不大可能引为同路人的。既然刘任打算开这个杀戒，为何不趁机除掉心患而抓住九十一军呢？

彭铭鼎决定推波助澜。

终于来了一个机会。刘任下令黄祖埙派部分兵力防守黄河铁路北岸，黄不理不睬，弄得刘下不来台，一筹莫展。恰在这时，彭铭鼎来见刘任。

刘任一肚子恼火，嗓门冲破天：“你看这个黄祖埙，居然抗令不遵！”

“不像话！”彭铭鼎附和着刘，表现出适度的义愤，“大敌当前，内部搞成这样，军人的起码常识都不懂嘛！如此欺人太甚，万万不可姑息，否则贻误战机，必然要坏大事！”

刘任深有同感：“不惩办不足以稳定军心。你说说看，有什么办法没有？”

“办法嘛……”彭铭鼎故作沉吟，“只怕……”

“怕什么？你是谁，我是谁？但说无妨！”

彭铭鼎没想到事情发展得这么快、这么顺利，抑制不住心花怒放。但他努力克制住自己，沉稳地说：“要想切实控制九十一军，最理想的办法，莫过于……”他将彼此面前的茶杯盖调换了一个位置。

刘任心有灵犀地“唔”一声，知道彭铭鼎和自己想在一个点上，是要撤换黄祖埙，颇觉慰藉。他把持心绪，不露心迹，问：“以你看来，由谁接替比较合适呢？”

彭铭鼎装模作样地“思索”了一会儿，才说：“最合适的人选，只能是曾震五。”

曾震五与彭铭鼎之间的交情，刘心中明镜似的。但他当时还没有想到彭的另一番心机。为了撤换不听话的黄祖埙，曾震五就曾震五吧！刘任痛快地点点头。

非常时期，想撤换一个军长可不是件轻而易举的事。丢开九十一军三个师长掣肘的因素不说，马家军这一关如何过得？弄不好，让老谋深算的马步芳插上一手，坐收渔人之利，换上一个姓马的，把九十一军揽进青马怀中也未可知。

好在彭铭鼎对马继援颇有影响。这件事，他不想给自己留退路，要一不做二不休壮着胆子干到底。

彭铭鼎顺着兰州防守一盘棋的思路，对用作预备队“掩护侧背”的陇南兵团，提出担忧，特别指出人事上的毛病：“比如黄祖埙，是胡宗南的嫡系，不能尽心尽职忠于马长官的事业，专横跋扈，不听指挥，若不及早处置，恐贻后患……”

这话正触在马继援的隐衷，当即拍板：“奶奶的，换！”

换谁呢？彭铭鼎自有主意。他说第八补给区的家当不小，建议马继援应派亲信执掌，同时把原司令官曾震五保举到九十一军补缺，这样，曾又会感恩图报，为马长官效忠尽力。

天底下哪有这么漂亮的万全之策！马继援连声“高见！高见！”立即把电话打到西宁。

此时，西宁依然静如处子。马步芳尽情享受着在大后方当太上皇的感觉。不管怎么说，撤换一个“中央派”的人，以进一步控制陇南兵团，同时掌握补给大权，培植亲信，这没有什么不好。他当即点头，并敦促儿子抓紧去办。顺便，马步芳又问起兰州的形势——这是父子俩每天在电话上必做的功课。

马继援说：“共产党军队遭到打击，两天都没动静，大概是不敢再攻了吧！”

“难说哩，”马步芳心里不踏实，“共产党眼下正在势头上，咋就这么认输了？”

“不认输又怎的？！”马继援神气十足。

马步芳在电话那头沉默片刻，说：“彭德怀的计谋……料不准的。”

这个“料不准”包含着很丰富的内容，其中有对西宁自身安全的担忧。一天前，西宁就有人风传马家军老窝临夏发现了共产党军队的消息虽说模糊不清，可马步芳很上心。万一是真的，彭德怀的矛头所指不是西宁又是哪里！马步芳话到嘴边，还是没把这个意思说出口。他是担心增加马继援的精神负担、动摇兰州防务。

无风不起浪，马步芳的嗅觉是灵敏的。在解放军二兵团和十九兵团强攻兰州的同时，王震所率一兵团附十八兵团第六十二军作为兰州战役的左路军，由秦安、武山经陇西、渭源、临洮、临夏，北渡黄河直取西宁，把兰州守敌的退路彻底掐断，给马步芳来个连锅端。

王震接受任务之后，就觉得这是一次潜水。他要一个猛子扎到西宁，中途憋足一口气，偌大的兵团必须保持“肃静”，不留痕迹，以免打草惊蛇。

8月21日，部队渡过了洮河。二军在前、一军在后，七军和六十二军陆续跟上来。王震刚爬上岸抹着大汗，准备给部队加大马力，吩咐作战参谋拟份电报，要求各军乘胜奔袭，一鼓作气进占临夏！

临夏可不是个简单的地方，它是马步芳和马鸿逵的出生地，也是他们拉队伍立山头起家“建业”的地方。当地有句老话，说：“早上学会河州话，晚上就把洋刀挎！”所谓“挎洋刀”，当然就是当官领兵、出人头地了。由此可见，临夏（古称河州）在青宁二马小朝廷里处于一个什么样的特殊地位。

王震和作战参谋正趴在弹药箱上拟写电报，通信参谋气喘吁吁地跑上来报告，说野司有电报指示，内容与兵团下一步行动有关，译电员预告，10分钟报文就出来了。

“有这么重要？”王震急性子起来了，拉着两个参谋就跑，“走，到电台那边去等！”

电报是彭德怀给王震的：

“青马匪军现决心固守兰州，工事又相当坚固，夹河而阵，地形亦有利于守，在左兵团进占临夏后，可能动摇其固守决心，但亦可能促进其不顾一切决心死守，甚至放弃西宁撤守大通河东岸及享堂新城湟水北岸保障凉、甘、肃州退路。在我攻兰州六七天不得手时，宁马主力可能车运增援兰州（青宁二马汽车据说两千辆以上），似此我将集中三个兵团于兰州会战。你们占领临夏、永靖两城后，须休息两天补充粮食，弄清情况，再定行动。”

血淋淋抠思想二兵团检讨，轰隆隆炸峭壁曹德荣舍身

彭德怀咬紧牙关给部队留了三天时间。

这是“首攻失利”之后的三天，比金子还要贵呢！全军上下展开总结，为什么会失利？许光达的结论还是那两个字：“轻敌！”

许光达把二兵团师以上干部组织在一起，硬是打着哈欠检讨了一整夜。

“不是轻敌是什么呢，”许光达向彭德怀汇报说：“头天看过地形回指挥部，大家的那个情绪就不大对劲，不知为什么，都把压包袱底的那套新军装换上了，又刮胡子又洗脸的，个个搞得像上海的小开一样，哪像开作战会议呀，分明是看戏看节目嘛！有人说，打到兰州，解放战争就打到头了，一仗定乾坤，以后想打仗也打不到；又有人说，北京的政协会议都开了，新中国就要成立，马家军还敢不知死活？这一仗不过摆摆姿势，打一打留下纪念；有的同志简直被胜利冲昏了头脑，了不得了，扶眉吃掉胡宗南四五万人，平凉又胜、固关又胜、三关口也胜，到处传捷报，他马步芳算老几……责任在我们兵团领导，下面轻敌是我们感染的，我们向野司老老实实做检讨！”

彭德怀说：“要谈责任，首先在我。部队上下能警觉起来，血就没有白流。我到你们六军十七师的五〇团看了看，部队战斗热情还不错。检讨归检讨，还要树立必胜的信心。我就很有信心。这一仗志在必得，军委决心很大。”

军委的决心体现在8月23日给一野的一份电报上。这份电报明确提出要“集中三个兵团全力于攻兰战役”，指示渡河后的王震要“切断兰州通青海及新疆的道路并参加攻击”，特别是不让马步芳退至新疆为害。电报强调：“攻击前似须有一星期或更多时间使部队消除疲劳，详细侦察敌情、地形和鼓动士气，做充分的战斗准备，并须准备一次打不开而用二次、三次攻击去歼灭马敌和攻占兰州。”

落实到许光达那里，变成了三十八个字：

“深入进行动员，反复侦察敌情，摸清地形道路，组织沙盘作业，开展军事民主，制定具体作战计划。”

这可以看作许光达战役指挥实际操作的经典。每个字都突出了“重敌”之意。

以许光达的老脾气，当然不会抛出几句“指示”了事。他拉着兵团参谋长张文舟，一头扎到四军，同张达志军长、张仲良政委一起，泡在师团营连各级，甚至班长和战士，一点一滴抠那个失误的21日。

“不抠到血淋淋的不放！”许光达的话总让大家汗毛直竖，但是，能治病。

与此同时，设在猎嘴岭的十九兵团司令部又有一番别样的情形。杨得志冲着不请自到的彭德怀气呼呼地说：“十九兵团历史上没遇过这样的情况，攻敌几个阵地，一天多没有拿下一个，真丢人，干部们都很憋气。这口气非出不可！”

彭德怀说：“打仗不是赌气！部队试攻受阻，主要原因是轻敌，次要原因是敌工事坚固，敌人顽强。这次试攻是我决定的，时间仓促，部队准备不够，不过通过这次试攻也达到了了解敌人的目的。你们要沉住气……”

这股“气”要真正“沉”下去，不容易。

部队远道而来，驻在兰州外围，多半寸草不生、光秃秃的山梁，肚子问题成为决策战役的重要参考条件。像军委要求的那样，花“一星期或更多的时间”来作战斗准备，显然是不允许的，更谈不上“一次打不开而用二次、三次”。所幸的是，胡宗南在汉中还算知趣，没有来解兰州之围的意思；马鸿逵说要“援兰”，还组织了什么“宁夏援兰兵团”，但虚晃一枪，光打雷不下雨。当然，这与十八兵团六十四军的“钳制”也许有关，马鸿逵在海原按兵不动，理由充足，马步芳说不出什么所以然。

总之，马继援实际上是孤军困守兰州。

部队作了三天检讨，彭德怀静观了三天，8月24日的晚上9点钟，他给中央军委发去一份报告：“二兵团、十九兵团攻城准备工作已妥。疲劳尚未恢复，粮食不足，油、菜更难解决。青马军不断反袭，故很难得到休息。以现在的准备工作看，攻占兰州有六七成把握，故决定在25日晨开始攻击。”

这份电报实际上就是彭德怀的军令状，只不过没有豪言壮语，没有把话说满、说绝对而已。如果声称“攻占兰州已有十成把握”，那就不是彭德怀了。

激战如期，号令依旧。不过这一次的攻势可是翻天覆地的。皋兰山一线的青马守军哪想到这几天解放军不声不响，已经神鬼莫测地接近了所有前沿阵地，并在堑壕底下埋下了成吨的炸药！

随着凌晨2点两发红色信号弹直升天空，震天动地的巨响同时在皋兰山两侧各个阵地前沿，一连串地天崩地裂。那些带着温热的土石坷垃像雨点一般降落时，四面群山又有万炮齐鸣，仿佛周围整个世界都在怒吼，只有可怜的皋兰山孤岛似的夹在中间，瑟瑟发抖。

霎时，天光流曳，眼前的山川一如白昼；耳畔呼啸轰鸣，像惊雷出峡、长风穿云。炮弹密密麻麻砸向皋兰山，爆炸声煮开了一锅粥。青马守军借着闪亮眼睁睁地看到前沿阵地亮开一个一个大缺口，而他们只能抱着脑袋、缩紧脖子，无法修补那些致命的缺口。很快，炮火明显向阵地纵深延伸，解放军前沿冲击部队从冒着热气的大缺口蜂拥而至……

这场出其不意的攻击，使青马守军在最初10分钟内一片呆傻，完全措手不及，待那些抱着机关枪或抡着大刀督战的指挥官们号叫声起，士兵才如梦方醒，一下子发现手中所握的不是烧火棍，而是可以射击的家伙。于是，闭着眼睛举枪就打，阵地又一度陷入混乱。好一阵冲杀之后，才慢慢稳定下来。这时，天已微明，双方形成尖锐的对峙，互相射击的枪弹犹如疾雨。青马守军一面对阵前的缺口一筹莫展，一面又发觉解放军在正面攻击的同时，还在向东西两翼迂回，所有阵地正在进入一个大的包围圈，顿时，恐慌一团。

旭日东升，阳光灿烂，老天爷公正地奉出一个万里无云的秋天，山上山下能见度极佳。在这样的条件下射击，几乎就是百发百中。所以，敌我双方的伤亡都在成倍地增长。也许地面上的搏命过于残酷，人们已经无暇顾及天上不知什么时候出现的一架国民党飞机。它无动于衷地盘旋，不但没有像青马官兵所期待的那样给他们“助助威”，反而宣判了一个无情的事实。似乎从这一刻起，皋兰山不知不觉动摇了。

所有阵地一个个被解放军突破。四军首战沈家岭主阵地上下狗娃山，下午，六军又攻克了南北最高峰营盘岭下面的主阵地三营子。与此同时，六十三军也攻克了敌人另一主阵地豆家山。六十五军于黄昏占领古城岭、马架山。

至此，兰州的“锁钥”已全部掌握在彭德怀的手中。

血色黄昏在暮霭中徐徐张开双臂，新一轮的拼杀又开始了。往往一条壕沟、一道峭壁、一个小阵地，都须反反复复地拼夺。白刃格斗，刺刀见红，短促的杀声，惨烈的号叫，以及带血的刃面在夕阳余晖中闪烁灼灼光芒……生命的火焰跳动、激荡、熄灭。

在硝烟弥漫中，青马守军的地盘越缩越小，预备队早已经用光了，援兵毫无希望——马继援已打算弃守，不再向山上增补一兵一卒。

激烈的战斗集中到皋兰山主峰营盘岭——皋兰山阵地之母。打头阵的便是彭德怀战前亲临过的六军十七师五〇团。当主攻营冲到第一道峭壁时，因为炸药药量不够，突破口没有炸开，全营堵在阵地外边过不去。这时，敌人的一处暗堡突然响起机枪，枪弹如雨向毫无防备的主攻营扫过来，当场倒下一大片。营长哑着嗓子命令突击连立刻重新爆破，可暗堡的机枪口有一人多高，炸药包支不起来，放在崖脚下又根本不管用。

全营趴在地上抬不起头，牺牲相当大。

怎么办？突然，七连指导员曹德荣从地上一跃而起，顺手扔出两颗手榴弹，趁着爆炸的烟雾，抱起一个炸药包爬到了峭壁底下。可是，当他直起身子安放炸药包时，麻烦来了：陡峭的青石壁上，怎么也摆不住炸药包!

时间一分一秒地过去，分分秒秒的犹豫，都意味着什么曹德荣心里非常明白。他猛地心一横，将身体紧贴崖壁，双手托起炸药包按在崖壁上，一咬牙，拉响了导火索……

“轰隆隆——”天地间一声巨响，敌人的暗堡飞上了天，崖壁上出现一个大窟窿，曹德荣的英魂也随之化作滚滚浓烟。

曹德荣用自己的身体开辟了部队前进道路。十七师师长程悦长在望远镜里目睹全过程，此刻对着报话机使劲地喊：“给我狠狠地压上去，狠狠地打……”

七连连长陈金奎眼里如同火烧一般，一马当先从曹德荣炸开的缺口往上冲，边冲边招呼身后几十名战友：“同志们，为指导员报仇！”

就在几分钟前，陈金奎和曹德荣见全连只剩下不到一个排的人员了，便商量两人一个在前一个在后，前后照应，指挥好突击队，尽量减少伤亡、节省弹药，以保证把红旗插上皋兰山最高峰。曹说陈金奎肩头挂了彩，一定要陈走队伍后面，自己打头阵，就这样……

陈金奎浑身着了火似的，使劲咬住牙齿，一鼓作气冲上了二营子。回头一看，身边只剩下一个班的兵力，一数是十二个人，其中有8人带着伤。尤其是红旗手刘玉才，腹部打了个大洞，肠子都露在外面，血一路走一路滴。他硬是把那一团血糊糊的东西捧着，另一只手拄着旗杆，一步三个踉跄跟了上来。

这时，山脚下的冲锋号在晚风中急促而嘹亮，大部队趁敌人交替撤退的机会哗哗地上来了。陈金奎命令五班副钱二虎接替小刘打旗，说：“你是党员，剩下一个人你也要把红旗插到主峰！”

刘玉才先是不同意交旗，说着说着就瘫倒在地上。他伸出颤抖的手，去解自己身上的干粮袋，上气不接下气：“我完不成任务了，干粮给你们带上，还能管两顿……”

敌人在陈金奎他们头顶的“一营子”阵地突然响起机枪，子弹在耳边“飕飕”直叫，后边大部队的冲杀声猛地给掩住了。陈金奎急忙招呼大家把剩下的炸药包捆在一起，又将十一人分成三个战斗小组，说：“咱这个死角敌人打不着，得尽快把狗日的这道峭壁炸开，让后面的部队冲上来！”

在搜索每人身上炸药包时，陈金奎发现刘玉才已经牺牲了。他手中的干粮袋才解开一半……

三爱堂看破锁钥午夜交班，大铁桥不堪重负血肉纷飞

西天收尽最后一道霞光。

刹那间，站在三爱堂顶层的马继援看到皋兰山主峰有团白烟冲天而起。接着，烟云中闪出一面扎眼的红旗。

这时在沈家岭狗娃山以及东边的十里山方向，虽然还在响着炒豆般的枪炮声，但马继援心头的战事已经结束。他望着余烟四起的南山，万事皆空，什么奢求也没有了，浑身反觉一阵轻松。这在24小时之前是不可想象的，那时他无论如何做不到这一点。

马继援的情绪线牵在马步芳手上。青马父子对西宁一直颇有信心，因为西宁与兰州隔着一个非常丰富的距离，位于它们之间的大片土地，是以临夏为中心的回民天下，相对来说，回族居住较为集中，传统的文化凝聚力比较强。且这一带靠甘肃、青海两省边界，天高皇帝远，又经青、宁二马经营多年，可以视作铁板一块。马步芳坚信共产党轻易插不进来。从战略上讲，即便能够插入，西宁与兰州两城在握，也极易造成夹击之势。所以，共产党军队断然不能立足。

然而，王震兵团彻底打碎了马步芳的信念。

8月22日，当皋兰山下的二兵团和十九兵团正在明修栈道、暗度陈仓，给敌军前沿埋炸药时，一兵团突然出现在临夏。王震的动作之快、手段之辣、胆量之大，完全超出了马步芳的预料。一夜之间，临夏便成了共产党的临夏，到处是欢迎的标语，家家户户开门放鞭炮。这消息从根本上打乱了马步芳的方寸，一种从未有过的空虚感袭上心头。他不得不做军事上的补救，火速从兰州抽调骑兵第八师、第十四师回援西宁。

兰州大战在即，是只能吃补药不能吃泻药的！两个骑兵师的兵力一抽，马继援的无端愁绪油然而生。但是，这还没有让他见到“棺材”，马继援的骨头还撑着大架子。挨到两天之后的24日，情况急转直下：这一天，马步芳派往宁夏求援的亲信赶回来报告，说马鸿逵为保存实力，虚与委蛇。而胡宗南的汉中方面，更是鱼不动、虾不跳。马步芳唯一出路只剩广州了！他立即急电国民党政府，希望能像过去挟中央以令胡宗南那样，请求“中央政府”火速分催陕署、宁夏友军行动，增援兰州和西宁。结果，电报发出去杳无音信，马步芳大失所望。

病急乱投医。马步芳居然还想到新疆的陶峙岳。陶的回答倒是利索，“放心援兵，立即出发！”但他手上那么一点儿兵力及其遥远的路程，不禁让马步芳自嘲起来。但这件事让他考验了陶峙岳的“忠心”，并由此对

彭铭鼎的信任也有增无减。

黑夜来临。这是马继援有生以来最恐怖、最无着落的一个黑夜。

孤灯映着三爱堂的屏壁，那上面悬挂着战前马继援刚刚留下的“墨宝”：“挽狂澜于既倒，定乾坤于西北。”想不到几天时间，这份美妙的心情便荡然无存！马继援不禁望着墨迹未干的条幅出起神来。这时，一条长长的黑影忽闪忽闪，是彭铭鼎匆匆奔来。这一天最忙的就数他了，可他又是兰州这个破烂防务的始作俑者。马继援一肚子恨爱交加，不知道该对面前这个老跟班似的副参谋长说些什么。

“马长官走了？”彭铭鼎言不由衷地问了这么一句，立刻有点后悔。他明知马步芳早就飞离了兰州，却要问。他不纠正，宁愿马继援把自己看作一只没头的苍蝇。

马继援根本没有听到彭铭鼎在说什么。他正在沿着另一个思路往下走。

两人相对无言。皋兰山方向枪声仍在继续，兰州城里军民混杂，乱作一团。

“我决定撤！”马继援说，“我和刘任已经商妥，公署人员经秦王川去永登会合；八十一军循兰州、河口向迤北地区；九十一军、一二〇军分向野狐水、漫水。山上的部队剩多少撤多少，越隐蔽越好！越快越好！”

彭铭鼎故作一震：“那么……”

“别说了，执行吧！”马继援的眼里冷冰冰地暗着，双手叉腰，紧闭双唇。

彭铭鼎像往常马继援问计时那样，略作思考状，但即刻又打消了要决断什么的念头。他知道这种时候，说什么都等于零，何况他还预感到马继援似乎还有别的话要说。

果然，在彭铭鼎就要离去时，马继援又将他叫住。

“要修改命令吗？”彭铭鼎声东击西，口气不温不火。

马继援举手：“不……”他踱了几步，一个立定，说：“我要告诉你，我必须走。这里的一切由你指挥。”

彭铭鼎并没有感到惊讶，但他表现得十分惊讶。他摘下军帽，又戴上，并顺手给马继援敬了个礼，说：“既然长官信任，我誓与兰州共存亡……”

然后是握别。这种过于虚饰的诀别方式，让马继援内心在一瞬间似乎醒悟过来，随之从失望中萌生出猛烈的杀机。他咬牙切齿地瞪着彭铭鼎的背影，觉得一切都随着这个影子付之东流。他想，让共产党的子弹射穿这个影子吧！

彭铭鼎感觉到自己的脊背发凉，他知道那是马继援的目光。他控制着脚步，尽力不让它凌乱。他自信自己离开现场时无比镇定。接着，他以同样的镇定下达了第一道命令："增兵北塔山，加固工事，不惜代价，死保铁桥！"

时近午夜，南山的枪声突然稀疏下来，而黄河铁桥的桥头骤然增兵。彭德怀操起电话要二兵团："光达吗，注意大桥，敌人要退！"

许光达已有所料，"我已给黄新廷下令，让三军抢占西关，控制铁桥，截断敌人退路！"

"好嘛，黄新廷现在位置在哪里？"彭德怀既欣慰又紧张。每仗指挥差不多都是这样，在最接近那个兴奋点的时刻，总是令人激情难耐。

许光达报告彭总，黄新廷军长和政委朱明都已到达黄河岸边，亲临一线指挥。并说军长把主攻黄河铁桥的任务交给了七师。此刻，师长张开基、政委梁仁芥正在组织夺桥。

接着彭德怀又问六军位置。罗元发迫不及待地在电话机上答："我们已经扫清营盘岭残敌，正在往城里压！"

这下兰州城里热闹了，满城都是逃命的敌兵，一路狂奔乱喊："共产党军队进城了！解放军进城了！"

巷战打得非常解气！解放军战士们将数日来积郁在心里的那股愤怒一泄无余，人人奋勇追杀，个个冲锋在前，穿街越巷，猛打猛追，杀得敌尸横七竖八，遗弃的枪炮弹药和其他物资堆积如山。

激烈的巷战渐渐迫近黄河桥头。

这是座气势雄伟的钢铁大桥，据说资历很老，还是清朝时代由英国专家设计的。它坐落在兰州西北角，既为南北交通咽喉，又是城市一景。时值黄河汛期，桥下汹涌澎湃，万马奔腾似的滚着浪涛，煞是壮观。

此刻，桥上黑压压一片人头，败逃的敌群竞相夺路，挤得密不透风。当晚天气有变，星月无光，桥上桥下黑得伸手不见五指。敌官兵只顾逃命，你推我搡，有的大打出手，有的高声叫骂，谁也不管谁。

九团三营担任夺桥任务。他们以八连为突击队，由连长许世奎带领，以最快速度赶到了桥头。许连长当即将全连四挺机关枪、三门小山炮和八支冲锋枪集中起来，一到桥头就给机枪和冲锋枪下令："瞄准敌群，打！"顿时，密密麻麻的敌群成片成片地倒了下去……

这是生死夺命，桥上的敌兵全都疯了！人挤马踏、车辆横塞。有辆载重汽车干脆加足马力，从人身上呼啦一声开过去，一时间，人群中哭爹叫娘，呼号连天。有人急得翻越栏杆跳进黄河，惨叫声随着浪涛泻到远处……

然而，敌兵还是拼着命地往桥上挤。

许世奎灵机一动，指挥三门山炮"轰隆隆"两炮，把桥中央两辆汽车打着了。车上装载着弹药，爆炸声和汽油的燃烧冲入云霄，火光照得桥上桥下一片通明。许世奎趁机带领突击队冲到桥上，大喊“缴枪不杀！解放军优待俘虏！”可马家军这些二杆子，谁还听你这个，一下子拥上……许世奎被踏在铁桥上，脑浆迸裂！

排长张金生接着指挥突击队，继续战斗。敌军抡起大刀喊：“弟兄们，不要听共产党军队的，抓住是死，拼命也是死，拼啦，天门开啦，死了升天啦……”桥头展开了一场血淋淋的白刃格斗。

这期间，教导员杨文贵已指挥部队巩固了桥头阵地，以火力牢牢控制住整个铁桥，残敌才无可奈何地陆续举起双手。

天大亮时，兰州城里大大小小的巷战还没有完全停止，三爱堂打出了一面白旗。几十名大大小小的军官低头垂立在白旗底下，等待着解放军来受降。

“天动了，地摇了，兰州人民解放了！”

这是5天之后的8月30日，出现在兰州东湘上门的一条标语。这一天，中国人民解放军第一野战军司令部举行隆重的入城仪式。战士们换上崭新的军装，兰州城欢腾一片，到处挂着彩旗，贴满标语。工人、商人、学生、市民纷纷拥上街头，人人手中举着小红旗，几十个秧歌队打着腰鼓、舞着彩绸，活跃在大街小巷，他们将五彩纸屑尽情地撒在人民军队的炮车和指战员们身上。

游行的队伍中，一位银须飘拂的老人引人注目。他叫郭南浦，是位宗教界很有威望的上层人士。他头戴白帽，手扶银须，带领一队可爱的回族同胞，载歌载舞地迎接解放大军。这情景深深印在解放军干部战士们心中，它印证了彭德怀常说的那句话：“西北各族人民是一家，我们的敌人只是一小撮！”

正当军民欢聚一堂庆祝胜利时，几架国民党飞机不识时务地飞临兰州上空，早有提防的高射炮、高射机枪一阵怒吼，吓得敌机夹着尾巴钻入云层。

这正好给彭德怀的讲话提供了由头。他说：“啃下一个兰州，歼灭马步芳主力二万七千多人，这是党的胜利、人民的胜利。进了兰州城，楼上楼下，电灯电话，群众也不睡炕，许多地方还花毯铺在地上，大姑娘穿着打扮也美气，好像革命到头了。该搞点享受了，这可不对头！大家别忘了，天上还有蒋介石哩！离刀枪入库、马放南山还远得很。解放大西北，我们脚下的道路还很长……”

第五部　解　放

一、尖刀夺西宁

彭铭鼎趁乱夺生路，马继援临难收残兵

彭德怀正式打响兰州战役的头一天，蒋介石飞抵重庆。这两件事搅和在一起，是中国1949年最别致的交响。

蒋介石是怀揣着满腹自信重返山城的。他一直对大西南的期待值颇高。当年的抗日战争，中方先失一局，最后不就是依靠着川省及西南地区的支撑，才得以打败日本的吗？蒋介石说："今日重庆或再成为反侵略、反共产主义之中心，重新负起支持作战艰苦无比之使命。所望我全川同胞，振起抗战精神，为保持抗战成果，完成民族革命而努力。"他此行就是要让幸存的军政大员们，接受"西南制胜"这个救国方略。所以，从下飞机开始，就迫不及待地召集谈话。

这是8月27日，蒋介石到重庆的第三天，马步芳心事重重地踏上重庆山洞林园官邸的石级。飞机从西宁起飞时，他就心乱如麻；到达重庆，更有几分慌张；此刻，在慌乱之中忽又掺进一丝丝羞愧。

蒋介石毕竟见过大世面，见到马步芳，若无其事地迎上去，说："子香，辛苦了！"弄得马步芳站在那里张口结舌，老半天不知说什么才好。

"坐、坐啊。"蒋介石操着带奉化尾巴的国语热情招呼着，自己在对面沙发上先坐下来。

马步芳按照蒋介石的指点，笨拙地落座，脸涨红着，说："兰州完了……"

"晓得了！"蒋介石平静地挥着手，"不是还有西宁吗？还有宁夏，还有新疆……我这次来，就是要考虑建立复国基地。有西南在，西北就完不了！要好好检讨一下，兰州的防务漏洞不少。"

马步芳敏感地意识到，会不会是“中央派”的那班家伙恶人先告状。于是，立刻忿忿然地说：“刘任和彭铭鼎在兰州作战中没有起到好作用。关键时刻，汉中和宁夏也都冷眼旁观，若是哪一方面以党国利益为重，增援一下，也不至于如此！内无良臣、外无接应，我是孤军苦战……”

蒋介石打断马步芳的牢骚，宽怀地说：“宁夏和汉中都有苦衷，宁夏图自保，汉中嘛，嗯……这个……尚在整补之中。至于刘任，他有什么情况总是会向李代总统报告的，我不太清楚此人。不过，彭铭鼎应该很得力呀，不是听说他同令郎合作得不错吗？”

马步芳不以为然地用鼻子哼了一声：“怕是同陶峙岳合作得不错吧！”

“唔——”蒋介石眼中寒光一闪，“俗话说，做一天和尚撞一天钟。世道人心，能撞钟的和尚还是好的。能撞钟又能念几句经文，就更加难得。一人容天下，天下容一人嘛，是不是啊子香？”

马步芳一笑，觉得蒋介石滑稽有趣，居然还有脸皮借一个鸡毛蒜皮的彭铭鼎来谈论什么“天下”。他正要转移话题，忽见外面有人匆忙禀报，说宋希濂和胡宗南求见。马顿时显得坐立不安，脸上有尴尬之色，欲起身告退。蒋介石忙摆手：“不要走，又不是别人，大家一起坐下来谈谈。”

宋和胡是来向蒋补充陈述“进军滇西”方案的。这是他们躲在汉中密谋了近一个月的成果。两人从方案呈送之日起，就充满自信，断定蒋介石对方案必感兴趣。所以今天踏进这个门，始终情绪饱满，简直可以说神气活现！

这让本来就气不顺、心不平的马步芳浑身不自在。淡淡地握手寒暄过后，马步芳便唱开洋腔，说：“如果不到总裁这里来，我们见一面比登天还难，发个电报又怕收不到，就是收到了也怕没工夫看啊……”

胡宗南明知马话中有话，也不答理，只问蒋介石对“进军滇西”一案的看法。似乎要故意给马显摆显摆。好让马知道我胡宗南不援兰州是因为我另有雄才大略，正忙着大事业。

蒋介石见大家话不投机，也就趁机岔开话题，按照他固有的思路，对“进军滇西”大泼冷水：“我认真考虑过了，不打算同意此案。其一，两广恐难保持，大陆必须保有西南地区，将来才能与台湾及沿海岛屿相配合，反攻复国；其二，国际地位问题……”

宋希濂和胡宗南无比沮丧地对视着，觉得突然，连申辩的理由一时都想不出。

“怪不得呢，你们是不把西北当地方啊！”马步芳冷眼抢白，话说出来像是枪子。

蒋介石忙出来打圆场：“子香，你误会了，不是那么回事。这个……我们可以接着谈西北，刚才讲到哪里？噢，彭铭鼎这个人……”他将整个身体与思维都给马步芳，而将宋、胡二人晾在旁边。

马步芳突然失去胃口。而且在蒋介石面前谈彭铭鼎，既危险又可笑，何况还有宋、胡在场。他觉得没有必要在外人面前抖搂“家丑”。再不顺眼，彭也是西北军政长官公署的副参谋长嘛！若是8月25日晚上彭铭鼎最后时刻是死在兰州的指挥位置上，一切是是非非还得重新评说呢！

可惜，彭铭鼎没能如马步芳的意。他在尚未坚持到“最后时刻”时，便回望一眼三爱堂，没有出息地挤入撤退的人流。

那一刻很快便被黑夜吞没，包括对往昔的记忆。彭铭鼎拼命想象着这座被自己亲手放弃的城市，将会怎样地去迎接新生，而他自己——他无法确定未来的生活。他想，无论如何不能就这样赤条条地投进共产党怀抱，像一条名副其实的丧家之犬。而同时，又将是变节失贞的下三烂。他不能接受这个事实，哪怕前途……唉，还有什么“前途”可言！

彭铭鼎就这样稀里糊涂地想着，夹在人流之中，不知道要往哪儿去。

“喂，是我！”黑暗中不知是谁拉了彭铭鼎一下：“快过来，那边有车！”

彭铭鼎听出声音很熟，便顺从地走出人群，转过一个屋角，果然街路旁停着一辆吉普车。这时，他认出了对方，原来是骆驼团团长贺新民。便随嘴问道：“队伍呢？”

贺不耐烦地答：“你呀，这时候还提队伍！”

彭铭鼎勃然大怒：“你身为国军上校团长，怎可丢掉自己的队伍？过去我是咋跟你谈的？糊涂！”

贺新民嘿嘿一乐：“老兄啊，我的队伍早拉着物资上路了！要是等到这会儿，只怕连城也出不去呢！”

显然，贺新民是只身带车专程来接彭铭鼎的。彭大受感动，摸黑在贺的手背上使劲拍了拍。

黄河铁桥还不算太挤，贺新民的车喇叭哇哇叫着，勉强通过。之后，就加足油门横冲直撞，不到五分钟便驶向兰州的郊外。疯跑了一段，彭铭鼎问：“前面是什么地方？”

“老兄放心，反正不是共产党军队的营子，先赶到河口再说吧。”

彭铭鼎不假思考：“开，一直开到永登！”

贺新民的车开到永登，天还没亮。他把彭铭鼎扔在一个铺子里，自己找队伍去了。当然这也是彭的意思。彭拍着贺的肩膀说：“兄弟，一兵一卒、一匹骆驼都不敢丢啊，这都是本钱！”

好不容易挨到天明，彭铭鼎见到马继援。

经过这一夜的折腾，马继援与前日判若两人。他光头鹄面、狼狈不堪地从红城子方向蹒跚走来，身后只有包括他的家眷（大小老婆）在内不足一个排的随从。见到彭铭鼎，马继援的泪水夺眶而出，哽咽着半晌说不出话来。

彭铭鼎也作出掩面悲泣的样子，说："事已至此，不必难过了。留得青山在，不怕没柴烧，还是想想怎么走吧。"

"我以为谭呈祥的一〇〇师还完整，不料也完全损失了……"马继援忍不住一把眼泪一把鼻涕。"山上没撤下几个人，一〇〇师在东岗坡一带，战事也不算激烈，阵地损失并不太大，想不到退到桥边，左冲右突，阵亡惨重。共产党军队抢先一步封锁了桥头，谭呈祥只好率部转到雁滩，想从那里强渡。结果，水深流急，又没渡河工具，只有少数门板、木片一类的东西，河水那么大，光靠这些怎么泅渡？官兵溺亡者不在少数，况且共产党军队又追到雁滩……"

这都是后半夜发生的事，马继援一本清册，了如指掌，可见他并未离开兰州多远，倒是声称留下坚守的彭铭鼎，早早跑到了百里之外的永登。

此刻，五十步笑百步也没什么意思了。马继援比撤离兰州指挥部之前，心境要平和得多，共产党的子弹并未像他诅咒的那样射穿彭铭鼎，反而彭好端端地活着，而自己却丧魂落魄，不成样子。这个世界原本事事有定。马继援觉得自己和彭压根就不是一个林子里的鸟，只是偶尔飞做一处罢了！这样想着心里就痛快得多，无所谓嫉恨，无所谓宠信。他对彭说："你愿留就留下，不留就不留，想去哪里就去哪里吧！"

彭铭鼎试探地问："不知你作何打算？"

马叹口气说："我不能走，还得在这里把队伍收整归拢一下，突出来多少算多少……"

彭铭鼎的脑子极快地转动，有了新主意，说："长官既在这里，彭某哪有自去之理！"

人在极虚弱、极孤单时是不拒绝任何伴侣的。马继援想着自我解脱的那些道理，把兰州一役的怨气都记在刘任的账上，而对彭铭鼎采取容忍的态度，以使他成为自己落魄时新的合作伴侣。

接着，他们便在永登西北地区陆续收容残兵败将，费了九牛二虎之力，也只得6000多人，其中有在兰州到河口北岸担任守备的三个骑兵团，还算完整，马继援让韩有禄带领着驻守秦王川，以掩护收容。其余收起来的人都是老残勤杂，有一部分是前不久由甘肃保安团队拼凑起来的甘籍官兵。马继援本来还想整补几个漂亮点儿的师，拉到凉州（武威），同新疆的骑五军会合，闹出一点名堂。一见是这么些破铜烂铁，心凉了半截。再说这时的西宁又连连来电，催促他从速返回青海。

马继援再度领教失势的痛楚，决定撤手。

这次，彭铭鼎彻底蒙在鼓里。他和几个原西北长官公署的大小官员还怀着某种希望，一步步由永登撤往古浪，满以为到河西还有大动作，因而彼此称呼官名，尽力保持前朝的威仪。走着走着，发现队伍不对劲，数十成群，放羊似的，且北去的少，南回的多，忍不住问士兵是怎么回事。士兵答："马家不要我们了，我们只好回家各谋生路……"

彭铭鼎这才打听到，马继援已将收容起来的队伍全部遣散。他自己则不辞而别，抄小路直奔风雨飘摇中的西宁。

兵进临夏空城不空，马到黄河绝渡不绝

西宁对马继援的吸引力，除了他的父亲马步芳之外，还有另外一丝微弱的希望。据说，谭呈祥的一〇〇师、韩有禄的二四八师及马振武的一九〇师，都有一些青海籍官兵正在渡过大通河、翻过大坂山，向湟中、西宁方向散漫而去，处在群龙无首的境地。此外，先期赶赴西宁的马英骑兵第八旅和青马八十二军副军长赵遂所带的300多名残部，以及一些零散的新编、旧编步骑兵，也在翘首以待马继援的到来。

马继援不能再在永登浪费表情了。固守西宁、偏安一隅，以待第三次世界大战爆发，才是他最根本的使命。马继援还没有糊涂到分不清孰轻孰重的地步。

现在，马继援的直接对手不是别人，是解放军一兵团大名鼎鼎的王震。

一周前的8月22日，王震踏入临夏时，临夏几乎是座空城。这对占领者来说，也许比受到强烈的抵抗更加恐惧。

王震是个从无惧色的将军，"南下北返"的往事已足以证明这一点。但是，"空城"使他警觉到一种力量的存在。这不是枪炮可以解决的问题。王震把兵团政治部主任孙志远叫来，说要召集一、二两个军宣传部长开会，研究研究当前部队的思想工作："老孙啊，该用用你那一'杆子'了，你给我组织个'炮群'行不行？"

孙志远说："枪杆子、笔杆子都听你指挥，服从党的领导嘛，你指东打东、指西打西！"

"不能报喜不报忧啊！"王震说，"我开这个会，不讲辛苦、不讲成绩，就是作检讨！"

王震所说的"忧"，侧重在群众纪律方面。西征出发之前，王震就给部队提出一句口号，叫作"依靠政策纪律打胜仗"，并且拟了个"三要五不准"的条文：一要严格执行纪律政策，尊重少数民族的风俗习惯；二要人人开口，个个宣传；三要坚决执行俘虏政策，不杀不辱。"五不准"是：一不准进清真寺；二不准进入回族同胞的内房；三不准吃猪肉；四不准借用回民食具；五不准私自到回民井中打水。这还不够，还明确规定了进入回民地区后，对回族男女老少的称呼。对老年人要称老大爷、老大

娘，青壮年称“大哥”“大嫂”，不准笼统地叫“老乡”，更不准叫人家“老表”“老板”。

最后，王震给这些纪律条文下了个“坠子”，规定：只要谁冒犯了民族和宗教纪律，不用报告就可以枪毙。

说起来，也就是改个口的问题。但习惯这东西很古怪，你不说它，它似乎就不存在；你一说它，它就成了一座山。有的连队为了搬掉这座山，还组织战士互相问答测验，甚至在院子里排练和老乡相遇或接触的情景，一个扮老大爷或老大娘，另一个扮解放军，两个相遇，解放军恭恭敬敬地叫声“老大爷”，“老大爷”拖着长腔“哎”一声，逗得大家哈哈直乐。指导员绷着脸批评：“严肃点，这是开玩笑的事吗！”接着又去一本正经地导演：“声音不要太高，亲切一点，自然一点，脸别绷得那么紧嘛……”

王震乐呵呵地说：“这可是天大的政治工作啊！老话说官逼民反。清朝同治年间回族人造反，是清廷民族压迫政治逼出来的；民国后回族人造反，也是如此。我们人民解放军西进，是消灭压在各族人民头上的军阀马步芳，解放被压迫的民族群众，跟过去情况是两码事。有人说回族老太婆都会拿菜刀杀人，那是回族造反时对付反动统治的。我军纪律严明，回族同胞一定会支持我们的。现在人家有误解，一定要把宣传工作做到家，一个人都不漏。”

一军宣传部长刘瑞芳汇报了一条经验：利用俘虏兵作宣传。说有一次看到有个小战士给俘虏兵讲话，聊家常似的，把许多人眼泪都讲出来了。小战士说：“大家不要害怕，一切敌军官兵，只要放下武器，解放军就优待。你们拿枪打我们，又不是你们的自愿。你们也都是劳苦人家子弟，是马步芳逼你们干的……我们同志中也有许多人过去给国民党当过兵，解放过来了，就成了人民的子弟兵。没关系，革命不分先后。我们是为人民打天下，大家愿留就留，不愿留把帽子上的十二角星摘掉，就可以回家，我们每人发两块银圆做盘缠，大家回去好好种地，跟家乡人讲讲，不要相信马步芳‘杀回灭教’那套鬼话……”后来部队到新地方，真有许多穿国民党军装的俘虏兵帮着带路，进山找阿訇讲道理，现身说法。这些人都是领到解放军两块银圆返乡的，跟当地群众讲话，很有说服力。

王震受了启发，说：“一军是一支有光荣传统的老部队，是贺老总亲手带出来的，能打仗，政策纪律执行得又好，英雄人物多得很，光是独臂英雄就有好几个吧！贺炳炎军长就是个老战斗英雄嘛，是不是以他的事迹为主，写一个剧本，给部队演一演。可别小看演戏啊，《白毛女》《穷人恨》这些戏，对部队起了多大的教育作用啊！俘虏兵解放过来，一诉苦、一看戏，立场很快就端正了，打仗就成了英雄！”

刘瑞芳听了王震这番话，一拍脑门说："对呀，贺军长那些事迹要是演出来，保证会把人感动死！不说别的，就是湘中突围锯胳膊那一段，铁石心肠也得跟着落泪……我一定组织人来写！"

这事给贺炳炎知道了，一个劲地说不行："要说英雄，我们一军一抓一大把，我哪里算得上什么'英雄'，别听王胡子瞎说，他才是英雄哩！"贺炳炎边说边使劲地摆着那只剩下来的手，坚决不接受采访，说是没时间。

这倒也是实话。贺炳炎正忙着和政委廖汉生落实一项重要任务。兰州就要炸窝，青马回窜青海是意料之中的事，部队必须抢先一部赶到西宁，争取主动。因此，他们决定抽调军直及一、二、三师四个骑兵侦察连和九个团侦察排的骑兵班，以及师侦察科长、各团侦察参谋共600余骑，组成一个军的先遣侦察部队，急驱西宁，查明进军西宁的沿途敌情、道路、地形等情况，为大部队夺取西宁当开路先锋。

率领600轻骑飞驰西宁的是军侦察科长孙巩。他生得单薄，双眼有神，脑子很好用。过去历次战役如沙家店、宜瓦、扶眉等，他都有出色的表现，从未失过手，深得贺、廖信任。

即便如此，贺炳炎和廖汉生两人还是一起找到孙巩，详细交代任务、琢磨细节。三人坐在一处山坡脚的土窝窝边，从兵团的任务到军的任务一点一点谈过来。之后，贺、廖问孙巩还有什么困难没有？孙巩目不转睛地盯着手中的地图，好久，只咽唾沫不说话。显然，困难是有的——不是"有的"而是太多，但那时接受任务从来就没有讲困难的习惯。孙巩憋了半天，说："我用生命保证，坚决完成任务！"

这话听起来有点儿豪迈但并不空洞。此去西宁数百里高山峻岭，均为多民族居住地区，群众语言不通，何况一路上还流落着大量青马的散兵游勇！孙巩手中只有一份老掉牙的地图和一部老掉牙的电台。因为要轻装，讲究速度，给养带得极为有限，而多半还是马料，不说别的，就是出发不远处便面临的这个黄河莲花池渡口，也够他吃一壶的！

黄河屏障是马步芳固守西宁的最后一根救命稻草，所以，他在这方面下的工夫比较大，从上游的贵德顺流而下，到尖扎、到化隆、到临夏、到永靖这一段，稍稍像样点的渡口，通通下过手，渡船全都破坏一空，连木料、绳索及可以捆扎成皮筏子之类的牛、羊皮材料，也清理得干干净净。给王震一兵团留下的，只有一条滔滔的黄河。

当然，还有沿岸的老百姓。只要有老百姓、有穷人，事情就不会铁板一块。这是王震的一贯信条。他从不怀疑群众。总说，群众不理解是我们工作没做到家。即便是跟马家军沾亲带故或者中毒很深的那些回民群众，他也抱有很大的信心。王震的世界很简单：天下只有两种人，一种人吃饱了撑着，一种人肚子咕咕叫。

于是，打江山的共产党才有一个叫作“群众工作”的法宝，坐江山的国民党才一听到“老百姓”三字就头痛。因为有渡河任务压在头上，一兵团这一段的群众工作有了最实际的需要和最实在的内容。连日来，各师各团都组成工作组，挨家挨户搞宣传、做动员。这是个多民族居住地区，老百姓对解放军的感情很复杂。过去马家那一套统治，一向是回民老大，别族都是孙子。听说解放军要打姓马的，情绪一下子就调动起来了。接着，空空荡荡的渡口，奇迹一个接一个产生出来。几百里河岸上，部队在各少数民族群众支援下，修船造筏，忙做一团。有人问一个四十出头的撒拉族汉子：“你们把那些棕绳、木料和羊皮筏子都藏到什么地方才没给马匪发觉呢？”汉子幽默地指着自己的心窝：“不瞒大军说，都藏在这里头呢！马家就是把我杀了也搜不去。只要我身板在，马家把什么都搜光了，我还可以凫水送大军过河！”

王震听说这个小故事，兴奋得哈哈大笑。兵团进驻临夏已经第三天，王震像这样开怀的大笑还不多见，所以把警卫员都高兴坏了，忙去告诉政治部主任孙志远。孙住在一位知名人士的宅子里，他也正有一件喜事挂在脸上，见王震的小警卫员过来，隔着窗户就大声吆喝道：“喂，小鬼，快去报告王司令员，我们的房东回来了！”

明大义旧人奉心力，渡天堑激流只等闲

中共中央军委已大体明确：一军将来可能驻守西宁，二军则与西宁擦肩而去，翻越祁连山，准备先占玉门再进新疆。

这样，黄河仿佛就成了摆在一、二两军面前的起跑线。王震的兵团部设在临夏，右手的永靖渡口集结着一军。它将由此渡过黄河，经民和、乐都，沿着湟水和兰州至西宁的大路，由东向西进军；王震左手的循化渡口集结着二军。它将由此北渡黄河，经甘都、化隆等地一直往北。从地图上看，王震一肩双挑，很有点担当重任的意思。

王震手里举着发令枪，似乎等待什么触发的机缘。

也许就是孙志远所说的那位“房东”吧！此人名叫马丕烈，跟马步芳有亲戚关系。1940年前，还当过国民党八十二军的少将副官长，后来又当了伪青海省政府的财政厅长，还当选为伪国大代表，到南京开过会，跟蒋介石颇亲密……王震想，此时此刻的历史篇章，就该有这样一位有点小名堂的人物站出来，稍稍点拨一下方可运笔。而他，却在一兵团进驻临夏之前逃之夭夭。

马丕烈并没有走远，只是躲到乡下七上八下地揣测了三两天，便又决定带着妻儿重新回到县城。结果，正像他所猜测的那样，家里满屋子住着

解放军部队，里外家什，所有的东西丝毫都没人碰过，他马丕烈以及临夏所有马家大户的财产，一概保护得十分周全。更重要的是，他本人身为旧人物，却还受到包括解放军普通战士在内的所有人员，恭恭敬敬的礼遇。这使他体会到眼下的军队，并非流言蜚语所糟蹋的那样让人厌恶，而纪律严明显然超出自己的想象，和国民党军的官长与士兵完全不同。

马丕烈被引到兵团司令部所在的临夏“东公馆”来见王震。

如果不是人介绍，马丕烈怎么也不会把王震的威名同跟前这个大大咧咧的男子汉联系在一起。他很客气地把马丕烈让进屋。招呼落座后，马还在小声地问：“王震司令员在哪里？”

王震哈哈大笑：“我就是王震！”

马丕烈如雷贯耳，来不及地起身，连声“噢、噢……”“失敬”二字都不会说了。

“丕烈先生，你对解放临夏是怎么个看法呢？”

“很及时！很好！我很高兴！完全拥护，欢迎！”

马丕烈没有意料到王震会称他为“先生”，而且省去一个“马”字。这种在他看来过高的礼遇，让他的双肩承受不住，身体情不自禁地战栗起来，额上也渗出细汗，以至于后面的答话语无伦次，有些结巴。

不管如何紧张，马丕烈还是恰到好处地控诉了青马，而对人民解放军予以力所能及的赞颂。

王震听完马丕烈的话，笑了笑说：“你是开明人士，在西安时我们就知道你。”他担心马听不懂，特意举个例子：“在陕北，有个李鼎铭先生，他就是一位开明人士，很进步，精兵简政的意见就是他提出来的，毛主席评价很高。”

这一席话让马丕烈吃了定心丸，踏实下来。

王震又让马丕烈看墙上贴的人民解放军大布告，那是毛泽东和朱德共署的“约法八章”，王震边念边讲解，态度、作风全都无可挑剔。马丕烈动了感情：“悬在心上的一块石头落了地，内心有种说不出的轻松感。”

火候已到，王震一步到台口：“你可不可以到兰州找马继援说说，叫他不要玩什么花样了，他能打掉第一野战军吗？就算能，我们还有第二、第三野战军。你与他有亲戚关系，你考虑能不能去一趟呢？”

“很好，能去，我能去的。”马丕烈爽快地回答。

“这会不会为难你？”

“我认为不会，即便有点为难，也只在我一人身上。没关系的，您的话我一定带到。”

没过两天，王震的话应验了：兰州宣告解放。马丕烈不用跑冤枉路。

那就去青海。马丕烈说他过去在青海做过事，认识很多人，愿意为解放青海出一份力，并且推荐马步芳的叔叔马良以及另外两名汉族代表一同去，说：“在临夏，过去有些事情都是回汉一块办。”王震满口答应。

说走就走，王震的发令枪终于打响。

这是8月27日，在一军的永靖渡口，先头二师和军直属炮兵二团部队，纷纷把几天来辛苦筹备的那点家当拿出来，什么铁链、绳索、木盆、门板，甚至还有几只小船。靠着这些本钱，试着在波涛汹涌的河面上架设浮桥。

永靖渡口是甘肃省进入青海省的一个传统渡口，原先有铁索桥，守敌逃入青海时，把铁索桥全都弄断了，大小船只也被抢走的抢走、烧毁的烧毁，现在只剩下架设浮桥一条路了！

由于水流湍急，最初的几次努力一一失败。代价是惨重的：仅有的几只小船全被冲走！有只船上载着一个班，出岸10来米远就控制不住，王尚荣师长在岸上一句话还没喊出口，就下去了200多米，一个浪头打翻了……

这时，贺炳炎军长和廖汉生政委过来，向王尚荣了解情况。王尚荣实际上是副军长，二师师长是兼职，所以他有责任考虑全局问题。贺炳炎一见面就喊了嗓子：“喂老王，怎么搞的？比大渡河还难吗？！”

王尚荣紧锁双眉：“怎么能不难！你看，河水这么宽，水流又急得不得了，两分钟前一个班扔进去了……浮桥没法架！”

贺炳炎盯着王尚荣想说句蛮话，又觉得不合适，就跺了一脚，拉起廖汉生说：“走，到别的河口看看！”

没走多远，一眼看见军侦察科长孙巩。他的先遣侦察队整好了队，就要下河。孙巩不知从哪里找来几个老乡，在比比划划地讲解渡河方法，说是用船从上游下水，边划边随着水流往下游漂，就是距离长一点，只要船不打横，是可以过河的。那几个老乡都是弄水好手，对牛皮筏子和羊皮筏子过河最有经验，他们都愿意充当驭船水手，胸脯拍得嘭嘭响。

“马怎么办？”贺炳炎插进来问。

老乡说：“好办，往水里赶！牲口都会划水，淹不死的！”

贺炳炎太阳穴上暴着青筋说：“那就快吧，两个钟头内拿出经验来。”

事实上这一带老百姓祖祖辈辈都习惯于用牛皮筏过黄河，往来于波涛之中胜似闲庭，年轻人个个有“两把刷子”，自告奋勇当驭船手的大多手段高强，有成功把握。虽说坐筏子的人有点胆怯，但肯定是有惊无险。

这种皮筏子并不难做，就是把整张牛皮或者羊皮，缝制成皮筒，四边扎紧，吹足气，形成一个浮筒。如果是单人，就抱着一个浮筒游过河去。要是人多，就得把几个皮筒绑到木架下面，组成一组大木筏子，一次可以渡过3～4个人，大的甚至能渡十几个人。过河时，只要死死抓住，不要翻过来，连划带漂就过去了。

孙巩成功了！贺、廖像发现新大陆似的到处传扬。军政治部组织了好几批人到沿岸老百姓家从头做工作，中心内容就是收购牛、羊皮，然后大家一齐动手扎筏子，一晚上就赶出100多只。随之，上百名弄水好手也组织齐了，一筏一个当地水手，摇摇晃晃地来回渡载部队。

28日凌晨，先头的二师五团三营紧随军侦察队后面，乘坐皮筏子冲过黄河激流，抵达北岸。一登岸，部队立即展开，突如其来，把敌兵占领的制高点拿到了手。渡口一下就控制住了。按约定，他们立刻打了三发红色信号弹。全军各师团按预定计划，分秒必争，一筏子一筏子送过河。

孙巩的侦察队在控制渡口方面也作出了一份贡献。他们派出两个侦察连，配合先头营作战。打垮敌渡口防守之后，立即随队前进。

从甘肃永靖莲花池渡口，到青海的民和县，是真正的省界边境，山高路险不说，因离兰州近，青马溃逃的散兵还很多，侦察兵们走得实在不容易！但刚刚出发，那股猛劲旺得惊人，虽然边走边问、边侦察，有时还要对付一下不太老实的逃敌，行进速度仍是相当快。600轻骑昼夜兼程，一天一夜就过了王家大山、杨家大山，到达民和地界，大有“万里赴戎机，关山度若飞”的感觉。

大部队也铆足了劲在抢时间。皮筏子来回倒，是显得笨了点，可毕竟解决了问题。部队在河东岸排好队，100只筏子、小筏4人、大筏8～10人，一趟也要渡上近千人。

难办的是重武器和骡马。指战员开动脑筋，越渡越精，把笨重的山炮全都拆开来，一门炮分载几只皮筏子，一件一件地运过河。骡马赶下河实际上是当年长征路上红军渡金沙江、大渡河的老经验，老同志都不是外行。不同的是这次骡马数量大、河面也比金沙江和大渡河宽，且北方的骡马跟南方的还不一样，怕水。大多数要见到头一匹下水，后面才一匹接一匹往下跳，个别胆小的，不管怎么抽打，只在河边打转转，就是不肯下水。有个小战士着了急，抡起木棍使劲打，木棍都打断了，也没有把马赶下水。捡起了打断的木棍继续打，正打着，廖汉生过来了，非常生气：“怎么这么野蛮！嗯？！马和人一样，也是我们的战友嘛！”

那个战士憋不住气，还要再打。

廖汉生喝道：“你给我住手！”

战士像是没听到似的，一边打一边骂：“老子今天非叫你下水不可！不下水就揍死你！”

那马被打得屁股一撅一撅的，身上布满了伤痕，不断地跳起前后蹄，嘶叫着。

廖汉生大喝：“再不给老子住手，我处分你！”

“处分我也要打……”那战士嘴到手到，棍子又断了一截。

廖汉生实在火得不行，冲上去给那战士一个耳光。这一下那战士傻了，他没想到军政委会给他来这一手，木呆呆地盯着廖汉生，手也住了。

为这个耳光，廖汉生事后悔得不轻。战士打马固然不对，首长打战士就对吗？他专门写了一封信检讨错误，赔礼道歉，并在军党委会上作了自我批评。

部队渡河一天一夜，廖汉生和贺炳炎守在渡口眼都没眨一下，警卫员们心疼首长，跟在后面嘟嘟囔囔劝他们休息，贺、廖都当作没听到。说狠了，贺炳炎还发脾气，脖子一梗说："彭老总打兰州七天七夜都没睡觉啊，我们又不是豆腐渣渣！一定要趁马步芳立足未稳，打他个措手不及，早一分钟过河就早一分胜利！"

"早一分钟过河就早一分胜利"，这是王震出发前提出的一个口号。王震这时也在循化渡口和二军的郭鹏军长、王恩茂政委及政治部主任左齐等人坐镇指挥渡河。他在循化找到一个叫马全钦的民主人士，做了工作，将旧政权的税务局长周文焕推举出来当了新政权的县长。这一来，涉及渡河具体事宜就好办得多了！

旧政权上层一活动，连磨房船都派上了用场。虽说循化渡口察汗大寺那一带自古称为"天堑"，峡谷林立，但二军的渡河还是搞得有声有色，察汗大寺、草滩坝、依麻目庄三个渡口并用，又是木船、又是木排，皮筏子的数量更是可观，渡口的欢声笑语、歌声号子声，清早开始就不绝于耳。

时近中午，王震正在欣赏渡河的声势和速度，忽报河心打碎了一个木排。惊魂未定，又有报告：另一只木船突然间像脱了缰的野马，疾飞下游，船上有两个排的人马，还有十五团的两位营长……

先遣队飞兵赴戎机，孙科长魂断别战马

这天已是8月30日，马继援和40名随员人困马乏来到西宁近郊。

黄昏中的西宁，黑漆漆的城郭东倒西歪地卧在风中。大片灰云从天边漫散过来，与远近的山影横接，显得压抑、沉闷，躁动不安，看上去令人不快。马继援与几十个随从和马汗淋淋地立在郊野，久久地望着这座故城，沙尘密布的脸上，轻轻冲开一道一道小沟，分不清是汗水还是泪水。

这时，远处传来马蹄声。渐渐的，城区方向一支马队出现了……马继援心头阵阵发紧。他知道那必定是父亲派来迎接的人。

来人是一九〇师师长马振武。

马振武在百米开外的一个小土丘上下马，一脸晦气地走到马继援跟前。他走得很慢，步子也拖沓，这让马继援仿佛等候了漫长的一年，但自己却一步也走不动。

两人对视，许久，马振武愤怒地骂了一句："长官公署那伙王八

蛋……我恨不得抓住他们，宰光了狗日的！”

马继援低着头不吱声。

“马英他们都在等你哩！”马振武又说。

马继援皱紧眉头问：“我父亲呢？”

“走了，说去了重庆，老蒋召他。”

马继援暗暗一惊。又问：“啥时走的？”

“三天前。我也没见着，马英见着了。”

三天！正好是马继援从永登往回走的途中。马继援盘算着这突然变故后面所隐藏的东西，心里不禁打起小鼓。

他们跨上马背，招呼随员一同进城，边走边聊。马振武小心地报告：“听说共产党军队王震部在过黄河；几天内就到，有好几万人……”

“……”马继援脑子乱得很。

“我们几个都商量好了，抱在一起干，决不投降共产党！现在就盼你回来挑个头。”

马继援勉强点了点头，心里有点灰。问：“大概还能拉多少人？”

“2000多人不会有事，光马英就有千儿八百哩！”

“有多少枪？有炮没有？”

“枪多得是，炮也有，是些小炮。”

马继援表示充满信心，可转而他又说：“今晚算了，让我好好睡一觉，明天再讲。”

马继援这晚并没有像他说的那样“好好睡一觉”。一回到马家公馆，他就派人秘密地找来了八十二军副军长赵遂，说：“共产党军队是不会放过你我的，现在最重要的是保存实力。事到如今，我只能把西宁的事托给你了！”

赵遂说：“国难当头，顾不得许多，有话你就尽管说吧！”

马继援说：“今后只有把战马变耕马，以待良机……”

赵遂是聪明人，一听就明白了，说：“我不走，我要坚守到底！”

马继援叹息着，不无感慨地说：“果然是日久见人心啊……你可以告诉大家，各人骑上各人的马，带上自己的枪，把重武器全部毁坏，各自回家，将枪与弹药埋藏起来，所有官兵掩姓埋名，变为民间便衣战士……将来机会一到，我们仍是八十二军，到那时再来翻身，再与共匪算总账！”说完，马继援将一封标明“亲启”的信递给赵遂，让他代转马英。

送走赵遂，马继援又派人去叫马步銮，问：“东西都准备好了没有？”

“都准备好了，重的装箱上锁，贴了封条，轻的用棕绳打包。分类填写清单，一式五份……天亮之前装车往飞机场运，小飞机昨天晚上就停在跑道上了！”

马继援满意地点头，又问："黄鱼多少？白货多少？"

"黄鱼三十一箱，白货一百二十一箱。"

"黄的不是三十五箱吗？"

"哦，有四小箱并到大箱里了。我亲自点的数，绝对没错！"

"好。你和马全义、马璋随行，跟他们招呼一声，明早10点准时起飞！"

马继援就这样带着马步銮、新编步兵军军长马全义和一二九军一师师长马璋及百余箱黄金、白银，匆匆飞离了西宁。

消息像一颗炸弹，那些残兵败将、达官贵人顿时惊恐万状，逃的逃、躲的躲，大半天工夫，西宁这座古老的城市就空空如也了。不走的是那些苦巴巴的老百姓，他们袖着手在夜色中围住酥油灯，静静地等待将会到来的一切。

此刻，孙巩所带的先遣侦察部队已经过了马营、古鄯，进到巴州附近。人马都疲劳到了极限！从秦安出发，至今已经连续作战二十多天，有的马掌跑掉了，有的战马累死了，孙巩自己一匹骑了好几千里的枣红马也一个跟头栽倒在地。一师侦察科的郝科长建议："为了保持战斗力，是不是休息一天呀？"

孙巩想了想也有道理。这么多天连口气都来不及喘，跑累了，就在马背上打个盹；肚子饿了，咽口炒面，灌口凉水，简直把性命搁在一边，再下去，只怕人也垮、马也垮了！于是他决定电请军首长同意，休息半天。

可是贺炳炎和廖汉生的复电却是："据悉，马匪残部尚有两万余人向河西走廊溃退，其中八十二军残部与骑八旅均回窜青海，任务紧急，分秒必争，望不怕牺牲、不顾疲劳、不惜一切代价，昼夜前进，务必抢在敌人之前……"

孙巩当即召开干部会，传达军部指示。说："如果不是万不得已，相信贺、廖首长也不会……"他实在没有更多的道理可说。

那匹伴随着孙巩踏过千山万水的枣红马，还四蹄朝天仰在地上，拼命地抽搐。战马也通人性，它的眼睛大大地瞪着主人，眼角不住地滴着泪水，好像在留恋着什么，又好像是在哀告着什么。

孙巩难以控制自己的感情。他实在不忍目睹无言的战友如此痛苦的挣扎！这是一匹百里挑一的好马，曾得到过贺老总的夸奖。他太喜欢它了！漫长的战斗道路上，他们相互依恋、配合默契……他蹲下去在马身上轻轻地抚了一抚，它浑身都是汗淋淋的，还在冒着热气。

"再见了……"孙巩小声咕哝一句，突然起身拔出手枪。

手枪在孙巩手上不住地颤抖……

孙巩一横心，枪响了。枣红马眼里渐渐失去光亮，泪水也干了。孙巩别过脸，吩咐别的同志将它埋葬在一棵乌桕树下。

部队又重新上路，向李二堡、塘尔垣、新民、中堡方向前进。孙巩换了一匹马，悲伤的心情很快被前方敌情淹没。据侦察，民和没有敌情，马英的骑八旅已经撤到民和以西，目前正沿着湟水以北的公路回窜，估计会在湟水峡谷两侧高地、特别是在老鸦峡一带设防阻击。

“是迎上去，跟马英较量一下，还是……”前卫部队请示孙巩。

若论实力，孙巩的先遣队虽然在人马数量上比马英骑八旅差一大截，但却都是经过严格训练、又有作战经验的侦察员。而马英的队伍不说是乌合之众，也已是惊弓之鸟。双方交锋获胜的把握有七八成，干得好，有可能把马英吃掉一部，甚至全部吃掉也未可知。如果那样，青海下一步麻烦就小多了。

这是个诱人的计划。但是，孙巩果断决定，不冒这个险，他说：“为了不耽误时间，咱绕过去，在湟水以南，沿着青砂山的半山腰穿越沟岭前进！”

部队二话不说，抛开大路，钻进深谷。由于山高沟深，无线电信号突然中断。贺炳炎和廖汉生吓了一身汗：莫非……不会吧！

孙巩带的这600轻骑可是一军侦察力量的精英啊！军、师、团三级侦察人员都有，万一有个三长两短……贺炳炎、廖汉生心里越想越焦急，火烧一样难受。

音信一断就是一天一夜。这一天一夜，先遣队已进入乐都县的中坝、瞿县。他们在深谷峻岭间一口气急攀20多个小时，已经精力难支。而就在这时，又与一个大寺院附近的敌人骑兵突然遭遇了！

闻青马父子逃之夭夭，守西宁长夜提心吊胆

孙巩的脑子“轰”的一声，第一个念头便是：先下手为强，狭路相逢勇者胜！

部队的确已拖到极限，有人走着走着往路边树杈上一靠，就昏死过去。马匹累死的情况也越来越严重。还有一些人和马不小心从高耸入云的峭壁上糊里糊涂地坠下悬崖……

“但是，敌人也累呀！”孙巩咬着牙给部队下命令：“马匪也是人嘛！我判断这绝不是大部队，咱要有信心，速战速决，拼上去！”

敌人是在乱石中的一个小山包上。孙巩用三个连，两个打正面，另一个鼓足劲从山后包抄上去，不到半个小时，就缴了敌人的械。一共80多支枪，百多匹好马，还有些马刀什么的。原来这是敌人的一个骑兵连。这批战利品来得正是时候，特别是马匹，许多连队都缺得很，刚好可以美美补充一下。

打了个小胜仗，再往西走出十来里地，深谷便到了尽头。先遣队高高兴兴地冲出岗沟，通信电话突然恢复了“滴答滴答”的信号，一听就是军部的紧急呼号，查询他们所在位置。孙巩急令沟通军部，报告：“我已到乐都县城对面，侦知乐都敌骑西撤，民和已被友军解放，我即继续向西疾进……”

下一个目标就是西宁。这一两天，西宁出现少有的“无政府”状态。城内跑不走或者不想跑的士绅，过去也耳闻一些共产党的政策，所以纷纷站出来维持秩序。各族老百姓也纷纷自行组织起来，看着马家的财产。

孙巩的先遣队沿着湟水南岸川谷地带奔驰，穿过大峡，天黑时才到达平安驿宿营。这时，队伍才长长地嘘了口气。按原计划，此地是与二军先头部队的会合点，二军还没赶到，而他们却抢先逼近这个西宁的门户。

孙巩将指挥所设在一个叫南村的小镇子里，镇上留一个排，大部分兵力隐蔽在平安东西的几个村庄里，以免过早地暴露目标。

这天晚上，孙巩没法入睡。敌人正在溃散之中，摸不清底细。时间就是胜利，傻等不是个办法。那么，凭他所带的这么一支小部队，远离主力有两三天的路程，孤军深入，能否乘敌空虚、忙乱的机会，一举袭取西宁呢？围绕这个问题，他把三个师的侦察科长郝宏远、魏家祯和黄庭钦召集起来商量。大家仔细分析了形势，都觉得事不宜迟，等兰州方向大批散兵游勇都拥到西宁，麻烦就大了。

战机稍纵即逝。从现实情况看，我方兵马少但却很精。敌人眼下正乱着，还没形成一团，谈不上战斗力。孙巩立即两条腿走路：一边动员部队，一边电告军首长，催促主力加快速度，随时增援上来。

第二天拂晓，孙巩带着部队从平安驿出发，飞驰40里。10点钟左右，突然兵分两路逼向机场，包围了乐家湾，继而占领机场。敌机场人员一听枪响，全都举手投降，有三架飞机刚刚爬上跑道，也被缴获过来。

审问了机场人员，孙巩才知道马步芳和马继援等人都跑了。走时所带的金银财宝，许多临上飞机时，因为带不动，又被丢了下来，存放在飞机场。

这一下孙巩心里平静多了，大胆作出决定，让部队睡个好觉，吃顿饱饭，喝点热水，然后，精神抖擞地占领西宁市东关。

部队冲到东关一看，更放心了。马匪根本还没来得及组织防守，一切都散着摊，任由出入。西宁是座空城。孙巩得以从容部署兵力：二师侦察连占领西门、南门一带；三师侦察连占领小桥工厂区；一师侦察连和军直侦察连，占领东关的周家泉马步芳公馆、湟中大厦、湟光电影院、湟中实业公司等处。指挥所设在湟中大厦的楼上。

刚把部队部署开，西宁城内治安维持会的人就来了。孙巩部署了警戒，即与维持会的人接触。所谓“接触”，主要就是交代政策，提出要求。孙巩特别强调：“我主力部队随后就到，望动员商人照常开业，夜晚12点戒严……”

交涉完维持会，城市的稳定工作基本上有了着落。孙巩大大地松了口气，赶紧回指挥大厦，这时，他才感到两条腿灌了铅似的，怎么也拖不动。他竭力稳住自己的身体，但步伐还是踉踉跄跄。好不容易挨到指挥大厦，一级一级台阶刚爬到二楼，忽觉天旋地转，眼皮一耷，什么都消失了。

孙巩昏厥在楼梯口。五天时间不到，他奔跑了近千里路程，而真正的睡觉时间累加起来不足四个小时。

“孙科长……老孙！”一师侦察科长郝宏远赶紧招呼人把孙巩抬到案儿上：“大家不要慌，现在都听我的指挥……”

话音未落，“啪、啪、啪！”约在距湟中大厦不出200米的地方，冷不丁地响了三枪。接着又有什么地方一阵爆豆似的枪响。

黑夜沉沉，整个城市像一条随时都会触礁的船。

郝宏远把地图凑到手电光底下，努力判断枪声最为激烈的方位，觉得应该是西关和小桥一带。那是工厂区，中间隔着湟水，支流称北川河，向北40里便是大通桥镇，地形复杂。郝宏远的心都提到嗓子眼上，吩咐电台立即与守在那边的三师侦察连取得联系。

三师侦察连报告：他们正在与城外的散敌激战。

“不要主动出击，守住就行了！”是孙巩的说话声。他被喂进一点糖水，睡了一小会儿，醒过来了。大家惊喜地跑过来问长问短，孙巩摆摆手，吃力地翻着身。

“你要干什么！”郝宏远一把拦住孙巩，“你躺着动动嘴，我来执行就是了嘛！”

孙巩说：“通知各侦察连，提高警惕，加强戒备，组织整班、整排集体巡逻，一定要保存实力，不要主动出击，敌人打枪不要管他，只要不主动袭击我们，我们不还手，天一亮就不怕了！”

天一亮能有什么办法？孙巩自己心里也没底。军主力相距西宁满打满算还有将近两天的路程，而他所带领的这600轻骑，初来乍到，两眼一抹黑。过去打仗，每到一地总有地下党的同志主动派人联络，介绍敌情，而西宁，似乎压根就没有中共地下党组织（后来证明这是事实，西宁是全国唯一没有中共地下党组织的城市）。孙巩有种强烈的感觉，自己是骑在老虎头上或是坐在火山口上。

时间过得真慢，一分一秒都拉得极细极长，就像一根快要挣断的琴弦，而孙巩和战友们的每一颗心脏，都在这琴弦上颤颤巍巍地跳动着。

远远近近的枪声仍在不断，城里的、城外的，无法判定准确位置。然而，作为指挥部的湟中大厦却渐趋平静，除了电台报键声和大家相对紧张的呼吸声，似乎就没有别的声响。

不知过了多久，突然楼下传来一阵骚动。

“啥事？”孙巩跳起来急问。

警卫战士慌慌张张地报告：“有个当地人自称是王震司令员派来的……”

“我叫卢德，”一个精瘦的中年男子破门而入，抢着答道：“王震司令员派我来当劝降联络员。我比你们先到西宁，了解一些情况……”

“王震司令员派来的？”孙巩皱紧眉头，与郝宏远对视了一下，问：“有证明吗？”

自称卢德的人回答：“没有，因为出发得太匆忙。”

“那……”孙巩的脑子在急速转动。

卢德说：“王震司令员是不是长个瘦高个，说话哈哈笑？他亲口告诉我，叫我到西宁跟你们先头部队一个姓孙的领导接头……”

孙巩顾不得多问了：“好，你详细谈谈情况吧！”

“你们不要着急，马步芳留下的人马现在不在西宁，西宁只有些零零散散的人，闹不了啥气候。他们大队人马都在上五庄和大通桥那边集合呢！有两千多人，是马家八十二军的，军官也有好几十个。他们打算这一两天就打回西宁来，所以，城里老百姓很害怕，担心你们的部队少，弄不过他们。我跟他们说，你们大部队马上就到，他们不相信哩……”

“你能把维持会的那几个人找来吗？”孙巩逼问道。他似乎已忘记刚才晕倒，抖擞的精神又回到他的眉梢。

卢德犹豫了一下，说：“可以！但能不能派两个同志跟我一道去？”

孙巩怔了怔，点头同意。

郝宏远往前一站：“我去吧！”

“好，你带两个人一块去！有情况随时联系。”孙巩边说边向郝宏远递了个眼色，示意他见机行事。

郝宏远招呼两个老侦察兵，跟着卢德走了。一去几个钟头没有消息，把孙巩急得满头大汗。这几个钟头里，他把什么情况都想到了，如一切顺利，天亮时将采取哪几项措施控制局面。否则……他甚至已通知各侦察连：随时准备集中……

天亮时，情况有了戏剧性的变化。郝宏远跟维持会那两个曾经露过面的长袍先生以及卢德，老朋友似的有说有笑进了门。孙巩神经一松弛，差点又要晕倒，眼前阵阵发黑，金花银花直冒。但他咬紧牙关挺住了。

维持会的两个人都是工商界人士，见到孙巩，一躬到底，说：“大军有什么要办之事，尽管吩咐，我们一定尽绵薄之力为大军效劳！”

“请你们帮助筹集一些汽车，供我军城防急需，数量不限，有多少筹多少，待大部队一到，工作就绪，我们会如数奉还。”孙巩的话，彬彬有礼中含着强硬的骨头。他的主意是想把汽车集中控制起来，一来可以防止敌人利用，二来可以组织出迎大部队，加快大部队进城速度。

维持会的人满口答应，转身即去办理。

接着孙巩便要卢德去上五庄，“你不是劝降联络员吗？现在可以去履行你的任务了，要尽量拖延时间：不让他们轻举妄动！”

卢德一走，孙巩立即着手调整城防部署，重点突出上五庄和大通桥方向。与此同时，他让郝宏远把湟光电影院的大喇叭开动起来了。郝那个粗大的嗓门在喇叭里向全城宣布：“人民解放军已经占领西宁，马步芳统治青海的历史永远结束了！目前，两路解放大军正在浩浩荡荡地向西宁挺进……”

二、西宁和西宁之后

入乡随俗排长数梨，过雁留声大军明志

9月5日这天，太阳刚出山，廖汉生就得了两件喜事：先头二师部队报告，历尽千辛万苦跑断马腿，终于抵达西宁前站平安驿。这是一喜；第二喜是，妻子也是历尽千辛万苦，风尘颠簸，在战场上为他添了个白白净净的千金！

贺炳炎也跟着快活："老廖啊，这可真有纪念意义啊！打算给她起个什么名字？"

"我早就想好了，叫'涤青'，荡涤青海嘛，哈哈哈……"

谁知这句话把贺炳炎的雅兴给打掉了一半。他手里那份青海省地图，画着个大红薯般的圈圈，而西宁在这"红薯"上伸进去不到一个小指头的距离，部队就算完全占领西宁，也不过是红薯碰破点皮罢了，离"荡涤"二字还相差着十万八千里呢！

但是，任务已经明明白白摆在面前。这天凌晨，王震转发来了彭总的电报，明确规定一军下步任务是"留在青海肃清残敌"。这跟此前所有的战役都不一样，是真正意义上的独当一面。野战军其他各兄弟部队都有自己的任务，在大西北广阔土地上成天女散花状：杨得志十九兵团拟于9月下旬进军宁夏，并协助解放绥远；周士第十八兵团已正式被军委批准入川，六十二军归建；许光达二兵团正以七个师齐头并进，向兰州北侧永登方向攻击前进。他们的任务是查明凉州（武威）、甘州（张掖）和肃州（酒泉）一线敌情，追剿青马和周嘉彬、黄祖埙残部，一直要追到玉门。

一兵团除七军留在陇南外，一、二两军基本上没有分开过。现在，两军在西宁、乐都和民和地区，便面临着各奔东西了。二军将在大通稍事休

整，即翻越祁连山，去配合二兵团占领玉门油田……贺炳炎对青海太陌生了。他望着地图上那些读起来都有点疙里疙瘩的地名，心里也觉得疙里疙瘩不太流畅。

廖汉生看出贺炳炎的心事，说："炳炎，莫发愁，还是那条经验，一个政策、一个纪律，抓住不放，管它多大海、多大风浪，也翻不了船。"

提到政策纪律，军政治部主任冼恒汉和副主任张国声有很多感想。他们特别满意从永靖渡河以来这段时间部队的政治工作。张国声说："任务这么急，行军这么苦，群众纪律执行得这么好，令人鼓舞！"

接着张国声说了几个小故事。

五团二营机炮连宿营在一个村子里，二班房东躲在山里没回来，排长任瑞祥一进院子，看见战士们都围在房东梨树下，吧嗒着嘴议论："树上结这么多梨呀！"就觉得这里面潜藏着纪律问题。于是任排长耐心细致地把树上梨数了一遍，对班长石天才说："这棵梨树就由你们班负责，我已数过，树上总共104个梨，少一个你们也要赔！"石班长也是个细心人，又当着排长面把梨数了一遍，果然不多不少，104个。这一夜，院子里人来人往，战士们换岗轮哨都从梨树下经过，谁也不动一下伸手便可触到的梨。第二天部队出发，任排长来二班检查群众纪律，又把树上的梨数了一遍，发现一个没少，才高兴地笑了。

四团六连在民和县王家庄头一次经过藏族聚居区，战士们见到藏民很稀奇，尤其是披着袈裟的喇嘛，从没看到过，不免七嘴八舌议论起来："看哟，藏民穷得连裤子都不穿，身上只披个红单子哩……"连里觉得这是个新问题。部队出发前对回民风俗习惯介绍得多，藏民方面就不大注意了，这是执行民族政策和群众纪律的漏洞，于是宿营下来，专门请个会汉语的藏族老人来讲解藏民的风俗习惯，诸如不能擅入喇嘛寺；藏民喜欢吃糌粑、奶类和牛羊肉，这些食品视为待客上品；藏民死后，实行天葬、水葬，他们眼中的鱼和鹰，都是神仙，所以，在藏民家里是不许吃鱼的，更不能打死老鹰！战士们吓了一大跳，这要是稀里糊涂不明白，一抬手就是死罪啊！

廖汉生觉得这两个例子都可以编个小报什么的，给部队发一发。他说："临出发前，彭老总一再交代，在民族地区执行纪律有特殊性，许多纪律问题不是战士们有意要犯，是不知道。汉族群众讲，不知者不为罪，这句话到民族地区就行不通，不知者也有罪。用王震司令员的话说，少数民族群众纪律问题，沾着边就是杀头之罪。杀了头也挽回不了影响，一粒老鼠屎坏你一钵酱！"

纪律当然不是绞索，它的生命重点体现在另外一面，那就是直接生效的战斗力。那时候，解放军每到一地，老百姓称之为"大军"，"大军"

之“大”，不光是数量方面，也不光看你有多少了不起的枪炮，而重在那些看不见摸不着的东西。

一天，有个叫王成华的汉族老汉欢迎一军五团八连指战员，拉着手亲热得不行，说：“你们可来给咱汉人报仇了！民国十七年回人造反，杀了我父母；二十一年又杀了我妻哥，咱汉人受回人的欺侮多少年了，这下老天爷总算睁开了眼……”八连指导员越听越不对劲，就留下来专门给这个老大爷讲道理，宣传回汉穷苦人是一家，只有蒋介石、马步芳是共同的敌人，说得老大爷连声喊：“还是咱们解放军好，道理讲得透！”

六团三连有天走了六十里，宿营在只有一户人家的马家庄。户主马占彪是回民，听说“汉人队伍”过来了，吓得把两个儿子和一个女儿都送到山沟里藏起来，老两口留下看家。战士们看到大门紧闭，上去敲了几下又不应声，就说：“这家大概是回族，不了解咱们，心里害怕，所以不开门，咱们就在外面露营吧，不要打扰人家。”说着就在墙脚下依次解背包休息。

马占彪两口子在屋里听得莫名其妙，又从门缝里看到这个情形，很是纳闷，不是说汉人队伍要“杀回灭教”吗？怎么这样守规矩呢！终于憋不住，把大门打开，笑着说：“大军辛苦了，请屋里歇息吧！”

战士们说：“老人家，外面一样睡觉，不麻烦了。”

老两口一辈子也没见过这么规矩的队伍，赶快烧了一大锅开水给战士们喝。这时，一个叫马林州的战士说：“大爷大娘，我们解放军是穷苦老百姓自己的队伍，不打人、不骂人，更不糟蹋回族群众。我也是回族，马步芳抓了我的丁，解放军解放了我，我亲眼看到解放军是保护咱们回族的。我这次进青海，就是要叫咱们回族不再受马步芳的压迫！”

马占彪一听，恍然大悟：“啊呀，我们都受马步芳的骗了……”赶紧把儿子、女儿从山里接回来，争着要给部队带路。

部队就这样一路来到平安驿。

最早吃惊的是二师先头营。他们第一个来到平安驿，老远就看到镇口路两旁夹着回、汉、藏各族群众，手里都举着五颜六色的三角小旗。藏民队伍中引人注目的是喇嘛，袈裟鲜亮亮耀眼。其次是妇女的藏裙，各色纷呈，一个比一个漂亮，回族妇女头上戴着黑色或是绿色的面纱，男人清一色，留着长胡子，头戴平顶白帽。一切都是那么让人新奇、欣悦。

这都是孙巩接洽的那个维持会一手操持出来的。除欢迎人群之外，更让部队想不到的是从西宁城里哗啦啦开过来十几辆汽车，战士们自平安驿起不用再一步一步丈量山沟了！

平安驿出发至西宁的汽车开动后，军民欢呼声震天动地。一路上战士们都沉浸在欢迎的热潮中，路边不断有藏民献“哈达”，回族群众就推出“全牛”和“肥羊”，还有人打出“欢迎主张信教自由的人民解放军”这样的口号。进入西宁城区，欢迎人群变得拥挤起来，看得出，他们中有工人、市民、商人和学生。在这如海的人群中，有人喊出了“毛主席万岁！”“中国共产党万岁！”“人民解放军万岁！”还有一位白须老人举着一块牌子，上面有首诗，是这样写的：“马到青海四十年，人民苦死万万千。解放大军来征剿，至时拨云见青天！”

马丕烈劝降上五庄，马振武回心三角城

这时候彭德怀才敢说：“兰州解放了！此后西北大的战役不会再有。”

野战军司令部已进驻兰州三爱堂，中共西北局扩大会议也在这里召开。这是彭德怀进驻兰州之后，召开的一系列会议中的一个，是个纲领性的会议。会上，彭德怀再次重申了一个重要提法：人民解放军既是战斗队，又是工作队。

所有的话由都围绕着“工作队”这三个字展开。包括会议期间在兰州饭店为欢迎十八、十九兵团而举行的会餐。彭老总吩咐都上兰州名菜，还特别点了许多人闻所未闻的“发菜”，说：“仗打到兰州就吃兰州菜，这就叫具体情况具体对待。‘工作队’就是这个意思，西宁有西宁的菜，宁夏有宁夏的菜，新疆有新疆的菜，不能一盘子端。”

大家哈哈大笑，吃得格外香。打兰州那几天，皋兰山上的部队，几天都没吃上饭啊！彭德怀看着大家吃，自己却很少动筷子。他像个地地道道的兄长，脸上始终挂着慈爱。对吃相生猛的同志，就嗔着眉眼嘱道：“慢一点嘛，饭管饱，菜管足，酒管够，急么子嘛！”见到过于斯文的就又说：“吃饭也像打仗，莫学文弱书生啊，光动嘴不动手可不行！”

话是这么说，彭德怀还是希望他的部属既能打仗也会当“书生”。他除了给野战军团以上干部每人发了一件皮大衣之外，还给每人发了一支派克笔，笔杆刻着“兰州解放纪念”。以“兰州解放”为限，今后要当工作队了。工作队嘛，除了枪杆子，还得有笔杆子。

彭德怀还给兵团以上干部每人发了一块手表。王震戴着这块表返回西宁时，心里很不轻松。西宁虽然被我占领，但在城北上五庄、大通桥和三角城地区，还有几千人的青马队伍。马丕烈到西宁已有几天时间，劝降工作也不知有没有大的成效。这些残败的青马股匪，集中到一块儿倒是好办，一旦散开，就有无穷的后患。王震就要亲率二军北越祁连，他真不希望给一军留下这么个后遗症。

北京的政协会议早已闭幕，建国在即，毛泽东就要在天安门城楼上向全世界宣布那个伟大的时刻！王震低头盯着彭德怀发的这块手表，恨不能插上双翅，一口气飞到西宁城北那些青马股匪中间，探个究竟。

从兰州返回西宁途中，王震和廖汉生、贺炳炎、郭鹏、王恩茂等几人，一路都在商议这个话题。时间不等人啊，大西北总面积占全国版图三分之一呢！

几天前部队进驻西宁时，王震就已将临夏带来的马丕烈、马良等人，都交给了廖汉生，由廖安排他们的劝降事宜。廖汉生告诉王震，说马丕烈对我军的态度很诚恳，一到西宁就把伪警察局的督察长找出来维持城市治安，还给部队主动介绍社情。第二天，也没喘口气，就忙着同马良和军司令部李参谋去上五庄劝降。

也就是说，兰州开会这几天，马丕烈等人的劝降或许已有结果。王震急于想知道这一结果。到西宁下车，一眼看见马良过来了，立刻喜出望外地迎上去。

“马先生，事情有结果了吗？”王震问。

马良摇头叹气地说：“我也在吃不好睡不香哩，这个马丕烈呀……”

原来，那天马丕烈三人去往上五庄的半路上，见许多青马散兵由北往南走，沿路胡乱放枪，疯子似的，马丕烈担心李参谋的安全，就让马良陪着李参谋返回西宁，而他独自前去上五庄，一去就是四五天，杳无音信。

王震大感不安，问“丕烈先生不会有什么事吧？”

“不会吧……”马良犹豫着说：“他们还敢对丕烈胡来？”

有什么不敢的！王震心想，马家军这些疯子，犯了急，什么事做不出来！他当即吩咐贺炳炎、廖汉生：通知部队，随时准备应付上五庄方向的意外情况。

其实，王震多虑了。马丕烈的出现，对上五庄的青马股匪简直就是个救星。

这些日子，上五庄和三角城一带闹翻了天。赵遂、马文鼎、马振武等一些人，成天在大通桥头的客店里，像热锅上的蚂蚁似的争来吵去。大家心头谁都没着没落的，凑在一起，希望有人拿个大主意，何去何从，及早明断。

在这里面，马振武始终是个挑头的人物。他和马继援扯着姑表亲。马继援走时，曾再三要他一块儿走，马振武看到马继援那几十箱金银，便自卑地不敢点这个头。他知道，一离开西北，身上没几个钱，走到天边也只能替人卖命。

当然，除了钱的因素，马振武还有些别的想法。他虽是一介武夫，心粗得像树皮，但和共产党的几次交锋，不能不长点记性，胳膊拧不过大腿这样一些浅显的道理他还懂得。所以，他率先表明态度，说：“现在长官（指马步芳）和军长（指马继援）已经飞了，我们对他们父子还有什么效不完的忠呢？有人提出到草地上去打游击，我看不必。过去我们一到藏民的帐房，他们献哈达，殷勤接待，用最好的酥油。现在我们再去，恐怕连一碗糌粑也不会给。我看我们还是老老实实回西宁去，打不过就打不过呗，还逞什么英雄好汉！共产党要杀，头伸过去挨刀就是，也不用说什么废话了；不杀的话，我们还是个尕百姓嘛，吃饭养马种庄稼，娶妻生子过生活吧！”

“马师长，你脱了裤子给大伙看看，是男人不是！”说话的是一〇〇师师长谭呈祥。

马振武眼一横：“姓谭的，你有种，有种为啥不在兰州杀身成仁啊？你以为裤裆里挂两粒卵蛋，就是男人了？去你妈的吧！”

第三五七师师长杨修戎说：“吵什么，都快成人家阶下囚了，还他娘自己斗自己，真是放屁不知道屁有多臭！”说完，忽指着马振武说：“不是说马军长给你有信吗？怎么样，念给大伙听听。”

马振武吊儿郎当地从靴帮上取出个小纸卷，扔给坐在身旁的一九〇师副师长马子俊，冷冷地说：“念！”

信上无非是些诸如“后会有期”“随机而动”以及“刀枪埋地下、战马变耕马”的陈词滥调。众人听了摇头晃脑，没有一句正经意见。

这时，骑兵十四旅参谋长马尚武站起来说话：“前两天临夏那个卢德来过，也找过我，说是马丕烈叫他来报个信儿，要咱们向共产党军队缴械……有些话还在理。”

也许是“缴械”二字刺激了大家，屋里顿时降了温，所有的人都低头沉思，出现了短暂的安静。

“缴械就是投降啊，那不是让咱们坐大牢吗？”说话的是一九〇师五六九团团长马登霄。他显得很激动，唾沫横飞，“他妈的，一辈子坐大牢是死，拼掉这颗人头也是死，何必呢，担个贪生怕死的罪名，终了还不是个死！”

这个意见好像很有代表性，许多人随声附和，点头称是。一片雀跃之中，赵遂也默默地点了点头。

一二九军副军长韩得铭见状，慢吞吞地说：“败军之将，不敢言勇。带队伍的人，丢了队伍，不去坐大牢还能干啥？”

“我看未必！”一〇〇师政工处主任兼副师长马义明说，“我听说共产党军队有优待俘虏的条款，过去很多投诚的官兵都没坐大牢嘛，有的还发足盘缠呢！我跟卢德也谈了话，他说这是真的。”

“别做梦吧！当年河西战役，在座的谁手上没有共产党的人命啊？人家还给你优待！”一〇〇师师长谭呈祥使劲泼冷水。

杨修戎也附议道：“共产党讲的就是报仇，大家不要指望有好果子吃。我看还是把队伍拉到三角城一带集结设防，那里毕竟还有一些牛羊和粮秣，有大草原，人马住几天不会太困难，撑一天算一天，从长计议吧！”

众人又七嘴八舌乱成一团。这时，骑八旅旅长马英嘿嘿干笑两声，从马靴里拔出马鞭，起身往外走。走到门口，冷不丁和进门的人撞个满怀，彼此都愣怔一下，认出了对方。马英“哎”了声，说：“你来了，请吧！”说着朝屋里一扬手。

来人正是马丕烈。他大步进屋，而马英却掉头下楼，打马离去。

马丕烈过去常为马步芳办些军务上的事，加上在座的大多是临夏人，所以几乎个个面熟。大家好不亲热，抢着发问：“临夏咋样……”

马丕烈不紧不慢地介绍了临夏的近况，说解放军约法八章，各家都派兵把守，门前一根树枝也不许碰，一切财产完好如初。听了这些话，有人频频点头，有人将信将疑，有人干脆皱着眉头说这有点像赤色宣传：“你是不是奉了共产党的命令……”

“树连根，人连心，我念着各位都是乡亲，是来救你们的，你们不要辜负好意。”马丕烈的话里藏着骨头，“共产党得天下是大势所趋，国民党气数已尽，江山就快没了，这是明摆着的事实，你们想一想吧，今天想不明白，明天接着想，何必拿着鸡蛋碰石头呢？”

“未必就是鸡蛋碰石头吧！”赵遂终于说话，“我们多少还有几千人马！”

马丕烈说：“连兰州那么个阵势都没难住共产党，你几千人马想怎么的？”

这话揭到许多人痛处，屋里一片惶恐。

“你们不要怕，一切都还来得及。现在你们能集合多少人就编制多少人，向解放军投诚，立功赎罪。而后，愿意回家的可以把枪支弹药放下，骑马回家。”马丕烈尽量把话说得富有情感，让人觉得真实可信。

角落里，有人冒喊了一句：“我投诚……”

“我也一样，只要共产党军队让我们回家就行！”

“你说的话算数吗？别是骗人吧？”

“最好能叫共产党军队给个证明……”

马丕烈连说：“没问题、没问题，我就是他们的司令官王震请来的，此人说话算话，最讲信用，你们可以放心！”

接着，马丕烈又叫马振武等人带他去三角城。在三角城，他终于见到马英。马丕烈说：“你咋回事啊，大通桥刚照个面，人就没了，连个招呼也不打呀！”

马英嘿嘿笑着说：“我有点急事儿……”

“这会儿没急事了吧？你能不能把人集合起来……我讲几句话，就几句，行不行？”

马英无可奈何地搓着双手，又看看门外，天色已有点暗，便说：“你看，天快黑了，明天吧，明天一早我就归拢队伍，请你讲话。”

马丕烈想了想说：“马旅长，常言道，人灭不如天灭。古来英雄豪杰，都是看天行事的。你今天也看天行事，很好。我晚上在你这里住，同你睡一屋，话可说明了，天明之后不许赖账。”

马英说：“你这是啥话，砍了家伙不过碗大的疤，我赖账干啥！”

晚饭马英简单弄几个菜，招待马丕烈。马丕烈应酬了几杯。

饭后，马振武利用上便所的机会悄悄告诉马丕烈，马英和八十二军二四八师师长韩有禄想逃到西藏去。他们队伍最多、最齐整，又赶了不少牛马，能驮物资又能杀着吃，他们很有信心，要到大草原上“待机而动”。

马丕烈问：“你呢，你有啥打算？”

“我听你的……我想回家种地。”

“明天我讲话的时候，你能不能站出来表个态？”

马振武说：“这怕什么？我说！”

第二天，马英借故人没到齐，迟迟不集合队伍。一拖就是三天！马丕烈急了，用商量的口气对马英说：“先集中军官吧，有多少算多少，齐不齐没关系，我就说几句话，路你们自己走，我也就算跟人家交了差了。”

马英再没退路，只好把军官集合起来，在门外的草地上围成一圈，听马丕烈讲话。

王震留话一针见血，贺廖请饭两军握别

西宁东关大寺，雷鸣般的掌声把王震抬上了主席台。

台下坐着成千上万的群众。锣鼓已经闹了好一阵，口号又起，接下来才是掌声……这让坐在前排的那些青马军官感到惊心动魄。他们中许多人都在西宁待过很久，从来也没见过西宁的老百姓不分民族、不分阶层这么狂欢在一块儿。共产党的厉害可见一斑。

回想这几天的光景，从马丕烈进上五庄开始，他们的脑袋其实就已不架在自己脖子上了。要证明，人家给了证明；要担保，人家给了担保。两个小兵背一袋银圆跑到上五庄和三角城，就把他们两千多人的队伍打发一空。剩下一个个光杆司令，天大的神通也没用！

贺炳炎军长召见全体青马军官时，那态度和马丕烈完全不一样了。从头至尾一句话掷地有声：弃暗投明，立功赎罪，重新做人，这是唯一出路。如果不投降就坚决消灭！

赵遂、马英甚至马振武，头一下子大了。

王震在掌声中登台讲话。他身为司令官却总是笑着，把威风笑得满场

都是。他说："过去，青海人民受压迫，受剥削，今天，解放了！"

青马军官们知道，这句话不是对他们说的：

"马步芳交给你们一句话，说什么'拼命保命、破产保产'，这完全是个谬论！拼命保命，是拼你们大家的命，来保他的命；破产保产，是破你们大家的产，来保他家的产！你们仔细想想，是不是这样嘛！"

会场一片寂静，不少人感动得流出眼泪。

西宁老百姓就是在热泪中接受了这个崭新的事实：一个奴隶娃子也可以大声说话、大声唱歌，可以骑着高头大马沿街从东关走到西关，可以有自己的草原、青稞，自己的牛羊和马群，可以开自己的店埠，在偌大厂房里为自己的幸福生活而工作……这就是那位笑容满面的王司令员所说的解放。

欢声笑语之中，二军先头部队也已靠近西宁。一军迅速以省城为中心，向四周各县扩张，相继进驻大通、湟源、湟中、贵德、互助、乐都等县。9月8日，中央军委命一军成立"人民解放军西宁市军事管制委员会"。军政治部主任冼恒汉、副主任张国声分任军管会的主任、副主任，廖汉生政委担任省的军管会主任。同时，西宁市警备司令部成立，兴中为司令员，曹光琳为政治委员。

这下热闹了，从9月10日之后，全青海省有近20个地区和县，共有上千名民族代表，以及活佛、旗王、头人、千户、首领等，纷纷赶到西宁古城，向军管会赠匾、送旗、献哈达，表示祝贺。并且还有抬着牛羊犒劳军队的、有向毛主席和朱总司令发致敬电的，五花八门。逃散各地的马步芳官兵今天三五个、明天十来个，接连不断地来向解放军投降缴械，总数额达到2800多人，其中将校级军官就有350余人。缴获火炮77门，机枪373挺，汽车70辆，战马1760余匹，炮弹22000多发，子弹244万发。

"这才开了个头，万万不可麻痹呀，麻痹大意要吃大亏！千万不要以为占领了省城县城就万事大吉了。"王震在兵团前委会上一针见血。他还说，"青海的大戏还在后面，一军第一步要先把'解放军官训练处'搞起来，把投降的校级以上军官集中起来学习改造，派得力的干部来抓这件事。但也不要指望办一个班就能根本解决问题，早得很呢！有些家伙要叫他死了那份心，难呐！别看他现在见了你是是是，大军长大军短，转过屁股又不是那回事了，反复肯定会有，今后一军剿匪的任务绝不会少！加上地方建设、交通发展，要有充分的思想准备……"

"个别顽固分子要实行专政，杀他几个就老实了！"贺炳炎说。

王震点点头："必要时，当然要采取果断措施，不过主要还是力争教育争取。杀人不是解决问题最好的办法。"

这是一兵团在一、二军分兵之前的一次关键性会议。因为传达学习，再次重温了一下中共中央西北局会议精神，廖汉生心里有点别样的感受。

一军不管怎么说，下步就是留驻青海的问题了，而二军跟王震还要到祁连山那边去配合二兵团浴血奋战，最后进疆，任务会艰难得多。想到这里，他代表一军党委表了个态，让王震放心带二军出发，青海这边工作，一军会竭尽全力，绝不会捅娄子！

王震满意地点点头。这几天，他又是找投降军官谈话，又是接见民主人士和阿訇，面子上的工作基本有了头绪，的确没有什么不放心的。现在的精力应该向二军倾斜。这个会议的头一天，王震去了一趟乐都，看了一眼二军部队的休整情况。再往北将进入高寒地区，从西宁到张掖实地距离700多里，而目前五师还在小桥以北、四师和军直只进至柳湾，十六团、十七团在化隆未动，十八团和六师师部则仍在更为靠南的甘都。王震着急地对郭鹏说："二兵团9月13日要出发，他们沿河西走廊，道路比我们好走得多。我们必须立即出发，分秒必争！"

郭鹏说："我军侦察队昨晚返回报告，门源到民乐260里冰天雪地，中间基本上渺无人烟，还要翻越海拔4000多米高的祁连山主峰。我们认为，必须有足够的时间补充棉衣才能前进，否则路上冻死人！"

"来不及了！"王震挠挠头皮，"只能边走边补，任务第一嘛。给部队讲清楚，作好充分的思想准备。今晚二军军部就移到湟中实业公司兵团部来，一起往东关挪挪，明天就在那里召开全军营以上干部会，作行进动员。部队边行进边教育，今天就须出发，全军向北推进50公里以上！"

郭鹏和王恩茂见王震的决心已定，也不再说什么了。当即拟好电文出去交作训参谋发往各师部队。

兵团前委会议仍在从容不迫地开着，直到午后才结束。一军的贺、廖准备了简单的午饭，算是给王震和二军战友饯行。于是，大家谈着战事共进了一顿历史性的午餐。

最后握别时，王震忽然想起马丕烈，连忙派人把他找来，说："丕烈先生，我们一同上新疆，去做骑五军的工作，你看好不好？"

马丕烈说："现在临夏、青海已经解放，国民党在甘青两省的根基已经垮了，我看骑五军是不会抵抗的，所以，我去没多大必要。我可以给马呈祥发个电报，劝他起义。"

王震低头寻思良久，没有说话。

"如果司令员觉得一定要去个人的话，我推荐马呈祥的叔父马矿务，不知你意下如何？"

马矿务又叫马辅臣，年纪已不小，王震犹豫着，没表态。

马丕烈看出王震的心思，说："马矿务的年纪是大了点，可以叫马振武陪他一块去嘛。马振武是马呈祥的表弟，人也年轻……"

正说着，外面有人托警卫员递上一张名片，恰巧就是马矿务。王震把名片顺手递给马丕烈。马丕烈一看："哟，说曹操，曹操到，我推荐的就是他！"

王震连声吩咐警卫员："快快请马辅臣老先生进来！"

马矿务迈着戏台上的那种方步，一摇一摆地走进屋里，当首给王震一个深度鞠躬，说："老民马辅臣叩见王司令员！"

这一着把王震弄得措手不及，忙将双手伸到马辅臣面前，握住老人的手，并拉着他坐下来，说："刚才丕烈先生推荐你和我们一起去新疆，为和平奔走出力，你意下怎样？"

"老民愿意前往……"马辅臣只让半个屁股挨着木凳，显得极其拘谨。

王震诚挚地说："你这么大年龄，身体行不行啊？"

"行哩！我愿意出力。"

"好！好！你回去准备一下，出发时我派人来接你。"王震握着马辅臣的手送他出门。转回来对马丕烈说，"你明天去趟兰州，我写个信，再给你办个路证，你拿着信和路证到省政府找位姓张的张德生同志，有啥安排他会跟你详细谈的。"

王震的心事，彭德怀是理解的。他想把马丕烈这个特殊"参谋"放到野司，对西北解放全局，发挥更大作用。马丕烈走后，王震不放心，又给彭德怀专门发了封电报，介绍马丕烈的青海之行，并把自己的想法和盘托出。这种一边攻城一边攻心的策略，正合彭德怀的初衷，他在野司把王震大大地表扬了一下，说："少数民族政策不是句空话，必须通过各种形式认真贯彻落实。王震同志的做法很好，把它具体化了。"

马丕烈到兰州的第三天，彭德怀设宴招待了他。席间，彭德怀夸奖他"干得很好"之后，问："不知丕烈先生对我军进军新疆有什么好的见解吗？"

马丕烈想了想答道："常言道，瓜熟蒂落，宁夏和新疆都不是问题。只怕……"

彭德怀追问："只怕什么？"

"王司令员那一路人马匆忙上路，只怕是天灾多于人祸啊。"

祁连山冰雪生死路，第二军谈笑唱凯歌

9月14日，马丕烈的话开始应验。

二军前进速度慢得不能再慢，等于是在门源原地踏步了三天。原因就是，尽可能给部队补充粮食和棉衣。

门源这地方已沾到高寒地区边缘。一场大雨浇下来，部队正在行军途中，又没有雨具，光着脑袋浇，里里外外全都淋个透。傍晚时分雨住了，

小风一吹，衣服被子上就开始结冰，走一步身上哗啦哗啦直响。

十四团是全军的前卫，走得远一些，已向俄博前进，最接近祁连山主峰，寒气最重，日子也最难过。出发前，郭鹏军长和王恩茂政委都单独给他们作了指示，要他们以最快速度翻越祁连山，“到张掖揳上一个钉子，堵截从兰州西逃的残敌。否则，让敌人跑进了新疆，就会给解放大西北增加重重困难。”

作为“前卫团”的特殊待遇，战士们除了得到两斤干粮之外，每人还发了一点煮熟的牦牛肉和几两烧酒。当地老乡看到战士们靠这么一点本钱就想过祁连山，都摇头叹气，认为不可思议。指战员们自己虽不知前途深浅，但谁都赔着一万个小心，一点一滴地节省着吃喝。

这天早晨，部队出发走了二十多里路，天就开始下雨。路上的泥水经过人践马踏，到处都像泼了油似的滑溜。战士们淋得落汤鸡一般，一不小心就是一跤，谁也记不清这一天摔了多少跤，个个身上都被泥水抹得没鼻子没眼。

十三团更惨。大雨时，他们正面临着奔腾咆哮的大通河渡口。他们是两天前翻过达坂山到达这里的。为了加快行进速度，军部命令他们必须徒涉过河。头上的滂沱大雨还夹杂着拳头大的冰雹，战士们只能把背包顶在头上。他们就这样一连渡过深及大腿和腰部的四条支流。等到开始徒涉第五道支流时，河水涨上来了，先是齐胸，后来逐渐升高，小个子的人水都齐到脖子根了！

风浪也趁机肆虐起来，与奔涌的激流呼应，给徒涉带来极大的困难。特别是紧靠对岸的一条深水漕，水深流急，一连冲走好几个人。先一步爬上岸的人，拼命用扁担、木棒和背包绳跟着激流抛掷打捞，水性好的同志还奋不顾身跳下河去抢救战友，但，还是有很多战士被激流卷走了！正在现场的团政委贺劲南着了急，就指挥几位身高力大的战士，硬是把两匹驮炮弹的骡子压到河水漕里，稍稍挡住水流速度，让战士们手拉手从驮骡背上，爬上岸堤。

当五师师部和十三团指战员们水淋淋地站在大通河堤岸上，默默哀悼着几分钟内被洪水卷走的26位战友时，前卫十四团已经接近俄博。

风停了，雨住了，突然间漫天飞舞着鹅毛大雪。山越来越高，淋湿的衣服硬邦邦地像油布裹在身上，人在其中犹如冰棍。两条腿越发沉重了，胸口如同堵住一团棉花。越往上走空气越稀薄，每一步都得稍稍停下来喘口气，才能前进。心里火烧火燎，汗早已不足为汗，好像已经流干了，口和喉咙渴得比刀割还难受。

开始有人掉队，队伍拉得很长很长。

二军行军鼓动是出了名的。长征路上和“南下北返”时，再艰难的条件下，每个连队也少不了两块呱嗒板儿。这个传统一直流传至今。关键时刻，连队宣传员的呱嗒板儿就在路边响了：

同志们啊朝前看，
走山路，不要慌；
背包绳子要拉紧噢，
重心放在肩膀上；
鼻子呼吸闭上嘴呀，
不要呼哧呼哧拉风箱；
脚步不快又不慢哎，
一步一步紧跟上；
舌头顶住上牙腭儿呀，
自来水流到舌头上；
这话要是不灵验，
罚我喝水一大缸！

“喂，一大缸呢，那可是热腾腾的滚开水呀！”宣传员刚收呱嗒板儿，队伍中有人大笑道：“罚你喝一大缸热水，你想得美呀！”

后面有个调皮鬼“哧哧”声笑：“那就罚我吧！”

“罚我！”

“罚我吧！”

战士们笑成了一团，好像真的捧到一杯冒着热气的开水似的。还有个连队的小宣传员特别滑稽。他在路边堆了个雪人，用草灰把雪人的鼻子眼弄得活像个小丑，谁从旁边过都禁不住要哈哈大笑。他的呱嗒板儿就在雪人旁边唱：

同志们哎抬头看，
山那边有个大果园呐；
桃李杏梅样样有哇，
就等咱们去会餐；
哪个排，哪个班，
咱们来个挑应战；
谁是英雄谁好汉，
今儿个爬山来考验——
一班行不行？二班敢不敢？
我还没听你们三四五六七八班，

敢不敢和我比脚板？！

说着就大步流星往山上赶，后面的战士们“轰”一声追起来，大家喊着笑着，队伍异常活跃，疲劳似乎一下子被赶跑了。

最有意思的还是团部那个会唱娘娘腔的组织股长。他是老红军，年纪快四十了，办事极稳重、极认真。平时人们见到他时，总是板板正正，军衣也穿得一丝不苟，称呼谁均为“某某某同志”，绝不会多一个字，也绝不会少一个字。只有在机关直属队的晚会上，他偶尔才露那么一小手。团政委的京胡，他的女腔男唱，回回都是压轴戏。最拿手的是“苏三起解”那段，“苏三离开了洪洞县……”就那么一小嗓子，立刻就把晚会推向高潮。

此时此刻，组织股长也站出来了。他将嗓子一别，一边走一边操着比陕北人还陕北人的口音，唱起一支抗战时期的陕北小调：

众乡亲哪，你仔细听：
我有一件冤屈事情对你明。
我家住山西汾阳金山村，东铺有家门。
我家里，三代人，一家大小九口整。
二公婆眼花耳背不能劳动，孩儿还不中用。
鬼子兵住进了村，要差凶，
人差驴差数也数不那个清，
二十亩沙地我不能耕种，全家活不成……

组织股长的嗓音凄凄哀哀，活像是个乡村大嫂在委婉哭诉。山间雪野远近飘忽，山上山下的指战员们既好笑又觉得心里酸酸的，大家都沉浸到故事里面……

这时，忽听前卫二营的队伍后面一阵嘈杂，消息传下来说：有人冻昏过去了！

冻昏过去的是二机连五班战士文少元。小文的体质本来就差，又正在打摆子，上山没走多远就掉了队，落在全营的队尾。同班战友何泽弟是个老战士，又是共产党员，主动帮小文背上武器和背包，陪着他在队尾走。

快到山脊了，风雪交加，空气益发稀薄，文少元呼吸急促，走着走着实在走不动，要坐下来歇口气。何泽弟说：“这可不行啊，天冷得厉害，滴水成冰，你只要一坐下，就再也起不来了！”

“求求你了老何，死也走不动了……”文少元说话声音极为虚弱。

怎么办？何泽弟只好找来战友陈俊武，两人把文少元架着走。说是

“走”，实际上是一步一步往前挨。

就这样，文少元又向前挪出30里地！然而，他被冻昏过去了。

何泽弟急中生智，想了个主意，他找一处洼地，用小圆锹掏出个坑，铺上自己的毯子，再将文少元放在里面，自己和陈俊武一左一右睡到文少元的身边，为小文挡住风，并且解开衣扣，两人把文少元紧紧抱住，希望用两个胸膛温暖一个冰冷的身躯。

奇迹还真的发生了，文少元在冰天雪地里醒转过来，起死回生，拣了一条命。

剧烈的寒冷威胁着成千上万的生命，可把郭鹏和王恩茂急坏了！

“王司令员，怎么办呀？部队拖下去架不住啊！”郭鹏盯着王震说：“我们能做的都做了，可上级的棉衣补给一点音信都没有！”

郭鹏所说的“能做的都做了”，是指进山之前那几天拖延。部队发动起来给体弱的同志调剂一两件单衣、单裤，每个连队也发了几十块钱，允许干部战士就地购买群众的皮坎肩、皮背心和皮靴什么的，仅此而已。

实际行进中，有的师团借鉴了长征路上的经验，现有雨布、军毯都用上了，披在身上御寒。有的连被子也散开披着。心细的连队，还发动战士每人背10公斤柴火，也有买来大量生姜发给大家的。为防止路滑，许多老战士还想办法搞到那种1斤多重的“山西鞋”穿在脚上，上路沾上烂泥惹麻烦，用力一拔就脱出脚，只好用绳子捆在脚上。

办法是想了不少，但毕竟杯水车薪。从进入高寒地区开始，几乎从早到晚都在死人。出发前战士身上步枪、子弹、手榴弹、锹、背包、面袋、干粮、水壶加上10公斤柴火，负重20公斤以上。要在平时，一天走80～90里路不在话下。所以，许多基层指挥员也大意了。有的说，当年红军爬雪山过草地，敌人追着我们走，都过来了；今天祁连山再大再高，只有两天难走的路，而且是我们去追赶敌人，怎么着也得过去。谁知道是这个情形呢！

王震说：“没有别的办法了！抱怨没有用，做检讨也没有用，哭天抹泪更没有用，只有发扬我军优良传统，敢打硬拼，跟祁连山拼个你死我活！”他提出，部队要坚持“大跃进、小休息”的方法，不能停留，“走出祁连山就是胜利！”

“走出祁连山就是胜利”立即成为全军的战斗口号。指战员们看着路边烈士的遗体，一个一个静静地留在祁连山深处（据王恩茂政委的日记中记录，仅9月14日一天，十四团就冻死130人，冻坏脚不能继续走的也有100多人）战士们以泪眼默默告别战友，互相用“走出祁连山就是胜利”这样一个口号激励着，艰难地往前跋涉。

王震提出这个口号是有根据的。这一天，他已接到彭德怀的电报，说中央派往新疆担任联络工作的邓力群报告，认为新疆和平解放差不多既成事实。身为西北军政长官公署副长官、兼新疆警备总司令的陶峙岳，明确表示不愿新疆有流血的战争，主张和平解决新疆问题；新疆省政府主席兼迪化保安司令包尔汉，态度一直比较进步，是中共长期的同盟者；而与中共领导人一向关系和洽的张治中，在新疆的各路人马中又有着很深的影响。剩下的就是整编骑兵第一师师长马呈祥和整编步兵七十八师师长叶成，这两个人在大势所趋面前，也持中立态度。那么，新疆的和平解放还有什么障碍呢？

这些情况对王震鼓舞很大，使得他在祁连山这段艰险历程中，始终豪情满怀地面对一切。他隐隐感到，征服祁连山也许就是大西北最后的历险了。而在没有太多现实危难的前提下，进军辽阔壮美的大新疆，又将平添多少抒情色彩！他甚至欣然命笔，亲手做了一首诗，让人谱曲。他要让全军官兵唱着这支豪迈的歌子踏进祖国最大省区——新疆的大门：

白雪罩祁连，
乌云盖山巅，
不怕秋风狂，
凯歌进新疆。

那时候，王震尚不能预知，其实这才是真正的开始。

三、兵临贺兰山下

山城风寒蒋介石心更寒，武都地窄赵龙文脸更窄

王震越过祁连山成为彭德怀插向中国最西部的第一把尖刀，刀把便是沿河西挺进的许光达二兵团三、四、六军。

这一刀出鞘之后，彭德怀坦然多了。再来回眸陇南和宁夏，便有种海滩拾贝的感觉。金秋时节，兰州的菊花开得格外艳目，奔腾的黄河早把这座城市洗涤一新，彭德怀的身影与皋兰山并称于古城，成为大西北令人瞩目的景致。

暴风雨过后，中国西北正在经历大浪淘沙。这恰好与大西南的气候形成写照。尤其是位于中国另一条大河上游的山城重庆，另一种势力另一片天地，也在为苍茫的历史演绎另一番秋色。

山城晚来风急，黄花遍地，更兼细雨绵绵寒彻肌肤，蒋介石几乎夜夜失眠。本来他是想效仿这座山城的风度，挺立在两江口做中流砥柱，哪知道却成了一叶飘零，独尝秋风。无可奈何时花将何为？大势东去，一江秋水寒！寒！寒！不胜寒！重庆，竟成了难民营或是转逃港台的中转站。

相比之下，胡宗南还算是漂亮的。尽管蒋介石把他那个得意扬扬的“进军滇西”计划贬损得一文不值，而蒋本人说好要去汉中视察一番忽而又不去了；尽管他亲眼目睹所谓“川西确保”纯系谎言，把宋希濂恨出一个窟窿，甚至在心情不好的时候都想到了朝自己太阳穴上开枪；尽管中共领袖周恩来和彭德怀煞费苦心通过他的恩师胡公冕派来他过去的亲信张新，劝他“弃暗投明”并将其追随文天祥的幻梦砸了个粉碎……他还是抱定“士为知己者死”“誓死效忠校长”的宗旨，甘心情愿殉葬。这，多少给蒋介石苦不堪言的内心带来一丝安慰。

但是，蒋介石也许并不知道，胡宗南曾为自己作出这样一个最后的抉择，而号啕大哭！

胡宗南这一哭，倒真是把他的形象哭出来了。他成了许多同僚何去何从的一把尺子。有人打比方说：这好比一个女人嫁了一个败家子的丈夫，又嫖又赌，长了一身杨梅疮，本应早日与之离婚，因为道德关系提不出口，最后弄得家破人亡。现在就是家破人亡的时候了，我们重新嫁人有什么不应该？还哭个什么劲！

“重新嫁人”的问题摆在大大小小所有国民党军官面前，成为他们1949年秋考中的一道共同试题。那位在扶眉战役中死而复生的一一九军军长王治岐，也不例外。

王治岐的地位很特别，“嫁人”是他一贯面临的难题。身为陇南兵团名誉上的首领，他一直夹在兰州与西安之间。直到扶眉战役之后，他才无奈地咬住汉中的胡宗南，而将部队死死控制在陇南的“文、武、成、康”这个小小世外桃源。就本意而言，他已打定主意要“嫁”胡宗南，把贞节操行一辈子守下去。如今跟扶眉战役以前不一样了，他绝不担心胡对一一九军会存有异心。一来因为胡宗南已不是过去那个拥有两个大兵团的胡宗南，还有心高气盛的八面威风，万儿八千支枪全不在乎。如今的胡宗南，三杆五杆枪都能看出金钱串来，一样动心；二来一一九军的明星人物蒋云台，早已把胡的川陕甘边区绥靖公署玩得骨碌碌转。一一九军有面子、有牌子，明线暗扣，小船靠大船，还怕有什么挂不住的呢？

蒋云台真是把好手。他玩的不是别人，而是胡宗南的贴身人物赵龙文。可是赵龙文却不这么看。他也许暗暗好笑：自作聪明，还不知谁玩谁呢！

这的确是笔糊涂账，王治岐深究不得。但他意想不到的是，这个“花花公子”蒋云台竟又在7月份与进驻天水的共产党第七军和进驻岷县的共产党第六十二军发生了“暗恋”！

隐情瞒得过王治岐却瞒不过胡宗南。其时，胡宗南正打算全力经略川北，对陇南的武都山区当然不敢小视。于是，给赵龙文戴上一顶“川陕甘边区绥靖公署陇南分署主任”的帽子，让他去拉拢王治岐的一一九军，稳定陇南。

赵龙文当然要“仰仗”蒋云台，两人你来我往，请过来吃过去。饭后个别交心，赵龙文说：“有人给汉中（指胡宗南）打小报告，说你从天水撤退后向三面看，一面看汉中，一面看兰州（指马步芳）一面看西安（指共产党），此话当真？”

蒋云台淡然一笑：“你说呢？你老兄对我可是了如指掌啊！”

“这件事我可不敢吹，风雨之秋，不好说啊……”

“有什么不好说的，我是君子坦荡荡。从天水撤退后，希望汉中给我一点补充，不但是‘一面看汉中’啊，而且望眼欲穿呢！至于兰州与西安……我对他们不抱任何希望。”

这句话显然有掩饰的成分，赵龙文也不想多加追问，沉默片刻，便又改变一个话题，问：“小马开的那个静宁会议你没有参加吗？”

“那是个小型会议，讲究级别的，我一个芝麻大的人，怎好去冒充大头鬼！不过，你是怎么晓得我没去的？”

赵龙文并不回答问题，只说：“静宁会议后，贺衷寒、顾希平和蔡孟坚到过兰州，听到刘任讲：‘蒋云台在陕西与共产党有来往，我们准备在静宁开会时扣起他来，蒋没有来，要是他到了汉中，你们把他扣起来。’我一直弄不明白，这究竟是怎么一回事啊？”

蒋云台暗自吃惊，但脸上还是平风绝浪，摆出一副万事在心的大度模样说：“静宁会议电报上明明写着要各军长参加，唯独第一一九军要我一个破副军长去，自然让人生疑。所以，他们开会时，我去了徽县，在二四四师（蒋的老部队）住了几天，唉，刘任这些人，是望乡台上唱大戏，自掘坟墓，还不是因为我是中央派到甘肃去的，不买他刘任的账，才总在那里给我生些是非。”

赵龙文笑着点头说：“宦海风浪，江湖中人，难免、难免……”他忽又皱起眉问：“听说这次关中作战之后，你对汉中绥署很有点儿怨气，不太开心是不是啊？”

这一棒是横着来的，蒋云台有点儿猝不及防。但他很快镇定下来，并摆脱了某种习惯性的自卑心理，想，管他娘的，不妨单刀直入，也好让他见识见识我蒋云台是谁！于是矜持地笑道：“我们是军人，谁把我们当人，我们就给谁效力。胡先生1933年当第一师师长驻天水时，我蒋某就是新编第十四师的旅长，驻扎西、礼两县。而今，胡先生统率着大兵五六十万，蒋某还过着这么一个孤臣孽子的生涯。这次关中失败，陕署部队又把我一一九军兵员和枪支大把大把地划拉过去，真是阎王不嫌小鬼瘦啊……”

“老兄这话可不得当，”赵龙文打断蒋，“据我所知，胡先生对你还是蛮器重的。我这次来时，他一再叮嘱我，务必转告你，一一九军过去的损失，他完全负责补充！”

“是吗？太好了！”蒋云台把一脸的喜形于色做得跟真的一样。

赵龙文和蒋云台之间的“感情”，就是如此这般捉迷藏捉出来的。彼此之间，最终究竟谁战胜谁，王治岐在不动声色地看，胡宗南也在看着，解放军第一野战军第七军军长彭绍辉更是密切地关注。当然，在彭绍辉和孙志远的后面，还有彭德怀。

兰州战役拨云见天，赵龙文和蒋云台之间的一切，似乎应该明朗化了！两人都有点儿沉不住气，但是谁能首先亮牌呢？天晓得。

就在这节骨眼上，王治岐走出了镜头。一向不大过问部队的他，忽然亲率二四七师抵达武都，这让赵龙文一锤子敲定了决心：他要摆脱蒋云台，而专心致志地打王治岐的牌，利用王控制一一九军。

蒋云台突然间成了绊脚石。但赵龙文对他的态度却变得更加亲热。有一天，赵专程把蒋邀至密室吃酒。两杯下肚，压低声对蒋说："凤山（王治岐）管不了军队，还得是你蒋老兄！你要把军队好好训一训，掌握好，将来——咱们有的是机会……"

这是什么意思？蒋云台脑子急转。

管他是什么意思！蒋灵机一动顺水推舟，提出到武都城外40里地的安化去驻训。赵龙文正中下怀，长久地抿着嘴，在心里得意。

蒋云台的路柳暗花明。他再不用偷偷摸摸了，索性放开手脚，立即着手在武都城里布置耳目，然后四处派人与天水的解放军第七军、岷县的解放军第六十二军、礼县的中共武都地委和兰州的解放军一野司令部取得联系，把和一野最高指挥机关直接联络的密码、呼号、波长及联络时间一一约定下来。如果不是张宗逊副司令说"现在不给你们任务"，并一再叮嘱蒋个人与部队的"安全"事宜，蒋云台差不多就要登高一呼了！

这些，胡宗南居然一无所知。他正抱着一大堆任免文书去重庆晋见蒋介石呢！这些文书包括，给王治岐一个"第五兵团副司令"的空衔，让他把一一九军军长之职"兼"起来。此外，另成立一军，由蒋云台来当军长，除再拨建两个师外，把蒋的旧部二四四师物归原主，并命蒋立刻率部入川。

蒋介石对此案大感兴趣。只要有利于建立西南"反共堡垒"的方案，他没有不感兴趣的。由此，也就叹从中来：这真是"紧要关头见真心啊！学生就是学生，不像那些土军阀，就晓得用我的飞机送那点家当，经不起一点儿风吹草动……"

此言所指是谁呢？胡宗南想：大概是马鸿逵吧！

争霸主青马机关算尽，受召见宁马远走高飞

马鸿逵9月1日"奉召"带着一卷作战地图飞往重庆。此前，除了银川那儿幢楼房之外，他的所有资产通通运到了香港和台湾。

马家军自清同治十一年被陕甘总督左宗棠的官军收复至今，已在西北血腥屠戮八十余年，马鸿逵和马步芳算是第三代了，他们的祖父都是当年所谓"义军"首领马占鳌手下的"大头领"。

这个“第三代”的几十年统治，是甘、宁、青、新四省最为黑暗的年代。势力最强是青海马步芳，马鸿逵次之，如果再数下去，那就是马鸿逵的堂兄马鸿宾。

马鸿宾原本也是宁夏的一号人物，后来被马鸿逵取而代之。他手里只有一个万儿八千人的八十一军，常年驻守在宁夏南部的中卫、中宁和同心一带，有点势单力薄的味道。因而，也难有太大的政治野心，只求能给子孙后代留下一个“人上人”的地位就行了。

安身立命的马鸿宾似乎从一开始就有自知之明，再三声明他的八十一军“不是解放军的对手”。可是，当杨得志的十九兵团节节逼近，要求他迅速起义时，他又显得口齿不太利落了，连同一个被派来联络的绅士见个面的勇气都没有，而把儿子马惇靖挡在前面。

马惇靖又能拿什么主意？他既怕对方联络有假，更怕马鸿逵知道内情要兴师问罪，当然，九九归一还是舍不得丢开那个八十一军。没有这支队伍，他父子值几个铜板？含糊其辞的马惇靖实际上是想边走边看。这一点，十九兵团的杨得志司令员和李志民政委一瞅就明白。

杨得志传话：“你八十一军暂不起义可以，不过我军进军宁夏时，不许阻挡！”

马惇靖支支吾吾，不说行，也不说不行，还是那句话：“请放心，八十一军不是解放军的对手！”

这句话首先给他自己带来极大的恐慌。当马鸿逵连电催促马鸿宾到银川议事时，父子俩大眼瞪小眼，简直不知怎样应对。

其实，马鸿逵并没有为难马鸿宾父子的意思。马鸿宾没有亲赴银川，这使他失望不小，八十一军毕竟守着宁夏的南大门啊！

“你父亲为什么自己不来，他愿不愿意走？”马鸿逵问马惇靖，是叔父对侄儿的口气。

马惇靖答：“父亲的意思是他年纪大了，再加上家口重，如果出走，日后的生活如何办呢？”

“难道他就不怕共产党害他？”

“父亲想共产党不一定会害他。”

马鸿逵“唔”了声，“那好，八十一军有他在我也放点心。”

这话意思很深，马惇靖掂量掂量，感觉出马鸿逵的心里有旋涡，便冒失地问：“你走后宁夏怎么办？”

马鸿逵叹道：“怎么办？送给共产党！我先到重庆，接着老大走，老二留到必要时走。给共产党送礼就要送全礼嘛，哈哈哈……”

马惇靖听得稀里糊涂，不知是真是假，只好原原本本带回去交给父亲马鸿宾。马鸿宾笑道：“他这是做戏呢！既然跟你说了这个话，你必定要对我说，我这个电报就非打不可了。”

于是，马鸿宾在马鸿逵登机前三个小时把电报发出去了。他用长兄的口气再次叮咛：“不要上重庆去，不要忘记我们的传统家法是‘保境安民’。甘肃的事，你最好不要管。”

这一下马鸿逵找到了发泄口，在省府大楼张口就吼：“你们大家都不让我离开宁夏，又打电报又致信函，要我主持大事，可你们为什么不想一想，我是为谁而战……”

看来，“为谁而战”的问题对马鸿逵来说很重要。他怎能不管甘肃的事呢？谁都知道，得甘肃即得西北呀！提起这一壶，马鸿逵有一肚子酸水。当初马步芳代理西北军政长官，马鸿逵就怀着平分秋色的心理，以甘肃省政府主席自居，又是策划反共，又是调度军队，还抢着在公开场合讲话、发奖、接见等，人前背后总说：“马步芳野心大，识见差，不能维持局面，”并说：“甘肃军事设备薄弱，与共产党军队打起仗来，不堪一击。”言下之意，非他马鸿逵治理一下不可。因而四处张扬，要到“中央”去呼吁支援。

在这个问题上，马鸿宾的态度不一样。以他对彭德怀的了解（在前二年的三边交手中，彭托俘虏给他捎过一封长信），总觉得事情没有那么复杂。他说：“我看共产党向西北进军，目的不在我们方面，而是为了消灭胡宗南主力。等胡宗南解决了，我们插上共产党的旗子，接受和平，就可保得安全。”

马鸿逵摆出资格老、经验多、见过风雨世面的架势，对马步芳表面尊重暗地拆台，而对马鸿宾的意见，那简直就看作是“痴人说梦”。他的那份张狂、那份跋扈，让马步芳觉得可笑。相形之下，他这个比马鸿逵年轻一点的“晚辈”，反倒稳重扎实得多。他坚持处处拿出低姿态，说话办事把“老爸爸”顶在头上。殊不知早已把这个“老爸爸”的秉性吃得烂透，每一步都先结一个活扣放在那里，专等着“老爸爸”自己往里面钻。

那时，解放军第一野战军正在攻打平凉。马鸿逵从广州回到兰州，信心十足，每日社交应酬，忙得不亦乐乎，专等“中央”发表“甘肃省政府主席”那道圣旨。谁知忙乎了半天，“中央”的任命没有等到，却等来了马步芳的亲信马绍武。

马绍武深更半夜夹个公文包唯唯诺诺摸到马鸿逵公馆，说：“长官叫我来征求意见，甘肃省主席一职，请副长官您担任。”

马鸿逵一听，大不对劲，堂堂省主席一职，怎能由他马步芳一人说了算？既然已经定盘，何必再来问我？想来想去，怒从中来，信口朝马绍武吼道：“妈妈的，这又是哪一出？叫他自己兼上好了！不然，在张鸿汀、水楚琴（均为甘肃地方名人）二人中择一人看看大门就行了。”

马步芳要的就是“老爸爸”这句话。当即给广州主事的阎锡山发电：“甘肃主席一职，原拟请马副长官鸿逵兼任，因他坚辞不就，可否由本职暂行兼任。”

这消息可把马鸿逵给砍倒了！他像一颗引爆的炸弹，足足骂了三天大街。盛怒之下，随嘴就将顶在陇东的马光宗和卢忠良两军撤回宁夏，并连夜起程飞赴广州，告状！

千头万绪的阎锡山没奈何，随即发布命令，任马鸿逵为甘肃省政府主席。

马鸿逵接到任命，鼻子哼了声扔在一边说：“别以为我要争这个破主席……坚决不干！想跟我订城下之盟，没门！”

这可不是光同一个马步芳赌气的事了！阎锡山拿出“中央”的派头，严令马鸿逵回兰州就任。与此同时，马步芳也追到兰州。他带着一批两家共同的亲戚来跟“老爸爸”讲和。几声“老爸爸”一喊，马鸿逵软了，两人商定同机返回兰州。

第二天早晨临出发时，马鸿逵忽又变了卦，“我得先回宁夏，我得另走，我得发兵保卫兰州，我得办了这件事再到任……”

说走就走。没想到飞机刚上天便大闹故障，不得不在柳州中途降落。一降降出了毛病，飞机冲出跑道，震得人在机舱里像是拍皮球。马鸿逵半惊半吓感了冒，周身烧成一个炭炉子。七折腾八折腾，在途中耽误了三天。到宁夏下飞机时，他头痛欲裂，号得跟杀猪一般，几乎就是个濒危的疯子！

风尘仆仆赶到机场来迎接“马主席”的人，一个个垂头丧气。

上了床，旁边列着一排由他妻子赵兰英率领的女眷，马鸿逵号得更欢了。不停地号叫、不停地打滚、不停地淌汗叫道：“兰英，给我来点大烟，我要完了……我也要他（指马步芳）完，他心毒手辣，他不让我在兰州，他想害我性命，我没带一兵一卒，我要与他同归于尽……”

这真是一场噩梦。马鸿逵冷静下来想一想，与马步芳在西北争风这么多年，为什么事事都是自己被动呢？后来他想明白了，之所以老是输给马步芳，一是马步芳手辣，二是马步芳钱多，前者对下，后者对上，马步芳因此无往而不胜，而自己几乎就没有占过上风。到终了，西北军政长官公署的头把交椅没沾着边，小小一个甘肃省主席又闹出那么多莲花落！回想这些事，哪一次最后的胜负不都是“中央”一言九鼎。说来说去还是自己上头没有靠山。如今，兰州既破，马步芳逃之夭夭，而宁夏好歹还有三个军守着一段黄河，这不正是大好转机吗？此时蒋介石给自己招手怎能不去？它是多么富有意义的一个行程啊！

马鸿逵决心碰一碰运气。如果将来国民党成事，这一拳他就等于把马步芳打倒了；如果将来国民党败了，此刻向共产党避让一步，也可留下伏笔，日后便有左右逢源的本钱。反正家产已经出去了，到哪里都不愁荣华富贵，或可学做黄鹤，一去了之呢！

恨只恨后继无人，两个儿子一个都不理想。这一点让马鸿逵恨不起也怨不起。担任宁夏骑兵指挥官的大儿子马敦厚，遇事沉不住气，好乱方寸；而小儿子马敦静倒是爱逞个强什么的，可动不动头脑发热，总是闹出一些过当之举。给他一个宁夏兵团司令官的职位，谁知他指挥打仗每每冒失草率，几乎就不能迎敌。能够相托的反而是个外人，那就是一二九军军长卢忠良。

这是很不情愿的事。马鸿逵临上飞机前把“加强防守、死战到底”和“听从马指挥官调遣”的话给卢忠良交代一通后，又将马敦厚、马敦静两人叫到卧室，小声吩咐：“蒋介石这个老狐狸是要拿我去当人质，一则要拉咱们的队伍，二则怕我投降共产党，我一去恐怕就回不来了！老蒋会拿我的性命来逼你们抵抗共产党军队。你们记住，扛得住就扛，扛不住见机行事，共产党不占宁夏是绝不罢手的……”

宁马八十一军自惭形秽，一野十九兵团箭在弦上

毛泽东一向很不喜欢马鸿逵这个人。

马鸿逵的父亲马福祥因慈禧西行“护驾有功”官至宁夏护军使，五个妻妾中，马鸿逵为长房长子。他从小就是个坏小子，文武不习，吃喝嫖赌，窑子里少他玩不转。九尺铁链系着拴马桩也拴不住他的心。最后，马福祥万般无奈，只好卖张老脸皮将这个“畜生”送到袁世凯的总统府做了侍从武官。

20世纪30年代初，从袁世凯身边出道的马鸿逵，得军阀混战的天时地利，手上拉出几个旅，万儿八千人的队伍，成了蒋介石的铁杆伙伴。1932年7月，对鄂豫皖根据地第四次“围剿”就有他的份儿，同年10月，围堵红四方面军向平汉路以西转移他又充当急先锋；1935年10月他还自告奋勇阻遏红军陕甘宁边区；第二年10月红军三大主力会师会宁，又是他亲手向蒋介石折呈《剿共意见书》，提出“先剿陕北，再剿其他”，至于红军西路军的浩劫就更不用说了。西安事变，马鸿逵始则观望，终又致电大骂张、杨二将军，屈媚蒋介石；抗战之中，马鸿逵借口防共，不肯出兵抗日，并以重金买通蒋介石，拼命扩军挤压共产党；内战爆发时，一向拥兵自重的马鸿逵，竟不惜血本，倾三万兵马，犯三边，援榆林，出陇东……直至解放大军西出甘肃逼近兰州，他还在那里给脸不要脸，作垂死挣扎。

毛泽东恨就恨马鸿逵是个出尔反尔的小人，利用共产党的统战政策，

要流氓。

早在抗战时期，毛泽东还在延安，就听贺龙和习仲勋说，在边区广河县找了一个叫马绍常的回民党员，去跟马鸿逵联络统战。当时，马鸿逵搞得壁垒森严，丝风不透，像是大财主生怕沾上穷亲戚那样，躲闪不迭。更可气的是，到1948年春，他却硬逼着这个马绍常声明脱党，以免“事态暴露，两有不利”。

后来，马绍常成了国民党宁夏省政府参议，不知道在那里谁统战谁了。

北平和平解放，毛泽东亲自派邓宝珊从包头赶到宁夏传话，希望马鸿逵趁马步芳青海兵团扑向陕西时，出兵陇东，在青马背后操上一刀，截断其归路，消灭马步芳，为西北解放建不世之功。马鸿逵顾虑重重，定不下决心，让邓宝珊傻傻地等了整三天，一无所获。

接着就是，前文已提到过的傅作义从包头给马鸿逵打电话，马鸿逵满嘴英雄好汉，决意不从和平，而死守宁夏。

杨得志十九兵团兵临宁夏，野司副参谋长韩练成又派人拿着信函，最后劝告马鸿逵：“只要不流血，交出军权、保持政权亦可。”

马鸿逵仍旧不干，说，军队是政治本钱，没有军队，哪有政权？

毛泽东深恶痛绝地给彭德怀专门发了封电报：必须给马鸿逵以歼灭性的打击！马鸿逵残杀陕北人民甚多，从来没有做过好事，对其宁马军“力争全部缴械，其次则争取大部缴械，一部改编。总之，改编的部队愈少愈好”。

马鸿逵的那点儿部队的确是一塌糊涂。执掌宁夏党政军大权17年来，马鸿逵始终把“军”当作基本，但始终又离不开“党”这块招牌，并且标榜以“政”治党，七整八治，把军队完全搞成了一个流氓土匪团伙，什么丧尽天良就干什么。他的兵员极少部分是过去从冀、鲁、豫各省招募来的，大部分在宁夏就地征选。3个步兵军（八十一军、一二九军和十一军），每军辖3个师，另加1个骑兵师，连同直属部队和地方团队凑在一起，共8万多人。军官几乎全是甘肃临夏地区（也就是古河州）各县的人，下级军官中，宁夏回族人占到一半以上，以至于形成四大方块，即：甘（甘肃）、马（马氏亲属）、回（回族）、河（古河州，即临夏）。这就是马鸿逵为所欲为、豪赌官场的资本。

以这么一堆人马，想要挡住解放军第十九兵团，谈何容易，也难怪马鸿宾父子一再自惭形秽。

但是，杨得志还是认真地作了部署。一方面，针对马敦静倚仗黄河天险摆弄的三道防线，发起积极的军事攻势；另一方面，又通过多种渠道，与敌军内部取得联系，争取起义。如此两条战线一起展开，使得战事从一开始便显得扑朔迷离、纷乱如麻。

9月2日，十九兵团左路六十三、六十四两个军，由兰州北进，五天后一举攻占甘肃靖远和打拉池。这是马惇靖八十一军伸出来的两个前哨阵地。风声一动，马鸿宾父子立刻紧张起来，慌慌张张将驻在河东中宁的军部及一大帮家眷，全部迁到河西的中卫。

八十一军前哨阵地靖远所驻的两个自卫总队（相当于两个团），一口气跑了200多里，来到中卫对岸的黄河堤坝上，看看距军部隔水相望，只不过7里了，才放下心来挖灶做饭。谁知饭还没做熟，解放军六十三军突然围上来“包了饺子”。对岸中卫的军部听到枪声，没作任何表示。这就是说，八十一军真的让开了大路，马鸿宾父子的话兑了现。

右路六十四军和独立一、二两师奉命从宁夏最南端的固原和海原全力北攻同心。想不到远在金积的卢忠良一二八军与八十一军态度恰恰相反，来了个以攻为守，以三五七师、骑十旅和宁夏保安第七团共七个团的兵力，从最底下的第三道防线冲出200多里，突然袭击我驻在下马关的独立第二师。独二师毫无防备，吃了个不小的亏，如果不是六十四军临近的一个团闻信赶来增援一下，后果不堪设想！

马鸿宾父子和卢忠良的态度立见分晓。

马敦静此时还没有进入情况，仍在银川指挥中心吞云吐雾。对于他来说，中卫对岸失掉两个团和下马关的一个胜仗，都还摆不上桌面。他现在不仅是宁夏兵团司令官，还是省政府主席、省党部主任委员……凡是他老子马鸿逵的头衔，他通通都顶上了。所以，他得拿大主意。

马敦静所谓“大主意”就是该来的快点儿来。他不喜欢小打小敲，一个团半个师的打，几时才能完成老头子的使命，登上飞机开路？

和，是绝对不可以的。马敦静吩咐说：“把那个孟宝山找来！”这是马鸿逵离开之后他办的第一件事。

孟宝山是解放军十九兵团对敌联络部长甄华，派来向马鸿逵、马敦静父子转达和平解放诚意的使者，已在银川住了好些日子。“孟大叔，我出的布告你都看到了吗？”马敦静横躺在木椅上，口气生硬。

孟宝山肚肠慢揉：“看到了。我以为避和主战，让宁夏百姓生灵涂炭，并非上策。”

马敦静起身背着双手踱了几个方步，说：“仗已经打起来了，说那些有什么用！共产党不接受我们的互不侵犯协定，决意要打，我没办法了，我只有打开渠口放水，我只好将银川烧成焦土，再不行就把军队化整为零，拉到贺兰山打游击去……我怕什么呀，我是为孟大叔的安全担心呢！”

孟宝山一惊：莫非这小子敢加害于我？！孟在抗战时期就是马鸿逵的少将电信处处长，后虽被马排挤出去，总不至于一点旧情都不念吧！

转而又想，也难说呀，马家父子是什么东西他太明白了，心狠手辣，什么缺德事都能干得出来。既然如此，怕也没用，索性豁出去了，胸脯一挺说："我孟宝山死不足惜，只要宁夏百姓不再流血，就是化为灰烬又有何妨？"

"我知道你孟大叔不怕死，"马敦静吊儿郎当地将一条腿跷在木椅上，"可是中统局那班人你是知道的。他们已经查明你的身份和眼下的工作，说是要把你押到广州去呢，我挡不住啊，你还是先离开银川吧……"

孟宝山明白了：马敦静是要关闭与中共的和谈之门！他除了在心里大骂马敦静愚蠢之外，还能做什么呢。

马敦静并不感到自己是愚蠢的。他的第一道防线（分别以骑兵第二十团守同心、新编骑兵第一旅守景泰及八十一军的前哨靖远）被突破后，立刻撤出中宁，调整作战部署，调马全良的贺兰军北渡黄河加强其右翼，并让马光宗的第十一军退守银川。马敦静觉得这一招既体现深谋远虑，又顾及眼前的现实境况，很有天才禀赋。但他没有想到，这样一来，整个防守第二、三两线兵力空虚了。第二线仅有八十一军，第三线只留一二八军。

八十一军的马惇靖在中卫城里早已慌作一团。解放军六十三军主力攻占靖远并追歼那两个团的自卫中队时，六十三军一八八师已直插黄河西岸的景泰，在古长城脚下把驻守在那里的敌新编骑兵第一旅打得夹起尾巴往回跑。一八八师追着骑一旅越过长城直奔中卫。因为是在黄河西岸，黄河天险除隔开敌人八十一军与一二八军的联系之外，什么作用也没有。中卫完全成了一座孤零零的城市。

马惇靖的法宝就是打躬作揖。他赶紧约请中卫城里的绅士们到军部开会，说：第一，八十一军不准备抵抗共产党的进攻，请他们转告全城百姓，不要惊慌；第二，请他们出城到离城40里的沙坡头迎接解放军，并且向解放军说明八十一军不抵抗的意思，请解放军缓进。

杨得志说："告诉曾思玉他们，可以答应缓进，但我们的等待有限度！"

曾思玉是六十四军军长。六十四军从固原和海原出发攻下同心后，又直奔中宁。因长途奔袭，部队比较疲劳，除一九一师继续向噶沙洲发展进攻外，军部率主力一九〇、一九二师暂留中宁，待马惇靖的八十一军问题解决得差不多了，再与六十三军和六十五军合力，由马惇靖打开的大门杀进纵深，向大坎、小坎、金积、吴忠堡之敌一二八军、贺兰军第三道防线打过去。

此时马鸿宾出发去了银川，代他的堂弟马鸿逵辅佐"小天子"。马惇靖和他的"二家兄"、八十一军副军长马惇信两人，火烧眉毛似的商量应对之策。其实也没有什么可商量的了，大政方针已定，而且既成事实，说是“商量”，只是在心理上接受这个事实罢了。

兄弟俩面对面地垂着头，谁也不说话，仿佛在执意等待着某一时刻的来临。天渐渐黑下来了，勤务兵开始掌灯，电话铃这才惊人地骤响。马惇靖不接，马惇信无奈地操起话筒，弓着腰，双手发抖。一听，却是石空堡所属驻军一个营长打来的。他立刻又挺直了身体说话。

营长报告：解放军和谈代表到了石空堡，要求八十一军派人去接洽。

马惇靖匆匆忙忙赶到石空堡。一看，什么解放军代表，却原来就是马鸿宾过去的副官马成俊。

老先生奔走有诚意，小司令弄权无定见

那个不怕死的孟宝山竟辗转来到解放军六十四军军部。同时到达的，还有从兰州赶来呼吁和平的一帮老先生。

孟宝山与军政委傅崇碧个别交谈了一个多钟头。他将到宁夏联络的这一个多月酸甜苦辣一一陈述，说到动情处，拍案而起，让傅崇碧甚是感动。其时，六十四军尚未进入中宁，驻扎在中宁附近的大红沟、马家河湾一带。孟谈完之后，便遵照傅政委的意思来到中宁，通过马鸿逵的骑二十团给银川马敦静挂电话。

那已是夜晚10点多钟，马敦静早就呼呼大睡，电话里传来他打哈欠的声音：“啊呀，孟大叔啊，我真是服了你了，共产党给你什么好处，你连觉也不睡……谈判不着急嘛，我还要考虑考虑，再说吧，啊？”

孟宝山哭笑不得：“你还要考虑考虑？解放军还等你考虑吗？！”

“那怎么办？要和谈总得有耐心。叫他们暂时就在大红沟一带驻着，要是没吃的，我可以给他们送点粮食。否则……我就不客气了，我要下令两个骑兵团坚决抵抗！”

笑话！笑话！简直是天大的笑话！孟宝山捂着送话器，使劲平息心气，说：“你待在银川，根本就不明白前方情形，解放军数十万之师，是你两个骑兵团能抵抗的吗？你知道吗，中宁已成空城，解放军如果愿意，随时可以进入！”

“孟大叔，卢忠良可不是像你这么说的。你为共产党办事，我不怪你，可你也不要太过分了。共产党是什么样的，我见识过，用不着你来教导我！”

孟宝山急了：“敦静，此一时彼一时呀，你不要小孩子气……”

马敦静怎么经得住这种话，当即撂了电话。

“这个王八蛋！”孟宝山空对话筒“喂”了半天没有应声，狠狠地骂道。他决定返回银川，当晚就把自己的主意跟兰州过来的郭南浦老先生一

行几人说了。

郭老先生是国民党元老，此番出山受了彭德怀之托，要“拼却这把老骨头促成宁夏和平”。当即他和孟宝山约定，一块到银川去，当面跟马敦静交涉。同行的还有省府秘书长马季康以及白连升、马守礼等人。

孟宝山毕竟是宁马通信处的老杆子，宁马部队老关系很多，走到哪里打个电话都还方便，沿途安排也很周到。以汽车上小旗子为标记，他们可以不受任何阻拦去往银川。

不管马敦静个人如何潇洒，银川城里的气氛还是有些紧张。孟宝山一行小汽车刚进城，就感觉到不对劲。但他们心头是坦然的。

接待他们的是现任省府秘书长兼民政厅厅长马廷秀。此人过去接触共产党人及其文件甚多，思想倾向也很明确，是个“主和派”。见孟宝山这些人谈话全无顾忌，不禁时时要捏把汗。按照马敦静的吩咐，孟一行安置地点已被监控，前后左右都是耳目。只要马敦静愿意，杀掉这几个人易如反掌。

但孟宝山几人满不在乎，家在银川的马季康声称三年多没和夫人见过面，甚至提出与孟宝山一道“到府上走一趟”。马廷秀坚决反对，并晓以利害，才算劝住了。

此时，马敦静周围对孟宝山这帮人说什么的都有。孟已被指为“间谍”，说他第一次来是为共产党做地下工作，这一次八成要把共产党军队引到银川。有人恶狠狠地提出：“必先根绝内患，才好集中抗敌！”

马敦静表达：“只要他们不乱来，看住就行了！”至于孟宝山等请求面谈，马敦静一概拒绝。他对马鸿宾说：“要谈你跟他们谈谈，我不谈，孟宝山这人最讨厌，我不想同他讲话，叫他走！”

马鸿宾倒是很喜欢同这些旧人沟通沟通。入夜，他的“五亩宅”安静得很，正好屋外下着雨，屋内几个上了年纪的人围成一圈，在灯下谈话，心意极佳。他像个道学先生那样，慢条斯理地说：“你们谈和平，怎样叫个和平呢？和，就是和气；平，譬如一碗水拿平了，水便不会摇荡……”

“说得极是！”郭南浦老先生接上话头，“共产党就快解放全中国了，天下将不用打仗而平定一统，将来社会进步，民族振兴，有何不好？非得打打杀杀，你争我夺，真正遭祸的是老百姓啊！只顾逞一时之气，而不顾百姓安危，将成为历史罪人！”

白连升老汉也说：“老朽不才，鞍马劳顿只为宁夏太平这一件！多少年了，黄河两岸的乡亲，不是天灾就是人祸。为何不能顺应时势，让百姓安居乐业呢！天下是百姓的天下，应以百姓利益为重……”

这些话出自一个个老者之口，显得格外打动人。马鸿宾本来就主张和谈，这一来更加坚定了信心。他说：“八十一军没有问题，别的部队我说了他们不听。”

马鸿宾说的是个大实话。在到银川之前，他曾由中宁起身，绕道来到贺兰军马全良的驻地——宁朔县，想跟马全良谈谈，让贺兰军与八十一军合作起义。马全良碍着本家面子，也不好说什么，只把马鸿逵临行前给他和马敦静的一份电报拿出来给马鸿宾看。那电报上说：“宁夏，只有静儿和吾弟等主持，他人不得过问。”这个“他人”是指谁呢？马鸿宾！马全良的态度不言自明。

“那就再说啊……”孟宝山道，“一遍不行两遍，相信主和是大多数！”

马鸿宾不置可否。话说到这里，好像再也深不下去。孟宝山即想返回中宁。一来跟解放军通通气，二来趁热打铁解决八十一军！他让年纪太大的郭南浦留下，其他人仍结伴而行。

马鸿宾想了想，说：“刚下过雨，路上泥泞不堪，怕不大方便……”

孟宝山主意已定，坚持要走。马鸿宾也就不再说什么了。他好像天生就没有拧着劲跟别人较量的本领，随和得有点让人担心。这次到银川，就有人把他说成是“聋子耳朵”。

其实，马鸿宾的心又有几人能够真正读懂？

表面看来，从哪一方面讲，马鸿宾都是马鸿逵手下的败将。这么多年，马鸿宾栖居一角，没有半个“怨”字。然而，宁夏人心自有公道，马鸿逵得意忘形早已丧尽众望，而马鸿宾却在一旁收获着成千上万人的期盼与信赖。他知道，马鸿逵在外斗不过马步芳，在内拢不住老百姓，只要政局动荡，就必将死无葬身之地！

这一天终于来到。马鸿宾一眼把天下大势看穿：国民党到日子了！在给八十一军安排好归宿之后，他觉得从公从私都得到银川来走一趟。

在银川的这些日子，马鸿宾看到马敦静的表现，颇觉失望。马敦静论才论德都不堪大任，完全是个庸人，表面胸有成竹，实际毫无主意。凡不到前线去的军佐和行政人员，每日拿些例行的公文、请示报告之类，过家家似的凑合局面。人问：“共产党军队快到吴堡了，怎么办啊？”他就说：“准备把船拉到河西，叫共产党军队过不了河！”人说：“那是古代的冷兵器防守，如今打仗，大江、大海都挡不住，榴弹炮射程是60里，一条黄河算什么！恐怕挡不住哩，要是共产党军队一下子打到城下怎么办？”他就不耐烦了，说：“怎么办！怎么办！哪有那么多怎么办！把军官的家眷们用飞机接走，打完算了！”此后，他就一忽儿让省保安少将副司令马如龙（马晓云）通知准备快马，扬言要急行军穿过甘肃静宁县，到陇南去和胡宗南联合；一忽儿又通知民政厅长马廷秀预备轿车，说是要经过蒙旗定远营，到甘肃河西靠拢正在溃逃的西北长官公署副长官刘任；一忽儿将马如龙叫来，要留给他30000银币，让他进贺兰山打游击……实在是毫无定见。头脑一热，想到哪里说到哪里。

但是，对于马鸿宾，马敦静却冷淡得出奇，根本不把他当作长辈来尊敬。马鸿宾来银川时，连一个例行的迎接都没有。住下来之后，又迟迟避而不见，弄得马鸿宾好没有面子。每每有些老朋友上门拜望，只好自己给自己找台阶下，说此行与政事无关，只是准备向三盛公后套一带去避烽烟。

这些面子上的事也就算了，马鸿宾不作计较。直到有一天，他发现马敦静在自己的“五亩宅”周围昼夜布下密探，这才感到事情的严重。他一方面不动声色，大智若愚；一方面警惕在心，等待时机。而孟宝山等人对此一无所知。当他们提出要走时，马鸿宾提醒说“刚下雨”之类的话，他们压根就没有细想。

的确刚下过雨，路途泥泞，孟宝山等人的车一步三陷，好不容易才爬到大坝附近。刚要放开马力好好跑一段路程，忽见前面路口有两个国民党士兵举着小旗，将车截住。一个瘦瘦的上等兵到车前行了个礼，说：“哪位是孟宝山先生，请跟我到团部去一趟！”孟宝山一惊：“找鄙人有何贵干？”

那兵说：“我是奉命截车，你去了就知道了。”

卢忠良到底是奴才，马鸿宾毕竟是长辈

马鸿宾后悔没有当面把话跟孟宝山等人挑明。

孟宝山等人出发后，马鸿宾越想越觉得不放心，最后终于想办法给孟一行必经之路的驻守团打通电话，要求他们见到孟宝山等人时，将其截住。他要跟孟宝山单个通电话。

孟宝山被带到团部，知道是马鸿宾要跟他通话，一块石头落了地。马鸿宾在电话里听到孟的声音，也踏实一大半。别的话不便多说，只叮嘱一句：“你们要走快点！”

这已是最快的速度。从银川到石空渡口150公里以上泥泞路，孟宝山等人的车早晨5点出发，晚上8点赶到，中间还接电话、还在贺兰军驻地小坝打一站，与马全良的心腹人物张朝栋作短暂会晤。

到达石空堡的下榻寓所时，所有疲惫不堪和惊心动魄都不在话下了，孟宝山一个劲地欣慰：顺手跟中宁县长张朝栋通上了消息！张与孟以前曾有过一次长谈，后始终联系不上。这次见面张告诉孟，过去所谈话题“不久必有结果”，这句话还不足以让孟宝山睡个好觉吗！

这晚睡得真是踏实，以至于大清早小伙计敲了好一会儿门，才把孟宝山叫醒。天刚麻丝亮，马惇靖到了。

八十一军的问题已经是水到渠成，孟宝山几人和马惇靖简单说了几句，便坐小筏子过黄河。河对岸，解放军十九兵团联络部的徐飞、吴天维二人和六十四军军长曾思玉、政委傅崇碧，都已等在那里。

曾思玉说："和平条款我们都拟出来了，一共四条，限十九日签字，马惇靖要是再拖延的话，我六十三军河对岸部队立刻攻中卫，六十四军也将从石空渡河。"

八十一军代表马培卿吞吞吐吐地说："签字肯定没有问题，只是在什么地点签，我们马军长意思是到河北岸中卫选个合适地点，不知贵军……"

"那不行，"六十四军联络部长牛连璧一口拒绝，"应该在河南岸签字！我方与你方地位不一样，这一点你们必须清楚！"

马培卿还想说什么，孟宝山把他打断了，说："万事齐备，只欠东风，为一个小小地点何必争执不下呀？我提个折中意见：不到河南，也不到河北，石空渡口河中央有块平平整整的沙滩，干脆到那上面去签，又平等，又有意思，怎么样？"

曾思玉和傅崇碧交换了一下眼神，点头同意。

接着所发生的一切，立刻证明了关于签字地点的争执毫无意义。孟宝山在他的日记中这样写道：

"12时，我们到了河南岸，马惇靖、马培卿和杨子俊等五人，已在河中的沙滩上了。首由傅政委和马季康过去。彼此在欢笑声中见了面，握了手，又一同来到河南，曾军长、傅政委、牛部长和我们陪着回到第六十四军军部（住在中宁县省银行办事处），又约同第六十三军郑军长，设宴欢谈。在欢谈中签了字。傍晚，马惇靖一行五人，兴辞而去。"

与此同时，十九兵团各部主力已经推进到吴忠堡、金积、大坝一线及灵武，首先占领金灵地区制高点牛首山，居高临下，锁住交通，一二八军副军长兼三九六师师长马宝琳慌了，忙向驻在灵武的卢忠良告急："共产党军队兵力太大，重武器又多，还有坦克呢！看样子金积难保……"

卢忠良态度冷峻，说："难保也得保！第二五六师很快就给你增援上去。在未到达之前，你要想尽办法，竭力坚持，绝不许退却，除非你们……全部战死！"

说这番话时，卢的内心也没有太多底气。"难保也得保"，这就是他的逻辑。就在两天前的一个大清早，马敦静没头苍蝇似的打电话问卢："共产党军队步步紧逼，吴忠告急，有人要我讲和，你说该咋办呀，要不要开个会商量一下？"卢忠良也是冷冷地回答："军人以服从为天职，你说咋办就咋办，再没有开会的必要！"马敦静听了，号啕大哭："要是军官们都像卢将军这样，我就放心了！"

显然，马敦静同他老子一样，把卢忠良当作一根精神支柱。

卢忠良那股劲，让马敦静心里稳当多了。随之，自我感觉也好起来。于是便想着为卢忠良争取时间，调整部署，以待来日之战。他找来留在银川的郭南浦先生，让他给兰州彭德怀发个电报，请求缓攻两日，“以便召开高级会议商讨起义事宜。”

这一着让马鸿宾也信以为真。

在吴忠告急时，一直备受冷遇的马鸿宾已感到银川的日子不多，想起马敦静曾说过把银川化为焦土的话，便急忙向军械处要来一辆大卡车，把银川所有财物家当，装了满满一卡车，准备带着家眷远走绥蒙。

这事给省府秘书长马廷秀知道了，立即赶到“五亩宅”来劝马鸿宾。马廷秀说：“你在银川德高望重，不能这样就走！你一走，银川就完了。有什么想法可以再作商量嘛！”

“商量，跟谁商量？谁又能同我商量！”马鸿宾满腹委屈。

马廷秀说：“自然是跟平山（马敦静）商量。”

“哼，跟他商量！这么多天，连个照面都不打，还说是到前方去了，胡扯！”

“他不来找你，你可以去找他嘛！”

“什么？我是长辈，他避我不见，我反要找他！这是哪家规矩？”

“局面已到这种地步，你就大人不计小人过，不要跟他一般见识了！”

马鸿宾垂头想想，无奈地叹道：“那好吧，你如能把他找来，我就暂且不走。”

马廷秀一看事有转机，连说：“可以，可以。”其实，马敦静这会儿究竟在哪里，马廷秀也摸不清。他只好对电话局公布自己的身份，说有军机要事要向司令官报告，这才一级一级找到马敦静。

“马鸿宾要走，你是不是见一见？！”马廷秀的话软中带硬。

马敦静冷笑道：“要走？共产党军队还在一百里外呢，就要走！”

“他不走又咋样？还不是成天待在‘五亩宅’没事干……”

马敦静说：“幸亏他没事干，否则宁夏兵团三个军都投降共产党了！”

“话不能这么说，他有他的见解。再说，他总是长辈呀！”

马敦静丢掉手中的烟屁股，狠狠地说：“好吧，长辈……你先去挽留着，我随后就来。”

马廷秀满心欢喜跑到“五亩宅”报告，说：“他听说你要走，急得了不得，马上就到！”

这话还中听，马鸿宾心里平和了许多。两人就在屋里一边聊天一边等待马敦静“驾临”。可是左等右等，始终不见人影。马鸿宾有点耐不住了，冷着脸说：“廷秀，你没有搞错吧……”

话犹未了，马敦静和马如龙两人一摇一摆地过来了。没进门马敦静就喊：“听说你要走，是真的吗？”

这下马鸿宾不客气了，拿出家长的姿态，一张口声音就呛人：“你连老爸爸都不能叫一声吗？你为啥避我不见？家务事尽可商量嘛！你阿大走了，你能不能负起这个责任？能的话，该拿出办法来；不能嘛，看谁能干就让谁干，一个人干不了，或者几个人干，共同负责……”

马敦静傻了眼，不知说什么好，怔怔地盯着马鸿宾。

马鸿宾接着说：“这个仗还要打吗？我看以和为好，打不出名堂来。至于你阿大的安全，不要考虑太多，那好办，就说军队掌握不住，不就完了！”

马敦静低头不语，有明显的抵触情绪。

马鸿宾吼了这一顿，没大反应，便转问马廷秀和马如龙：“你们看怎么办好？”

马廷秀和马如龙一齐说：“请司令官拿主意。”

马鸿宾对马敦静说：“你回去，连夜召开个军官会议，大家商议办法，签字盖章，共同行动。”想了想又说：“把省政府的人也参加上，一起搞！”

马敦静哈着腰唯唯诺诺地退出去了。

这模样给马鸿宾的感觉不错：马敦静总归年轻，孺子可教！所以，当郭南浦与马鸿宾谈及给彭德怀发电报之事时，马鸿宾满口支持，说：“召开军官会议是我的主意，给点时间是应该的。”

彭德怀慷慨大度给了两天时间。

马敦静究竟有没有或者是不是打算召开那个让马鸿宾寄予希望的军官会？这个问题已容不得人们多想。因为就在此刻，天上掉下一条头号新闻：国民党军令部长徐永昌和空军副司令王叔铭的飞机降落在银川机场。

“五亩宅”悲悲切切发通电，“代表车”摇摇摆摆签协议

马鸿宾决定随机去包头。他要到那里设法与傅作义、邓宝珊二人联络，请他们给宁夏拿个主意。

这正好撞着一个火山喷发的节骨眼上，傅、邓在包头与董其武刚刚拟定绥远起义通电，准备于19日上午在省银行包头分行礼堂，举行通电签字仪式。

徐永昌和王叔铭就是为此事而来。马鸿宾这个时候去包头公干，徐、王心里哪有不明白之理？但是，时局如此，人各有志，徐、王也只有“心情复杂”而已。他们开着一架飞机满天奔跑，不过是奉着钦旨例

行公事罢了。

飞机在银川上空盘旋，徐永昌“心情复杂”地不胜感慨：“这样的山区，完全可以打几个漂亮仗，拖延到第三次世界大战爆发……”

马鸿宾在一边细声“请教”王叔铭：“如果要打，中央是否可以派飞机来助战？”

王叔铭惨然一笑，半晌才轻叹道：“中央也是自顾不暇。”

两天后，马鸿宾原机返回银川。此行的结果不言而喻，他更加坚定了既往的决心。现在，彭德怀给的“假期”已经用完了，马敦静的作为如何呢？

“马敦静走了！”这是马廷秀次日清早见到马鸿宾时的第一句话。

马鸿宾大感蹊跷：“走了？怎么走的？去了哪里？留话没有？几个人？”

“昨天跟徐部长他们飞机走的，说是去中央讨主意，有主意下午就回来，没主意就不回来了！”

“这是谁告诉你的？”马鸿宾对这个天方夜谭似的消息将信将疑。因为，徐、王的飞机把他送回银川，仅仅在银川机场一个起降，几乎没有停留啊！

是的，马敦静就是在一个起降的时间里，跟马鸿宾擦肩而行，登上飞机的。“向中央讨主意”的话，他只是跟自己贴身人物马如龙说说罢了。当马廷秀追问马如龙时，马如龙还在千方百计打马虎眼，谎称马敦静到酒泉联络刘任去了！

最着急的要数卢忠良。解放军十九兵团的炮声天一亮就吼开了，银川方面却仍在那里战不战、和不和毫无主见！卢操起电话打到指挥中心，连对方是谁都不问，便大叫：“主席走了，大少爷（马敦厚）走了，现在司令官又走了，我们为谁打仗？你们派个人来同我商量怎么办吧！谁能来？快一点！”

接电话的马如龙被卢忠良这个口气吓坏了！他已经因马敦静的出走，让前后左右的人责问得焦头烂额，所以，话也说得支离破碎：“谁、谁去合适呀？我要守、守电话，是来不了了，叫马光天、李振国去，咋样？”

“随你们便吧！”卢忠良扔了电话。他一听马如龙那个熊话，就知道已成一摊烂泥了。

这时，金积方向的枪炮声越来越激烈。卢忠良到门外透了口气，转身回屋又给贺兰军的马全良以及马英才打电话，约他们到仁春渡会晤。等到马光天形单影只赶到时，卢忠良和马全良、马英才已把“接受和平”的通电都商定下来了。

马光天成了一个名副其实的传递员，中午饭都没顾上吃，慌慌张张把电文带回银川，交给马廷秀。马廷秀把电文仔细看了一遍，觉得没有把握，说：“此事非同小可，要送马鸿宾斟酌斟酌。”

这时候马鸿宾还在生闷气哩！骂完了马敦静，骂马如龙，最后连马敦厚、马廷秀这些人也一起骂，骂得自己骨头像散了架似的，气哼哼的不能动。直到马廷秀一伙人乱哄哄地赶到“五亩宅”时，才稍稍平息下来。

前方将士把和平电文都拟出来了，这让马鸿宾更体会到自己的正确性。手捧电文，他突然谨慎起来，说：“马鸿逵正在重庆，考虑他的安全，词句不要对国民党太刺激，只表示接受和平，听候毛泽东主席处理就行了。”

接着，马鸿宾便按照这个意思“斟酌”。然后由马廷秀誊清，在电话里念给马全良、卢忠良和马光宗三位军长听，征求他们的意见。

马全良立即回电，表示同意。而卢忠良和马光宗却迟迟没有反馈的消息。马鸿宾等不及了，说：“发吧，不要再拖了！”就发：

“国民党秉国以来，领导无方，纪纲不振，民生凋敝，致战祸弥漫全国，强者死于炮灰，弱者流于沟壑，刻又战事迫近西北，面临宁夏。全良等不忍地方70万军民，遭受涂炭，爰于本月20日停战，服从毛主席领导，实行民主，俾人民登于衽席，国基安于磐石。至于军事如何改编，政治如何革新，听候协商，一致服从。”

这天黄昏，本来热火朝天的金灵地区，偃旗息鼓，安静下来。银川更是静得出奇，仿佛每个人都缩到自己某个小角落里，在悄悄喘息。

马如龙更是如此。这些日子，先是“伴君如伴虎”，后来“老虎”跑了，挨唾沫星子的却是他。每天即便闭上眼睛脑袋压在枕头上，也像是背着石轱辘。现在好了，一了百了……他灭了灯，歪在枕边疲惫地合上灵魂。突然，电话铃声大作，吓了他一跳，伸手摸了几个来回才把话筒摸到手。

是马鸿逵的长途，从重庆打来的!

“电文我已看到了，军长、师长都签了名，是真的吗？”马鸿逵问。

马如龙迟疑了一下，答：“是真的。”接着他又将阿拉伯语掺和到报告词中，说：“满拉不念经了。如再强迫，就要把囊噶放到阿訇的朵洛上哩！”意思大概是说部队不听指挥了，再拖下去不好办。

马鸿逵说：“我没别的意思，无非是不忍宁夏七十万人遭受涂炭……”他叹了口气：“现在仍叫尕老二回来和你们一同干，好不好？”

“不用了，已经通电求和，队伍正在缴械，不要再来了……”

马鸿逵半天没吱声。突然，“哇”的一声哭起来，电话在哭声中挂断。

夜色一下子淹没了马如龙，往事历历在目，一切都成为过去。马鸿逵的哭声是那么撕裂肝肠，它像一桶滋味莫名的卤水，让马如龙整个身子都腐化了。他伸出一只手轻轻抽自己一个耳光，接着另一只又抽，一左一右轮流着抽，直到泪水从指缝里艰涩地流出来。

这种说不上来的情绪，甚至包括马鸿宾都不例外。到第二天下午，彭德怀复电发至银川，他才稍稍恢复一点儿理智。彭德怀的电报中对宁夏问题和平解决，“殊堪欣慰”，要求宁夏集团派代表到中宁与杨得志接洽。马鸿宾当家，要做的工作很多，实在没有时间感怀。

9月22日清晨，马鸿宾把挂得上号的军政人员召集到“五亩宅”，商讨派代表去中宁“接洽”的问题。按照通电署名，马全良排在最前面。因此马鸿宾说：“马全良领衔就领到底吧，做个军事方面代表，咋样？”

马全良被点到名，机械地起身，木着，头垂在胸前，许久，肩膀有点耸动，继而大颤，鼻子也抽搐起来，越抽越厉害，最后干脆就“呜呜”地哭出了声，哽咽着说：“马全良不是人，悔不该领头通这个电，对不住长官的多年知遇，对不住……”

马鸿宾皱着眉骂道：“真是没出息，哪里像个男人！这个样，咋当代表？还是让卢军长去吧。”

卢忠良抱着双臂，叉腿端坐，嘴唇棱角分明抿成一线，眉毛眼睛间也有一片懊丧。听到马鸿宾提自己的名，说：“还是换别人吧。我跟共方作战多年，仇怨深重……”

“正因如此，你去了跟人有个照面。人有见面之情嘛，将来处理上总要好一些。”

卢忠良心里有股热意。想了想，点头同意。

马鸿宾见这一伙人个个都是扶不起来的猪大肠，索性端起长官和家长的双重身份，不容推辞地说：“那就由卢军长作全权代表，马光天跟去当个助手，当然也算是代表。马廷秀代表政界。”于是一言九鼎，当即由马廷秀写了份“代表资格证明书”，像马光宗、马宝琳、马英才、马如龙、扈天魁、李振国等人都签了名。马全良也悻悻地走过去，在证明书上签上自己的名字，掷下笔，掉屁股钻出去了。

正当大家挨个儿签名的时候，马廷秀伏在马鸿宾的耳边小声问：“还有啥吩咐的？”

马鸿宾成竹在胸地说：“你们乘车从宁朔县过河，另外带两人，放在河西石空堡，以便通信联络。”

马廷秀领会地点点头，说：“放心，我会见机行事的。如有必要，我们三人中一定要有一人回来报告。”

马廷秀与马鸿宾的这番耳语，使得场面平添了几分肃穆与神秘。这气氛随着那辆摇摇晃晃的“代表车”一直维持到贺兰军驻地大、小坝附近，突然被扑面而来的溃兵冲散了。原来，树欲静而风不止，军、师长们签字求和了，而下面的部队还在那里决堤淹田。特别是贺兰军，都是些地方保安团过来的，士兵和下级军官一哄而散，溃逃不止，急得卢忠良和马光天下车四处捕追逃兵，向他们解释，要他们就地待命，可谁听你的呀！即便是军长也管不住兵败山倒，卢忠良一屁股瘫在堤坝上，狠狠地骂道："娘的，通电求和，千真万确！"

在与解放军十九兵团首长接触中，卢忠良自始至终一声不吭。只在历数宁马阻击红军、进攻陕北、抗拒西北解放等罪恶时，他小声地咕哝了一句："我们是战犯，有罪！"

杨得志一直在观察卢，总觉得卢与那帮姓马的军官不太一样。究竟是什么不太一样，他说不上来，但是他有兴趣。接在卢忠良的话后，杨得志说："所谓战犯，是战了就犯，不战不犯。今天你们是为接受和平而来，我们欢迎。这是我们共产党的政策！"说着主动上去和卢忠良单个握了握手："我们决定采取和平协议的方式解决宁夏问题，你们看如何？"

一份协议草案放到卢忠良面前。在草案五条之中，卢忠良一眼看到"……保证宁夏参加和谈部队全体官兵生命财产之安全"，当即感慨万端地抬起头，说："我同意。"

马廷秀忙问："那我们这些穿青衣服的人……"

杨得志说："省府21日申、养通电表示接受和平，我们的彭司令员也已复电嘉勉了嘛，行政人员的安全当然也在保护之列。除马鸿逵问题较大，等他回来由中央解决之外，其他一般人员，都将受到保护！"

马廷秀有点喜出望外，乐颠颠地凑到卢忠良身边说："还要咋样？签吧！"

用不着太多的讨论，即功德圆满、皆大欢喜，签字手续成了摄影记者的排练场，连卢忠良也有了笑容。三个人急于返回银川报喜，准备沿来路去河西，接上留在石空堡负责"通信联络"的另外两人。一上路都不免觉得来时那种过分的谨慎实在好笑，正你一言我一语聊着，忽见前面有两名解放军战士挡住去路。三个人同时一惊：是不是因为宁夏部队哄逃溃散，和平协议需要变更？

四、酒泉煮酒天下大乱

银川溃兵如山倒，兰州闲言燃旧情

又是一场倾盆大雨把黄昏搅得天翻地覆。

六十四军一九二师师长马卫华刚把部队稳在金积以北的大路两侧，忽然得到五七四团报告，该团当面敌营乱糟糟的，看迹象是想逃跑。马卫华急问：敌人往什么方向跑？有多少人？回答是多半向银川方向溃逃，也有一部分乘船或大小筏子过黄河。

宁马的求和通电已经发过，是追还是不追？马卫华征求王海廷政委的看法。

参谋长何友发急火火地插道："当然得追，这些家伙全部都没有缴械，发个电报管屁用！他们一旦散了摊，将来宁夏就甭想安稳了。特别是那个贺兰军，许多人原本就是地方上的土匪，横行霸道已成习惯，狗改不了吃屎嘛，还不借这个机会重操旧业、占山为王？"

王政委谨慎地说："是不是按级请示一下，这里面有个政策问题呀！"

大家正在商量着，又接到五七五团报告："他们在金积通往吴忠的大路上，截住了大约有一个营的敌军，双方开始射击，互有伤亡，三营副营长王德全和七连连长吴有福牺牲了。另外，敌人在上游地区决堤放水，农田和公路都泡在水里，一片白茫茫的，有的连队在齐胸深的水中与敌交火。目前，部队仍在追击这股顽敌，希望师首长给个明确指示，打还是不打。打，他们将组织增援，全歼顽敌；不打，就由他去算了，把部队从水里面撤出来。"

"打！"马师长果断挥手，"告诉五团，一定要控制局势，敌人不守规矩，坚决消灭，不必犹豫！"

这道命令对五七五团三营真是个福音。因为通电求和的缘故，三营奉命从午后起对当面之敌即停止射击，固守现有阵地。谁知时近黄昏，大雨下起来之后，敌阵地上突然枪声大作，接着就有大批敌人往吴忠方向奔逃。副营长王德全带上七连去追，而且下令：只追不打，或者说不主动射击。结果被敌人前后夹攻，部队又陷在水里，吃了大亏。

马卫华师长的命令一下达，三营长刘青敏立即调整部署，以密集火力压向敌阵。敌人炸了营，开始弃阵而逃（实际上早就有一部分敌兵滴溜滴溜往后跑了）。刘营长率部紧追不放，直到第二天中午，才追到吴忠堡。

又一个黄昏降临，雨还在下个不停，敌我双方都淋得像落汤鸡。尤其是我三营七连，战士们刚从水里爬上来，走路浑身都哗哗响，粮袋全都泡"肿"了，重了好几倍！部队马不停蹄在吴忠堡搜索，敌人腿快的还在跑，跑不动的就举起双手。枪声开始稀落，敌我双方混在一起，乱得一塌糊涂。这时，有几个战士在路边民房里抓到一个军官模样的人。他自己声称是贺兰军军长马全良，是从银川赶来阻止部队溃逃的。结果部队根本不听他的指挥。非但如此，还被一个连长带着几十个人四处追打，不得已才躲进了民房。

情况一级一级报告到兵团司令部，让刚刚与宁马代表签过和平协议的杨得志一惊，急忙吩咐把卢忠良等三人截回来。杨得志向卢等人通报了马全良挨打的事，并说："宁夏军队正在宁朔路上逃散，你们这样走过去，恐怕不太安全，最好绕道从吴忠堡回去，那里已被我军占领。"

卢忠良三人面面相觑，对面前又一场虚惊无奈极了。马廷秀说："我们来时，也见到溃散的部队。我们作了劝说，他们不听……料想不至于全部溃散吧！"他担心部队如果全部溃散，将会影响和约的生效。

杨得志说："据我方查明，贺兰军和第十一军几乎跑得差不多了。这也好，省掉我们一笔路费。"他转向卢忠良，"你的一二八军还好，基本没动。我们会按照我军的优待政策，只要放下武器，愿意回家，发足路费……"

但是，接下来的情况并没有如杨得志所言。在十一军与贺兰军影响下，卢忠良的一二八军也迅速崩溃。一时，溃兵四处逃窜，无恶不作。9月23日天不亮，马鸿宾即连电向彭德怀告急："宁夏部队已形成崩溃之势，官不能管兵，到处发生抢劫现象，请即令杨司令员派兵进驻宁夏，以安定人心。"

在这场溃兵"大地震"中，驻银川的马光宗第十一军最为恶劣。自9月22日"五亩宅"会后，军部头头毫无根据地宣布"等待解放军改编，然后随解放军打到四川去"时，新城一八六师就立刻一哄而散。这些宁夏籍的兵痞子，谁还想再跑到四川去送命？第二天，一八九师也弃甲出城，仅一个小时，近万人不击自溃！马全良得知这一消息，又不知从哪里听说有人要暗杀他，便以收容散兵为借口，和副军长王伯祥一溜烟跑到吴忠堡。结果闹了那么一出滑稽剧。他被带到六十四军军部，见了曾思玉军长就一把眼泪一把鼻涕地哭诉银川惨状，说："贺兰军散了，十一军正在散，局面无法控制，请解放军赶快进驻银川。"

如此，双方签订的一纸协议已毫无意义。

杨得志和李志民立即撤销原准备在新华社发表协议全文的决定，命令：六十四军一九一师五七二团一部，连夜进驻银川！这可救了马鸿宾的大驾。他急忙调集40辆大卡车，浩浩荡荡接到仁春渡。

当夜又是风雨交加。五七二团副团长苟耀德率部一到银川，便立刻占领四个城门楼及钟鼓楼、玉皇阁等制高点，并把马鸿逵公馆指挥要地控制在手，解除了国民党第十一军一八六师残部的武装。

第二天（9月24日）中午，一九一师主力进入银川。到这份上了，马光宗的十一军还有一个加强连偷偷往贺兰山方向逃窜。一九一师师长谢正荣下令追击："就地解决，一个不留！"

解放军入城仪式定在两天后的26日。自然又有彩车、标语、鞭炮、锣鼓，有贫民的倾诉、名士的感慨。当杨得志等十九兵团首长的敞篷车缓缓驶入银川市区新城大街时，马鸿宾含着泪对身边宁马旧人们说："大家在这里工作多年，不免有对不起人民的地方。现在解放了，银川有家的可待下去；想回兰州、临夏原籍的，可以离开这里，免生意外麻烦。"

这其实也是杨得志的意思。宁马统治已告结束，但宁夏的情况依然还很复杂。

热热闹闹一天过去了，马廷秀回到临时寓所，望着一点一点爬上墙头的黑影，顿生无限惆怅。他的家眷早已回到兰州，银川既无亲人亦无房产。尽管眼前胜利是甜蜜的，其中多多少少也有一点自己的心血。但不知为什么，那件旧衣服仿佛总是脱不掉似的。这种时候，他唯一的希望是回到妻子儿女身边，关上门，好好睡一觉。

在杨得志的关照下，马廷秀如愿以偿。刚到兰州的第二天，他便带着杨的介绍信去见彭德怀。

开国大典就是几天后的事了，彭德怀忙着呢！但是马廷秀不能不见一见。彭德怀说："此人在和平解决宁夏问题上起了好的作用，请他吃个饭，叫张副司令一块坐坐吧。"

张宗逊副司令具体负责敌军工作这一块，吃饭的时候多了个心眼，把联络部负责同志也都叫来了。大家一边把盏一边纵论时事。放眼未来，心潮难平，谈锋都很雄健。张宗逊对马廷秀说："你对我党我军的民族政策也算比较了解了，在西北的熟人又多，发挥一点作用吧，写写信，争取兰州、宁夏和青海跑出去的亲友、同事早些回来，财产方面，你鉴定一下，我们该发还的发还。”

马廷秀说：“我在河西那边是有一些亲友和同事，这个工作力所能及，可以办得到。”

张宗逊哈哈一笑：“河西工作就不用了，连酒泉、玉门都已经和平解放啦！”

“是吗？”马廷秀还蒙在鼓里，使劲捶自己的脑门“你看你看，我们这些人，在银川偏于一隅，真是井底之蛙呀！”

张宗逊说：“这难怪，那也是前几天的事情，和银川解放时间差不多。现在我主力就要进军新疆了。过两天，我们的毛主席就要在北平天安门城楼上主持开国大典！”

马廷秀感慨万千地说：“形势发展得这么快，真是出人意料。不瞒张将军说，当时我以为西北这块骨头恐怕够贵军啃一阵子的。兰州解放之后，西宁和宁夏原不在话下。鄙人最担心的是河西走廊。此地南有绵绵祁连，白雪皑皑，渺无人烟；北有巴丹吉林和腾格里大沙漠，更是千里戈壁，天然屏障，自古易守难攻啊。更何况解放大军远道奔袭，地形和民情都不太熟悉，当年大军北上抗日……”马廷秀突然发觉自己说漏了嘴，怕提起西路军惨败的那些往事，会使气氛受影响，扫大家的兴。所以陡然把话头掐掉了，打起哈哈。

但这已经点燃了张宗逊。这些日子来，从王震所率二军和许光达的二兵团各军，都传来过许多有关西路军老战士流落民间的故事，时常让他激动不已。人是有感情的，他的表情不禁严肃起来，沉重地说：“历史的悲剧再也不会重演了！”

乌鞘岭下沉冤泛起，西征途中彭总洒泪

如果你把河西走廊想象成一个“通道”，那就错了。河西走廊实际上是一堵墙。这一点，你只要从兰州出发，走到乌鞘岭就会明白。

在陇中，像乌鞘岭这样的高地实在不算什么。若不留心，地图上都看不出来。你只有走到实地，突然间抬头掉了帽子，低头乍出一身冷汗，然后再打听世代居住在旁边的藏族同胞，他们就会告诉你说，这就是乌鞘岭。于是，一个不起眼的地名才会刻入记忆之中。

乌鞘岭是西征途中头一道鬼门关，攀越它犹如吃一顿杀威棒。当年红军西路军许多老战士，就是在这里进不去、出不来，留下了不少尸骨，也留下了不少活着的故事。

许光达的二兵团如今也来到这乌鞘岭下。

9月13日，二兵团的三、四两军沿甘新公路前进，六军在公路东侧，目标瞄准长城边的天靖和土门。三天之后，部队不知不觉感到山越来越陡，路越来越难走，空气越来越稀薄，气温越来越下降，胸口像堵了个木塞，闷嘟嘟的，浑身冻得打哆嗦。心脏如同一部随时都会停转的机器，坐下来休息是危险的。

这就是吃人的乌鞘岭，这就是吃人的祁连山。据一位叫扎西的藏族汉子说："山下穿单，山上穿棉；云从山头过，必降一场雪！祁连山是个疯子……"

扎西是个中年汉子，在祁连山这乌鞘岭一带打磨了大半辈子。他个子不高，壮实得像头牦牛。红红的脸膛镶着浓眉，嘴唇奇厚，会说一口流利的汉话。在山下与许光达第一次见面时，扎西就说："我们汉、藏是一家兄弟！"他主动提出为解放大军带路。

许光达着实喜欢这个汉子，拍拍他的手说："解放了，各族人民都是一家，马家军不代表回族广大的穷苦人民。"

扎西很感动，也很费解地问："三几年，回人在我们这里杀了你们多少汉人啊，你们却说他们也是一家人？"

带着一大堆问号，扎西到了九师前卫二十团。师政治部主任康世恩也在这个团，于是两人一边登山一边摆起龙门阵。康世恩同他谈到阶级剥削、谈到土司和平民、奴隶主与奴隶，这些在扎西听来是那么熟悉，却又那么新奇。他有生以来，头一回过乌鞘岭过得这么轻松愉快，不时爆发出打雷似的笑声。

然而，康世恩却喘不上气了。天气变化无常，出发时在山下是细雨绵绵，到半山腰却见晴空万里，还没来得及高兴，天一黑，大雪便倒下来。看漫天飞舞的大雪俨然季节已进入隆冬。扎西说祁连山是个"疯子"，一点不假。

队伍上个个都在牙花打牙花，浑身筛糠。

师参谋长王兰麟在电台上明话喊前卫团："还有多远才能下山啊？"

"不远，"扎西说："三两步就有村庄了，到那里有吃有喝。"

王兰麟气喘吁吁地问："你那个三两步是多远？"

扎西说："起码再走十里！不能停，一停就没命了！"

这时部队已经牺牲不少人，前卫二十六团一营就有七个战士在路边喘了口气，就倒在雪地上。病倒的更多，准备的担架都不够用。

披着白雪的队伍沉闷起来。扎西所预言的那个村庄一直没有出现。问他，他总是说"不远了，不远了"，但究竟有多远，谁也没底。

黄昏渐渐来临，突然有人喊："村庄！"

果然，山脚下的旮旯里隐隐可见一丝半缕炊烟。部队下山的速度明显加快，许多战士连滚带爬，队伍虽然有点儿乱，但大家的心却靠得更紧了。战友们搂在一起，庆幸闯过了又一道鬼门关。

终于，路边歪歪倒倒地出现几幢茅屋或毡房。几个拖着长鼻涕的娃娃几乎光着屁股和他们的狗奔上前来看新鲜。狗“汪汪”叫开了，而那几个辨不清男女的娃娃却呆呆地看着，一声不吭。

也许是狗的叫声惊动了大人们，很快，看热闹的人越来越多。从穿着和面相上可以看出，他们中大多数是藏民，有少量汉族人。不管是藏民还是汉人，所有目光都是滞涩的，怀有深重的疑问。

战士们兴奋极了，仿佛忘记刚刚过去的恐怖和疲倦，热烈地挥着手和他们招呼。他们中间有的人咧开了嘴，有人同样友好而粗重地挥舞一下胳膊，慢慢地脚步也往路边靠过来，还有人跟着部队一同往前走，并叽里哇啦地对战士们说着什么。战士们虽然一句也听不懂，但那激昂的情绪和朗朗的笑声是可以意会的。

这时，前队响起“滴滴答答”的军号声，部队就地休息。战士们解下背包，整齐地坐在路边。

忽然，有几个披头散发、衣衫褴褛的妇女从村子里跑过来，张口说起汉话：“我们敢打问一下，你们这是谁的队伍，要到哪里去呀？”

战士们听到汉话喜出望外，忙笑呵呵地答道：“我们是毛主席的队伍，去解放大西北呀！”

“毛主席的队伍？！”妇女们激动得你看我、我看你，好半天，泪水从眼眶里哗哗地流出来。其中一人哽咽着喊了一声“同志啊……”泣不成声：“我们可把你们盼回来了！毛主席的红军总算又打回来了！”

这一下可惊动了部队，前前后后一家伙围过来好几十人。

妇女们边整理身上麻布片似的衣服、撩着纷乱打结的头发，边哭着说：“同志们哪，你们晓得不晓得呀，我们也是红军战士啊！我们是红四方面军的妇女团，我们的团长叫张琴秋，营长是关桂芝，她们就牺牲在这里呀……”

人群中挤进来三营教导员胡清海。胡教导员俯下身子，泪水满面，声音颤抖：“同志啊，你们辛苦了！妇女团我晓得的，你们西路军的同志遭大难了！我晓得我都晓得，我也是红军过来的，我们是红二方面军……”

那个亲热呀！几位妇女团的老战士，不管不顾，一把抱住了胡教导员，千言万语半个字也吐不出，只有放声大哭。

一位年纪稍大点的妇女终于松开手，在旁边抽抽噎噎地讲述道：“……我们被困在这里十天十夜呀，横走竖走走不出祁连山，已经兵无弹药、马无食草了，还坚持同甘、青、宁马家兵战斗。古浪一仗，我们西路军伤亡有三分之二；高台一仗，又损失了不少人枪，等我们退下来剩着不到两千人，有的掉头北上，大多数溃散了，就在这个祁连山下面，三三两两，自谋生路……最遭难的就是我们妇女团姐妹呀。我们大多数是四川人，1934年前后参加革命的，哪个不是苦出身啊！我们跟着红军长征过草地爬雪山，一路上也不知同白匪打过多少恶仗。我们妇女团哪个不知哪个不晓……可是部队打散了呀，在这里人地两生，身上没穿的，肚里没吃的，姐妹三五合伙，还是跟马匪斗呀！我亲眼看到一个大姐，敌人捉住了她，她还用牙咬敌人的手臂，结果被敌人一刀砍了脑壳，好惨哟……我们团的同志们，有的被打死了，有的负了重伤。我们几个是妇女团的最后一批，弹尽粮绝，给敌人围住了。万恶的敌人，比野兽还狠啊，一个一个奸污我们的姐妹，哪个不从，就是一枪，还有一些年轻的姐妹，被他们拉去当娃子……"这位老红军战士说不下去。

战士们抢着把自己的水壶伸过来："喝口水吧……喝我的、喝我的……"

另一位女红军战士接过水壶，很熟练地喝了一口，接着说："我们几个偷偷在深夜里逃出来，钻到一个藏民老乡家里，求求人家保一条生命。天下穷人是一家，藏族同胞是好人，他们几家联合一条心，把我们藏起来。我们要活下来，要找自己的队伍，就跟藏民结了婚，我们都生了孩子，我们算是幸运的了！还有一些姐妹，给那些马家土匪威逼成婚，过着牛马不如的日子，真是作孽呀！"

有位妇女团的老战士哭着哭着昏倒在路边。战士们七手八脚喊来卫生员，给她喂药、喂水，大家都在流着泪听这些故事，有人振臂高呼口号：

"为妇女团的同志们报仇！"

"消灭马家军，解放大西北！"

有人把自己身上的衣服脱下来给老战士们披上，有人解下了自己的干粮袋，更多的人则把自己积攒的一点钱以及肥皂、毛巾之类的日用品，全部送给她们。

消息一传十、十传百，几天工夫，四面八方有近百名妇女团当年流落下来的老战士找上了部队。二兵团的三、四、六军和一兵团的二军，都接待过这样的老战士。后来，大家把这些故事汇报给彭德怀，老总的泪水都止不住在眼眶里直打转转。

"她们有么子要求没有？"彭总关切地问。

"很简单，她们要求归队。"

"这恐怕有困难。我们做了工作吗？"彭德怀无奈地望着窗外。

"工作都做了。她们也很通情达理，知道现在归队的确有困难。"

"她们生活得如何？"

"困难啊，十分困难！"

“我们帮点忙嘛！帮了没有？”

“也只有给点衣服，给点口粮，战士们还自动送了点物品。”

“她们现有人数大概是多少？”

“找到部队的总共有一百多，据讲这一带可能有近二百人，但都很分散，互相联络不上。”

彭德怀打开窗户，让刺人的寒风和雪沫打在脸上。许久，说：“野战军政治部抽几个同志，下去仔细摸一摸底，把数字搞清楚，挤点经费，力所能及给点补助……”他用双手使劲在脸上抹了一把，“千山难断同志情啊！中华遍地埋忠骨。我们有多少好同志，男的、女的、老的、少的，为了劳苦大众的解放，吃尽了人间的辛苦，流下了伤心的泪水，献出了宝贵的生命！……妇女团是一支英勇顽强的铁军，是中国工农红军的光荣。由于当时的错误，把她们带上了一条悲惨的道路，葬送了她们！今天我们这样做是对的，政权建立之后，还要很好地安排她们，承认她们过去那段光荣历史，活着的要按老同志待遇，死了的要按烈士对待。我们不能忘了她们，我们应当关心她们。她们是我们的同志，我们的姐妹，是我们的亲人……”

说到这里，彭德怀失声痛哭起来。

张宗逊咬着牙拍桌子说：“……我们唯一可做的就是加快进军的步伐，加快政权建设！”

此时，二兵团六军已解放大靖，在大靖休息三天，正准备攻打土门；三、四两军已解放古浪；而王震司令员率领的一兵团二军，则钻出风雪交加的祁连山，解放了民乐，又在张掖三十里铺连打两个胜仗，歼灭敌西北长官公署警备团的300多人。第二天，再歼敌二四五师七三九团大部，敌一七三师骑兵团一看风头不对，知趣地举手缴械。张掖宣告解放。

这是1949年9月19日，败逃酒泉的西北军政长官公署那一锅稀粥，似乎也熬足了工夫。

彭铭鼎奏小夜曲，黄祖埙做白日梦

自从马继援在永登消失之后，彭铭鼎就开始猛加柴火熬这一锅粥。新疆警备司令部参谋长陶晋初曾经给他八个字：掌握部队，等待时机。现在还等什么？彭铭鼎觉得，应该首先从实力人物下手，像吃汤圆那样，试试馅，一口一口来。

兰州战役之后，河西路上所谓的“实力人物”无非有三人：一是还没来得及撤换的九十一军军长黄祖埙；一是一二〇军军长周嘉彬；还有一个就是差点取代了黄祖埙的那个第八补给区司令曾震五。别的人都是鸡毛蒜皮，即便像顶着“西北军政长官公署副长官”招牌的刘任，也不例外。

彭铭鼎把黄、周、曾甚至刘任，都放在自己的掌心上掂了掂：曾震五是心腹，是当年陶峙岳一条线上的人，没问题，可以信得过；黄祖埙是老蒋的人，到这份上了提起蒋介石的名字，还假模假式地双腿一靠一个脆响，口口声声领袖如何如何；周嘉彬的背景摆在那里，就凭着他有张治中这么一位老泰山，估计走样也走不到哪里去。至于刘任，不过是桂系派在西北的一只警犬罢了，听其言观其行，要他举义，向共产党投降似乎是不可能的。

掂量来掂量去，彭铭鼎的戏法似乎只能在周嘉彬与黄祖埙之间展开。

周嘉彬是个聪明绝顶的家伙，早就知道彭铭鼎会找他，肚里的主意有一大堆。他向彭表示“很同意起义”，但是，“黄祖埙这个狗日的步步紧跟，死死盯着老子。分明是监视，不干掉他终是祸害，你要把他干掉！”周嘉彬思忖，彭铭鼎这把刀是借定了！

彭铭鼎冷冷地笑道：“他是盯你吗？还不是你那点部队！俗话说，冤有头债有主，你记着我这句话。”

就在周嘉彬琢磨彭铭鼎这句话时，彭又去了黄祖埙那里，给黄祖埙抛砖引玉：“黄兄，大局如此严重，我们怎么办啊？”

黄祖埙的脖子很硬，断然回答：“怎么办？难道向共产党投降？我才丢不起那个人哩，我死也不投降！”

“那当然啊，”彭铭鼎抹脸就是一派豪气地说，“哎呀，我的意见是如何很好地掌握部队，与胡取得联系，与新疆密切配合，团结一致，共同对敌，迎接今后更为艰苦的日子，并作好长期作战的准备，你怎么能说到投降呢？！”

黄祖埙哈哈大笑：“我这个人就这样！说话直来直去，你别介意啊。”

彭铭鼎说：“我又不是公署的长官、副长官，介意也罢，不介意也罢，你用不着怕。”

黄祖埙就怕人家说他“怕”，忽视了他的身份，当即吼道：“你幸亏不是那个玩意儿，要是的话，我理也懒得理你，我怕个鸟！”

小话立刻传到刘任那里，联想到黄在古浪令不行、禁不止的一些细节，甚是恼怒。“这还了得！大敌当前，公署也不放在他眼里，将来一有点事，还不翻了天啊！”刘任一肚子火也没个发泄的地方，偏偏当着彭铭鼎发作出来。

彭铭鼎又进入了公署副参谋长的角色，乘机向刘进言：“今后河西就靠这点部队，你是现在河西的最高负责人，黄祖埙这样不听你的话，如何得了！应该尽早搬掉这块石头，免生祸端。”

“眼下这么乱，让谁来代他？总不能再动曾震五吧！”刘任明问暗探。

彭铭鼎管不了许多，直奔主题：“人选多的是，二四五师师长刘漫天……这个人就不错嘛！”

刘漫天同周嘉彬穿一条裤子，这是人所共知的。刘任眉毛一跳，嘴上“唔、唔”地答应着，心思却拨开小算盘：倒要看看你彭铭鼎作什么法！于是，表面不动声色，暗里在彭的身边安插数人，日夜盯紧了他。此后，彭的言行举止无不在刘的掌握之中。

彭铭鼎眼睛始终不离黄祖埙。好像扳倒黄祖埙，周嘉彬就自然归附了似的，是不是有“黄雀在后”，他却不顾忌。

这天碰到刘漫天，彭铭鼎照例要问一句冠冕话：“队伍怎么样啊？”

“本部约束还过得去，”刘漫天说：“别的部属，我就不好说了”。“别的部属”指谁？当然是指黄祖埙的九十一军而非“本部”一二〇军。彭铭鼎听出话中有话，故作一惊：“说来我听听，有什么不好说的！”

刘漫天说：“自从进发武威的命令下达之后，沿途三三两两不成队伍的尽是九十一军溃兵！尤其是沈芝生那个二四六师，官兵与难民搅在一起，赶着牛羊四散奔逃，沈芝生也听之任之。话说回来，也没法管，那些兵！”

“听说沈芝生跟黄祖埙挺近是吗？”彭铭鼎很有兴致地问。

刘漫天说：“也许吧。这种时候，同病相怜罢了！”

彭铭鼎失望地叹了口气。

这让刘漫天颇有负罪感。刘是个重情义的人，他已知道彭铭鼎暗地里有抬举自己的意思。不管出于何种目的，处在眼前这样一个爹死娘嫁人的情景之下，能有个念想，也就足以让人产生知恩图报的心情了。但是，刘与黄祖埙个人之间，的确没有什么过节。队伍混乱，那是实有其事。与沈芝生马上相见，也纯系偶然。大家彼此彼此，都是狼狈不堪、愁容满面。沈问，老刘，怎么办啊？刘漫天说，快把部队抛光了吧，一个人怎么都好办。去重庆为上策，走新疆为下策，其他道路没有，要是有，就是当俘虏去坐囚车。

这既是调侃，也是当时情形下人人都挂在嘴边的一句光面话。没想到沈芝生却说：“我与你完全相反，重庆去不得，新疆倒是可以走走的。”这话听起来虽与主流意思相悖，却也有点调侃的味道。

刘漫天吃不准沈的真心，于是顺水推舟，以趣还趣地说：“是啊，你是湖南人，有这个可能。”陶峙岳是湖南宁乡人，这话半真半假。

然后，沈、刘对话结束，一番苦笑，彼此握手道别。刘漫天想，难道这么丁点儿芝麻谷子的事，也值得跟彭铭鼎叨叨？如此想着，也就自己给自己把心放下来了。

可他没想到，偏偏是那么“丁点儿芝麻谷子”给沈芝生的内心掀起了波澜，以至于影响到沈的人生选择。

望着刘漫天的背影渐渐远去，沈芝生一种从未有过的落寞感油然而生。他知道，刘漫天是个有来头的人，虽和自己同为师长，可十个指头伸出去有长短啊！人家在国防部、参谋本部有的是朋友，手里又有钱，当然要以去重庆为上策了。而自己呢？刘漫天说得对，去新疆或许有这个“可能”。好歹自己在那里干过一年多，军长、师长也认识几个，再说，陶峙岳是旧长官，又是湘湖乡党，多少有个关照吧！

最让沈芝生犯难的，还是对共产党的理解。长久以来，国民党的宣传一直说共产党不要父母、共产共妻，活埋国民党人。后来听听沈阳与河北邯郸的中共广播电台，又觉得情有可疑。那么多起义和被俘人员及他们的朋友、同学、爱人、父母的通信，说明并没有谁被活埋嘛！特别是听到老友李则尧在邯郸广播电台给西安的妻子播发文章，真真切切说没被共产党歧视。还有许多当了共产党的黄埔同连同学，也经常家信不断、也要父母兄弟嘛！东北起义的曾泽生，投诚的郑洞国，被俘的廖耀湘，以及锦州的范汉杰、北平的傅作义、天津的陈长捷、淮海的杜聿明等，哪一个被杀掉了呢？他们都在广播上讲过话，沈芝生清清楚楚听出是他们本人的声音。那么，起义、投诚、当俘虏不能说不是一条可行的生路。

沈芝生跟在队伍后边就是这么忽悠忽悠地想着，不觉来到土门镇附近。这时，以刘任为符号的长官公署已经到了武威。该城西关外驻着沈师刚刚归建的骑兵团。沈芝生屈指算来，自己手上还有5000多人的兵力。

这就是本钱！沈芝生开始清醒地意识到这一点。

军营内的空气是异常沉闷的。沈芝生驻在土门镇附近一个小山村，每天阴着脸，愁云密布。部属与同事之间相见，开口就是共产党军队到了哪里？我们为什么还不走？住在这里干什么？

“这是上边的事，无须多问！”沈芝生以不变应万变，从早到晚就这句话。但是，“上边”究竟在干什么，沈比谁都明白。

几乎每天在黄昏来到之前，沈芝生都要去一趟军部。例行的节目就是跷着二郎腿和军长黄祖埙、参谋长郑壮怀漫无边际地胡吹神侃，聊以解闷。黄祖埙有一万个不该一千个后悔，他的嘴巴从来不带把门的，当初为什么到陇南，为什么又跟马家搞到一起，为什么要打兰州这一仗……如今木已成舟，什么都晚了！所以，唯一能做的就是捧着一份全国邮政地图，做白日梦！

黄祖埙的白日梦是，带上足够的参谋、副官和卫士，沿着祁连山北麓，走青海、西藏边境到西康，经云南去缅甸，逃往台湾。或者是走南疆的和田，经西藏到印度……这与沈芝生等人的内心世界大相径庭。因而黄的宏论往往和者盖寡。黄对此很感到苦恼，常问郑壮怀：“你估计到时候有哪些人愿跟我们走？”

郑壮怀自己就没有这个打算，他怎么回答这个问题呢？于是打哈哈说：“反正比他们一二〇军强。你知道周军长都在忙些什么吗？”

“忙什么？忙着抵抗共产党军队！在古浪，我亲眼看到他训那个一七三师的代理师长陈定行，骂陈几天不架电台跟他联络，让他感到着急。他还说新疆陶峙岳的部队已经人关，决意要打下去哩！”

究竟是黄祖埙的话打了埋伏，还是周嘉彬的行为打了埋伏，郑壮怀有点丈二和尚了。但他可以肯定，所谓“新疆部队已经入关”的话不足信，如果不是讹传，那也是陶峙岳为敷衍蒋介石和西北军政长官公署而玩的花招。当然，郑壮怀更知道周嘉彬正在武威城里与彭铭鼎做交易呢！

彭铭鼎之所以要答应周嘉彬去掉黄祖埙这样一个慢工细活，是基于他自己的错误判断。他总以为兰州战役之后，解放军会转锋南下，先解决西南问题，然后再慢条斯理地来和平解决河西与新疆。那么，河西这个小朝廷存在半年是没有问题的。因而前哨位置也就可能停留在乌鞘岭。谁知，许光达的二兵团打完兰州紧接着就进逼乌鞘岭。彭又想，大概是把乌鞘岭当作兰州外围吧！结果一错再错，事实完全超出了他的主观想象，解放军越过乌鞘岭，滔滔北上，其势头难以预料。

只好给新疆警备司令部挂电话。

陶晋初说：“你直接跟共产党方面取得联系吧！”

这不啻是一声闷雷，彭铭鼎傻了。他开始手忙脚乱，有点控制不住火候必定要煮夹生饭的担忧。一到武威，赶紧把周嘉彬找来问计。周嘉彬还是那句话：“就怕黄祖埙……”

“黄祖埙有什么可怕的？他一个军，你不也是一个军吗？”彭铭鼎面带愠怒。

周嘉彬冷笑：“怎么能一样！他一个师看我一个团，后面还有刘副长官撑腰，每天都把枪口对着我的后脑勺，这些你都知道吗！”

这一点，彭铭鼎的确不知道。他呆若木鸡，愣在那里半天说不出话。怎么办？他不得不抓起电话，要通已在张掖的曾震五。刚说上两句话，就听卫兵在门口大声报告：“刘副长官到！”

曾震五满天飞翔，周嘉彬说走就走

秋天的太阳不比春天的太阳逊色，曾震五的午觉总是睡不够。

张掖被认为是塞上江南，酒泉也差不了多少，连当年左宗棠都热爱这地方呢！所以，过去一直是国民党西北战略补给线上的绝妙下处。曾震五在这里有个不错的家。兰州战役后，人人都在逃难，曾震五却躲在酒泉他的卫生街二十一号效法卧龙先生。这没办法，补给区的司令官嘛，命中注定吃香喝辣，谁也没法红眼。

接到彭铭鼎的电话，曾震五一刹那变了个人。他一阵风似的赶到武威与彭“相商要事”。彭的口气比命令还命令，而且包含着巨大的秘密性。这样的命令是不能拖延的。曾震五懂得行伍规矩。

果然跟想象分毫不差，彭铭鼎要曾震五赶去新疆，向陶峙岳报告河西情况，并特别强调起义的时间，最迟在队伍退到酒泉时就得动手，绝不会再向西多退一步。因此，请陶峙岳在新疆早点作好相应的准备，免得到时候让彭陷入前后夹击的境地。

这就是说，彭铭鼎缺乏自信心。新疆境内他最担心的是整编骑一师会添麻烦，而在河西这堆人马中，他简直就没法料想将会有什么事情发生。刘任死不投降，黄祖埙铁杆到底，周嘉彬讨价还价，连那个他想竭力保举的刘漫天，也在四处张扬“去重庆是上策”。他唯一希望就放在曾震五身上了。

其实，彭铭鼎手里还是有牌可打的。曾震五到武威受领任务后，连夜就去玉门油矿见了一个人，此人就是当初深夜把彭铭鼎送出兰州的贺新民。身为骆驼团团长，贺本没有什么可骄傲的地方。但就眼下而言，在甘肃的部队中没有参战的完整战斗兵团，只有他与毛熙筠的新疆警备团，而这两个团又担负着特殊任务——保卫玉门油田的安全。

曾震五对贺新民说：“我要去新疆，你准备得如何？”

贺新民一口回答：“兰州一完我就准备好了，还到今天！你放心去吧，我随时听从彭介夫（彭铭鼎）的调遣。”

曾说：“是时候了，大势已去，仗实在没有打头，日子一天也拖不得。‘天津榜样’是死路，走不得；只有‘北平方式’‘绥远办法’，赶快跟共产党直接谈判，新疆宣布脱离国民党独立，才能解决问题。”

这想法很大胆，让贺新民听来有点吃惊。便问道：“蒋介石不是承诺给新疆100万元经费，建立什么‘基地’吗？你这一‘独立’不就一笔勾销啦！”

“唉，你真是天真，蒋介石的话也能信？等了那么久，一个铜板也没见，却把和谈拖到今天！”曾震五胸有成竹地说，“今后，凡新疆军政机关部队的供给，一律自给自足，经费不要共产党管。”

贺新民说：“想不到你在张掖不吭不哈想了这么多，不像那些家伙，一路吵吵嚷嚷，各扫门前雪。搞得彭介夫没头的苍蝇一样。”

曾震五说：“现在，谈部队是笑话了！周、黄两军那还叫部队吗？早已七零八落，只剩下玉门油矿这点政治资本。这是我们和共产党交换的条件之一。你要用一切力量，重新严密组织部队，团结官兵，负起油矿的安全责任，维持关外秩序……”

两人认识以来，这恐怕是一次最彻底的谈话。天快亮时，曾震五与贺新民重新约定了电台呼号波长和密码，才离开油矿，爬上去往迪化（乌鲁木齐）的飞机。

第二天，贺新民急不可耐地行动起来，立刻召集各团、各单位主管干部开会。为了像曾震五所交代的那样“团结官兵”，他还在骆驼团内部搞了一个所谓“新生会”。那时，他并不知道玉门油矿早已是个舞台，他自己也早已登上了这个舞台，舞之蹈之在表演。而台下看戏的，既有国民党河西警备总司令部第二处的特务们，也有中共打进油矿的地下党员。

此时刘任和彭铭鼎等人主持的流亡公署，已经乱云般地飘到了张掖。因为张掖是“塞上江南”，如彭铭鼎回忆所说：“虽时已初秋，却尚有春意。久别故乡的湖湘子弟，走到这里，自然不愿意离去，幻想着共产党军队因塞上早寒而暂停西进，则我们也可趁此喘息，在张掖苟安一时。”没想到这个可怜兮兮的美梦，被王震一榔头砸个粉碎。

溃逃的敌军始终把眼睛盯着屁股后面许光达二兵团。许兵团虽然也隔三差五赶上来吃一口，但总体上还是在“赶鸭子”。因而自乌鞘岭以来，周、黄两军各部队都摸到一个规律：只要两条腿跑得快，不要拉在后面，一般就没有太大的危险。他们都知道，右边是戈壁大沙漠，左边有几乎可以触到天公的祁连山，用不着有任何安全上的担心。

正因如此，王震的打击对敌人的震动才显得惊天动地。刘任一听说民乐扁豆口出现了共产党军队，而且又是“大部队”，真是把胆都吓破了！三天前，曾经有个在这一带当过土匪的“高参”，带着十几乘轻骑从青海那边沿着王震他们走的这条路过来了，声称大部队插翅难飞，一再安慰大家放宽心吃饭睡觉，怎么一眨眼工夫共产党的“大部队”却偏偏就到了呢？而且，一下山就在民乐干掉一个骑兵旅，旅长被俘，副旅长被毙，武器弹药一扫而光。刘任见到的世面再大，也没有见过这种奇事！他结结巴巴地下令：“赶快把一七三师骑兵团拉到民乐挡一挡，汽车五团和其他所有汽车，不分建制，全部集中，装载部队往酒泉撤！”

部队大体有了着落，刘任毛里毛躁往汽车上爬。还是彭铭鼎冷静，不慌不忙跑过来叮嘱驾驶员：“听说这段路面不好，慢一点，稳一点。”

说是“慢一点、稳一点”，副长官坐在车上的情绪多多少少要给驾驶员一点传染。结果，车离开张掖走到距酒泉还有一半路程时，一家伙同对面开来的另一辆大卡车撞个满怀。

刘任眼前一黑，“哇”的一声大叫，以为这辈子结束了。直到酒泉醒来时，他还一口咬定说这不是真的，以至于大家都偷偷议论：刘副长官是不是脑子撞坏了？

其时，彭铭鼎正在黑水河畔的高台“调整部署，视察阵地”。王震指挥解放军第二军已经占领了张掖，正积极向临泽推进。临泽与高台之间相距的40公里，就是彼此交锋的“前线”。听说周嘉彬和黄祖埙都在高台“督战”，所以彭铭鼎就没去酒泉，直奔高台。

曾震五从迪化回来一下飞机，哪儿都不去，就到高台找彭铭鼎。见面就说：“一切商妥，陶要我们立即动手，不愿起义者听便，负责保护他们安全出境；愿意起义者听从指挥，不要乱来……”曾震五风尘仆仆，脸上泛着兴奋，一边说话一边掏出一大沓“武器”，其中有张治中从北京转来给军、师长们的电报，有陶峙岳给各军、师长的信件。

彭铭鼎即刻派人找军、师长，结果，既找不着黄祖埙，又找不着周嘉彬，师长们也大多不在，只有二四六师师长沈芝生还在位，彭铭鼎问沈：“见到你们军长了吗？”

沈芝生摇头哀叹：“人各有志……他从张掖过来，在高台停都没停，就去酒泉了！”

彭铭鼎低头不语，到大街上胡乱转了一圈，问了好几个团长、副团长，都没有见到周嘉彬，显然，他也可能“停都没停”就去了酒泉。干脆，去酒泉开个会，把张治中与陶峙岳的信、电报转给他们。于是他和曾震五商定，由曾即刻去兰州找解放军西北最高指挥官洽谈，“家”里的事由彭铭鼎一手操持。

跟曾震五道了别，转身就要上车，突然有个勤务兵跑过来报告，请彭铭鼎接电话。

“是我……”电话里传来一个低沉的男声，彭铭鼎听出是周嘉彬，气不打一处来，责问：“你、你是怎么搞的！”

周嘉彬说：“你别发火……我是向你告别，我马上就要起飞了！”

“起飞？你要走？为什么呢？你不能走！”

周嘉彬没有回答任何问题，便挂上电话。彭铭鼎仿佛听到飞机螺旋桨旋转起来的噪音……这声音越来越响，几乎撕开他的心肺！如果飞走的不是周嘉彬而是黄祖埙，彭的打击或许会好一点，但他却是周嘉彬！彭铭鼎开始怀疑自己的判断力。他决定，立即去酒泉集合军、师长开会。同时，让沈芝生师派个得力的参谋，与当面解放军王震部队取得联系，说明情由，请他们配合行动。

由高台去往酒泉的车上，彭铭鼎一路都在想：刘任这家伙真会惹麻烦，早不出车祸晚不出车祸偏到这个时候出个节目，把大事小情全都推到我彭铭鼎一个人身上！

彭铭鼎哪里知道，刘任也在那里大发脾气呢！他醒过来之后，一口咬定这场车祸绝非偶合，而是彭铭鼎在幕后操纵的预谋，“他妈的，想要老子死，有那么容易吗……”刘任一边哼哼唧唧，一边嘴上骂个不停。正骂着，彭铭鼎出现了。不管怎么说，彭还是维持着表面上的恭敬，一进门就说：“噢，醒来了就好，万幸万幸……感觉好点了吗？大家都吓坏了！”

刘任别过脸，哼了声：“吓什么，这不正合了你的意吗？”

彭铭鼎脸上莫名其妙，朝身后的随员左顾右盼：“刘副长官这是何意？”

“何意？你心里明白！”刘任翻着白眼，朝天花板瞪着，“我是个命大的人，阎王爷不收，谁都别想动脑子！”

彭铭鼎气得耳根都红了，把带来慰问的几听肉罐头朝刘任面前的矮桌上狠狠顿了一下，骂了一句：“胡扯八道！”转身离去。

回到公署，彭铭鼎仍气咻咻的不能平息。这时，值班参谋告诉他，有个姓刘的从“前线”打来电话找彭，没找着，就挂了电话。

“前线”姓刘的可能是谁呢？彭铭鼎暂且放下与刘任的不快，去琢磨这个问题。

当晚彭铭鼎住在曾震五的卫生街二十一号家里。吃过晚饭，弄了些热水，好好泡了个澡，想早点躺上床静静脑子。谁知刚挨着床板，电话就响了。是骆驼团团长贺新民打来的，告知二四五师师长刘漫天把部队撤到玉门，而且还要往后撤，打算撤到新疆哈密去！彭铭鼎愣了半天，觉得不可思议：“刘漫天怎么可以……”他还以为二四五师也在高台“前线”呢！

彭铭鼎急速地想了想对贺新民说：“你告诉刘漫天，就说是我讲的，大局为重，听从指挥。你还告诉他，新疆的陶司令有话，不准河西部队入疆。如敢擅入，一切后果自负！”

放下电话，彭嘘了口气，来不及转身，铃声又响。这次是“前线”的沈芝生师长。沈的声音有点喜气洋洋的味道，说派去与解放军接洽的那个参谋回来了，结果很理想，解放军王震司令员接见了他……

对彭铭鼎来说，这种消息未免太笼统。他期待着曾震五从兰州带回来一些具体的诸如讨价还价讲讲条件之类实质性意见。他扳着指头算一算手下部队，七七八八加起来，还有两万多人——九十一和一二〇两个残缺不齐的军部，相对完整的沈芝生师和刘漫天师；另外，第八补给区的骆驼兵团、两个警备团、两个机械化工兵营、三个汽车团、一个宪兵团、两个监护营、一个重炮营；此外几十门重炮、几百辆汽车，还有一个玉门油矿……

彭铭鼎算着算着，眼皮重耷耷的撑不住了，刚要熄灯入睡，有人敲门，是卫兵。他报告说，刘任刘副长官要彭铭鼎即刻去晤谈公务。

长官偷偷摸摸上天，军座哭哭啼啼放火

彭铭鼎赶到时，刘任正与政工处长上官业佑密谈。刘卧在床上，上官凑得很近，两人说话声音很低。当卫兵引导彭铭鼎一步跨入时，话音戛然而止。

刘任有点不自然。他比下午彭来探望时客气多了，边吩咐卫兵倒茶，边招呼说："随便坐吧……我的手脚不能动，躁得慌，心情不好。"

这显然是为下午的事在开脱。彭铭鼎听到这句话，也就浮上笑容，寒暄起来。

两人开始七拉八扯。上官业佑趁这个机会满面讪笑地告辞。

刘任闲唠了几句，突然话锋一转："老彭，空军有架飞机等在这里，我们一同飞重庆好不好？"

"这个……"彭铭鼎措手不及。但他立刻意识到这是个阴谋。一刹那间，彭的脑子里云海翻腾。还在武威时，彭与周嘉彬曾一块儿找上官业佑谈过一次话，希望共同促使新疆早日采取行动。另外，据郭寄峤在重庆打小报告时说，刘任认为是彭铭鼎反对他接替西北军政长官，致使这个位子空在那里。刘任称西北局面的恶化，是吃了彭的亏。此次车祸，刘任又认定事情与彭铭鼎有关系。新仇旧恨、老账新账，刘任要一笔清算。他是不是觉得这样一招一式和彭斗，自己不是彭的对手，而要把彭弄到重庆再借助国防部的力量来整治呢？

彭铭鼎是何许人也？他怎么会轻易就范！当即，彭镇定自若地答应道："好啊，何时动身？"

"事不宜迟，趁天色不太晚，现在就走！"刘任窃喜。

"可以，我回去收拾一点简单行李，马上就来！"彭铭鼎匆匆辞出。

刘任一想，不对！姓彭的一贯老谋深算，鸡毛小事都要沉思再三才作决定，今天怎么对这样大的事，几乎想都没想就慨然应允呢？刘任越想越不对头，急唤躲在外屋的上官业佑："快，通知空军那架飞机，准备起飞！"

"怎么，真的现在就走？"上官业佑慌张地问。

"对，就你和我，别人谁也不带！"

部队拖到这个时候，飞机对许多军官来说，简直就是起死回生的救命稻草，谁不想青云一上脱离苦海！可是，有几个人够这个级别、能得到这个机会呢？

黄祖埙当然没有问题，资格够、机会也有，但是……自从奸巧溜滑的周嘉彬不辞而别之后，黄就又紧张又懊悔，三番五次找到刘任要飞机，想和刘一起飞走。刘任故意心事重重地问，部队怎么办？油矿怎么办？又高

唱什么忠于党国、不成功则成仁之类的高调，硬是用大道理把黄祖埙压住了，并且煞有介事，给黄拟发了一个委任状，让他担任“河西警备总司令部总司令”。

黄祖埙不是傻子，一面虚应刘任，一面留着自己的心眼。前两天见空军一架飞机在酒泉降落，就知道这是最后的机会了。为防止被刘任抛下，硬是把自己的铺盖卷搬到机场，日夜守候，苦苦盼着刘任及早出现。

刘任和上官业佑终于出现在机场。黄祖埙喜出望外地迎上去，让刘任吃了一惊。刘对这个妄自尊大的蒋系人物素怀不满，但从来没像此刻这么痛恨。他不得已露出笑脸，身子往上官业佑胳膊上倚得更紧，做出伤势很重的样子，说：“躺了几天，闷得慌，想出来透透气，正好碰到上官……”

黄祖埙说：“得了吧，都到这个时候了，你还跟我开玩笑！几时起飞？”

“起飞？起什么飞？我还没急着走呢，你身为警备司令，不画个句号就想走？”

黄祖埙理亏，只好苦笑着说：“句号有多种画法，有上上之策也有下下之策，你总不能让我在这里入土吧？”

刘任绷紧了脸说：“如果党国需要，有何不可！军人嘛，青山处处埋忠骨，何必马革裹尸还！我告诉你，我刘某不离开这里，你们谁也别想离开！等我伤好了再说吧。”说着，在上官业佑的搀扶下，又钻进汽车，一溜儿烟开回酒泉。

黄祖埙狗咬尿泡空欢喜，沮丧地耷着脑袋，想：都说这家伙出车祸把脑子撞出了毛病，还真是不假！薄暮已起，看看暮色中的那架飞机静静地躺着，黄祖埙灰心极了，越想越觉得自己窝囊。当晚，他悻悻地离开机场，把铺盖卷搬到城里去住。

第二天清早，四处传出消息，说刘任和上官处长飞往重庆去了。黄祖埙听到后觉得好笑，“胡扯，怎么会呢？”嘴上抢白人家，心里放不下，于是拨打彭铭鼎的电话。彭说：“这有什么大惊小怪，少了猪八戒，照样上西天！”

“那就是说，刘任真的飞走了？”黄祖埙急切地追问。

彭铭鼎把昨天傍晚发生的一切原原本本告诉了黄，把黄祖埙听呆了。

接下来黄的表现，在彭及多位当事人的回忆中都有描述。彭铭鼎记录得至为详备：“黄闻讯赶到机场，飞机已经升空，黄即晕倒在地，连爬带滚，抢天呼地，痛哭失声，骂不绝口，无奈之下，只好折回酒泉。一面派遣几股特务寻我谋杀；一面怂恿部属四处鸣枪放火，并亲自纵火把第九十一军仓库烧光。特务头子胡子萍唆使特务到处破坏设备，制造谣言，煽动反抗。顿时酒泉烟火四起，枪声大作，混乱不堪。”

这大概就是黄祖埙跟刘任所说的“下下之策”吧。

现在我们知道了，与刘任同机飞走的，除政工处长上官业佑之外，还有骑兵学校校长胡兢先。时间是凌晨6点整。而黄祖埙7点赶到机场，一直哭到下午4点左右。回城放完了火，带上一九一师副师长和几个参谋、副官、卫士等随从，骑着十多匹马，并以五六头骆驼驮着行李、粮食，向东南方向大摇大摆地走了，打算由青海，经西藏、西康，去云南；刘漫天的那个二四五师已远去安西；甘肃省政府各厅处、国民党中央在甘各机构以及四大银行人员的家属，一大串人马，由秘书长丁宜中领着，迎着风沙向新疆哈密逃去。

部队这下可真的散了，城内枪声、手榴弹爆炸声此起彼伏，城外散兵游勇三五成群，到处横行抢劫，老百姓村村寨寨鸡飞狗跳，一片哭喊哀告……

彭铭鼎已经欲哭无泪。他自兰州以来顶在头上的算盘珠子再也没法拨了，几个师之中，最满编的沈芝生师也只剩2300人左右，其余全都成了骨头架子，有名无实、甚至名也谈不上。但是，彭铭鼎不甘心，他抱着双手，见谁跟谁作揖，说：“大家不要慌，乱对谁都没有好处！”然后就对兰州方向望穿秋水：曾震五怎么这么久没有消息呢？

曾震五去兰州之前到张掖见了王震。王震很客气地接待了他，向他道了辛苦之后，说：“天下大势，顺者昌逆者亡。你要去兰州我不拦你，但你记住，你不是去谈判！你们的面前只有一条路，没有第二条路。希望你们不要添麻烦。但是．我们不怕麻烦！”

曾震五还是去了兰州，王震派出一人，与沈芝生师那个参谋一道前往高台。此人就是胡宗南当年所部整二十九军军长刘戡的参谋长刘振世。沈芝生急忙打电话把彭铭鼎找来了。刘振世几天前就给彭铭鼎打过电话，只是两人没接上。想不到这次双方一见面就话不投机。焦点问题是驻地的划分，彭铭鼎说：“请解放军在高台以东停止西进，酒泉以西由我军驻扎，然后行动，等曾司令从兰州谈判结果，再行区处。”

刘振世听了，面色温和，但心里想：真是不见棺材不掉泪呀，还摆这么大的架子！然而嘴上的话却一点不是交涉对手的口气，而是亲切的“嘱咐”。他让二四六师仍驻高台不动，余部通通驻酒泉附近，不要继续西撤，等解放军到达酒泉后，听候改编。刘振世还“嘱咐”说，即日要抽调100到200辆汽车到张掖去迎接解放军第一兵团来酒泉。

彭铭鼎心里像是碰倒五味瓶。这100到200辆汽车派到张掖一“迎接”就完了？他多少日子来的苦心运作、鼎力支撑，竟然叫刘振世这么一个人吹泡泡似的一吹，就一笔勾销了，连一点点讲价钱的余地都没有！这无论如何让人想不通……彭铭鼎找个没有人的地方长吁短叹，捶胸顿足，破口大骂。

“不行，我要做最后一把努力！”彭铭鼎把沈芝生叫到身边，“你今晚将所部及友邻各部连夜给我运到酒泉，我自有主意。”

沈芝生纳闷地问：“不是答应人家了吗？这样不太好吧，信用上是不是……”

“讲信用？跟谁讲信用？讲信用你就到共产党的大牢里去讲吧！”彭铭鼎说完一甩手，登车回酒泉。

沈芝生半信半疑，似懂非懂、糊里糊涂地开始收拾部队，执行彭铭鼎的命令。

当晚快到午夜了，郑壮怀、沈芝生、陈定行以及稍稍有点头脸的师、团军官，不约而同拥到曾震五家里，来找彭铭鼎讨教“主意”。

五、河西的展望与回眸

彭铭鼎新主意寡不敌众，刘漫天旧脾气力不从心

曾震五赴兰未归，彭铭鼎心有不甘。

彭是个爱钻牛角尖的人。他觉得，作为一种对等的谈判，共产党怎能对自己手上这点本钱熟视无睹？当然，他就更不能理解共产党所提“解放”二字的真正含义了。过去，正是在这个问题上，他与曾震五有共识，两人唱做念打，配合默契，都希望找到一条既可苟全性命又可苟全操守的途径。

靠实力说话本没有什么错，错的是不自量力。

话在今天说来是多么轻松，而在当时，身在其中，这种心理上的“放不下”便是赤裸裸的现实，重不堪言。彭铭鼎的“新主意”实在是个又苦又涩的果子。

他决定：“曾震五去兰州还没见回音，和谈结果不见分晓。长官部、河西总部、第九十军和一二〇军各机关部队，有继续向哈密撤退的必要，各部马上车运哈密待命。酒泉一带防务由沈师长率领所部接替并即占领阵地，掩护主力西撤。驻玉门的骆驼兵团和驻安西的新疆警备团配属沈师长指挥……”

这真是一个气味莫辨的响屁！它不但与彭的追随者们所思所虑风马牛不相及，与彭自己当初“最迟在酒泉举义，决不后退一步”的决心也大相径庭。郑壮怀、沈芝生、陈定行等这帮人此时才发觉，他们和彭铭鼎原来是人心隔肚皮。而且，究竟“隔”在哪里，还是一笔糊涂账！

曾震五家的小客厅里云遮雾障。大家望着跷起二郎腿的彭铭鼎，陡然生出陌生感，连曾震五的夫人也觉得彭“怪怪的，让人摸不透，好像变了

一个人”。

彭铭鼎不管别人怎么想，埋头沿着自己的思路往前走，说：“这是跟共产党争取条件的最后一次机会，就是冒点风险也值得。若是放弃，等于放弃和谈本身，将来必定后悔莫及！”

“你当我们是谁呀！可以跟人家讲条件，可以说变卦就变卦？”陈定行蹲在后面小声嘀咕。

沈芝生意见最烈：“方针既定，老曾也去了兰州，我们和人家在高台面对面地已经谈妥，接受和平条款那是石板上钉钉，你凭什么变卦？凭什么把部队往哈密拉？不行！我不能再跟你们当替死鬼，要投降，都在酒泉投降，谁也不许走！”

彭说：“和谈就是和谈，怎么是投降？这是两码子事嘛！”

沈芝生冷笑：“你在做梦呢！……你是在拿大家的性命开玩笑！”

的确，彭铭鼎这个玩笑真是开大了！它恰好迎合了刘漫天这样一些人孤注一掷、作垂死挣扎的心理。虽然事后彭铭鼎也对沈芝生说：“周嘉彬、刘漫天的思想行动，非我始料所及。”但是，当局者迷啊！这些人以前谁不认为自己是“党国栋梁”，只要还有一线希望，心尖上那尊佛塔就绝不坍塌，哪怕做强盗土匪，也在所不惜。

刘漫天就曾经想到要把部队拉到南疆落草。之所以没去成，是因为贺新民堵得快。贺的手中实力摆在那儿，说话自然有分量。开始刘漫天还以“人各有志”来强辩，贺新民把他的两个营长一卡，说：“你走吧，走到天涯海角也没人管你！”刘漫天腻歪歪地不吭声了。

从9月18日曾震五起身去新疆到9月25日解放军第二军进驻酒泉，其间一个多星期时间，河西这一伙人个个都在发生分秒变化。变化最大、最彻底的就是曾震五。如果说到新疆接触陶峙岳之后还有点盲目性的话，到张掖与王震一席谈话，就有些站立不稳了。及至兰州，与彭德怀相见，曾震五的意志从根本上得到瓦解。不说别的，就是亲身领略一下兰州的气氛，他也无法再固守什么。他真正懂得了“解放”的含义。那不仅仅是两军胜负的问题，而是宣告一个时代的结束！

这些林林总总的思想奥妙，曾震五都通过无线电传给了贺新民。每一个神秘的夜晚，都是贺新民终身刻骨铭心的。他打开译电本，面对通信参谋送来的一篇篇诱人的密码，独自体味着某种新生的无奈与憧憬。过去，他总觉得自己是一叶扁舟，无休无止地在大海上飘荡，不知来日停泊何处。如今，他仿佛看到了天边的岸，尽管那是充满着一丝丝担忧甚至惶恐的未知，但毕竟是岸，毕竟有渔火闪烁，毕竟就要与这无定的惊涛骇浪告别……贺新民情不自禁陶醉了。

可现实仍旧像一把锋利的刀子。

就在刘漫天表示要把部队拉到南疆去的那晚午夜时分，贺新民收到一封匿名信，要他加倍小心，说国民党河西警备司令部二处已盯上了他。

第二天上午，河西警备司令部二处处长曾某电话来了，要贺新民参加有关玉门油矿护矿会议，并且半开玩笑地说：“是不是把尊夫人也带到酒泉来一块玩一玩啊？”

贺新民听出话中有话，怀疑其中暗伏杀机，不知去还是不去。正在犹豫之际，一位叫扎喜泽仁的藏族矿警找上门要跟贺喝两杯。他是贺新民的老相识，常在一起吃喝聊天，彼此无话不谈。贺新民正在心头不快的时刻，也不推辞，就跟扎喜泽仁去了常去的一个酒馆。

喝酒的时候，贺把自己的心事向扎喜泽仁说了，希望老朋友帮忙想想点子。

“我看你还是去！”扎喜出主意说：“你们汉族人不是有句话，叫作‘不入虎穴，焉得虎子’吗？怕什么，现在这个局势下，只要警惕一点，不给把柄抓，他不敢把你怎么样！要是不去，反倒显得不太正常。”

贺新民反复考虑，也的确如此。于是怀着万分警惕，与妻子一道赶到酒泉。不住别处，偏偏住在河西警备总部的政二处。

当晚政二处处长曾某跑过来，见面第一句话就阴阳怪气地笑着说：“贺兄跟那个扎喜泽仁关系不错啊？”

贺新民反唇相讥：“怎么，二处对此也有兴趣吗？那就请调查吧！”

“唔……兄弟我也只是问问罢了。”曾某捋着唇髭，仍旧笑着，不再说什么。

次日清晨，贺新民听说此人飞往广州去了。想想他头天晚上的话，觉得有名堂，是不是他们有什么计划而把自己排斥在外呢？

贺新民找到了酒泉专员公署的王维墉专员。正好，王专员在和河西总部第三处的麻处长谈话，话题又是贺新民最为关心的油矿安全问题。那个麻处长说：“关于玉门油矿问题，总部已开过会，计划在必要时彻底破坏。”

贺新民大吃一惊，但因对此人交情不深，也不便外露，便随口问道：“处长个人是怎么看的呢？”

麻处长沉吟片刻，说：“打国际战争，一旦失利，国内工业应该彻底破坏，免为敌国所利用；打内战，不管谁胜谁负，工业总是国家的工业，我看不能破坏。贺团长以为如何？”

贺新民警惕地皱紧眉头：“道理是有道理，不过……”

这天晚上，贺新民连夜返回玉门油矿，一边给陶峙岳打长途电话，一边把情况拟成电文发给远在兰州的曾震五。

其实，贺新民心头隐隐约约的那些东西，中共早已掌握得一清二楚。在贺携妻赴酒泉的头一天，王震就明确指示二军，说那个帮助蒋介石打内战的美国空军退役中校陈纳德，已承诺为老蒋出这口气——破坏玉门油矿。因此，二军必须抢占油矿，以阻止敌人破坏。王震要求五师在9月21日前必须赶到临泽。

这个命令对郭鹏和王恩茂来说，显得过于严苛了一点。当时二军部队的实际情况是：四师要到9月22日才能在张掖集结；六师的先头部队25日、后卫团27日才能勉强赶到张掖。酒泉国民党部队除兰州战役败逃的残部外，传闻国民党新疆骑一师有一部内调到酒泉。而彭铭鼎对是否投降还在犹豫，诸如刘漫天这样一些人更是无法无天准备玩命。二军五师贸然冲过去，与后续部队脱节，就极有可能成为狼群中的一只羊！再说，五师过祁连山时除了手中的武器，其他东西都扔光了，鞋袜被装还都没有着落……郭鹏和王恩茂把情况如实报告了王震。

虽说有令行不通有点窝火，王震还是作出让步。“但是”，王震说，“我给你们三天时间准备，明天，五师务必赶到威狄堡，23日到园子山，24日到靖水，25日无论如何也得给我占领酒泉！然后，连续行动，抢占老君庙油矿（即玉门油矿）。十一团22日进到沙河堡；同日，四师主力须在张掖集结完毕，紧随五师之后车运；六师先头团25日到达张掖后，立即按照先后梯次顺序，连续前进！”

王震立着五指，在地图上一句一戳，好像那指间可以听得见呼呼有声的万钧雷霆。

9月22日这天，谁知外面的世界发生了多大的变化！反正绥远的董其武通电和宁夏解放这两件事，在新疆是可以感觉得出热浪扑面的。它足以让中共代表邓力群坐在迪化包尔汉家里，与包尔汉、刘孟纯（国民党西北军政长官公署秘书长兼新疆省政府委员、秘书长）、刘泽荣（国民党政府外交部驻新疆特派员）等人漫谈新疆问题时，心情和气氛大不一样。新疆的四十二师、七十八师和骑一师准备出疆的打算，再也没人提了，和平解决问题似已无条件可讲。

这股波澜让彭铭鼎在酒泉直打趔趄。他不能不把沈芝生等人的意见托在掌心细细掂量，一掂掂到9月23日，终于掂清楚了，宣布说：“我给陶司令打了电话，劝他不要再上当了，蒋介石那一百万是个骗局！陶司令答应在迪化和酒泉同时发通电……”

就剩下通电的签字问题了。别人好说，刘漫天又有麻烦。彭铭鼎打电话给贺新民：“你告诉他，除非他接受制裁，否则就签字！”

刘漫天像小孩子似的僵着，“士可杀，不可辱，你们走你们的阳光道，我过我的独木桥！”

贺新民不客气地提醒他：“你哪里还有独木桥？你已经不可能离开玉门了。你的部队已由我代为暂时收容，你还是放明白点的好。”

刘漫天怪笑着说："好，我给你签……"

因为笑得古怪，这话真假难辨。贺新民没主意，只好打电话把矛盾交给彭铭鼎。彭没再多言，只说："你把他送到酒泉来！"

9月24日黄昏时分，酒泉全城都沉入到"滴滴答答"的报捷声中。这份通电是以陶峙岳的名义发出的。因为这时候陶还兼任着河西警备总司令。

天空飘荡着无线电信号，地上200辆汽车也已发动起来。长长的车灯犹如一条长龙，游向150公里以外的临泽。解放军第二军军长郭鹏和政委王恩茂亲率第五师在临泽整装待发。

许光达点将期待玉门，王胡子整装遥望新疆

二兵团第六军紧随二军之后，已经抵达张掖和临泽。罗元发军长和徐立清政委从小车里一钻出来，就看到了王震。他正和三军军长黄新廷在路边讲话。黄新廷是亲率三军的一个装甲营，赶上来转运部队的，也是跟王震不期而遇，站在路边简单说说部队的情况。刚说几句，罗元发和徐立清过来了。两人脸上都有抑制不住的喜悦，边跑边敬礼，喊："嗨，王胡子，总算又见到你了！"大家彼此握手，扔拳头，激动得不得了。

王震是从来不摆架子的人，在老战友面前更是如此，兴奋全写在脸上，一五一十毫不掩饰。他笑得合不拢嘴，一连串地"辛苦了，辛苦了，部队同志们还好吧？"

从乌鞘岭过来，六军一直是二兵团打前卫的部队，跑得最快。大仗没有，小仗不断。特别是在过永昌之后，紧随二军，呼应得很不错，给二军部队很大的支撑，使之不感到孤单。王震道辛苦、问部队的情况，除了首长和老战友之间的一般问候之外，还别有深意。

罗元发说："马上要到酒泉了！到酒泉要喝酒啊，听说当年左宗棠也是在这里饮酒盟誓、重整旗鼓，然后进军哈密的哩！"

"哟，罗元发，还真有你的啊！"王震笑着说，"不过，当年左宗棠是酒不够、泉水凑，今天不存在这个问题了。怎么样，喝了酒跟我一起进疆吧！"

罗元发听出话音。此前许光达已经跟他吹过风，说野司下步要调整部署，准备将六军并到一兵团，由王震率领二、六两军入疆。此刻听王震这么一说，似乎六军进疆已成定局，罗元发感到责任重大、情绪饱满，当即满怀热情地说："只要野司有令，我们就冲，打到天涯海角，也不含糊！"

王震说："现在还不到你表决心的时候。等国庆大典结束后，彭总要来酒泉，那时你再表决心也不晚啊，哈哈哈……"

经这一提，大家的思绪都转到彭德怀身上。听说这阵子彭老总忙得不

轻，前几天好几个晚上都没睡觉，大家都有点担心。

彭德怀就是这样牵着大家的心念。好像他是他们共同的兄长，提起这个名字，便有点其乐融融的家庭氛围。那种感情，没在第一野战军战斗过的人很难体会。越是挨过彭老总骂的人越是有想头。

王震说："上次我去兰州开会，见老总嘴唇上都起了燎泡。这回，曾震五去了，屈武又去了，又是军事又是政治，还要考虑玉门油矿的接管问题，你们兵团的许司令员昨天同我通话还说油矿留人的名单没定下来呢……"

这个名单让许光达伤透了脑筋。自中央决定从二兵团留一批人下来接管玉门油矿那天起，许就抱本花名册翻来覆去，老觉得手中那支笔有千斤重。当时，玉门油矿那几口破井，在全国还是绝无仅有的。新中国成立后，要搞飞机、搞坦克，火车、汽车和轮船要开得动，都得靠这里拿出油来。干部、战士们打仗可以，要上油矿开石油……许光达心里没底。

彭德怀说了，"管理呀、勘测呀、开采呀，甚至日后石油工业的长期发展呀，你都得考虑到，把最强的干部战士留下来，国庆大典一搞完，油矿所有的机器要给我叫，所有的油井要给我冒！"

"最强的"，当然首先必须考虑到有点文化。这不是战场上端着刺刀占山头，要跟机器打交道，斗大的字不识一个，想把机器玩转起来不容易呀！尤其是干部，没有文化，恐怕跟那些戴眼镜挂自来水笔的专家们话都说不上！仅此一条，就把许光达难得头皮发麻。

许光达还是如期拿出了一个在他看来"硬邦邦的"的名单，递到彭德怀的面前，像后来在新中国石油工业行当赫赫有名的康世恩等人，都在其列。

那是彭德怀赴京参加开国大典的头一天。傍晚时分，彭德怀拉着许光达沿黄河走了很远。两人从眼前的这份名单，谈到即将展开的社会主义建设，彼此呼吸急促、感慨万千，不知不觉又到了黄河铁桥跟前。彭德怀触景生情，说："过去老听人说这桥是外国人援建，这些日子，我才把它的来历搞清楚了。"

"来历？么子来历？"许光达兴趣盎然，"有何佳话没有？"

"佳话很多，都跟我们湖南人相关哩！"

彭总所说的湖南人，是指左宗棠。左当年率湘军平西，任陕甘总督，同时又兼了个"茶马使"的职务。所谓"茶马使"，按现今说法就是工商行管方面的最高长官。

西北少数民族自古养牛养羊，以畜牧业为生，饮食习惯也以肉食为主，因而常年离不开内地出产的茶叶，古诗上也说"不可一日无此君"。所以许多人动脑子，用边地高头大马到内地换取茶叶。这档子生意从唐初开始日渐兴盛，后来发展到不仅仅是民间的简单交易，还是中原地区官方抑制少数民族的一种手段。到了清朝，茶叶销售干脆成了官办。历任陕甘总督按惯例兼任“茶马使”，而且另拨一笔不薄的薪俸。

左宗棠的“茶马使”一兼十年，每年的薪俸照例支取但分文不动。到他进关离开兰州总督府时，这笔存银已积攒下30万两！左公清点之后，一文不取，原原本本交给继任杨昌浚，说，国家对我不薄，我们既有一份正饷，便不宜领取另一份兼饷。这是我们服务国家的最低条件。西北建设刚刚开始，需要经费的地方正多，到了缓急不济的时候，可以动用此款。后来，这笔款子就被用来建了兰州的黄河铁桥。有人把左宗棠的这笔存银称为“左氏基金”，而把兰州铁桥称之为“左公桥”。

彭德怀讲完左宗棠的故事，咣当咣当走到桥上，出神地望着滔滔河水，良久，一言不发地往回走。许光达默默跟在身后，心情很不平静。左宗棠的书过去读过一点，只知“秦川陇道，塞柳长青”的美谈。在湖南家乡，也常有老人们提起“左公、左公”二字，可彭德怀的这一段，还是头次听到。

于是许光达又想到石油，想到那个名单。他暗暗打算，如果时间允许的话，要找留玉门油矿工作的所有同志好好谈一次话，中心就是如何完成造福子孙的千秋大业问题。另外他还有一个想法，急于要找一本左宗棠的书来读一读。他对这位百年前的湖南老乡产生了浓厚兴趣。这两个愿望在几天后的10月1日、高音喇叭里传来毛泽东那个历史性的声音时，变得更为强烈了！

其时，第一野战军前委已正式命令王震率二军和六军进驻新疆，并区分：六军到北疆，二军到南疆。二、六两军立即投入进疆前的准备工作。

王震可忙活开了。二军部队分散在安西、酒泉、张掖1000多里的一条线上，六军部队拉得更长，要迅速归拢，调整部署，搞点短、平、快的政治动员，诸如召开兵团和各军的党委会、起草关于进疆准备工作的指示等，都得一一落实。此外，还须稳定局面，把彭铭鼎那一拨人安顿好。

即便如此，也不能忘记油矿。9月29日这天，王震特地同二军郭、王首长一道前往玉门参观油矿。“王胡子”的精力真是惊人，头天晚上半夜才陪同曾震五赶到酒泉，第二天大清早那个大嗓门又亮开了。情绪好，走到哪里笑到哪里，说：“彭总有指示，在二兵团正式接手之前，油矿出了问题，要拿我的脑壳是问哩！”王震摸着自己的脑门，好像真的有把刀架在脖颈上似的。

从酒泉出发到玉门油矿，过嘉峪关还要走一天，来回320里地。要是没台好点的车，4天时间也打不住。那地方虽说名声很响，可生活上跟酒泉没法比。酒泉毕竟是在关内，离沙漠远得多，空气湿润，城市也像个模样，物质供应啊、文化生活啊，都相对来说要便当得多。然而油矿上有4000多工人，加上职员家属则有上万人，是个有一定规模的小社会呢！光是把部队开进去了，把摊子看住了，那算什么？生产情况怎么样、还出不出油，这是中央和彭总都很关心的事。王震不亲自走一趟，心里怎么能踏实？！

实际情况比想象得要好。油矿的交接几乎没有影响生产。最紧张的那几天，每天还能出2万多加仑的油。按这个指标，一个月累计可出油60万～70万加仑。这个数据在当时新中国领导者们看来，就值得拍巴掌了！

所以王震这一趟玉门走得浑身带劲。尽管原定计划10月7日就要出发进疆，他自己多少也得准备准备，喘口气，但他就是安不下屁股，从玉门一回来又要去看六军。幸好，这时候彭德怀的电报到了，说部队进疆行动要往后推一推，到10月15日以后才“比较妥当”。

这一点是基于彭德怀与陶峙岳约会时间的考虑。彭、陶相约在酒泉会面是10月10日，彭德怀认为，还是信守那句老话，先礼而后兵，虽然这个“兵”不是剑拔弩张的“兵”，虽然陶峙岳已于9月25日代表新疆军政当局发表了起义通电，宣布脱离国民党反动政府，接受中共领导，而毛泽东、朱德也于9月26日给他们复电表示欢迎，实质性的工作已经做在前头，部队进驻似乎只是一个仪式，但第一个印象还应该做得尽善尽美一点为好。彭德怀就是这样，能把事情做到百分之百，就决不做百分之九十九。

毛泽东豪吟左公柳，彭德怀浅说陶峙岳

胜利就是百分之九十九之后的“一”。

1949年10月1日这一天，中国人民足足盼望了一个世纪！“北平”一跃而恢复为“北京”，天安门广场那面充满象征与神圣的五星红旗和旭日一道升起。同毛泽东共享这一时刻的不仅有跟他并肩携手、浴血奋斗了几十年的战友们，还有革命先驱孙中山先生的夫人宋庆龄以及像李济深、张澜等许多志士仁人。

一切都是理想中的境界。9月30日胜利闭幕的中国人民政治协商会议，举手通过了《中国人民政治协商会议组织法》《中国人民政治协商会议共同纲领》和《中华人民共和国中央人民政府组织法》，选举出以毛泽东主席为首的中央人民政府委员会、宣告中华人民共和国成立，随之，国都、国旗、国徽、纪元一一定夺……一个阶段的革命终于有个大团圆结局了，普天同庆，皆大欢喜是意料中的事。

真正不高兴的恐怕只有蒋介石和他周围有限的几个人。蒋介石担心受不了这个刺激，草草结束他在重庆一个多月的“坐镇”，飞回广州，以和李宗仁、白崇禧讨论“云南问题”来分散注意力。

“云南问题”是个伤脑筋的问题，焦点在省主席卢汉身上，听说此人

已暗中倾心于共产党，表现不大对劲，蒋介石火上浇油。他对滇缅边境仍寄予很大希望，对李弥的第八军、第二十六军为经营这块“最后的堡垒”所付出的努力，深感欣慰。这一点蒋介石与胡宗南已达成共识，只要云南有个可靠的土围子，全部设想就会水到渠成。

卢汉的“公案”尚未了断，又一个预想中的消息给蒋介石当头一棒：苏联在毛泽东宣布中华人民共和国成立的第二天，立即昭告全世界，承认这个政权！

蒋介石一肚子火没有地方出：“断交！断交！”他利用那个“非常委员会”主席的声音，在10月3日便指令广州国民党政府向莫斯科表示了国际间最高规格的不满——断绝外交关系。还不算完，蒋的肚子胀得还像个皮球，索性飞回台湾，揉着肠子挨到10月10日——双十节，这下找着了发泄口，当即在台湾发表“双十通告”，大骂苏联“侵略中国”，表示要和共产党斗争到底！

这都是毛泽东意料之中的情节。早在十天前，他专门召见来京参加开国大典的彭德怀时，就把这些后话预测得一清二楚。毛泽东说：“蒋介石信心不足了。月初陶峙岳、赵锡光和包尔汉他们派人到伊犁接洽和谈，我们派邓力群带着电台进驻迪化，他就泄了气。所以新疆问题和西南问题实际是一个问题呀！”

怪不得那时毛泽东对“新疆已不是战争问题，而是和平解决的问题”这一点要反复强调呢！彭德怀心中若有所悟。他再次体会到毛泽东的大气与智慧及其在全局上的深谋远虑。

参加开国大典的彭德怀，看上去年轻了好几岁，脸上、身上都收拾得整整齐齐，特别是那套质料不错的制服，是量体定做的，穿在身上就像长上去似的服服帖帖，和过去襟摆硬邦邦的老布棉袄相比，感觉大不一样。他知道毛泽东这几天忙，召见自己无非是对下步进军新疆再做点具体指示，因此就一步到位，把部队准备工作拣重要的拎出几条来汇报汇报。

首先是与曾震五的谈判。毛泽东五天前有电报告知，说曾去兰州谈判是试探性的，要求彭努力做工作，争取曾站到我们方面。现在，这个“工作”做得颇有成效，曾已心情舒畅地回到河西和王震在一起，在那里稳定玉门油矿了。曾震五曾要求今冬不要进军新疆，说那里比关内冷得多，冷的时间又长，气温经常在零下四五十摄氏度，如防寒搞得不好，冻掉耳朵和鼻子的情况时有发生，连拉屎都得用棒子敲，说过去国民党往新疆去的新兵，从头到脚都是一身皮，皮帽、皮衣、皮毡统……总之，“今冬去不得，万万去不得，春风不度玉门关嘛！”对此，彭德怀遵照毛泽东的意思“不要驳他”，实际上，着手一五一十地准备起来，“确切地于十一月一日或十日以前准备完毕。”

这项准备毛泽东曾连电叮嘱，物资方面集中在皮衣、皮帽、毡鞋、水壶、汽车、汽油、粮食，还有现洋和钞票等。彭德怀最初申报的汽车是4000辆，最后落实下来的只有400辆，毛泽东为此很是过意不去，声称正在交涉30～50架运输机。这件事的落实，对彭德怀至关重要。

当然，最重要的还是政治动员和干部准备。毛泽东在电报上说："解决新疆问题的关键是我党和维吾尔族的亲密合作。"在此基础上迫使国民党就范。毛泽东的目标是要"使张治中、陶峙岳、刘孟纯等为我们服务，使新疆能够和平地、较少破坏地接收过来，并有秩序地改编国民党军队。"

这个目标正在令人愉快的进行曲中成为现实。张治中已决定，与解放军进军新疆的同时，他到兰州来，参加"西北军政委员会"的成立会。这一机构是在过去贺龙领导下的那个西北军区基础上成立的，毛泽东特意征求了贺老总的意见，指定彭德怀为主任，习仲勋和张治中为副主任。

彭德怀说："请主席对军政委员会今后的工作指示指示，进疆以后好执行嘛。"

毛泽东径自踱步，许久没有言语。彭德怀就抱着手，耐心地等待。丰泽园的月夜，静谧之中包含着湖光灯影。远处的高音喇叭里正在播放着一支几乎全中国都耳熟能详的曲子："解放区的天是明朗的天，解放区的人民好喜欢……"

"若新疆不固，则蒙部不安，匪特陕甘山西各边时虑侵轶，防不胜防，即直北关山，亦无晏眠之日'这是哪一个说的呀？"毛泽东问。

彭德怀从容答道："左宗棠。"

"对哟，正是我们湖南的那个左文襄公说的！"毛泽东满面荡漾着睿智的笑容，"自古以来，西域久被认为蛮荒之地，明朝以前都把它看作负担哩。所谓'城郭诸国'，是说天山南北一盘散沙哟！张骞出使，功不可没；两汉班超父子西域都护当得声名大振。可是，到了曹魏和西晋，就有点烫手啰，连唐代的魏征和狄仁杰也口口声声要放弃西域，明太祖朱洪武叫冯胜去修筑长城，居然把玉门关也划在城垣之外。直到清朝，情况才大为改观……左公志在西北，战鼓响到哪里，公路就修到哪里，榆柳也就植到哪里，从潼关到嘉峪关，三千七百里呀，绿柳成荫，朔风不寒。这就是有名的'左公柳'。"毛泽东略事停顿，吟哦起来：

"大将筹边尚未还，湖湘子弟满天山。新栽杨柳三千里，引得春风渡玉关。"

诗情诗境，让毛泽东沉浸其中不能自拔，连赞："好诗，好诗啊！"并告诉彭德怀，这是左宗棠的继任杨昌浚在光绪五年应左公之约西行，见到道路两旁的一排排榆柳，即景生情写下来的，是"至情之作"。

彭德怀静静地听着。他对溜在嘴边的这些诗句似乎兴趣不是很大，说："当务之急，一个冬春的粮食何时能运到？别的可以少一点，这个少不得，部队长途跋涉，食量大……"

这样的应对，让毛泽东多少有点失望。但问题又在情理之中，他也只好点头。接着，毛泽东大谈左宗棠屯田，对左氏"要筹军食，必先筹民食，乃为不竭之源"和"寺民食以饷军，民尽而军食将从何出乎"这些高论大加赞赏，说："能有此言，绝非等闲之辈！"

左宗棠当年进疆屯田垦荒19000多亩，获粮数千石，解决了部队四五个月的军粮供给，彭德怀也有所知。对于解放军进疆之后的拓荒屯田工作，他在来京之前与王震、许光达等几人多有商谈。只是那些预设性的话题，彭德怀不想拿到中南海来说。

但是，毛泽东站在他的角度，不能不把问题点透。他说："左宗棠那个军屯民屯，是我们的拿手戏嘛。边区那时候搞军民大生产，有光荣传统，有宝贵经验。左宗棠叫个什么'嵩武军'，我们搞他一个兵团；他搞'舆榇出塞''以边荒艰巨为己任'，我们就'自己动手，丰衣足食'！英雄所见略同嘛……"

说到这里，毛泽东自己笑起来。

"我们今天比左宗棠的问题多，还有个对国民党军队改编和改造的问题，陶峙岳的部队号称十万，实际也有七八万人。这些人往哪里去，遣散费就得拖一大卡车！"彭德怀说。

毛泽东在烟缸里按灭烟头，思之再三，说："这个问题非同小可，弄不好就天下大乱。"

彭德怀说："一军在青海这项工作做得早，已经积累了一些经验，贺炳炎和廖汉生动了脑子。他们办了个'青海解放军官训练处'，把投诚过来的蒋马中校以上军官收容在一起，集中实行教育感化，使其悔过自新，重新做人，效果比较不错。"

毛泽东忽问："青藏公路准备得怎样？明春能否开工？"

"基本就绪，"彭德怀答道，"测量工作已全面展开，部队帐篷也解决了一批，开春后我去看一下子，就下命令动工！"

毛泽东表情严肃，举起夹着香烟的两根手指："这个事，意义大，一定要搞好！"

夸说冬寒是醉翁之意，体会春暖有父母之心

彭德怀是10月4日抵达酒泉的。许光达也已到达，大家相聚一堂，听汇报，看部队，整治油矿，力争用最短的时间把河西事情办好。然后，王震率部入疆，许光达则要协助彭德怀起草野战军给中央的报告。

听说彭德怀到了酒泉，个个都想见一面。王震得天独厚，早早地守候着。彭德怀一下车，他立即迎上去抱住老总的双手使劲抖。一边抖一边来了花样，笑嘻嘻地盯着老总左看右看，说："咦，老总变漂亮了！"一句话弄得彭德怀有点不好意思，狠狠瞪了王震一眼，难得地咧开嘴，露出一排雪白整齐的牙齿。

上车之后，王震贴着彭德怀像大孩子似的磨叽开了："老总，你刚参加开国大典，给我们讲讲新闻吧！"

彭德怀指指车座靠背后面一大捆报纸，说："我都想到了，特地给你带来的，新闻旧闻都在里面，你自己慢慢看吧！"

王震笑着："看报纸哪有老总讲的带劲啊，天安门那么大的场面，我们在喇叭里光听着哗哗响，连个口号都听不清。不过毛主席的声音还是比较洪亮的，守了一天就听到那一句！"

"那是啊，"彭德怀说，"天安门广场30万军民打着旗子啊！天公作美，万里无云。主席宣读公告的时候，放飞一大群鸽子，许多老人都落泪了……"彭德怀停顿片刻，忽问："部队给同志们加了菜没有啊？"

"怎能不加！各军都通知连队用伙食尾子，有的还破例让干部战士喝了点酒。头天晚上，政治部把高音喇叭架起来，军民挡不住，像潮水一样往操场上聚。部队准备了一批照明弹和信号弹，拿来代替礼花，老百姓有放铳的、放花炮的，有敲锣鼓的，广场上一夜透亮通明，许多人嗓子都哑了。毛主席宣布'中华人民共和国成立了，中国人民从此站起来了，'大家都抱在一起，哎哟，那个场面……"

彭德怀点点头，表示很理解。他长叹道："这是一个很大的节日啊！那么多年，那么多人，流血流汗，有的留下一个名字，有的连名字也留不下……我们不能忘记他们。"

"是啊，胜利来之不易，哪怕一点点微小的胜利，都要流血。"王震深有感触地说，"就以玉门油矿为例吧，到郭鹏和王恩茂他们开进去的头一天，敌人还不罢手，一些特务想以矿警大队那个姓崔的大队长为内应，把炼炉和矿井炸掉！里面有多少地下组织同志拼死做工作呀，他们日夜轮班，24小时睡在矿井旁边，才把矿井保护下来。"

彭德怀小声问："那个骆驼团长……"

"最后不是他出来刹一家伙，情况还不好说呢！那些国民党特务疯狂得很，他们把溃兵哄起来，在老君庙这边没有得逞又跑到安西，开国大典第二天，他们还在安西煽动新疆警备总部警卫团的一些官兵叛变，放火烧民房、烧仓库，还有些窜到玉门昌马附近，想抄小路偷袭油矿，搞里应外合，幸亏地下组织同志做通了骆驼团的工作……那个同志还是个藏族党员，叫扎喜泽仁，就是河西人，公开身份是个矿工，他跟骆驼团长贺新民有点关系。”

彭德怀感叹道：“天下穷人是一家。藏族同胞受压迫最深，革命也最彻底，对我们支持很大。他们爱憎分明，胆子也可以……”彭德怀忽然记起那些流落在河西的西路军女战士，“听说当年西路军失散的许多女同志，都是藏胞保护下来的……”

这个话题显得太沉重，两人都不能再说什么。

吉普车开始进入酒泉市区，速度慢下来，彭德怀透过车窗玻璃，望着街边行人平静的脚步。他们是那样安详无忧，年轻的藏族母亲兜子里背着娃娃，拉骆驼的汉子互相说说笑笑，维吾尔族小老板站在店埠门前挤眉弄眼地招徕生意，普普通通的人享受着普普通通的生活，这在他们就已是极大的满足。彭德怀是那么欣赏普通人这份幸福，仿佛他自己童年时代饿着肚子要饭、咽着糠饼下煤井的种种苦难，都从眼前这份幸福中找到了平衡。因此，他内心涌现出无限感激，感激成千上万默默无闻的牺牲者。他们在该成为英雄时，就一定成为英雄；而在该成为普通人时，又都成为普通人。或许这就是“人民”二字的涵义，它是一块永远砸不烂的骨头。

不知为什么，彭德怀忽然想见一见那个曾做过骆驼团长工作的地下党员扎喜泽仁。他把这个想法告诉了王震。王震说：“这还不好办，我跟郭鹏他们交代一声就行了。”

郭鹏和王恩茂这段时间除了完成进疆准备工作之外，正在全身心地收编国民党残余部队，和彭铭鼎、沈芝生、贺新民等这些人几乎每天都打交道。经过交涉，贺新民的骆驼兵团打算成建制地改编到解放军序列，其他国民党散兵游勇也在陆续收容发落。

时间久了，从青海西宁过来的马辅臣和马振武等得不耐烦，要求先行一步去新疆与骑兵师长马呈祥接触，做些工作，希望郭鹏和王恩茂能发给他们两挺机关枪，以作途中自卫。郭鹏满口答应，说：“我们可以派部队送一程，免生意外。”

马振武说：“有两挺机关枪我还怕谁呀！再说，你们解放军跟在后面不就来了吗？”

郭鹏笑了。通过一段时间接触，他倒觉得像马振武这样的人比彭铭鼎之流好处置。彭不知出于什么目的，一天到晚劝说解放军不要今冬入疆，把新疆的冬天说得恐惧之极，跟那个曾震五在兰州唱的是一个腔调。

因为上面有指示，郭鹏在解释这个问题时，显得特别耐心诚恳，说：“你们一番好意，我们理解。但我们解放军从来都是说到做到，不怕困难，何况防寒问题，我们也已作了些考虑和准备，没有解决不了的。”

“防寒装备可以想办法解决，然则交通运输以及补给问题，也还有很大的困难哩！”彭铭鼎显得很顽强。郭鹏立即把话接过去说：“交通困难什么，酒泉现在不是还有三四百辆汽车可以用么？”

“车子数目可能有这么多，只是……”彭铭鼎脸色惟妙惟肖地变化着，“只是军车的保养一向不是太好，多半是坏的。这么天寒地冻，一上路八成是要出毛病。你知道，大部队行动，又是在戈壁滩上，兵车一抛锚，麻烦就大了！”他想了想，觉得还没有把话说够，接着又说，“过去我们在冬季行驶之前，要下大工夫检修一遍，十天半月也说不准。要是半路上水箱一冻裂，那才叫‘往前看，戈壁滩；往后看，鬼门关哩，冻死饿死的惨痛教训多的是，戈壁滩上白骨累累呀……”

郭鹏听到这里，有点不耐烦，又觉得好笑，只好很“政策”地来了句准幽默，说：“国民党部队只能把活的弄成死的，死的东西一到解放军战士手里，就会变成活的，你说对吗？”

败军之将，不敢言勇。这样的话哪有不对的，彭铭鼎满口一百个“对对对”，但是……彭铭鼎还要展示他的不屈不挠，在临握别时仍不忘来个“但是”，他告诉郭鹏：“国民党在新疆经营了这么多年，出产仍不够丰富，一切补给物资，基本上是从内地运去的，不知赔了多少本。解放军何必急着去背这个包袱呢？不如让他们维持原状，派一批政治人员去指导指导就行了。”

郭鹏的高招是依然把调子往上拉，什么“困难再大挡不住解放军战士的脚步”“一定要将革命进行到底”等，逼着彭铭鼎自己打自己嘴巴，跟在后面忙不迭地说“对对对”。

王恩茂有点不客气了，语调不甚高扬，但一字一句都像石头那么硬。他要彭铭鼎等人记住一个简单的道理：解放军到新疆不是为了做买卖赚钱，而是要改变那里的面貌。这就是说，大家共同面对的是一个历史时刻，谁也没有挑选的余地。他用利箭般的目光威逼着彭铭鼎说：“任何困难都吓不倒我们，我们马上就要乘胜前进，直到天涯海角！”

这一戏剧性的对峙直到开国大典前一天才告结束。据说当晚彭铭鼎非常丧气地在曾震五家里给新疆警备司令部打了个长途。接电话的是参谋长陶晋初，彭铭鼎说：“震豫兄啊，鄙人同郭、王唇枪舌剑，已是山穷水尽。他们声言马上要开迪化，而且很……请你转告陶六爷……”

“陶六爷”就是陶峙岳。彭德怀听到这个汇报，微微一笑。显然，他是深解其中奥妙的，只是不便对具体人和事作什么评价罢了。只说：“你们处理得对。我们的仗就得这么打，必须有两条战线……”

彭德怀说这话时，他要接见的那个藏族党员扎喜泽仁也在场。于是，便顺便聊起党的民族政策在大西北的威力，说，政策是个总的精神，许多具体问题还得动脑子拿出具体解决办法，这里面的重要环节，就是建立地方政权问题。

例子举到一军。针对青海地方党组织薄弱的特殊情况，青海人民军政委员会和青海军区成立不久，中共西北局陆续派了一批干部去接手地方党政工作，省的党政领导机构，基本是一军的班底，然后在部队抽调一大批精华到地方工作，特别是团政委、营教导员、团政治处主任和军、师、团各级政治机关的那些干部，一去就当县委书记、县长，有的干脆一个团包一个县，干部集中在一起，上传下达调子不走样。

新政权一开张，难点就是少数民族事务。问题差不多都是当年马步芳残酷屠杀异族、搞“回族老大”落下的后遗症。远在巴颜喀拉山南、通天河畔的偏远牧区玉树、囊谦、称多三个藏族县各部落，每年都例行向马步芳“献马”纳贡。一军解放西宁时，纳贡队伍正好走到海南地区，是去还是不去，几个押贡的头人讨论了两三天，还是决定继续赶路，把贡品转送给共产党。

可是，共产党该不该接收这份贡品呢？廖汉生打电话请示野司。彭德怀说：“收！不是你廖汉生收，也不是我彭德怀收，是青海省人民军政委员会收，人民财产归人民嘛！”

这是一批极为珍贵的礼品，有骏马千匹、百张珍贵兽皮，还有上好的麝香、鹿茸等物品。其中有一只活猞猁，后来辗转贺龙、朱德之手，送到了北京动物园。

押解这批贡品的几个头人，推举囊谦的两个千户扎喜才旺多吉和扎武百户久美来对廖汉生说：“你们如能一次派出3000名骑兵，我们就归顺你们……”

毕竟是边远地区的两个头人，说出这种让人哭笑不得的话一点也不奇怪，彭德怀提起也是一笑了之。他所认识的另外一些藏族头人，并非如此，其中曾经打动过他的是一名藏族军官，此人不但把自己的名字弄得跟汉族人一样，而且其心性、正义感以及他的阶级立场，都让彭德怀经久难忘。此人就是全国知名的拉卜楞寺院藏军保安司令黄正清。

甘青边烽火连年，川陇汉法事再三

拉卜楞地处甘南夏河西岸，在一片大草原中央，是藏族游牧区。黄正清还是个孩子时，这一带属青海土地老爷马步芳的地盘，马步芳的统治就是回族的统治，搞封建家长那一套，阶级压迫又加上民族压迫，牧民们脖子上架着一把刀。一年三百六十五天，马家官府要钱要粮要人要牲口，动不动就砍脑袋，藏民日子提心吊胆，苦如黄连。

黄正清的父亲是草原上牧民头人，雄心勃勃，有正义感。这点血性也传给了黄正清，小小年纪就发誓要倾家荡产同马步芳打官司，不把牧民们从魔窟里拯救出来，决不罢休。

这是一场注定要输的官司。年轻的黄正清还不知道国民党官场那套把戏实质上就是弱肉强食。他凭着草原人直来直去的游戏规则，怎能成为“法堂”上的赢家？官司输了一场又一场，黄正清开了窍。他倾其所有置办了一批珍奇古董，走国民党的上层关节。

有道是，金陵路窄，香车宝马天地宽。黄正清一笔投入进去，连蒋介石都见上了！听说仅仅是为了要把甘南草原划归甘肃而不隶属青海这点小事，就献上一大堆宝贝，蒋介石简直不敢相信。这在他来说是打只蚊子罢了，哼了声：“办吧！”草原就脱离了马步芳，从青海省划归到甘肃省统辖，并享有一定的独立自治权，每年直接给国民党中央进贡纳税，同时——这也是最重要的，允许建立藏族武装，实行地方自治。

一场官司把黄正清打出了名。他成了甘南草原上一只令人骄傲的雄鹰，千家万户，载歌载舞，酒肉酣畅，大庆三日，为英雄胜利归来接风洗尘。

黄正清成了甘南藏民当然的总头领。

一路通，路路通。黄正清从此有了钱只做两件事：一件是给南京送宝，一件是置办武器弹药。蒋介石的毛一旦捋顺了，黄的要求无不应允。他亲自批准成立甘南草原拉卜楞保安司令部，任命黄正清为司令。继而又轻轻一提，让黄正清进入国民党统治核心——中央委员会，成了一名和马步芳可以平起平坐的“委员”。

有老蒋在后面撑腰，马步芳除了干瞪眼，还能有什么办法？古人说得好，一场官司一本书。黄正清闯荡天下读了那么多书，眼界自然大开。这其中有两位红色共产党人给他很大的启示，一位叫宣侠父，一位叫钱清泉。

那是二十年前红军时代的事了。某个风清月朗的草原之夜，宣、钱二人奉命来为红军采购粮草，和黄正清一番交涉成了朋友。他们为黄正清描绘了共产党的理想社会——没有剥削、没有欺压，平等自主，天下大同……这是拉卜楞寺庙的喇嘛们祈祷了多少年多少代的心愿呀！黄正清的心里埋下一颗坚实的种子。

二十年过去，共产党眼看着成为天下大赢家。黄正清真像喝了一杯甘泉那么爽冽！过去的官司，让他看尽国民党的西洋景，知其气数已尽，树倒猢狲散，谁也绊不住谁了。理想也罢、现实也罢，都得投奔共产党。

黄正清脱下军服，背上干粮，扮成一个地道的牧民，拉着一匹烈马上路了。他要去为甘南草原和藏族父老乡亲的将来，作一番长远打算。

这根线让负责地方工作的习仲勋接上了。但是，战事频仍，一日三变，习仲勋行踪不定，黄正清回到草原，线又断了。这让他那些天暴躁得像一头狮子。

兰州战役前夕，马步芳已经预感到末日来临，方圆数百里内金银财宝尽情掳掠。拉卜楞古寺自然是个重要目标。黄正清吃紧得很。他想，这一下要跟马家军了却世代冤仇了！可又担心马步芳遇到抵抗会不会血洗草原。一段时间内，黄正清对要不要留部队驻守拉卜楞寺庙，犹豫不决。

这时他已派出几路人马与解放军联系。在寂寞的等待中，黄正清每日列兵操练、杀声震天。风清气爽的绿色草原及草原上滚动的牛群、羊群、马群，又仿佛是他内心呼唤的另一种声音。

兰州战役终于打响了！有一天，拉卜楞保安司令部驻兰州办事处的人突然带回一封信，是解放军第二军政委王恩茂的亲笔大札，说解放军即将解放临夏，待临夏解放之后，要黄速派人去洽谈和平解放夏河的问题。

“解放”？黄正清乍听这个新鲜活泼的汉语词汇，为之一振。就是说，当年宣侠父、钱清泉的蓝图就要活生生地端到眼前了？！他怀着一种不知是何滋味的惊喜，立即派副司令张子丰带三个人前往临夏。他哪里知道，这个张子丰早就是一名地下共产党员了！

张子丰一到临夏便拿回王震的信。王震在信中说，要审时度势，即刻举义，并肩全歼马家顽匪。黄正清心头一块石头搬掉了，他一个喇叭把部队集合起来，宣布：“我们藏军决定起义，同解放军一道消灭马家军！”

王震给了黄正清一笔可观的见面礼——几大卡车枪支弹药。几天之后，解放军第十八兵团六十二军一八六师五五六团的一个营，被张子丰领到夏河。黄正清亲自出面，张罗了两万多藏民夹道四里多长，以示欢迎。

不久，黄正清便成了彭德怀和贺龙共同的朋友。大江东流，解放军势如破竹。继兰州解放之后，西宁又一扫而平，那个让黄正清不痛快了大半辈子的马家军顷刻间土崩瓦解，究竟是什么力量如此摧枯拉朽？黄正清心里想着很多事。

在同彭德怀、贺龙的接触中，黄正清总感到自己矮了一截。这感觉甚至比过去见到蒋介石还要厉害。他深感自己是不是被尘世封闭得太久，是不是泡在国民党糨糊里面一身不清不楚，是不是文化水平太低跟野蛮人差不多？而今，尘埃落定，真该好好去洗个痛快澡！

黄正清举着酒杯把内心的想法告诉了彭德怀。说：“请求批准我参加学习，待有提高之后，再参加工作。”

这让彭德怀很是看重。彭说：“你的想法很对头，我和你一样，也得学习。不过全国还没有解放，眼下百废待兴，完全放下工作去学习，恐怕做不到。再说你现在要是不工作，人家还以为你不和我们共产党合作哩。那样就不好了！我们还是在工作中学习吧，你我一块儿学，你是国民党的中央委员，我是共产党的中央委员，过去处境不同，今天坐在一块儿，应当一块儿学习、工作，将来建设新中国嘛！”

黄正清受不住，连说这哪行、这哪行，“你是彭大将军，我……现在马家军也消灭了，我也不知道该做些啥……”

“拉卜楞大草原地处甘青两省边界，是甘南的重镇，目前甘南的问题还没有解决嘛，胡宗南要占川北，把赵龙文、王治岐放在那里盯得很紧哩……”彭德怀煞住话头。其时，在解放军第七军和第六十二军配合下的武都起义，尚在紧锣密鼓之中，他不便多说什么。

但是，黄正清却敏感地意识到什么。说：“王治岐、赵龙文和蒋云台这几个人，过去和我都还有一面之交，要是需要，我倒可以做些力所能及的事。”

“这个嘛……”彭德怀想了想。胡宗南正在收网，赵龙文、王治岐和蒋云台之间关系微妙，这种时候把黄正清插进去弊多利少，弄不好要出乱子。因此彭说：“暂时还用不着你出面，需要的时候我再通知你。”

彭德怀对甘南的态度一直比较审慎，除一开始把彭绍辉的七军押在天水、刘忠的六十二军放在岷县“严阵以待”之外，其余没有别的重大举措出手。原因就在于甘南牵动着胡宗南的神经，而与大西南全局又有千丝万缕的联系，所以这锅稀粥只能靠其内部煎煮，是文火煨肥羊，急不得。

自从9月中旬胡宗南宣布王治岐为第五兵团副司令并兼一一九军军长，而蒋云台另立一军任军长、并准备率二四四师入川以来，赵龙文脑子里那根弦就绷到了极限。王治岐当上兵团副司令倒偃旗息鼓了，而蒋云台一接受委任状立刻招兵买马扩充军队，大有干一番伟业的意思。赵的心里那个酸啊，背地把胡宗南骂了一遍又一遍，场面上又不得不跟蒋云台保持一团和气。中秋节晚上，还特地给远驻乡野的蒋假惺惺地打个电话，说：“老兄啊，月圆人圆，今晚朋友都在，席间就差你呀！”

蒋云台说：“明月不照人圆，的确是件憾事。可我的肚子……这两天大概水土不服，闹得厉害呢，略有转机，我一定进城补上，到时候要杀要剐都由你……”

这是蒋云台的拿手戏，不真不假，嘻嘻哈哈，主意都藏在肚子里，谁也猜不透，要做的事一步一个脚印往前走。

就在赵龙文和蒋云台电话上感叹“明月不照人圆”的这天晚上，解放军第七军代表跟蒋云台秘密接触了一次，彭绍辉军长让代表告诉蒋云台，务必拖住所属部队，不要入川，将来与解放军里应外合一致行动，千万不可贸然举义。

赵龙文的中秋晚宴并没有因为蒋云台的缺席而减色，相反，他和王治岐之间还多了一层无所顾忌的默契。赵龙文大展拳脚让部属灌王治岐的酒，并非常动听地介绍汉南城固地区如何如何美妙，电灯如何如何明亮，学校如何如何齐整，鱼米之乡、五谷丰登等，其题旨只有一个：一一九军应该调防到那里去享福。

王治岐喝得酩酊大醉，该点头不点头、该摇头不摇头。赵龙文就趁此机会把一份早已拟好请求调防的电稿拿出来，让王治岐签了字。

急切入川的胡宗南，见王治岐这么开通地来充当他的大后卫，当然嘉许再三。随之，一道调防命令下来了——第一一九军调汉南城固。

蒋云台发觉此事时，早就木已成舟。酒醒之后的王治岐也觉得这件事“多有不妥”，但给胡宗南的电报是自己签的字，只能将错就错了。为了找到平衡，他把蒋云台拉上，和蒋一起“研究出发问题”，这些曲曲折折的心计哪里能瞒过蒋云台！他一句话就把王治岐问傻了：“第一一九军奉调，任务是什么？”

是啊，部队驻防总不能看哪里风景好、生活好就往哪里去呀，总得有个战略意图吧。

王治岐理屈词穷，结结巴巴地说：“任务……任务……没有什么任务嘛！那里生活很好，物产丰富，我们开过去休整、补充……”

蒋云台冷笑道：“你好糊涂！胡的主力即将全部入川，现在准备放弃汉南，一一九军开过去是当他的后卫，做牺牲品！我们无论如何也不能去。我们部队自关中失败后，没有得到任何补充，士兵连鞋袜都没有，现在可以要求他补充被服、鞋袜，然后再研究开往汉南的问题。”

王治岐为难极了，支支吾吾和赵龙文商量，把情况都推到蒋云台身上。

蒋云台一不做，二不休，当天直接给胡宗南拍了一个电报，把王治岐与自己商谈的经过以及自己对一一九军调防的想法和盘托出，这就把赵龙文从中传小话的机会给堵死了。

此时的胡宗南是一尊泥菩萨。他不想把任何一方可资利用的关系搞僵。接到蒋云台的电报，没有二话，立即改令一一九军到西汉水以南、雷家坝至大船坝之间布防。这无异于在赵龙文的脸上掴了一个耳刮子。

从此，蒋、赵矛盾愈演愈烈。

六、陇南义旗

武都插进陈子干，川北选定周士第

把甘南交给赵龙文，胡宗南心里是不踏实的。这种“不踏实”并不是对赵龙文能力上的怀疑，主要考虑到甘南的地位于经略川北太重要了。从蒋云台要求更改一一九军调防电报这件事上，胡就明显觉察到，赵龙文的聪明有点过火。如此下去，可能要误大事。

胡宗南一向不太喜欢老爱展示绝顶聪明的人，觉得这种人不可托付重任。他更愿意部属比他笨一个档次——起码表面上看是这样，不时在他的照耀下，发生一丝有限的光芒。遗憾的是，赵龙文不是这样的人，他巴不得自己就是一方太阳，能给胡宗南带来光明。这显然不大对胡宗南的胃口。

胡宗南就想到了陈子干。陈这个人自主持九十军以来，韬光养晦做得不错，从不见张扬，看上去比较持重。胡宗南把他叫来对他说：“甘南我不大放心，你给我出一马，去那里坐镇几天，重点是注意蒋云台。”

为了不给赵龙文造成刺激，胡宗南装作征求赵的意见。赵龙文知道陈子干已经上路了，胡再来问自己，明摆着的“道理”在里面，还有什么“意见”可言。他立刻作出受到增援的那种雀跃状，并尽可能通过电话线，让胡能够真切地感觉得到，而把内心的那份失落打扫得一干二净。

就在胡宗南改令一一九军防地之后的第二天，蒋云台派往成县买粮的副官陈博文在大船坝打电话报告蒋，说九十军军长陈子干亲率第十二师由汉南日夜兼程开往武都，已经抵达大船坝，正在渡河。

显而易见，陈子干来者不善。蒋云台立即电询王治岐：“你知道十二师开到武都来是执行什么任务吗？”

王治岐一愣：“有这事儿吗？我一点也不知道。”

“那你为什么不问问赵龙文呢？”蒋云台步步紧逼。

王治岐无可奈何，给赵龙文挂了电话。

赵龙文在电话里打着哈欠反问：“你是怎么知道的？到目前为止我还没有接到胡先生的通知哩！这么大的事，他应该通知我啊！”

王治岐明知赵龙文在跟自己耍流氓，却没有应对，而把这套流氓把戏一转手又原原本本地交给蒋云台。蒋云台可不尿这一壶，说：“赵龙文是分署主任，一个军长带一个师向我们这里开过来，他怎么会不知道？这话鬼才相信！好，就算他不知道，现在我们报告上去总知道了吧！你让他通知十二师，部队须经甘泉取道汉王寺再进武都，如果他不答应，非得从我的驻地安化走，到时候部队冲突起来我概不负责！”

赵龙文没法再踢王治岐的皮球了，只好通知陈子干，让他带十二师不要直进武都，而经甘泉到武都东南40里的汉王寺下营。同时，他暗示陈子干说：“初到武都，为精诚团结，避免误会，你是不是去看一看蒋军长啊？”

于是，陈子干下营之后，马不停蹄带着两名随员赶到蒋云台的驻地安化。名义上是“拜望”蒋云台，实则是想探个虚实。一见蒋云台的部队人不离枪械、马不下鞍鞯，戒备森严，心里有数了。随便寒暄几句，就心事重重地告辞。

甘南因为多了陈子干，问题变得简单化了。赵龙文说话不像过去那么含蓄，分署主任的权威也时不时要拿出来耍两下子。而陈子干带来的第十二师和原驻第三三八师干脆毫无顾忌地对蒋云台驻地安化方向做起工事来，形成二对一的态势。赵龙文暗中吩咐说：“看住了蒋云台，一一九军就没有戏看。王治岐不足为虑。

这种明朗化的情绪，等于在蒋云台和甘南分署其他各部之间筑起了一道高墙。蒋现在唯一可以拉住、也必须拉住的就是王治岐。因为王治岐始终是一一九军的符号，要使一一九军不离开陇南，最好的办法就是把王治岐套住。

机会实际上又是赵龙文送来的。

赵龙文当着分署主任还嫌不过瘾，忽然想出一个花招，希望通过陇南各县国民党县党部书记长，联名电请国民党中央推荐他为甘肃省主席。事情还没有办，消息便走漏出去。蒋云台立刻动起脑子：这个主席要是王治岐当了，不就把王套在陇南了吗？于是立即先下手为强，拟出一份电报，专门派人一个县一个县跑着把字签下来。等到赵龙文按部就班开会商谈时，蒋云台的电报已经发出去了。赵龙文闹了个猴子捞月，恨不得一口把蒋云台连骨头带肉吞了去！

冷静下来，赵龙文想，单纯自己这双手要拿住蒋云台，看来是有困难的。想来想去只有一个办法，就是把“蒋云台通共”的怀疑，捅到胡宗南那里去，看胡长官怎么收拾他！

过一天，赵龙文给胡宗南煞有介事地发出一份电报，声称在武都安化附近发现有一部电台，经常往共产党军队战区作报，极有可能是内部所为。这样的方式和这样的提示，按照赵龙文的思路应该万无一失。谁知，胡宗南一看到这份电报就很不高兴：既然你有所“发现”，为什么不查清底细，却要干这种指桑骂槐的勾当！胡把电报狠狠扔在一边，不想理会。对于他来说，赵龙文这份明显在自作聪明的小报告，纯系鸡毛蒜皮，而另一份刚刚来自中统局的绝密情报，才让他惊心动魄呢！

这份密报告知：中共加紧对川侦察，四川地下中共组织日前也派人同贺龙部接触。因此判断，中共对川行动迫在眉睫！

一般来说，中统局很少直接给胡传递什么情报。这份密报足以体现非常时期之“非常”二字，说明形势已经到了关键时刻。那么，中共究竟会以多大的兵力、会从什么方向对川行动呢？这始终是胡宗南心中悬而未决的题目。

其实，这个题目在中共中央10月13日作出西南军区人事安排之前，一直还没有最后解决。早在贺龙担任西安军管会主任期间，就与彭德怀、习仲勋商量，拟从西北地区抽一批军队和地方干部到山西临汾集训，作南下准备。这个初步设想，后来被贺龙落实下来的地方干部是4528人，军队干部1512人。贺龙并同李井泉商妥，在晋绥分局、晋绥军区机关再抽出一些干部，化装成商人和工农百姓，潜入西南，调查当地的兵要地志，直接为将来进军作准备。

当然，这只是毛泽东解决西南问题一盘棋的局部。在7月中旬他给华南进军部队的电报中，就明确提到“由贺龙率10万人左右入成都，由刘伯承、邓小平、贺龙等同志组成西南局，经营川、滇、黔、康四省”。

“经营”二字的口子有多么大！贺龙在9月上旬赴京出席全国政协一届全体会议途中，特地赶到临汾看望在那里集训的几千名干部，就指示他们要研究问题，首先是学习政策，此外还要研究“大学怎么办？教育怎么办？报纸怎么办？进城以后怎么发动群众？怎样解决贫苦群众的困难？”要求他们把各项具体政策都要搞个明文规定。还要考虑怎么搞金融贸易，对警察、土匪、特务怎么改造使用，总之，要想得长远一些，细致一些。这就不单单是眼前打仗的问题了。

但是，打仗无疑仍摆在首要位置。

10月14日，毛泽东在北京主持中共中央军委会，主要讨论进军大西南。前一天，中央已决定邓小平、刘伯承、贺龙分任西南局第一、二、三书记。贺龙任西南军区司令员，邓小平是政委，刘伯承担任西南军政委员会主席。所以，涉及川北用兵问题，毛泽东主要想听听贺老总的意见。

“你打算带哪个部队入川呢？”毛泽东边弹烟灰边问贺龙。

贺龙简单地回答：“看方便吧，哪一支部队都一样。”

若论进川位置比较方便，当然是部署在秦川、天水一带的第十八兵团。毛泽东说：“那就是周士第喽？！”周士第是十八兵团的司令员兼政委。

“好嘛，”贺龙爽快地应道，“周士第跟我共同战斗多年，一块儿合作肯定没得问题！”

周士第是没有问题，部队怎么样呢？个别长期跟随贺龙的同志私下嘀咕说，一野部队里面多的是老总亲手带出来的团队，战斗力呱呱叫，到西南是打解放战争最后一仗，就该带这些部队上，好钢用在刀刃上，仗可以打得漂亮点嘛！

贺龙对这个问题极为敏感：“靠挑拣部队打胜仗，那叫啥子本事呀！军队是党领导的军队，不是我贺龙个人的。如果我不带十八兵团，非要带自己带出来的部队不可，那我贺龙还像个共产党员吗？”

军委会让贺龙坦荡的胸襟弄得很有政治气氛，毛泽东显得很高兴，说：“贺老总啊，给你一个十八兵团，再给个七军，给个十九军，总共十四个师。任务嘛，先解放陕南，再解放川北，主要对手是我们的老冤家胡宗南。”

其实这些部队严格地说起来，过去都曾受到过贺龙的培养，特别是各级指挥员，差不多都是贺龙的老部下，即便像十九军是以老陕南军区为基础组建、中途有段时间归中原军区建制，但班底还是老陕甘宁边区部队；十八兵团是晋绥的老底子，当年攻打山西沂州、宁武等七县的阎锡山各堡垒，以及后来的大同战役，许多老战士还让贺老总戴过光荣花哩！至于彭绍辉的第七军，更是贺龙领导下的老三五八旅嫡传，政委孙志远及继任的罗贵波、冼恒汉等人，都是贺龙的老部下。班子过硬，部队也过硬，长期独当一面，默默地在晋中执行任务。随十八、十九两兵团回到西北归建后，又一直独守甘南，不露声色，稳定一方。单就这一点，就让人刮目相看。

听说要跟贺老总入川作战，七军上下一片欢腾。彭绍辉的心里也很不平静。一方面是激动，另一方面又有些着急。后者主要是考虑甘南的局势。他火烧火燎地把政治部主任黄忠学找来，说：“老黄啊，部队眼瞅着就要出发了，武都的蒋云台还在那里跟赵龙文捉迷藏，真不好办呢！”

黄忠学在敌军工作方面有些经验。他仔细考虑了一下，说：“心急吃不得热乎乎，要不，我亲自到武都跑一趟？”

北京指点西南西北，西安云集一台锣鼓

赵龙文没能从胡宗南那里讨得口风，就憋着一肚子气打电话找王治岐，说："据绥署侦察台报告，安化附近有一部电台经常与共产党军队战区作报，这事你得好好查一查，七日内给我报告！"

王治岐想，这不是整蒋云台吗？他干脆转个电话 蒋，把赵龙文的话原封不动复述了一遍，然后问蒋："赵要我查，你说怎么办？"

蒋云台一听，立刻警觉起来，记起张宗逊副司令早先嘱咐他的话，尽量徒步联系，能不用电台尽量不用电台，说无线电最不保密。果然，把柄出来了！好在赵龙文只说查，一个"查"字说明他还没有确切掌握自己的多少把柄，不过猜测罢了。于是，蒋云台回道："赵说安化附近，当然也包括我的阵地前沿。这并没有什么奇怪，共产党军队侦察兵每天都在那里活动。哪像他赵某人呀，住在武都城里，高楼大厦，歌舞升平，当然不会有什么可疑的电台了！"

这些话虽然略带气味，但于情于理也能说得过去。王治岐吩咐司令部，给分署赵主任的报告，就以这一精神来做。还补充道："不忙，不妨做得周到一点。"

等王治岐这份"周到"的调查报告呈送上去时，赵龙文的兴奋点已经转移了。胡宗南连电催逼，要他抓紧作好入川准备，并通报说，湘西、鄂西、黔北各线共产党军队加紧攻击准备，秦岭方向的共产党军队沉寂了一段时间之后，又突然采取积极的急袭行动，搞得胡军前沿阵地措手不及。有鉴于此，入驻川北刻不容缓，否则后果难测。

整个9月，是胡宗南日子比较好过的一段时光。好歹蒋介石待在重庆，三天两头去晋见一次，多少有点依赖感。更重要的是，在秦岭方向与共产党军队接触之中，每每得意。如同他向蒋介石报告中所说："共产党军队多次猛攻秦岭，无一处突破。"这对于大病初愈的他来说，不能不是一个难得的抚慰。胡宗南难以想象，也更不会承认，这一切不过是毛泽东蓄意塞在他嘴里的一块水果糖而已。让胡宗南得意地待在原地不动，是中共中央军委大西南决策中的组成部分。

毛泽东的"以迂回动作，插至敌后，先完成包围，然后再回打之方针"，是根据西南地理情况及国民党军力避决战的特点而制定的。按照这一方针，人民解放军第二野战军主力在四野发起广西战役时，便以大迂回动作从东南直出贵州，进至叙府、泸州、重庆之线，胡宗南集团及四川境内各路敌军，企图退守云南的道路，一下子堵死了。十八兵团的任务，就是要把胡宗南咬在秦岭。等到南边的二野把路堵死后，再一块儿来收拾老冤家，先占川北，再及成都。这便注定了贺龙和李井泉、周士第指挥的秦

岭战役，从一开始就是个“不痛不痒”的战役，任务就是“攻而不破”，造成沿川陕公路南下入川的架势。

胡宗南老老实实上了当，跑到蒋介石那里大吹大擂，断定十八兵团必然要取三国时代魏军伐蜀的路线，分成两路，一路从兰州南下，经武都至碧口；一路沿川陕公路南下，然后合二为一，直插川西。因此，胡宗南的决策是“拒共产党军队于川境以外，以陇南、陕南为决战战场”。

这是常势用兵，蒋介石以操典的眼光挑剔再三，最后也无可非议。于是胡宗南这位“川陕甘边绥靖公署主任”将第五兵团李文部40000余人，押在秦岭川陕公路两侧地区；而将第十八兵团李振部44000余人，放到李文部以西地区；另外，又让裴昌会弄出一个第七兵团，6个军兵力沿川陕边的白龙江、米仓山、大巴山一线布防，构成第二道防线，完全是一副坚守的架势。

贺龙正希望胡宗南作出这种判断。毛泽东给他的机宜是：“歼胡作战时间，不应太早，应待刘、邓进至叙府、泸州、重庆之线，然后发起攻击，时间大致在12月中旬。”也就是说，彻底放开大打、扯破胡宗南的防线，大体还有两个月呢。所以，时至10月中旬，彭德怀指挥王震所率二、六两军已常驻新疆闹得翻天覆地了，毛泽东才正式发布由陕入川的作战命令。真正进入具体的战备实施——诸如编配部队、思想动员以及物资保障方面的落实定位，那是11月份的事了。

离开北京前，贺龙最后一次见毛泽东时，毛泽东看上去有点疲倦。可能是因前段筹备建国精疲力竭尚未恢复的缘故吧。一切从头开始，太繁重啊！贺龙见面之后不免生出一丝丝心疼。便说：“主席，你要注意休息，身体好了，才能为人民服好务啊，新中国还有许多事等着你做哩！”

毛泽东笑道：“你贺老总把工作做到我头上来了！停不下来呀……”他充满感慨地叹了口气，双眼望着窗外，仿佛又回到中南海怀仁堂，回到9月21日下午7时出席政协一次全体会议那一刻，全体代表起立，场内奏响雄壮的解放军进行曲，场外鸣放礼炮54响，然后是代表们长达5分钟的掌声，然后他说：“诸位代表先生们，我们有一个共同的感觉，这就是我们的工作将写在人类的历史上，它将表明：占人类总数四分之一的中国人从此站立起来了……”

“太兴奋了！”贺龙说，“这些日子，连我都睡不着。你讲得好，我们的努力必将稳步达到目的，让反动派们发抖去吧，让他们像长嘴婆一样说我们这也不行那也不行好了！我们一定要作出成绩来给他们看一看！”

毛泽东接上一支烟，与贺老总的烟斗对烧起来，菊香书屋一下子成了烟的海洋。

9月30日夜幕降临时，政协代表们来到天安门广场，为人民英雄纪念碑举行隆重的奠基典礼，毛泽东在一片庄严肃穆之中宣读他撰写的碑文：

“人民英雄永垂不朽……”

“我们的牺牲太沉重了……”毛泽东透过烟雾望着贺龙，“两次国内战争，一次抗战，多少万烈士？我们的事业是他们用鲜血浇灌出来的！”他长叹一声，“现在，如果不把台湾算进去，大的战事就剩一个西北、一个西南了。西北除新疆尚待努力之外，局面已定。彭总来电说，河西的事处理得不错，玉门油矿生产不受大的影响。新疆有两个军进去，就看陶峙岳他们配合如何了。西南的形势要复杂一些，蒋介石至今还不放弃他的梦想，所以，你们要准备吃点苦头啊。”毛泽东想了想，补充道，“但要减少牺牲，越少越好！”

贺龙离开北京时，已是10月下旬。第一站便打到临汾，检查入川准备工作。正好，中共四川地下党组织的负责人李宗林和马识途赶来“迎接大军入川”，贺龙下车，屁股还没坐热，就招呼说：“快叫过来见见面，大家谈一谈情况。”

于是，李宗林和马识途就在一家普通的小院落里见到了那个披着宽大布棉衣的“大个子”。“大个子”把他们亲热地让到屋里，接着用“几乎是四川话”的方言问：“你们从四川过来很不容易吧？古话说蜀道难嘛！”就这句普普通通的话，让马识途感叹了几十年：“没想到这位高级军事指挥员说起话来这么文雅。”

贺龙的“几乎是四川话”和满面洋溢着的亲切态度，让李宗林和马识途一下子扔掉了浑身的拘谨，两人就像走亲戚似的，有问有答，滔滔不绝，把四川的社情民情及大小军阀诸般表现一一汇报出来。最后，迫切地说：“老总啊，四川人民希望大军早日南下，都等不得喽！”

贺龙深解李、马的心情，说：“快了，到你们成都过年去。”

十天之内，西南军区司令部前线指挥所，在西安成立了。随之，中共中央确定，成立川西北军政委员会，以贺龙为主任，总管军事、政治、党委、民运等项工作。这两条一落实，李井泉及十八兵团司令员兼政委周士第、副政委王新亭等人，也一一云集西安，贺龙的一台好戏，锣鼓齐全了。十八兵团所属六十军、六十一军、六十二军及七军、十九军，分别受领任务，开始战前动员，一时间，文电交驰，秦岭与甘南的天空无线电信号密如繁星，胡宗南的侦查台一日三报，弄得他浑身着火，或广州或台湾连电告急。可是，当复电让他“具报详细”时，胡又觉得无从说起。

一个月前，蒋介石在重庆山洞林园向胡宗南面授“苦撑六个月、确保大西南”的机宜时，胡的口气还很不一般，觉得“苦撑”一年两年也不在话下。那时，胡是在秦岭防线几个月来固守未破这一喜洋洋的心情下作出判断的，而此刻，风云突变，去西南的路被节节堵死，不由得人不生出绝念。他免不了对“校长”产生出一点点埋怨：当初自己一心投奔滇西，会合李弥，硬是给蒋介石一句“苦撑”的话挡了下来，时至今日，进退维谷，老头子人在哪里呢？还不是到台湾享受阿里山风光去了！

胡宗南悲一阵、怨一阵、怒一阵、恨一阵，正有些灰心丧气，不想蒋介石突然来了个“英雄气概”，于11月14日，冷不丁地从台湾再次飞抵重庆。

重庆濒危讨不着救兵，武都换马先下手为强

蒋介石是被毛泽东逼到重庆来的。

“大迂回战略”这一手让蒋介石极感意外。他如果再在台湾待下去，中共瓮中捉鳖之势就立刻成为定局。蒋没有别的选择，唯一能做到的，就是自己爬到秤砣上来压这根已经翘不起来的秤杆了。他当然明白，四川即将成为一片火海，他这样做是要冒风险的，可此时此刻，他的所有分量不就押在这个“险”字上吗？

蒋介石一贯标举“守常”，这个“常”守到急处，往往见奇。此时他的急中生奇如同让胡宗南咬到一块酸味的冰棍，先是一激灵，浑身一震，接着无穷的滋味弥漫开来，透心窝得酸。“到这时候才来充当英雄豪杰，早知今日，何必当初！”胡宗南觉得自己永远琢磨不透他的校长。

看不出胡宗南的情绪上有什么变化。即便看出来了，也大可以忽略。这是蒋介石的自信。重庆山城仍旧拥有往日的宁静。在最初坏消息一个接一个传来时，蒋的脸上一直保持着在镁光灯底下的那种从容。甚至，贵阳被共产党军队攻占，川东地区宋希濂集团节节败退，以至到11月19日其所部十四兵团在鄂川边境全军覆没，川东大门洞开，中共陈锡联兵团沿川湘公路长驱直入，蒋介石的姿态依然保持完好。但是，11月20日，他给胡宗南打了个电话之后，却立刻像屁股上长了疮，坐不住了。

现在看来，这个电话葬送了胡宗南的大好晚景，也使胡的“西北王”三个字总算抖出了那么一点亮色。

蒋介石的镇定自若始终是以胡宗南为支撑的。当紧要时刻来临，他认为有必要电令胡宗南加速南撤并速调第一军开赴重庆“保驾”时，胡宗南居然恭恭敬敬地提出了异议。这是胡宗南有史以来第一次违拗蒋介石，其理由是：“共产党军队贺龙部重兵在前，此时将第一军调赴重庆，恐有不妥。”

“不妥？有什么不妥！”蒋介石像是意外地被针扎了一下似的，“我的死活你可以不管，非常委员会和整个内阁成员的安全呢？能视作儿戏吗？你要晓得，大敌当前，渝城地位不同一般……”

胡宗南拿出了最高的耐心和最大的决心来表述自己。他说：“秦岭以西，战线之长、关隘之多实属罕见。现在兵力尚嫌不足，如若再去一军，

更显得捉襟见肘，何况眼下兵力部署已就绪，部队各守防地，环环相扣，且军心不稳，牵一发动全身，调动一个一军，势必给共产党军队可乘之机。再说，川境安，重庆才可安；川境不安，何谈渝城……”

“胡扯蛋！”蒋介石气急了，“难道你不懂得服从是天职吗？事关党国生死存亡，怎可只图自保？你真让我失望！”

胡宗南竭力保持平静：“这不是自保啊校长……”

“你不要叫我校长！”蒋介石愤怒地摔掉了电话。

胡宗南知道蒋介石真的生气了，隔了五分钟，主动把电话摇过去，表示服从调遣，立刻调集车辆起运一军开赴重庆。蒋介石听到这番近乎忏悔似的话，并没有什么反应，不轻不重地“哼”了一声，就挂掉电话。

这件事越想越让胡宗南觉得窝囊。落实时，卡车倒是调集了几百两，实际起运的却只是两个团不到。部队到重庆虚张声势在大街上一撒，摆出个样子，安全不安全，蒋介石也没有再往下追究。他站在胡的地位想一想，似也有些道理，只是蒋放不下这个脸罢了。

往重庆不明不白送出去两个团之后，胡宗南痛惜了一夜。第一军虽然倒了扶、扶了倒，补编了好几次，但一向被他视为最体己的私房钱，目前相比较而言，也是保存得最完整，装备最好的一个军。如果按照蒋的旨意，一锅端了出去，他还有什么戏可唱？别看他手下左一个“兵团”、右一个“兵团”，全都是没了底的鞋帮子，有名无实，真正交起手来，恐怕对付共产党军队一个兵团都有困难。胡宗南越输越清醒，越清醒越痛苦。

其实，当时情况下，真正的优劣势还并不在于人数，而在于兵员的素质，特别是政治素质。国民党江河日下，什么话到了长官嘴里都成了谎言。因为当官的不撒谎就不能自圆其说，全国解放的大形势摆在那儿呢！人民解放军就不一样了，蒸蒸日上，浩然正气，站在老百姓的立场上，道理怎么说都显得真实可信，于是上下都说实话、动真情，知道为谁打仗，为什么打仗，好日子等在前面，人人都有奔头。即使思想上有点小毛病，也一点就通。

部队接受入川作战的任务后，就有一小部分北方同志不想进川，有的怕到了川康水土不服；有的怕吃不到面食、吃不惯大米；还有人怕跟南方的少数民族将来合不来等。贺龙很把这些思想上的小疙瘩当回事，说这是部队进川的“挡路虎”，要十八兵团赶快搞几场报告会，先让四川地下党的马识途介绍情况，再让刚从北京开完全国政协一届全体会议的胡耀邦作形势报告，在这个基础上，召开南下干部动员大会，贺龙亲自上阵讲话。

过去在晋绥听过贺龙讲话的人都说，老总的政治动员特别有味道，让人一听就着迷，笑破肚皮打不成瞌睡，又受教育，有时骂两句娘也非常动听。这次一上来还是那个味，手里捧着个大烟斗，轻轻松松地开了场：

"毛大帅交给我们的任务，是歼灭胡宗南的部队，配合二野解放祖国的大西南。这个任务是非常艰巨的。"

接下来就点毛病："不错，西南和华北等地相比，许多地方还是很落后的，条件也是很艰苦的……我们有些同志一听说西南是'天无三日晴，地无三尺平'，还天天吃大米，就想留在家乡不走了。我们在座的都是共产党员、共青团员和革命战士，我们不是天天说要解放全人类吗？现在西南还有几千万同胞在受苦，蒋介石还有几十万军队盘踞在那里，要把西南当成卷土重来的反攻基地。你们留在家乡能安居乐业吗？"

贺龙说着说着就把自己摆进去了："我也不是北方人，家乡在湖南桑植。我就是吃大米长大的。为了革命，为了抗日，我们许多南方人参加了二万五千里长征，到了晋绥，吃了整整八年的小米和黑豆。难道在座的同志就不能为了革命，到西南去吃几年大米吗？"

话到这里，贺龙顺便谈起将来与二野部队会师后的团结问题，说要虚心向兄弟部队学习，姿态低一点点，不要一开口就是"我们吃了好几年黑豆"。贺龙说："难道只有我们才艰苦？兄弟部队就不艰苦吗？其实我们晋绥背靠陕甘宁边区，比他们在太行山的条件好多了。"

吃大米和吃黑豆问题，算什么问题呢？可是贺龙就这样平平朴朴地说出了思想上的大问题，这个问题中既有情又有理，让许多老同志几十年都刻在心上，忘不了。

最后才说打仗。贺龙只有一句话："解放西南是大陆上的最后一仗。我希望每个同志都不要错过这个立功的机会。"对于把"吃黑豆"和"吃大米"问题搞清楚了的干部战士来说，有这么一句话，就够了。

贺龙所说的"立功机会"，到11月底才真正来到。在川南山地，宋希濂集团和罗广文兵团的三万多人终于被陈锡联彻底解决了，重庆因綦江、涪陵、江津等近郊城市相继被克，立刻风雨飘摇，胡宗南虚张声势送去的那两个团兵力，抬滑竿都不够用，谈什么"保驾"？蒋介石抓瞎了，急令胡宗南速往成都部署防卫，以待重庆那一摊子"委员会""内阁"等大员的到来。

情况来得简直没有铺垫，胡宗南一时方寸大乱，连夜给所属各部噼里啪啦发报，搞得上下一片慌张。

这晚10点多钟，蒋云台正在听取来自武都城里的一个"耳目"汇报近日赵龙文内外活动情况，忽然接到王治岐的电话，说赵龙文就要回四川，要蒋立刻赶到武都为赵送行。

无疑，蒋云台也感到非常突然。好在他反应快，而且对这一天早有估计，所以应对自如。10分钟后即下令二四四师七三二团一营营长杨国权，当晚率部开往武都城，接守城防。他不想让陈子干占这个先。

蒋云台的这一举动自然要大大刺激赵龙文。赵也不给蒋打电话，而是把电话要给王治岐，气吼吼地责问：“这究竟是何意？你给我个说法！”

王治岐被赵问得哑口无言，情急之下只好老实交代，说自己对此一无所知。赵龙文心里也明白这事跟王治岐肯定没关系，但他就是要一口咬定王治岐，并且穷追猛打，非逼着王给个“说法”。他是存心要让王治岐吃点苦头，好转过去找蒋云台撒气。

谁知王治岐是个“消音器”。他并不糊涂，是装糊涂。在给蒋云台的电话中，王只是轻描淡写地说：“我的意思是让你去给赵送送行，他要离开武都，朋友们见见面，可你却派兵先接城防，再去送行，这样大家脸上多不好看。”

蒋云台说：“这不是好看不好看的问题。一一九军在甘南，如果连武都这样的重镇都控制不住，今后何以立足？再说，人家好端端地派一个师驻在你的卧榻之侧，你的脸上就好看了？”

王治岐话中有话地问：“你打算在甘南驻守多久？”

蒋云台警觉地反问：“你说呢？”

“上峰已告知，赵龙文走，让我就任甘肃省主席，主持武都防务。”王治岐悲喜莫辨地叹道。

这正是蒋云台所希望的。蒋喜形于色：“这是天大的好事啊，应该庆贺！”嘴上这么说着，心里一根弦绷紧了，由王主甘，机会难得，他转身涂了几个字，让警卫密送副师长杨伯达，要杨速与解放军七军联络，准备起事。

王治岐对蒋云台的诸般花样视若无睹。他只吩咐蒋第二天下午与他一同去武都为赵龙文送行，别的什么也没说。

第二天下午，王、蒋相约一块到武都。九十军军长陈子干和十二师师长吴子清也从汉王寺赶来为赵龙文送行。陈、吴带着十多名警卫，但却神神鬼鬼地留在城外，而身边只留一名警卫牵马。正好，走到城边与王治岐、蒋云台相遇。彼此寒暄几句，吴子清说：“云台兄骑术是久闻大名却未见英姿，我这匹坐骑还是你送的，是不是来一招给诸位开开眼界？”

蒋云台心中有事，警惕性很高，觉得陈、吴留那么多警卫在城外，必有蹊跷。便抱拳打拱：“老了老了，求你别让我出丑了！”

吴子清不罢休：“嗨，你送我的这匹宝马，是真正的内蒙古纯种，身手了得，你一定要试试！”

“好马不吃回头草。它已经有新主人了，我还讨那个没趣干吗呀？哈哈哈……”蒋云台放声大笑，坚辞不从。

吴子清没法再劝，也跟着笑。大家都跟着笑，但心里都在犯嘀咕，总觉得有什么大事要发生似的。

王治岐摊牌勉为其难，蒋云台起事成竹在胸

赵龙文的告别情景比人们的想象要简单得多。王治岐被叫过去随便谈了几句后，赵便拉着王的手站在过道上对包括政训处长袁耀宸、省府代理秘书长李永瑞在内的所有人宣布："我奉紧急命令，率部前往碧口，武都防务交由王主席完全负责，今后应听王主席命令办事。"

王治岐突然变成"王主席"，人们打着哈哈说些不关痛痒的恭维话，即送赵龙文上路。赵骑在马上一路东下，送行的人群也就随之拥到白龙江岸。然后，挥手告别。

整个闹哄哄的场面中，赵龙文和蒋云台没有单独说一句话，甚至彼此的对视都没有。

赵龙文离开武都的第三天深夜，三三八师不辞而别，神不知鬼不觉地开走了。然而这似乎并未影响王治岐的心情。"王主席"正在全力张罗成立省府，晋升职员、接收财务、发表就职演说和通电等，好像这一过程给他带来的快乐，远远超过省府本身的存在价值。

到12月5日，前方已经打得不可开交。王治岐不得不把代理秘书长李永瑞找来，说："万一前方紧急，可把重要文件送往文县。最后无法抵抗时，省府人员都迁往文县，把军事交蒋云台负责。"与此同时，还安排了另一条后路，准备到藏区打游击。

这晚，王治岐刚刚送走铁坝藏区头人惠俊秀，回到屋里浑身不知如何是好，突然门上传来蒋云台的声音。蒋不请自到一进门就打开窗子说亮话，把国共大势分析了一遍，说："自古以来，得民心者得天下，你我何不深明大义，顺时而动呢！"

王治岐虽然对此早已有所考虑，但事情赤裸裸地摆在面前时，还是觉得噎人，咽不下。他长长地叹道："我跟你不一样啊……"

"什么不一样！你是甘肃省主席是不是啊？可笑，太可笑！"蒋云台有些心急，"中共六十二军刘忠部先头部队已达两河口，第七军彭绍辉部直指碧口，另有十八兵团六十军、六十一军正急攻秦岭，川南大门已开，重庆摇摇欲坠，川中巴掌大的地方，能支撑几天！"

"那……总裁……你是怎么知道这些的？"王治岐惊慌得说不好话了。

蒋云台冷笑："你不是说我跟你不一样吗？是啊，我怎么能跟你比呢……可是我绝不像你那么糊涂！"

"糊涂？哈哈哈……"王治岐突然狂笑不止，渐渐的，眼里闪出一点泪光，随之，身体软软地往躺椅上一倒，嘴里含糊不清地咕哝道，"落花流水春去也……好吧，事已至此，一切你就看着办吧！"

蒋云台就要王治岐这句话。

当天晚上，与蒋云台素有联系的警察局长杜正中报告说，武都警察局有相当一部分不可靠，这些人手中都有枪，到时怕弄不住……”

“这还不容易，”蒋云台说，“今晚你就给我把所有警察局的人枪都收了，就说有个案子在待查之中，武器必须集中保管。在案子查清之前，谁也不许动枪！”

杜正中仍有些担心：“这……万一闹出乱子来……”

警察与土匪往往只有一步之遥。蒋云台考虑片刻，说：“好吧，我给你一个连，谁敢调皮，你就给我往死里收拾他！”

第二天，王治岐和二四七师代理师长李惠民被蒋云台邀到自己的住处。一进门，王治岐就耷拉着脑袋，眼睛红红的，一看便知昨晚没睡好。他呆坐了会儿，说：“云台，我们都是一一九军的老人，对这个部队都有感情，大势所趋，你怎么做我无话可说，但你必须答应我，要对得起兄弟们，保证他们的生命安全……无论如何！”王说着说着又控制不住自己的眼泪，竟哽咽得说不下去。

蒋云台起身踱了一圈，叹道：“可叹我蒋云台一片苦心，只有苍天可鉴！”他指着王和李二人：“你，还有你，竟执迷不悟到这个程度！难道把兄弟们拉到四川当替死鬼，这就是替他们考虑了吗？你们知道吗，中共对起义人士的政策一向是宽大的。请你们相信我，我会负起这个责任，唯一的要求就是，今后在任何情况下，你们都必须跟我保持一致行动，千万不要意气用事！”

王治岐和李惠民将信将疑地点着头，心里有一万个不乐意，也只能唉声叹气罢了。

到这时为止，蒋云台才算基本上控制了王治岐。这等于成功了一半。现在，他的主要注意力就得放到团以下部队上了。他必须切实保证团、营、连每级都有人手，绝对听话，不许向解放军开枪。只要有一点差错，就可能酿成大乱。所以，他决心从头至尾再检查一遍。

正当蒋云台送走王治岐和李惠民之后，打点行装准备出门时，一个魁梧的大汉堵在门口，一拱手说：“师座，别来无恙？”

蒋云台觉得面熟，细细打量，却是过去的老部下康君实。他早听说此人已经从共，料知事有蹊跷，忙就把人往屋里让。

康君实不进，说：“我还有两个朋友，一道来的，也想见见师座，不知……”

“请啊，快请快请！”蒋云台说着一个“请”字，心里七上八下打起鼓来，眼睛朝康君实身后看。只见康往后一招手，不远处路口两个年轻后生便过来了。

蒋云台把三人领到厅堂。刚落座，便见其中一位看看左右没有别人，手伸到贴身兜子里摸出一封信，递到蒋面前，说，“这是二号带给你的……”

蒋云台展信，一看字迹就认出是张宗逊的亲笔，忙合上信揣进怀里，问：“二位是……”

康君实介绍：“这位是刘干事，这位是杨参谋，”压低声：“都是从六十二军来的。”

“噢，欢迎！欢迎！”蒋云台的热情高了一个档次，忙吩咐警卫员杨春芳倒茶，又把另一个警卫李世才叫来，附在耳边说：“到门口看着点，有人来见，就说我去了部队，不在家。”说完，把大家引到里屋去看张宗逊的信。

当即，蒋云台派人找来了有关人员和康、刘、杨三人一起，拟定二四四师、二四七师撤退部署及集结地点，以及行动过程中的联系信号等。大家越谈越兴奋，直到夜深，蒋云台说：“刘干事和杨参谋今晚就在县府碉堡上委屈一夜吧，放心睡你们的觉，让我的卫士给你们放小哨。明早回去就把情况报告方副军长。”

刚把人送出门，蒋云台尚未定神，电话又响了，是军参谋处长王东才打来的，说赵龙文昨晚12点左右，同袁耀宸通话，赵不知怎么听人说，二四四师用一辆吉普车在两河口把共产党的代表接到城里来了，要袁立即查清是否属实。袁证实说，确有其事，而且那辆车早已进城。赵问城防谁接，袁告诉他是二四四师，赵龙文叹了口气，挂了电话。

蒋云台听了报告，嘱咐道：“别管他，你给我把袁看紧点就行了。”

王处长表示万无一失，说他已在袁耀宸身边派出两个侦查小组，袁心里有数，不敢乱动。

蒋云台这才确信，武都城里除了一些“泥鳅”之外，没有能兴起风浪的人物了。一丝倦意袭上眉头，他想好好睡一觉，刚擦了把脸，忽听机要参谋在门上报告，说有一份加急电报。蒋知道肯定是共产党方面的，便立即拿过来看。果然，是六十二军发来的，问能否相机占领汉王寺附近的白龙江铁索桥。

这座桥是六十二军进占武都的要道。赵龙文原来派了一个工兵排驻守在桥头，准备在陈子干所带的那个十二师过桥之后，立刻将桥炸掉。蒋云台了解到这些，吓了一跳，赶紧命七三一团的马宗仁营长，带两个连火速赶到桥头，任务是在十二师过后不许工兵炸桥。

命令下达之后，蒋云台再也没法睡了，直到12月8日晚10点多钟，六十二军静悄悄地开进武都，蒋云台才喘了一口气。

1949年12月9日大清早，武都城里的老百姓与往日一样开张门店，一看大街小巷全是红五星帽徽的解放军，都惊呆了。与此同时，王治岐、蒋云台、李永瑞三人联名发出的起义通电，也正在“滴滴答答”飞向天空。

六十二军军长刘忠、政委鲁瑞林是随后续部队到达武都的，与王治岐、蒋云台等人见面，大大夸奖武都和平解放的内应工作做得漂亮，既安全，又顺利，军队保存得蛮好。刘忠说：“我代表全军指战员和武都人民感谢你们！”

蒋云台听了这些话哈哈直乐，王治岐也跟在后面勉为其难地笑着，一边笑，一边打量蒋云台，好像面前这个姓蒋的跟昨天相比，判若两人，自己都认不出来了。蒋云台被王治岐看得有些尴尬，他知道王的心里这会儿在想些什么，也不想作出什么解释。正好，这时候七军军长彭绍辉给他发来一份电报，借这个机会，蒋云台离开了。

彭绍辉的电报告诉蒋云台，说他们的任务很紧急，不能来武都，有些情况需要向蒋云台当面通报一下，希蒋能立刻赶到老爷庙一晤。武都到老爷庙嘴上喊100里，又没有大路，蒋云台有点为难。刘忠说：“快去快回吧，今后你们的工作，恐怕更多地需要同七军同志地取得联系，去当面谈一谈，有好处。”

于是，蒋云台打马直奔100里地以外的老爷庙。

第六部　进　军

一、南有川，北有疆

彭绍辉说“聪明”“糊涂”，贺老总越秦岭巴山

陇南举义大功告成，蒋云台功不可没。1949年12月10日，人民解放军第七军军长彭绍辉奉命入川之前，在武都老爷庙电召蒋云台。两人面晤握手这件事成为一个重大的历史性标志：第一，大西北黄尘初定；第二，第一野战军进入新的发展时期。

这一天，还是蒋介石飞离成都去往台湾、魂别大陆的日子。

其时，王震率部进疆已取得决定性胜利，南疆、北疆大势已定。早在十天前的11月30日，中央军委已经作出决定，第一野战军和西北军区合并，称“第一野战军暨西北军区”，统一领导和指挥西北的军事工作。由彭德怀兼司令员，习仲勋任政委，副司令员仍为张宗逊和赵寿山，甘泗淇任副政委兼政治部主任，参谋长是阎揆要。所辖兵团仍为四个：第一兵团、第二兵团、第十九兵团、第二十二兵团。正在贺龙指挥下向大西南进军的第十八兵团，确定划归第二野战军。

第一野战军暨西北军区，下辖3个二级军区、7个三级军区和32个军分区，1所军事政治大学。

3个二级军区是：陕西军区（由第十九兵团兼），甘肃军区（由第二兵团兼），新疆军区（由第一兵团兼）。7个三级军区是：陕北军区、陕南军区（由第十九军兼），青海军区（由第一军兼），宁夏军区（由第六十五军兼），喀什军区（由第二军兼），伊宁军区（由第五军兼），迪化军区（由第六军兼）。

这些都是彭绍辉要向蒋云台传达的内容。彭告诉蒋，七军仍隶属一野，但已从王震的一兵团划归到了许光达的二兵团。第一野战军司令部决

定，将起义的国民党第一一九军部队整编为西北人民解放军独立第三军，以蒋云台为军长，原七军参谋长黄忠学为政委，七军副军长孙超群为副军长，七军十九师的政治部主任张汉民为政治部主任，康维汉为参谋长，陆进贤为参谋处长。一切整编事宜，将由兰州军管会副主任任谦来武都研究办理。

彭绍辉说："师以下部队的整编办法和人事任免，你回去和任副主任一起商量着办吧！"

蒋云台对此结果非常满意。无论是部队还是个人，都是最理想的归宿。他拉着彭绍辉的手充满感激地说："彭军长，多亏了你在迷雾中指路啊！不然，我不知道要跟他们滑到什么地方呢！"

彭绍辉说："人生的路靠自己走，别人指引只是一个方面。人有聪明的时候也有糊涂的时候，可该聪明时就千万不能糊涂。拿西北来说，当时马家军在台上，那么大的势力，那么大的威风，多少人跟着瞎起哄，看不清历史潮流，以为抱着了一个香饽饽。我军刚打过来时，国民党军许多糊涂虫坚持与人民为敌，逆潮流而动，给马家当炮灰，糊里糊涂送了性命。但也有一些人不糊涂，认清形势，把握机会，像青马中的马振武、宁马中的马鸿宾父子，还有长官公署什么彭铭鼎啊、曾震五啊等这些人，就比较有头脑一点。新疆的陶峙岳、包尔汉、陶晋初都是聪明人，走和平解放的路，弃暗投明，这有什么不体面？人民拍手欢迎，自己也觉得踏实，说的长远一些，对儿女子孙都有个好的交代。你在一个地方，不打仗、不流血，老百姓就会世代铭记你的大恩大德！"

"是啊！是啊！"蒋云台说，"我蒋某人几十年置身江湖，糊涂了大半辈子，就这件事做对了，遇着好人！"

彭绍辉说："大势所趋罢了，历朝历代，与人民为敌一个都没有好下场。人心向背谁能把它拧得过来？胡宗南当年多傲气？手下几十万大军，上面又受宠于蒋介石，不说西北，就是国民党的国防部，他去咳嗽一声也像打雷那么响。可是他糊涂，尤其最后一步棋，死心塌地跟蒋介石跑到成都。成都守不住了，还要往西昌跑，西昌难道就是世外桃源？更好笑的是，蒋介石到这个时候还把川军刘文辉、邓锡侯、王缵绪、王陵基这些人抬出来，又是封官又是许愿，还为他们摆酒设宴。指望这帮人就能保住四川吗？绝对不能！所以，蒋介石也糊涂。"

蒋云台以情境中人的体会说："这些人对蒋介石从来都是阳奉阴违，当面一套背后一套。蒋介石是病急乱投医。"

彭绍辉随手从警卫员的公文包里取出一份地图，指着那上面标记的战术符号说："现在我军杨勇兵团已进出川西，抢占了乐山、青神、浦江等地，这是成都去往西昌的大通道，胡宗南还能往哪里跑？再说我陈锡联兵团已直扑简阳、邛崃、大邑地区；二野刘、邓大军连续解放贵阳、遵义，从川南压过来；贺老总指挥的周士第十八兵团先头部队也越过秦岭、大巴山一线，正在兼程南下，南北夹攻之势早已形成……”

彭绍辉所言千真万确，是他刚从野司得来的第一手资料，这不能不使蒋云台对胡军形势有更深一层的认识，而觉得彭绍辉给他“上了一堂课”。退后几十年我们再来看胡宗南，此人的确从头至尾都没有改掉他那个半吊子的秉性。偏偏老天爷又不长眼，在蒋介石逃离大陆的最后十天，硬把他塞到老蒋的鼻子底下。这十天里，他与蒋介石几乎形影不离，两人每天对着军用地图发呆，关起门来密谈，结果怎样呢？胡三请弃川而不被蒋允许，第三次竟得到蒋介石一道“杀身成仁”的命令。蒋介石的“黄埔好学生”多得是，关键时刻迈不过门槛时，双手一举万事大吉的人也多得是，偏是这个胡宗南栽在老蒋怀抱里，不甘心也不情愿地当了冤大头。

最后的日子是蒋介石一生中最丰富的一段时光。他目睹几天前还在同桌言欢的人们，一个一个走马灯似的离他而去。云南的卢汉，川、康的刘文辉，邓锡侯，潘文华等部，几乎是在一天之内宣布起义，中共不费一枪一弹便解放了云南和西康。能寄托一点精神的唯有胡宗南了。蒋希望胡宗南用死节来慰藉一下他那个行将崩溃的灵魂，他甚至用向公众发表命令的办法来“成全”胡，然而胡宗南除了像当年攻占延安时那样高呼口号之外，始终没有为校长展示那道绚烂的风景。

难以想象，蒋介石登上飞机在成都上空长久绕圈而不忍离去的那个时刻，内心是一种什么样的感受。

成都不保也得保！这是蒋介石在大陆的最后一句话。

胡宗南望着头顶上的飞机渐入云层，心中巨大的空缺，岂是一句话能够填充起来的！此刻，他的十几万部队正在按照贺龙的预料，从秦岭、巴山救火似的南撤。下一步还会出现什么，似乎明明白白，又似乎一无所知。

历史就这样一个乐章一个乐章地向前推进。

解放军第十八兵团初期的进军，差不多是优哉游哉的慢板。在秦岭地区歼敌已不可能，各分队都把工兵放在前头，逢山开路、遇水架桥，尽力做到“不过于压迫敌人”“以战备姿态尾敌前进”。

部队热热闹闹前进了快一个月，贺龙的指挥部还在宝鸡。这让随军返川的四川地下党代表马识途着急了，问贺龙：“老总啊，这么样脚底踏死蚂蚁，走到哪一天才能到达成都呢？”

“放心，误不了到成都过年！”贺龙笑道。

“敌人望风披靡，我军完全可以一鼓作气追上去击破巴山、直捣成都嘛！”

贺龙依然笑眯眯地捧着烟斗：“我也巴不得明天就进成都啊，但是，我们不光要拿下四川，更要紧的是歼灭敌人，不要叫他们溜到云南边境上去，所以我们现在慢慢走嘛……”

紧急的战鼓终于在12月5日擂响。两天前，刘、邓电告贺龙：二野和四野一部已渡江，十军抵达合江，十六军即达泸州南岸。贺龙可以甩开大步下猛药了！他立即下令，十八兵团居中，东有十九军、西有七军，全线出击，猛追逃敌。

六天后，前线指挥部从宝鸡出发，沿川陕公路向秦岭山区推进。

老天像是有意增加点色彩，一场大雪飘飘而下，海拔2000米以上的秦岭山区，凛冽的寒风穿过深沟峡谷，峭壁悬崖、古道驿站，都覆盖着厚厚的冰雪。

战士们每人平均负重45公斤，顶风冒雪，沿着古道攀崖援壁，行进在渺无人烟的秦岭深处。贺龙坐在车里，看着战士们在古驿道上艰难行进，一路都感动不已，说：“战士们靠‘十一号’在山里边钻啊，我们‘屁股后面冒烟’走大公路，战士是最辛苦的，他们的功劳最大！”贺龙走一路、停一停，下车跑到战士们中间，聊几句，喊几嗓子：“同志们啊，加把油啊，关门打狗，就靠你们走得快了！”

因为行进速度放开了，部队越跑越快，平均日程都在百里以上。随之，非战斗减员也多起来。蜀道本来就难，加上冰雪路滑，就更加没法走，一步踏不稳“哧溜”一声就窜出去丈把远，人车坠下山崖的情况时有发生，急得贺龙直跺脚，把作训科长叫去吼道：“你们每天都要给我检查汽车防滑链，把情况报告给我，千万不许马虎。战士们父母把他们的娃儿交给我们，是要他们打蒋介石、胡宗南的，仗还来不及打就牺牲了，我们将来没法向他们父母交代呀！”

12月14日，十八兵团占领了入川后的第一座县城——广元。三天之内又占领剑门古关，打开了越过巴山通向成都的门户。然后，过剑阁，得江油、梓潼，成都遥遥在望。

这一天，贺龙、王维舟、张经武和周士第登上了梓潼七曲山，望着成都方向兴奋不已。贺龙说：“离1950年元旦还有最后一个星期，无论是武力解决，还是和平解决，我们都可以到成都过年！”

说着话，指挥部作战参谋报告：“裴昌会派来一个处长接洽起义事宜。”

“好，讲和就好，”贺龙点点头，问：“裴昌会人在哪里？”

“在德阳，距此100公里。”

贺龙想了想：“我跟井泉、维舟一块去会一会他如何？”

周士第说：“这样做好，通过裴昌会可以了解很多情况，还可以做做其他人的工作，比方说胡宗南，也许成都问题会简单化……”

早在抗战时期，贺龙与裴昌会在河南洛阳有过一面之交。那时候裴气宇轩昂、儒雅风度，谈吐也不俗。一晃快十年了，人事沧桑，变化之大，无从预料。没想到今天又要在这里相见！贺老总一路上的心情，难免有些激动。

贺龙等人来到德阳县署东北面的一家别墅。不一会儿，裴昌会过来了，贺龙连忙走下台阶迎上去握手，说：“老朋友，有幸又在这里重逢了！”接着便一一介绍李井泉、王维舟。

大家在一间准备好的会客厅入座。裴昌会一直低着头，面带愧色。

贺龙爽朗地说：“先把话说清楚，在战场上打死人不算血债，打仗嘛……你谈谈部队吧，胡宗南是怎么一回事啊？”

裴昌会说：“蒋、蒋、蒋介石走后，胡宗南压力很大。他仅带几个亲信乘机逃走的，去向不明。没有跟任何人打招呼。他的企图是把部队撤到西昌，再转移到云南边境，然后退到缅甸，从海上转去台湾。但他仓皇出走之前，并没有下达过下步部队行动的命令。”

贺龙哈哈大笑：“好个胡宗南，别人都在，他自己倒当起逃兵……老裴呀，你在川陕公路两侧，还有这么多部队，你对他们有把握没有？”

裴昌会略想了想：“绝对把握也很难说。不过，目前来看，部队士无斗志，官气不扬，想不致有什么异动。”

“好，不要出乱子就好，”贺龙说，“我的主力部队明天才能到达德阳，我还要回去处理一些事情，等后续部队来了，我再来。你准备好，元旦前我们到成都去，还要举行入城式，你就跟我一块儿吧！”

贺龙说得是那么坦诚而又贴切，以至于裴昌会默念自己“戴罪之身”，不知该怎样回答才好。他起身拉着贺龙的手深深地抖了一抖。这是怎样的一双手呢，裴昌会想，它与自己的手素昧平生，却一见如故；一个是胜利者，一个是败军之将。自己有什么资格来享用这春天般的谈笑风生？

起义成为一种必然的情绪，从裴昌会开始弥漫开来。紧接着是国民党川陕鄂边绥靖公署副主任董宋珩、第十六兵团副司令曾苏元、第十五兵团司令罗广文、第二十兵团司令陈克非……第五兵团司令李文稍后也举手投诚了。最后在12月27日，第十八兵团司令李振在成都以东宣布起义。

胡宗南究竟去了哪里呢？后来确知，他去了海口。因受到“擅离部队”的斥责，又奉蒋介石之命飞回西昌“戴罪立功”。毫无疑问，在西昌他同样逃脱不了失败的命运，最终侥幸辗转飞台。

贺龙终于到成都过年来了！30万成都百姓夹道欢迎解放军第十八兵团入城。

1950年1月1日，刘伯承和邓小平致谢各战略区的支援电中称：“西南战役之能如此迅速地完成，尤其是西南敌人主力胡宗南之能如此迅速地被歼灭，其主要原因之一，是一野十八兵团在贺龙同志率领下前进的神速。”

这是一份无与伦比的新年礼物。

新年伊始彭德怀惦新疆，往事萦怀包尔汉忆童年

1950年的新年，举国狂欢是情理之中的事。

元旦这天，好个大晴天。零点刚过，新华社就忙着向全世界发布消息：成都市宣告解放，中国大陆上残匪主力被肃清。喜上加喜这么一个节日，广大老百姓真不知道该怎样来表达内心的那份快意！

因为时间急迫，成都庆祝活动显得有点匆促。然而重庆的节日就不同了，从容而尽情，游行队伍多达10万之众，把山城闹得天翻地覆。武汉三镇也不甘落后，游行、集会，人山人海。首都北京更是不用说了，开国大典的盛况人们还记忆犹新，转眼间又来一个新年！短短三个月的光阴，这座皇城百姓似乎已在另一个梦幻般的时代走了很远很远，数不清的新鲜感受与美丽憧憬，让他们已经习惯于抱着大把大把的鲜花不由自主地往天安门广场飞奔……

此时，新中国的当家人毛泽东却不在北京。他年前到莫斯科同斯大林谈中苏友好同盟条约、苏联对中国贷款及两国贸易协定问题去了。而身为西北军政委员会主席的彭德怀，倒是在北京过的年。他是于12月28日由贾拓夫陪同来京的。当晚在中央会议上汇报了新疆的情况和面临的问题，并建议在自力更生基础上、积极争取苏联支援新疆的开发建设，然后，又根据中央负责人的意见，亲手写了份报告，让中央转发给正在访苏的毛泽东。

这两天，彭德怀又在逐字逐句地斟酌一份《关于西北工作情况的报告》文稿，接下来的1月7日，中央人民政府委员会的第五次会议将审议这份报告。因此，他不得不加班加点，几乎通宵达旦。

时针指向零点时，彭德怀屋里的灯光依然亮着。警卫员蹑手蹑脚地端了一盘点心送进来，轻轻放到老总面前。

“做么事，不是才吃过晚饭吗？”彭德怀不解地问。

小战士毕恭毕敬地敬了个礼：“老总，现在是1950年新年了，祝您新年愉快！”

彭德怀一惊：“哦！过年了？”他忙把手里的文件放下来，拉住小战士的手：“我也祝贺你。”

这毕竟是新中国第一个元旦啊！彭德怀心潮起伏地在灯下踱起步来。

陇南武都已和平解放，胡宗南占据了大半年的汉中，也成立了军分区，所辖各县政权亦陆续建立，辽阔的大西北将全力医治战争创伤，投入和平建设。即将在大会上所作的西北地区工作报告中，彭德怀着重说了三句话：其一，半年中彻底消灭了数量上占优势的敌人，进军近万里，西北五省全部解

放，陶峙岳将军所部六万余已改编为人民解放军。各级人民政府大部建定，多数县市举行了各界人民代表大会；第二句话是，西北土地辽阔，蕴藏丰富，是建设新中国的工业基地之一，并可建设成为巩固的国防基地，须大力从事生产建设，克服财经困难；其三，西北作为多民族地区，情况复杂，交通经济文化落后，须坚持共同纲领和各民族平等政策，按照不同地区的不同情况，逐步实行各项社会改革，团结各民族建设大西北。

彭德怀心底时时掠过巴山秦岭、天山祁连，源源河曲，无垠的戈壁……是啊，相比较而言问题最大、而最有发展潜力的还是新疆。他在给毛泽东的报告中，要求毛泽东请苏联帮助解决来年新疆部队的服装、器材、交通工具，并允许同苏联正式通商，以土产交换必需品，实行新疆与苏联地方性的经济合作，合组石油公司，合组稀有金属和有色金属公司，甚至要求把阿拉木图、迪化、哈密的民航协定延长与延伸到兰州、西安和北京。

东方泛起鱼肚白了，彭德怀决定给迪化发份电报，向新疆省主席包尔汉等人祝贺新年。

这个元旦对于新疆来说，同样是个再生的节日。省府迪化的各族民众也正在享受着一次史无前例的狂欢。

早上8点多钟，各工厂、部队、学校的秧歌队就纷纷出动了，锣鼓声震撼了每一个角落。秧歌队是最活跃的，他们首先带着“任务”代表本单位到各处去拜年，扭着、唱着，舞步是从老解放区传来的，又欢快又庄重；歌曲是自编的，内容切合实际，曲调还带点新疆味儿。什么“身体健康”“新年进步”“加紧生产”“努力建设”等这些新名词，都编到曲子里唱出来了，喜庆十足。

11点钟，来自全城各个角落的秧歌队向城里汇集，一队一队穿过旗海、人海融汇在一起的街头。最早出现的是六军文工团秧歌队，一中女中的联合秧歌队紧随其后。接着，四九团的高跷队过来了，通信营的“鞭王鞭”也来了，五十团的旱船、推车以及文工一团、被服厂、女师一师、警卫连、天师、炮工团、战五团等30多个秧歌队，前前后后交错拥入小城的中心广场。各路神通，五颜六色，锣鼓齐鸣，百乐竞奏，大家扭呀、唱呀，秧歌剧、小快板、跑旱船，各展风采，加上人群的欢呼声，响彻天山！

包尔汉主席就沉浸在这欢乐的海洋里。中共中央新疆分局、新疆省人民政府和中国人民解放军新疆军区团拜会，要到下午5点才举行。整个白天时间，包尔汉把自己交给了浪涛般的人群。他是新疆人民的儿子，他的心是随着这片土地上千万颗心一起跳动的；他又是新疆最为动荡、最为苦难年代的见证，懂得眼前的快乐是多少人付出了怎样的代价才获得的。他用一颗滚烫的心轻轻地捧住这片云霓，深知它有多么多么的珍贵！

团拜会在西大楼举行。驻迪党政军民机关团体、学校、部队500多人参加团拜典礼。包尔汉步入庄严朴素的会场时，王震、陶峙岳、徐立清、高锦纯、赛福鼎及邓力群等人，早已坐在主席台上。大家给包尔汉鼓掌，掌声是那样响脆而富有激情，弄得包尔汉的步伐都有些醉意了。

包尔汉终于踏上主席台，与大家一一握手，并宣布团拜会开始。第一项内容便是全体起立，向毛泽东和朱德致敬。接着由包尔汉主席讲话。他从执行政协共同纲领、加强各民族之间真挚的友谊和肃清造谣挑拨分子，讲到军民团结展开建设、大生产，讲到肃清贪污、赌博和吸食鸦片、麻烟，讲到破除官僚主义作风，言辞铿锵、精彩绝伦，掌声一次一次淹没了他。

当一个时代带着理想光环在一夜之间撞入你的人生时，那种陶醉是任何人所无法抗拒的。

团拜会结束时，天已经黑了。包尔汉的心情仍不能平静。他和领导同志们又信步来到载歌载舞的人群中。这时庆祝活动达到鼎沸的顶峰，维吾尔歌手弹起冬不拉，姑娘的小辫像春雨一样在飘洒，她们的花裙五彩缤纷，映着满天繁星和一弯新月，让迪化这座古城染透了岁月的相思。领导同志们和全场群众手牵着手，围成一个硕大无朋的圈，唱啊、跳啊……

包尔汉流下了热泪。他一遍又一遍在心底默念：尊贵的安拉，你终于降福了！

包尔汉的出生地并不在新疆，而在俄国喀山省特什县境内一个偏僻的小山村，村名叫“阿克苏”。那是几十户背井离乡的中国人为怀念遥远故土而以家乡那条大河命名的。他们的祖先原本就世代繁衍生息在天山脚下的阿克苏河畔，因为反抗巴依（财主、富人）的剥削压迫，遭到清廷军队的镇压，全村20多户在包尔汉爷爷的带领下，集体逃到了俄国，后又被俄国官府送到这个居住着很多塔塔尔族人的小村来伐木，所以，这里就成了“森林阿克苏”。

从呱呱坠地开始，包尔汉就肩负着父辈们还乡的梦想。他就是为了还乡而读书的。那时候，家里有八口人，祖父母、三个姐妹和小包尔汉，全靠父亲沙赫德拉和母亲哈里玛在仅有的一点土地上耕种维持生活，怎么有钱供包尔汉上学呢？祖父郭拜都拉说什么也不甘心。这位在伏尔加河上当了一辈子纤夫的老人，佝偻着腰背拉着小孙子爬上土屋屋顶，指着远方对孙子说：“我们的故乡在中国，那里有条大河叫阿克苏河，那才是真正的阿克苏呢！你一定要读书学文化，有朝一日回到我们的祖国、我们真正的阿克苏……”

终于，祖父把包尔汉张罗到当乡村教师的姑父跟前，一边烧茶炉，一边学习阿拉伯文，读《古兰经》。

秋天，不幸的事情发生了。祖父在一次做礼拜时倒了下去，再也没有醒来。

父亲沙赫德拉说："算了吧，回家干活吧，不用读书了。"

"不！孩子这么小，他又那么聪明……"母亲哈里玛说。

包尔汉已经尝到了读书的甜头。他做梦都希望能到喀山市读更多的书。那里有他做面粉生意的舅舅可以投靠，于是包尔汉哀求妈妈成全自己的愿望。可怜的母亲心里矛盾极了，她多么希望儿子读书长进有出息，可又对儿子小小年纪离家远去，有一份担心。这位坚韧而善良的塔塔尔族妇女哈里玛，还是趁丈夫外出的机会，"哭得泪人似的"送走了自己心爱的儿子。

靠舅父的资助，包尔汉进到一所由大阿訇创办的"穆罕默德亚"学校读书，后又因舅父的生意不好，离开了这所学校，到一家书店当学徒。没想到，这竟然成了他日后返回祖国的机缘。那是1911年，他帮助书店经理到高尔基的故乡举办交易会。在那里，认识了一位在中国新疆设有商行的老板。后来，包尔汉成了这位老板的助手，得以回到新疆并定居迪化。

祖父郭拜都拉的愿望总算实现了。从此，包尔汉开始与这座古城同生共死，经受着沧桑风雨。只有到这时，他才懂得这块多灾多难的土地为什么会吸引着祖父一生都在心心念念地祈盼……

从古到今西域沧桑地，内忧外患边疆血泪场

从伊犁将军统治新疆开始，这个被称作"西域"的地方，就一直没有安宁过。

那是乾隆二十七年，清军击溃准噶尔部、结束蒙古族对天山南北延续了几百年的统治刚刚第七个年头，伊犁将军作为新疆当时最高的军政长官，以两万两千名清军把新疆安顿下来。

新疆自古就是个多民族杂居的自由天地。中华民族大家庭56个民族的四分之一，在这里可以找到踪迹。首当其冲当然是维吾尔族，它是新疆的主体，有700多万人口，占全疆总人口的百分之五十。其次是汉族，有人口500多万。其他分别是哈萨克族、回族、蒙古族、柯尔克孜族、东乡族、锡伯族、塔吉克族、乌孜别克族、塔塔尔族、俄罗斯族、达斡尔族以及满族。他们各有文化渊源，既有守护又有交融。而新疆又地处边关，正所谓天高皇帝远，与邻邦接壤，边境贸易与通婚从未间断，外军入侵又是常有的事，各种类型与性质的武力冲突，似乎是家常便饭。

伊犁将军便从民族角度入手，来设定他的军事统治。他煞费苦心地对不同民族，实行不同的统治制度：在天山以北的蒙古、哈萨克等游牧部落，和哈密、吐鲁番等地，实行扎萨克制度，册封当地民族、部落的大小

头领为亲王、郡王、贝勒、贝子、公和台吉等这样一些等同于清朝贵族的爵位，让他们管理自己的民族和部落；在乌鲁木齐、昌吉、奇台、吉木萨尔和巴里坤等汉人较多的地区，实行内地通行的郡县制度，派有知府、知州、知县、县丞和巡检等官员；而在南疆维吾尔族大部分地区则继续以前原有的伯克制度。所不同的是，取消了伯克世袭制，给不同地位的伯克，授以不同的品级。无论王、公还是伯克，也无论有多高的品级，都必须在军事上和行政上服从伊犁将军及各地参赞、办事大臣等军事长官的节制。

伊犁将军为自己的这些杰作很是得意，多次起奏朝廷以为找到了长治久安之策。谁知，不久便有了张格尔与七和卓之乱，此后又有一个叫阿古柏的浩罕汗国军官窜进来，冒充蒙古铁木儿汗的后裔，大肆屠杀，仅喀什噶尔和叶儿羌两城就杀掉汉族和满族百姓四万之众，致使疆内血流成河，哀号遍野。

阿古柏的统治把新疆拖入了无底深渊。他本身就是个敌国军官，全无爱民恤民之心，一会儿宣布英国、土耳其为宗主国，一会儿又向周边的浩罕、布哈拉汗两个小国俯首称臣，甚至以割让土地、贩卖奴隶来向俄罗斯换取军火，闹得天山南北乌烟瘴气，直到1876年4月左宗棠率六万清军进疆，才算告一段落。

满清王朝的衰败，也使新疆各族人民饱受凌侮。

沙俄对中国新疆的领土野心，从18世纪就已萌生，19世纪50年代，开始越过伊犁河向南侵入到外伊犁地区，先攻占托乌楚别克，继而在阿亚古斯河至塔城之间的塔城旧址雅尔城，建立了一个什么“乌尔扎尔村”。两年后，沙俄又把手伸到阿拉套山麓阿拉木图河岸的古尔班阿里玛图，把这里改了个名字，叫“维尔内”。从此，他们就以这个“维尔内”为大本营，步步深入疆内，到1857年，几乎占领全部楚河沿岸地区和伊塞克湖的山谷盆地。最后，竟抵达伊塞克湖以西的楚河上游地区。

沙俄抢走大片土地后，接着来了个三部曲：一是武装移民；二是建立驿站，每20或25里一个，驻上足够数量的哥萨克马队；三是趁中国第二次鸦片战争失败之机，强迫清政府签订丧权辱国的《中俄北京条约》。条约第一条便将乌苏里江以东的40万平方公里土地划给了沙俄；第二条又明明白白写着“西疆尚在未定之交界……”。这句话留下的缺口后患无穷。果然，3年以后，所谓的《中俄勘分西北界约记》，就一笔勾销了中国西北44万平方公里的土地。之后的《中俄伊犁条约》以及《中俄续勘喀什噶尔界约》等，纯粹变成了赤裸裸的强盗文书。到1895年，沙俄居然和英国背着清政府互换文书，企图私分帕米尔地区！

1911年辛亥革命爆发，沙俄又瞅准机会一头闯进新疆的唐努乌梁海，抬手就挖走了17万平方公里。同时，还把外蒙古的一个王公活佛扶起来搞

“独立”，并对阿勒泰地区大做文章，设立什么“办事大臣”。英国也不甘寂寞，在南疆的喀什暗暗策划所谓“东土耳其斯坦共和国”。这个阴谋到1933年底终于“成功”了，但只保存了3个月就宣告灭亡。

此时，新疆地方省军与甘肃开过来的马仲英部队，正在混战一团。

辛亥革命的火种在1911年底就通过新疆革命党人刘先俊和杨缵绪等人带到了这个遥远的边地。其时，革命党人在迪化和伊犁相继发动起义，结果迪化的起义被清军镇压，而伊犁则获得了成功，处决了伊犁的清军将军志锐。一时，新疆出现新旧对峙的局面，一边是伊犁临时民国政府，一边是清廷的新疆省当局。

1912年2月，清帝宣告退位；3月，新疆巡抚袁大化遵旨承认共和。从此，新疆进入民国时期。

大辫子袁大化很快就知趣地离开新疆，而另一位疆内旧官僚脱颖而出，当上新疆的第一任都督。他就是杨增新。

杨增新治理新疆的“高招”，就是大搞愚民政策，试图让新疆人民“浑噩长为太古民”。所以，他既不办学校，又禁止国内外一切书报杂志进入新疆。为了做到这一点，甚至公开拆检邮件，搞所谓“闭关自守、保境安民”，绝不受中原社会影响，以为这就可以维持安定，不受外敌侵扰。

愚民政策总是同独裁统治连着脐带的。杨增新在新疆的专制也达到了登峰造极。他生怕军人专权，因而搞“弱兵”政策，尽养些老气横秋的兵。平常情况下，不练兵也不扩军，一应大事全都交给那些手无缚鸡之力的文官去做。在民族问题上，他的办法是“以夷制夷”，“以土著牵制游民，以‘回纥’牵制汉人，即以汉人牵制‘回纥’，更以内地此省之人牵制内地彼省之人，使各有所瞻顾而不敢轻发。”

杨增新的时代新疆是平稳的，16年间经济甚至有了一点发展。但是，他造就了整整一代没有头脑的人，疆内死气沉沉，活力全无，这同这块土地的风格很不协调，因而杨增新最终死于部属樊耀南的枪下，一点也不奇怪。

樊耀南跟杨增新多年，平时对杨好话说尽，从软刀子到硬刀子，以为杀了杨增新会有一番作为。没想到黄雀在后，自己的背后又挨了别人一刀。此人叫金树仁，靠刺杀樊耀南就任新疆省主席和军队总司令。

金树仁上台后的套路，跟杨增新恰恰相反。他到处招兵买马，大肆扩军备战，军费在1927年还是900万元，1928年便猛增到2100万元，到了1933年已达到3800万元！银子掏干了，就拼命印纸币。一时票子满天跑风，老百姓生活没有保障。在用人问题上又大搞任人唯亲，弄得官僚阶层百分之百不满，社会疙瘩越结越深，终于在1931年爆发了哈密的维吾尔族起义。

这场动乱成全了一个叫尧乐博斯的人。此人野心勃勃，心术又不大正。为了争权夺利，他跑到甘肃请来一尊瘟神——马仲英。马当时备受日本人的青睐，军队很富实，有枪有钱有子弹，一股劲儿正憋着没处使呢！一到新疆，天地广阔，战争立刻升级，很快波及全疆，使得金树仁手下那些摩拳擦掌的大小军事头目，个个有了粉墨登场的机会。这就更加给马仲英创造了用武之地，他左冲右突，纵横全疆，浑身都是戏。

地震闹大了，金树仁控制不住局面。1933年4月，被他亲手喂大的那些军事头领们，把他赶下了台。新主席刘文龙应运而生。而此时，另一位名不见经传的边防督办，早已“督”而不“办”，却在暗中虎视眈眈！

这个人就是后来在新疆舞台显赫一时、把新疆变成了活地狱的盛世才。

盛世才很快就把公众推举的刘文龙囚禁起来了，不待推举，自任省主席。作出一副挽狂澜于既倒的姿态。

当时新疆局面的确有点棘手，省军只有6000人，而那个风调雨顺的马仲英和地方军阀张培元，军队多达2万！省会迪化（乌鲁木齐）已在重围之中。盛世才想来想去，只有投靠“老毛子”（苏联）。

苏联正值斯大林时代，满天高喊政治口号，把国际共运顶在头上，急于领导世界新潮流。这个空子让盛世才钻上了。他本是个毫无信仰的人，出身于辽宁一个贫寒之家，早年在东北军郭松龄手下当一名马前卒，后托福主子到日本陆军学校学了几年，摇身一变，抖起来了。他才不相信这个世界有什么救世主呢！从底层挣扎出来的人，人世浮华没有看不明白的。

但是，这一次，盛世才要信仰马列主义。

1933年9月的某个夜晚，盛世才的外交署长陈德立悄悄来到苏联领事馆，站在苏联总领事孜拉肯面前，鼓动三寸不烂之舌。他的使命就是要让孜拉肯坚信：“盛世才主席是一个虔诚的共产主义信徒。”

陈德立的嘴皮一向被认为是无坚不摧的火箭炮，孜拉肯没有招架之势。他终于答应第二天带着副领事以及所有译员接受盛世才的晚宴。

这顿饭盛世才是倾家荡产来办的，吃得孜拉肯一行眉开眼笑。饭后，盛世才领着客人来到他的书房。领事和译员们惊奇地发现，盛的书柜里竟然摆满了《资本论》《共产党宣言》《国家与革命》和《列宁主义问题》等这样一些书籍。

盛世才表现出知音相逢的样子，谦恭地告诉客人，说早在学生时代他就是个热烈的社会主义分子，经常废寝忘食地研读马列。他宣称，中国如没有共产党的领导，是不会有前途的。因此，他希望与苏联“同志”合作，在新疆建立苏维埃政权。他还将提出“民族平等，信教自由”等“八项宣言”和“亲苏、民主、反帝、清廉”等“六大政策”。甚至还考虑把新疆划到苏联的版图上，作为苏联一个自治区或加盟共和国……

如此动听的歌声，孜拉肯哪有不醉之理？

很快，第一块糖扔过来了。马仲英围城正酣时，忽见背后数千名白俄“规划军”铺天盖地而来。这支“规划军”是由十月革命后逃到新疆的白俄官兵组成的，当时金树仁征调时，充其量也只有400来人，怎么会有这么大的规模？

马仲英悟出其中的奥妙时，已经晚了。12月底，苏联公开出兵，一个硬邦邦的骑兵旅从霍尔果斯入疆，一举夺取伊宁，杀向马仲英。马的盟军张培元打成了光杆司令，以自杀而告终，马自己则被迫从北疆逃到南疆，惶惶然如丧家之犬。最后也只好跑到莫斯科去投靠斯大林。

这时候，盛世才的“革命”形象早就深入人心了。一批又一批共产党纷至沓来，好像新疆真的成了共产主义乐园。

盛世才的“马列生涯”到1939年开始串味。这一年，国际法西斯势力嚣张，德国攻占波兰，共产党国家的日子都有点受威胁。盛世才观风察云，口袋里的魔术在悄悄地变换花样。

不知不觉中，莫须有的“阴谋暴动案”多起来了。每次都有一大批共产党人被逮捕，而同时，也会有些封建王公和富翁（巴依）被捕。后面这些人终了多半七拐八弯地获释，而共产党人则一一处决。被处决的共产党人竟都是“托派”“反革命”这样一些罪名。处决之后又将有一批新的共产党人继续起用。所以，盛世才的庐山真面目迟迟难见天日。他抓共产党人是真正的政治目的，而抓王公贵族只是经济目的，如同土匪绑票。精妙的是，他的经济目的与政治目的正好互相掩盖而又相得益彰。可见盛世才是个何等刁钻险恶之徒。

盛世才的监狱大门既已打开，新疆的共产党人和追求革命的进步青年，便在劫难逃。短短几年时间，被盛世才关押或杀害的有近10万人之多！

日久见人心，斯大林也不是那么容易糊弄的。很快，便对盛世才警惕起来。

于是，瞒天过海的花招又被盛世才用来对付国民党。1944年8月11日，盛突然抓了一大批国民党员下大狱。同时打电报告诉蒋介石，说这些人都是共产党的间谍，要求蒋另派一批国民党员接替他们的工作。

可笑的是，盛世才转脸又给斯大林发了一份电报，表示“痛改前非”“悔过自新”。斯大林看完这份电报，什么也没说，转手把他交给了蒋介石。

三区革命火烧天山南北，两个大员连电重庆不答

盛世才的监狱究竟关过多少人、关过一些什么人，一言难尽。反正，包尔汉是其中之一。

包尔汉是1938年春被抓进监狱的。罪名是："帝国主义走狗""里通外国""依靠德国和日本的势力在新疆搞独立的回教国家"。天，哪一条都恐怖得吓人！

更让人感到可怕的是，这些罪名完全子虚乌有。包尔汉本来对政治没有太大的兴趣，这一来，反倒燃起他内心的很多激愤。在同情者的帮助下，他在黑牢里靠点着蜡烛写下了维文诗《崇高的敬意献给毛泽东》，并开始编写《维汉俄词典》，用维文翻译汉文版孙中山的《三民主义》。

这个漫长而又短促的暗无天日岁月，外面的世界究竟发生了多少惊天动地的事，包尔汉一无所知，他只是静静地表述着内心的意愿，并不知道这个意愿正在被另一些革命者用枪和子弹变为现实。

1944年8月，北疆尼勒县（时称巩哈县）牧区，响起一片清脆的枪声，著名的伊犁、塔城、阿尔泰"三区革命"爆发了！起义队伍如同爆米花一样转眼间扩大到数千人，不到三个月，便攻入伊宁，宣布成立临时政府。到1945年1月，伊宁一地的国民党势力被彻底肃清。

此时，盛世才已被蒋介石调离新疆，任命为没有太多实权的农林部长去了。接替盛世才的是吴忠信。吴受蒋介石委派，有些受宠若惊的意思，一上台便大砍"三板斧"。所谓"清理监狱、宣抚地方、敦睦邦交"，很像是从大乱走向大治。没想到一个"三区革命"把他"革"了个垂头丧气。

这是个非常复杂的局面。"临时政府"成立不久，宣布与国民党决裂的同时，居然又自称为"东土耳其斯坦人民共和国临时政府"。这名字很自然地让人联想起前些年英国人在南疆帕米尔高原搞的那个把戏。那么，此次的国外势力又是谁呢？苏联脱不了干系。

诚然，这次哈萨克、维吾尔等族人民举行的大规模起义，之所以能获得成功，苏联政府和军队的有力支援，是不可否认的。但是，这个"临时政府"是不是一定要以"独立"出中华民族大家庭的姿态，称什么"共和国"，斯大林需要三思。

"东土耳其斯坦"的叫法由来已久。早在19世纪世界列强云集中亚地区搞殖民主义侵略活动时，这个强盗似的口风就已盛行。他们企图以泽拉夫善河为分界，称"东、西土耳其斯坦"，眼下"临时政府"又弹起这么一个调子，赤裸裸地暴露了少数领导人的野心，不能不让许多有识之士感到担忧。

这种担忧很快消失了。其原因从内部来说，不久后“临时政府”的领导人作了改组，以阿合买提江、阿巴索夫和赛福鼎为代表的一批有革命意识和初步接受了共产主义思想的年轻人，进入领导核心；从外部来说，斯大林有了明确的态度。

据包尔汉回忆，有一次苏联驻乌鲁木齐副总领事叶甫塞也夫，把他请到办公室，里面坐着一个神秘而陌生的苏联大胡子。叶甫塞也夫指着包尔汉向他介绍说：“这是乌鲁木齐专员公署的包尔汉专员，有什么话你尽管问吧！”

“好，”大胡子礼貌地点头会意，接着问包尔汉，“伊犁革命成立了东土耳其斯坦共和国，你对这个问题是怎样看的？”

包尔汉对此沉思已久，于是毫不犹豫地回答：“我是坚决支持伊犁革命的，但是他们脱离中国，成立独立的国家，我不同意。”

大胡子不置可否，只是微微颔首。

事后，叶甫塞也夫副领事对包尔汉说：“你回答得很好，你的观点是正确的。”

1945年2月，美国、苏联和英国等，在雅尔塔半岛召开了一个秘密会议，主要是为了达成全世界势力范围的划定协议。在这个会上，美国承认了外蒙古脱离中国，苏联代表作出确切的表示：苏方对中国新疆没有领土要求。

关键时刻苏联持这一态度，无疑与中共的存在有密切关系。毛泽东在1945年4月召开的中共“七大”政治报告中，对新疆问题表示了极大的关注。只是那时国共力量悬殊，彼此和战不定，胜负难分，毛泽东也只能在书面上对国民党“从一九四四年直至现在对于新疆少数民族的武力镇压事件”予以严厉的谴责。

与此同时，伊犁临时政府开始了他们惊心动魄的武装力量建设，将分散在各地的一万多名游击队员集中起来，整编出一支正规的军队。这就是后来的中国人民解放军第一野战军第五军。那时，人们按照这支军队丰富而鲜明的民族特征，称之为“民族军”。

“民族军”的气魄是了不起的，当即制定了三路进军计划，从1945年5月誓师出发，向驻疆的国民党军展开声势浩大的军事进攻。

这支队伍一出手就显示了强劲的势头。老百姓的人心向背不言而喻，没有人帮国民党军。许多群众拿起武器跟“民族军”部队一块儿四面合击，打着打着就跟着部队走了，因而各路人马都像滚雪球一样，一天一个数字。

北路席卷而上，6月份就打下了额敏，7月份又直捣塔城，到9月份，就把阿尔泰也拿下来了，伊宁、塔城、阿尔泰三区便连成一片。

中路军干得更漂亮。9月份，他们攻到乌苏、精河，又有飞机又有大炮，还有大批的燃烧弹，部队越战越勇，最后连晚上都不宿营，昼夜进攻，马不停蹄。

国民党军给打惨了！几乎到了望风披靡的地步，成团成营地散伙，四散奔逃，一败涂地。“民族军”乘胜前进，一鼓作气往下追，直追到玛纳斯河西岸，看见乌鲁木齐的红山顶时，才停下来喘口气。

吴忠信在乌鲁木齐慌了神，急令守城部队把玛纳斯河大桥炸掉。这也不能踏实，党部和政府的官员们，还像捣翻了巢的鸟一样，个个都抱着脑袋逃命。

不知出于什么考虑，“民族军”的中路军屯兵玛纳斯河畔，没有再向乌鲁木齐进军。

另一路南下的“民族军”队伍一口气冲进天山的崇山峻岭。他们越过达坂，两次包围阿克苏，又两度占拜城和温宿，把天山南麓的水搅和了！

“民族军”如此这般几个回合一打，全疆激起千重巨浪，到处是干柴烈火，熊熊燃烧。其中甘新公路的新疆境内沿线一带，游击队最为活跃，一个劲地向吐鲁番、鄯善和托克逊等一些国民党军事补给线进袭，吓得吴忠信觉都不敢睡。

在北疆打得最为热闹的8月，南疆蒲城（塔什库尔干）的塔吉克、柯尔克孜族一支200多人的起义队伍也引爆了！他们就近攻城夺地，向塔什库尔干、塔合尔满、苏巴什和布伦口等一些国民党据点展开进攻，几乎占领蒲犁全境，并也同样成立了一个叫作“蒲犁专员公署”的革命政府。然后，又一股猛劲，占领了英吉沙、阿克陶，最终打到喀什、疏勒、叶城、泽普，队伍一两个月内扩充到2000多人！

这就是1945年新疆的真实面目。局面已到如此严重的地步，吴忠信却讳莫如深，每天仍在那里高唱“宣抚地方”的赞歌。

“宣抚地方”“宣”出一个天下大乱，是对吴忠信绝妙的讽刺。他不得不同时弹奏两把冬不拉，一把挂在嘴上，利用《新疆日报》猛吹“宣抚”的功德；另一把藏在心里，暗暗扩展军事实力，为对付“民族军”磨刀霍霍。这就是过去内地许多地方行之有效的“剿抚兼施”政策。

为了一个“剿”字，吴忠信低三下四地向关内马家军求援。马家军当然不买他吴忠信的账，最后由蒋介石出来说话，才肯由青马贡献出一个马呈祥的骑一师（骑五军）；为了一个“抚”字，吴忠信只得把全部精力投放到苏联领事馆了！他执意更换了外交特派员吴泽湘，仅仅是因为吴留学美国而不是苏联。新调来的刘泽荣则是前驻苏大使馆的参赞，不但精通俄语，还有一大批俄国朋友。无疑，此人对吴忠信的“敦睦邦交”更为有利。

吴忠信的“敦睦邦交”实际上就是“敦睦”苏联。因为“三区革命”

这个结，只有苏联人才能解得开。这里面的利害关系，吴忠信一清二楚。可以说，吴忠信是把手搭在苏联领事们的肩膀上，才度过了1945年那个四面楚歌的踉跄岁月。

到1946年1月以后，吴忠信简直度日如年了。三区“民族军”屯兵玛纳斯，与乌鲁木齐相峙不足百里，国民党军节节败退，那个从青马手中厚着脸皮讨来的马呈祥骑五军（骑一师），也没有从根本上扭转战局。吴忠信唉声叹气地对第八战区司令长官朱绍良说：“怎么办呀，总不能眼睁睁地看着新疆丢在你我的手中啊！”

朱绍良说：“要兵没兵，要饷又没饷。你是省主席，还来问我怎么办！”

于是两人联名给重庆发报，一封接一封向蒋介石请兵请饷。

其时，正是国共和谈波诡云谲之际，蒋介石一门心思用在对付共产党方面，既无精力、亦无物力管到大老远的新疆，吴忠信和朱绍良的电报连连石沉大海，没有消息。

朔风呼啸，寒彻心骨，绝望中的朱绍良，肝肠寸断，最后一份电报他愤然写道：“事态严重，前途不测，唯有一死殉职。”吴忠信也对请兵请饷不抱希望了，只好改个口气，疾呼老蒋速派大员赶来，与“民族军”谋求和平谈判。

蒋介石之所以对新疆的事不急不忙，是因为他心里始终有一张底牌。这张底牌就是雅尔塔会议上苏联代表的那个表态。更何况1945年8月14日，又在莫斯科签订了《中苏友好同盟条约》。在此条约中，中国国民党政府承认了外蒙古的独立，而苏联也重申“无干涉中国内政之意”。蒋介石想，你就是乱翻了天也是内乱。既是“内乱”，按照中国的传统惯例，还不就是撤换军政长官的问题嘛！张菩萨不行李菩萨来，历来如此，永远如此。

事实上，蒋介石的谈判大员早在年前就派出了。此人就是力挽狂澜的张治中。

二、张治中时代始末

张治中走马上任说政纲，于右任赴新卖老坐东墙

张治中首飞乌鲁木齐是1945年9月13日。

一下飞机，吴忠信就接着了。他像是见到救星似的迎上前去，激动了半天，嘴里却问了句不相干的话："重庆那边还不算太凉吧？"

张治中面目从容，说："临上飞机，总裁还给我打电话，要我务必代表他个人向你们道声辛苦。"

这个"你们"显然还包括战区和集团军的长官朱绍良、李铁军等人。

朱绍良忙于汇报事宜，没有到机场迎接张治中。直到两人相见时，朱手中还抱着一大堆公文。张治中拉条木椅在旁边一坐，就要听朱的汇报，并说："简单点，拣重要的讲几条吧！"

"重要的"就是，"民族军"已到玛纳斯，距乌鲁木齐只有两天的路程，随时随地都有可能进兵。而守卫乌鲁木齐的国民党兵力只有六个营，其中还有一个营是第九分校的学生军。眼下，朱绍良正在急调骑五军和四十六师一部增援，但最快速度也需要八到十天才能赶到。如果交通情况没有什么意外变故，每天连续运输不致中断，弹药和粮食方面马马虎虎凑手维持。要是交通线被日益活跃的游击队一掐断，情况就不大好说了……

明摆着两条路，或战或和，张治中无从选择第三种可能。他除了叮嘱朱绍良和集团军总司令李铁军给部属打打气、以确保乌鲁木齐安全之外，当即确定：约见苏联驻乌鲁木齐副领事叶甫塞也夫。

张治中的想法与吴忠信基本一致，对军事决不抱太大希望，最佳方案是靠政治解决。而政治解决问题的中间人，只能是苏联外交官。他琢磨了一夜，决定把这次会面弄得富有人情味一些。首先在场面上不要太官方、

太正式，嘱咐在每个人面前放上一杯葡萄酒。其次会谈时间的安排可以稍晚一点，谈话开个头，就共进午餐，剩下的话题就在饭桌上继续交谈。

果然，叶甫塞也夫一上来便把外交官的滋味做得很足，用极规范的外交辞令向张治中表示，“民族军”与“三区革命”问题是中国人的内部事务，苏联方面不便干涉。及至几个杯一碰，话锋转了，说他个人认为，对于这样复杂的事情，和平解决为上策，军事解决是下策。

“那就劳驾领事先生从中疏通一下嘛！”张治中举杯相邀。

叶甫塞也夫也举起杯，但他迟疑不决。

张治中将自己的酒杯送到叶的面前，轻轻地碰了一下，发出极为清晰的一声脆响。这声音并不重，却长久地留在叶甫塞也夫的记忆中，因为，这打动了他。同时打动他的，还有这声音后边张治中的微笑。

“好吧，”叶甫塞也夫说，“我愿意试一试。”

叶氏的斡旋是卓有成效的。玛纳斯河西岸驻扎的“民族军”没有发动新的攻势，南线作战部队也奉命回撤。这消息给蒋介石带来很大的宽慰。在张治中向他汇报时，不禁感叹：“文白，要是大家都像你，我就轻松了！”

张治中其实在乌鲁木齐只待了短短三天。这三天，毛泽东和周恩来及中共谈判代表团正在重庆。国共两党谈判桌上，张治中无疑是个重要角色，戏份很重。可他硬是在举世瞩目的镁光灯下，忙里偷闲到新疆跑了一趟，而且药到病除，控制了局面，怨不得蒋介石有此感叹，也怨不得蒋后来那么放心大胆地把西北交给了他。

重庆谈判结束，张治中把毛泽东一行送回延安，之后，就率领梁寒操、彭昭贤、屈武、张静愚、邓文仪、刘孟纯、王曾善等一行十几个人，作为“中央政府代表团”由重庆飞抵乌鲁木齐。将近一个月时间，“民族军”的态度有了明显改变。他们的代表赖希木江、沙比里、阿布都哈依尔、吐烈和阿合买提江等人，两天前就已赶到乌鲁木齐等在那里了。经过叶甫塞也夫的调停，这些身着草绿色军装、佩戴着月星肩章与月星勋章的起义者，声称他们没有脱离中国的意思，只是希望达到自治的目的。但是，他们身上同时又依旧佩戴着所谓“东土耳其斯坦共和国”的证章，并且还要以“东土耳其斯坦政府代表”的身份，与“中国政府代表”谈判。这个不大不小的难题，让张治中一见面就“咯”了一下。

还是那个万能的叶甫塞也夫同志一番春风般的周旋，才打破了坚冰。三区代表不情愿地作出让步，同意所有谈判文书均用“中央人民政府代表”和“人民代表”的名义签署。这样，风尘仆仆的张治中们，才于10月17日扶着谈判桌坐了下来。

设想到这一屁股就做了五个月之久，比国共两党的重庆和谈还要艰难得多！张治中的法宝有两条，一条是夜访苏联领事，一条是临时飞回重庆请教蒋介石。双方如此这般，来回拉锯100多天，最后的签文竟是一个不足千字的《十一项和平条款》。

1946年6月——日子选的不错，张治中虽然心力不支，但步入签字典礼大厅时，还是把精神打得很足。在新疆问题上，就个人而言，他已经没有退路。蒋介石在三个月前原则同意谈判协议的同时，也作出了一个原则的决定，让张治中全权承建新疆的联合政府，而且当即下令把吴忠信的新疆省政府主席一职给免掉了，任命张治中为国民党政府主席、西北行辕主任兼新疆省政府主席。同时，顺从他本人的意思，调原驻守酒泉的河西警备总司令陶峙岳为新疆警备总司令，并且还搭上一个宋希濂，当他的行辕参谋长。

事实上，这个意思在蒋介石原则同意的谈判协定中，就体现出来了。那里面明明白白写着，由张治中代表国民政府中央一方参加联合省政府，并担任它的主席，后来的一应任命，不过是为张筹划一切搭个桥而已，让他能在省政府主席的位置上，自然过渡到联合政府主席。先接受下来，才有后面的筹组之便。

“接受”二字，谈何容易！

千头万绪之中，张治中着手的第一件事，就是整改《新疆日报》。这份从盛世才手上延续下来的老报纸，经吴忠信一任之后，办得越来越老气横秋，像个拄着拐杖走路的老太太。张治中希望能有一批出类拔萃的记者，使这位“老太太”焕发青春，能够成为他“呼吸各方面新鲜空气的窗口。”

于是，张治中想起了新疆学院的一位教授。此人名叫张紫葛，有思想，有胆略，文字又比较清新可喜，深得张治中的信任。唯一有点遗憾的是，不是国民党员。

“这没有什么，”张治中说，“根本之根本，要爱中国，拥护中国，拥护新疆为中国之领土；反对独立，反对分裂，这比什么都可靠！”

张治中的政治色彩由此可见一般。他后来能成为共产党的朋友，也不是偶然的。他是个看重目的的人。那时，张治中办联合政府唯一的目的就是：保住新疆这块领土。

为此，张治中非常在意与三区代表的签字仪式，并费尽口舌，让蒋介石的重视程度也提高了一个层次，特于签字仪式的前两天把国民党元老于右任打发过来了，让他代表中央政府参加新疆联合政府的宣誓就职典礼，以作监誓人。

当然，这其中具体的操作，也体现了张治中的良苦用心。于右任身为国民党政府监察院长，德高望重不算，在国际上还素有“太平老人”之称。他的光临，无疑意义深远。老先生本人对这趟差事也很在意，带着他贴身的最小一个女儿“想想”姑娘，从南京上飞机开始，就一直兴致不减。到了新疆，气候略感不适，又有来自各方面的膜拜，弄得他有点吃不消了，连续两个晚上都比以往少睡半个小时觉。即使如此，6月6日这天，他还是赶在张治中之前早早地来到典礼现场。张治中极礼貌地走近于右任并同他握手。尽管于老就下榻在他的西北行辕办公地点新大楼，与他朝夕共处、促膝夜话，今天在正式场合面对新闻记者的镁光灯，他还必须周到如此。然后，张治中才大步迈向签字桌。

伊犁、塔城、阿山的三区人民代表阿合买提江·哈斯莫夫也已先到。他目光炯炯，精力充沛，洋溢着政治家的热情。本来就十分英俊的面容，显然是刚刚修整过，浓黑闪亮的八字胡更为光鲜照人。

作为一个革命家，阿合买提江不同凡响的经历鲜为人知。他在青年时代就在苏联塔塔尔斯坦共产主义大学接受了进步思想。回到家乡后，聪明博学、才思横溢的他很快投入革命活动，因不慎暴露了意图，被盛世才抓进大狱，和包尔汉关在一个院子里，但两人各处一室，长时间只能互相注视报以微笑，彼此谁也不知道对方身份和姓名，直到“和平条款”签字仪式现场，他们在最庄严肃穆的那个时刻，目光不期然地再次相遇……

没有什么比所谓“典礼”“仪式”这样一些劳作更让人感到轻松的了。联合政府的组织原则、形式、委员比例等一切实质性工作，都在这之前完成了，甚至双方参加联合政府的主要委员，诸如伊犁三区方面的副主席阿合买提江、副秘书长阿布杜克里木·阿里索夫、教育厅长赛福斯·阿兹佐夫、民政厅副厅长赖希木江·沙比尔阿吉等已经走马上任，开始承办一些序幕性的工作。6月6日这天要做的，也就是照相、拍巴掌、晚宴以及宴后的庆祝性晚会上观摩小节目等。

张治中却没有这么轻松，他还要忙些别的。和于右任同机到达的《中央日报》主笔卢前已经约谈好几次，一直因为政务缠身没有谈成，今晚是个机会。他要详细介绍一下自己的施政纲领，好让卢前回去在报纸上昭告党内和国人。这就是二十几天后的7月1日，张治中在庆祝新政府成立的万人大会上那个即兴演说的基本精神。他说：

“本人今天站在省府主席立场，可以郑重向大家提出保证，就是我一定以全省人民的公仆地位来忠实地为全省人民服务。今后如何解决人民痛苦，如何增进幸福，无不竭智尽忠，悉力以赴。大家说过去人民都是在动乱中恐怖中生活，动辄得咎，朝不保夕，我们今后要使得每一个人都可以过着平安的、愉快的、安居乐业的生活……”

难友携手谈古论今，军民对立此消彼长

签字仪式刚结束，阿合买提江和包尔汉就急不可耐地拥抱在一起。

“是你呀，我的老朋友！”包尔汉激动得眼睛有点潮湿。

阿合买提江说：“我们曾提您担任两位省政府副主席之一，并予以力争，可我并不知道您就是包尔汉啊！”

这的确是件令人兴奋的事。新的省政府主席是中央政府大员张治中，而两位副主席却是在一个监狱里共同受过苦的难友。两人都是维吾尔族，大可以用维语自由地表达内心感受。包尔汉说：“我愿意和你们一起为新疆人民的解放和幸福而忠实地工作，以报答你们对我的期望。”

“哎呀老朋友，什么你们、我们的，”阿合买提江说，“我们都是兄弟，你在监狱里住那个小院里的时候，我每天都要去打水，你总是那么友好地望着我，向我微笑……”

“啊，记起来了！记起来了！一切都像是在昨天，你穿着破烂的衣服，乌黑的胡子，站在井边汲水……你给我的印象是那么深刻！我还以为你被盛世才杀害了呢，这么些年你是怎么过来的？”

包尔汉的问话触动了阿合买提江的心事，他陷入回忆，沉重的叹息道：“说来话长啊！直到伊宁起义前不久，一个偶然的机会，我才被释放出狱。回到伊宁，我就参加了起义的部分准备工作。那段日子可真苦啊，为了谋生，我进过工厂，也曾在街头背着木箱替人家安装玻璃。起义开始时，我还只是一个提水烧饭的伙夫，每天穿着一件破大衣，腰上扎根线绳，在厨房里忙前跑后……”

时光在阿合买提江的记忆中刻下了深深的烙印，以至于现在说起来还不得不时断时续。

是金子总会发光。终于有一天，机会降临到阿合买提江的头上。当时临时政府刚刚成立，急需宣传民众、号令军队，可头头脑脑的那些人却多数没有文化，每天都为起草一份文稿之类的事大伤脑筋。有一天，阿合买提江请人转告临时政府主席伊力汗吐拉，说自己擅长维、汉和俄文，可以代写一份文件试试。伊力汗吐拉说，那就赶快写一份宣传提纲给我看看吧！结果，这份让伊力汗吐拉赞不绝口的宣传提纲，改变了阿合买提江的命运。他由一名伙夫突然变成掌握临时政府宣传工作的重要干部。

阿合买提江的文字能力和组织才干，很快得到临时政府上下一致公认。后在临时政府改组时，他理所当然地升任为部长。由此，他渐渐进入起义政府的领导核心。

面对老朋友，回首往事，阿合买提江感慨很多。他坦率地说：“三区

暴动是革命行动，出发点是好的。可是，在暴动之初也犯了很多错误，比如说反对汉人倾向，滥杀无辜汉民群众，令人难以宽恕。”

这个问题包尔汉也早就听说过了，很气愤，很惋惜，他不相信那些滥杀无辜的事是真的，今天刚好趁这个机会，好好向阿合买提江打听一下。

阿合买提江沉思了一支烟的工夫，说：“见汉人就杀，有汉人血统的也要杀，这叫什么道理？可怕呀，真是一个可怕的倾向！根本错误在于混淆了汉族反动官吏和普通群众之间的界限，狭隘的民族主义观念膨胀，因此，容易被少数人提出的‘为民族和伊斯兰而战斗’这样一些口号所迷惑。”

包尔汉也痛苦万分地说：“可不是嘛，当年盛世才抓的最多的还不都是汉人，像毛泽民，陈潭秋、林基路、还有……文斐然，他们何罪之有？”

阿合买提江说：“你讲的这些人都是革命者。新疆的革命运动和中国内地始终是相互影响、一脉相承的。孙中山辛亥革命以来，先有涂尔帕克、杜戈买提起义，而内地中共的暴动也非常频繁。接着，新疆又有哈密铁木耳和穆依登的暴动，后来还有东疆的加尼牙孜。内地中共革命斗争兴起后，许多汉族革命者都怀着拯救新疆人民的愿望，千里迢迢来到这块土地上。新疆也有许多革命者辗转到内地、到苏联，寻找革命道理。”

包尔汉连连点头，这些都是事实。

阿合买提江继续说：“共产主义运动就是世界革命，连国界都没有，何况民族与民族之间呢！新疆的汉族革命者和其他各民族革命者都是关系非常密切的，他们中许多人都是我们老师，像林基路和文斐然，我们的阿巴索夫同志，就是他们的学生。阿巴索夫同志坚信共产主义，对林基路和文斐然老师非常尊敬。暴动刚开始，情况比较乱，阿巴索夫同志为了保护老师，差点跟起义军战友动起刀枪来……”

这些话对当时的包尔汉来说颇为新鲜。其中的道理，包尔汉完全可以接受。随着谈话的深入，包尔汉益发觉得阿合买提江心胸博大、志向高远，由衷的敬佩感也溢于言表，禁不住拉着手说：“现在好了，新政府已成立，你我用目光说话的时代一去不返。我们一定要努力实现和平条款，为400万新疆父老安享太平效力！”

阿合买提江说：“你当过国民党的专员，可你一点也不像国民党哩！”

包尔汉连连摆手说：“我一向不问党不党的，我相信最普通的人当中，总是善良的占大多数。你刚才不是说三区暴动刚开始时，存在反对汉人的倾向吗？在那种环境和气氛当中，不也还有很多很多汉族兄弟被维吾尔族、哈萨克族群众，暗地保护下来了吗？阿巴索夫身为起义军领导人，不也为了自己的汉族老师，要跟别人动刀枪吗？”

“说得对呀，”阿合买提江笑道，“我跟你想的完全一致。当初少数人想利用革命搞独立，称‘土耳其斯坦’，我们就是坚决反对！这些人根本不从新疆人民的长远利益出发，目光短浅，所以，连伟大的斯大林同志都不同意这种做法。在这点上，我跟阿巴索夫同志坚决站在一起。但是，我也劝你一句，对现有的这个联合省政府，不要抱太大的希望，它还存在不少问题哩，比方说，在人事安排方面……”

包尔汉暗暗吃惊，急问：“阿合买提江兄弟，怎么见得呢？”

阿合买提江沉默不语。许久，说：“我之所以促成签字，主要还是看在张主席的面子上。此人虽然是国民党要员，但为人处世还有一些诚意。”

“那么，你对国民党……”包尔汉紧锁双眉。

“难说啊，包尔汉兄弟！”阿合买提江眼里含着幽深的远虑：“我不管他什么党，我只看实际。新疆这么多年政治机构更替，由袁大化而杨增新，然后是金树仁、盛世才、吴忠信，我们究竟看到了什么呢……”

这话虽说仅仅是个简单的列举，很普通，可不知为什么，包尔汉听起来却如雷贯耳，脑子嗡嗡响。这感觉一直伴随他到南疆喀什、莎车、麦盖提、和田等地的监选过程中。在这些地方，他亲眼看到了军人干政、军民对立以及少数专员、县长之类的官僚，倚仗军队胡作非为，种种行径已到了令人发指的地步。特别是驻军方面，那真叫“有枪就是草头王”。个别驻军首脑甚至倚仗武力自重，根本不把省政府放在眼里。包尔汉不由得为张治中的前途而深感忧虑。

身居迪化，有令不行，有禁不止，张治中何尝不感到危机四伏！他仿佛觉得自己越来越像个潦倒的艄公，新疆则是行驶在惊涛骇浪中的一条破船。刚来时，张治中本也雄心勃勃，想借长风、挂云帆，乘风破浪一泻千里，可是风帆还没有挂出来，他就发现这条船原来四处漏水、险象环生……

省政府成立后，第一件事——向各专区派专员就遇到了麻烦。

首先是南疆的喀什，驻军杨德亮军长与当地保守势力串通一气，坚决抵制省府所派专员买合苏木。此人是阿合买提江和包尔汉一同保荐的，是个宗教世家子，年事虽高，但在群众中有声望，本人到过苏联，子女也都在苏联留学。所以，不为保守势力所容。

张治中派西北行辕参谋长宋希濂火烧火燎地赶到喀什，才勉强平息了这场风波。宋希濂还没有回到迪化，又传来疏勒县长黄济武横行不法，控案累累，被监选小组署名之后，拒不交印信的消息。

电报是省府副主席包尔汉，教育厅长赛福鼎和建设厅长穆罕默德·伊敏联名发来的，历数黄济武桩桩劣迹及各族群众的义愤。黄不但不交印信，还跑到驻军的旅部搞来一辆小汽车，用两个卫兵左右持枪保护，耀武扬威给群众看，气焰嚣张极了！他还自贴复职标语，用手枪威胁他人，私自吊打老百姓。驻军头头也跟着起哄，糊弄一班流氓，大搞所谓“游行”，声援黄济武。

疏勒的事情还没拿出主意，莎车又传来了更为离奇的消息，专员周芳刚亲自告状，说监选小组在莎车散发维文传单，上面写着“打倒周芳刚”“打倒汉族人”“把张治中从新疆赶出去”的口号。还说包尔汉、赛福鼎和伊敏煽动全专区的群众不缴军粮……

“这绝对不可能！”张治中说，“包尔汉、赛福鼎和伊敏这三个人，和我虽然相处不深，但他们是什么样的人，我还能看得准。再说，他们怎么会干这种蠢事呢？肯定是周芳刚在那里胡说八道！”

肩挑行辕和省府两副“秘书长”重任的刘孟纯也很赞同张治中的看法，说：“疏勒俗称汉城，那地方汉族人多，驻军也多，很明显，许多问题都与驻军有关，而包副主席、赛厅长、伊厅长他们又都是维吾尔族……”

张治中机断指示：“赶快给他们发个电报，告诉他们，免掉黄济武的职是对的，我支持他们在南疆的工作，绝不相信周芳刚的胡说八道！”

这份电报让包尔汉等人精神大振，齐声赞颂张治中英明。随之，南疆的事情也势如破竹，很快就办得服服帖帖——起码，表面上看来是这样。

归期已到。包尔汉说：“你们先走一步，我还想办点私事，去看望一个老友的遗孀和他的孩子。”

包尔汉又逗留了一个多月。除了办私事，他还就军人干政的问题，专程拜访了新任军长赵锡光。显然，赵对此的态度非常开明。他当即表示“一定要纠正”。这让包尔汉有点大喜过望。当晚，与新任专员阿不都克日木汗·买合苏木有了一夜愉快的交谈。过去，包只是听说阿的为人和家世，这次面晤，彼此甚感投机。最让包尔汉受到触动的是，在对国民党的看法方面，买合苏木毫不隐讳，认为那是一棵枝繁叶茂、根须却已腐朽的大树，大风一吹立刻就会倾倒！这不正是阿合买提江那些话的内涵吗？

包尔汉和买合苏木紧紧地拥抱在一起。

乌斯满臭不可闻有人闻，张治中愤留绝笔又伏笔

联合政府“联”而不“合”，监选就像一道长久不能愈合的伤口，夹脓带血，让张治中恶心透了！

南疆因为有包尔汉副主席等人的努力，刚刚安静下来，省府眼皮底下的乌鲁木齐却突然乱了套。

事情的起因是乌市维吾尔族青年“维文会”所召开的一个“自由大会”，激起了5000多群众结队游行，矛头所指是省府的人事安排，强烈要求罢免大字不识一个的财政厅长贾尼木汗，还有军阀马仲英的走狗、哈密

专员尧乐博斯，以及和田专员努日伯克，莎车专员周芳刚。

显然，这四个人都属于乌龟王八一类的坏蛋。可是，当初敲定联合政府成员时，张治中为什么还要点头呢？这里面饱含着现实的复杂和张治中的难处。张治中若非如此，恐怕早就天下大乱了！他还如何驾驶这条破船远航？

然而，三区代表方面对此一直耿耿于怀。

乌鲁木齐游行的第二天，阿合买提江以副主席的身份召集省府紧急会议，提出并通过了罢免和田专员努日伯克和莎车专员周芳刚的议案。

消息传出，又一支3000多回民群众参加的示威游行队伍走上街头。这支队伍由一大班哈萨克人骑着高头大马做向导，高呼的口号是："拥护中央政府""反对三区特殊化"。不难看出，他们与前面的游行队伍是对着来的。后来知道，它的幕后操纵者不是别人，却是行辕参谋长宋希濂。宋参谋长为了扩大人数，以壮声威，居然下令部队成团、成营地换上便衣，夹杂到群众里面，扯着嗓门喊口号。他还自我标榜说，这是"以组织对付组织，以宣传对付宣传，以游行对付游行！"

此时，张治中到南京跟蒋介石汇报去了。这伙人有恃无恐，居然把省府新大楼围得水泄不通，然后大打出手，砸玻璃窗、扔桌椅，弄几个头破血流的人往办公室塞，声称要找阿合买提江和包尔汉两位副主席说话。阿和包二人虽然表现英勇，拿出赴死的架势，却把刘孟纯和迪化市市长屈武吓坏了！他们汗流浃背地哑着公鸭嗓子把人堵在门外，后面逼着阿合买提江和包尔汉两位堂堂的副主席，竖梯子爬天窗逃命……

局势混乱可与乌鲁木齐等量齐观的，还有北疆的阿尔泰。那里同样有一个不受欢迎的省府专员。他就是后来出了大名的乌斯满。

乌斯满最早是个贩卖牲口的小商人。盛世才时代搞"清枪"活动引起牧民的反抗，有个叫叶斯木汗的头人拉队伍，把乌斯满也拉进去了。因为经过商，工于计算，就让他当个小会计，管理伙食。

这当然不是什么地位显赫的差使，乌斯满干得心里不痛快。他生性顽劣，吃喝嫖赌无不精到，既然丢了饭碗拉杆子，干吗屈居人下？不久，他自己带一伙人跑到富蕴通承化（阿勒泰县境内）的一条公路旁边，青天白日把一个邮政局给抢了。尝到点甜头，又一不作二不休抢到一个运送军用品的驼队。有200多峰骆驼呢！这下乌斯满有本钱啦，一本正经到额尔齐斯河上游地区招兵买马，形成了一股势力。

盛世才花了很多心血，又打又拉，消掉乌斯满一多半人马，剩下一小撮跟在乌斯满后面往中蒙边境落荒而逃，长期流窜在青河县东乡一带。

1943年7月，机会从天而降，外蒙古有个叫穆华西的哈萨克人，跟乌斯满搭上了关系，很大方地送了乌一大批茶叶和布匹。乌斯满抓住这根救命稻草死也不放，两个月后，他从那家伙手中得到了一批梦寐以求的枪支弹药。

乌斯满活了，立刻以他小生意人的精到，在青河周围抢来300多匹牧马、200多条毛毡，拿到穆华西那里，要换水连珠步枪。

这个穆华西给了乌斯满50支水连珠步枪，几皮袋子弹。乌斯满脸也阔了，腰也粗了，立马重整队伍，咬牙切齿地跟盛世才边防部队干了一仗。结果，还是不行，胳膊拧不过大腿，乌斯满自己身上钻了好几个窟窿眼。

又过了三个月，外蒙那边的人出手更大了，一次性无价奉送乌斯满400支水连珠步枪、自动步枪和轻重机枪，还附带望远镜之类的器材。此外，又专门为他派来了一名助手和一名参谋，把乌斯满抖得跟当了皇帝似的，弄块白毡坐在上面，俨然以哈萨克的“汗”自居。

有这么几百杆枪在边境上闹腾起来，政府真还不好办。你一打，他逃到别国；你不打，他一天比一天牛。最佳方案只有招安。于是，一位从苏联刚学习完回国的年轻人达列里汗，被派到乌斯满那里交涉，希望乌能同政府合作。只要有句话，改过自新，就不咎既往。

乌斯满还吃你这一套？他正在旺火的时候，不但不“自新”，一怒之下还带着人马把阿尔泰县城围攻一气。虽说迟迟不能得手，那副老虎吃天的派头是炫耀出来了。正好，这时候三区暴动如火如荼，也在进兵塔城进而阿尔泰。乌斯满夹在里面捡了一份功劳。

战事结束，三区改组政府，邀请乌斯满参加，乌斯满不干。后来又选他当阿尔泰区专员，他还是不当回事。请他到乌鲁木齐与国民党谈判，仍就不理不睬。他心上那颗小算盘珠子究竟想怎么拨，谁也搞不清楚。

其实，乌斯满早就在暗度陈仓。他看上了军权在握的宋希濂，要背靠这棵大树跟三区分庭抗礼。

联合政府成立，乌斯满被任命为省府委员兼阿尔泰专区的专员。这一次的委任状盖着中央政府蒋介石的大印，金光晃眼非同一般。乌斯满刮目相看，接受了委任。

过了一个多月，突然有个哈萨克人揣着乌斯满的亲笔信，来到乌鲁木齐求见张治中。张觉得挺为难，认为单独接见不妥当，便把两位副主席拉着一同与此人会见。谁知，这一见见出满肚子不快。来人傲慢无礼，没有高低，而乌斯满的口气硬邦邦的，要这个要那个，要求让贾尼木汗回阿尔泰工作，要增派军队进驻阿尔泰，要求给予粮款救济，要求配发新式武器……张治中的脑袋“轰”一声大了！他还从来没有见过这样一张恬不知耻、贪得无厌的强盗嘴脸。

连续几天，张治中脑子里一直转着这个乌斯满。刘孟纯和屈武都在悄悄地提醒他：会见之后，乌斯满的代表又秘密地去了宋希濂处。

又是军人干政！张治中真想把宋希濂叫来狠狠教训一顿。但是，他克制住了。

年底，乌斯满的强盗代表又来到乌鲁木齐。这一次干脆住在贾尼木汗家里，大有要不到东西决不罢休的意思。

张治中把持着原则始终不松口。可宋希濂却慷慨大方地先后两次“援助”乌斯满枪、弹，还给了他一部电台，随机配备三个通信兵。

这个不光彩的协作，矛头直指三区民族军。阿合买提江愤怒了！除把乌斯满的职务一撸到底，还出动了三个骑兵团，由民族军副司令员伊斯哈克拜克指挥，进剿阿尔泰。

乌斯满的那些人马毫无战斗力可言，每战必败，但就是不认输。谁都明白他是仗了后台宋希濂的势，可谁又能说什么？连张治中都在保持沉默，甚至提出规劝乌斯满，让他重新担任阿尔泰专员呢！

最好的办法是把结论交给群众。包尔汉奉命带着省府的“行政调查团”前往阿尔泰了解情况，群众大会开了两天，从头至尾都是对乌斯满的血泪控诉。乌斯满的抢劫活动，激起整个阿尔泰的公愤，仅会上揭发出来的就有2000多只羊和3000多头大牲畜遭劫，致使20000多人无法生活。老百姓异口同声：把乌斯满打出阿尔泰，省府必须对其严惩不贷。可这时的乌斯满在哪里呢？他正坐着飞机在阿尔泰的上空兜风哩！

这么臭的“专员”，怎能让人容忍？

然而，更叫人不能容忍的，还是张治中的“暧昧”。张初到新疆时曾说过一句让阿合买提江们兴奋了好几个月的话。他说“我到新疆是为了纠正历史的错误，偿还历史的罪债”。现在，人们不禁要问，难道容忍军人干政，以致纵容乌斯满这样的土匪为非作歹，也叫“纠正错误”“偿还罪债”？

张治中还有一肚子委屈呢！他认为自己从没有改变过初衷，只是曲线拯救新疆的“怀柔政策”每每不被各方理解，反而误会日深，把自己拍在中间当夹板乌龟，苦不堪言！

如果说在乌斯满问题上三区反应过激，对张治中有所刺激的话，不久后他到南疆视察，在喀什遭遇数千群众请愿事件，简直将他挫伤得不可收拾。张治中怀着近乎负气的心情，向蒋介石辞去了所兼新疆省主席一职，并把一个“泛土耳其主义者”、原新疆监察使麦斯武德推上了省主席的位置。此人一上台，兴趣点立刻转向了英美而让苏联靠边。这么一来，三区乃至全疆震怒了！顿时起义、游行四起，尤以吐鲁番、鄯善、托克逊最为突出，闹得天昏地暗。

到1947年8月，阿合买提江等三区参加省府工作的委员们，陆续撤回伊宁。从此，以玛纳斯河为界的武装对峙局面，重新开始。

新疆向何处去？阿合买提江们回头一想，痛感张治中的离去是个重大损失。新疆宁要张治中这个军人，也不要麦斯武德这样的大员！

张治中的好处是需要一点一点品尝的。谁说他漠视军人干政？他在

1947年3月对新疆高级军政官员所作的那个秘密报告，是何等痛心疾首！他说：“军人自有军人的职责和本分……军队只有纪律严明、秋毫无犯、技能高强、战力充实，才可以争取民众的敬爱。因此带兵的官长应着重训练部队，教育部队，使之成为精兵，足以安定边疆，保障国土。”这么一把尺子卡在这里，无疑对驻军是个不小的约束。警备总司令陶峙岳就是个榜样，此人跟宋希濂大相径庭，谨慎言行，埋头主管驻军整训，恪守原则，从不介入政治，不能不说是对新疆军事稳定的一大重镇。

作为国民党高级军政官员，张治中始终奉行亲苏政策，谋求睦邻友好，在新疆的桩桩件件，也使三区领导们念念不忘。比如协助苏联运回存放在星星峡和哈密的物资，并签订《中苏航空条约》；恢复乌鲁木齐中苏文化协会活动，撤销所谓“归化族文化促进会”，另组“苏侨协会”；促进中苏在新疆贸易和经济合作的商谈，以及阻止美国军用飞机到新疆“浏览”等，甚至《新疆日报》转载《大公报》一篇题为《哀中共》的社论，也引起他的震怒，一气之下撤销了该报总编吕器。至于“军统”或“中统”要想在新疆抓走“政治犯”，只要张治中知情，就绝不能得逞……这些深情的怀想，通过书信一一传到兰州的张治中那里，给了张莫大的安慰。在此后不长一段时间内，张治中终于把宋希濂和麦斯武德这两块石头，从新疆扔出去了，使陶峙岳成为新疆军事方面相对独立、真正的当家人。同时又把包尔汉保举到南京，在蒋介石面前去当“国府委员”，这就给新疆未来的局面铺平了道路，留下伏笔。

陶峙岳落泊遇知音，张文白抱憾布新局

陶峙岳的官运一向不佳。据说，这与湖南宁乡张狮子山下火龙洲的那个陶氏门风有关。虽说地方有“四山环翠，九派流清”之誉，祖上亦以晋朝的“八州都督”陶侃和不为五斗米折腰而退隐林泉的“五柳先生”陶渊明为荣耀，却世代很少有人到外面做官。陶峙岳，似乎还是个例外。

和许多国共高级将领的经历大同小异，陶峙岳的戎马生涯也是从上陆军小学开始。然后吟哦着“男儿走四方，安敢事株守”的诗句，再考陆军中学。到武昌陆中没学到两个月，武昌起义爆发了。辛亥革命大浪卷起，他不知不觉又进入保定军官学校。接着便有袁世凯称帝，蔡锷护国那么一段，陶峙岳书剑飘零回到湖南，帮谭延　训练了一堆绿林好汉。后来便混迹于湘、鄂诸军阀部队间，北伐、蒋、冯、阎大战直至江西“剿匪”，当上毛炳文部第八师师长。因朱绍良出任甘肃省主席，嫡系毛炳文部所属陶峙岳的第八师，许克祥新编第二十四师也都跟着呼呼啦啦从江西调往甘肃。

从此，陶峙岳与胡宗南结缘。

第八师是湖南的一支杂牌部队，从一开始与蒋介石的“主流”就拉开一段距离。这使得陶峙岳在1936年冬西安事变中，驻守海原仅几百里远，态度却比较暗淡。而稍后随胡宗南参加的淞沪之战，又凭着“几杆破烂枪，打得还算不错”（胡宗南语），因而，陶峙岳这个人的基调也就定型了：受尊敬而不受重用。

1938年9月，胡宗南一纸命令，把陶峙岳调到自己最得意的第一军当军长，而让第一军军长李铁军去“长陶所在的七十六军”。不管陶对此如何感觉，胡宗南器重陶的才干是没有异议的。只是这种“器重”更大程度上是“器”而不“重”罢了。当第一军在陶峙岳手上训出一点长进时，胡宗南立刻又派丁德隆取而代之，给陶安了一个三十四集团军副总司令的位置。

陶峙岳离开自己一亩三分地，本来就找不到感觉。刚刚入住新的园子耍出两套把式，秋收在望，又让胡给剥夺一空，且置于闲散之境，这不能不让陶揪心、寒心、灰心和没有信心。

陶峙岳发现自己变成一片落叶，飘荡在秋风之中，无枝可依。遂闲居西安达数月之久。

在第一军任职这段不堪回首的时光里，唯一让陶峙岳感到欣慰的是，结交了两位肝胆朋友。一个是他从第八师带到一军去当参谋长的曾震五，另一个就是奉胡宗南之命在河南吸收土著杂牌部队扩充实力时，偶然相识的赵锡光师长。曾是陶的乡党兼嫡属，而赵则与陶同在人家屋檐下，惺惺惜惺惺。这两个人后来都成为陶峙岳镇守新疆的得力助手。

陶峙岳空挂着一个集团军“总司令”的头衔，在长安古城从1940年夏一直漂泊到1941年春，又被送到翠华山游击干部训练班去当教育长。至此，兵权彻底没了。陶峙岳唯一拥有的，是位于西安市以南40多公里的那片陕西胜境。他只好一面寄兴山水，故作潇洒状，一面又暗怀“身经太华千重险，敢说长安路不平”的喟然长叹。

不久，洛阳第一战区长官部政治部主任他调，司令长官不同意继任人选，悬缺已久。按照惯例，应由一名副司令兼任。胡宗南想到了陶峙岳。陶一口回绝。这时，卫立煌也出面来当说客。陶峙岳磨不过情面，做了一万个“只挂名、不务实”的声明，才悻悻地跑去就任。

这个打杂的差事干了一年多，最让陶峙岳兴奋的一件事便是得到一次去重庆受训的机会。在那里，他与张治中将军发生了关系——这可以说是陶峙岳人生的重要转折。

胡宗南并没有放弃陶峙岳。1942年8月他将部队扩为三个集团军时，陶峙岳居然奇迹般地“三分天下有其一”，被任命为第三十七集团军总司令，范汉杰为三十八集团军总司令，而另一个三十四集团军总司令的位子则由胡自己兼占。这有点出乎陶的预料。但很快他就发现，胡宗南为他精心挑选了一个参谋长，那就是胡的铁杆亲信蔡　。

陶峙岳虚假繁荣“风风光光”当了一年总司令，就被送到河西的酒泉“重镇”边关去了。名义上听起来仍然是个“警备总司令”，声称“可以调遣所有入境部队”，而实际上日常指挥的兵力不过一个担任总部勤务的特务营而已。

其时，赵寿山驻守武威，陶在酒泉，关山绵绵，心照不宣，两人默然相对，不知道谁在为谁一掬同情之泪。

饱食终日无所用心的时光一晃就是几年，秋去春来，人生苦短，面对塞外迟到的一点点绿色，陶峙岳不免长吁短叹。这时，忽有一个让人略有兴奋感的消息传来：张治中将军受命于国民党军事委员会委员长西北行辕主任！事隔两天，陶峙岳收到一份电报，竟是张治中本人发来的，说是他将赴新疆公干，准备途经酒泉小住。这让陶一下子回想起两人在重庆相会时的情形。

过去陶峙岳只听说张治中是个老黄埔，当过蒋介石的党军第二师参谋长，特别是在西安事变中，他坚决不同意采取军事方式解决问题，主张政治解决，认为“唯一着眼点是救蒋，为了达到这一目的，应该不惜以任何条件求得解决。”可见张与蒋介石的关系非同一般。接触并作了一点调查之后才知道，张是个老黄埔不假，但他在黄埔期间跟政治部主任周恩来也有密切来往，还曾被看作是“红色教官”“绝色团长”，与邓演达，恽代英、高语军并称“黄埔四凶”。尤其是对蒋介石“遵从”而不“盲从”的态度，让陶峙岳至为欣赏，甚而感动不已。张先后五次带兵打仗，却五次都打在点子上，是国民党里唯一没有和中共打过仗的高级将领。1941年1月发生皖南事变，他竟冒天下之大不韪给蒋介石上“万言书”，痛陈蒋在处理中共问题上的“失策”，力主两党和谈。如此，张治中才成了国共两党之间的“和谈天使”……而且，对陶峙岳来说，张治中叙起来还是自己正儿八经的“学兄”，他最早也毕业于保定陆军军官学校，比陶先入学三年。

这一切，可以认为是行伍中建立交情的基本条件。

陶峙岳是个心性很高的人，虽置身江湖多年，却从不滥情施交。他平生最自得的两件事就是，第一，不要三妻四妾，从一而终；第二，不积攒私财，清贫廉洁。为此，胡宗南曾说他“没有朋友”，言下之意是“水至清则无鱼”。陶峙岳回了一句“介之推不言禄，禄亦勿及”，两人风马牛说不到一块儿。而张治中就不同了，见到陶峙岳就有叙不完的话，怎么扯怎么都投机。两人一个湖南宁乡口音，一个安徽巢县口音，南腔北调里面偶尔带出一言半语的国语，彼此听起来都觉得耳顺。

张治中来酒泉除了假道之外，主要目的是想动员陶峙岳随他一同进疆，共图大业。他说：抗战打了八年，国家的元气伤尽了，人民需要休养生息，国内应当实现真正的和平，不宜再动干戈啦……

“是啊，”陶峙岳懂得张藏在话中的那层意思，“但愿这次国共谈判能如天下人所愿！”

两人都不想把心照不宣的忧虑说出口。令世人瞩目的重庆谈判刚结束不久，善良的国人都沉浸在升平歌舞之中。张治中这个在谈判桌上唱主角的人物，当然不希望把未来想得太坏。可是，他心口的分寸比谁都有准头。

正因如此，治理一个偏远的新疆，便是无奈中最妥帖的寄托。

而陶峙岳的心情则不同，他要“士为知己者死”。至于新疆，或许可以看作是个一展雄才的靶子，陶峙岳就是要将自己一副傲骨和一身浩气变成西北边陲的一片朗朗净地。这个心愿从首次进疆开始，就与日俱增，以至于张治中离开新疆、联合政府解体，陶被临时任为西北军政长官公署副长官的一段时间内，极感不适。他发现自己已很难摆脱这块土地的缠绕了！

1948年8月，陶峙岳再度被任命为新疆警备总司令。这是张治中终极的决策，代表他对新疆问题马拉松式的思考得出了成熟的结论。

即将履任，离开兰州，自然要拜会张治中。陶峙岳选择了一个月明星稀的秋月，来到张的新龙山私邸。说：“相聚没几日，又将作别，不知文白兄还有些什么吩咐没有？”

张治中很高兴，亲手给陶峙岳泡了一杯家乡的舒城绿茶，说：“我们安徽人待客讲究一杯功夫茶，不晓得你喝得出来喝不出来。”

陶峙岳呷了一口，咂咂嘴：“香，喷香，就是太浓，尾子有点苦哟。”

两人哈哈大笑。接着，张治中直截了当切入有关新疆的许多实际问题，诸如民族问题、外交问题、军事问题以及新疆今后的出路问题等。又从新疆谈到国内和平的设想，说到激动处，竟把他多次向蒋介石建议力主国内和平的函件以及与蒋的谈话记录，通通搬出来让陶峙岳看，说：“对新疆，我有很大的遗憾，未竟之事不少，可说是千头万绪，当时一方面国际国内大势所趋，另一方面老头子又催逼太紧，许多事情搞成了虎头蛇尾，唉……”张治中打住话头，一声长叹，数不尽的苦恼尽在不言之中。

一个长久萦怀的问题突然撞上了陶峙岳的心头。他犹豫一下，说：“外界都称文白兄是领袖的左臂右膀，看了这些函件和记录，始信为真，小弟感佩。不知文白兄今后作何打算？“

这个问题很深，以官场规矩，可以用大道理搪塞。但是，张治中知道陶闪烁其词背后的含义，是在考验彼此的友情。于是，最大限度地说了句“领袖是人，我也是人……”见陶峙岳似懂非懂，又补充道：“人君有兼听之明，人臣有陈情之责，剩下的事只有靠天来裁定了！天就是民众。治国也好，治一个省区也好，与治家是一样的，古人总把两者放在一起讲，所谓‘治国齐家平天下’。我们安徽有句老话，叫‘家不和，外人欺’。

中国的事情最关键、最难办的就是一个‘和’字，新疆也是如此。”

陶峙岳深以为然：“所以我觉得这个警备司令很不好当，有些事军队用不上劲，军人越帮越忙。”这句话触起张治中对军人干政的愤慨，免不了一番抨击。说：“军政之间争权夺利勾心斗角，很伤感情。党外打仗，党内也在打仗，这是致命的问题。”

“新疆的那个班底倒是应该好好修整一下。”陶峙岳说，“要体现各司其职的精神，叫刘孟纯以省政府秘书长和长官公署驻迪化办公厅秘书长的名义，主持政府，我主抓军事，屈武主持迪化市政，刘译荣主持外交。只是那个麦斯武德和伊敏、艾沙这样一些人难办，麦是省主席，伊是副主席，艾是秘书长，还挂个中央委员的头衔。下面最头痛的恐怕就是乌斯满、贾尼木评和尧乐博斯这几个顽固分子……”。

张治中微笑着端起面前的茶水轻轻一啜：“放心，麦斯武德已不是问题，老头子已决定把他调离新疆。新的委任状马上就下来，你猜猜是谁？”

陶峙岳茫然：“会不会是南京方面的人？”

“可以这么讲，也不可以这么讲……他就是包尔汉！这是我长久安排的结果。此人外圆内方，体察民情，事业心、责任心都没有问题，与苏联、与三区也能说得上话。你一定要全力保护好他，让他尽情施展，切防叶城、罗恕人和马呈祥他们从中为难……”

三、走向和平

惊涛骇浪强军政所难，风刀霜剑逼兄弟反目

张治中用一个冬天的时间完成了新疆的布局。这期间国家最大的事情莫过于蒋介石的引退，副总统李宗仁登上了历史舞台。

南京政府土崩瓦解，共产党坐天下已成定势。一场前所未有的抢购风同样刮到了新疆，市面上大量抛出“金元券”，一盒火柴要卖到一百万法币！

这是包尔汉当上新疆省主席之后的第一个难题。

与此同时，代总统李宗仁给陶峙岳发来一道命令：新疆驻军除留一个旅担任边疆防务之外，其余全部调入关内。并着其火速飞赴南京面商大计。显然，这是陶峙岳面前的难题。

时新疆驻军有赵锡光的整四十二师，所辖一二八、六十五、骑八、骑九四个整编旅；叶成的整编第七十八师，辖一七六、一七八、一七九三个整编旅。此外就是马呈祥的整编骑兵第一师，辖一、二两个整编旅。连同总部机关一起，三个师有近10万人马。这里面除了赵锡光与陶峙岳有些老关系以外，其余各有其主。叶成和一七九旅旅长罗恕人，是胡宗南的嫡系，而马呈祥的部队从人事到给养一应听命于马步芳，陶峙岳实际上是赤条条来去无牵挂，如何当得住这个大总管？

当夜，陶峙岳通宵不能成眠。部队出关如何了得！新疆地处边陲，外有强邻，内有民族杂居的复杂关系，一旦防务透空，后果不堪设想。再说，十万之众投入内地战场，又将造成多少生灵涂炭？是抗旨不尊，还是……他决定以整编部队为名，召开一个师旅长以上官员的会议。在会上试着把部队入关问题提出来，看看各方面的反应。

谁知道会还没有开，马呈祥就跑到警备总部骂起大街来：“他娘的，

这个鸟新疆老子是待不下去了，连长、营长一个月的薪水还不够买几盒烟的，金元券金元券，再这么下去就只能当擦屁股纸了！”

陶峙岳把他拉到一边，不硬不软地小声说：“金元券的情况也不是新疆一地如此，身为党国军人，应为中央分忧，说话怎能没有场合？怎能一点分寸也不讲？新疆的情况会好起来的，省府包主席不是已经在想办法了吗？”

包尔汉的“办法”，就是下决心在金融上同南京政府切断联系，发行“银圆券”作为新疆单独流通的地方货币，从而摆脱法币的贬值，遏止全疆一天比一天厉害的抢购风。眼下，他一面拒绝中央银行运来的大批金元券入疆，同时又暗中通过地下革命组织，鼓励全社会拒用金元券。

这时候的新疆真像是一个偌大的炸药库，“民主青年团”“新疆民主同盟”等地下组织，随着地下刊物满天纷飞，革命成为年轻人的时尚。而那些老派的民族主义分子，又一个劲地浑水摸鱼，到处鼓捣生事。美国驻新疆的领事马克南，临终还放个臭屁，跑去跟乌斯满说：“乌斯满先生，美国永远是你的朋友。从西藏去巴基斯坦有个地方叫太吉努尔，那是我们美国人的地盘，你可以带所有的哈萨克族到那里去，在那里可以得到美国的援助。”

这些话无疑给乌斯满以及与他臭味相投的那个省财政厅长贾尼木汗等人，注射了一剂兴奋剂。贾尼木汗发誓要跟包尔汉分道扬镳，也不到省城上班了，大喊大叫：“你包尔汉要投奔共产党，我可不干！我是穆斯林，我不相信共产主义……”然后，把南山官牧场上的几百户牧民和数千只牛羊赶着，去找乌斯满。

所有这些无法无天的事，都少不了马呈祥和叶成、罗恕人这几个家伙的一只脚。包尔汉着急地问陶峙岳：“张长官一向反对军人干政，你打算怎么办？”

时值1949年春夏之交，蒋介石在年初宣布下野金蝉脱壳，李宗仁担任代总统。其时，国共间已有辽沈、淮海和平津三大战役，国民党号称“精锐”的主力部队大部被歼，面临覆灭命运，幻想通过“和谈”阻止人民解放军渡过长江，派代表团到北平谈判，但最后又拒绝在中共和平条件《国内和平协定》上签字。毛泽东、朱德于4月间下达全国进军命令，人民解放军百万大军横渡长江。4月23日攻占南京，国民党“中央政府”先后退到桂林、广州，由吃力不讨好的李宗仁勉力支撑。

远在新疆的陶峙岳面对马呈祥、叶成、罗恕人这些亡命之徒，还能怎么办？他正在为部队出关之事焦头烂额，每天都在以“大部队行动和穿越戈壁需充分准备”为由，拖延李宗仁，真有度日如年的感觉。好在主政全国的“广州政府”也在岌岌可危，李宗仁似乎没有精力来过多追问这件事。

但手下这三个师的部队，可一直在虎视眈眈。马呈祥、叶成和罗恕人等，几乎没有一天不盯在警备司令部，逼着陶峙岳下决心入关。身为总司令的陶峙岳言行举止如履薄冰，简直不敢多说一句话、不敢多走一步路。时隔多年，他在自述中这样写道：“当时，我除与兰州西北军政长官公署副参谋长彭铭鼎和驻张掖的第八补给区司令曾震五常有联系，也曾经向他们流露过不愿再参加内战的想法外，从来不敢向人吐露思想真情。刘孟纯常与张治中联系，他不时将外间的消息转告我，我也听之而已，不发表露骨的议论。就是我的参谋长陶晋初，与我有兄弟之谊，我对他也守口如瓶，曾引起他对我的误解……”

这场“误解”是非常自然的事。

两陶并非胞兄弟，只是同一个高祖而已，而彼此性情则天南地北。陶晋初的思想早就激进得不行，尽管当过宋希濂第十一集团军司令部的高级参谋、参谋长，却对共产党一往情深。特别是在重庆因阅读《一周国际述评》而结识了编者乔木（乔冠华）之后，更有些明目张胆，以至于在国共谈判期间，一个劲地通过乔冠华向中共方面提供情报，并且还致函毛泽东，写出像“自问爱护先生，不亚于一切共产党员”这样贴心体己的话。最后，干脆跑到红岩村第十八集团军办事处，向周恩来请求到解放区去工作。

这件事因为胡宗南的防范而没能实现。但是，陶晋初的政治色彩已经有目共睹，陶峙岳当然心中明白。他能接纳陶晋初作为自己的参谋长，足以证明上面的自述文字是真实可信的。

陶晋初忍受不了陶峙岳的“缄默”。就在兰州解放前夕，他终于在一天晚上找到陶峙岳，说：“司令，我想了很久，还是回家去算了，不想再干……这是我的辞呈。”陶晋初双手恭恭敬敬的把一份辞职信送到陶峙岳面前。

陶峙岳颇感突然，但他却扑哧一声笑了：“你么时学得这样刻板？这可不是你的性格啊！”他随手接下辞呈往旁边一丢，“你跟我这样规矩真有点像戏台上唱戏哟……”

“六哥，你莫取笑，我是认真的。”

陶峙岳仍笑道：“我知道你是真的。可是辞职也没得这样简单嘛，莫说你来给我当参谋长，就是来走个亲戚，也要吃顿饭再走嘛！这样吧，明晚你过来，我备几个小菜，给你饯行。”

“不用了，我飞机票都买好了。”

“哦，这么急……”陶峙岳抹去笑容，“是我这个兄长叫你那么讨厌？”

陶晋初说：“这个不关兄弟情义。人各有志，我只是不想再为独夫效劳而已，还望六哥见谅。”

“见谅？见谅什么，你既已说出人各有志，还有什么可见谅的！不过，我倒想问你一句话，你存有何‘志’，你看我又存有何‘志’？”

陶晋初沉默不语。

“我来为你说。上次我去重庆安顿家小，你叫彭铭鼎转给我的信上，不是要我为中华民国的前途、为新疆十万官兵的生命着想吗？我自认为无愧这两句话。难道你的‘着想’就是这样一拍屁股了事吗？作为总司令与参谋长，你我有齐心协力守土之责；作为兄长与小弟，你我有手足同宗骨肉之情。你也不看看目前新疆是个什么局势，危机四伏、困难重重。这个时候你既不念职责，亦不念亲情，眼看着我孤掌难鸣，却要拂袖而去，亏你想得出来啊！”

陶晋初绝望而又疑惑地望着陶峙岳，许久，说：“六哥，你难道真的甘心情愿为国民党殉葬？你为什么不去想一想中共所标榜的那些主张呢！”

“胡说！尽忠竭力怎么是‘殉葬’？民族主义的自由中国理想，难道不值得我们为之奋斗吗？你讲这种话就不怕人家说你‘赤化’？你太大胆、太没有分寸了！”陶峙岳脱口而出。

陶晋初五内俱焚，难受极了，连珠炮似的一吐为快：“你不要谈什么民主不民主、自由不自由了！要是在十年前，这些冒牌货或许还能骗一骗人。今天，见鬼去吧！我劝你还是关心一下切身生活吧！为什么要允许一部分人吸大多数人的血以自肥，而大多数人陷于贫困、饥饿、死亡！《中央日报》每天都在骂中共是恶魔。既是恶魔，怎么还有那么多有志气、有修养的学者、青年趋之若鹜？他们书越读越糊涂，会死心塌地地去追求‘恶魔’吗？为什么中共的人一天天增多而国军山河日下、打一仗败一仗？为什么……”

“好啦好啦！”陶峙岳举手，强行制止了陶晋初，“天下事自有天下人来公论，我不想抬扛，也不想保密局的人把你当作共党分子抓起来，在胡宗南那里的教训还不够吗？这样吧，我给你一天时间，明晚还是来吃个饭。共事一场，话话别还是应该的，不会耽误你的飞机吧？”

第二天晚上吃饭“话别”，让陶晋初意外的是，屈武也在场。他不觉暗暗一惊。

屈武4月1日随张治中作为国共和平谈判代表团顾问飞抵北京。《国内和平协定》草案签订后，由屈武和黄绍　携往南京呈李宗仁签发。李拒不签字，和谈遂告破裂，屈、黄二人各返本部，而张治中却留在北京再没有离去。

屈武回到迪化，把张治中和平解决新疆问题的意向带了过来，暗中与刘孟纯、刘泽荣、陶晋初积极策划，甚至公开场合也大谈北京一行的见闻，以致引起马呈祥、叶成、罗恕人等非议，差点有一场轩然大波……陶晋初想，陶峙岳让屈武到场究竟是什么意思呢？

关中催调马步芳索兵，疆内谋乱陶峙岳降魔

张治中和谈不归，国民党中央政府擂胸顿足撤了他的职，并发布通缉令。消息传到兰州，乐坏了马步芳。西北军政长官公署的宝座恰好成全了他最后一段嚣张的日子。

马步芳当上“长官”的第一件事，就是向陶峙岳索要马呈祥的骑一师，理由冠冕堂皇——彭德怀将攻兰州，需东调增援。

这一来，马呈祥在新疆更着急了，天天追着陶峙岳要出发命令。陶说：“既然马长官有话，本司令坚决照办！只是这么大的部队行动，路途又这么远，总得要作些物资上的准备嘛。否则等上了路，问题成堆，非拖垮部队不可！”说着话，就吩咐司令部又造计划，又拟文书，摆出大部队即将出发的架势，跟真的一样。

可是，雷声大雨点小，一拖十天半月又过去了。直到兰州解放，马呈祥出发的日子还是遥遥无期。

陶峙岳忙什么去了呢？他每天坐着车在各个物资仓库之间往返穿梭，检查后勤工作。这在部队行动过程中，的确也是个必然的环节。兵马未动，粮草先行嘛，马呈祥等人虽然肚子胀得像皮球，却说不出半个“不”字。

8月中旬，彭德怀指挥解放军一野各部队开始分取青海、宁夏及河西走道，形势一天比一天逼得紧，陶峙岳的后勤工作还没有检查完毕。这天他来到赵锡光的整四十二师，很自然地与赵在焉耆这个小地方会面了。谁也没有察觉到这是一次不太正常的秘密约会，更不会知道陶、赵二人私下作出三条约定：其一，待解放军接近，派员接洽，把部队交出去；其二，部队交妥之后，二人都站开，别无他求；其三，部队改编时，要求不在民族军监视下进行，以免发生误会。

但是，这个“没人知道”的行动，却引起了罗恕人、马呈祥和叶成的怀疑。马、叶、赵三个师长之间的关系极其微妙，彼此都安插了足够的耳目。而罗恕人本身就是军统保密局方面的人，大事小情，只是他想知道，就没有能瞒过去的。

最先生疑的就是罗恕人。他打电话问马呈祥：“陶六爷去了四十二师，你知情吗？”

“知道，不就是看看后勤吗？”马呈祥心里很烦。

罗说：“恐怕不那么简单吧！赵这个人一向阴阴的，不怕一万，就怕万一呀！”

马呈祥一听，警觉起来问：“你说该咋办？他们是不是在玩什么暗刀

子要爷们？”

“不用多说了，你马上到老叶那里去，我随后就到，见面再谈吧！”

马呈祥和罗恕人抢火似的赶到了叶成家，谁知叶成却不在家。叶夫人是个水光溜滑的女人，自然不是发妻，半路上娶的小，人长得又体面又风骚，见到男人有说不完的话。罗恕人和马呈祥都是老熟人了，叶夫人更没有拘束，这个身上拍一巴掌，那个身边蹭一小下，几句话就把两人安顿下来，老老实实坐在那里傻笑。

叶夫人告诉罗、马二人，说叶成出门找相好的去了，“我才不在乎呢！”她那个样子好像罗、马二人倒应该在乎似的。

一见叶夫人，罗、马二人没有了正经，嘻嘻哈哈地说：“叶师长今天不回来，我们就不走！”

叶夫人给二人沏了茶，绛紫色的旗袍撩得高高的坐在旁边，说：“放心，不到5点半他一准回来，晚一分钟，他敢！”说着又咯咯咯地笑起来，笑得紧绷绷的身上一颤一颤的。

其实这女人知道叶成去了陶峙岳家里，只是守口如瓶罢了。兰州解放后，新疆的国民党大官小官，人人都在找退路。叶夫人跟丈夫说：“南京没了，广州又那么远，我们上不着天、下不着地，罗恕人、马呈祥那些人都靠不住，我看来看去，要说有主意的，还得数陶司令。别怪我妇道人家多嘴，将来我们跟着他，没得亏吃！”

叶成惧内是出了名的。这番话他听着也在情在理，所以，有事没事常到东门外陶的住处坐一坐。今天听说陶峙岳刚刚检查后勤回来，慌忙找个空子溜过去抱一下粗腿。当然，这在事先得经过夫人的允许。

相当长的一段时间，陶峙岳见到叶、罗、马这几个人，就得做一番说服工作。今天见到叶成又是如此，从全国形势、新疆特点及今后出路一一谈过来，无非是此去关内、戈壁千里，沿途人烟稀少，物资准备不足万不可轻举妄动之类的话。“所以我急呀，”他说，“好不容易把所有的仓储检查了一遍，心里才稍微有了点底子，若不然……”

叶成连连点头说：“司令辛苦都是为了官兵们的利益，这一点，叶某我从内心理解，钦佩！”

陶峙岳听了此话也显得很感动，拉住叶的手：“都像你这么善解人意，事情就好办得多啊！你想一想，新疆有十三个民族，他们中的许多人同苏联那边都有亲朋故旧的关系。我们汉族与少数民族之间，历史上又遗留下来那么多的嫌怨，如果在我们军队内部发生点什么问题，必定要引起大骚乱。历史的教训，令人不寒而栗呀！你我受党国栽培多年，都懂得军人当以疆土为重，马革裹尸自古是军人的殊荣，无论关内出现什么样的形势，我们也切切不可感情用事。当此动荡之秋，稍有不慎，将成千古罪人啊！”

“司令的话句句在理，叶某心领神会……”叶成像是真的被打动了。

送走叶成不到半个小时，刘孟纯和刘泽荣又双双登门。两人提了一瓶苏联的“白烧”酒，说是来“看望”，实际上是想探一探陶峙岳对解决新疆问题的意向。

自从上次同陶晋初闹“误会”之后，陶峙岳的口风适当放宽了一些。对外仍保持“缄默”的姿态，但最贴心的几个人大体上能够让他们猜得出自己的真心。正因为如此，陶晋初才又决定留下来干。

二刘坐了一会儿，刘孟纯说：“罗恕人和马呈祥、叶成这几个人越来越暴躁了，他们经常在老满城聚会，喝醉了耍酒疯，外面都在谣传，西北军政长官公署驻迪化办公厅，已从新大楼搬到老满城去了！”

“老满城”是马呈祥骑一师司令部所在地。陶峙岳一听就明白了七八分。自兰州失守，马呈祥关内的亲属音信全无。他是马步芳的外甥，这种沮丧的心情可以想象。马每与罗恕人到陶峙岳面前谈起入关的事，总是声泪俱下。如此，借酒浇愁也在情理之中。

“外事方面有什么动态？”陶峙岳转问刘泽荣。

刘泽荣告诉陶说，苏联驻新疆总领事萨维诺夫和副领事叶甫塞也夫向二刘以及屈武暗示过多次，北京方面将于9月组成新政府，届时苏联将予以承认。希望新疆方面能够及时地主动转变，不然的话，北京新政府成立之后，苏方就不能再和新疆旧政府打交道了。并且还说，除了马呈祥的骑一师部队令其退出新疆外，其他部队都可以原封不动转过来。

刘孟纯插言：“势在必行，时不我待，司令当以大局为重，三思而后行。”

这些消息让陶峙岳且惊且喜。从内心实情而言，他真是希望苏方暗示的那个“9月”早一点到来，让今天的一切赶快成为历史！

说了半天，二刘见陶峙岳始终没有表态，便绕着弯子把话题往中心引导，硬是要“请教”陶峙岳的看法。陶想了想，说：“新疆问题不是政治问题，而是军事问题。”言下之意，就是要掌握部队。二刘是明白人，心中立刻有数了，笑眯眯地告退出去。

一天下来，陶峙岳实在累得不轻。二刘一送出门，立刻感到有股倦意。挂钟已敲过10点，这在迪化也算是深夜了。陶峙岳赶紧吩咐打水洗澡，准备好好恢复一下。当他洗完澡刚躺上床就要入睡时，忽听内门上有人轻轻扣了几下。陶知道一般人进见，必经卫兵通报，而能直接闯入扣响内门的，肯定不是一般人，何况时值深夜。他骨碌一下爬起来，边吩咐勤务兵开门迎客，边穿好衣服到客厅整装以待。

奇怪的是，来人竟又是叶成。

陶峙岳脑子“嗡嗡”叫，料知必有蹊跷，但脸上仍努力保持镇定，问：“还有什么事吗？”

叶成吞吞吐吐：“他们……他们……商议了一个计划，打算把刘孟纯、陶晋初、屈武等人拘捕。”

“怎么回事？”陶峙岳没有想到会出这种事，“他们为什么要这么干？”

叶成干脆把他和马呈祥、罗恕人等商定的所谓“清君侧”计划和盘托出。原来他们认为陶峙岳之所以不能决断入关事宜，主要原因是受了刘孟纯、陶晋初、屈武这些身边人意见的影响。因此，三人决定深夜突然袭击，把这些人通通拘捕，一网打尽，然后……当然是胁迫陶峙岳下达部队内调的命令。

幸好叶成与陶峙岳平时相处还算过得去，加之几小时前刚刚听了陶的一番“肺腑之言”，所以，力主把计划事先报告给陶峙岳，然后再付诸实施。他们让叶成来完成报告的任务，相约一个小时后回报情况，开始行动。

陶峙岳闭上眼睛，痛苦不堪地喊道：“你们这是把我往绝路上逼呀！抓了人之后呢？你们想过没有，第二步怎么走？！”

叶成惶惶不安，无言以对。本来这件事就是心血来潮的急就章，出于一时盲动，并没有什么周密计划，哪里还谈得上第一步、第二步！

几句话一问，陶峙岳便从叶成的表情上看出破绽。决心凌雳快攻，掐死这个计划。当即留下叶，并给马、罗二人分别摇电话，言辞恳切地让他们到自己住处来商谈。

不一会儿，马呈祥和罗恕人耷拉着脑袋赶到了。马嘟哝着说：“不用谈了，我们决心已定，这件事非干不可！”

陶峙岳单刀直入：“你们光知道抓人，想过新疆的特殊情况吗？眼下这里是个炸药库，一旦引爆就不单是我们几个人的安危问题。你们谁能担保枪声一响，地方不致暴乱？地方暴乱、军队失控，官兵死于非命，强邻趁机用兵……这些后果于你们几个又有什么便宜？”

马呈祥说：“要什么便宜，大不了是个死。这么不三不四地活着，还真不如死了干净！”

罗恕人一旁落起泪来说：“我们内心有苦痛，你好像无动于衷，讲道理，又每为你所屈……”

陶峙岳语声极其沉痛：“我不是不关心大家的处境，可我更要关心全体官兵和全疆各族人民。如果你们还承认我是你们总司令的话，就应让我以冷静的头脑为你们考虑问题。目前局势你们也清楚，不应再去想部队内调了，无济于事啊，徒然烦恼！你们带部队走也好，个人离开也好，都要细细思量。我陶峙岳一颗赤裸裸的心，可以摆在你们面前，我决不离开新疆，我将与全省老百姓和全军将士及其家属共存亡。我有这样的责任，为尽到责任，虽死不辞……”

陶内心冲动不已，尽情倾吐出来。这样说着说着，东方已经发白了。

张治中一电千斤力，邓力群一人十万兵

邓力群的名字首次出现在迪化，具有里程碑意义。他是陪同中央军委副主席刘少奇赴莫斯科公干之后，直接奉命由苏联进入新疆伊犁的。在赶到迪化之前，他已同三区政府领导和民族军首长们交流了好几天意见，并把带来的电台在伊宁架起来，从此，三区临时革命政府，民族军指挥机关与中共中央建立了直接的通信联络。这对于民族军的建设、发展当然是崭新的一页。

9月19日，邓力群把毛泽东邀请三区革命政府和民族军代表，赴北平参加第一届全国政治协商筹备会议的信，交给了阿合买提江。毛泽东的信中有这样一句话：“你们多年来的奋斗，是我全中国人民民主革命运动的一部分。”

这句话足以把国民党十几年来五花八门的陈词滥调打个落花流水。

邓力群告别三区和民族军的“同志们”，信心百倍地来到迪化。包尔汉以最高的规格把他接到自己家里。当晚，陶峙岳也赶过来了。邓力群把张治中给陶、包二人的电报转给他们。

这个电报自然是新疆和平解放过程中，关键性的文件之一，全文如下：

迪化陶副长官岷毓兄、包主席尔汉兄：

自接辰真（五月十一日）电后，以西北人事更动，又因时机未至，故未再通信。治于六月二十六日发表声明，由北平新华社播出，谅已接悉。今大局演进至此，大势已定。且兰州解放，新省孤悬。兄等为革命大义，为新省和平计，亦即为全省人民及全体官兵利害计，亟应及时表明态度，正式宣布与广州政府断绝关系，归向人民民主阵营。在中央人民政府未成立前，接受人民革命军事委员会之领导。治深知毛主席对新省各族人民、全体官兵、军政干部深表关切，必有妥善与满意的处理。治已应邀参加即将召开之新的政协会议，并承毛主席面商，希望治能返新一行。当允如有必要，愿听吩咐。希望兄等当机立断，排除一切困难与顾虑，采取严密部署，果敢行动，则所保全者多，所贡献者亦大。至对各军师长或有关军政干部，如有必要，盼用治名义代拟电文，使皆了解接受。向绍周（刘泽荣）、孟纯、经文（屈武）诸同志致意。兄意如何？盼即电复。张治中申灰戌平

九月十日十九时北平

其实，从张治中当初对新疆人事安排方面苦心经营开始，后来一切都是水到渠成。所以，等陶峙岳和包尔汉看完电报、邓力群问他们还有什么问题时，两人不约而同地说：总算等到了这一天！

问题当然是有的。最突出的还是叶、马、罗三人的去留。随着邓力群的来临，新疆和平解放已经明朗化，刘孟纯、屈武、陶晋初、刘泽荣及《新疆日报》的梁克浔等人，都在四处奔走，通过方方面面的关系，做三个人的工作。陶峙岳甚至每天用自己的小轿车把马呈祥接到家里，像供祖宗似的备下清真饭同吃同聊。连酒泉的曾震五也搬来了。曾与罗素有交情，紧要关头一把钥匙开一把锁，效果很好；马呈祥此时已收到马丕烈从兰州发来的电报，告知其亲属安全抵达了广州。接着，他的叔父马辅臣和马振武也风尘仆仆地赶来了。马振武说马步芳败逃时，将骑一师应得的五万银洋军饷也带走了。这使马呈祥大为不满，心情也就转变过来。至于叶成，陶峙岳心里明白，有他那个夫人管着，出不了大格。很快，三个人最后达成一致意见：要走个人走，不把部队往绝路上拖，所属官兵清清爽爽交由陶峙岳发落，保证不发生枝节。

这在陶峙岳看来是最理想的结局。所以他处理得又快又大度，分别让韩有文接任马呈祥的骑一师师长；莫我若代理叶成的七十八师师长；以罗汝正接任罗恕人的一七九旅旅长。并且保证他们腰包全都鼓起来，私有财产拿不走的，一律高价收买，而且全部以黄金兑付。

军队稳定也是张治中最为关注的问题，因此他另外专门给陶峙岳发了一份电报，仔仔细细交代一番。即便如此，老百姓还是人心惶惶，什么样的传闻都有，说国军准备撤退，撤退前要杀人、抢劫、放火。

对此，包尔汉的回答是："东边，解放军正向西一天天推进，离新疆越来越近了；西边，有三区的三万多军队正在待命。这样，新疆的国民党军队真要杀、要烧要抢，那就打错了算盘。"

无疑，每个传闻后面都是有背景的。包尔汉代表民众，主要任务就是用事实辟谣。最大的事实就是人民解放军已逼近新疆。对于这支新型的、在新疆老百姓心中完全陌生的强大力量，究竟有多么大的威力，谁也没有底。但是，在全中国基本上铲除了国民党这一点，是不置疑的。有这样一个看不见的巨大震慑作为后盾，包尔汉和陶峙岳才敢在给张治中的回电中，拍响胸脯——虽说不是那么有力：

文白将军均鉴：

九月十日戌平电奉悉。新局前途，承详切指示，至深感激。自全国和局未成，钧座留平不返，职等在此，半年来与绍周、孟纯、经文诸兄，无时不审慎筹议，在保障国家领土，维护本省和平，及避免军队无谓牺牲之三项原则下，选择时机，和平转变。经长时间的努力，此项主张业已获得全疆人士及全军将士之拥护。除少数法西斯，如马呈祥、叶成、罗恕人等，基于个人立场，决定率少数干部，最近趁机离开迪化外，其余全数部队均将就驻原地，继续维持地方秩序。待马等离开后，即由峙岳领导，宣布与广州政府脱离关系，依照《国内和平协定》，接受人民革命军事委员会之领导。至政府方面，在策略转变时，即同时根据钧座与三区所订之《和平条款》邀请三区原参加省府委员返迪，恢复合作，遵循已定之和平、统一、民主、团结政策，及本省《施政纲领》，在中央人民政府尚未成立前，暂时维持地方政务，听候中央命令，组织本省临时人民政府。预计上项工作，在本月内可以全部完成。职等自信，深明革命大义与本身职责，个人对政治上绝无企求，只期全省和平获得保障，人民不涂炭，军队不致牺牲，则对国家、对各族人民应尽之责任，即已达成，亦即不负毛主席及钧座之期望也。除将和平解决新疆问题意见，书面交邓力群先生转陈主席，谨电奉闻，乞释廑注。此间人民殷盼钧座早日莅临指导，何时命驾，恳先电示为祷。

职陶峙岳、包尔汉

新疆这个大舞台正在尽情地演奏。陶峙岳眼下急需做的，就是把叶、马、罗三尊凶神打发上路。他和包尔汉还不一样，此时此刻的心情极为复杂。这表现在他无论如何也要将业已明了的起义意向，弄成迫不得已的模样。

或许如陶自述所言，他的“迫不得已”对叶、罗、马的发落有所助益，可以“让他们再次认识新疆的困难形势，希望他们知难而退，不要再对新疆有何打算，以坚离新之意”。最起码也要让他们知道，我陶峙岳并没有拿你们作政治资本。因为在三人图谋冒险的那天晚上，罗恕人就曾责问陶：“你是不是想拿我们作政治资本呢？”当时陶的回答是：“关于个人生死，早已置之度外，我所想的是近十万官兵及其家属的安全，是各族人民生命财产的安全”。那么，选择“和平方式”，就可以解释成出于诸般“安全”的考虑，于陶的道德上，似乎没有太大的损害。

此外，或许还有另一层含义。正式宣布起义之前，胡宗南曾经跑进来插了一竿子。他煞有介事地给陶峙岳发来一封电报，大骂“率部投降共产党太糊涂”，要陶给予一个明白的答复。胡还打电报给叶、罗、马三人，叫他们把部队带到南疆去，并许诺，可以给他们空投接济。只是这三个丧家之犬已失去信心，只能以“大势已去，不能有为”回复。陶峙岳对胡宗南的电报多少还有一点在意，甚至一旁的蒋介石虽然一言不发，陶也不能不有所顾虑。他思虑再三，还是分别发电报给胡宗南和蒋介石，说明新疆处境困难，“不得已而追求和平”的意思。

相比之下，包尔汉的天空则要明亮得多。这种“明亮”，一部分来自政治上几乎清一色的省府，他可以做到有令就行，有禁就止。刘孟纯、刘泽荣、屈武以及财政厅副厅长白文昱、建设厅副厅长刘德恩、教育厅副厅长陈方伯、社会处处长刘永祥、民政厅厅长王曾善、公安局长刘汉东等人，都在独当一面做工作，包尔汉想到的，他们立刻就去做；包尔汉想不到的，他们也想到了。

包尔汉的“明亮”另一部分也是最重要的一部分，来自三区政府和民族军。用今天的话来说，就是他的立场对头。所以他在宣传中理直气壮地谈新疆是中国领土的一部分，高喊反对侵略、反对分裂，说近年来新疆停止对苏贸易，很多土产都被糟蹋，损失约有1000峰骆驼的银子。讲到“亲苏”问题，他就说“可以公开告诉大家，我确实是一个亲苏派，可我亲近苏联不为个人”。显然，这是赤头赤尾的革命家做派，和三区革命政府及民族军同一种色彩。

一定意义上讲，包尔汉早就把自己置身于这个革命团体了，以他们的光荣为光荣。这种感觉最直接的来源，就是与三区领导人阿合买提江个人之间的友谊。

的确，三区政府和民族军在这段时间是最幸福的。特别是邓力群代表中共中央邀请他们的领导人赴北京参加第一届政治协商会议的筹备会议，那种兴奋的心情更是无法形容。阿合买提江、伊斯哈克拜克、阿巴索夫、达列里汗等人，几天前就在打点行装，准备上路。他们决定取道苏联的阿拉木图，坐飞机到满洲里，然后再换乘火车去北京。阿合买提江临行前还特意给包尔汉写了一封信，信中说：“我期望很快地在良好的条件下和您会面。”

然而，就在包尔汉接到阿合买提江短信的第三天，苏联领事馆叶甫塞也夫突然转来一个消息，犹如晴天霹雳！

陶峙岳先电心事重重，包尔汉后电欢欣鼓舞

和局已定，陶峙岳的精神挣扎也到了最后的关头。此时，他在灵魂上的巨大支撑就是张治中，这同样表达了他作为一个军人的复杂情愫。

与包尔汉一同发给张治中的那份电报，免不了有点官样文章。这与他的“复杂情愫”相差一段距离。于是紧接着，他又以个人名义另拟一份详

报，交邓力群发到北京。他更愿意摆脱一些笼统口号，而从具体细则来表明自己与张治中之间那种军事化的隶属。或许他并未刻意而为，但正因为不经意，才是他当时所陷精神困境的真实写照。

陶峙岳的电文不事雕琢，单刀直入：

一、马步芳父子已出国朝汗，残部溃散、消灭。黄（祖埙）、周（嘉彬）两军与马军无关。

二、马步芳对马呈祥无指示，马呈祥亦将朝汗，所部交职率领。

三、王治岐军未西撤，河西方面已有部署，决于新省问题解决后，随即由职率领转变，希望最近与兰州当局发生联系。

四、驻新将领，除马呈祥、叶成、罗恕人将率领少数干部离开部队，其余均无问题。俟渠等离迪后，职当妥为晓谕。

五、伊敏、艾沙等决定率其亲信赴巴基斯坦。保守派头目贾尼木汗、哈德万、乌斯满等亦决定离新。已与包主席详商，准许渠等个人安全离开，不加阻挠。对各族民众，则妥为宣慰。

六、对伊方联络，已由包尔汉主席办理，恢复合作。但在军事方面，似应各守原防，听候中央处理，避免任何不必要的误会。

七、美领馆已撤退，只留副领事马克南一人。英领事无甚作用，当予保护。

八、最感困难者是军费问题。从七月份起饷即未发放，军心殊不安定。经向广州极力交涉，以全军东调为理由，催索各项费用。最近专机运款前来，约一百万银圆（运抵南郑后未运迪化），如全数运抵迪化，则目前勉可维持。数月来所以未敢明确表示态度者，此实为原因之一。至省府方面，库空如洗，包主席无能为力。

九、中苏亲善关系，在新日有增进。贸易协定迄今未签订，责在广州政府，苏方完全谅解。

新省情况特殊，一切不能与内地等量齐观。除将来补给方面，应请中央妥为筹济外，暂时可度过严冬，职当负完全责任，决无任何顾虑。今后新省问题，似宜着眼于民族、经济、政治各方面，顺应人心，执行钧座已定之政策，由毛主席审慎考虑，加以领导。为国家奠定百年大计，实为当期急务也，敬乞随时指示。

有意思的是，在正式通电起义之前，陶峙岳的联系对象始终只有张治中。除了通过曾震五与王震、彭德怀有过接触之外，他本人没有同任何中共高级领导人有过信函往来。而包尔汉不一样，他在与陶峙岳第一次共同给张治中复电之后，又连续与毛泽东个人直接通电。毛泽东在给他的复电中称："新疆局面的转变及各族人民的团结，有赖于贵主席的鼎力促成。"这与包在电文中所称之辞"兹已准备一切力量消灭反动势力，接受领导，俾每一角落共庆新生"，在感情方面有些细微差异。

包尔汉对中共及其领袖毛泽东的感情，一点也不亚于阿合买提江，只是他还有一个"鼎力促进"的任务，所以处理问题、表达感情才相对节制一些，理性一些。三区的那几位领导人不一样，他们的兴奋是气势磅礴的，仿佛一枚炸弹，想怎么爆炸就怎么爆炸，想什么时候爆炸就什么时候爆炸，而且由于三区革命本身与苏联的关系及中国共产党的新生政权当时与苏联的关系，阿合买提江们总希望这份双料的幸福，能通过他们串糖葫芦似的联系，变得更加耐人寻味。从这个意义上看，他们赴京参加全国政协筹备会执意取道苏联经满洲里到北京，就不是什么奇怪的事了。

想不到这就意外地酿成了大祸。当阿合买提江等人到达苏联阿拉木图准备坐飞机去满洲里时，偏偏遇上连续几天的恶劣气候。一边是飞机无法上天，需作遥遥无期的等待；一边是急如星火巴不得一步跨到北京的期冀，致使阿合买提江等人产生失去理智的"强烈要求"，机场负责人冒险签字起飞。结果，飞机升空没走多远，就一头撞在贝加尔湖岸的高山上……

三区集团几乎丧失了所有重要领导，赛福鼎得以浮出海面。他被定为新的代表，再赴北京，并在后来进入国家政权的核心。

受打击最大的是包尔汉。他简直不能相信这是事实，顿时头晕目眩、站立不稳。在此后进行到起义工作的每一个细节，都对他构成无形的刺激——他无法在幸福时刻拥抱自己的友情，因而这幸福对于他个人，就多出一份难于言表的苦涩滋味了！

突然的变故让包尔汉平静了许多，但同时，他也不愿意这次行动变得太拖沓。然而陶峙岳却让刘孟纯过来商议，希望由军队提前一天宣布起义通电，以稳定人心，然后才是政府通电。

军队还得等，障碍就是那三个"凶神"。日子变得细若琴弦，每一分钟都余音缭绕。

终于，叶、罗、马迟迟等不到飞赴重庆的飞机，不得不各找门路。罗恕人、马呈祥和刘汉东三人于9月24日午后离开了迪化；第二天凌晨，叶成及其夫人带着驻焉耆的那个钟祖荫旅长，也由南疆飞往印度。陶峙岳的忍受力拉到了极限，起义通电当天即发！于是9月25日这一天在新疆的所有典籍中定格。

无论今后还将会发生些什么，但此时此刻所有的人都在悉心倾听：

毛主席，朱总司令，彭副总司令，人民革命军事委员会，并请转人民解放军各野战军司令员，政委，及中国人民政治协商会议第一届大会诸代表均鉴：

我驻新疆将士三四年来，秉承张治中将军之贤明领导，拥护对内和平、对外亲苏之政策，执行保卫国家、爱护人民的任务，兢业从事，始终如一。自张将军离开西北，关内局势改观。新省远在边陲，各族人民无不殷切期望遵循张将军之一贯主张，确保地方的安定。而张将军复备至关垂，责以革命大义，嘱全军将士迅速归向人民民主阵营，俾对国家有所贡献。峙岳等分属军人，苟有利于国家人民，对个人之毁誉荣辱，早置之度外。现值中国人民政治协商会议第一届大会正举行集会，举国人民所殷切期望成之中华人民共和国即将诞生，新中国已步入和平建设之光明大道。新疆为中国之行省，驻新疆部队为国家戍边之武力，对国家独立、自由、繁荣、昌盛之前途，自必致其热切之期望，深愿为人民革命事业之彻底完成，尽其应尽之努力。峙岳等谨率全军将士，郑重宣布：自即日起，与广州政府断绝关系，竭诚接受毛主席之八项和平声明与国内和平协定。全军驻守原防，维持地方秩序，听候人民革命军事委员会及人民解放军总部之命令。谨此电闻，敬候指示。

新疆省警备总司令陶峙岳，副总司令兼整编四十二师师长赵锡光，整编骑一师师长莫我若、旅长李祖唐、田子梅、韩荣福、郭金梁、朱鸣刚、罗汝正、刘枚元、杨延英、马平林同叩

当晚新疆一片沉寂。迪化城头连花针落地也听得清，只有远郊的乡村似有细弱琴声，时断时连……

9月26日上午，包尔汉在省政府召集省府委员的紧急会议，讨论通过政府起义通电，并立即发出：

毛主席、朱总司令、彭副总司令、人民革命军事委员会，中国人民政治协商会议第一届大会均鉴：

新疆自从1946年7月1日，根据和平条款，组织了各族人民代表的民族联合政府以后，一向在张治中将军领导之下，推行全省人民所一致拥护的和平统一民主团结政策。三年多以来，因为国

内政局的影响，特别是因为国民党反动派的阻挠，不能圆满达成任务，但由于全省各族人民的支援，以及伟大的友邦鼓励，新省终于能够保持和平安定的局面。即在张治中将军为全国和平运动而离开西北，国内反动势力继续顽固挣扎的时候，本省仍然为维持和平、争取和平，而尽其最大的努力。我们深刻了解，新疆人民的唯一愿望，是在统一独立自由民主祖国的扶助之下，才能完成富强康乐的新新疆的建设，更进而为全国和平建设贡献其力量。现在中国人民政治协商会议第一届大会已经召开，一个统一独立自由民主的新民主主义中华人民共和国的诞生，就在目前。全国人民，都为这有史以来伟大工程的奠基而欢欣鼓舞。新疆全省人民，对于新中国的诞生，尤其感觉兴奋。我们现在代表新疆省政府和全省各族同胞郑重宣布：自即日起，和广州反动政府断绝关系，竭诚接受毛主席的八项和平声明和国内和平协定，并将省政府改组为新疆省临时人民政府，暂时维持全省政务，听候中央人民政府的命令。同时特邀留在伊宁的省委们回到迪化，共同合作。深信本省在中国共产党和伟大领袖毛主席的英明领导之下，必能迅速地走上光明灿烂的和平建设大道。谨此电陈，敬候指示。

新疆省政府主席包尔汉，委员刘孟纯、屈武、刘效黎、陈方伯、刘永祥、白文昱、刘德恩、尔德尼、钟棣华同叩

这封电报措辞之时髦，是前一封陶峙岳的电报所无法比拟的。而且紧随其后，包尔汉又给毛泽东个人发报，表达三层意思：一是对毛泽东的上封复电“瞩望殷切，深感雅爱”；二是与广州反动政府脱离关系后，既“群情振奋，欢腾达晚”，又感到茫然，“敬恳多加指示”；三是“邓力群同志与尔汉相处甚得”。

在9月27日全省庆祝解放大会上，包尔汉再次发表长篇讲话。邓力群也代表中央讲话。陶峙岳没讲话，据包尔汉说：“本来要请陶将军讲话的，后来因故未讲。”

四、天山不平静

新疆枪案迭起英雄气短，酒泉将帅初会儿女情长

陶峙岳的心事只有他自己知道。

五个月前，陶特意将妻子周庆仪及子女从湖南老家接出来，安顿在重庆。当时这样做，或多或少存有用心。一则那时的重庆还是个相对比较“安全”的“后方”城市；二则以重庆的历史和现实地位而言，把眷属安置在那里也可以向同僚明示心迹。

形势的发展实在令人难以逆料。短短五个月光阴，这个世界上发生了多少事情！有时，陶峙岳对镜自顾，竟然觉得有点认不出自己来了。

终于走到通电起义这一步，妻子儿女在重庆杳无音信。每有西南方面的战报传来，陶峙岳免不了心头一揪一揪地难受。丢开战火不说，按国民党惯例，少不了要把文章做到株连九族的地步。这一点，他从胡宗南恶狠狠的责骂中已能见出端倪。要知道，蒋介石此时的大本营就扎在重庆，假如想在他陶峙岳头上玩点什么把戏，简直易如反掌。比方说通过“军统”的人将他的眷属挟持到台湾……这在过去几个月里，是有很多先例的。

人非草木，孰能无情。而况陶峙岳与妻子周庆仪又是一对难得的恩爱夫妻。他们虽然遵循“父母之命，媒妁之言”的旧规矩走到一起，“但婚后却逐步建立了深厚的感情”（陶自述语）。陶峙岳当年能从家乡火龙洲安逸的生活环境中走出来闯荡天下，就是因为妻子周庆仪的全力支持。长期的戎马生涯中，他们真正达到了“两情若是久长时，又岂在朝朝暮暮”的境界。

刻骨的牵挂，常常使陶峙岳将军从睡梦中乍然惊醒……

当然，该走的路还得一步一步往前赶。起义通电发出之后，按计划，

陶峙岳还得签发一份《告全疆将士书》，以稳定军心。剩下的事情似乎就是等待，等待10天后前往酒泉与彭德怀、王震会面，具体商谈部队改编的细节。

可事情并不能尽如人意。这期间的新疆，既有艳日高照，亦有浊浪排空，叫人没有一刻能够心安。

总体上说，老百姓大多沉浸在欢乐之中。连日的迪化，庆祝大会开了一个又一个。漫天的标语，让大街小巷充满激动人心的憧憬。三区集团根据地伊宁更是欣喜若狂，3万军民载歌载舞，满城心花怒放。民族军已投入对解放军入疆部队实质性的迎接工作。他们出动了所有汽车，拉来500万公斤的粮食、40万公斤汽油、4万公斤机油等一大批物资，浩浩荡荡送到迪化。

这份喜悦，自然是那些等待改编的国民党起义部队所不可能有的。他们只是莫名的恐慌、愤慨、烦躁和怨恨，军营里成天牢骚满腹，叫骂不绝。而且，这些情绪越来越升级。

正好，那些别有用心的人有了可乘之机。与欢乐的气氛相对应，社会另一面——混乱和动荡也达到高潮。特别是天黑以后，经常可以听到零星的枪声，子弹“嗖——嗖——”满天飞，陶峙岳东门外的住宅房顶上、墙壁上，到处留下了弹痕，吓得副官张全有夜夜合不上眼。

陶峙岳心头那块石头压得他喘不过气来。一方面连电曾震五，希望转告彭德怀，赶紧把解放军开进来，否则就顶不住了，后果不堪设想；另一方面从9月28日起，亲自到各部队召集官兵“讲话”。可那么多部队、那么大的地域，到处火苗呼呼直蹿，他一双手东扑西扑，尽管连讲话时被士兵砸掉麦克风也不在乎，但最终毕竟心与力违，还是顾此失彼，不能面面俱到，骚乱事件仍旧一件接着一件发生了。

最早的凶讯是在9月27日深夜，哈密驻军一七八旅旅长刘抡元报告，所属五三三团官兵。几乎全部出动抢银行了！这可了不得，哈密银行封存有当初从国民党中央银行兰州分行转运来的9700多两黄金和数万两银圆，一旦抢劫得手，那将是撼世大案！

陶峙岳下死命令，无论采取什么措施，也要坚决予以制止。可是，不等刘抡元旅长把“措施”拿出来，哈密银行的金库已经空荡荡不见一物。士兵们为了装腰包，把机关枪、大炮全部用上了，从深夜一直打到天明，整个哈密成了一片火海。

哈密余火未熄，呼图壁驻军一七九旅五三六团又传来消息，说该团有个叫刘少农的连长，对起义极端不满，竟开枪打死营长李明海，裹胁了几十个士兵往迪化方向逃跑。

陶峙岳拍着桌子急吼：“赶快追啊，还愣个什么呀？那个连长哪里追到哪里枪毙！”

骑一师师长韩有文结结巴巴：“罗、罗汝正旅长已经派骑兵……”

“叫罗汝正亲自去追！”陶峙岳哑着嗓子喊了声，又竭力把口气缓和下来，“对那些跟着瞎跑的士兵，务必晓以大义、好言相抚……”

事情过了一天才有个结果，总算把被裹挟的那几十个兵追下来了。一口气还没来得及松，驻守在库车的六十五旅旅长李祖唐忽又电告，该旅汽车团副团长郭壁田，也拉着一伙人抢银行、抢商店，并且到处杀人放火。所到之处，连老百姓的马都不放过，还有许多外团士兵也跟着下手，最后抢到县长丁立南家，有个副班长见丁的女儿长得不错，就借着一股邪劲把她给强奸了。

就在这个六十五旅，还有一个驻吐鲁番的一九四团，一名叫李先锋的营长居然用汽车拉走两个连，幸亏半路上遇到驻在焉耆的一二八旅部队拼命堵击，才没有走成。

诸如此类的事在其他地区驻军中也时有发生。鄯善驻军一九四团甚至发展到打死欢迎解放军的县长，在路口架起机关枪，准备同入疆解放军拼个鱼死网破！

陶峙岳白天一边苦口婆心喊哑了嗓门；一边下令，凡聚众抢劫的首恶，强奸犯及企图阻抗解放军入疆者，不管他是谁，立即枪毙！晚上，他就抱着那颗伤痕累累的心，一分一秒地数日子。

好不容易熬到10月5日，陶峙岳与郝家骏二人按计划同赴酒泉。7日，同彭德怀、王震见面。这中间的两天，他用来与曾震五、彭铭鼎、贺新民等这些人做预备性的会谈，以便适应一下，有个心理准备。他自己也说不明白，对彭德怀这位据说非常平易近人的湖南同乡，为什么竟会有那么一丝丝怯意。

在此之前，陶峙岳对彭德怀、王震二人的了解，仅限于战绩罢了。对他们统领部队方面的认识，也只是停留在想象上。至于为人处世，当然就更谈不上。所以在见面之初，那种发自内心的惴惴不安，怎么也挥之不去。直到彭德怀开口说第一句话，陶峙岳才突然间如释重负。

彭德怀郑重地说：“陶将军，有件事情我要先告诉你。”

陶峙岳专注地睁大眼睛，不知彭要说什么。

“你的家小，我们已经安排好了。给你先报个平安，请你放心。”

“这、这……”陶峙岳简直不知该说什么才好。这消息太出乎他的预料了。

王震微笑着在一旁补充道：“在你们起义通电之前，彭总就专门与我入川部队联系指示，要他们务必派人到重庆找到你的家属，把尊夫人和孩子们接出来。谁知道尊夫人带着孩子躲到重庆乡下去了，我们派去的同志费了好大周折才找到他们。现在早就接到兰州了，一切安好，你就放一百个心吧！”

百感交集的陶峙岳大喜过望，一块心病烟消云散。他重新伸出双手，紧紧握住彭德怀，对眼前这个朴朴实实的湘湖子弟油然而生敬意。这种“极其良好而深刻的印象”，就在那一刻扎进了他的脑子里，一生都无法抹去。

谈话就从这里开始，如同滔滔江河，一泻无余。

彭德怀敞开了笑脸，那份诚恳让人恨不能立马扒开自己的胸膛。他向陶峙岳一一介绍了参加会谈的王震、许光达、甘泗淇等人，然后笑着招呼道：“陶将军，你请坐嘛。你们起义，对中国革命有功。我们现在是朋友了。今后我们就在一块共事，不要有什么顾虑，你可以放手大胆工作，把部队带好，把新疆的事搞好。有么子困难，我们大家一块想法子解决，商量着办嘛！”

陶峙岳眼里遏制不住涌出　意。他开怀地笑道：“有什么困难？现在，我什么困难也不怕了！”

陶峙岳昭告起义将士，王恩茂笑谈戈壁大漠

战车团团长胡鉴是解放军一野第一个同包尔汉在新疆握手的人。其时，战车团刚到乌拉拜，离乌鲁木齐还有一段路，包尔汉带着欢迎队伍早就等在这里。他和胡团长握了手，又爬到战车上，高高地站在车顶致欢迎词。他说：“直到今天，新疆才算真正地解放了！”说着，泪水夺眶而出。

隆隆的战车正午时分徐徐开进古城迪化，指战员们远远就能听到震天动地的欢呼声和响彻云霄的鼓乐。街道上到处飘扬着彩旗，彩车在前面缓缓引路，车上的喇叭高声播放着嘹亮的《国际歌》和《大路歌》。赠送慰问品的人们涌上来了，各式各样的慰问品雪片似的抛向战车，献花、献茶、献酒……维吾尔等各族青少年们纷纷爬上战车，得意扬扬地同解放军战士坐在一起，从南梁街口到东门外的部队驻地营房，十里长街，人山人海……

继战车团之后，连续十几天，王震指挥人民解放军二、六两军部队，由酒泉、玉门、安西陆续开进新疆，按照二军到南疆、六军在北疆的大体划分，进驻东、西、南、北各点。

陶峙岳这时才将那份费尽心机的《告全疆将士书》发布下去。

这是个针对性很强的文件，它希望做到既明辨“是非”，又晓以“利害”，尤其是后者，陶指出：“我们新疆的军队虽号称十万，但只能用到点上，彼此不能支援。何况从整个军事形势来看，兰州、西宁相继易手，外援早已断绝，退路亦复不通，运输的困难也是每一个袍泽都知道的，在这种情况下，我们能不能作战呢？”

答案是显而易见的。最根本的问题还不在此，在于新疆的地理和民族两大因素，决定了“一切都要运用和平的方式，也就是需要用政治方式来解决”。否则，“十万军队盲目的牺牲和地方秩序的紊乱，人民流离失所及至引起民族仇杀，都是必然的结局”。

陶峙岳以这样一个强有力的论据引出结论：“我们这次和平解放，是保全了国家的元气，拯救了人民，保护了袍泽。再具体地说，我们这次的和平解放，是为了国家人民而主动地争取和平，我们动机是纯洁的，我们的行动是光荣的。”

接着，陶峙岳又历数国民党走向失败的必然性。他指出国民党失败的主要因素是“人心离散，士气不振”。强有力的证据，莫过于在不到一年的时间里，国共之间优劣势的转换。其原因就在于“以往政府的措施违背了三民主义，违背了人民的利益。官僚对人民压迫，贪污成了普遍现象，使绝大多数的人民辗转呻吟于水深火热之中”。

谈到共产党，陶峙岳说：“以往的宣传确有错误，知道他们的内容实在太少了，就受了一些无稽的诳话的欺骗，把共产党描绘成一个暴戾的集团，动辄就是杀人放火斗争清算。我这次到酒泉，与人民解放军副总司令彭德怀将军会谈了三天三夜，并且参观了驻在酒泉的人民解放军，证明了过去我们完全是受了反动宣传的蒙蔽。这次由兰州、西宁逃来的各界人士，现在都很安全地返回原地，没有一个不是恍然大悟的。彭将军并特别指明这次新疆的起义，他很欣慰。新的战士，将永远获得无上的光荣。至于人民解放军开驻新疆，完全是因国防和新疆的建设需要，不是来解决任何部队，对我们只有合作，绝无其他恶意。他们虽然有两个军（缺一师）一个炮兵团，一个战车营的兵力，但他们大部分的兵力（约三个师）驻在南疆，这就已经明白看出完全为了国防需要。并且从前所谓三区与七区的对立状态，也因此自然得到解决，新疆以后就成为真正的统一的省份了。”

这篇《告全疆将士书》也是陶峙岳自己的人生告白。直到此刻，陶峙岳才算真正地起义了！我们不难看出他的灵魂深处正在发生着变化。这种变化对新疆十万国民党部队的改造，有着巨大的影响。

根据“按实际人数，有一团即编一团，以编足为准”的原则，改编工作已着手展开。中央军委决定将新疆起义部队改编为中国人民解放军第二十二兵团，进入第一野战军的编制序列。彭德怀指示，由一兵团抽调部分干部充实起义部队的各级领导，原则上老部队一个师负责编配一个起义师，有点像后来人们总结出来的“政治帮对”“一帮一、一对红”的味道。

这是二、六两军进疆之后头一项挠头的任务。部队长途跋涉陆续到地方了，面对的是民族地区，驻地分散，还要改编别人，改造别人，因而“个顶个”的自身过硬问题，就显得格外突出。早在河西出发之前，两军都分别召开了军党委扩大会，强调作风，强调入疆之后的各项政策，诸如对待起义部队政策、民族政策、对苏政策等。

彭德怀还提出一个“本位主义”的概念。他把各军的主要领导分别找去，由他和王震、许光达、徐立清、甘泗淇一起谈话，说：“本位主义可不是好东西，近来有点发展，么子道理呢？就因为今年的思想比去年放松了，埋头行军打仗，又没得休整。现在，战争基本上结束了，就将转入和平生产建设时期，松一点的思想容易产生。所以，我们必须注意反对本位主义，保证政策纪律的执行。有那么一种人，嘴上也喊反对本位主义，可是，看见人家搞了东西，自己没搞到，就反对人家的本位主义。要是自己把东西搞到了，就不会反对了。这种人反本位主义，自己比本位主义还坏！”

彭德怀这一“锤”敲得恰到好处。当时摆在各部队面前的局面极其复杂。新疆之大、情形之乱，是尚未入疆的指战员们难以想象的。任务轻重、驻地远近及其条件的好坏，还有物资保障方面等，都是问题。别的不说，仅仅是“生存”二字，就得要比内地多费多少脑筋。

相比较而言，去往南疆的二军更为艰难一些。这种艰难，首先从长途跋涉开始。许多工作都是在行军途中一边走一边做的。

酒泉出发时，部队情绪还是颇为兴奋的，物资上多一点少一点，谁也都不太计较。四天之后到达鄯善，听说起义部队有人刚刚把欢迎解放军的一个县长打死了，大家一下子警觉起来。又过了三天，先头到达巴音郭楞蒙古自治州北部的和硕、焉耆，上级突然宣布，因为汽车有限，汽油、机油困难，部队要准备沿着塔里木河一步一步走到阿克苏！干部战士去掉四个轮子，这才初步尝到一点新疆的滋味。

新疆太大了！月前王震带二军从西宁告别一军，攀越祁连山到河西，那么艰难，走起来也只有几天的事。好家伙，跑到新疆这一走就是十几天，还坐着大卡车呢！现在要改徒步，平均每天走80里以上，没有20天也到不了阿克苏。太阳下山时，就有战士悄悄地问：“妈呀，这还在新疆吗？”

此时关内也不过农历重阳节前后，可新疆已是零下二三十摄氏度了，鹅毛大雪满天飞。茫茫戈壁，风沙夹着积雪，弥漫一片。瞅着天色昏暗时，指挥员把手往某个小沙丘旁边一指，说：“宿营吧！”部队就盘开了。战士们顶着风雪架帐篷，谈不上洗脸洗脚，抄把雪擦擦就完事了。老棉袄不脱，皮帽子也不摘，怀里抱支枪倒头便睡。随便什么时候，觉得肚子饿了，就到帐篷外面抓把雪，咽几口干粮……

深夜冷得睡不着觉，老兵和新兵悄悄地聊开了。

“喂，光听人叫新江（疆）新江（疆），走这么远的路咋就见不着江呢，净是沙子呀！”

“嗨，这还叫沙子？才沾着沙子的一点皮毛哩。你没听人家拉骆驼的老乡说，前边有个塔克拉玛干沙漠，擦着边也得走个把月，人就根本走不过去！”

“那……到阿克苏就算到了地点了吧？”

“早着呢，到了阿克苏，才只走掉一小半的路程，离南疆还有千把里！”

“天！这老远的，咱将来咋回家呀……”

部队越走越沉重。四师要求解决110辆汽车加速行程，以便快到驻地，稳定思想。可是，当时的实际保障能力有限，能解决50辆车就算不错了。缺口相差太大，下面工作不好做，思想上有些别扭。

军党委会上，郭鹏军长说：“你要110辆车，我手头只有50辆的本钱，怎么办？我们初到新疆，什么都没有，就是脚底下有路。现在哪个单位都需要车，六军就不需要车？到北疆阿勒泰不比我们近多少。听说阿勒泰山区和伊犁河谷温度比这里低得多。平均积雪一米以上，战士们武器、干粮、饮水烧柴都背在身上，怎么走啊？人家一天还在百里以上……这个坎子上，我们二军再不能给王司令添麻烦。我们有困难，关起门来自己克服，谁也不许跑到王司令哪里去叫，他眼下的担子重得很！”

在对待困难问题上，二、六两军都奉行“关门”政策。这一来，王震显得省力气多了，陶峙岳所钦羡的那种“指挥若定”也就自然而然表现出来。为此，陶曾兴致勃勃地写了一首诗，题目叫《迎王震将军入疆》。诗中吟道：“将军谈笑指天山，便引春风度玉关。绝漠红旗招展处，壶浆相迎尽开颜。”陶峙岳只知“解放军军威之盛”和王震的“谈笑指天山”，而对这种力量的来源，当时恐怕还不能深解。

二军五师十五团到达阿克苏之后，突然接到上级通报，说南疆的边城和田，又有人在那里搞政治分裂，重弹“泛土耳其”的老调。郭鹏军长和王恩茂政委命令他们以最快速度赶赴和田，控制局面。

部队完全乘汽车赶赴目的地，自然是不可能的。从阿克苏到和田，通常有3种选择，完全走大路绕行比较安全，但是太远；走大路抄小道既有风险，又比较远；最近的捷径，就是彻底冒险穿越塔克拉玛干大沙漠，它可以比按部就班地走大路，抄近三分之一的路程。可是，“塔克拉玛干”的汉语意思是“进去出不来”呀！连欧洲人都知道它是个“死亡之海”，过去从来没人活着穿越过去的记录，号称“探险家”的那些老外们，大老远跑来，也都望“海”兴叹。部队保障条件这么差，开进去，行吗？

“怎么不行？”王恩茂站在队前挥舞着拳头说：“它比过雪山草地还危险吗？外国探险家能跟我们人民解放军比吗？”

十五团副团长贡子云和副政委黄诚，领着全团指战员齐声高答：“不能比！”

“出发！”王恩茂大手一挥，这个原三五九旅的老七一九团指战员们，就打着那面弹痕累累的红旗，顶风冒雪向塔克拉玛干挺进了。部队上路士气高昂，一路走一路高唱战歌，就是王震当初在青海所作的那首歌：“白雪罩祁连，乌云盖山巅，草原秋风狂，凯歌进新疆！”

这是1949年11月28日，历史记住了这个英勇无畏的时刻。

“民族军”终成正果，起义军脱胎换骨

第一野战军二军五师师长徐国贤和政委李铨向十五团下达命令时，心里也扑通扑通敲着小鼓。不管怎么说，匆忙决定横穿塔克拉玛干，也是一种十足冒险的举措。毕竟千百年来从没有先例呀！

但是，和田的叛乱来势很不一般，是迪化、兰州、西宁三地逃敌合而为一，武器弹药充足。而且，事情又发生在起义部队与解放军衔接之际，当地群众人心不稳，整个新疆都动荡不安，军也好、民也好，情绪极为敏感，信息传递闪电一般，弄不好就滚雪球似的爆发起来，酿成全疆的一个大气候。事关解放军给新疆人民的第一印象，能否镇得住，不能马虎。所以接到命令之后，团长蒋玉和就带着小分队，即刻乘汽车经喀什、莎车、皮山、墨玉等地,先行赶往和田稳定局面。

大部队出发时，郭鹏和王恩茂亲自赶到现场做政治动员。

郭鹏说：“王胡子的脾气你们都晓得，对敌人要狠，不下手则罢，下手就要来绝的，让你们横穿塔克拉玛干大沙漠，是经他批准的！他让我转告同志们，我们就是要跟敌人拼命。只有拼下这条命跟敌人干，才能赢得新疆人民的信任！”

说是“拼命”一点不假。十五团出发三天之后，穿过了一片胡杨林，又在干涸的湖泊中消耗掉十几个小时，到12月5日，主力部队1800多名指战员，在代政委黄诚、副团长贡子云和参谋长白纯史的率领下，这才终于进入到浩瀚的沙海边缘。

这是名副其实的生命禁区。鸟兽绝迹，看不见一丝绿色，除了沙梁还是沙梁，根本没有道路，部队只能靠指南针一点一点往前摸索。

太阳从沙海中颤动着跳起来了，脚下开始慢慢升温。到中午时，整个沙海如同一锅烧开的滚水，人马浸在其中，几乎就要煮熟了！

一整天见不到一滴水、吃不到一顿饭的情况已不新鲜，指战员们嘴唇肿了裂、裂了肿，个个都是血肉模糊地凝出两块大疙瘩。体质稍稍弱一些的人，早在五天内就通通倒下了！正常情况下，每天都有十几位、甚至几十位烈士静静地留在沙漠中……

流沙和风暴说来就来。宿营时，常常狂风骤起。眨眼之间，铺天盖地的沙石把床单搭起的帐篷吹得无影无踪。这种时候，指战员们就从沙土中

钻出来，互相紧紧地拉着手，弓着腰、埋着头，迎着风沙一步一步往前迈进。一旦有人不小心脱开手或滚到沙梁下边，立刻便被埋了进去！

流沙是专门为沙漠中的冒险者堆积坟墓的。然而，十五团指战员们却都凭着众志成城的精神和毅力，硬是从坟墓中走了出来。当他们刚刚顺利到达距和田尚有200公里的西尔库勒时，便接到蒋玉和团长急星火燎的电报，说敌人准备一两天内“血洗和田”，命部队飞兵奇袭，坚决粉碎敌人的阴谋。

贡子云和黄诚把全团集合起来，所有乘马集中在队前，开始点名。点到名的人上马，一个名一个名地点下来，一支精干的骑兵分队就组成了。贡子云副团长打头，往马上一跳，说：“革命就要革在节骨眼上，谁要是觉得自己顶不住，现在下去还来得及……”

话没说完，没点到名的一大群战士，“呼啦”一下拥上来抢任务。贡子云看看马背上的战士们，一个个横眉立目，谁也不含糊，扬鞭就高喊一声：“好，都是好样儿的，跟我出发！”

这支小分队日夜兼程，飞也似的直扑和田。他们闪电般的出击，给叛乱分子以措手不及的打击，成功地实现了“王胡子”的意图：一网打尽，不留后患。

前后18天内，行程790公里，十五团指战员徒步横穿“死亡之海”塔克拉玛干大沙漠，绝招制胜，粉碎了敌人叛乱的阴谋。这场世界级的搏命战术，让彭德怀大受感动。十五团刚把和田收拾清楚，就接到彭德怀和习仲勋联名打来的祝贺电报，称十五团“创造了史无前例的进军纪录”。顿时，所有的牺牲、疲劳立刻无影无踪，整个边城一片欢腾，嘹亮的战歌响彻云霄。

在二军围绕着塔克拉玛干大沙漠新闻迭起的这些日子里，罗元发和张贤约所率六军也在哈密拉开了一个大场面——组织人民解放军历史上规模空前的空运和车运。十六、十七两师的所有人员、物资（包括骡马），基本上都是从空中运到哈密和迪化的。1033个架次的飞机，在将近三个月时间内，穿梭于河西与北疆之间。到1949年12月底，六军的12446人、2027匹骡马和骆驼以及十几万公斤的物资，便全部抵达哈密、镇西、奇台、吐鲁番、鄯善、迪化、绥来、古牧等地区。

其时，南疆、北疆各主要驻点的部队，已基本到位，特别是标志着全疆在握的三个控制点喀什、伊宁和迪化，都建立起巩固的关防体系，通信联络畅通，同起义部队的边防交接也进行得非常顺利。剩下的两块骨头，一是进军阿山，一是遵照毛泽东“你们进军的任务，包括出兵西藏，解放藏北”的指示，攀越喀喇昆仑山，进军西藏阿里地区，都正在积极准备中。

王震早在11月6日就率领一兵团前指，由酒泉飞抵迪化。十几天后，彭德怀、张治中和贾拓夫，也从兰州飞过来了。领导同志们决定，在乌鲁木齐搞一次由人民解放军一兵团、民族军和起义部队共同组织的“三军”联合入城仪式，时间定在12月9日。

这天上午，彭德怀和张治中及王震、包尔汉、陶峙岳、刘孟纯、赛福鼎、曲武、陶晋初等人，登上乌鲁木齐南大街商业银行大楼的阳台，检阅部队。

“三军”入城式开始。中国人民解放军战车团由东门进城；三区民族军由西门以八路纵队入城；起义部队选派骑兵自北门跃马而入。顿时，音乐、锣鼓、鲜花、彩带飞满大街，看热闹的各族群众挤得街路两旁水泄不通。“三军”竞相抖起威风，各展雄姿，按规定，都从“大十字”转向南去，经过“检阅台”前出南门，去往南梁。

当夜，免不了有一场盛大的欢迎晚会，地点就在风云际会的西大楼。包尔汉考虑得非常周到，各族各界的头面人物都邀请到了，代表们来自方方面面，场面搞得相当有气氛。

宴会之后才是晚会，节目分两大块，先表演新疆各民族歌舞，接着演出郭沫若的名剧《棠棣之花》。为表演这个戏，包尔汉还专门跟郭沫若取得了联系，亲自挑选新疆的名演员担纲，并在演出前广泛散发了汉、维、蒙、哈等多种文字的剧情说明书，效果相当好。连平常不怎么爱看戏的彭德怀，也跟着剧情三番五次地拍巴掌，连说：“安排得不错，很不错！”

张治中自始至终心里暖呼呼的，眼里含着一股热意。看到新疆能有今天，真是酸甜苦辣、五味俱全。演出间隙，他叹了一口气，对身边的彭德怀和包尔汉说：“我来新疆做了一件错事，对不起新疆人民，我不该把麦斯伍德这个人扶持起来，造成了同三区民族革命运动联合局面的破裂……”

彭德怀笑道：“人又不是神仙，哪个没得错误哟。新疆如果不是你奠定大局，哪里能有这么便当！你的功劳大于过失嘛，而且大了很多。新疆人民会记住你的！”

这话是公正的，它出自彭德怀的口，张治中极为在乎。他顿觉通体舒泰，眼前花团锦簇春光无限，下边的戏越听越有滋味。

一个星期后的12月17日，二军十五团还在大沙漠中向和田奔袭，新疆军区和新疆省人民政府即宣告成立。军区司令员和政委由彭德怀兼任，王震任第一副司令员（后为代司令员），陶峙岳任第二副司令员，赛福鼎任第三副司令员；张希钦任第一参谋长，曾震五任第二参谋长；徐立清任政治部主任，曾涤、哈提诺夫当副主任。新疆省人民政府主席仍由包尔汉担任，高锦纯、赛福鼎任副主席。王震入疆时，中共中央新疆分局就已经成立。在分局领导下，对省政府机关成员也进行了改组，增加和调整了一些省府成员。邓力群被任命为宣传部长兼省政府外交办公室处长。

12月20日，中央人民政府人民革命军事委员会发布命令，将新疆三区民族军改编为中国人民解放军第五军。毛泽东以中央军委主席的名义任命第五军领导成员：军长法铁依·伊凡诺维奇·列斯肯，副军长兼参谋长伊斯哈可夫·马尔果夫，副政委曹达诺夫·扎依尔，政治部主任奴尔也夫·巴吾东。列斯肯和马尔果夫二位，都是苏联人，列斯肯在1953年经组织批准去苏治病，再也没有回来；马尔果夫是1960年批准回国的。他们为民族军早期的建设，付出了辛劳和智慧，历史上功不可没。

第五军下辖两个步兵师（每师辖三个团）和两个独立骑兵团。步兵第十三师师长买买提依明·伊敏诺夫，师辖三十七、三十八、三十九三个团和一个炮兵营；步兵第十四师师长是阿里木坚诺夫·乌拉拜音，师辖四十、四十一、四十二团和一个炮兵营。军直属部队除独立骑兵一、二两团外，还有城防营、战斗营、后备队、警卫连、教导营、医院等单位。

第五军的组织建设有一个充实提高的问题。1950年初，新疆分局和军区党委决定，从一兵团抽调一批老同志支援过来。二军副军长顿星云首当其冲，调到第五军当政治委员；四师政治部主任李恽和调任五军政治部副主任；马洪山任十三师政委，胡政任十四师政委。

1950年1月10日，在伊宁组织授军旗仪式后，中共第五军和所属各师的党委，也建立起来了。这支在民族革命基础上创立起来的人民军队，从此踏上新途。

与第五军整编命令宣布的同一天，中共中央军委关于国民党起义部队改编为中国人民解放军第二十二兵团的命令也宣布了。新疆军区对二十二兵团团以上干部的任命亦同时宣布。陶峙岳为二十二兵团司令员，王震兼任政委，原四十二师师长赵锡光任副司令员，六军政治部主任饶正锡任副政治委员，参谋长还是陶晋初，二军五师政委李铨调任政治部主任。

兵团下辖一个军和两个直属骑兵师。军的番号为第九军，司令部及直属队由原整编第四十二师的司令部及直属队组成，驻地在景化。军长由赵锡光兼任，二军六师师长张仲瀚调任政委。第一副军长王根僧，第二副军长陈德法，李祖堂为参谋长，副参谋长曾文思。

九军下辖三个师，二十五师由一七八旅、一七九旅、边卡第一大队及边卡瓜化第一大队组成，驻地在迪化。师长是刘振世，六师副政委贺振新调任副政委。第一副师长杨延英，第二副师长陈海洲，参谋长李雪谷，政治部主任刘一村；二十六师由整七十八师师直二二七旅和一七八旅骑兵团组成，驻绥来、景化两地。师长罗汝正、政委王季龙。第一副师长高戌光，第二副师长周茂，参谋长熊略，政治部主任鱼正东；二十七师原由六十五旅、一二八旅组成，驻焉耆、库车、阿克苏。师长陈俊、政委龙炳初，第一副师长文升桥，第二副师长韩际隆，参谋长李存忠，政治部主任傅志华。

兵团直属骑兵第七师，由原来的骑一师整编而成。师长仍为韩有文，政委于春山。第一副师长韩荣福，第二副师长郭全梁，第三副师长马全吉，参谋长李纲，政治部主任杨贯之；直属骑八师由原骑四旅、骑九旅组成，驻莎车。师长马平林，政委张献奎，第一副师长李朝弼，第二副师长刘抡元，参谋长祝元开，政治部主任杨烈光。

对二十二兵团的思想改造和组织改编是同步展开的。改编中，王震即从一兵团的二、六两军抽出1070名干部、153名战士和600多名参军的学生，充实到各部队中间。他们中间有945人是中共党员，依靠这批人在部队中迅速建立起党、团组织，而取缔原有的国民党和三青团组织，一下子把部队的“血”给换过来了。

第一野战军的拿手好戏新式整军运动派上了用场。从1950年2月兵团各级党组织建立起来之后，王震就在二十二兵团广泛开展以划清阶级界限为中心的民主诉苦运动和阶级教育，回忆对比一搞，阶级觉悟起来了，再把《白毛女》《血泪仇》《九件衣》这样一些剧目演上几遍，士兵们的情绪也就上来了，从挖暗藏的“特务分子”“反动党团骨干”“封建帮会头子”到挑自己灵魂深处的“半条心”思想，人人争先恐后，几个回合下来，部队里里外外焕然一新。然后，诸如尊干爱兵、拥政爱民、三大纪律八项注意等教育，就水到渠成了。

最难办的当然是军官。根据一军在西宁改造马家军旧军官的经验，搞集训是个好办法。因而新疆军区决定办军政干部学校，把起义部队的政工人员、特工人员以及编余军官1774名，分批集中训练，以使他们“脱胎换骨”。

这不是一件容易的事，往往这边在“脱胎换骨”，那边的纰漏照出不误，而且一出就骇人听闻。军政干部学校首期集训队从1950年1月16日开学，按照一期三个月的计划，到3月初刚好渐入佳境。王震正准备派政治部的笔杆子们去总结经验时，忽从二十二兵团骑七师蹦出一个天字号的消息：该师17个连队的2511名官兵，在迪化地区六个县（市）大举叛乱！

骑一师反心不灭再作乱，马家军劣根难移又生事

二十二兵团整改过程中，王震最担心的就是这个骑七师。道理很简单，他对马家军的秉性太了解了。

第一次与陶峙岳在酒泉谈起部队改编时，王震问陶：“青海过来一个马辅臣和马振武，要找马呈祥说降，不知这件事你知道不知道？”

这件事陶峙岳当然知道。马呈祥后来不再坚持入关与这两个人的出现大有关系。但是，马振武和马辅臣没有把马呈祥劝回青海老家去，差一点还被马呈祥带走了。当时，马呈祥决定朝汗、离开新疆，这在陶峙岳看来

就够了。陶一直认为送走马呈祥是最明智的一着棋。马走后，对于谁来接任骑一师师长这个问题，陶曾颇费思量。最后选定了韩有文。以韩当时的职位与听话的程度，陶峙岳觉得自己这个选择也是明智之举。

听了陶峙岳对骑兵一师情况的介绍，王震许久未置一词。

陶峙岳有点奇怪，便试探性地问："王司令对马家军是怎么看的？"

王震想了想说："以我与马家军打交道的体会看，打马要打头马，降马要以马对马，韩有文这个人能力怎样，我姑且不论，但若是让他来带马家军，我看还不如当初把马呈祥留下来。"

留马呈祥？陶峙岳摇摇头，他觉得王震不了解当时的情形。

王震主张留马呈祥并不是对他有什么期望，而是可为权宜之计。马家军的劣根，王震比陶峙岳体会更深，因而，从毛泽东到彭德怀，提到新疆的起义部队时，都异口同声有这么一说：除马呈祥的骑一师之外，其余部队都可以保留改编。当然这只是说说而已，倘若真的如此处理，乱子恐怕不会等到今天。

总之，骑一师的"反心"并不让人感到奇怪，从陶峙岳宣布通电起义那天起，就已显露出来。韩有文在通电的前一天晚上，曾把团以上军官召集在一起通了个气，尽管话说得极为含蓄，还是被人轰了下去。当时闹得最凶的是两个家伙，一个叫马廷龙，一个叫马祥龠。他们已不止一次扬言：与共产党不共戴天！

打那以后，马廷龙和马祥龠就整天骑在马上，到各个连队窜来窜去，俨然以马呈祥的党羽自居，见到士兵就说："马师长迟早是要回来的，他才是咱们的师长！你们别听陶峙岳他们胡说八道，共产党长不了，大家都沉住气，忍耐一时，只要将来机会成熟，咱们抱成一团，听我的指挥，共产党就不能把咱们怎么样！"

这期间，韩有文也找陶峙岳报告过几次，但每次陶都说："你掌握着，别刺激他们，耐心做些说服工作，晓以利害，坚持一天算一天，等解放军一进新疆，看他们还敢翻天不成。"

一定程度上说，韩有文这个"维持会长"当得还算不错，少不了像过去陶峙岳招待马呈祥那样，隔三差五准备一桌斋饭，把姓马的请来吃吃喝喝，和气一团，好歹让马廷龙、马祥龠二人那股"气""沉"了两三个月。

改编之后，教育改造工作每天都在"刺激"这两匹野马，部队见天就是揭发、受训，特别是谈到西路军的那些往事，马廷龙和马祥龠终于承受不住了。

马廷龙跑到连队跟士兵们说："弟兄们，共产党今天不杀咱们，明天也会杀咱们；明天不杀咱们，后天也会杀！谁愿意在这里等死谁就等吧，死了丢到山谷里喂狼，活该倒霉！谁有种跟我干，拼他娘的鱼死网破……"

马家军的士兵有几个手上没沾解放军的血？一天天的揭发情知躲也躲不过去，加之这些人当兵多半为了吃喝嫖赌，仗着手里有支枪，作威作福的日子过惯了。如今改编为解放军，纪律那么严，又捞不着外快，生活艰苦更是不用说了。有个班副到维吾尔族人的店里摸了几块钢洋，还给了人家还差点被枪毙，有朝一日犯了事死在共产党的枪口下面，还不如……

韩有文师长和于春山政委跑到连队差点就没有活着回来。一见王震，韩有文就结结巴巴报告："这些王八蛋都疯了……疯了……"

王震问："说服教育工作都做了没有？"

"都做了，"于春山说，"有些干部处于观望态度。士兵面前根本无法说话，一开口就起哄，有的还动手打，杨贯之主任被打得鼻青脸肿，不是团里跟去的人拉得快，差点就送了命。"

韩有文补充道："韩荣福副师长也负了伤，趴在地上不能动哩！"

"死了多少人？"王震问。

韩有文瞟一眼于春山，不大敢说。于春山麻着胆子报告："到我们来时，已经有13人了，都是派进去的同志，其中9名干部。"

王震问："他们究竟要干什么？"

"他们要杀……人，要杀……"韩有文讲不利索。

于春山接着说："他们要杀你，杀陶司令员、杀包主席，杀维吾尔族人，杀汉族人；见女人就奸，见商店就抢；他们还扬言先打迪化，再打哈密，还要一直打到关内去……"

王震手里把玩着一支红铅笔，冷冷地笑道："口气倒不小！你们回去，把干部组织起来，分头下去，不要再跟他们讲道理了，就告诉他一句话：叛变和捣乱是没有前途的！"

韩有文不解地望着王震："这……"

"走吧！"于春山在旁边拉了韩一把，双双向王震敬礼出门。韩有文还是不解，追着于春山问："王司令光叫说那话，那管个啥用？马廷龙、马祥翕能听你这个？！"

于春山说："你呀！难道看不出王司令那眼神？他是定下决心了。不相信你等着瞧，出不了一昼夜……"

其实，王震早就成竹在胸。马家军闹事是个定数，只是迟早的问题。它必然会给王震提供这样的机会，走向自取灭亡。

王震走近地图，略事推敲便决定，立即调六军骑兵团、第十七师四十九团、第五军四十团各一个营，加上战车营的一部，兵分四路，向马廷龙、马祥翕起事的昌吉、迪化永丰集、阜康、奇台几个点包围过去。只要叛敌不举手，就坚决消灭！举手投降表示悔改的，仍就给出路，既往不咎，该团结的团结，该教育的教育，不作歧视。

王震把陶峙岳叫过来，把自己的想法和盘托出，然后征询地望着陶，说：“这样处理不算过火吧？”

陶说：“不过火，我完全同意，就补充一条，马廷龙、马祥翕一定要杀！这些人留下来是祸根，秉性难改。”

“你讲得对，”王震说，“最近西北地区几起大的匪患，都是马家军留下的祸根。宁夏有个马绍武，伙同张廷芝、郭栓子这几个人，成立了一个什么‘仁义军’，还设立所谓‘贺兰剿共总部’，在宁夏的同心县五当山、麻黄沟、惠安堡一带，烧杀抢掠，无恶不作，搞得小半个宁夏都乌烟瘴气，几百里地没人敢走路；青海那边，我们的一军最近也给土匪搞得精疲力竭，同样是马家军留下的祸根。马步芳走时丢下了5万人，光校级军官就上千。一军在改造起义军方面做了大量工作，还是不管用。去年11月底12月初，仅大通、门源、湟中、化隆、循化以及西宁附近的叛匪，就达到9股，有8390多人哩；今年1月4日，马步芳新编军的参谋长马忠义和骑兵十四旅旅长马成贤等人，召集了20多名军官，跑到化隆卡里岗开军事会议，成立什么‘新编第八十二军’，由马忠义当军长，横着性子组织暴乱，当地驻军和政府怎么做说服教育工作、怎么搞政治宣传，一概无效。最近又听说甘肃临夏跳出两个漏了网的马家军小头目，一个叫马希统，一个叫马中福。他们纠集了上千人，在甘青边界王家台子搞暴乱。你看看，这都是马家军，所以，你说得对，同马家军交道不能手软，的确要心狠一点，斩草除根，以绝后患！”

陶峙岳频频颔首。他同王震的想法一致，但这些话，似乎由王震说出来更顺当一点。

两人正聊着，参谋长张希钦急匆匆地进来了。自入疆开始，张就一直陷在哈密银行抢劫案的侦破之中，负责追缴赃物。几个月来，他几乎都在北疆的各个驻点上跑来跑去。目前，大部分被抢财物都追回来了，但还有一笔很可观的金银散落到了民间，追缴起来难度相当大。所以，张希钦每天都要和王震个别交流一下看法，或电话联系，或当面汇报。

但是此刻，张希钦的脸色很不一般。

王震急问：“有情况吗？”

张希钦说：“情况很大……叛匪包围了四十六团的一营二连，力量悬殊太大，这个连队已经支持不住了！”

“叛匪有多少人，能不能估一下？”

“好几万！”

王震腾地站起来：“怎么会有那么多人？这绝对不可能！”

“有可能，”陶峙岳说，“但这里面肯定还有别的文章……”

五、最后的追剿

马克南淘汰贾尼木汗，程悦长初识尧乐博斯

哈密银行抢劫案的幕后操纵者不是别人，就是那个堂堂专员尧乐博斯。

在陶峙岳和包尔汉先后通电的前一个星期，万般无奈的尧乐博斯忽然收到境外发来的一封电报，大意是说，消极等待坐以待毙，只能是死路一条，积极行动大展宏图，才有光明的希望。报尾的署名是：向仁志。

尧乐博斯读完电报哈哈大笑，接着就灌了一肚子威士忌，早早地躺下了。但是，等待着他的却仍然是一个不眠的长夜。

天色将明时，尧乐博斯在床上辗转反侧，还是了无睡意。

向仁志曾是英国驻新疆的领事。当年在任时，同尧乐博斯有过一段称兄道弟的光景，两人在一起无话不谈。那时，尧乐博斯的家就是向仁志的家，除了老婆，什么都可以动。甚至有时候，连老婆……尧乐博斯也睁一只眼闭一只眼。吃喝当然是常事。吃饱喝足，向仁志打着饱嗝说：“在新疆，我就服一个人，这个人就是你尧乐博斯先生。你是真正的英雄！像你这样的英雄，即便在英格兰，也不多见。”

尧乐博斯就喜欢听这样的话，当年追随马仲英鞍前马后，他就梦想成为一名赫赫于万人之上的英雄。但是生逢乱世，英雄光是满腹的计谋还不行，还得玩命，生死度外，像马仲英那样，每天不杀十来颗人头晚上就睡不着觉，而自己的脑袋也必须拴在裤腰带上，冒死往前。尧乐博斯后来对这般活法，产生了异议。他把它看作是一种愚蠢和粗俗。他还有一点超凡脱俗的念头，于是便不愿意跟马仲英再往南疆打打杀杀，而是占据一个既得的哈密，过起安居乐业的太平日子。

做到这一点并不容易。尧乐博斯以他的雄心和智谋征服了盛世才，也

征服了吴忠信。但是到了张治中时代，情况变了，尧乐博斯长久地郁郁寡欢。他有种被世人遗忘的感觉，既便当上省府专员，也还是寂寞无主，凄凄惶惶地暗自开放。如此境遇之下，除了终日以酒为伴，还能有什么别的作为？

幸亏来了个麦斯武德，尧乐博斯得救了。正是在这个黄金时间段里，他和向仁志成了至友。通过向仁志，进而结识到美国驻迪化总领事包懋勋和副领事马克南。包和马在1948年就曾同阿山专员乌斯满策划过一个“保卫宗教反苏反共委员会”，特别是马克南，乐此不疲，思想极其活跃，在智商方面和尧乐博斯倒是旗鼓相当、蛮匹配的。但是，尧乐博斯嫌马克南跟乌斯满靠得太近，所以在具体交往中的感情投入方面打了折扣。

尧乐博斯一贯不喜欢乌斯满，觉得乌这个人没有文化，档次太低，始终脱不掉小买卖人的那种土渣渣气味，除了算算小账什么的，没有大出息。而且口碑不好，就知道抢牛抢羊往女人身上爬，整个儿是一头公猪的形象。可尧乐博斯不懂得，这恰是乌斯满让美国领事马克南推崇备至的地方。

马克南之所以对尧乐博斯不大感兴趣，就是因为尧过于狡黠，而且善于变化，说不定什么时候一高兴，就把朋友出卖了。别的不讲，单是彼此见面时他脸上那副足足包着一万个面具的假笑，便让人敬而远之。而乌斯满则不一样，给奶就喊娘，有块骨头晃一晃他就跟着屁股后面转。就是胃口稍微大一点，听起来挺吓人的，什么飞机啦、大炮啦、汽车啦，啥都想要，可这些玩艺儿对堂堂的美利坚合众国来说，算个球呀！

乌斯满还有一个好处，就是不怕丢脸，失败也无所谓，哪怕仗打得只剩下他一个人了，倒在地上爬起来还是那张死不掉的嘴。马克南一直认为，如果能给乌斯满配备一个像模像样的脑袋，那他就有可能成为插上双翅的天使。为此，马克南找向仁志探讨过多次。他试着给乌斯满培植了一个贾尼木汗，贾的脑瓜比乌斯满好使，可再怎么着也还是大字不识一个，小打小闹还凑合，要做大动作，就显得捉襟见肘了。

最理想的对子，莫过于让尧乐博斯与乌斯满搭帮。这是美国领事马克南与英国领事向仁志共同的心愿。

“但是，难啊，”向仁志欧洲式地耸了耸肩膀，“乌斯满是匹野马，尧乐博斯何尝不是？这家伙吃喝玩乐，什么都不干，不像乌斯满，一天不骑马屁股就痒痒。”

马克南诡秘地一笑：“尧乐博斯是个做大事的人。他不是不干，是没有活干。我倒是有个主意，哈密银行这个活他总不会嫌小吧……”

其实，这步棋哪里需要马克南和向仁志来点拨！尧乐博斯对哈密银行早已情有独钟。只是他越用心就越不露声色，好像他压根儿就不明白哈密银行还库存着金条和银圆。连过去陶峙岳偶尔问起这件事，他也装聋作哑。夜深人静时他一千遍一万遍地对自己说：沉住气，千万沉住气，机会总会有的！有时，这件事仿佛从记忆中消失——如果不是自己刻意地提醒，差不多就真的消失了。

然而，向仁志关于“积极行动”的话，无论如何从根本上触动了尧乐博斯。他觉得自己醒过来了，必须有所决定！

天亮之后，尧乐博斯派人给迪化市的帮会头目刘香圃、刘光华各送了一封请柬，声称自己要过生日，希望他们赏光，过门小酌……这便是一件大案真实的发端。

解放军进疆部队最先找到尧乐博斯谈这件大案的，是六军十七师师长兼政委程悦长。

哈密这地方给程悦长的第一印象糟糕透了！那是程抵达哈密的当天下午，他由国民党起义部队一七八旅五三三团那个姓朱的团长陪同，到街头随便一转，亲眼看到几乎所有的店埠都被砸碎了玻璃。街面上行人稀少，冷冷清清，老百姓见到队伍都躲得远远的，生怕沾上瘟疫似的老远就绕开了。

在一家土产商店门口，程悦长看着几个国民党兵背着麻袋大摇大摆地跑进去，当着他们的面就冲店主大喊：“都听着，上边有令，慰劳解放军，有钱出钱，有物出物，都痛快点，别怪我们不客气啦！”

程悦长一听不对劲，急向朱团长：“这是怎么回事啊？谁的命令？！”

朱团长支吾半天，不想说。忽然快步上前，给了那个张口吆喝的士兵一个耳光，骂道：“去你妈的，还不快滚！”

几个兵一溜烟逃走了，程悦长不放过：“刚才他们说上边的命令，是你下的命令吗？”

朱团长脸上红一道白一道：“我也是传上边的话……”

“你传上边谁的话？是旅长还是师长？！”

“……是、是专员公署发的话……”

“专员公署？是尧乐博斯？”程悦长说，“我正要找他哩，走，你陪我一同去见他！”

“不敢不敢！小的不敢！他……”

“这有什么好怕的，他是个政府官员，又不是老虎。”程悦长说。他分明从那个朱团长的眼里看出了极端的恐惧。

当晚，程悦长约了参谋长冯配岳一道去尧乐博斯宅邸探访。

这是一幢准西洋小楼，门口照例卧着两尊石狮子。客人在50米开外，便有一条牛高马大的狼狗吼叫着扑出来，张牙舞爪，好像是在炫耀主子的威风。接着才见到一个怪模怪样的家丁挎着盒子枪从不知哪个角落跑出来迎客。

尧乐博斯的妻子是个极有教养的维吾尔族女子，她的温婉与丈夫的笑脸相映生辉。在最初的五分钟内，程悦长和冯配岳对这对夫妇没法不油然而生敬意。

“解放军同志真是太辛苦了，本专员同所有哈密民众天天都在盼啊！那些匪徒真是不讲理，烧杀抢夺，什么坏事都干得出来……”尧乐博斯一边看妻子为程、冯二人沏茶，一边就控诉开了。

程悦长不客气地打断道：“这么说哈密银行一案让尧专员受惊了！”

尧乐博斯忙以手掌掩面：“惭愧惭愧……让国家蒙受这么大的损失。”

“有人想把哈密变成一片火海，想必阁下也知情吧？”程悦长步步紧逼。

“都怪本专员管束不力，才使地方混乱，不可收拾。本专员有罪……”

“还有人打着慰劳我军的旗号，公开掠夺民财、搜刮商家，可有此事？”

“有的，有的……”尧乐博斯的头点得像是脖子上安了弹簧。

程悦长见时机成熟，话锋一转，直截要害：“银行失窃的数万两黄金和银圆，你打算怎么找回来？”

这一下尧乐博斯傻眼了。他使劲眨巴着眼睛，憋了半天憋出一句话：“这……都是不法军人所为，罪犯携款在逃，我……一定协助大军查清，一定……”

在尧乐博斯咕哝这几句话的一刹那，程悦长突然从这个和颜悦色的家伙身上感觉到一种包藏不住的野性。那种咄咄逼人的凶光，稍纵即逝，但其危险性已深深地刻进程悦长和冯配岳两人的心头。十几天后，程悦长和冯配岳把这一瞬间的感觉告诉了驻守哈密的十六师师长吴宗先、政委关盛志和副师长罗少伟。同时，也向兵团参谋长张希钦作了汇报。

巴里坤草原恶浪翻卷，乌斯满匪徒口出狂言

此后的一个多月里，张希钦在追缴银行失款过程中，一一证实了程悦长的感觉。

尧乐博斯再也隐藏不住什么了。随着哈密银行一案的侦破工作步步深入，他知道离自己上绞架的日子也越来越近。一不做二不休，尧乐博斯决定接受马克南和向仁志的建议，打点行装，带足细软，在某个不知深浅的黑夜，一溜烟逃到北疆，投进惯匪乌斯满的怀抱。

这时候的乌斯满，正和贾尼木汗抱在一起尽情享受小人得志的快乐。见尧乐博斯来投，得意之情溢于言表。一见面，乌斯满就明知故问：“尧乐博斯老兄，在哈密待得好好的，有吃有喝还有一个大金库，跑来跟咱们凑什么热闹？”

人在屋檐下，不得不低头，尧乐博斯耷拉着脑袋。但他自信用不了多久就会降服眼前这个草头王，说：“乌斯满老兄，汉人有句老话，天有不测风云。想当初你被三区阿巴索夫他们撵着屁股跑的时候，不也想凑空子钻到哈密喘口气吗？如今这是什么年月，你也该抬头看看天再说话，否则，牙齿要嚼舌头哩！说句老实话，不是两位洋大人的面子，你送我一千头羊我也不打算跑到这里来受罪呢！”

乌斯满冷笑着，露出满脸横肉：“别不知好歹啦，死到临头，还充哪门子英雄好汉！我问你，山头的规矩你懂不懂？”

“不就是打点几个臭钱吗？来呀，把东西抬上来？”尧乐博斯朝随从们一声吆喝，立刻有两个壮汉将一只沉甸甸的雕花红木箱抬到乌斯满面前。

乌斯满眯着眼睛，装着见过大世面、满不在乎的样子。

尧乐博斯吩咐左右打开木箱，顿时毫光闪烁，一箱金条整整齐齐直晃人眼。乌斯满被打了个趔趄，随之，脸上情不自禁涌起贪婪的笑容：“嗨，尧乐博斯老兄，你这是干什么？咱们拉队伍跟共产党干，也不是个钱的事……”

这时候，一直不吭不哈的贾尼木汗站出来说话了。他漫不经心瞥了一眼金子，说：“钱是个好东西，没有它能成啥事？尧乐博斯老兄把中央银行的这笔款子捐出来，是他对咱们反共事业的一片心意，干吗不收啊？”

乌斯满横了贾尼木汗一眼，着急地喊道：“谁说不收啦！咱又不是傻子……”

尧乐博斯见这两个人言语大乱，不禁哈哈大笑。在他的笑声中，几个随从七手八脚关箱合锁，重又把雕花木箱抬了下去。这让乌斯满和贾尼木汗双双失控，长一句短一句地追问：“你，你究竟玩什么戏法！”

尧乐博斯沉下脸：“我声明一句，钱是我的，不是中央银行的；我要把我的钱用在反共事业上，不是拿来孝敬你二位的。请二位放心，我尧乐博斯会管好这笔钱、用好这笔钱的！”

乌斯满咧着嘴、耸起眉毛。他用哈萨克人的土语狠狠骂了一句娘，说：“弄了半天，你还是想跟我空手套白狼啊……我乌斯满这点家当也不是好挣的！”其时，乌斯满手下已有4000人马，飞机大炮样样俱全，的确可以称之为“家当”。

尧乐博斯说：“创业艰难，这我知道。我这个人从不喜欢吃人家白食。我一定会送你和贾尼木汗老兄一份厚礼，就怕你们俩不敢收哩！”

“别扯了，有东西就拿出来，有多少我收多少，你总不至于把你老婆也搭上吧哈哈哈哈……”乌斯满粗俗不堪地狂笑。

尧乐博斯的所谓“厚礼”，实际上是一个主意。他要乌斯满和贾尼木汗把队伍拆散一部分，放到哈密群众当中，去裹胁群众，壮大声势。具体办法是这样：一家如能出一个人上队伍，就给一头羊，出两人就给两头。如抗拒不从，全家财产诸如牛啊、羊啊，通通都要“捐”出来。这一招可厉害了，不出一个月，乌斯满的队伍迅速从4000人激增到6000人，被裹胁进来的哈萨克族群众达四五万！从绥来到镇西600公里的地域内，尘土翻滚，人喊马嘶。

“啊哈，这一下我要叫共产党从哪里来，还退回到哪里去。我要向全世界宣布，新疆是我乌斯满的天下！”乌斯满简直不知道自己是谁了。他骑在马背上，从队伍头跑到队伍尾，跑一路喊一路，抖威风。

贾尼木汗同样是兴奋的，时不时在旁边火上浇油地建议道：“咱们不能光打雷不下雨，得想个办法让共产党知道知道厉害！”

乌斯满问：“怎么给共产党厉害？你出个主意我听听！”

贾尼木汗一向对三区集团怀有刻骨仇恨，于是毫不犹豫地叫嚷：“三区的部队刚接受共产党中央的整编，又发机关枪又发大炮，正在那里得意着呢！不如咱们拉几个团到他们老窝去‘庆贺庆贺’？”

“你是说……嗨，讲白了吧，是不是打伊宁？”乌斯满最讨厌猜谜。

贾尼木汗狂妄地抡起胳膊：“对，打伊宁，不管打得下打不下，也给他留个怕头！”

尧乐博斯坐在旁边阴笑，不发表意见。

乌斯满火了：“你笑什么？难道我不敢！”

“我知道你敢，别说打伊宁，就是打迪化你也敢！”尧乐博斯把目光投向贾尼木汗，“我只是觉得贾尼木汗老兄是不是在做梦！你们想过没有，从咱们巴里坤草原到伊宁，少说也有1000公里，还得从迪化旁边走，只怕你还没把队伍拉到地方，就叫共产党给吃光了！”

“唉——”乌斯满像泄了气的皮球，“那咱们就没有用武的地方了？”

尧乐博斯说：“依我看，要干，就同真格的共产党军队干，就近攻他一个要塞点，把他们大部队吸引出来，然后……嗯！”他做了个四面合围的手势。

乌斯满茅塞顿开，哈哈大笑：“好！好！你快说，攻哪个要害？”

要说就近的“要害”，除了哈密，就只有其东北方向100公里左右的伊吾县。此地快到中蒙边境，是巴里坤草原的偏远地区，与哈密隔着哈尔里克山。更重要的是，在这个小县城里只驻守着解放军1个连队的兵力，也就是六军十六师四十六团一营二连。尧乐博斯认为，只要少许兵力一围就会立见成效。

乌斯满为包围我解放军二连所动用的队伍不过几百人马，而拉来的无辜群众却有好几万人，所以显得声势浩大，使整个巴里坤草原地动山摇。

他的官兵本来就是一些牲口把式，再和哈萨克群众搅和在一起，就让人无从下手。这便是陶峙岳话中“别的文章”所包含的意思。

陶峙岳对王震说：“区区几个土匪并不复杂，复杂的是他们有意将大批群众裹胁进去。新疆是个民族地区，按张治中将军的看法，新疆的问题能用政治手段就绝不可军事解决。事实上，军事手段解决不了新疆的任何问题，这一点，早在左宗棠当政时，就很明白了！”

王震觉得这话颇有道理。便问：“那你觉得眼前的事该怎么办？”

“这就要看包尔汉主席的了！”陶峙岳建议道，“是不是把包主席叫过来，我们一起商量商量，他或许能有办法。”

包尔汉的办法，是通过熟人在迪化找到一个叫“艾买提”的生意人。此人早年同乌斯满一起贩马，两人多年保持联系。包尔汉让王震亲笔给乌斯满写了封信，晓以民族团结大义，并重申既往不咎的政策，希望乌斯满回心转意，不要再受外国人指使干亲痛仇快的事。然后把这封信交由艾买提送到巴里坤草原。

艾买提对完成这一任务信心很足。他说：“乌斯满当年也是个热血青年……”当然，最主要的是他对自己与乌斯满的友谊充满信心。

果然，乌斯满见到艾买提欣喜若狂。为了让老朋友见识见识他如今的威风，特意拉出两个团夹道欢迎。乌斯满亲自策马迈到营外，一把抱住艾买提，高声大笑：“艾买提老朋友，哪阵风把你吹到巴里坤草原啊？”

“春天的风啊！”艾买提也笑得合不拢嘴。

乌斯满嗔着眉眼说：“可你看，这里已经秋草结籽，牛羊也不发情啊哈哈哈……”

艾买提说：“可我给你带来了春风啊！”

“哦？”乌斯满似乎觉察到话中有话，稍稍敛住笑容。

两人马头靠住马头。艾买提从怀里掏出王震的那封亲笔信。

乌斯满略认得几个汉字，一瞟信皮，猜出七八分，但他却故意问：“艾买提老朋友，这是什么玩意儿？”

“进帐篷说话吧！”艾买提努力保持着初见面时的热情。

两人一前一后走进帐篷，艾买提从马褡子里取出砖茶、方糖和绫罗绸缎之类的礼品。乌斯满毫不客气地一一收下。最后，艾买提双手递上信，说：“这是王震将军写给你的信。”

“王震？给我的信？”乌斯满故意地望着信并突然爆发出一阵狂笑。他随手将信递给身后的秘书谢尔德曼，“给我念！”

谢尔德曼磕磕巴巴地念完了王震的信。乌斯满眯缝起双眼瞄着艾买提：“我说伙计，弄了半天，你是王震派来劝我投降的是不是啊？”

“话不能这么讲。这不叫什么投降，是回到人民的怀抱！”艾买提说。

乌斯满若有所悟地“哦”了一声，点点头：“这么说，我就带着队伍到迪化请罪去？”

艾买提诚恳地表示：“只有这样啊，这是上策。王震将军让我转告您，共产党政策是不咎既往。过去新疆各民族之间仇杀，您和三区革命军之间矛盾，都是帝国主义和国民党反动派挑唆的。现在解放了，希望您能回来，站在人民一边。”

乌斯满低头沉思半晌，忽盯住艾买提问：“我要是投降了，王震能给我一个什么职位？”

艾买提想了想，说：“您过去是阿山区专员，只要您肯回去，专员肯定是没有什么问题的。”

“专员？”乌斯满像踢了一个烂苹果似的重复道。冷不丁哈哈大笑，脸色一沉，咬牙切齿地说：“你回去告诉王震，我要他退出新疆，懂吗？”

“这……”艾买提发现面前的乌斯满完完全全成了一个陌生人。一种遭到戏弄的感觉涌上心头。他多少也有一点负气地说：“阁下，我还是以老相识的身份忠告您一句，雄鹰高飞绝不会被自己的翅膀挡住双眼，请您三思！”

乌斯满说：“我早就思过了，我要王震从哪里来还给我退到哪里去！”

伊吾被困匪中有民难下手，哈密遭劫真凶未缉闻噩耗

艾买提在巴里坤一行的结局，让包尔汉和陶峙岳大出所料。

陶峙岳前不久去了一趟北京，毛泽东请他吃了饭，彼此交谈到深夜，对阶级观点、特别是旧军人的改造方面领悟颇深。而二十二兵团近来轰轰烈烈的思想改造实践，又为他新的认识提供了有力佐证。

感触最深的是士兵们对旧社会、旧军队的控诉。据二十五师统计，全师有790名士兵家中，亲人被迫害致死，1300多名士兵曾不同程度挨过地主恶霸的打。骑八师二十四团，经过清查，被军官和特务虐待致死的士兵竟有5人之多，还有49人被活埋！有的士兵在控诉现场说着说着就昏了过去，诉苦大会常常是一片哭泣声。有士兵抱着指导员就像抱着亲人似的，痛哭不止。还有许多士兵诉苦之后跪在毛主席画像前宣誓，咬破手指写血书，表示永远跟共产党，革命到底不回头。

士兵们的苦楚也教育了军官。许多军官引咎自责，表示痛改前非的决心，请求立功赎罪。有的主动交代自己的历史问题，并检查自己在刚起义时对共产党半心半意的错误思想。

即便像马呈祥的骑一师部队，在少数军官煽动下发生集体叛逃事件，甚至驻在阜康的二十一团两个连，发展到攻打奇台城这样严重的叛乱，经

过包围喊话，最后大部分人员也醒悟过来，2000多人中，真正逃走的只有20来人。

王震在处理骑一师整编的骑七师问题上，丝毫没有客气。事情平息后，还下令六军把骑七师的武器、马匹全部收缴，由骑兵改为步兵师。当时他写信给骑七师的于春山政委和韩有文师长，指示："各团、连军士，不带武器马匹，集中团部受训。战防枪交军区装甲连，骑马三千匹，交六军接收。每匹马拨羊四只，共一万二千只，作为马匹代价，为全师官兵财产。骑七师在改造期间，归罗元发军长、张贤约政委指挥和领导。凡有反革命叛乱者，指挥十七师及装甲兵团、飞机、坚决予以歼灭。"

然而，对待乌斯满，王震已经做到极大的克制和忍耐。他诚恳接受了陶峙岳的建议，在涉及民族矛盾时，具体解决起来，表现出最大限度的政治倾向，希望通过政策力量达到目的，而不轻易动用武力。这才同意让包尔汉抬出一个艾买提——可以说，它是王震违背自己的判断所作出的唯一决策。

当然，这都不是偶然的。类似于陶峙岳的话，张治中亲口对王震说过，彭德怀也当面交代过，到北京见毛泽东时，毛泽东和周恩来、朱德都对这个问题有过具体指示。所以，王震不得不像踏地雷一样，时时提醒自己：新疆是个民族地区啊，必须谨慎从事，即便万不得已必须用兵，也要有一百个小心。

但是，随着解放战争总体进程加快及最后定局的来临，"剿匪"已成为新中国仅次于"发展生产"的一件大事，而且这项工作无论是西南、华南，还是在西北，多半要在民族地区展开。根据中央军委和西北军区的指示，新疆军区也成立了剿匪指挥部，总指挥王震，副总指挥是赛福鼎，参谋长张希钦。同时，成立北疆剿匪前线指挥部，由六军军长罗元发当总指挥，专门抽调第二、五、六、九军各一部及鄯善游击队、迪化市公安营共15万余名指战员和装甲车41台、汽车240辆，投入剿匪，还有一架飞机保障侦察和通信。

这时候，王震回头再想想，已经没有那么多顾虑了。在第一次剿匪工作会议上，他说："像乌斯满这样的匪首，我们过去还梦想他回心转意，真是幼稚可笑。"

他说这句话，是自嘲，也有点从思想上"纠偏"的味道。接着，他就大谈西北剿匪形势。

先说陕北。在陕北和绥远交界地，有股1000多人的土匪杀人越货，闹得老百姓怨声载道，领头的三个人是段宝珊、高怀雄和张世华，都是原国民党绥远部队溜下来的军官。榆林军分区正在联合伊盟部队全力清剿；最严重的是陕、鄂、豫、甘、川五省边界的秦岭、大巴山地区，原国民党南阳绥靖区司令员王凌云部的散兵游勇，加上一些地方顽劣分子，拉起一个什么“豫陕边区挺进军”，由王凌云当头头，所辖杂七杂八一大摊，名目繁多，有号称第四、五、八军的，还有所谓“川陕救国军”“川陕边区人民自卫军”“青年义勇救国军”“鄂南自卫总队”“陕南暂编总队”等，加起来大小股匪有两万多人，吹嘘为“十万地下军”，妄图建立所谓“敌后根据地”。第十九军兼陕南军区从1949年12月23日起，连续剿了40天，才初步告捷，歼敌50多股计1.7万人，缴获各种火炮167门、枪支1.8万，还有47部电台；在关中，大荔军分区部队智取华山消灭韩子佩残匪的战斗，也在难解难分之际；另外，六十军和第四军在甘肃临夏马家军发祥地区，以及第四军在河西走廊的武威、张掖地区，对残马股匪的清剿，宁夏军区独一师和骑六师在三边军分区部队配合下，对马绍武股匪的清剿，一军在青海境内对青马残匪的清剿，都取得了令人鼓舞的战绩。

无论土匪人数还是作乱规模、危害地域，巴里坤草原的乌斯满都是数得着的。王震把西北剿匪的形势交给大家，无非是给个警策，不致轻敌。当然也有时不我待的意思。

彭德怀几乎一日一电，对巴里坤草原的事态，表示着极大的关注。

一星期以前，罗元发就派十六师副师长罗少伟带领四十六团进驻了巴里坤草原。他们的主要任务是增援被困伊吾县城的二连。当时，他给罗少伟交代得很详细，要他们务必注意政策，把被裹胁的群众与死心塌地的土匪区别开来，不要伤害无辜的老百姓，特别是要注意对敌人的政治瓦解，多做些宣传工作，如阵地喊话等。

这些日子，罗少伟与四十六团团长杨兴国使出了浑身解数。每天早上，各连都在伊吾外围支起大喇叭，用哈萨克语朝里面喊话：“哈萨克族同胞们，你们不要再受乌斯满和尧乐博斯的欺骗了！人民解放军是我们穷人自己的队伍。他们是奉命驻守边防的，是来保卫国家，也保卫我们边疆人民生命财产安全的……”

然而，围困伊吾的人仍在有增无减。

团突击队连续八次试图冲进伊吾，都没有成功。土匪人数太多，所有的路口、山口都有人枪把守，突击队徒然丢掉十几条性命。

头两天，天一亮，伊吾城里的南山和北山两处阵地，总要发出一阵激烈的枪声。然后，枪声渐渐稀疏，就这样一直维持到黄昏。近日，从城里传出的枪声越来越单调，偶尔能听到一两声手榴弹的爆炸，过后就是沉寂——一种令人窒息的沉寂。

难道二连已经……可为什么围困伊吾的人依然有增无减？杨兴国和罗少伟爬到一座山顶上，远远向伊吾城里望去。他们看见许多辨不清身份的人，花花绿绿拥塞在街巷间，而郊外则横竖排列着一大片匪徒们的营帐。

看上去，仿佛这不是一场“围困”，倒很像是内地的赶集。

但是，就在那熙熙攘攘的人群包围下，四十六团一营二连被逼到了最后的关头。连长冯大发、指导员王振华都牺牲了，副连长张友才头部受了重伤，处在昏迷状态。阵地上只剩下营部蹲在二连的副营长胡青山和二排长刘猛子两名干部。胡青山被炮弹炸断了一条腿，躺在担架上坚持指挥。他们脸白得像一张纸。

又是一个黄昏来临，城外帐篷里的匪徒们开始吆二喝三猜拳行令，帐篷外的空地上，燃起几堆大火，杀牛宰羊一片混乱。胡青山支起虚弱的身体，问坐在旁边的刘猛子：“现在咱们还剩多少人？”

猛子扳着手指头算了算，说：“昨天还有33个人，今天又牺牲了4个，被他们抓去2个，现在能战斗的只有27人，包括你我，还包括11个伤员。”

“还有麦子吗？”

刘猛子不愿回答这个问题，他只是闭上眼睛使劲地摇了摇头。

胡青山沉默了好一会儿，说：“你去把党员同志都叫到这边来……”

在不远处的四十六团营地上，战士们早就急得嗷嗷叫了。有的连、排长甚至要擅自带着部队强打蛮攻，“踏平伊吾”。

罗少伟说：“兴国，看来光靠政治工作不解决问题呀！”

“你的意思是……打？”杨兴国心领神会。

“对，必须军事解决！你立刻把部队动员动员，着手组织战斗，我连夜返回哈密汇报一下，咱们争取明天拂晓发起攻击！”

罗少伟打马赶到哈密时，吴宗先师长还没有吃晚饭。一见面吴就说：“你回来得正好，我刚接到十七师程师长的通报，说他们发现了尧乐博斯的行踪，估计这个王八蛋今晚要回哈密！”

“太好了！”罗少伟一边擦汗一边兴奋地说，“得赶快报告张参谋长，他就是要找这个家伙呢，只要尧乐博斯抓获了，哈密银行一案即可大白！”

吴宗先告诉罗少伟，张参谋长已经知道此事。并说：“王司令员今晚组织剿匪指挥部开会，张参谋长和罗军长都去了迪化。参谋长要我师和十七师密切配合，先不要打草惊蛇，严密监视，不能再让他跑了，这次一定要把他逮住！”

听了吴师长的话，罗少伟立刻感到问题比较严重。他沉吟了片刻说：“我同杨团长商量，想明天攻一下伊吾，怕二连挺不住。现在看来……”

吴宗先说：“既然这样，抓尧乐博斯你就别管了，我去布置部队。”

“不，我熟悉情况，一同去吧，顺便给你汇报汇报四十六团那边情况。”罗少伟不由分说上了马，跟吴宗先一同出发了。

抓捕尧乐博斯，成为剿匪工作会议上半路插进的一个中心话题。

张希钦说：“如果今晚能抓到尧乐博斯，我的任务就等于完成了，兴许……还能解伊吾之围。”

提起伊吾，王震急问罗元发：“罗少伟他们那边有没有什么新情况？”

“突击队接近不了，大部队行动又怕伤害群众，激起更大的矛盾。阵地宣传工作一直在搞，效果不明显。我看，该下决心了！”罗元发说着，拳头在桌子上不轻不重地擂了一下，表现出他内心的焦虑与激愤。

王震说：“你派小罗去是对的，这个同志有政治头脑，处事也果断。”他沉吟片刻，大手往桌上一拍：“你告诉他，可以有把握地打一下，规模搞大一点，跟群众讲清楚，限时离开，不离开，便是敌对，那就不客气，子弹不长眼！”

停了一停，王震起身手一挥，又说：“这样吧，干脆从五军再抽一个团，张参谋长你通知飞机明早起飞，我们到实地侦察一下……”

张希钦雷厉风行，立刻站起来出去落实。可是不到五分钟，他又返回来了。只见他手中捏着一张电报纸，脸色非常难看，进门迟钝了半天才咧开嘴说：“罗少伟同志他……牺牲了！”

钢铁二连烈马传奇，英雄部队荡涤天涯

罗少伟是在当晚追捕尧乐博斯时中了土匪伏击而遇害的。与他一同遇害的，还有另外六位战友。

站在罗少伟烈士遗体前，王震禁不住留下两行热泪。罗少伟早在延安时期就是名人，当过解放军第一支仪仗队的营长，多次受到毛泽东、周恩来、朱德接见，人长得很帅，又很精明，仗也打得漂亮。

罗少伟牺牲的消息很快传到北京。毛泽东特地委托周恩来给六军十六师发来唁电，称罗少伟“是我党一位忠诚的战士，是我党我军一位久经战争考验的优秀指挥员……为了中国人民的解放事业立下了不朽的功勋。他的牺牲，使我们每个人都感到十分痛心。”

彭德怀自然也很悲痛。他在电报中对乌斯满、贾尼木汗和尧乐博斯深恶痛绝，嘱咐王震务必以绝对优势兵力，坚决消灭，根绝北疆匪患。

这几份电报对王震的压力是相当大的。他决定，除六军十六师全部出动外，另配属五军的骑兵团、六军的炮兵团，以高达1.2万人的总兵力，进军巴里坤草原。这个数差不多是乌斯满能投入作战的匪徒人数三倍！

进军的当天，又一场大雪倒向巴里坤。

雪白的原野像是专门为烈士而展示的。王震站在队前沉痛地对大家说：“今天我们是怀着烈士的遗愿出征的，我们决不让烈士们的鲜血白白流掉，北疆各族人民正在睁大了眼睛期待着我们。现在全国所有省份，都被我们人民解放军解放了，各地人民群众都在欢天喜地开展土地改革，迎

接伟大社会主义建设高潮的到来，而北疆各族人民却仍生活在乌斯满、贾尼木汗和尧乐博斯这些匪徒们的铁蹄之下……同志们，我们别无选择！”

雪花在静静地飘舞，队伍开始静静地出发。

这是一次计划周密的攻击行动。王震判断，乌斯满之所以拉那么多人、搞那么大的声势来对付一个小小的伊吾，在我军区区连一级的驻守点上大做文章，而且是尽量把这一幕拉得很长很长，目的就是引诱我军大部队增援。

乌斯满让尧乐博斯在伊吾主阵，他自己则躲到其老巢花尔茨静观其变，居心就是想凭借对地形的熟悉，伏击解放军的增援部队。这种老掉牙的游击战术，在王震和罗元发等游击高手面前，简直是班门弄斧。伊吾之战，解放军一开始就拒不上圈套，搞得乌斯满心情很灰，而尧乐博斯一筹莫展。

这可就苦了二连的指战员们。

尧乐博斯一上来先摆出“围而不打”的架势，意在“激怒”和“引诱”。他派出一个叫布仑加甫的家伙打进伊吾城，找胡青山副营长劝降。布仑加甫说了一大堆恭维胡青山的话，说尧乐博斯如何如何“爱才”，暗示胡青山只要“讲和”，会得到很大很大的官位，有多少黄金、多少头羊和多大的草原，以及漂亮女人等，胡青山不吃这一套，他把布仑加甫好一顿羞辱，表示人在阵地在，与土匪拼到最后一滴血。尧乐博斯不死心，一计不成又生一计，抓到二连几个战士，严刑拷打，然后放回一两个“软骨头”，继续做劝降的美梦。这一招就更不灵了。胡青山对于可耻的叛变者毫不留情，将其剥光衣服绑在柱子上让全连战士轮流猛抽……尧乐博斯再没有别的办法可想，唯一可干的就是困住二连所控制的伊吾城南山、北山两个高地，断水断粮。他吩咐土匪们从上游截断伊吾河，使水流不再经过伊吾城里。这样，既断掉了二连的水源，又使城里唯一可以磨面的水磨停止转动。从这时起，胡青山和全连战士只能靠口嚼原麦维持生命。

水的问题似乎比粮食问题更为严重。尤其是驻守在南北两个主峰上的战士们，没有水，光嚼生麦，不但便血，连随时需浇水降温的马克沁重机枪也打不出应有的威力来了！

北山主峰阵地是整个城防中最重要、也是最困难的一个点。匪徒们以一个连的火力集中封锁上山的道路，山下无法向山上运送任何物资。北山如果顶不住，整个伊吾就不能坚守下去！胡青山为了给北山送水送粮，一连损失了九名战士。九个人，整整一个战斗班啊，而且他们又都是骨干！胡青山伤心地哭了。

怎么办？胡青山组织召开“诸葛亮会”，有人提出让牲口送，或许能成功。于是，胡让一个会做木匠活的战士连夜赶制了几个全封闭的大水桶，装满水，分别绑到两匹骆驼身上，趁着夜色，把骆驼往山上赶。谁知骆驼目标太大，爬山又慢，出发不到10分钟，就被匪徒们一阵乱枪打死在半道上。

战士们不甘心，顺着这个思路继续琢磨，最后，决定用两匹战马试一试。

胡青山亲自挑选了两匹调教很好的战马，一匹称“赤雅”，个头不大，但性情暴躁，日行千里；另一匹叫“枣骝”，性情温和且极有耐力，攀登技能非常出色。他将这两匹战马绑上足够的水和麦子，交给一个外号叫“老奔”的驭手。

“老奔”是全连最好的驭手，所有战马到他的手上，没有不服帖的。夜幕降临时，他拉着“赤雅”和“枣骝”上路了。他们沿着崎岖的山沟，小心地向北山主峰靠近，一分钟、二分钟、三分钟……二十七分钟！眼看着离主峰阵地只有不到五十米的距离了，“老奔”他们依然安然无恙！

胡青山在手电光束下，死死地盯着怀表。

突然，枪声响了！匪徒们发现了目标，集中所有火力向“老奔”他们猛烈地射击。赤雅马一听枪声，立刻失去控制，从“老奔”手中挣脱了缰绳，扬起前蹄长嘶一声，掉头就朝山下狂奔。“老奔”惊呆了，赶紧弄住枣骝马。谁知枣骝马却恰恰相反，按照“老奔”的指令，干净利索地卧倒在地，一声不吭，显得相当懂事。奇迹就在此时发生了，因为赤雅马的嘶鸣和奔跑，匪徒们的注意力全被吸引过去，火力也随之向山下转移，这在客观上掩护了“老奔”和枣骝马，他们不失时机地一口气冲上了主峰阵地！

此刻的枣骝马，浑身汗水直往下淋，张着鼻孔呼呼喘粗气，寒风一吹，身上的汗水立刻结成了冰，冻得它不住地发抖。但是，它却一动不动地站在那里，坚持着让战士们把水和麦子全部卸完。这情景让坚守主峰的勇士们感动极了，他们心疼地搂着它的脖子，心里都酸酸的，禁不住泪水哗哗直流。有的同志赶紧把自己的被子抱过来，紧紧地捂住枣骝马的身体……

这次侥幸的成功，大大鼓舞了胡青山。打那以后，他就放手让枣骝马独自完成向主峰送粮送水的任务。没有“老奔”跟着，枣骝马的目标更小，它的身体也显得更为灵巧。它的种种传奇故事，也和二连指战员们一起，成为伊吾人民心中不朽的雕像。

据后来的“钢铁二连”连史记载，伊吾保卫战结束后，部队特令为枣骝马荣记了三等功。在庆功大会上，二连战友们为枣骝马系上一束大红花，披上一匹红绫子，由同样披红挂花的“老奔”牵着，绕大场一周，登上主席台。

枣骝马在不久后的一次战斗中流尽了最后一滴血。二连战友费尽周折把它葬到伊吾城的北峰山下。其时，北峰已被命名为“胜利峰”，枣骝马的墓碑与“胜利峰”永远地叠立在一起。

1978年，伊吾县决定在街心花园为枣骝马塑像。年轻的县长说：“它是我们山城人民的光荣与骄傲！”

当然，它更是解放军第一野战军的骄傲。正是这匹枣骝马，成全了二连“钢铁”之路。他们在尧乐博斯匪徒数千人疯狂围攻下，硬是坚守了40多个日日夜夜。最后，胡青山这位曾在解放战争中七次荣立大功、兰州战役带领两个连队突破皋兰山主峰营盘岭的老英雄，大义凛然地率领11个战士，端起明晃晃的刺刀，扑向密如蝗虫般的匪徒……

在“钢铁二连”苦撑苦挨的一个一个艰难时日里，王震实现了他最初的誓言：活捉乌斯满，根绝北疆匪患！他指挥剿匪部队在梅花泉反伏击旗开得胜后，一个回马枪杀向伊吾。尧乐博斯那些乌合之众，不堪一击，几千匪徒顷刻间成了一窝马蜂。接着，程悦长所率十七师奋勇追歼残敌，穿林海，闯草塬，一直追到北塔山，紧紧咬住匪徒。

尧乐博斯没辙了，抱着美国领事馆马克南的大腿逃往印度，而乌斯满束手就擒。漏网的谢尔德曼等人，潜回阿勒泰草原又想滋事生非，但在程悦长仁至义尽的感召下，也不得不低头流下无奈的泪水。从此，美丽的冬不拉开始在白云下轻轻弹唱：

雪山为什么流水叮咚？
是因为春天来到山中！
草原为什么羊群飘动？
是因为牧场沐浴春风……

尾声：魂系大西北

1950年3月，新疆军区的剿匪部队厉兵秣马准备出征时，彭德怀正在西北军政委员会行政会议上作两个长篇发言，一个叫《精简机构，厉行廉洁朴素作风》，一个叫《反对铺张浪费，反对贪污腐化》。这也是中央人民政府委员会有关会议的基本精神。

也就在这个月，跑到台湾的蒋介石接受了“立法院”的“请求”，又当上“大总统”。他复任后的第一件事，就是接受阎锡山的辞职，而将年富力强的陈诚，推上“行政院长”的位置。并着手一点一滴指导陈诚从农业开始对这个有限的小岛实施“改革”。当然，对于国民党自身的“改组”，那得由他自己来干。

蒋介石的蓝图，就是“反攻大陆”。他宣称要把台湾作为“反攻大陆的基地，作为亚洲自由民族斗争的先锋队，以及为世界和平而战的英勇斗士”。这是所有留存大陆仍跟共产党作无谓抗争的国民党匪特们，苦苦等待的最后一口水。

王震、罗元发等，在新疆北部追剿顽匪乌斯满期间，甘肃、宁夏境内又兴起一股恶浪，平凉、固原、西吉、海原、隆德等地惯匪和特务地主恶霸，被一个刚从四川窜回的特务马云山所操纵，抱成一团，打出所谓“忠义救国军”的旗号，拼凑了2个旅、19个团计8000多人，裹胁群众5000多人，大闹1950年5月，搞武装暴乱。

平息这场暴乱整整花了两个月时间。两个月后的7月7日，美国操纵联合国安理会通过决议，组成以美国为首的16国“联合国军”，对朝鲜半岛大举用兵。第二天，麦克阿瑟接受杜鲁门的任命，为“联合国军总司令”。他将“统帅联合国军去协助南朝鲜政府军作战。”

这件事对于婴儿般的新中国产生巨大震撼。中央军委副主席周恩来根据毛泽东主席的指示，就在“联合国军”成立的当天，主持召开“保卫国防第一次会议”，决定立即组建东北边防军，开往与朝鲜相邻的鸭绿江以北地区布防待命，以准备支援朝鲜和保卫中国边境的安全。

中国的大西北已经渐趋平静。彭德怀在埋头贯彻1月间中央人民政府委员会第五次会议精神，正全身心地投入“医治战争创伤”。那就是他在西北军政委员会上所说的：“总的任务是进行民主改革和发展生产，提高文化，建设新西北。”

西北地区太穷了！工业不行，农业不行，畜牧业也不行，交通运输、特别是公路铁路方面，要抓的建设项目多如牛毛。早在1949年初进军西北时，彭德怀就一路打仗一路感慨，一路下决心。现在，大局已定，是时候了。他一直把西北看作自己的第二故乡，对这块土地爱得很深。

建设第二故乡，是这个时期第一野战军暨西北军区所属各部队最响亮的口号。彭德怀大会小会再三强调：“军队不仅是一支国防大军，而且是一支生产大军”，“应同战争一样勇敢坚决，积极负责，充当大西北的先锋。”

在青海，第一军部队的“先锋行动”突出体现在抢修青藏公路和西宁飞机场两项工程上。1950年5月上旬，部队一边剿匪一边抽出9000多人投入青藏路西宁到黄河沿段的建设，又抽调2500人修飞机场。几个月奋战，路和飞机场都修好了，青海省委、省政府和省军区作出决定，在最为艰险的新筑路段如日月山、三塔拉、鄂拉山、长石头山、大坂山等地，都要竖石碑刻铭文以教育后人，让他们知道这支英雄的部队，是怎样在短短4个月内，从亘古荒原上开辟出一条黄金通途的。这一年，一军还抽出了9000多人参加农业生产，开垦出77000多亩荒地，打下了38000石粮食。此外，还修建了总长达63公里的4条水渠。

彭德怀4月份到了西宁。他是作为西北军政委员会主席来视察的。与贺炳炎军长、廖汉生政委一见面就说：“现在青海是我们自己的了，可要把它建设好啊！部队一手拿枪、一手拿镐嘛，叫干部、战士们安下心、扎下根，和兄弟民族一起建设大西北，多有意义啊！”

廖汉生汇报说：“许多干部都把家属接来了，打算在青海安家、过日子！”

彭德怀连说好好好：“告诉同志们，青海建设不好不能走，青海建设好了又何必走？”

这句话成为一军指战员们给遥远的亲人写信时，必须援引的“经典”名句。

彭德怀到西宁还有一个重要任务——接见“青海省各寺院劝告和平解放西藏代表团”。这是中共青海省委和青海省军区奉命组织起来的一个团体，由青海知名度很高的当才活佛、夏日仓活佛、显灵呼图克图、格勒嘉措和迟玉锐等人参加。显然，西北军政委员会对大陆最后一个堡垒——西藏的解放，也肩负着重任。

毛泽东对西藏的和平解放是有远见的。早在1949年8月兰州战役时，他就致电彭德怀、习仲勋和张宗逊，要他们在攻击时务必保护好据说已经到了兰州的班禅。因有这一笔关照，这才有1950年5月中旬班禅行辕驻南京办事处处长计晋美等人，奉命到西安、兰州向彭德怀转达班禅的请求："速发义兵，解放西藏"。

第一野战军第一军在青海修筑青藏公路西宁至黄河沿一段，并抽调骑兵团机关及部队700多名干部战士组成青海骑兵支队，由孙巩带队长途奔袭830公里进抵玉树，以及第三军同期抽调的4500多人修筑西宁至享堂、大坂山公路等几项大的举措，都可以看作是第一野战军暨西北军区进军西藏的重要准备。

青海骑兵支队7月24日进抵玉树后，立刻给西南军区发起的昌都战役以有力配合。他们从玉树出发，以日行60公里的速度攻取囊谦，抢占了昂曲甲桑卡，又急行军36小时，进占昌都的西北要隘类乌齐，一举歼灭藏军第七代本一部。接着，每天飞奔85公里，一路累垮了500多匹战马，最后剩下100多人的骑兵和弃马步行的100多人，仍坚持前进，终于先敌4小时抢占到恩达，截断了昌都藏军西撤拉萨的退路。

在藏东这场惊心动魄的搏杀之前两个月，新疆军区独立骑兵师一团，奉命以137人在南疆组成了"进藏先遣连"，向藏北阿里进发。从南疆于田到藏北阿里的札麻芒保，600多公里的路程，差不多全在海拔4000米以上的昆仑大坂之巅，雪海茫茫，寒风刺骨，被生物学家称之为"生命禁区"。他们以63位战友的生命作为代价，取得了与阿里噶本政府的联系，经谈判，达成和平解决藏北问题五项协议。直至一年以后，新疆军区独立骑兵师二团280人的侦察支队再次翻越11座海拔5000米以上的冰峰大坂，和海拔6700多米的冈底斯山东群拉大坂，与先遣连胜利会师，并以主力进驻阿里首府噶大克时，五星红旗才真正插上了这块31万平方公里的藏北高原。

藏北阿里的新生政权由此建立起来。这是毛泽东赋予人民解放军的又一重要使命——工作队。彭德怀对一野部队的要求是：仗打到哪里，干部撒到哪里。过去在关内，很长时间这项工作由贺龙和习仲勋跟在后面完成，出关以后，家大业大摊子大，建国的大政方针也有了板眼，逐渐形成各部队自行完成的机制。从1949年到1950年10月，一野部队除抽调大批干部投入地方建党建政或兼任职务外，还从团以上机关选出3000多名干部，一步到位转业地方工作。这批干部到地方先后组成两个相当于省级党委的南、北疆区委，23个地委和296个县委。同时，还依据各省人民政府的统一部署，在召开各界人士座谈会、民族联谊会、工农群众代表会、人民代表大会的基础上，组成专（州、盟）、县（旗）和区、乡人民政府，培养和提拔了4万多名地方干部，有1.3万旧职人员得到改造使用，40万县、区、乡农代会的代表，登上参政议政的民主政治舞台。

在大西北这样一个民族地区，少数民族干部的培养，自然是件富有远景意义的大事。尤其是新疆，毛泽东在1949年10月中旬就给过电报，要求中共新疆分局，抓紧在新疆地方建立党组织。稍后，他又致电彭德怀、王震和西北局，进一步重申同样的意思。当时一些干部觉得少数民族都信自己的宗教，有的连猪肉都不吃，太迷信、太落后了，怎么发展他们入党？彭德怀就唯心、唯物地讲了一大通道理，最后说：“蒋介石吃猪肉是反革命，马步芳不吃猪肉也是反革命，能不能入党不能光看他吃不吃猪肉。”这句话通不通又是一说，反正很管用，是一条不成文的政策。

很快，第五军的几位领导率先入党。从1950年的3月份到7月份四个月时间，全区共产党员就发展到520人。

1950年3月间，是彭德怀为新疆办事最多的一段。他的建议被中央采纳后，中苏两国政府经过谈判，在莫斯科一连签订了三个与新疆有关的协定。第一个是《关于在新疆创办中苏石油股份公司协定》，其次是《关于在新疆创办中苏有色及稀有金属股份公司协定》，另一个是《关于创办中苏民用航空股份公司协定》，这种以站立的姿态争取外援与互通有无，才真正砸碎了新疆大门上的那把锈锁。

接着，毛泽东亲自发话：不出10年，要把西北铁路修到迪化。其时，中国唯一的油田——玉门油田的石油生产已全面恢复，开始满负荷运转，铁道部正在全力帮助修筑天水到兰州的铁路。毛泽东这么一指示，西北大动脉的铁路建设，就给彭德怀压了一副很重的担子。他从第一野战军的十九兵团三个军和二兵团四、七两军，一次性调兵8万，投入筑路，并下死命令，路不修好不罢休！这件事在毛泽东那里很是抢眼，到1952年10月1日胜利铺轨时，他专门题了“开国创业，首立显功”八个大字，以示表彰。

所谓“显功”，意思很实在。铁路修到兰州，西北与中原腹地关山万重、世代隔绝的局面终于结束。能修到兰州，就能修到玉门，能到玉门就能到迪化，这可比当年的“左公柳”要显赫得多，长远的经济发展暂且不说，眼前全中国大小车轮跑起来之后的喝油问题，还有新疆20万官兵的吃穿问题，就迫在眉睫。

的确，那时的新疆，路没修起来，地下的宝贝也没挖出来，可以说一无交通二谈不上物产，且人心又乱，驻军须臾不能松动。20万张嘴巴一日三餐等着米面下锅。即便是兰州有粮，运到哈密，运价也是粮价的7倍！从苏联进口300卢布1吨粮食，更是了不得的开支，运费一分钱不算，年进10

万吨军粮也得3000多万卢布啊！新疆军区后勤部长甘祖昌头发都急白了。他每月都要用飞机到北京运一趟银圆来购买粮食，周恩来实在看不过去，说："人民解放军驻守边疆，保卫边疆，长期靠别人吃饭，自己不生产是不行的。"

军垦势在必行。

新疆军区开展大生产的命令在1950年1月份就下达了。王震作了报告，规定全年驻军开荒种地需达到60万亩，粮食生产5000万公斤，棉花180万公斤，每人1只羊、1只鸡、10人1头猪、1头牛。

王震拿出了当年南泥湾大生产的劲头，把机关部队都带动起来了，除了巴里坤草原剿匪最紧张的那段时间外，基本上都泡在田边地头。边防哨卡和参加剿匪的部队除外，整个军区投入生产的有11万指战员，部队按师团布点，就地驻防，就地屯垦，二军向塔里木盆地进军，六军和二十二兵团的二十五、二十六师则开进准噶尔盆地，九军由喀什经焉耆来到景化屯垦生产，五军则在伊犁河畔摆开了战场。

说是搞生产，部队手中其实一无所有。没有农具、没有种子，肥料、水源都是问题。一切都得自己干！炮弹壳回回炉，砸开改造一下，就是家具；种子只有从指战员们口粮中节省，每人每天少吃二两粮，一个月下来，亩把田的问题就解决了。水和肥料，除了开渠引灌或是挎着粪筐四处收拾，就没有别的办法了。

向渺无人烟的戈壁荒原要粮食，可不那么简单，3月份的新疆大地，积雪还厚着呢，战士们连顶帐篷也难得保障，只能挖地窝子，搭柴草棚存身。蔬菜没有吃的，连续好几个月都靠盐水和辣椒下饭。石磨也没有，原粮没法加工，指战员们只能靠煮麦粒、玉米充饥。那时候大家所崇拜的英雄是一种叫红柳的植物，因为在这戈壁荒原上能够扎根发芽的，只有红柳。

二十二兵团各师都刚经过诉苦、清洗，部队精神面貌焕然一新，生产劲头十足，化雪前后就搭芦苇棚、挖地窝子3000多个。到6月底，开荒造田23万多亩，比分配任务20万亩还超了3万亩，此外开挖整修了100多条大小渠道。这一年无论蔬菜、肉食和粮食，都做到了自给或部分自给。

年底，二十五师首届生产总结和劳模表彰大会，就在驻地小拐召开。陶峙岳和李铨、张仲瀚都在会上讲话。陶峙岳的心情特别好，讲着讲着来了兴致，针对过去断粮时期战士写的两句俏皮诗"小拐小拐真正好，人无粮食马无草"，也来了两句即兴之作："小拐小拐真正好，劳模赛过原上草，粮油瓜菜吃不了，明年更比今年妙。"

彭德怀读到这几句诗，笑得合不拢嘴。他对王震说："明年要是'妙'过今年，秋后，我们还能给国家交粮食呢！"他这些日子正在埋头审阅西北地区三年经济恢复计划，准备进京向中央汇报。陶峙岳这一

“妙”，真是“妙”到他的心坎上去了。

可就在这时，毛泽东派了两名干部坐飞机赶到西安，心急火燎地要拉彭德怀进京开会，并且一刻也不能耽误，连跟机关打个招呼、交代一下工作的时间都没给他。彭德怀挺纳闷，难道中央三年经济恢复计划汇报会还搞得这样紧张么？没办法，只好叫秘书把西北地区各单位报来的经济规划方案、调查报告等材料，通通带上，到北京开夜车去算了。

谁知，这一进京，彭德怀再也没法思考大西北经济发展的问题了。抗美援朝——一场国际级别的搏杀，等待着他的第一道命令……

接下来的历史众所周知，彭德怀挂帅出征，跨过鸭绿江，指挥了气壮山河的第一、二、三、四、五次战役，把不可一世的“联合国军”赶过了“三八线”以南，不得不在板门店谈判桌上坐下来签字投降。

在这场伟大的战争中，彭德怀从第一野战军调出了十九兵团三个军和后来由一、三两军合并而战的第一军先后赴朝作战。十九兵团的六十三、六十四、六十五军奉命第二番轮战；而一军是1952年10月25日入朝的，最后与敌对峙“三八线”，到1958年10月24日才班师回国。

1952年6月，中央军委为适应国家经济建设和战备形势的发展，决定撤销第一野战军及所属兵团番号，对西北人民解放军进行精简整编。

第一兵团改编为新疆军区。

第二兵团改编为中央军委装甲兵司令部。

第十九兵团入朝作战。

第二十二兵团改编为新疆军区生产建设兵团。

第一军与第三军合并，编为陆军第一军，下辖第一师（由原一军一、三师合编）、第二师（原三军八师与原一军二师合编）、第七师（原三军七、九两师合编）。

第一军军部改编为重装军军部。

第三军司令部、干部部和后勤部改编为空军第十一航校；政治部改编为西北军区军政干校。第七师师部改编为重装师师部，第九师师部改编为炮兵第十五师师部，第八师师部改编为空军歼击航空兵第二十七师师部。

第二军军部改编为南疆军区，第四师改编为步兵第四师，第五师改为农建第一师，第六师改为农建第二师。

第四军军部改编为军委城防高射炮兵学校，第十师师部改编为炮兵第十师师部，第十、十一师合编为第十一师，第十二师改编为公安第二十师。

第五军军部改编为伊犁军区。第十三师改编为喀什军分区，第十四师改为农建三师，第十五师改为农建四师。

第六军军部改编为西北空军机关。第十六师改编为农建第五师，第十七师改为农建第六师，第十八师改编为公安第四师。

第七军军直一部充实第一高级步兵学校，其余与西北军区航空处合并，组成西北军区空军司令部。第十九师改编为铁道兵第五师，第二十师师部改编为炮兵第七训练基地司令部，第二十一师师部改编为炮兵第四训练基地司令部。

第八军于1949年5月与绥蒙军区合并为绥远军区，归华北军区建制。

第九军军部与第二十二兵团合并为新疆生产建设兵团。第二十五师改为农建第七师，第二十六师改为农建第八师，第二十七师改为农建第九师，骑兵第七师改为农建第十师，骑兵第八师改为工建第一师。

第十九军军部并入陕西军区。第五十五师调归西北军区领导，第五十七师改编为石油工业第一师。

独立第一军于1949年11月下旬整编为西北军区独立第一师，后归第六十二军领导，随第十八兵团南进，西北独立第一军番号撤销。

独立第二军改为农建第一师（原系由宁夏中卫国民党第八十一军起义改编），仍驻宁夏。

独立第三军缩编为西北军区独立第七师（原系由甘肃武都起义的国民党第一一九军改编）。

滚滚黄尘硝烟荡尽，猎猎红旗热血染透。有多少壮丽的生命、如花的青春，与这段光荣与辉煌共同沉默在岁月深处！它将与魏巍昆仑、皑皑祁连、幽幽河曲、莽莽天山一起载入中华民族的煌煌青史，留给永远的后来者。

1997年7月22日至1998年12月31日
原稿成于解放军艺术学院7号楼苦雨斋
2011年4月～5月间修订于军艺北楼缀网斋

主要参考书目

1.《中国人民解放军战史》（第二、三卷）军事科学院军事历史研究部编著，军事科学出版社，1987年7月第一版

2.《中国人民解放军第一野战军战史》中国人民解放军第一野战军编审委员会，解放军出版社，1995年5月第一版

3.《中国人民解放军第一野战军战史图集》中国人民解放军战史编审委员会，解放军出版社，1997年7月第一版

4.《解放战争纪事》姚夫等编写，解放军出版社，1987年6月第一版

5.《中原突围纪事》李少瑜等编写，解放军出版社，1992年10月第一版

6.《重庆谈判纪实》中共重庆市委党史工作委员会、重庆市政协文史资料研究委员会、红岩革命纪念馆编，重庆出版社，1983年11月第一版

7.《延安秘书》梅剑主编，红旗出版社，1996年9月第一版

8.《解放青海》青海省党史资料征集委员会，青海省军区政治部，青海人民出版社，1987年10月第一版

9.《大荔县文史资料》政协大荔县委员会文史资料研究委员会，1989年12月

10.《解放战争中的西北战场》（原国民党将领回忆录），中国文史出版社，1992年第一版

11.《陕甘宁边区革命史》房成祥、黄兆安主编，陕西师范大学出版社，1991年5月第一版

12.《文史资料选辑》（五十、七十九）中国人民政治协商会议全国委员会文史资料研究委员会编，文史资料出版社，1981年8月第一版

13.《文史资料选辑》（六十四、六十七、六十八、六十九）政协全国委员会文史资料研究委员会编，中华书局出版，1979年7月第一版

14.《从延安到北京》（解放战争重大战役军事文献和研究文章专题选集）刘武生主编，中央文献出版社，1993年5月第一版

15.《王恩茂日记》（解放战争）中央文献出版社，1995年9月第一版

16.《地下十二年与周恩来》熊向晖著，中共中央党校出版社，1991年2月版

17.《张宗逊回忆录》解放军出版社，1990年10月第一版

18.《廖汉生回忆录》解放军出版社，1993年8月第一版

19.《余秋里回忆录》解放军出版社，1996年10月第一版

20.《赵寿山将军》政协陕西户县文史资料研究委员会，中国文史出版社，1994年7月第一版

21.《新疆五十年》（包尔汉回忆录）中央文史出版社，1994年9月第二版

22.《陶峙岳自述》湖南。人民出版社，1995年第一版

23.《左宗棠略传》左焕奎著，华中师范大学出版社，1996年11月第一版

24.《蒋介石传》［美］布赖恩·克罗泽，内蒙古人民出版社，1995年7月第一版

25.《毛泽东传》中共中央文献研究室编，中央文献出版社，1996年8月第一版

26.《贺龙传》总参谋部《贺龙传》编写组，当代中国出版社，1993年8月第一版

27.《彭德怀传》总参谋部《彭德怀传》编写组，当代中国出版社，1993年8月第一版

28.《巍巍丰碑》邓小平、江泽民等著，解放军出版社，1996年11月第一版

29.《在彭总指挥下》陈海涵著，解放军出版社，1984年5月第一版

30.《胡宗南这个人》杨者圣著，上海人民出版社，1996年6月第一版

31.《大三角中的阎锡山》乔希章著，海南出版社，1991年日月第一版

32.《西北大剿匪》李广文编著，国防大学出版社，1997年4月第一版

33.《黄土地，红土地》李彦清著，解放军出版社，1992年8月第二版

34.《鏖兵西北》张俊彪著，解放军出版社，1992年8月第二版

35.《毛泽东军事文选》（内部本）军事科学院编，1991年12月第一版

36.《彭德怀军事文选》中央文献出版社，1988年9月第一版